シンガポール
Singapore

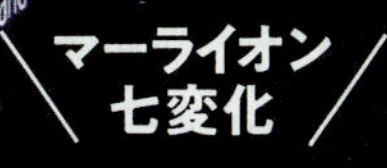

ナショナルカラー
に変身

ガーデンシティ
を体現!?

クライマックスは金色に輝く

COVER STORY

シンガポールの象徴、マーライオンが、2022年9月15日に誕生50周年を迎え、特別なプロジェクションマッピングによるライトアップが開催された。マーライオン像は1972年にシンガポール川の河口に建造。老朽化が進み水の噴出装置が故障するなど不遇の時代を経て、2002年にマリーナ・ベイに面した現在のパークにお引っ越しし、きれいに修復された。2009年に落雷で頭部を損傷するも復活し、50歳を迎えたマーライオンは、もはや「世界三大がっかり」とは呼ばせない貫禄の観光名所として日々観光客を迎えている。

※マーライオンのライトアップは例年、F1の会期中や年末など期間限定で開催。

地球の歩き方 編集室

SINGAPORE CONTENTS

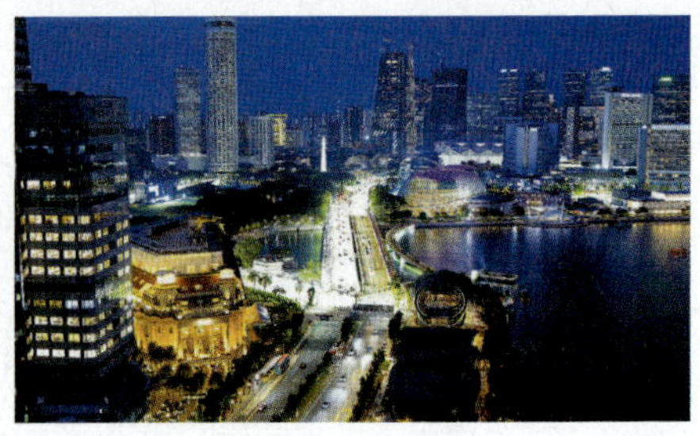

253 Shopping Guide エリア別ショッピングガイド

287 Relaxation Guide スタイル別リラクセーションガイド

295 Hotel Guide グレード別ホテルガイド

出発前に必ずお読みください！ 旅のトラブルと安全情報…11・196・378～380

333 Travel Information 旅の準備と技術編

Column & Information

歩き方の使い方

本書で用いられる記号・略号

- シティ・ホール周辺
- マリーナ・エリア
- クラーク・キー周辺
- オーチャード・ロード
- シェントン・ウェイ
- チャイナタウン
- ブギス&アラブ・ストリート
- リトル・インディア
- 郊外のエリア

そのエリアの詳細地図の掲載ページです。

紹介しているエリアの場所を指します。

そのエリアのおすすめ街歩きプランをまとめてあります。

そのエリアを把握するための情報や、歩き方のアドバイスをまとめてあります。

その見どころの重要度を表しています。

Map P.80-81

シティ・ホール周辺 Around City Hall

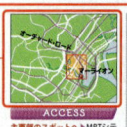

ACCESS

主要部のスポットへ▶MRTシティ・ホール駅が便利。
西部のスポット（シンガポール国立博物館など）へ▶MRTブラス・バサー駅かベンクーレン駅を利用。
東部（戦争記念公園）へ▶MRTエスプラネード駅かシティ・ホール駅を利用。
川沿いのスポットへ▶MRTラッフルズ・プレイス駅を利用。

各エリア間の徒歩所要時間
●川沿いエリア～MRTシティ・ホール駅
セント・アンドリュース・ロードを北上して約15分。
●MRTシティ・ホール駅周辺～MRTブラス・バサー駅周辺
ブラス・バサー・ロードを西へ約10分。

街歩きプラン
1. マーライオン・パーク→P.104
徒歩約8分
2. アジア文明博物館 →P.103
徒歩約3分
3. ラッフルズ上陸記念の地 →P.102
徒歩約5分
4. ナショナル・ギャラリー・シンガポール →P.108
徒歩約8分
5. ラッフルズ・シンガポール →P.105

新たなアートの発信地として脚光を浴びるナショナル・ギャラリー・シンガポール。ドームを冠する建物はかつての最高裁判所、隣接する建物はシティ・ホールだった。クラシックとモダンをミックスした新境地を体現

シンガポール川の河口の北側一帯はシンガポールの歴史を物語る鍵となるエリア。
ここに来るとアジアとは異質の光景を目にする。丸いドームが青空に映えるコリント式の列柱をもつ建物とネオクラシックの重厚な建物が連なるナショナル・ギャラリー・シンガポール(→P.108)、ステンドグラスが美しいネオゴシック様式のセント・アンドリュース大聖堂。パダンと呼ばれるグラウンドではクリケットやラグビーが行われている。シンガポールで、いやアジアで、ヨーロッパの面影をいちばん色濃く残すのがシティ・ホール周辺だ。
このエリアの一角にラッフルズが第一歩を印した場所がある。歴史上にシンガポールが現れるのはこのときからであり、そういった意味で「近代シンガポール発祥の地」といわれている。ラッフルズが上陸してから200年の歳月が流れ、その間シンガポールは大きく様変わりした。しかし、ラッフルズがシンガポールに築いたヨーロッパは、今もここに洗練された美しさをたたえて姿をとどめている。

歩き方 Orientation

歩き方のヒント **見どころはシティ・ホール駅周辺とシンガポール川沿いに集中**
シンガポール川沿いの見どころへはMRTラッフルズ・プレイス駅からアクセス。川沿い以外のスポットへはMRTブラス・バサー駅、エスプラネード駅、シティ・ホール駅を使い分けるのがコツ。

見どころが集中しているのは３つのエリア

川沿いの一画 ※MRTラッフルズ・プレイス駅利用
シンガポールに来たなら、まず訪れたいのが、シンガポール川の川沿いのエリア。**近代シンガポール発祥の地であるこのエリアは、コロニアル建築の歴史遺産が集中している。**ラッフルズ上陸記念

…プロムナードが整備されて…好の散歩道。ジョギングや…ングをする人の姿も

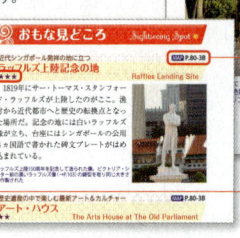

ラッフルズ上陸記念の地
MRTラッフルズ・プレイス駅から徒歩約7分。

スタンフォード・ラッフルズの経歴

おもな見どころ Sightseeing Spot

近代シンガポール発祥の地に立つ MAP P.80-3B
ラッフルズ上陸記念の地 Raffles Landing Site
★★★
1819年にサー・トーマス・スタンフォード・ラッフルズが上陸したのがここ。漁村から近代都市へと歴史の転換点となった場所だ。記念の地には白いラッフルズ像が立ち、台座にはシンガポールの公用４ヵ国語で書かれた碑文プレートがはめ込まれている。

歴史遺産の中で楽しむ最新アート&カルチャー MAP P.80-3B
アート・ハウス The Arts House at The Old Parliament
★★

アート・ハウス
1 Old Parliament Lane

レストラン

リラクセーション・スポット

ショップ

ナイトライフ

ホテル

項目ごとに色分けされています。

休業日の欄に出てくる旧正月とは中国の旧暦の正月のことで、毎年、日にちが変わります。2024年の旧正月は２月10～11日。

高級ホテル、中級ホテルなどのホテルのカテゴリーは、料金だけでなく、規模、立地、設備、コンセプトなど、総合的に考慮して分けてあります。

日本の予約先 日本の予約代理店
税サ 消費税、サービス料 **設備** ホテル内の設備

ホテルの客室
Ⓢシングルルーム Ⓦダブルルーム
Ⓣツインルーム Ⓓドミトリー
※いずれも１室当たりの料金を記しています。客室料金の項目で、上記のカテゴリー表記がないところは、シングル、ダブル、ツインとも同一料金です。

Map
地図上の位置を指します。MAP P.80-3B の場合は、P.80 の地図の 3B の範囲内にあることを示しています。「折込」は巻頭の折り込み地図を表しています。

- 住 住所(#01-05 などは店番号で、1 階の 05 号店を表しています)
- ☎ 電話番号
- フリーダイヤル
- 無料 日本国内の無料電話
- FREE シンガポール内の無料電話
- FAX ファクス番号
- URL ホームページアドレス。"http://" は省略
- E-mail e メールアドレス
- 営 営業時間
- 開 開館時間
- 休 休業日・休館日
- 料 料金
- カード 使用可能なクレジットカード
  - A アメリカン・エキスプレス
  - D ダイナースクラブ
  - J JCB
  - M マスターカード
  - V VISA
- 行き方 その場所への行き方、アクセス
- MAP 地図位置

Ave.	Avenue
Blvd.	Boulevard
Drv.	Drive
Hwy.	Highway
Rd.	Road
St.	Street
Tce.	Terrace

READER'S VOICE
読者投稿

Column コラム
Information インフォメーション
DATA レストラン、店、見どころの基本データ

地　図

ショップ	教会
レストラン	ガソリンスタンド
ホテル	警察
ナイトスポット	インフォメーションセンター
銀行	学校
両替商	病院
郵便局	駐車場
タクシー乗り場	空港
MRT駅出入口	フェリーターミナル
仏教寺院	映画館
ヒンドゥー寺院	バス乗り場
イスラム寺院	

■掲載情報のご利用に当たって

編集部では、できるだけ最新で正確な情報を掲載するよう努めていますが、現地の規則や手続きなどがしばしば変更されたり、またその解釈に見解の相違が生じることもあります。このような理由に基づく場合、または弊社に重大な過失がない場合は、本書を利用して生じた損失や不都合について、弊社は責任を負いかねますのでご了承ください。また、本書をお使いいただく際は、掲載されている情報やアドバイスがご自身の状況や立場に適しているか、すべてご自身の責任でご判断のうえでご利用ください。

■現地取材および調査時期

本書は、2022 年 9 ～ 10 月の取材調査データを基に編集されています。また、追跡調査を 2022 年 12 月まで行いました。しかしながら時間の経過とともにデータの変更が生じることがあります。特にホテルやレストランなどの料金、営業時間は、旅行時点では変更されていることも多くあります。また、シンガポールはレストラン、ショップなどの移転、閉店も頻繁にあります。ツアーやアクティビティの内容変更、交通機関の料金の変更も考えられます。したがって、本書のデータはひとつの目安としてお考えいただき、現地では観光案内所などでできるだけ新しい情報を入手してご旅行ください。

■発行後の情報の更新と訂正について

本書に掲載している情報で、発行後に変更されたものや、訂正箇所が明らかになったものについては『地球の歩き方』ホームページの「更新・訂正情報」で可能な限り最新のデータに更新しています（ホテル、レストラン料金の変更などは除く）。出発前に、ぜひ最新情報をご確認ください。

URL **book.arukikata.co.jp/support**

■通貨表記について

シンガポールの通貨単位はシンガポール・ドル（日本では S$ と表記）、補助単位はシンガポール・セント(S¢と表記）ですが、本書ではシンガポール国内での表記同様、特に断りがある場合を除き、単に $、¢ と表記しています。なお S$1=S¢100。

■フロア表記について

レベル（Level、省略形は L）で表示されるショッピングセンターやホテルもあり、レベル 1（L1）が日本の 1 階に当てはまらない構造もありますので、実際の表記のまま L1、L2 と記載してあります。

■投稿記事について

投稿記事は、多少主観的になっても原文にできるだけ忠実に掲載してありますが、データに関しては編集部で追跡調査を行っています。投稿記事のあとに（東京都　○○'22）とあるのは、寄稿者と旅行年を表しています。旅行年のないものは 2017 年以前の投稿で、2022 年 9 ～ 10 月にデータの再確認を行ったものには、寄稿者名のあとに ['22] と記してあります。

ジェネラルインフォメーション

シンガポールの基本情報

▶旅の英会話→ P.383

▶コラム：「シングリッシュ」はシンガポールが生んだユニークな言葉
→ P.390

正式国名
シンガポール共和国
The Republic of Singapore

国　歌
マジュラ・シンガプーラ
Majulah Singapura

面　積
742.2km²。東京 23 区とほぼ同じ(2019 年)

人　口
約 564 万人（2022 年 6 月）

元　首
ハリマ・ヤコブ大統領
Halimah Yacob
首相はリー・シェンロン　Lee Hsien Loong（2023 年に交代の予定）

政　体
大統領を元首とする共和制

民族構成
中国系 74%、マレー系 13%、インド系 9%、そのほか 4%

宗　教
仏教、イスラム教、キリスト教、ヒンドゥー教など

言　語
公用語はマレー語、英語、中国語（北京語）、タミール語

通貨と為替レート

S$

▶お金の持って いき方・換え方
→ P.343

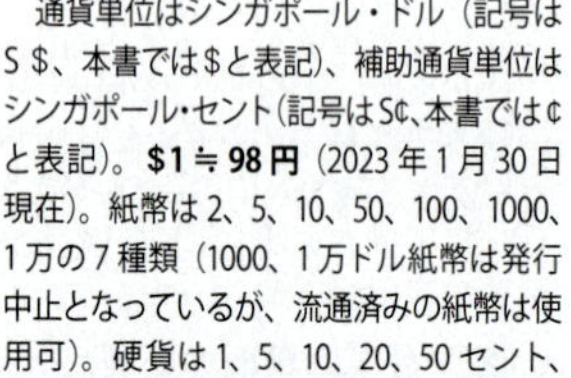

通貨単位はシンガポール・ドル（記号は S $、本書では $ と表記）、補助通貨単位はシンガポール・セント（記号は S¢、本書では ¢ と表記）。**$1 ≒ 98 円**（2023 年 1 月 30 日現在）。紙幣は 2、5、10、50、100、1000、1 万の 7 種類（1000、1 万ドル紙幣は発行中止となっているが、流通済みの紙幣は使用可）。硬貨は 1、5、10、20、50 セント、1 ドルの 6 種類。（1 セント硬貨はほとんど流通していない）。

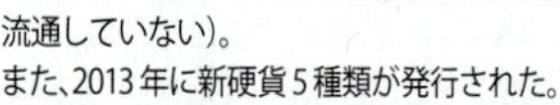

また、2013 年に新硬貨 5 種類が発行された。

左から 1 シンガポール・ドル、50 シンガポール・セント、20 シンガポール・セント、10 シンガポール・セント、5 シンガポール・セント

1000シンガポール・ドル
（2021 年 1 月をもって発行が中止された）

100 シンガポール・ドル

50 シンガポール・ドル

繁華街には両替商がある

10シンガポール・ドル

5 シンガポール・ドル

2 シンガポール・ドル

$2、$5、$10 はプラスチック製。

1 シンガポール・ドル

50 シンガポール・セント

20 シンガポール・セント

10 シンガポール・セント

5シンガポール・セント

1シンガポール・セント

電話のかけ方

▶電話と郵便
→ P.374

日本からシンガポールへかける場合

国際電話会社の番号		国際電話識別番号		シンガポールの国番号		相手先の電話番号
0033（NTTコミュニケーションズ）※1 0061（ソフトバンク）※1 005345（au携帯）※2 009130（NTTドコモ携帯）※3 0046（ソフトバンク携帯）※4	+	010	+	65	+	6123-4567

※ 1 マイライン・マイラインプラスの国際通話区分に登録している場合は不要。ただしマイラインは 2024 年 1 月終了。詳細は URL www.myline.org
※ 2 au は、005345 をダイヤルしなくてもかけられる。
※ 3 NTT ドコモは事前に WORLD WING に登録が必要。009130 をダイヤルしなくてもかけられる。
※ 4 ソフトバンクは 0046 をダイヤルしなくてもかけられる。
※携帯電話の 3 キャリアは「0」を長押しして「+」を表示し、続けて国番号からダイヤルしてもかけられる。

入出国

ビザ

30日間の滞在なら不要。到着前にSGアライバルカードの登録が必要（詳細→P.346）。また、原則としてシンガポール出国のための航空券（オープンチケット可）が必要。

パスポート

パスポートの残存有効期間は「滞在予定日数+6ヵ月」以上。

▶旅の準備と手続き
→P.339

▶入出国のすべて
→P.346

日本からのフライト時間

日本からシンガポールまでのフライトは、直行便で約7時間30分。現在5社が直行便を運航している。

▶旅の準備と手続き
→P.339

チャンギ国際空港はターミナル1から4まである。写真はターミナル3

気候

シンガポールは熱帯モンスーン気候に属しているため、年中高温多湿。雨季と乾季に分かれている。11月から2月の雨季は雨が多く、気温もいくらか下がる。

一方、3月から10月の乾季は雨が少なく、空気も乾燥している。特に6月から8月にかけては日差しが強い。ただし、乾季であっても、1〜2時間で雨がカラッと上がるスコールは頻繁にある。そのため、雨具の携帯をおすすめする。

雨季はもちろん、乾季もエアコンが強めに効いているところが多いので、ジャケットやカーディガンを用意したい。また、特に乾季は日差しが強烈なので帽子や日傘などが必要。

▶シーズンと服装
→P.335

晴れていてもあっという間に黒い雲がやってきてスコールが降る

シンガポールと東京の気温と降水量

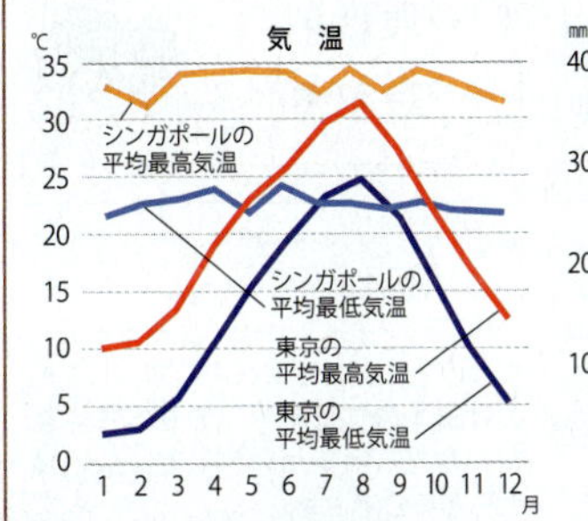

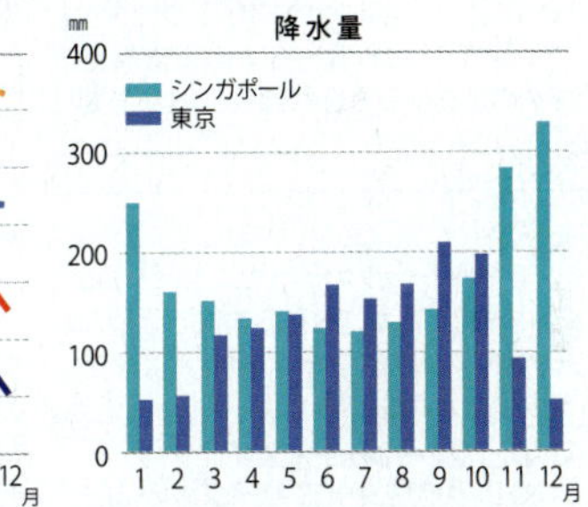

南国の花が咲き誇る

時差とサマータイム

時差は日本の1時間遅れ。日本が12:00のとき、シンガポールは11:00となる。サマータイムはない。

シンガポールから日本へかける場合

国際電話識別番号		日本の国番号		市外局番（頭の0は取る）		相手先の電話番号
001	+	81	+	××	+	1234-5678

※携帯電話などの「090」「080」の頭の0も取る。

ビジネスアワー

深夜まで営業しているホーカーズもある

下記は一般的な営業時間の目安。商店やデパート、レストランなどは、店によって異なる。

銀　行

銀行によって異なるが、多くは月～金曜9:00～16:30。土曜～14:30。日曜、祝日休み。ATMは年中無休で24時間稼働しているものが多い。

商　店

11:00～21:00。デパートや大きなショッピングセンターは10:00からオープンのところが多い。コンビニエンスストアのセブン-イレブンやチアーズは、街のいたるところにあり、多くが24時間営業。

レストラン

10:00～22:00。店によっては朝食サービスがあったり、ランチとディナーの間に休憩時間を取ることもある。フードコートは深夜営業しているところもある。

祝祭日（おもな祝祭日）

▶シンガポールの行事→P.336

中国正月（旧正月）の2～3日間は、休業となるレストランや店が多い。マレー系の店ではハリ・ラヤ・プアサやハリ・ラヤ・ハジのイスラムの祝日に休むところ、インド系の店ではディーパヴァリに休むところもある。

下記は2023年の祝祭日。※印は年によって日にちが変わる移動祝祭日。

1月	1/1		新正月
	1/22～23	※	中国正月（旧正月）*22日が日曜のため24日が振替休日
4月	4/7	※	グッド・フライデー
	4/22	※	ハリ・ラヤ・プアサ
5月	5/1		レイバー・デー
6月	6/2	※	ベサック・デー
	6/29	※	ハリ・ラヤ・ハジ
8月	8/9		ナショナル・デー（建国記念日）
11月	11/12	※	ディーパヴァリ　*12日が日曜のため13日が振替休日
12月	12/25		クリスマス

電圧とプラグ

電圧は230V、50Hz。プラグは四角形の穴が3つのタイプ（BF型）が一般的だが、一部には丸穴が3つのタイプ（B3型）もある。日本の電気製品をそのまま使う場合には変圧器が必要となるが、ほとんどのホテルで貸し出しサービスがあるので、それを利用すればよい。

BF型、B3型の変換アダプター

映像方式

ビデオ

シンガポールのテレビ、ビデオはPAL方式。日本（NTSC方式）と異なるので、一般的な日本国内用ビデオデッキでは再生できない。

DVD、ブルーレイディスク

DVDの地域コード、リージョン・コードは「3」。日本は「2」で、日本の一般のDVDプレーヤーでは、シンガポールのDVDは再生できない。ブルーレイのリージョン・コードは日本と同じAなので、シンガポールで購入したものは日本のプレーヤーでも再生可能だ。ただし字幕が対応していない場合もあるので注意。

チップ

▶コラム：チップについて→P.335

基本的にチップの習慣はない。

レストラン

サービス料が加算されていれば、チップを置く必要はないが、よいサービスを受けたと思ったら、小銭のおつりをチップとして置くのが一般的だ。

ホテル

ベルボーイ、ルームメイドなどに世話になったときには、その気持ちをチップで伝える($2～)。

タクシー

不要。

飲料水

シンガポールの上水道はWHO（世界保健機関）の審査基準をクリアしており、生水を飲むことができる。ただし、胃腸が弱い人は、ミネラルウオーターや市販の飲用水を飲むことをおすすめする。これらはコンビニ、スーパー、商店で販売。

ポピュラーな飲用水の「アイスマウンテン」

緑が多い街並み

郵　便

郵便局の営業時間は月～金曜 8:30 ～ 17:00（場所によって～ 21:00）、土曜～ 13:00。日曜、祝日は休み。

日本への航空郵便の料金は、はがきが $0.8、封書は 20g までが $1.5 で、10g 増すごとに $0.35 ずつ加算される（所要 3 ～ 5 日）。小包の目安は航空便で 2kg まで $8.3（所要 4 ～ 9 日）。

ポストにはエアメールも投函できる

▶郵便→ P.376

税　金

TAX

通常、商品には 8%（2024 年から 9%）の消費税（GST）、ホテル料金やレストランにはプラス 10% のサービス料が加算される。F1 シンガポール・グランプリの期間中、マリーナ・エリアのホテルは 30%の税金が上乗せされる。ローカルな食堂ではサービス料と消費税が加算されないところもある。ホーカーズでは加算されない。旅行者（居住者を除く）は、購入した商品をシンガポール国外に持ち出す場合、一定の条件を満たしていれば、支払った GST から還付代行会社の手数料を差し引いた額の払い戻しを受けられる（飲食代やホテル代は払い戻し不可）。

▶コラム：消費税（GST）の払い戻し方法 → P.255

安全とトラブル

2022 年 12 月現在、日本の外務省の渡航安全情報では、シンガポールに危険情報は発出されていない。シンガポールは東南アジア各国に比較すれば犯罪率は低いが、軽犯罪や詐欺被害（パスポート盗難）は頻発しており、その頻度は日本より高い。特に日本人は狙われやすいので、十分に注意したい。

▶旅のトラブル実例集 → P.378

年齢制限

たばこ、アルコールは 18 歳以上。映画で R（A）となっている場合は 18 歳未満の入館禁止。NC-16 となっている場合は 16 歳未満の入館禁止。身分証明書などの提示を求められる。カジノへは 21 歳未満は入場不可。

その他

規　則

多民族が集まるこの国を統一するために、さまざまな規則や法律、そしてそれを徹底させるための罰金制度が設けられている。旅行者といえど、罰金は適用されるので気をつけること。

おもな罰金例はゴミのポイ捨てには最高 $1000 の罰金。喫煙場所以外での喫煙（→右記）、公共の場所で痰、つばを吐いても罰金。MRT（電車）内での飲食も罰金。2022 年からホーカーズ、フードコート、コピティアム（ホーカー集合施設）での食後の食器やゴミの片づけが義務化され、違反者は初回は警告書、2 回目は $300 の罰金。入国時、チューインガムの持ち込みも禁止。また、麻薬の取り締まりもたいへん厳しい。たとえ外国人でも一定量以上の麻薬をこの国に持ち込むと、罰金だけでは済まされない。極刑に処される。

［たばこの持ち込み］

シンガポールのたばこ法により、下記の条件をすべて満たしていないたばこの持ち込みが禁止された。※日本国内で販売されているたばこは、この条件を満たしてないため持ち込み不可。

●持ち込み禁止除外対象のたばこ

- ・パッケージにロゴやブランドマークが入っていないもの。
- ・健康障害の警告の図柄・写真が入ったもの。
- ・パッケージの色はドラブ（ダーク）・ブラウン。

※上記条件にあてはまっても、持ち込み可能な分量は 400g まで。たばこ 1 本から課税対象（1 本 ¢42.7）で申告が必要。申告しないで所持が発覚し、多額の罰金を科せられるケースが多発している。電子たばこも持ち込み禁止。

［飲酒、喫煙に関する規則］

22:30 ～翌 7:00 の間はアルコールの販売が法律で禁止されている。

屋内、屋外とも飲食関連施設では、一部の喫煙指定場所を除いて禁煙。ナイトスポットも禁煙であるが、環境省に認定された店舗に限り、喫煙エリアを設けている店もある。喫煙可能なエリアは、その区分を明確にする印（床のマーキングやテーブルの色など）や表示を施すことが規則で命じられている。

タブー

第 2 次世界大戦中に旧日本軍が 3 年間占領した時代（昭南島時代）があるため、年輩者のなかには反日感情をもつ人もいる。宗教上のタブーは特にないが、イスラム教寺院を訪れるときは肌を露出した服装は避ける。

度量衡

長さはインチとセンチの両方が使われている。重さはグラム、キログラム。

“エリア”がわかるシンガポール・ナビ

シンガポールは複数の民族が暮らし、特色ある街を形作っている。中心部にはエスニック＆商業エリアが、郊外にはトロピカルな自然に抱かれた観光スポットがある。そしてシンガポールの魅力は高層ビルが林立する街と、民族エリアが隣り合わせていること。ほんの数十分の移動で、まったく違うにおいのエスニックタウンに行ける！
大まかなエリア分けとエリア間の所要時間、そのエリアの特色をナビゲート。

※P.●●のページは、エリアガイドの本文参照ページです。

ここが起点！ **MRTシティ・ホール駅**

ここを基準に各エリアへの徒歩やMRT（電車）などでの所要時間を記載。
※電車の所要時間には乗り換えや待ち時間は含めていません。

＝徒歩　＝MRT（電車）　＝タクシー

5分　P.119 MAP P.84-87

シンガポールーのショッピングストリート
① オーチャード・ロード

最寄り駅 オーチャード駅、オーチャード・ブルバード駅、サマセット駅、ドービー・ゴート駅。

世界各国からの観光客が行き交う

22分　P.155 MAP P.156

ハイセンスなエスニック雑貨&レストラン街
② ホランド・ビレッジ

最寄り駅 ホランド・ビレッジ駅。バスならオーチャード・ブルバードのバス停から、所要約10分。

高級住宅街の中に出現したおしゃれな街

8分＋5分　P.116 MAP P.82-83

エンターテインメント&夜遊びスポット
③ クラーク・キー周辺

最寄り駅 クラーク・キー駅、フォート・カニング駅。

ライブバーやクラブが深夜までにぎわう。対岸にショッピングセンター「クラーク・キー・セントラル」がある

13分＋セントーサ・エクスプレス約10分　P.160 MAP P.94-95

テーマパーク&リゾートの島
④ セントーサ島

最寄り駅 ハーバーフロント駅。直結するビボシティからセントーサ・エクスプレスを利用。

左／リゾート・ワールド・セントーサ内のシー・アクアリウム　右／ユニバーサル・スタジオ・シンガポールもある

シンガポール・ボタニック・ガーデン
Singapore Botanic Gardens

チョンバル
Tiong Bahru

リゾート・ワールド・セントーサ
Resorts World Sentosa

ユニバーサル・スタジオ・シンガポール
Universal Studios Singapore

セントーサ島
Sentosa Island

10分 P.148 MAP P.92-93

熱気漂うインドを体験

⑤ リトル・インディア

最寄り駅 リトル・インディア駅、ファーラー・パーク駅、ローチョー駅、ジャラン・ベサール駅。

寺院や神様へのお供え用の花売りが出る

2分 P.141 MAP P.90-91

エキゾチックな香りがいっぱい

⑥ ブギス&アラブ・ストリート

最寄り駅 ブギス駅、ベンクーレン駅、ニコル・ハイウエイ駅。

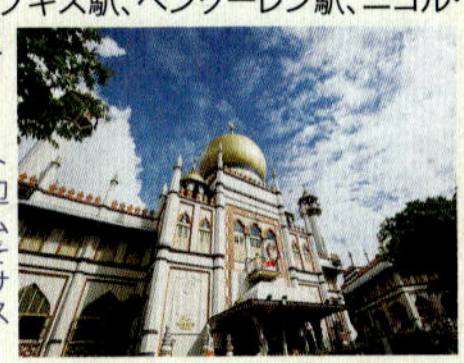

アラブ・ストリート周辺はイスラムの世界。その中心がサルタン・モスク

徒歩圏内（マリーナ・エリアは 10分） P.100 MAP P.80-81

新旧の観光スポットが集結

⑦ シティ・ホール周辺

最寄り駅 シティ・ホール駅、エスプラネード駅、ラッフルズ・プレイス駅。

眺めがよいマーライオン・パーク

スリ・ヴィラマカリアマン寺院
Sri Veeramakaliamman Temple

サルタン・モスク
Sultan Mosque

マーライオン・パーク
Merlion Park

マリーナベイ・サンズ
Marina Bay Sands

ガーデンズ・バイ・ザ・ベイ
Gardens by the Bay

10分 P.168/173 MAP P.169、177

ビーチで遊び、プラナカン文化に触れる

⑪ イースト・コースト&カトン・エリア

最寄り駅 カトン・エリアへはパヤ・レバ駅。

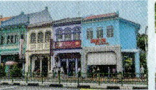

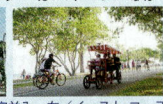

左／色鮮やかなカトンの家並み　右／イースト・コースト・パークは海風が気持ちいい

10分 P.112 MAP P.81、96

旬の見どころが集まる注目エリア

⑧ マリーナ・エリア

最寄り駅 ベイフロント駅、ダウンタウン駅、マリーナ・ベイ駅、ラッフルズ・プレイス駅。

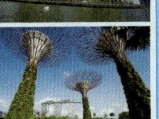

二大観光スポットのマリーナベイ・サンズ（上）とガーデンズ・バイ・ザ・ベイ（下）

7分 P.131 MAP P.88-89、97

活気あふれる屋台街

⑨ チャイナタウン

最寄り駅 チャイナタウン駅、マックスウェル駅、テロック・アヤ駅、アウトラム・パーク駅、タンジョン・パガー駅。

みやげ物店では値段交渉を

7分 P.128 MAP P.89、96

高層ビルが並ぶ金融街

⑩ シェントン・ウェイ

最寄り駅 ラッフルズ・プレイス駅、タンジョン・パガー駅、ダウンタウン駅、シェントン・ウェイ駅。

シンガポール満喫！3泊5日モデルコース

=徒歩　=MRT（電車）　=タクシー

1日目 シンガポール到着！夜景とグルメに繰り出そう

17:30 チャンギ国際空港到着。

20～30分

18:30 ホテルにチェックイン。

5～10分

20:00 チャターボックスでディナー（→P.215）
シンガポール名物チキンライスを味わおう。

上／「チャターボックス」はヒルトン・シンガポール・オーチャードにある　下／ここのチキンライスは豪華版

約15分

21:00 シンガポール・フライヤー（→P.114）
世界最大規模の観覧車からシンガポールの夜景をひとり占め！

最高地点からのすばらしい夜景。1周約30分

カクテルやシャンパン付きのプランもある

上／シンガポール・フライヤー併設の展示ギャラリー「タイムカプセル」（→P.114）も見学　下／観覧車もライトアップされる

2日目 ショッピング、そして夕方から動物パラダイスへ

8:30 マーライオン・パーク（→P.104）
朝一番でマーライオンとご対面。最旬のシンガポールビューが広がる。

マーライオンと記念写真

約15分

9:15 キリニー・コピティアムで朝食（→P.244）
カヤトーストとコピのローカル朝食で腹ごしらえ。

卵とココナッツミルクから作ったカヤジャムを挟んだカヤトーストは、練乳入りコーヒーとともに

約5分

10:00 オーチャード・ロード（→P.119）
シンガポール高島屋S.C.（→P.256）やマンダリン・ギャラリー（→P.257）をチェック。

約20分

13:30 トゥルーブルー・キュイジーヌでランチ（→P.218）
伝統料理に舌鼓をうち、「プラナカン」を体感しよう。

デザートのチェンドルも逸品

約30分

15:30 リバーワンダーズ（→P.45）
パンダやさまざまな淡水生物に合える。

左／ジュゴンの親子　右／パンダは3頭いる

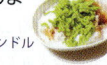

約3分

18:00 ナイトサファリ（→P.47）
まずはサファリ内のレストランで夕食を。その後、トラムで園内を1周し、徒歩コースも回ってみたい。

暗闇のなかのマレートラは迫力満点

新スポットの登場で、楽しみ方の幅が一気に広がったシンガポール。
短い旅行期間にあれもこれも体験したい！というときに、
効率よく見どころをおさえる究極プランをご紹介。フットワーク軽やかに、いざ出発！

3日目 マリーナベイ・サンズを制覇。その後エスニックタウン巡り

10:30 サンズ・スカイパーク（→P.22）
マリーナベイ・サンズ56～57階のスカイパークに上る。

船の形のスカイパークに上って、パノラマを楽しもう

約15分

12:00 バナナリーフ・アポロで昼食（→P.223）
名物のフィッシュヘッド・カレーを豪快に。

フィッシュヘッド・カレーは辛いがうまい

数分

店のペイントも派手

13:00 リトル・インディア散策（→P.148）
ムスタファ・センター（→P.79）まで足を延ばしてもいい。

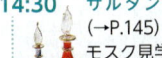

約10分

モスクの前にはおみやげ店が並ぶ

14:30 サルタン・モスク周辺（→P.145）

モスク見学のあとはブッソーラ・ストリート、ハジ・レーンを散策。

約10分

16:00 ナショナル・ギャラリー・シンガポール（→P.108）
新しいスタイルの美術館でアートを鑑賞しつつ、おしゃれなグッズもおみやげに。トワイライトタイムは屋上の「スモーク＆ミラーズ」（→P.248）でシティビューを堪能。

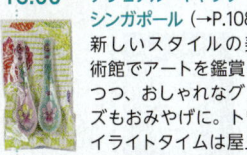

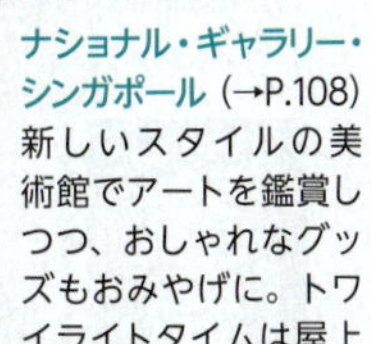
プラナカングッズも販売している

昔の造りが残る場所もある

左／正面にサンズが見える
右／「スモーク＆ミラーズ」

4日目 最終日はテーマパークで遊ぶ

9:00 ガーデンズ・バイ・ザ・ベイ（→P.26）
スカイウェイを歩き、ふたつのドーム型植物園も見学。

地上22mのスカイウエイはスリル満点

数分

12:00 マジェスティック・ベイで昼食
ガーデンズ・バイ・ザ・ベイにあるレストランで、シーフードを味わう。MAP P.26
☎6604-6604

看板メニューのコピ・クラブ

約20分

13:30 ユニバーサル・スタジオ・シンガポール（→P.34）
世界初のアトラクション「トランスフォーマー」は要チェック。

「トランスフォーマー」

約3分

16:00 シー・アクアリウム（→P.32）
1000種を超える海洋生物を展示する水族館。

巨大水槽ではマンタの遊泳が見られる

約5分

18:00 マレーシアン・フードストリートで夕食（→P.31）
ペナンやマラッカの名店が勢揃い。

1970年代の街並みを模した館内

セントーサ・エクスプレス（モノレール）と 約15分

19:40 ウイングス・オブ・タイム（→P.167）
セントーサの夜を盛り上げるショー。レーザー光線、音楽、噴水にプロジェクションマッピングも加わり、見応えがある。

約20分間のショー

15～20分

21:00 ホテルに戻って空港へ向かう。

20～30分

深夜 チャンギ国際空港発、帰国（翌日着）。

巻頭特集1
最新ニュース

＼シンガポールの現地情報をお届け！／

これからのシンガポール旅行で

観光全般

商業施設やホテルなども本格始動。新たな観光スポットも登場し、シンガポール動物園やリゾート・ワールド・セントーサではさらなるパワーアップ計画が進行中。

シンガポールの街は、今こんな感じ

シンガポール中心部の街なかは、コロナ禍前の**活気とにぎわいを取り戻している**。コロナの影響で閉店を余儀なくされた店が多々あり、ショッピングセンター内も店の顔ぶれが変わり、改変が進んでいる。この数年で改装を行ったホテルも多く、**新たなシンガポールの1ページが始まった**感がある。

また、ソーシャルディスタンスや人数制限も解除され(一部例外あり)、イベント等も増えつつある。

観光客でにぎわうチャイナタウン。屋外でも混雑する場所はマスク着用者が多い

公共交通機関ではマスク着用

マスク着用が義務づけられているのは、**MRTやLRT、公共バス、公共交通機関の施設内(バスのインターチェンジ内やMRT/LRTの駅構内)**、一部の飛行機やフェリー、病院や介護施設だ。屋外・屋内とも義務ではないが、3〜4割の人はマスクをしている状況だ。レストランやショップ、ホテルのスタッフはマスクを着用している。民間のバスやタクシーでのマスク着用は任意だが、タクシー運転手はマスクをしており、乗客がマスクをしていないと着用を促されることもある。

安全な旅のためにも**人が大勢集まる場所ではマスク着用を心掛けたい**。

左／レストランやホーカーはもちろん、ショップのスタッフもマスク着用で応対
右／MRTの駅構内の「マスク着用」の掲示板

主要な観光スポットはオンライン予約制

シンガポール動物園関連の施設(→P.42〜49)、リゾート・ワールド・セントーサ(→P.30)内のアトラクション施設、ミュージアム・オブ・アイスクリーム・シンガポール(→P.159)など、**事前にウェブサイトからチケットの購入、入場日時の予約が必要**なところが増えているので、注意が必要。

上／オンラインでのチケット購入を促す掲示板（リバーワンダーズ→P.45）　下／ミュージアム・オブ・アイスクリーム・シンガポール(→P.159)は要事前予約

飲食店

2022年12月現在、ワクチン接種の制限なくすべての外食が可能。テイクアウトやデリバリーを行う店が増えている。

キャッシュレス化が浸透

新型コロナ感染症の影響もあるが、国の政策もあってキャッシュレス化が進み、**クレジットカードや電子マネーでの支払いが主流**。現金不可の店もあるので、クレジットカードを持参したい。スマホ決済サービスのApple Payは使える店があるが、日本のQRコード決済は、現時点では使用できない。現金払いを希望する場合は入店時に確認を。ただし、**ホーカーや一部の小規模な店は現金払いのみ**。

レストランをはじめショッピングセンターなどの入口には手指消毒剤が設置されている

テーブルに貼られたQRコード

QRコードでのオーダーが急増

レストランでは紙のメニューが姿を消し、各テーブルのタブレットや店頭にあるタッチパネルでオーダーするシステムが普及。**スマートフォン(以下スマホ)でテーブルのQRコードからメニューを読み取り、オーダーする店も増えている**。スマホを持っていない人、Wi-Fi環境などでアクセスできない場合は、店の人にお願いすれば、口頭でオーダー可能なところもある。

タブレットやスマホでオーダーした際の支払いはオーダー時にクレジットカード決済、またはキャッシャーでカードや電子マネー、現金で支払うパターンの両方がある。

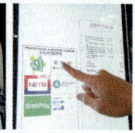

左／店頭のオーダー用タッチパネル
右／料理を選んだら支払い方法を選択

ホーカーズやフードコートで食器の片づけが義務化

コロナ禍を経て公衆衛生強化の一策として、2021年から2022年にかけてホーカーズ(屋台集合施設、→P.56)、フードコート、ホーカーが集まるコピティアム(コーヒーショップ)での食器返却が義務化された。食事の後、トレイや食器、ゴミなどは指定場所に片づけよう。取り締まり担当者が注意を行い、従わない人には1回目は警告、**2回目以降は罰金**が科せられる。

左／食器の片づけ場所は「ハラル」と「ノンハラル」に分かれている（→P.56）　右／熱気あふれるテッカ・センター(→P.234)のホーカーズ

知っておきたいコト

世界的なパンデミックを経て、日常を取り戻しつつあるシンガポール。街の最新情報、旅行の際の注意点などをおさえて、日々進化し続けるシンガポールの旅を楽しもう。

出入国に関して

出発前・帰国前にやるべきことをリストアップ。コロナ対策も万全に！

シンガポール出発前に準備すること

2022年12月現在シンガポール入国は、新型コロナ感染症ワクチン接種証明書の有無によって検疫措置が異なる。

2回以上ワクチン接種済みの場合

- ワクチン接種証明書（英文、海外渡航用）の取得が必要。電子版でも書面のものでも可。入国審査で必要なSGアライバルカード（→右記）登録時に必要で、シンガポール国内でワクチン接種証明の提示が必要なところはほぼない。日本帰国時の検疫手続きにも3回ワクチン接種済みの証明書が必要になるので、取得しておこう。

13歳以上でワクチン未接種の場合

- 新型コロナ感染症の治療を補償する旅行保険、最低$3万の海外旅行保険に加入する。
- 出国前72時間以内、PCR検査または抗原迅速検査を受け、英文の陰性証明書を入手する。

※ワクチン接種者は、海外旅行保険加入は任意だが、万一のことを考え加入しておきたい。

シンガポール入国審査が電子化

紙の出入国カードが廃止され、**シンガポール到着3日前**から受付可能となる、入国管理局（ICA）のウェブサイトの公式・無料eサービスにて**SGアライバルカード／健康申告書をオンラインで登録しなければならない**（詳細→P.346）。申請が認められると、登録したメールアドレス宛てにSGアライバルカード確認書が送られてくる。

日本帰国で必要なこと

2022年12月現在、ワクチン接種証明書の有無によって検疫措置が異なる。どちらの場合もスムーズな入国のために、デジタル庁提供の入国手続きオンラインサービス「Visit Japan Web」に登録しておこう。

3回ワクチン接種済みの場合

- 3回ワクチン接種証明書が必要
- Visit Japan Web：日本到着2〜3日前までに登録。3回ワクチン接種証明書もアップロードしておく。

3回ワクチン未接種の場合

- 出発前72時間以内のPCR検査陰性証明書が必要※
- Visit Japan Web：日本到着2〜3日前までに登録。PCR検査陰性証明書もアップロードしておく。

※シンガポールの認定クリニックでPCR検査または抗原迅速検査を受け、英文の陰性証明書digital PDT certificate（「Memo on XXXX Result」）を入手する必要がある。詳細は以下のウェブを参照。

URL www.sg.emb-japan.go.jp/itpr_ja/keneki_0108.html

Visit Japan Webとは

日本入国時の検疫手続き（ファストトラック）、入国手続き、税関申告をオンラインで提出できるシステム。ワクチン接種証明書などの各種証明書のアップロード、入国＆税関申告に必要な情報の登録などができる。

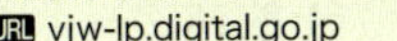

URL vjw-lp.digital.go.jp

コロナ禍を経てサイクリング人気が高まるシンガポール

ワクチン接種証明書およびPCR検査陰性証明書について

ワクチン接種証明書の取得方法、日本入国で有効なワクチンの種類等および、PCR検査の有効な検査方法については以下の厚生労働省のウェブサイトで確認を。

ワクチン接種証明書
URL www.mhlw.go.jp/stf/seisakunitsuite/bunya/vaccine_certificate.html

PCR検査陰性証明書
URL www.mhlw.go.jp/stf/seisakunitsuite/bunya/0000121431_00248.html

シンガポールでできる新型コロナ感染症の検査

手軽にコロナの検査ができる抗原検査キット（ART検査キットと呼ばれる）は、「ガーディアンGuardian」や「ユニティUnity」などのドラッグストアや薬局で販売されている。感染の疑いがある場合は、PCR検査が可能な医療機関へ行こう。日本語対応の病院（→P.380）が安心。陽性になった場合は以下のウェブを参照。

URL www.covid.gov.sg/travellers

ドラッグストアで販売されている抗原検査キット

必ず最新情報を確認しよう

本ページで紹介した情報は、2022年12月現在のものです。シンガポール入出国および日本入国の諸条件は、新型コロナウイルスの感染状況によって変更となる可能性があります。旅行前はもちろん、滞在中にも最新の情報を確認してください。

巻頭特集1
最新ニュース

空港に出現した楽園

ジュエル・チャンギ・エアポートを遊び尽くす!

JEWEL CHANGI AIRPORT

2019年に誕生した空港併設の巨大複合施設。未来都市を思わせる「ジュエル」が世界中の観光客を出迎えてくれる。世界一の室内滝を取り囲む熱帯雨林の森を散策し、最先端のショッピングモールを見て回ろう。シンガポールを代表する名店、ここにしかないレストランが揃っている。

最も眺めがよいのは資生堂フォレストバレーのL4展望デッキ。空港ターミナル2〜3を結ぶスカイトレインが館内を走行する光景にもびっくり

ライトアップされると一段と幻想的

❶空港管制塔が望める休憩スポット（L2）❷L5のキャノピーパーク隣にはオープンに展開するレストランやバーがある ❸L2の入口では輝くアート作品「クリスタル・クラウド」が迎えてくれる

ジュエルの楽しみ方

バゲージ・ストレージ。料金はキャリーバッグ$10〜（24時間）

帰国の際におみやげ買いと食事に立ち寄る

フライト時間よりも早めに訪れ、ジュエルL1のバゲージ・ストレージ（荷物預かり所）に荷物を預けるか、同フロアのアーリーチェックインカウンター（航空会社によって受付時間が異なるので注意）を利用するとよい。

ジュエル観光目的で午後遅めに訪れ、夜のショー、ディナーまで満喫

滝はライトアップでさらに迫力を増す。

最大の見どころはこのふたつ

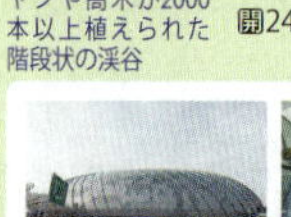

ヤシや高木が2000本以上植えられた階段状の渓谷

HSBCレインボルテックス HSBC Rain Vortex

屋根中央部から流れ落ちる滝の名称がレインボルテックス（雨の渦）。その高さは40mで室内にある滝では世界一。19:00頃からライトアップされ19:30から1時間ごとに光と音楽のショーを開催。
開10:00〜22:00（金・土曜、祝日前日、祝日〜23:00） **光と音楽のショー**19:30、20:30、21:30、22:30（ショーは約5分、無料）

資生堂フォレストバレー Shiseido Forest Valley

滝を取り囲む熱帯雨林の森。L1〜4を石畳で結び、遊歩道も設置。L3とL4には展望デッキがある。
開24時間 料無料

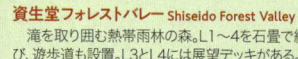

上／滝は地下1階から下はアクリル樹脂の円柱の中を落下する 下／光と音楽のショー

左／特殊ガラスのドーム型建物 右／リンクブリッジには動く歩道が設置されている

ジュエルってどんなところ？

- 空港ターミナル1の拡張とターミナル前の屋外駐車場の再開発から生まれた。ジュエルは駐車場跡地の敷地面積約3.8ヘクタールに立つ。
- 空港ターミナル1パブリックエリアとL1、B1で直結。ターミナル2、3へはリンクブリッジ（連絡通路）で徒歩約5分（ターミナル1からスカイトレイン利用でも行ける）。
- 設計デザインはマリーナベイ・サンズを手がけたモシェ・サフディ氏が率いるチーム。
- 地上5階、地下5階（うち地下3〜5階は駐車場）。最上階のL5はアトラクションが集まるキャノピーパーク。

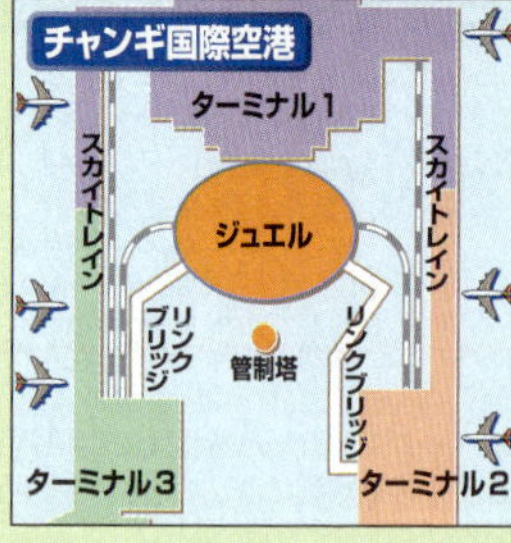

キャノピーパークのアトラクション&庭園

L5のキャノピーパークは有料の遊び場。9つのアトラクションと庭園で構成されており、パークの入場料で遊べるものと、別料金のものがある。 開10:00～22:00（金～日曜、祝日前日、祝日は～23:00。最終入場は閉園30分前） 休 無休 料$8

パークの入場料で楽しめるもの

ディスカバリースライド
Discovery Slide
彫刻作品でもある滑り台。滑り方は4種類

フォギーボウル
Foggy Bowls
芝生のくぼみからランダムにミスト（霧）が吹き出し、雲の中へ

トピアリーウオーク
Topiary Walk
動物をかたどったトピアリーが並ぶ

ペタルガーデン
Petal Garden

季節の花で飾られた庭園

滝の水流を間近で見られるキャノピーブリッジ（料$13.9）

そのほかのアトラクション

地上23m、長さ50mのキャノピーブリッジをはじめ、ネット遊具や迷路、AR（拡張現実）で恐竜世界を冒険する「Jewel-Rassicクエスト」などがある。
開10:00～22:00 休 無休 料各アトラクションによって異なる

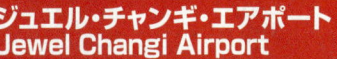

ジュエル・チャンギ・エアポート Jewel Changi Airport

コンシェルジュ　エレベーター　エスカレーター
トイレ　休憩スポット

L5

キャノピーパーク
キャノピーパークのチケット売り場
キャノピーパーク入口

レストラン・バー
❶人吉居酒屋
❷プリヴェ
❸バーガー&ロブスター
❹タヌキ・ロウ・アンド・ザ・ワールド・イズ・フラット
❺アーティスティック

キャノピーパークのアトラクション
❻ヘッジ・メイズ
❼ミラー・メイズ
❽トピアリーウオーク
❾ディスカバリースライド
❿フォギーボウル
⓫マニュライフ・スカイネット-ウオーキング
⓬マニュライフ・スカイネット-バウンシング
⓭ペタルガーデン
⓮キャノピーブリッジ

L4

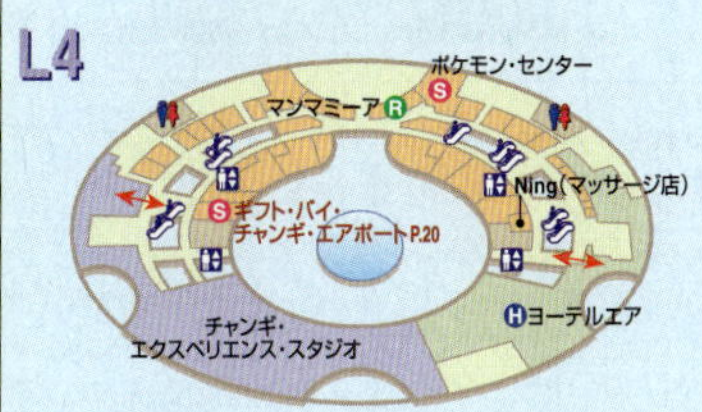

L1

バイオレット・ウン・シンガポール P.20、21
空港ターミナル1 到着ホール
アーリーチェックインカウンター
チャンギ・ラウンジ
GSTリファンド
バゲージ・ストレージ
バーズ・オブ・パラダイス
資生堂フォレストバレー
HSBCレインボルテックス
シャン・ソーシャル P.21
ブンガワン・ソロ
リッチ&グッドケーキショップ P.20
グルメみやげ店が集まる

L3

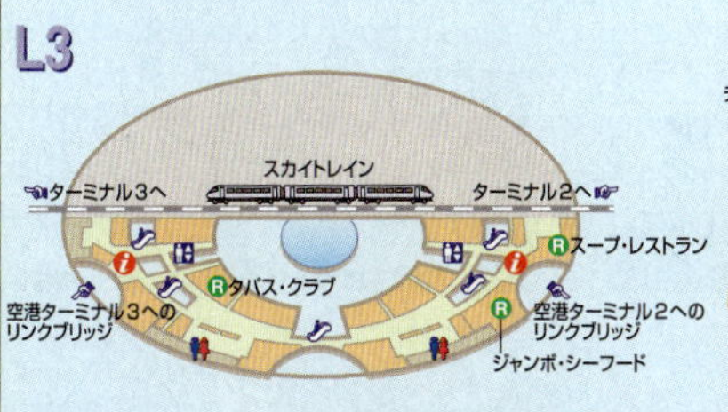

B1

チャールズ&キース
空港ターミナル1、タクシー乗り場へ
マークス&スペンサー
Pazzion
ホワイト・レストラン（ビーフン料理）
ザラ
アトリウム
ユニクロ
マッシモ・ドゥッティ

L2

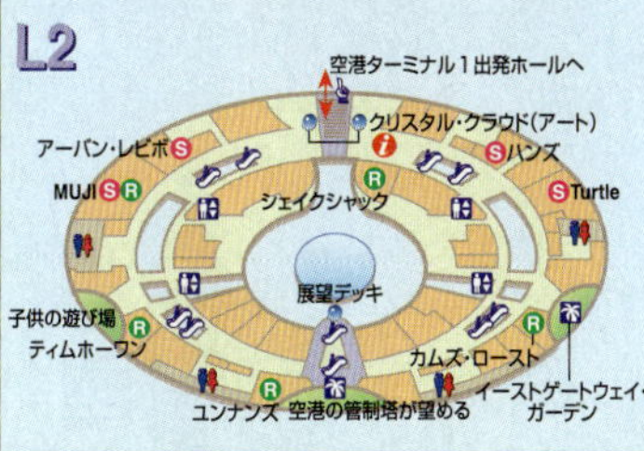

B2

松發肉骨茶
ハイナン・ストーリー（海南賓）P.21
フード・リパブリック（フードコート）
フェア・プライス・ファイネスト（スーパー）
アービンズソルテッドエッグ
ビューティ・イン・ザ・ポット
スシロー

ジュエル・チャンギ・エアポート MAP 折込表-2C 住78 Airport Boulevard ☎6956-9898 URL www.jewelchangiairport.com
営 店によって異なるが、だいたい10:00～22:00 行き方 MRTでチャンギ・エアポート駅下車、徒歩約5分（ターミナル2のリンクブリッジ経由）。タクシーなら市内から20～30分。

ジュエルの買い物&グルメ

お菓子やスイーツの有名店が集まる一角(L1)

ショッピングの魅力

ブティック、食品店、スーパーなど総数約280店。世界へ発信するシンガポールの実力店、そして世界の新鋭店がセレクトされている。注目すべきはここにしかない店や旗艦店が多いこと。老舗菓子店のブンガワン・ソロやクッキー・ミュージアム(→P.275)など「グルメみやげ」を集めた一角(L1)も見逃せない。

おみやげを買いに訪れたい店

パイナップルタルトが絶品

バイオレット・ウン・シンガポール
Violet Oon Singapore

プラナカン料理のレストラン(→P.21)に併設したショップで、料理研究家のバイオレット・ウンさんのオリジナル菓子を販売している。クッキーやジャムなど、手の込んだ製法で作られており、上品な洋菓子のようなパイナップルタルトがいち押し。

バター風味の薄皮にまろやかなパイナップルジャムがたっぷりのパイナップルタルト(8個入り$30)

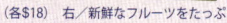

左／プラナカンタイル柄の箱入りクッキー (各$18)　右／新鮮なフルーツをたっぷり使ったトロピカルジャム(各$12)

住 # 01-205/206, L1
☎ 9834-9935
営 11:00～22:00
休 無休
カード A M V

狙うはカヤロールケーキ

リッチ&グッドケーキショップ
Rich & Good Cake Shop

サルタン・モスク近くカンダハール・ストリート店が本店。ここジュエル店では、おみやげによいミニサイズも販売している。新鮮素材で毎日手作りされており、連日15:00頃で完売する人気ぶり。甘くてコクのあるカヤジャム入りロールケーキがいちばん人気。マンゴー入りも美味。

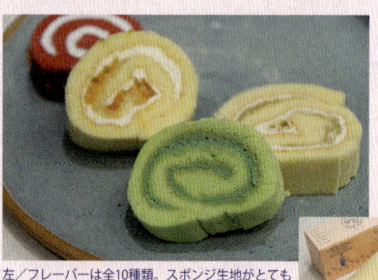

左／フレーバーは全10種類。スポンジ生地がとても柔らかく、甘さ控えめ。手前の緑色がカヤロールケーキ　中／ミニサイズは$6.5、レギュラーサイズは$12。保存料無添加で賞味期間は2日　右／数に限りがあるので早い時間に訪れたい

住#01-232, L1
☎ 6241-0902
営 12:30～21:00（売り切れた時点で閉店）
休 火曜　カード A

空港オリジナルグッズもおみやげ雑貨も揃う

ギフト・バイ・チャンギ・エアポート
Gift by Changi Airport

会社や友人へのおみやげのまとめ買いや自分の記念品など、ここですべてまかなえる。空港をモチーフにした商品はここでしか買えないので要チェックだ。ベストセラーはチャンギ国際空港のオーキッドの香りの香水やリードディフューザー。

鮮やかなバティック柄のクラッチバッグ(左、$85)とプラナカンタイル柄のトラベルポーチ(右、$55)は気鋭アーティスト作

チャンギ国際空港の香り「Changi Scent」シリーズ。オーキッド、アジアのスパイス、植物のノートを配合した上品な香りのアロマキャンドルや除菌スプレー、リードディフューザー、香水($12.9～24.9)

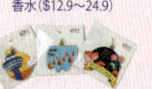

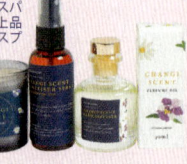

胸ポケットに搭乗券がプリントされたTシャツ($19.9)

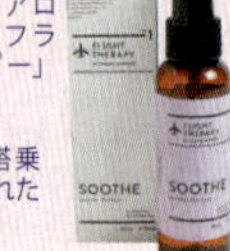

旅の不安などを和らげるアロマオイル「フライトセラピー」($18.6)

左／定番人気のコースター(左、$5.9)とマグネット(右、$6.9)　右／管制塔や第1ターミナルにある雫の形のアート「キネティックレイン」など、空港オリジナルのキーホルダー(各$9.9)

住#04-233, L4　☎なし
営10:00～22:00
休無休　カード J M V

オープンに展開するL5のレストランは自然光が気持ちいい

レストランの魅力

L1～L5は世界クラスの人気店、初進出の店など、魅力いっぱいのラインアップ。B1、B2にはローカル料理の店が多く、フードコート（B2）もある。

スペシャルなレストラン＆バー

洗練された創作プラナカン料理

バイオレット・ウン・シンガポール
Violet Oon Singapore

料理界の著名人であるバイオレット・ウンさんが、プラナカン料理をベースにアジアの要素を取り入れた多民族のシンガポールならではの料理に仕上げた。プラナカン装飾の店内で特別な食事体験を。併設のショップ（→P.20）もチェックしたい。

左／タイルやレトロなライトで飾られた店内　上／サクサクのカップの中に甘辛い具材が詰まったクエ・パイティ（$19）　下／パンダン・グラメラカ・ケーキ（$14）もおすすめ　右／ポークやチキンのサテー（手前、$18～）。後方左はローストチキン、後方右は人気のドライラクサ（$29）

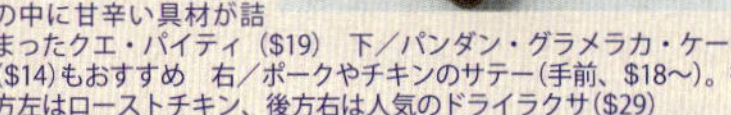

住 #01-205/206, L1　☎ 9834-9935　営 12:00～15:00、18:00～22:00（土・日曜12:00～22:00）※ラストオーダーはランチ閉店30分前、ディナー閉店1時間前　休 無休　カード A M V　※ナショナル・ギャラリー店→P.218。

トータルコンセプトの大規模店

シャン・ソーシャル（香聚）
Shang Social

シャングリ・ラグループでホテル外初進出の店。中国の広東・四川・淮揚の3地方の料理を出すメインダイニングと、点心や麺類、ローストなどをカジュアルに楽しめるスペース、創作カクテルを振る舞うバーがあり、お茶や調味料などの販売コーナーもある。ゆっくり食事を楽しむもよし、帰国間際に点心ランチをするもよし。

左／8種類の調味具材を豆腐に混ぜて食べる八面玲珑豆腐花（$28）　中上／手前は看板料理の叉焼（チャーシュウ、$18.8）、後方は老成都担担面（タンタン麺）　中下／ランチタイムには点心メニューがあり、種類も多い　右／商品販売とカジュアルな飲食スペース

住 #01-219～222, L1　☎ 6346-0260　営 11:30～15:00、17:00～21:00（金・土曜、祝日前日、祝日11:30～16:00、17:00～22:00）※ラストオーダーは閉店30分前　休 無休　カード A M V　※メインダイニングは予約をしたほうがよい。

メニュー数がすごい万能レストラン

ハイナン・ストーリー（海南寶）
The Hainan Story

中国の海南島の特色ある料理をベースに、麺料理からカレーやチキンライス、デザートまで多彩なメニューが自慢。カヤトーストの朝食からケーキやパンのおやつ、しっかり食事まであらゆるシーンに対応している。リゾートをイメージする明るく楽しい造りで、ファミリー客にも人気。比較的リーズナブルな料金設定もうれしい。

新聞紙を模したペーパーにのせたカレーが店の看板メニュー（ハイナニーズカレー・チキンドラムスティックセット、$10.5）

鶏モモ肉のローストの海南チキンライス（$7.6）。チキンもご飯もおいしい

食後やおやつに人気のクリームホーンは種類豊富（各$4.8）

ローカルコーヒー（コピ）のほか、コーヒーと紅茶のミックス「ユンヤン」もある（$2～）

左／開放感のある広い店。ヤシの木が南国ムードを演出　右／カラフルな装飾が随所に

住 #B2-201/202, B2F　☎6908-2516
営8:00～21:30　休無休　カード A D J M V　［他店舗］→P.220

※P.20～21で紹介の店：MAP P.19

複合エンタメ施設

マリーナベイ・サンズ

ホテルの上には展望デッキのサンズ・スカイパーク、下にはショッピングモール、付属のミュージアム内には最新デジタルアートと、オールラウンドに楽しめる巨大施設だ。ハイライトとなるおすすめスポット、楽しみ方を伝授！

Marina Bay Sands

マリーナベイ・サンズが華やかに躍動するショー「スペクトラ」。写真は対岸のワン・フラトン前から見たもの

Sands SkyPark

サンズ・スカイパーク から絶景を満喫

3つのタワーの上に載った船の形の空中庭園がスカイパークだ。地上200m、全長340mのスカイパークには、インフィニティプールと展望デッキ、バーやレストランがある。プールは宿泊客専用だが、空中に突き出た展望デッキ(有料)や飲食施設は一般客も入場可能。午前中の早い時間と、夕景から夜景に変わる19:00前後がおすすめで、バーレストランもサンセット直後がロマンティック。

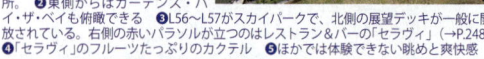

❶スカイパークにあるプールは宿泊客のみの聖域。宿泊したらぜひ利用したいサンズのいちばんの名所。 ❷東側からはガーデンズ・バイ・ザ・ベイも俯瞰できる ❸L56~L57がスカイパークで、北側の展望デッキが一般に開放されている。右側の赤いパラソルが立つのはレストラン&バーの「セラヴィ」(→P.248) ❹「セラヴィ」のフルーツたっぷりのカクテル ❺ほかでは体験できない眺めと爽快感

Information

マリーナベイ・サンズ

MAP P.96-2B 住10 Bayfront Ave. ☎6688-8888 FREE0800-2220602（日本語） URL jp.marinabaysands.com 行き方MRTベイフロント駅から徒歩約3分。

●**サンズ・スカイパーク Sands SkyPark** 住L56～L57 Marina Bay Sands ☎6688-8826 開11:00～21:00（最終チケット販売20:30） 休無休 料$26（2～12歳、学生、65歳以上$22） カード A D J M V
※タワー3の1階車寄せから地下1階に下りた所にチケット売り場がある。

●**マリーナベイ・サンズ（ホテル）** → P.304

●**アートサイエンス・ミュージアム ArtScience Museum** ☎6688-8826 開10:00～19:00（最終入場18:00） 休イベント開催時 料1展示$23（2～12歳、学生、65歳以上$18） カード A J M V

●**カジノ** 営24時間 休無休 ※21歳未満は入店不可。年齢と国籍チェックのためパスポートの提示が求められる。

Spectra

大迫力のショー「スペクトラ」を観賞

マリーナ・ベイに面したイベントプラザで毎晩開催される、レーザー光線と噴水、ビジュアルアート、音楽が一体となって躍動するショー。そのスケール感と感動的な演出に思わず拍手喝采が。観賞無料でひと晩に複数回行われるので、ぜひ夕食後の予定に組み込みたい。

MAP P.96-2B 開20:00、21:00（金・土曜は 22:00 もあり）※ショーは約 15 分。 料 無料

イベントプラザから見た「スペクトラ」。シンガポール発展の歴史や文化をイメージした4部構成のショー

Gourmet

世界クラスのグルメを楽しむ

感動の絶品ローカル料理

ジャスティン・フレーバー・オブ・アジア

JustIN Flavours of Asia

この道30年以上、シンガポールで最も有名なシェフに挙げられるジャスティン・クエック氏が指揮を執る。厳選素材を使った遊び心あふれるシンガポール料理は、感嘆の声を上げるほど美味。マリーナ・ベイの絶景とともに、とっておきの時間が過ごせる。

上／気取らないジャスティン氏の人柄に魅了される　下／マリーナ・ベイに面したテラスは夜景の特等席

住L1-83 The Shoppes at Marina Bay Sands ☎6688-7722 営12:00～15:00、18:00～23:00（ラストオーダー 14:00、21:00） 休 無休 カード A D J M V ※ディナーは予約をしたほうがよい。

手前のチリ・クラブは、繊細ながらも力強いインパクトをもつ濃厚チリソースがあとを引く（時価）

多彩なバーガーと写真映えシェイクの

ブラック・タップ・クラフトバーガー＆ビア

Black Tap Craft Burgers & Beer

ニューヨークからアジア初上陸。ポップアートで彩られた店内にオールディーズの曲が流れ、気分が上がる楽しい店。看板メニューは世界的ブームのクラフトバーガーとビール。インパクト大のクレイジーシェイクもこの店の名物だ。

住L1-80 The Shoppes at Marina Bay Sands ☎6688-9957
営11:30～23:00（土・日曜、祝日 11:00～） 休 無休
カード A J M V

手前が受賞歴のあるグレッグ・ノーマン・バーガー（$27、ブルーチーズをトッピング）。後方がいち押しのオールアメリカンバーガー（$23）。パティはボリューム満点、バンズもふわふわでおいしい

スタッフは皆元気はつらつ

上／店の前のオープンスペースにもテーブルが並ぶ　左／ミルクシェイクにコットンキャンディやパールチョコレートで飾り立てたクレイジーシェイク（$22）

カクテルと楽しむモダンチャイニーズ

モット32シンガポール

Mott 32 Singapore

おしゃれでエレガントな店内は特別感のあるひとときを約束。最先端の調理技術と選び抜いた素材で表現する独創的な中国料理を堪能しよう。おすすめはロースト（BBQ）料理や点心（詳細・データ→P.212）。

左／洗練とクラシックな中国様式が融合したインテリア　右上／アヒルの卵の塩漬け卵黄、オートミールをエビにからめたクリスピープロウン・ウィズ・ソルティエッグヨーク＆オートミール（$42）　右下／料理や点心に合うカクテルも創作。写真は中国のミックススパイス、五香粉を用いたファイブスパイスシェリー（$24）　※写真：©Mott 32

シンガポール最大のナイトクラブ

マーキー・シンガポール

Marquee Singapore

ニューヨークやラスベガスで名高い「マーキー・ナイトクラブ」のシンガポール店。3フロアを打ち抜いた豪華絢爛なスペースに、観覧車やスライダーを設置。有名DJも出演。

最新鋭の映像設備、音響システムを結集したクラブ。約3000人収容可

住B1-67 The Shoppes at Marina Bay Sands ☎6688-8660 URL marqueesingapore.com 営 金・土曜、祝日前日の 22:00～翌 6:00 料 出演 DJ によって異なる カード A D J M V ※18 歳未満は入場不可（写真付き身分証明書の提示を求められることがある）。

※P.23 で紹介の店：MAP P.25、P.96-2B

Art

体験型アートの世界で遊ぶ

サンズのアートサイエンス・ミュージアム内に「フューチャーワールド」、ショッピングモール内には「デジタルライト・キャンバス」がある。

触って描いて体でアートを満喫！ フューチャーワールド Future World

日本のアート集団「チームラボ」が手がけるデジタルアートの常設展。自分と他者が造り上げるアートは刻々と変化し、自然や宇宙にすっぽり入り込んだような不思議な感覚を体験できる。「ガーデン・シティ」、「公園」、「宇宙」、「サンクチュアリ」の4つのゾーンに分かれているが、2022年11月現在、「サンクチュアリ」と「公園」は改修工事のため閉鎖。

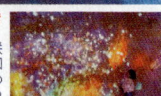

●花と人、コントロールできないけれども、共に生きる
人がじっとしていると花が咲き誇り、人が触ったり歩き回ると散っていく。息をひそめ動かないでいると写真のような美しい光景に包まれる

新設の注目アート！

Transcending Boundaries（作品の境界を破壊する）

6つの作品で構成。ひとつの変化がほかの作品に反響し、変化の連鎖が止まらない。圧巻の自然美に魅了される。

●憑依する滝　壁から地面への水の流れの上に人が立つと、人をよけるように水の流れが変化する。さらに水の流れは「花と人……」の作品とも共鳴し合う

展示のハイライト

●クリスタル・ユニバース
左／スマートデバイスの操作で光の星雲や彗星などが現れる　右／約17万個のLEDライトで生み出された宇宙空間は神秘的

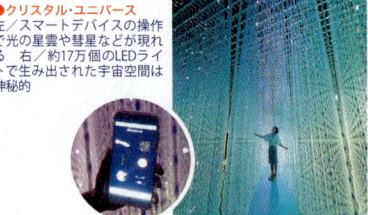

子供に人気

●光のボールでオーケストラ
色が変化するボールに触ったりバウンドさせるとユーモアあふれる音が出る

自分で色づけ名前を書いたライオンが動き出す

●お絵かきピープル&アニマルズ
おのおのが描いた絵をスキャナーで取り込むと、スクリーンの中に登場し、命を吹き込まれたようにアートの世界で動き始める

住B2 ArtScience Museum　☎6688-8826　開10:00～19:00の間に30分間隔で入場（最終入場18:00）　料$23（2～12歳、学生、65歳以上$18）※デジタルライト・キャンバス（→下記）の入場券の提示で$2引き。　URL 休 カード アートサイエンス・ミュージアム内（→P.22 Information）　※ミュージアムは開10:00～19:00（最終入場18:00）　行き方 MRTベイフロント駅から徒歩約10分。MAP P.96-2B

買い物の際に気軽に体験できる デジタルライト・キャンバス Digital Light Canvas

ショップス・アット・マリーナベイ・サンズのB2にあるインタラクティブ・アート。こちらも「チームラボ」と技術提携したもので、天上から降り注ぐシャンデリアのような光のツリーが華やか。LEDフロアに泳ぐ1万匹の魚の群れと戯れたり、足で描いた道筋がアートになったりと、大人も子供も楽しめる。

左／「Happy Birthday」などのメッセージを映し出すサービスもある（有料）　中／夜は一段ときれい。クリスタルの光の粒が滝のように降り注ぎ、床は紺碧の海のよう　右／LEDフロアの直径は7mあり、40万1280個のLEDを使用している

住B2 The Shoppes at Marina Bay Sands　☎6688-8826　開11:00～21:00（最終チケット販売20:30）　休無休　料$5（2歳未満は無料）　※チケットはB2のラサプラ・マスターズ（フードコート）そばのコンシェルジュで購入。MAP P.25（B2）

Shopping

楽しみ満載のショッピングモール

ショップス・アット・マリーナベイ・サンズ

The Shoppes at Marina Bay Sands

1フロアの長さは約400mという広さ。B2(B2Mを含む)、B1、L1の3フロアに店舗数は200を超え、ハイエンドなブランドからローカルの人気店までを網羅。夜遅くまで買い物ができる。サンパンライドや水のパフォーマンスなどのアトラクションも楽しめる。

右／全面ガラス張りで光にあふれる館内はとても広いので、目指す店を絞ろう。手前のカフェは「TWGティー」(→P.242)　左／モロッコ発祥のコーヒー専門店「バシャコーヒー」(→P.241)は大人気。200種以上のコーヒーがすてきなデザインのパッケージで販売されている

ジェイソンズ・デリ Jasons Deli

旅行者にも利用価値のある巨大スーパー&デリカテッセン。ご当地クッキーやチョコ、お茶などの食品みやげをはじめ、マーライオングッズなど雑貨もある。ホテルでの飲食によい食品や果物、酒類も豊富。

❶おみやげ品も揃うスーパー。レジはセルフ方式　❷人気どころを揃えたインスタント麺　❸マーライオンの置物は$13.6～　❹1袋に1個分のマンゴーが詰まったマンゴーチップスナック($5.95)　❺シンガポールの名所を描いたミニ絵皿

住L1-29 The Shoppes at Marina Bay Sands　☎6509-6425　営11:00～22:00(金・土曜、祝日前日～23:00)　休無休　カードA J M V　MAP P.25 (L1)

サンパンライド Sampan Rides

B2にある水路を、昔のスタイルの小舟「サンパン」で遊覧できる。

☎6688-8868　営11:00～21:00(最終チケット販売 20:30)　休無休　料$13　※乗船時間約10分。MAP P.25 (B2)

手こぎの船で水路を巡る

レイン・オクルス Rain Oculus

イベントプラザの入口手前に巨大な漏斗状のアクリルボウルがあり、定時にその中に水が噴射されると、渦を巻いて2階下のB2まで流れ落ちる。

水の噴射タイム：10:00、13:00、15:00、17:00、20:15、21:30、23:00　MAP P.25 (L1)

右／上から見ると、うず潮のよう　左／館内からは滝のように流れ落ちる様子が見られる

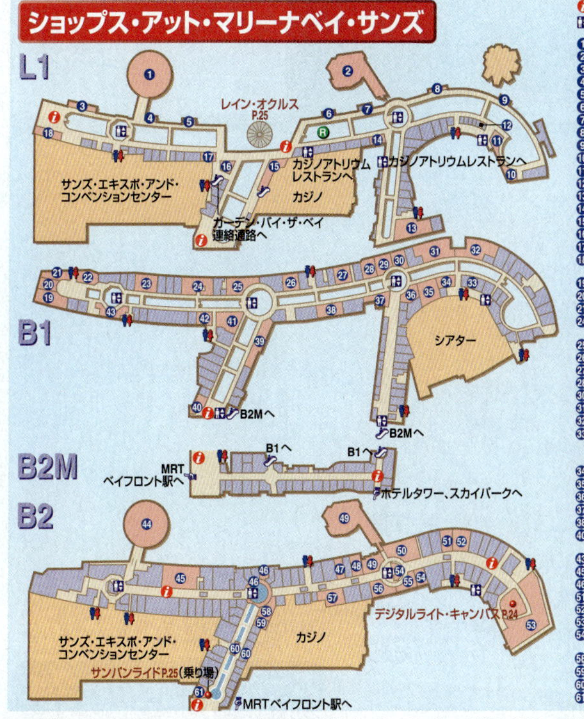

i インフォメーション　トイレ
エレベーター　エスカレーター

1 44 アップル・マリーナベイ・サンズ
2 29 49 ルイ・ヴィトン
3 22 R ブレッドストリート・キッチン P.229
4 23 R ヤードバード・サザン・テーブル&バー
5 R ジャスティン・フレーバー・オブ・アジア P.23
6 N ラ・ノワール
7 R ダラス・カフェ&バー
8 R セン・オブ・ジャパン
9 R ダ・パオロ・ガストロノミア
10 R So Pho
11 R ブーティエン
12 ファーイースト・エクスチェンジ(両替店)
13 ジェイソンズ・デリ P.25
14 ミュウミュウ
15 39 グッチ
16 41 シャネル
17 42 ドルチェ&ガッバーナ
18 R ブラック・タップ・クラフトバーガー&ビア P.23

19 R ディンタイフォン(鼎泰豐)
20 R パンジャブ・グリル
21 R ジャンボ・シーフード
24 R シノワズリ・モダン・エイジャン・バイ・ジャスティン・クエック
25 サルヴァトーレ・フェラガモ
26 ディオール
27 47 エルメス
28 48 ブルガリ
30 50 カルティエ
31 R モット32 シンガポール P.23、212
32 R dbビストロ&オイスターバー
33 N マーキー・シンガポール P.23
N アベニュー・ラウンジ
R KOMAシンガポール
34 シアターボックスオフィス
35 R CUTバイ・ウルフギャング・パック
36 55 ティファニー
37 56 プラダ
38 57 バーバリー
40 R S TWGティー・オン・ザ・ベイ

43 ネイチャーランド・プレミアム
45 ザラ
46 R ビーンストロ
51 ルルレモン
52 セフォラ
53 R ラサプラ・マスターズ P.237
54 R S TWGティー・ガーデン・アット・マリーナベイ・サンズ P.242
58 トリーバーチ
59 バシャ・コーヒー
60 R アンジェリーナ
61 チャールズ&キース

ショップス・アット・マリーナベイ・サンズ：住B2-L1 Marina Bay Sands　☎6688-8868　営10:30～23:00(金・土曜、祝日前日～23:30)　休無休　行き方MRTベイフロント駅から徒歩約1分。　MAP P.96-2B、P.22、P.25

Gardens by the Bay

近未来型ガーデン ガーデンズ・バイ・ザ・ベイ

サンズの東側に広がる未来型の植物園。熱帯雨林の巨大樹をイメージしたスーパーツリー群は、まるでSFの世界。つり橋のスカイウェイや最新鋭の植物園、多彩な飲食スポット、光のショーと楽しみが詰まっている。色鮮やかな緑や花々、つり橋体験を楽しむなら昼間に、人工ガーデンならではの超絶夜景に浸るなら夕方以降に訪れたい。

南国植物と人工のスーパーツリーが不思議な調和を生み出している

モデルプラン

17:00頃	まずはフラワードーム（→P.29）を見物。フラワードームは光が差し込む時間帯のほうがきれい。
18:00頃	クラウドフォレスト（→P.29）へ移動し、内部を散策。
19:15頃	スーパーツリー・グローブ（スーパーツリーが集まる中心部）へ移動。夕景のスーパーツリーも見もの。
19:45	ショー「ガーデンラプソディ」（→P.27）を見る。

Garden Rhapsody

スーパーツリーが光り輝く！ ガーデンラプソディ

スーパーツリー・グローブで毎晩行われるショー。人工ツリーが音楽に合わせてきらめき、壮大なファンタジーの世界へ引き込まれる。

開19:45、20:45　※ショーは約15分。料無料

夜空一面、光の花が咲いたよう。ショーの内容は時期によって変わる

ひとめでわかるスーパーツリー・グローブ Supertree Grove

高さ25～50mの植物が植え込まれた人工巨木がスーパーツリー。園内に計18本あり、そのうち12本が集まる中心部はスーパーツリー・グローブと呼ばれる。

開5:00～翌2:00　休無休　料無料

スーパーツリー・オブザーバトリー
最も高い50mのスーパーツリー上部は展望台（有料）になっていて、マリーナ・ベイを一望できる（→P.28 Information）

エコ機能搭載
11本のツリー上部にソーラーパネルを設置し、ライトアップなどに必要な電力を供給。一部にはドーム植物園で生じた熱の排気口もある

MRT駅へ
エレベーターか坂道を上ると、MRTベイフロント駅へつながる道へ（徒歩約10分）

OCBCスカイウェイの入口
スーパーツリーの根元部分からエレベーターで樹上へ

OCBCスカイウェイ
スーパーツリー間を空中散歩できるつり橋（→P.28）

ツリーの幹の秘密
鋼鉄製の支柱に取り付けたプラントパネルには、おもに南米から輸入したパイナップル科の植物、シダやランなどが手作業で植えられている。その数、約200種、約16万2900株

インフォメーションカウンター、タクシー乗り場へ
徒歩約3分

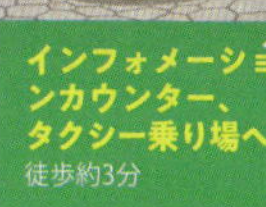

ドーム型植物園へ
徒歩約5分

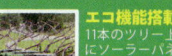

ユニークな飲食スポット

ケーキやペストリーもあります

マイロズ Mylo's

2021年誕生の最新エリア「アクティブガーデン」にあるジェラートカフェ。24種の店内製造のジェラートは素材の味が濃厚。屋外席もありペット同伴可。

MAP P.26　住18 Marina Gardens Drive, #01-01　☎6970-8553　営8:00～20:00（金・土曜～22:00）　休月・火曜　カード A J M V

上／植物に囲まれ日差しが降り注ぐカフェ　下／マンゴーパッションフルーツとヨーグルトのダブルスクープ（$9）

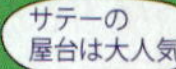
サテーの屋台は大人気

サテー・バイ・ザ・ベイ Satay by the Bay

水辺に造られた屋台や飲食店が集まる施設。スチームボートやバーベキューを中心にローカルフード店約10店とサテーの屋台2店がある。バー&ビストロもあり、夜はにぎわう。

MAP P.26　住18 Marina Gardens Drive, #01-19　☎6538-9956　営11:00～22:00（ドリンク店は9:00～23:00）　休無休

上／半屋外で開放感いっぱい。観光客も多い
下／サテーはチキン、マトン、ビーフなどがあり、10本$9

見どころ&アトラクション

OCBCスカイウェイ OCBC Skyway

2本のスーパーツリーを結ぶ高さ22mのつり橋がOCBCスカイウェイ。橋の真ん中あたりは通路の幅が狭くなり、スリルと浮遊感を体感。

開9:00～21:00（最終入場 20:30） 料大人 $10、子供（3～12歳）$6 MAP P.26

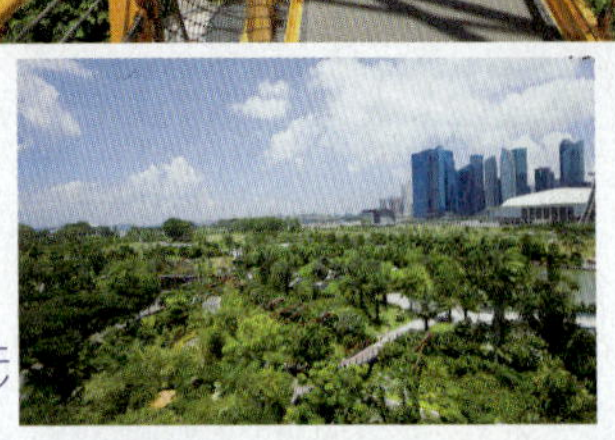

左／スカイウェイを俯瞰。スカイウェイは一方通行で人数制限あり　右上／足元から地上が見えて高度感が伝わってくる。スーパーツリー越しに緑の植物群、マリーナベイ・サンズを望む景色は最高　右下／ガーデンの南西部を望む

テーマガーデンのアートオブジェ

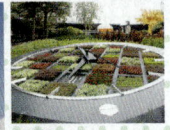

広大な敷地にはさまざまな植物や、シンガポールの民族と植物との関わりを紹介する10のテーマガーデンがある。園内にはアート作品が随所に配置されていて、それらは格好の記念撮影オブジェに。

開5:00～翌2:00 休無休 料無料

左／イギリスの彫刻家の作品。約10mの「眠っている男の子」が宙に浮かぶように作られている　右上／約7mの花時計はGPS機能付き。オーデマ・ピケの時計をデザインしたもの　右下／スペイン人芸術家、マノロ・ヴァルデスの彫刻作品「The Pamela Hat」

ついつい写真を撮りたくなる

左／「ウェブ・オブ・ライフ」には8体の在来動物のトピアリーがある。写真はガジュマルの木で作ったオランウータン　中／水辺には本物そっくりの水牛の石像がある　右／「ドラゴンフライ・レイク」にあるトンボのアート作品。水辺にはリアルなトンボが羽を休める

Information

ガーデンズ・バイ・ザ・ベイ

マリーナ・ベイを囲む3つのエリアで構成され、ここで紹介のガーデンはベイ・サウス・ガーデン（54ヘクタール）。東のベイ・イースト・ガーデン→P.115。

MAP折込裏 -3D、P.96-2B～3B 住18 Marina Gardens Drv. ☎6420-6848
URL www.gardensbythebay.com.sg 開5:00～翌2:00 休無休 料ガーデンは入場無料
行き方MRT ベイフロント駅から徒歩約5分、「サテー・バイ・ザ・ベイ」（→P.27）へはMRT ガーデンズ・バイ・ザ・ベイ駅から徒歩約3分。

シャトルサービスのトラム

●**スーパーツリー・オブザーバトリー Supertree Observatory** 開9:00～21:00（最終入場20:30） 休メンテナンス日、イベント開催日 料$6

●**マリーナベイ・サンズからの行き方** ショップス・アット・マリーナベイ・サンズ L1 の水路脇のエスカレーターを上れば連絡橋にアクセスできる（宿泊客はホテル内からアクセス可）。連絡橋を渡ると目の前がガーデンズ・バイ・ザ・ベイ。

●**シャトルサービス Shuttle Service（トラム）を利用** ベイフロント駅B出口を出て通路を数十m進んだ所にシャトルサービスの乗り場がある。ここからドーム型植物園前を結んで9:00～21:00に運行（最終乗車 20:45）。料$3（1日乗り放題）

●**チルドレンズガーデン Children's Garden** 開木～日曜、祝日 9:00～19:00（最終入場 18:00） 休月～水曜 料無料

チルドレンズ・ガーデン

ドーム型植物園

世界中の植物が見られる、低温管理されたハイテク植物園。大滝のマイナスイオンで気分リフレッシュ！

フラワードーム
Flower Dome

ドーム内の気温は23～25℃。地中海沿岸と亜熱帯の半砂漠地帯、つまりクールでドライな気候帯を再現している。アフリカ南西部、マダガスカルなどの樹木や、時期によって変わる花々、花とコラボするディスプレイを見て回ろう。

MAP P.26 開9:00～21:00（最終入場20:30）休メンテナンス日 料ふたつのドーム共通チケット大人$28、子供(3～12歳)$15 カードADJMV

❶涼しくて乾燥した気候帯を再現した館内。8月9日のナショナル・デー前後は、国花であるランの特別展示が行われることが多い ❷園内にはケーキやスイーツでお茶できる「ホータス」（→P.239）がある ❸幹が樽のようなボトルツリー。バオバブの木もある

クラウドフォレスト
Cloud Forest

低温で湿度の高い山岳地帯の植物体系を展示。35mの人工の山から滝が流れ落ち、ミストの雲が立ち込める。エレベーターで頂上の「ロストワールド」に上り、高山植物や食虫植物などを観察。下りはクラウドウオークで。

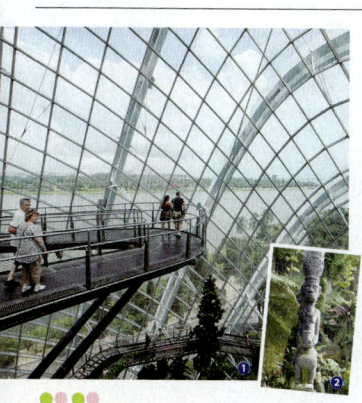

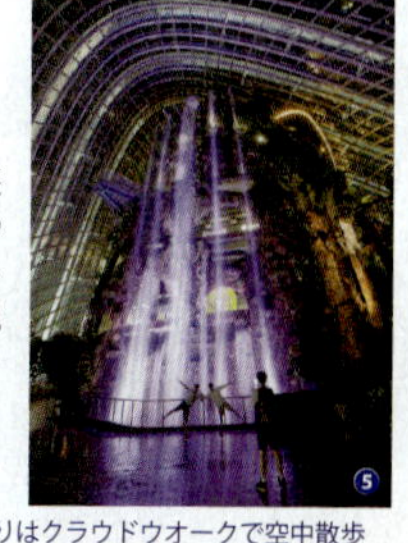

❶頂上からの下りはクラウドウオークで空中散歩 ❷プリミティブアートも ❸ロストワールドではさまざまな食虫植物が見られる ❹ウツボカズラ ❺海抜2000m級の熱帯高地を模した人工の山がそびえ、滝からマイナスイオンが降り注ぐ。夜はライトアップされて神秘的

新たなテーマアトラクション
「フローラル・ファンタジー」で花のアートにうっとり！

Floral Fantasy

花とアート、テクノロジーを一体化した植物の楽園のような展示館。フラワーボールが躍るように動く「ダンス」や小川が流れる「フロート」、雨の森をイメージした「ワルツ」など4つのエリアが、夢のような世界へいざなう。トンボの視点になってガーデンズ・バイ・ザ・ベイ上空を飛び回る4Dライドも体験できる。

レース模様のドームに覆われた展示館

MAP P.26 開10:00～19:00（土・日曜、祝日前日～20:00。最終入場は閉園30分前）休メンテナンス日 料大人$20、子供(3～12歳)$12 ※ふたつのドーム型植物園とシャトルサービスのセット券もある。カードADJMV 行き方MRTベイフロント駅B出口から連絡通路経由で徒歩約3分。スーパーツリーやドーム型植物園からは徒歩約10分、またはシャトルサービス利用。

❶展示植物は150種、3000株を超える ❷小川に沿って庭園が続く ❸水滴が雨のように降り注ぐ「ワルツ」のエリア ❹じっくり観察すると珍しい植物がたくさんある。写真は袋状の花弁をもつラン ❺❻中南米に生息する色鮮やかな毒ガエルの展示コーナー。写真はヤドクガエルの仲間 ❼ファンタジーシアターの4Dライド。風や水しぶきを浴びつつ浮遊感と迫力のある飛行体験へ ❽写真を撮りたくなるスポット多数

巻頭特集2
エキサイティングな旬スポット

リゾート・ワールド・セント
Resorts World™ Sentosa

リゾート・ワールド・セントーサ・ナビ

RWSのメインのテーマパークの紹介
P.32～35

RWS内のホテル
P.318～319

セントーサ島南部のアトラクションの紹介
P.163～167

Information

リゾート・ワールド・セントーサ

MAP P.30、94～95 住8 Sentosa Gateway ☎6577-8888 URL www.rwsentosa.com

行き方 ▶セントーサ・エクスプレス（モノレール）利用：MRT ハーバーフロント駅直結のビボシティ 3 階のビボシティ・ステーションから乗車し、リゾート・ワールド・ステーション下車、徒歩 3～5 分。往復 $4（入島料込み）。
▶バス利用：ビボシティ前やハーバーフロント駅前の停留所から RWS8 のバスで約 10 分。$1（入島料込み）。
▶タクシー利用：RWS の地下駐車場へ直行の場合、セントーサ島のゲートは通らないので入島料は不要（タクシー料金のみ）。RWS からタクシーで島を出る際には、$3 が加算される。セントーサ・ボードウオークでもアクセス可能（→ P.161）。

●**カジノ Casino** 住B1-G2 Resorts World Sentosa ☎6577-8888 営24 時間 休 無休
※21 歳以上のみ入場可。タンクトップ、ショートパンツ、スリッパでの入場は不可。観光客はパスポートが必要。

リゾート・ワールド・セントーサ(以下RWS)はセントーサ島(→P.160)の北部、約49万㎡の敷地に造られたアジア最大級の統合リゾート施設。ユニバーサル・スタジオ・シンガポールをはじめ、水族館やプール、ホテルやカジノが大集合。緑あふれる自然のなか、テーマパークやアトラクションで思い切り楽しもう!

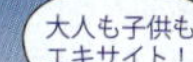

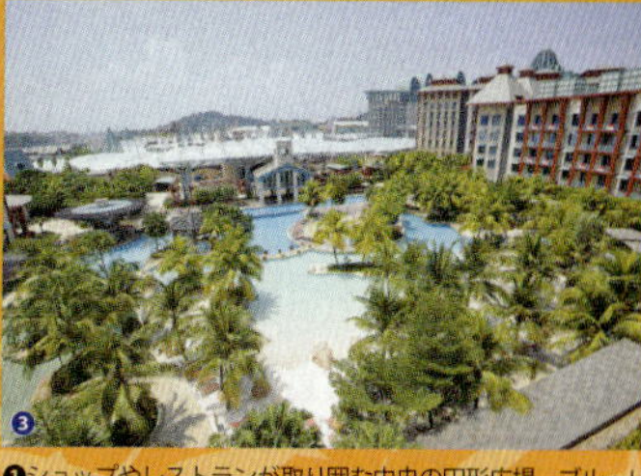

❶ショップやレストランが取り囲む中央の円形広場、ブル・リング。セントーサ・エクスプレスのリゾート・ワールド・ステーションに直結。広場の地下はタクシーやバス乗り場になっている
❷アクセスはセントーサ・エクスプレス(モノレール)が便利。正面はユニバーサル・スタジオ・シンガポールのシュレックのお城
❸ハードロックホテル・シンガポール(→P.319)の広大なプール。砂浜やヤシの木がリゾート気分を盛り上げてくれる
❹ドルフィン・アイランド(→P.33)ではイルカと触れ合える
❺世界の海を旅する気分が味わるシー・アクアリウム(→P.32)

ユニークなダイニング施設
マレーシアン・フードストリート
Malaysian Food Street

ペナンやマラッカ、クアラルンプールの人気屋台23店が集合。1970年代のレトロな街並みを模した館内で、シンガポール料理とはひと味違うローカル食が味わえる。

土鍋を使いチキンスープで炊いたクレイポットチキンライス($9〜)は待っても食べたい一品

「ペナン・リム・ブラザーズ」のチャー・クエティヤオはベストセラー

アイスカチャン(上)とペナンのチェンドル

マレーシアの屋台街を訪ねた気分になる。週末は混み合う

住Level 1, Waterfront ☎8798-9530 営11:00〜19:00(金・土・日曜、祝日〜20:00。ラストオーダーは閉店30分前) 休火曜 カードADJMV ※現金不可。 MAP P.30、P.95-1C

S.E.A. Aquarium™
世界最大級の水族館 シー・アクアリウム™

館内では45を超えるさまざまな生息地の海洋生物を、趣向に富んだ展示で楽しませてくれる。その数は1000種を超え、10万匹以上。またオニイトマキエイなど80種近い絶滅危惧種も飼育されており、数々のインタラクティブな学習プログラムも体験できる。

エンゼルフィッシュなどの熱帯魚をはじめ、100種以上が泳ぐ水槽では珍しい魚にも出合える

check 1 コーラル・ガーデン

難破船のトンネル水槽を経て館内を進み、最初に目を引くのが高さ8m、直径7mの円筒形の水槽。ここでは5000匹を超えるカラフルな熱帯魚が泳ぐ珊瑚礁を再現。

オープン・オーシャンの巨大水槽は目玉の展示。ビューイングパネルは幅36m、高さ8.3m、厚さ70cm。約120種、4万を超える海洋生物が生息している

check 3 オープン・オーシャンの巨大水槽

見学コースの折り返し地点にある。マンタやエイ、サメやジャイアントガルーパが優雅に泳ぐ姿に見入ってしまう。

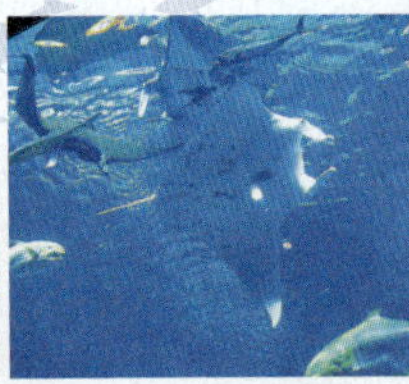

左／水槽を眺めながら食事ができるオーシャン・レストランをはじめ、宿泊施設のエクアリアス・オーシャン・スイート（→P.319）もある　右／マンタやエイの遊泳

check 4 オーシャン・ドーム

巨大ビューイングパネルに隣接する、直径9mの大きなアクリルドーム。頭上を滑空するように泳ぐ海洋生物を眺められる。

マンタの群れが頭上を通り過ぎる様子は迫力満点

check 2 クラゲの水槽

特別な照明で照らし出されたクラゲの水槽は、ビジュアルが美しく、写真映えする人気スポット。

ミズクラゲの水槽は幻想的なライトアップ

check 5 サメのトンネル水槽

目の前そして頭上を悠々と泳ぐサメは12種100匹以上。大型サメのシロワニやコモリザメ、アカシュモクザメ（ハンマーヘッドシャーク）など、種類の多さとそれぞれ習性が違うことがわかる。

ヒトデやナマコに触れるタッチプールもある

サメは数が減少し、絶滅危惧種のサメも。シー・アクアリウムでは複数種のサメの繁殖に成功している

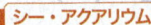

Information

シー・アクアリウム

☎なし　開10:00～17:00（日によって異なるのでホームページで確認）　休無休
料大人 $41、子供（4～12歳）$30　※2023年6月以降、大人 $43、子供 $32　カード ADJMV ※現金不可。　MAP P.30、P.94-1B

左／出口付近にあるギフトショップ　右／館内のスナック売り場

プールも珊瑚礁もある

アドベンチャー・コーブ・ウオーターパーク™

トロピカル気分で大人も子供も大はしゃぎ。スリル満点の6つのウオータースライダーや、冒険気分の川下り、珊瑚礁でのスノーケリングなどのアトラクションが満載。エイに触ったり、イルカと交流したりと体験プログラムも充実。

左／園内をほぼ1周する　右／洞窟内に入ると神秘的な雰囲気に。ウオーターパーク全体が古代都市をイメージした造りになっていて、ミステリアスな演出が

まずはコレから！

アドベンチャー・リバー Adventure River

620mの流れるプール。ジャングルや峡谷、魚のトンネルなど14のエリアを通り抜ける。

おすすめ

レインボー・リーフ Raimbow Reef

2万匹以上の熱帯魚がいる珊瑚礁でスノーケリングができる。

深さは約3m。水流があるので、ライフジャケットを着用して浮いていれば自然に進む。約15分間

人気 No.1

リプタイド・ロケット Riptide Rocket

ディンギーボートに乗ってエスカレーター式の軌道を上り切った所から、アップダウンを繰り返し、最後は40秒間の急降下。

上／東南アジア初のハイドロ・マグネティック・コースターで上っていく　下／全長225mのコースのフィニッシュ

波とたわむれる

ブルウオーター・ベイ Bluwater Bay

波のプール。波は15分ごとにうねり、最高2.2mの高さになる

イルカと遊べる

ドルフィン・アイランド Dolphin Island

イルカと触れ合える6つのプログラムがある（すべて有料）。人気の「ドルフィン・ディスカバリー」ではイルカの生態を学びつつ、一緒に遊んだり餌やりができる。予約が必要

トンネル内を降下

スパイラル・ウォッシュアウト Spiral Washout

上／猛スピードで吸い込まれて降下するスライダー　下／ボートはひとりでもふたり乗りでもいい

Information

アドベンチャー・コーブ・ウオーターパーク

開10:00～17:00 ※事前にオンラインで要予約（チケット購入）。 休無休 料ワンデイパスポート：大人 $38、子供（4～12歳）$30 MAP P.94-1B

●**アドベンチャー・エクスプレス**：$30。レインボー・リーフ、デュリング・レーサー、リプタイド・ロケットに各1回、優先的に入場できるパス。カード ADJMV ※現金不可。各アトラクションによって制限事項や規定があるので、表示板をチェック。ウオータースライダーはファスナー付きの水着では乗れないので注意。

「ロイヤル・アルバトロス」で優雅にクルーズ

世界に150隻ほどしかないといわれる大型帆船で、セントーサ島周辺をクルーズするツアーがある。4本マスト、22のセイルをもつ「ロイヤル・アルバトロス」は気品漂う美しい船。日没に合わせたサンセット・ディナークルーズとマリーナ・ベイの夜景を望むシティライツ・ディナークルーズがある。ライブ音楽が流れ、心地よい海風に吹かれてロマンティックな時間が流れる。大事な人との記念日におすすめのクルーズだ。

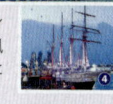

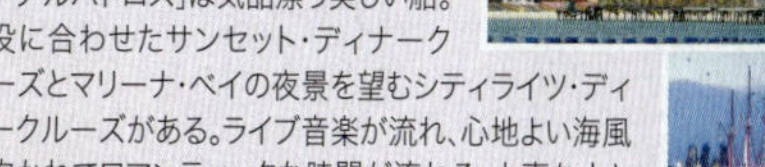

❶シンガーの歌声がムードを作る　❷甲板にテーブル席があり食前酒のあとディナーに　❸セントーサ島の南岸を航行　❹古き航海時代を彷彿させる帆船　❺ディナーはサラダ、メイン、デザートの3コース　❻❼ひとり1杯モクテルがサービスされるが、それ以外のドリンクは有料

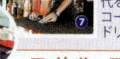

Information

ロイヤル・アルバトロス

MAP P.30、P.94-1B 住8 Sentosa Gateway ☎6863-9585 URL www.tallship.com.sg 開チケットオフィス 9:00～18:00。サンセット・ディナークルーズは金～日曜、シティライツ・ディナークルーズは土曜に催行。出航時間は日によって異なるのでホームページで確認。ツアー所要時間は約2時間30分。 料大人 $225、子供（4～12歳）$125 カード AJMV ※早めに要予約。

オリジナルのアトラクションもある

ユニバーサル・スタジオ・シンガポール™

UNIVERSAL STUDIOS SINGAPORE™

ハリウッド映画やアニメをテーマにした6つのテーマゾーンがある。人気は『トランスフォーマー』の映画の世界を体感できるアトラクションや、2機が同時走行するローラーコースター。「ミート&グリート」で人気キャラクターにも会える。

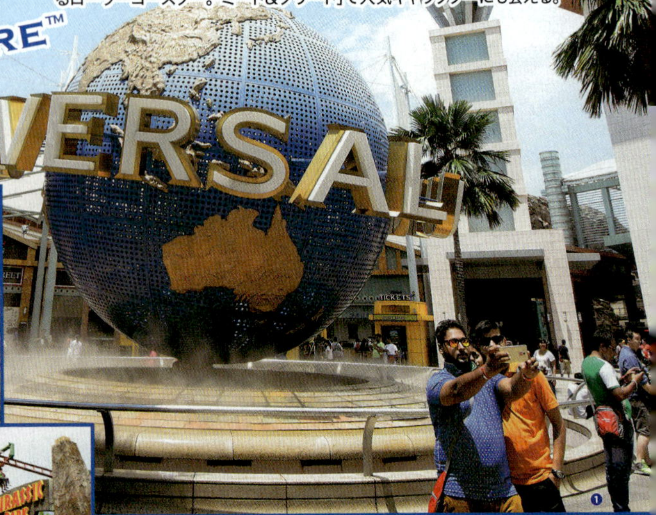

ワンポイントナビ

ぐるり1周歩いて**20分**ほど、アトラクション数は**19**とコンパクトにまとまっている。すいているのは**平日の午前中**。**4～5時間**で主要アトラクションは見て回れる。

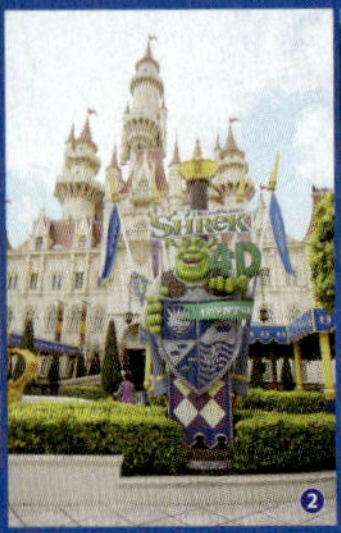

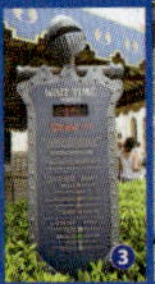

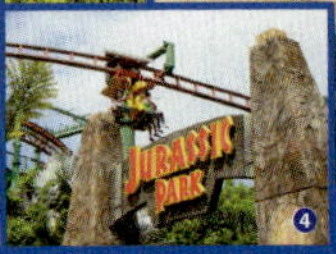

❶回転する地球儀の前は記念撮影スポット　❷シュレックのお城は規模が大きい　❸各アトラクション入口に待ち時間が掲示　❹ロスト・ワールドには『ジュラシック・パーク』を模した恐竜系のアトラクションが

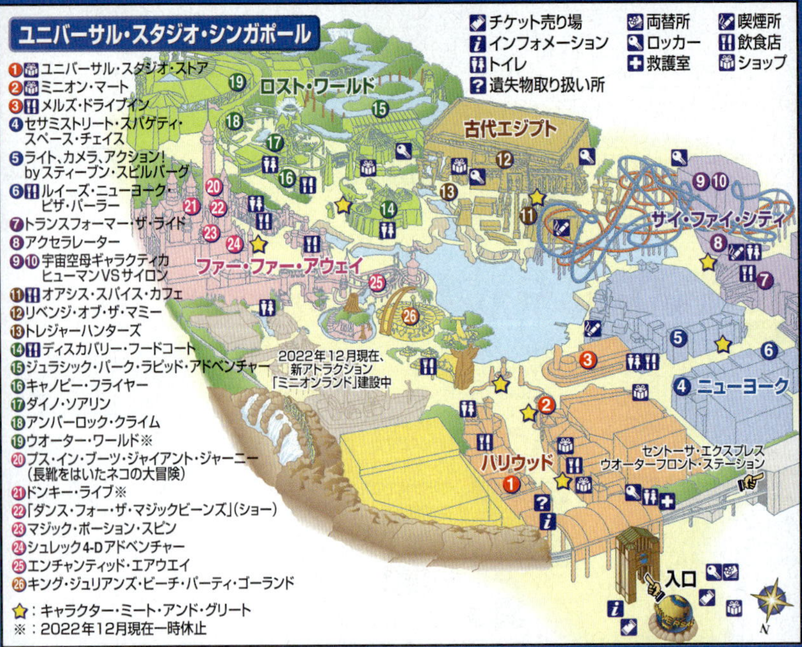

ユニバーサル・スタジオ・シンガポール

チケット売り場　インフォメーション　トイレ　遺失物取り扱い所　両替所　ロッカー　救護室　喫煙所　飲食店　ショップ

1 ユニバーサル・スタジオ・ストア
2 ミニオン・マート
3 メルズ・ドライブイン
4 セサミストリート・スパゲティ・スペース・チェイス
5 ライト、カメラ、アクション! by スティーブン・スピルバーグ
6 ルイーズ・ニューヨーク・ピザ・パーラー
7 トランスフォーマー・ザ・ライド
8 アクセラレーター
9 10 宇宙空母ギャラクティカ ヒューマンVSサイロン
11 オアシス・スパイス・カフェ
12 リベンジ・オブ・ザ・マミー
13 トレジャーハンターズ
14 ディスカバリー・フードコート
15 ジュラシック・パーク・ラピッド・アドベンチャー
16 キャノピー・フライヤー
17 ダイノ・ソアリン
18 アンバーロック・クライム
19 ウオーター・ワールド※
20 プス・イン・ブーツ・ジャイアント・ジャーニー（長靴をはいたネコの大冒険）
21 ドンキー・ライブ※
22 「ダンス・フォー・ザ・マジックビーンズ」（ショー）
23 マジック・ポーション・スピン
24 シュレック4-Dアドベンチャー
25 エンチャンティッド・エアウエイ
26 キング・ジュリアンズ・ビーチ・パーティ・ゴーランド

☆：キャラクター・ミート・アンド・グリート
※：2022年12月現在一時休止

ロスト・ワールド　古代エジプト　サイ・ファイ・シティ　ファー・ファー・アウェイ　ニューヨーク　ハリウッド　入口

2022年12月現在、新アトラクション「ミニオンランド」建設中

セントーサ・エクスプレス ウオーターフロント・ステーション

Information

ユニバーサル・スタジオ・シンガポール

MAP 住 ☎ URL 行き方：→ P.30 の RWS と同じ　開 11:00 ～ 18:00 ※事前にオンラインで要予約（チケット購入）。　休 無休
料 1 日パス：大人 $82、子供（4 ～ 12 歳）$61　カード A D J M V ※現金不可 ※優先的に入場できる「ユニバーサル・エクスプレス・パス」は時期によって料金が異なり、ピーク時期以外の平日は $50 ～。

人気アトラクション

注目度 No.1

トランスフォーマー・ザ・ライド
Transformers The Ride サイ・ファイ・シティ

左／オートボット（ロボット生命体）を率いるオプティマス・プライムがお出迎え
右／オプティマスとメガトロンの戦いに参加する（※）

映画『トランスフォーマー』の世界をバーチャル体験。最先端のオートボットの車両に乗り込み、激しいバトルの真っただ中へ突入する。3D映像や特殊効果でリアリティたっぷり。

絶叫ライド

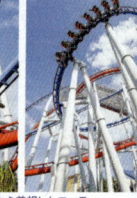

宇宙空母ギャラクティカ ヒューマンVSサイロン
Battlestar Galactica HUMAN VS CYLON サイ・ファイ・シティ

ふたつのコースがあり、着席タイプの「ヒューマン」とつり下げタイプの「サイロン」の2種類のローラーコースターが同時走行する。

左／アメリカのテレビドラマ『Battlestar Galactica』から着想したローラーコースター　右／絶叫マシン好きは青のつり下げタイプの「サイロン」に

おとぎの国の冒険

ミート&グリートの時間にはシュレックとフィオナ姫が登場

シュレック4-D アドベンチャー
Shrek 4-D Adventure

ファー・ファー・アウェイ

オリジナル4-Dムービー。可動式座席に座れば、触感・体感する仕掛けにびっくり！　あっという間に物語の中へ引き込まれる。

ミステリアス世界

リベンジ・オブ・ザ・マミー
Revenge of the Mummy 古代エジプト

暗闇の中をミイラの兵士やコガネムシの大群、火の玉などの攻撃を受けながら疾走するローラーコースター。

冥界の神、アヌビスが迎える「リベンジ・オブ・ザ・マミー」。映画『ハムナプトラ』のアトラクション

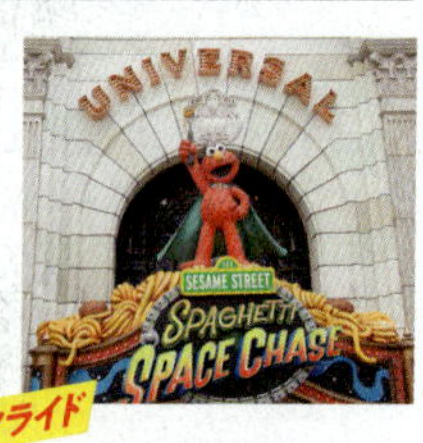

子供向けダークライド

セサミストリート・スパゲティ・スペース・チェイス
Sesame Street Spaghetti Space Chase ニューヨーク

セサミストリートの世界初ライド。盗まれた世界中のスパゲティを追いかけ、エルモと一緒に宇宙冒険。

家族向けの乗り物

プス・イン・ブーツ・ジャイアント・ジャーニー
Puss In Boots' Giant Journey

ファー・ファー・アウェイ

『長靴をはいたネコ』の主人公プスの冒険をテーマにしたぶら下がり型ローラーコースター。

上／ローラーコースターで豆の木を上って金の卵を探しに出かけるという設定　下／すぐ近くでミュージカル仕立てのショーも行われる

激流下り

ジュラシック・パーク・ラピッド・アドベンチャー
Jurassic Park Rapids Adventure ロスト・ワールド

円形の乗り物で古代生物が徘徊するジャングルを漂流。ラストは急降下し、水濡れ必至。

登場する恐竜は迫力満点。濡れた洋服を乾かす施設も完備

ミート&グリート
Meet & Greet

各ゾーンで人気キャラクターが登場。写真撮影の絶好の機会を逃さないように。

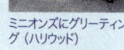

ミニオンズにグリーティング（ハリウッド）

左／「マダガスカル」のメインキャラクターたち（ハリウッド）　右／セサミストリートの仲間たち（ニューヨーク）

ダイニング
Dining

ゾーンごとに趣向を凝らしたレストランやフードコートがある。

売店のスイーツ「シュレック・ワッフル」

宇宙船のようなスターボット・カフェ

おみやげグッズ
Souvenir

ミストファン $24

7つのゾーンのグッズが揃う「ユニバーサル・スタジオ・ストア」のほか、数々のショップがあり、商品は種類豊富。

「ミニオン・マート」のぬいぐるみは大人気

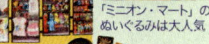

セサミストリートの売店

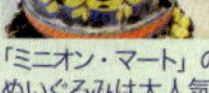

5本$20のボールペン

巻頭特集3
プラナカン文化を楽しむ

洗練された優美な文化

プラナカンの世界

Peranakan World

クーン・セン・ロードの装飾のきれいな家は1900～1940年頃に建てられた

シンガポールには移民たちによって持ち込まれた文化が混在するだけで、独自の文化はほとんどないと考える人が多い。しかしそんな偏見をくつがえすのが、この地域で生まれた混血コミュニティのプラナカン文化。若者から年配の世代までも魅了する華麗なプラナカンの世界を紹介しよう。

卓越した華麗なるニョニャ文化

ビーズ刺繍とケバヤ

プラナカンはその華やかな文化で知られている。まず目を見張るのは、精密なビーズ刺繍だろう。針仕事の能力は女性に欠かせない資質のひとつとされた。ヨーロッパ産の極小ビーズを用い、中国やヨーロッパのモチーフをあしらったビーズ刺繍は実に鮮やかだ。

同じく細かい刺繍を生かしたニョニャ・ケバヤも有名だ。ケバヤはインドネシアから伝わったブラウスの一種だが、豪華な刺繍を施してスタイリッシュに仕上げたのがニョニャ式。まさに「着る宝石」といえるだろう。

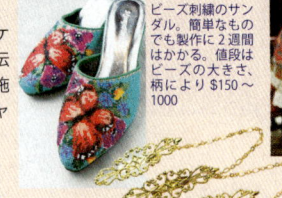

左／サンダルのビーズ刺繍はとても細かい手仕事。母から娘へと代々受け継がれてきた。図柄は花が多く、蝶や金魚なども　右／緻密で華やかな刺繍がすばらしいケバヤ

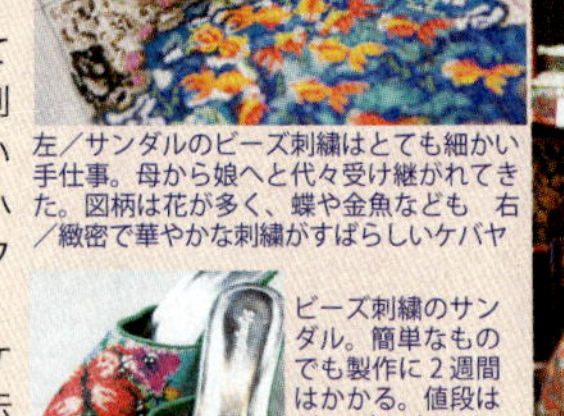

ビーズ刺繍のサンダル。簡単なものでも製作に2週間はかかる。値段はビーズの大きさ、柄により$150～1000

ケバヤはボタンの代わりに「クロサン」という3連のブローチを使用する

左／鳳凰と牡丹が鮮やか。皿の色のバリエーションは豊富　右／魚の形のプレートは額に入れてインテリアにするのもよさそう

陶器

プラナカンのために独自に製造されたのがニョニャ・ウエアと呼ばれる陶器だ。窯元はあの景徳鎮だが、日本の有田で焼かせたものもある。おめでたい席に使うもので、「鳳凰と牡丹」というのがプラナカンのシンボル的モチーフだ。中国陶器と違い、人物画や山水画を施すものは少なく、粉彩によるパステルカラーの鮮やかな色が特徴だ。

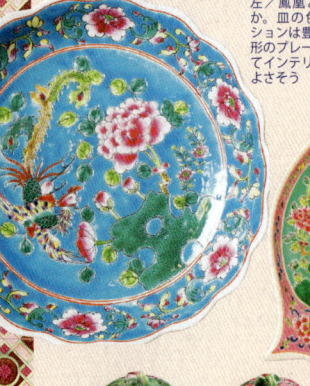

おみやげに人気のスプーンは中サイズ2本セットで$10～

レプリカのカムチェンなら手軽に買える。コットンボール入れにしてもおしゃれ。小さいもので$30くらいから

ティフィンと呼ばれるランチボックスもプラナカンの生活用品。写真のものはステンレス製

プラナカンとは

©Singapore Peranakan Association

東西の衣装を着たプラナカンのカップル

15世紀頃から国際貿易の拠点だったマラッカにやってきた中国人が、マレー人などの現地妻を娶るようになったのが始まりといわれ、彼らの子孫たちを指すとされる。**男性をババ、女性をニョニャ**という。しかし具体的な年代などはいまだ不明で、マラッカに限らず古くからインドネシアやミャンマーなどに居住していた中国系グループにルーツをもつ者もいる。

中国とマレーの文化をベースにアジアやヨーロッパのさまざまな文化を折衷させて独自の文化を創り上げた。英国植民地時代にはマラッカ、ペナン、シンガポールで大変な繁栄を築き、貧しい新移民たちを尻目に政府や白人社交界に出入りできるほどの地位にあった。しかし第2次世界大戦でこれらの地が日本軍支配下になると、経済が落ち込み、多くのプラナカンも財産を失った。戦後、マラヤが植民地から独立すると、イギリス寄りだったプラナカンの状況はさらに悪化する。しかし慈善事業に力を注いだ有名実業家や政治家も多く、最近は彼らの卓越した文化が見直され、復興活動が行われている。

プラナカン・ショップハウスについて

ショップハウスはおもに中国の南部に見られる建築様式だ。1階の玄関付近が店舗で、奥と2階より上が住居となっていて、間口は狭いが奥行きが深い。純粋に住居用のものはテラスハウスとも呼ばれる。

プラナカンたちは中国伝統の建築にはない西洋式の窓、レリーフや円柱、マレー風の軒下飾りなどを取り入れ、独自の折衷様式を確立させた。ファサードはヨーロッパのカラフルなタイルで飾られることが多い。玄関を入ってすぐの間が客間（応接室）で、その家の財力を示すためにシャンデリアや豪華な中国家具が配置された。奥には祖先を祀る部屋、リビング、採光用の中庭、キッチンなどが続く。一戸単独で建てられることは少なく、数戸が連なってひとつの通りを形成している。

左／嗜好品の噛みたばこ（シレー）はプラナカンの重要な文化の一端。シレーボックスという細工のきれいな箱に収められていた　右／スパイシーなだけではないニョニャ料理。甘さ、辛さ、酸味が絶妙なバランス

カラフルなニョニャ菓子は手作りだ

料理

最も重視されたのが料理。中国料理とマレー料理の融合であるだけでなく、細かい作業によって料理としての完成度を高めたのがニョニャ料理である。 マレー人は使わない中華食材にハーブやスパイスを用いるニョニャ料理は、食のいいとこ取りで、インドやタイ、さらにポルトガルやオランダなどの影響も受けた実にユニークな料理を確立した。

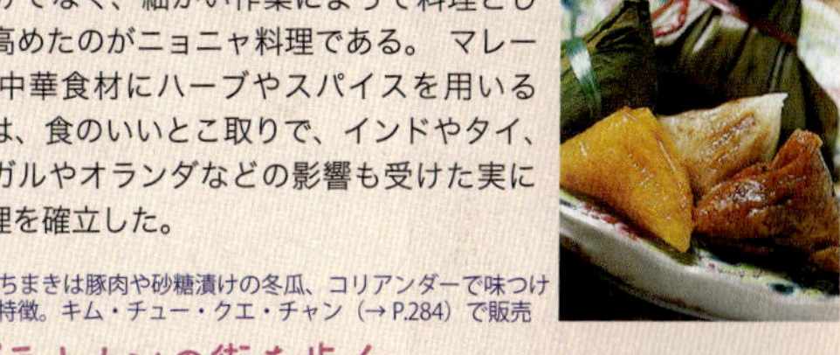

ニョニャちまきは豚肉や砂糖漬けの冬瓜、コリアンダーで味つけした具が特徴。キム・チュー・クエ・チャン（→P.284）で販売

エメラルド・ヒルのショップハウスは、装飾は少ないがシックでおしゃれ。庭の木々や花が豊か

プラナカンの街を歩く

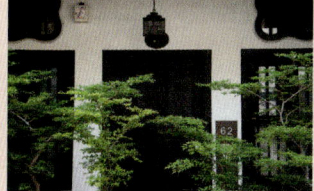

街にはプラナカンのコミュニティがあったとして知られるエリアがいくつかあり、プラナカンのショップハウス（→上記）の建築を今でも見ることができる。中心部ではオーチャード・ロードにあるエメラルド・ヒル。この通りには3階建てや庭付きなど豪勢なタイプが並ぶ。一方、チャイナタウンの外れ、ブレア・ロード周辺はもっと範囲が大きくなる。ベランダ付きなどちょっとひと味違うデザインのものが目立つのもここだ。

ブレア・ロードの家並みは色とりどりの装飾タイルが見もの

郊外ではノスタルジックなイメージのあるカトン・エリア。特にジョー・チアット・ロード周辺（有名なのはクーン・セン・ロード）には、数多くのショップハウスが見られる。このあたりはビーチにも近いため、特に富裕でハイカラなプラナカンたちは海沿いにヴィラと呼ばれる瀟洒な邸宅を建てたという。その多くは取り壊されているが、マリン・パレード・ロードのパークウェイ・パレード（ショッピングセンター）周辺にその面影を残すヴィラが今も残る。

（以上、シンガポール・プラナカン協会会員　丹保美紀）

カトンのクーン・セン・ロードの家並みは有名で、観光スポットと化している

DATA　エメラルド・ヒル：エメラルド・ヒル・ロード沿いを指す。MAP P.86-1B、2B／ブレア・ロード：→ P.136、MAP 折込裏 -3B／ジョー・チアット・ロード：→ P.174欄外、MAP P.177上図／マリン・パレード・ロード：MAP P.177下図

NUSババ・ハウスで栄華の時代へタイムスリップ

チャイナタウンの外れにあるNUSババ・ハウスは、プラナカンの伝統住宅を修復保存した展示館。もとは19世紀この地で成功を収めた海運王、ウィー一族の家。中洋折衷の建築様式や調度品、巧緻で優美な装飾がすばらしい。

正面ファサードの陶器の装飾はオリジナル。鳳凰や牡丹の花、人物などの陶器の細工に注目

ファサード Facade

上／鮮やかなブルーのショップハウスが存在感たっぷり。現在はシンガポール国立大学（NUS）が所有、管理している　下／ピントゥ・パガー（マレー語）と呼ばれるスイングドアが特徴のひとつ。背後のメインドアより背が低く、風通しとプライバシーを保つのに効果的。金箔を施した草花の彫刻が美しい

中庭 Courtyard

奥に細長い造りで、客間の背後に中庭があるのが特徴。通風や彩光に優れた開放的な空間をつくり出しており、部屋の窓は中庭に向かって開く。壁は装飾タイルで彩られ、植木が並ぶ

2階の寝室 Bedroom

上／主寝室の一角には婚礼用ベッドを展示。マラッカのプラナカンスタイルのもので、1920年頃まで使われていた　下／2階の部屋の床（絨毯の下）にのぞき窓があり、訪ねてきた男性客を女性がこっそりのぞき見していた。当時女性はむやみに男性の前には姿を出さなかったそうだ

客間 Reception Hall

上／入口を入ると大広間がある。ここで商談を行ったという。祭壇には商売の神、関帝が祀られ、螺鈿細工の椅子、透かし彫りの装飾が見事　下／一家の姓が記された提灯は表札代わり

NUSババ・ハウス
NUS Baba House
※ガイドツアーや個人で見学可能。詳細データ→P.139、
MAP 折込裏-3B

ルマー・ビビの「プライベート・インハウス・ツアー」で

プラナカンを体験

民族衣装のケバヤとサロンを着けて記念写真

プラナカン伝統の家の造り、調度品を残すショップ＆レストラン「ルマー・ビビ」で、民族衣装に手を通したり、ビーズ刺繍を間近で見たりと、その文化の一端に触れてみよう。

❶プラナカン文化についてレクチャー

オーナーのビビさんがツアーをガイド。言語は英語だが、わかりやすく説明してくれる。まずは歴史や文化の簡単な説明からスタート

❷民族衣装を体験

上／プラナカン女性、ニョニャの正装はケバヤ（ブラウス）とサロン（巻きスカート）。好みの色のサロンを選び、巻き方を教わる。ドレープをきれいに出すのがコツだそう　下／ケバヤの前はボタン代わりの三連ブローチで留める

❸ビーズ刺繍を見学

ビビさんが刺繍の手法を見せてくれる。興味があれば少し試してみてもいい。ルマー・ビビではビーズ刺繍の講習会も行っている

❹クエを試食

最後にクエと呼ばれる伝統菓子とお茶が振る舞われる。自家製のパイナップルタルトや菓子類は購入できるのでおみやげにしてもいい

ルマー・ビビ　Rumah Bebe

プラナカンのビーズ製品や衣装、おみやげグッズを販売するショップとプラナカン料理を出すレストランを兼業。

MAP P.177下図
住113 East Coast Rd.　☎6247-8781　URL www.rumahbebe.com　E-mail contact@rumahbebe.com　営ショップ9:30～18:30、レストラン11:30～15:00　休月～水曜　カードAJMV　行き方中心部からタクシーで約20分。

ショップに並ぶグッズ

プライベート・インハウス・ツアー
Private In-house Tours
開木・金曜　料40分コース$20、1時間コース$60（どちらもドリンクとお菓子付き）　※最小催行人数2人。2日前までに要予約。

異国情緒漂う

極彩色のエスニックタウン

民族のモザイク都市、シンガポール。
スタイリッシュなビルが建ち並ぶ街のすぐ隣に民族色いっぱいのエリアがある。
スパイスの香りと原色に彩られたリトル・インディアとマレー文化が色濃いアラブ・ストリート。
伝統や文化に触れつつ、
食事や買い物、見物に散策してみよう。

スリ・スリニバサ・ペルマル寺院（→P.152）の天井画は見応えがある

ヒンドゥーの神「ガネーシャ」

不思議混沌の世界

リトル・インディア

Little India

スパイスやお供えの花の香りと派手な彩色。飛び交う現地語にインド音楽が混ざり合い、その熱気に圧倒される。濃密なインドが体験できるのはヒンドゥー教寺院やテッカ・センター（市場）。

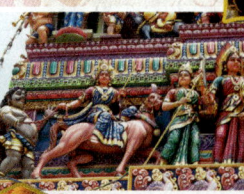

左／寺院の塔門（ゴープラム）は色鮮やかな神様の彫像でぎっしり飾られている　右／祈りの儀式に楽隊が登場

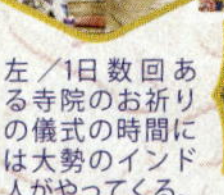

左／1日数回ある寺院のお祈りの儀式の時間には大勢のインド人がやってくる。サドゥー（修行僧）が参拝者に祈りの印である赤い粉を付けてくれる　右／寺院のお供え用の花

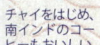

左／リトル・インディア・アーケード（→P.151）にはインドのクラフト雑貨やアクセサリーの店がある　右／質屋や金ショップ、両替商が並ぶ

チャイをはじめ、南インドのコーヒーもおいしい

クライブ・ストリートClive St.沿いの空き地に「プロジェクトオアシス・イン・リトル・インディア」と題したインスタレーションアートがある

歴史や文化にフォーカス

インディアン・ヘリテージ・センター

Indian Heritage Centre

シンガポールにおけるインド移民の歴史・文化を紹介する博物館。併設のショップにはしゃれた商品が並ぶ。

インド系移民の当時の職業とその服装を展示したコーナー

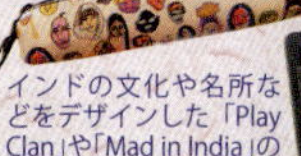

インドの文化や名所などをデザインした「Play Clan」や「Mad in India」の雑貨も販売

民族衣装の女性が街を彩る

テッカ・センターは珍しい野菜や種類豊富なスパイスがある市場

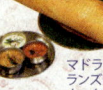

マドラス・ニュー・ウッドランズ（→P.225）の人気スナック「ペーパードーサ」

リトル・インディア→本文 P.148～153、MAP P.92～93

モスク前はお祈りに来る人や観光客の往来が絶えない

トルコ製のモザイクランプ

エキゾチックな刺激

アラブ・ストリート周辺

Around Arab St.

イスラム文化が根付く歴史のあるエリア。サルタン・モスクを要に街が広がる。バティック雑貨、ムスリム香水などの店、マレー料理や中東料理の店など興味が尽きない。

サルタン・モスク前のマスカット・ストリートにはアーチ型のゲートがある。オマーンの首都、マスカットの名を冠した通りは2012年にシンガポール、オマーン合同で再開発を行いこのゲートが造られた。特に夕暮れはマスカットの街の風情が漂ってくる

トルコ雑貨を扱う店もある。写真は手描きのコースター

左／ブッソーラ・ストリートのトルコ料理店 右／ジャワ島伝統の木彫りのペア人形

ブッソーラ・ストリートは観光客向けの衣料品や雑貨店が多い

アラブ・ストリートは生地屋やテーラーの多い通り

上／スタッフのスハイルさんは日本語で香りについてアドバイスしてくれる 下／ムスリム用のノンアルコール香水店「ジャマール・カズラ・アロマティックス」（→P.280）の香水瓶はおみやげに人気

ブッソーラ・ストリートの歴史

Bussorah St.

モスク正面の通り。1910年以前の名称は「サルタン・ロード」。1970年代後半までメッカ巡礼者が集まる場所で、宿泊施設や旅行用品を売る店でたいへんにぎわう場所だった。1990年代初めに地域の再開発が始まり、大部分は住宅地に。以前はインドネシアのジャワ料理の店も多かった。ブッソーラ・ストリート（MAP P.91-1C～2C）

辛さがクセになる!?

名物料理を味わう

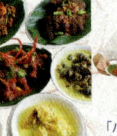

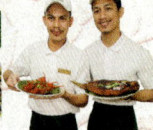

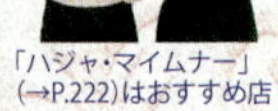

「ハジャ・マイムナー」（→P.222）はおすすめ店

スパイスとハーブが効いたマレー料理はこのエリアで味わいたい。辛さの中にうま味あり！

ココナッツミルクで炊いたご飯、ナシ・レマの名店「ココナッツ・クラブ」（→P.221）

ナシ・レマはマレーシアの定番朝食

写真のチキン・ムルタバのほかマトンもある

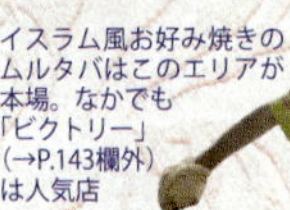

新鮮なココナッツミルクたっぷりのデザート、チェンドルもぜひ

イスラム風お好み焼きのムルタバはこのエリアが本場。なかでも「ビクトリー」（→P.143欄外）は人気店

ブティック&バー街の ハジ・レーンをそぞろ歩き

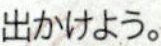

Haji Lane

アラブ・ストリート西側のハジ・レーンは、年々派手なアート画が増え、今やフォトジェニックな通りとして写真撮影に訪れる観光客で大盛況に。個性派ブティックやカフェ、バーが軒を連ねており、どこも開店時間が遅いので昼以降に出かけよう。

バーやレストランが並ぶハジ・レーンの南側は奇抜なペイントで埋め尽くされている

観光客でにぎわうカフェ&バー。ハジ・レーンは最近ベーカリーカフェやスイーツの店が増えている

ユニークさを競うように凝った外観やデザインの店が並ぶ

バティックを用いたおしゃれ着の店「ユートピア」（→P.279）は要チェック

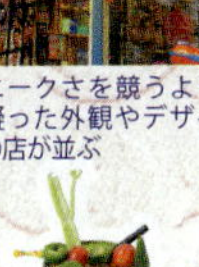

アートギャラリーの店先のオブジェ

レストランやバーは夕方から開く店も多く、夜は一段と華やかさを増す

注目カフェ モモラート Momolato

2021年に誕生したプレミアムなジェラートカフェ。サプライヤーとして創業以来、シェフのシャロンさんが研鑽を重ね、ヘルシーなジェラートを開発。100%ナチュラルで手作りにこだわったジェラートは、素材そのものの味が生きた滑らか食感。卵や乳製品不使用のものや糖質制限している人も食べられる砂糖不使用のケト(KETO)ジェラートもある。

フルーツジュースの中にアイスキャンディを入れたポプシクル・スプリッツァーは暑い日におすすめ($7.8)

カフェのテーマは「植物」。店の内装もグリーンがいっぱい

16～18種類がラインアップ。人気はブルーピー・バニラクリームブリュレとトリプルブレンド・ダークチョコレート。シングル$4.9～

ワッフル($6.6～)&ジェラートのメニューもある（黒糖とバニラのクリーム付き）。右のジェラートがバタフライピー（植物）を使ったブルーピー・バニラクリームブリュレ

ピンクのペイントのかわいいカフェ

住34 Haji Lane ☎8883-7968 営13:00 ～ 23:00（金・土曜～翌 2:00）休 無休 カード M V

雑貨スポット ヒュッゲ Hygge

アジアをはじめ世界中から集めた雑貨やアクセサリーのセレクトショップ。シンガポール色満載の雑貨もあり、おみやげ探しが楽しめる。詳細・データ→P.280

大きなガラス窓のかわいい雑貨店

プラナカンタイル柄のプレート（各$9.9）

レトロな布地を使ったミニポーチ($12)

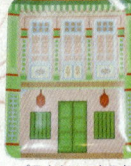

プラナカンハウスをかたどったメラミンのプレート($19.9)

アラブ・ストリート周辺→本文 P.141 ～ 147、MAP P.90 ～ 91、P.142
P.41 で紹介の店：MAP P.142 行き方 MRT ブギス駅から徒歩約 10 分。

巻頭特集 5
動物の楽園へ!

シンガポール動物園
Singapore Zoo

動物たちに大接近!

シンガポール動物園は世界でも類を見ないオープンシステムの動物園。檻や柵はなく、のびのびとした動物の姿を目の前にして、驚きと感動の連続。300種以上、4200頭を超える動物たちに癒やされる。2022年現在、隣接地にレインフォレスト・ワイルドやバード・パラダイス(2023年に開園予定)を建設中で、パワーアップした野生動物保護区の誕生が楽しみ。

フラジャイル・フォレスト(→P.44)の木の枝を伝ってゆっくり移動するフタユビナマケモノ。お腹の上には赤ちゃんが

ランチは園内のアーメン・レストランかアーメン・ビストロ(軽食のみ、左写真)で。チキンライスやラクサをはじめ、右写真のビリヤーニライス($14.9)が人気

チケットはオンラインで購入

動物園をはじめ、リバーワンダーズ、ナイトサファリとすべてのパークにチケット売り場はなく、ウェブサイトから事前に入場予約・チケット購入をして現地に向かおう。餌やりタイムや動物と触れ合えるプログラムに注目し、わくわくの感動体験を!

左／スマホの予約確認を提示して入場
右／案内板は日本語付き

\動物園のハイライト/

表情が人そっくり オランウータン

世界最大の20頭以上のコロニーが広々とした柵のない敷地にある。ボードウオークや観察台から親子の愛くるしい姿や、子供たちが木から木へ飛び回る様子が見られる。

木々を結んだロープで遊ぶオランウータンの子供たち

愛嬌のある コビトカバ

世界三大珍獣の一種の、小型で愛らしいカバ科の動物。カバの祖先の姿を残す原始的なカバといわれ、水中を歩く姿は見もの。

左／間近で見る水中の姿は迫力あり　右／木の葉を食べるコビトカバ

木上で生活する絶滅危惧種のカンガルー。ここにいるのは背中に2本線のあるセスジキノボリカンガルー

ほのぼのキャラの キノボリカンガルー

オーストラリアからやってきたキノボリカンガルーも人気者。おっとりした動きや顔が愛らしい。

赤い靴下をはいているような アカアシドゥクラングール

ベトナムやラオス、カンボジアの森林にすむ珍しいサル。独特の顔つきやカラフルな毛の色から、世界一美しいサルともいわれる。

プライメイト・キングダム(→P.44)の樹上にいる。肌色っぽい顔の周りには白い毛がフサフサ。膝から足首の辺りまで赤やオレンジ色をしているのが名前の由来に

\朝食イベント & プレゼンテーション/

ブレックファスト・イン・ザ・ワイルド
Breakfast in the Wild

▶(土・日曜、祝日9:00～10:30) @アーメン・レストラン
動物たちと写真が撮れる朝食プログラム。9:30～10:00の間にオランウータンをはじめ、コンゴウインコ、コアリクイ、ハナグマなどが登場する。
料大人$45、6～12歳$35　※要予約。

❶2021年に2頭の子供が加わったグレビーシマウマ ❷離れた場所への移動はトラムを利用 ❸ハーレムをもつテングザルのボス ❹入口近くの水辺で見られるテナガザル

左／朝食はビュッフェスタイル。環境に配慮した食材を選び調理された中国・インド・西洋料理が並ぶ　右／イグアナなどの爬虫類も登場
©マンダイ・ワイルドライフ・グループ

前足で水をバシャッと観客にかけて回る「スプラッシュタイム」

スプラッシュ・サファリ
Splash Safari

▶(10:30、17:00)@円形劇場(アンフィシアター)
トレーナーが動物たちの生態や才能を紹介するプレゼンテーションのプログラムが3つある。そのうち「スプラッシュ・サファリ」はアシカが主役。ジャンプしたり、見事な泳ぎを披露したり、観客の視線をくぎ付け。
料無料(入場券に含まれる)

上／ジャンプや滑空するように泳ぐ姿を披露　下／子供連れに人気

シンガポール動物園

インフォメーションカウンター
レストラン
飲み物・軽食
ショップ
トイレ
救護室
ベビーカー、車椅子などのレンタル
トラム
トラムスポット

N　0　300m

ウェットプレー
カンポンハウス
レインフォレスト・キッズワールド
パディ・バーン(小動物とのふれあい施設)
ポニーライド
エンペラータマリン
アニマル・フレンズ・ショーの会場
クロザル
エレファント・オブ・アジア
チンパンジー
シロエリマンガベイ
ゾウ
Houbiiロープコース(アスレチック場)
シロクロエリマキキツネザル
円形劇場(ショー会場)
インドガビアル
フラジャイル・フォレスト(動物放し飼いの森)
2022年9月現在工事中
ピクニックサイト
コロブスモンキー
ジャワラングール
パビリオン・バイ・ザ・レイク
プライメイト・キングダム(霊長類の王国)
ソウガメ
レプトピア(爬虫類・両生類館)
ペンギン
コモドオオトカゲ
フォッサ
アカアシドゥクラングール
ワニ
ヒクイドリ
キノボリカンガルー
コットントップタマリン
ハダカデバネズミ
ヒョウ
ワラビー
ガーデンパビリオン
オランウータン
マレーグマ
ライオン
キリン
カンガルー
アイベックス
オランウータン
ミーアキャット
マントヒヒ
サーバル
アーメン・レストラン(「ブレックファスト・イン・ザ・ワイルド」の会場)
イボイノシシ
オーストラリアン・アウトバック
エチオピア村
フォレスト・ロッジ
リカオン
チーター
シマウマ
ホワイトタイガー
トラ
アーメン・ビストロ
アフリカの動物
コビトカバ
アカエリマキキツネザル
テナガザル
シロサイ
ペリカン
クズリ
バビルサ
アニマル・プレイグラウンド
マレーバク
カワウソ
リバーワンダーズ P.45
フクロテナガザル
マレーガビアル
ワイルドライフ・ラーニング・センター
ツリートップ・トレイル
テングザル
ショメル・ビストロ
チャワン・ビストロ
イヌカ・カフェ
ケンタッキー
ギフトショップ
動物園
リバーワンダーズ
ナイトサファリ
動物園入口
2022年9月現在工事中
バス、タクシー乗り場へ
ナイトサファリ P.47へ
リバーワンダーズ入口

＼触れ合いスポットを目指そう! 餌やり体験／

（　）内は開催時間。
@は開催場所。※餌代は一律$8。

シロサイ White Rhinoceros

▶(13:15) @シロサイのエリア

シロサイは横に幅広い口の形が特徴。大きな口でエサの果物をパクリ。姿は迫力あるが、おとなしい

キリン Giraffe

▶(10:45、13:50、15:45)@キリンのエリア

上／50cmもある柔軟な舌でニンジンをペロリ。キリンの顔が近い！
下／餌を買って順番待ちの列に並ぶ

ゾウ Elephant

▶(9:30、11:45、16:30) @エレファント・オブ・アジアのエリア

右／柵越しに、ゾウの鼻息を感じながら果物や野菜を手渡し　左／キーパー（飼育員）とゾウの3ショット

餌はニンジンやバナナ、ハクサイ

＼個性豊かな動物ウオッチング／

熱帯雨林のジャングル

フラジャイル・フォレスト Fragile Forest

動物や鳥など約15種類が放し飼いにされた巨大ケージの中の熱帯雨林の森。ナマケモノ、オオコウモリ、キツネザルなどが驚くほど至近距離で見られる。

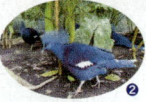

❶オオコウモリ。悪役のイメージだけど、実は温和な性格　❷頭頂部のレース状の飾りが美しいカンムリバト　❸オレンジ色のくちばしが特徴のオニオオハシ

左／ワオキツネザル　右／木の実と見間違えそうな睡眠中のナマケモノ

熱帯雨林を見渡せる観察台

胸キュンのサルを探そう

プライメイト・キングダム Primate Kingdom

オープンスペースにそれぞれのサルたちの生息地を再現したエリア。11:00と14:00の「キーパートーク」は飼育員によるサルの説明タイム。サルも近くに集まってくる。

顔や表情がキュートなジャワラングール

スタッフが動物紹介をしてくれる

❶白い蓑（みの）をまとったようなアビシニアコロブス
❷あごの白髭と前頭部のオレンジ色の三日月状の毛が特徴のブラッザグエノン
❸食事中のアカクモザル

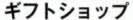

ギフトショップ

新コレクションが加わり、幅広い種類のグッズがズラリ。

左／新登場の動物デザインのアイテム。Tシャツ（$39）　中央・右／魔法瓶の水筒（各$29）

保冷機能のあるバッグ。絵柄はマレーグマ($24〜)

Information

シンガポール動物園 MAP折込表-1B　住80 Mandai Lake Rd.　☎6269-3411
URL www.mandai.com/en/singapore-zoo.html　開8:30〜18:00（最終入場17:00）
休無休　料大人$48、子供（3〜12歳。以下同）$33（トラム乗車料を含む）
※動物園とナイトサファリ、リバーワンダーズの組み合わせ入場券もある。※事前にウェブから要チケット予約・購入。　カードADJMV　行き方→P.49
アーメン・レストラン Ah Meng Restaurant：営10:30〜16:00（土・日曜、祝日〜16:30）
ギフトショップ Gift Shop：営9:00〜19:00（土・日曜、祝日8:30〜）　カードADJMV

世界最大級の淡水生物パーク

リバーワンダーズ River Wonders

リバーワンダーズは、動物園とナイトサファリに挟まれた約12ヘクタールの敷地に広がる。世界の6つの大河の特色や文化を映し出し、260種類、1万1000を超える水生動物と陸地の動物を集めた展示スペースが散策路に沿って展開。見どころは巨大魚、長江エリアのパンダ。アマゾン浸水の森のマナティー。

アマゾン浸水の森のマナティーが泳ぐ水槽

注目の見どころ

6つの大河ゾーンで見られる珍しい生物、要チェックエリア、触れ合いプログラムなどを紹介。2021年8月に生まれたパンダの赤ちゃんはすくすく育ち、リバーワンダーズのアイドルに！

中南米の森の動物を放し飼い

リスザル・フォレスト Squirrel Monkey Forest

ケージの中に森を再現した施設。リスザルやシロガオサキ、アグーチが目の前に現れ、驚きの連続。

リスザルが近い！

上／リスザルとは距離を保って見物を。餌やりも禁止　下／木登りがうまいリスザル

アグーチはリスやネズミの仲間。体長は50cmくらい

gangesriver

インドの聖なる川

ガンジス川 Ganges River

見どころとなる展示は、ワニの一種のインドガビアル、「巨大な悪魔のナマズ」として知られるバガリウス・ヤレリ。

上／エスニックな飾りで彩られた展示　下／インドガビアルはオスの口先にコブ状の突起があるのが特徴

AMAZON FLOODED FOREST

大自然が生み出す

アマゾン浸水の森 Amazon Flooded Forest

雨季は降水で木々が10m近く水没するアマゾン川を再現した巨大水槽で、マナティーがゆったりと泳ぐ。

仲間同士で遊ぶオオカワウソ

オオカワウソが泳ぐトンネル型水槽

「バックステージパス・マナティーマニア」は、トレーニングセッションに参加し餌やりをするプログラム（毎日催行、大人$118、要予約）

プレゼンテーション

ワンス・アポン・ア・リバー Once Upon A River

川や湿地など水辺にすむ生き物の生態をショー仕立てで紹介。カピバラ、ビーバー、ペリカンの餌やりと写真撮影ができる。

上／目玉は動物との触れ合いタイム。カピバラは前歯がかわいい　下／ビーバーに餌やり

アトラクション

アマゾンリバー・クエスト Amazon River Quest

アマゾン川流域の動物や鳥がすむ森をボートで探険（所要約10分）。

ショウジョウトキ

迫力満点のジャガー

左／ボートは15人乗り　右／ちょっとしたスリルも味わえる

コットントップタマリン

パンダ&レッサーパンダの展示館

ジャイアントパンダ・フォレスト

Giant Panda Forest

温度管理された館内には、パンダのオスの「カイカイ(凱凱)」とメスの「ジアジア(嘉嘉)」、2頭の間に生まれたオスの「ルァルァ(叻叻)」がいる。無邪気に遊ぶルァルァが見られたらラッキー。

左／1500㎡の広い敷地にパンダが生息する自然環境を再現　下／木の上で昼寝をしていたルァルァ。木から下りるのに苦労する様子もかわいい

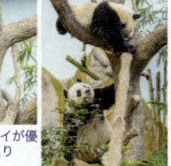

館内ではレッサーパンダの姿も楽しめる

オスのカイカイ。ほのぼの昼寝中

右／木の下でカイカイが優しく見守る姿にほっこり

ジャイアントパンダ・フォレスト内のレストラン&ショップ

ママパンダ・キッチン

麺類やご飯ものなど中国料理のカジュアルなレストラン。サンドイッチやスナック、キッズメニューもある。

パンダデザインが随所に

パンダ型のあんまん（パンダレッドビーンパオ、右）とチョコレートカスタードまんじゅう(各$3.5)

ハウス・オブ・カイカイ&ジアジア

ぬいぐるみやTシャツなどパンダグッズのショップ。

パンダのぬいぐるみバッグチャーム($12)

レッサーパンダのぬいぐるみ($18)

パンダ好きは必見

子供用のリストウォッチ

リバーワンダーズ

0　100m

ビジターサービス　ギフトショップ　ロッカー
レストラン　トイレ　ベビーカー、車椅子などのレンタル
飲み物・軽食　救護室

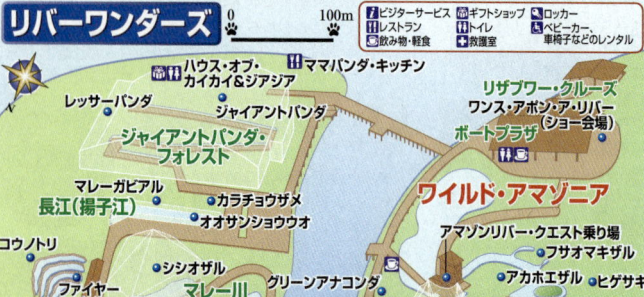

ハウス・オブ・カイカイ&ジアジア
ママパンダ・キッチン
レッサーパンダ
ジャイアントパンダ
ジャイアントパンダ・フォレスト
リザブワー・クルーズ
ワンス・アポン・ア・リバー（ショー会場）
ボートプラザ
マレーガビアル
長江(揚子江)
カラチョウザメ
オオサンショウウオ
ワイルド・アマゾニア
アマゾンリバー・クエスト乗り場
フサオマキザル
コウノトリ
シシオザル
アカホエザル
ヒゲサキ
ファイヤースパイニーイール
マレー川
グリーンアナコンダ
ブラウンクモザル
オオアリクイ
オーストラリアハイギョ
メコン川
ドウグロタマリン
カピバラ
グアナコ
メコンオオナマズ
ナイフフィッシュ
アマゾンリバー・クエスト
インドガビアル
フラミンゴ
ガンジス川
シルバーアロワナ
シロガオサキ
アメリカバク
ヒマンチュラ・チャオプラヤ（巨大エイ）
リスザル
ジャガー
リバー・オブ・ザ・ワールド
リスザル・フォレスト
アグーチ
コビトカイマン
ナイル川
ナイルフグ
アマゾン浸水の森
タイガーフィッシュ
淡水エイ
オオカワウソ
デンキウナギ
セグロコサイチョウ
コンゴ川
ドルフィンモルミルス
アトランティック・ターポン
スターバックス
マナティー
ピラルクー
エレファントノーズ・フィッシュ
ゼブラティラピア
エントランスプラザ
レッドテール・キャットフィッシュ（大型ナマズ）
リバージェムズ
ナイトサファリへ
リバーワンダーズ入口
シンガポール動物園
シンガポール動物園入口

Information

リバーワンダーズ

MAP 住 ☎ カード → P.44 動物園と同じ。
URL www.mandai.com/en/river-wonders.html
行き方 → P.49
開 10:00 ～ 19:00（最終入場 18:00）　休 無休
料 大人 $40、子供（3 ～ 12 歳）$28　※事前にウェブから要チケット予約・購入。

ワンス・アポン・ア・リバー：
開 11:30、14:30、16:30
※プレゼンテーション開始の 2 時間前から受け付けを開始するウェブで要予約。
料 入場料に含まれる

アマゾンリバー・クエスト：
開 11:00 ～ 18:00　料 $5
※事前にウェブで要予約。身長 106cm 以上という制限あり。

レストラン&ショップ

ママパンダ・キッチン Mama Panda Kitchen（熊猫媽媽小吃）：
営 10:30 ～ 18:30

ハウス・オブ・カイカイ&ジアジア House of Kai Kai & Jia Jia：
営 10:00 ～ 19:00

上記すべて カード ADJMV

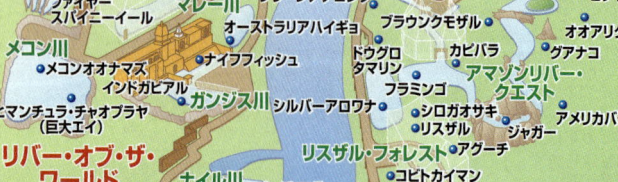

ナイトサファリ Night Safari

太陽が沈むと、一転して神秘のとばりに包まれる森。リバーワンダーズの隣、約35ヘクタールの敷地にあるナイトサファリへ移動だ。ここでは約120種、約1000頭の動物の夜の生態が観察できる。昼間とは違う動物の姿に野生を実感。トラムで回るコースと徒歩コースが設けられている。動物との出合いは天気や状況、運次第。何回行ってもわくわくの遭遇体験ができるのがナイトサファリの魅力。

立派な牙をもつゾウのチャワン。マレーシアのチャワン川の近くにいたので「チャワン」と命名された

＼ナイトサファリ・ナビ／

チケットは入場時間制

事前にウェブサイトから入場予約・チケット購入が必要。19:15〜21:45まで30分刻みに提示された入場時間から希望時間を指定し予約すること。特に週末は希望時間が埋まってしまわないよう早めの予約を。また、プレゼンテーションや餌やりのチケットも要予約。

ナイトサファリ入口に掲示されたチケット購入サイトのQRコード

トラムについて

2022年12月現在、英語の音声案内付きのトラムが運行（料金はチケットに含まれる）。以前運行していた日本語を含む多言語トラムは運行休止となっている。乗車時間は約45分。

トラムコースと徒歩コース

歩道や案内板が整備された徒歩コース

園内をトラムで一周するトラムコースと、エリアごとに設定された4つの徒歩コースでは、見られる動物が異なる（一部同じものもあり）。トラムコースではおもに大型の動物、徒歩コースでは比較的小型の動物を近距離から観察できる。できれば最初にトラムで巡り、その後、見たい動物がいる徒歩コースを歩いてみたい。※徒歩コースの所要時間は短いコースで15〜20分、長いコースで30〜45分。

観客もショーに参加！

プレゼンテーション&餌やり
クリーチャーズ・オブ・ザ・ナイト Creatures of the Night

▶(19:30、21:00)@ナイトサファリ・アンフィシアター

東南アジアの夜行性の動物の行動や生態を紹介するショー仕立てのプログラム。会場は2022年11月に改装を終え、1000席に増えたナイトサファリ・アンフィシアター。コツメカワウソやフェネックギツネ、ヒゲイノシシなどが登場。所要約25分。料無料（入場券に含まれる）※開演2時間前から受け付けを開始するウェブにて席を要予約。

フクロウやビントロングの習性を紹介

コツメカワウソがゴミの仕分けに挑戦

インドサイの餌やり Indian Rhino Feeding

▶(19:30)@イーストロッジ南側のインドサイのエリア

薄明かりの中で対面する巨大なサイは迫力満点。手からサイに餌をやるのは、ドキドキの体験！
料$10 ※事前にウェブで要予約。

左／サイは飼育員によくなついていて穏やか
右／大きな口でニンジンをキャッチしシャクシャク食べる

\トラムで広大な動物ゾーンを巡る/

トラムコースで園内を1周（約45分)すると､たくさんの動物が見られる。アジアゾウ、ホワイトライオン、マレーバク、カバなどはトラムコースでのみ見られるので、要チェックだ。

トラム乗り場には18:30頃からトラム乗車の列ができ始める

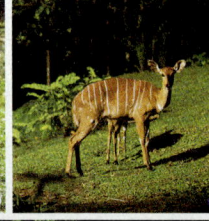

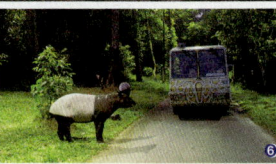

❶マレートラは目玉の動物のひとつ　❷ウシの仲間のニアラ。白い縞模様が特徴　❸ライオンはトラムでも見られるが、徒歩コースにはライオン見学台があり、金･土曜、祝日前日の20:00、21:00に餌やりが見られる　❹ヒゲイノシシの群れ　❺カバはモグモグ、食事に夢中　❻夜行性のマレーバクはトラムの近くに寄ってくることも

\動物たちに接近！ 徒歩コースを探検しよう/

じっくり動物を見たいと思ったら､4つある徒歩コースを歩こう。トラムよりも近寄れ、ここでしか見られない動物多数。

飼育員による動物の説明タイム「キーパートーク」の案内板

コース上には道標や日本語の動物説明ボードが設置されている

イーストロッジ・トレイル

上／仮面のような顔のボンゴ。世界四大珍獣のひとつ
左／ブチハイエナの鳴き声は甲高く、人の笑い声にも似ている

レオパード・トレイル

毛並みが美しいヒョウ

\新展示が登場!/

シンガポール原種のジャコウネコが十数頭､放し飼いにされた展示施設「シベット・ウオークスルー｣。

木の枝を伝って巧みに動き回るジャコウネコ

フィッシングキャット・トレイル

上／ジャコウネコ科のビントロングはポップコーンのようなにおい　下／長い尾をもつオマキヤマアラシ

ワラビー・トレイル

体長50cmほどの小型のパルマワラビー

驚きの連続です！

ナイトサファリスタッフの
シャイフルさん

徒歩コースガイド

4つのコース（トレイル）をすべて回ると1時間半ほど。トレイルでしか見られない動物もたくさんいます。珍しい動物は、背中に雲のような模様があるウンピョウ。ウルウルの大きな目がかわいいスローロリスやショウガラゴは、目を凝らして観察してください。熱帯雨林が茂る夜の森の散策は、貴重な体験になると思います。

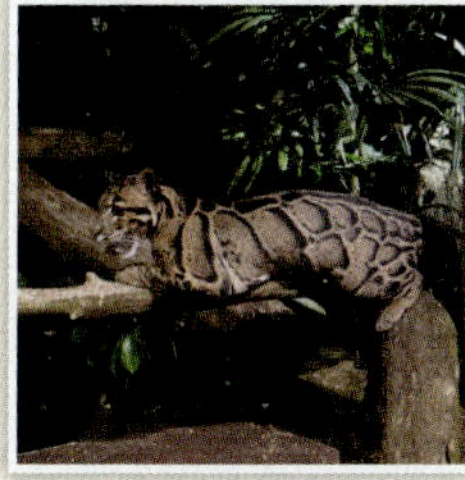

ウンピョウは太い前足で木登りが得意。ネコとヒョウの中間の種。背中の模様が珍しく乱獲で生息数は減少の一途

Information

ナイトサファリ

MAP 住 ☎ カード → P.44 動物園と同じ。URL www.mandai.com/en/night-safari.html
開 19:15 ～ 24:00（最終入場 23:15。レストランやショップは 18:30 ～ 23:00）
休 無休 料 大人 $55、子供（3 ～ 12 歳）$38　※事前にウェブから要チケット予約・購入。

サファリ・アドベンチャーツアー
Safari Adventure Tour
貸切バギーで専属ガイド付きのツアー。ガイドと一緒に徒歩コース散策、餌やり体験などの特典付き。2 時間のツアーが $560　※事前に要予約。

ウルウル・サファリ・レストラン
Ulu Ulu Safari Restaurant
営 18:30 ～ 23:00　休 無休　カード ADJMV

ギフトショップは
営 18:30～24:00

動物園、リバーワンダーズ、ナイトサファリへの行き方

▶ **MRT と公共バス利用**：MRT 南北線アン・モ・キオ駅で下車し、Ang Mo Kio Ave.8 の道路を渡った所のバスターミナルの 1 番乗り場から No.138 のバスに乗り終点下車。所要約 40 分。No.138 のバスは MRT スプリングリーフ駅前からも利用でき、動物園まで所要約 20 分。ジュロン方面からなら MRT チョア・チュー・カン駅下車、No.927 のバスに乗り約 30 分、終点下車。ナイトサファリの帰りにバス & MRT を利用する人は 23:00 以前のバスでないと最終電車に乗れないので注意。

▶ **MRT とシャトルサービスを利用**：MRT 南北線カーティブ駅 A 出口を出た道路沿いから動物園行きのシャトルバス「マンダイ・シャトル」が運行している。毎日8:00 ～ 24:00の間、10 ～ 20 分間隔。運賃は $1で、イージー・リンク・カード（→ P.360）で支払う。

▶ **タクシー利用**：オーチャード界隈からタクシーを利用すれば所要約 30 分（$25 ～ 30）。

▶ **ツアー会社の直行バス利用**：ダックツアーズ（→ P.372）の「サファリゲート」バスが市内のサンテック・シティと動物園を結んで運行。市内へ帰る便は複数のホテルを経由する。毎日 11 ～ 12 便、片道 $7、往復 $12。
URL www.safarigate.com

ナイトサファリ

トラム・ルート
フィッシングキャット・トレイル
レオパード・トレイル
イーストロッジ・トレイル
ワラビー・トレイル
● トラムでのみ見られる
● 徒歩コースでのみ見られる
● トラム、徒歩ともに見られる

インフォメーションカウンター
レストラン
ショップ
トイレ
救護室
ロッカー
ベビーカー、車椅子などのレンタル

インドサイ
オオコウモリ
ブタバナアナグマ
シベット・ウオークスルー（ジャコウネコ放し飼い）
ナマケグマ
ショウガラゴ
ビントロング
ゼブラ・ベンディング・ハブ（自動販売機のある休憩所）
ターミンジカ
マレーモリフクロウ
コツメカワウソ
ツチブタ
ケープクロスイギュウ
アジアゾウ
ヤマアラシ
イーストロッジ
ビントロング
ウンピョウ
アジアゾウ
ウンピョウ
フォッサ
ブチハイエナ
カバ
スローロリス
ライオン観察所
ジャコウネコ
ベンガルヤマネコ
ボンゴ
サンバー
マレーセンザンコウ
ドール
ライオン
バビルサ
マレーバク
インドオオカミ
シマハイエナ
マレートラ
アカカワイノシシ
マレーバク
フラミンゴ
バラシンガジカ
マーコール
つり橋
コツメカワウソ
ホワイトライオン
ニュージーランドアオバズク
インドガビアル
バーラル
ハイアシヨザル
ワラビー
ポッサム
キンカジュー
ナラコート・ケーブ
タテガミオオカミ
ビントロング
フサオネズミカンガルー
ホエジカ
ヒマラヤタール
ツキノワグマ
オオアリクイ
スナドリネコ
メガネフクロウ
トラム出発場所
ウルウル・サファリ・レストラン
エントランスプラザ
レセプションカウンター
Night Safari
ニュージーランド・ナチュラル（アイスクリーム）
ナイトサファリ・アンフィシアター
入口
リバーワンダーズ入口
ギフトショップ
動物園入口
0　N　100m

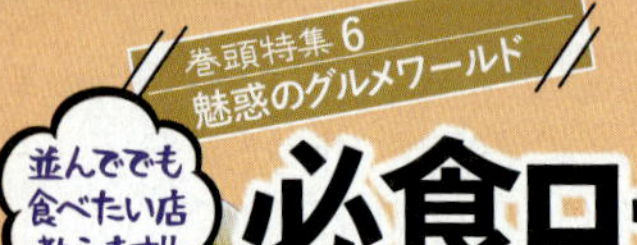

並んででも食べたい店教えます!!

必食ローカルフード10

シンガポーリアンのこだわり、それはチキンライスやバクテーなどのローカルフード！　移民の国シンガポールだからこそ生まれた美食が街中にあふれている。ぜひトライしたい10品を本当においしい名店とともに紹介。さあ、絶品ご当地グルメ食べ歩きに出発！

1 チキンライス（海南鶏飯） Chicken Rice

チキンライスとは

植民地時代に移民してきた海南島出身者が考案したといわれる料理で、チキンをゆでた後、そのスープでご飯を炊き上げたもの。ショウガやニンニク入りのチリソースや甘い黒醤油で食べる。

皮と身の間にたっぷりのゼラチン質が極上の証。最高級の鶏肉と厳密に調整されたゆで時間が秘訣だそう

白切鶏（チキン）とご飯を別々に注文。白切鶏は$7、$13、$18の3サイズ、鶏だしが効いたご飯は$1.3

肉厚でジューシーなチキンが絶品

文東記 Boon Tong Kee

広東語読み「マントンケイ」という名でも親しまれているシンガポールきっての老舗。ゆでた鶏肉のつるんと滑るようなゼラチン質の舌触りは、代々のレシピを忠実に守っている証。ライスの炊き方、たれの味も研究し尽くされている。すべてが絶妙なバランスで供される、完成度の高いチキンライスの決定版だ。

鶏のさばき方も研究しており、見事に切り分けられる

チリソースやジンジャーソース、黒醤油がおみやげに買える

人気店なので予約したほうがよい

MAP 折込表-2B　住 399、401 & 403 Balestier Rd.　☎6254-3937　営11:00～15:00〈14:30〉、17:00～23:00〈22:20〉（土曜、祝日11:00～23:00〈22:20〉、日曜11:00～22:30〈22:00〉。〈 〉内はラストオーダー時間　休 旧正月1日　カード J M V　行き方 中心部からタクシーで約15分。バスならOrchard TurnからNo.124、リトル・インディアのセラングーン・ロードからNo.125、130、131を利用。

たれやチリソースもおいしい！

津津餐室 Chin Chin Eating House

複数人ならチキンとご飯を別々に注文してもよい（チキン半羽$14、1羽$28）。写真は白鶏（ゆで）と焼鶏（ロースト）ミックス半羽サイズ

ブギスとシティ・ホールの間のミドル・ロード周辺は海南島出身者が多く、チキンライス発祥の店があった所。そんなゆかりの地で1955年の開業以来、根強い人気をもつのがここ。鶏肉はふっくら滑らかで、鶏のうま味が濃い。スチーム（ゆでたもの）とローストがあり、ミックスで注文可。

シンプルな食堂。食事どきは混む

歴史を感じる店

MAP P.90-3B　住 19 Purvis St.　☎6337-4640　営 11:00～15:00、17:00～21:00（土・日曜、祝日11:30～15:30、16:30～21:00）　休 旧正月5日間　料 チキンライス$5　カード 不可　行き方 MRTシティ・ホール駅、またはブラス・バサー駅から徒歩約5分。

ホーカーの有名店

天天海南雞飯 Tian Tian Hainanese Chicken Rice

右側で注文して隣で受け取るシステム。15:00以降比較的すく

メディアにも登場しまくりにも有名な店。鶏肉はつるりとジューシー、ご飯もふっくら香りよく炊き上がっている。行列が絶えないので、多少は待つ覚悟で。

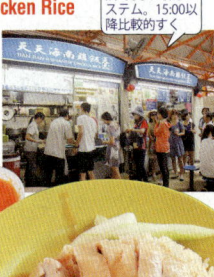

写真は$5のチキンライス。シンプルだけどおいしい

MAP P.97下図　住 1 Kadayanallur St., No.10&11 Maxwell Food Centre　☎9691-4852　営 10:00～19:30　休 月曜、旧正月　カード 不可　料 チキンライス$3.5～7.8　行き方 マックスウェル駅から徒歩約1分。

2 バクテー（肉骨茶）Bak Kut Teh

肉は大きなロインリブ（竜骨）と小さめのポークリブ（排骨）、その他の部位から選べる

バクテーとは

骨付きポークリブをハーブやコショウで煮込んだスープ。かつて潮州系の港湾労働者が精をつけるために食べたのが始まりという。シンガポールではニンニクと白コショウだけで煮込む潮州式が主流だが、漢方ハーブと醬油で煮込んだ黒い福建式、マレーシアのクラン式もある。中国茶を飲みながらご飯と食べるのが流儀。

おすすめ店

絶妙スープとポークリブがベストマッチ

松發肉骨茶 Song Fa Bak Kut Teh

1969年ブギスで創業の伝説の人気店が2代目に引き継がれてさらに繁盛。あっさりとしてコショウがピリリとスパイシーな正統派潮州式バクテーの味は創業時のまま。ニュー・ブリッジ・ロード沿いの2店のほか、支店が次々できている。

各テーブルにお茶セットがあり、茶葉は7種類から選べる

スープはおかわり自由

ニュー・ブリッジ・ロードに2店ある。No.11の店は食堂タイプ

数軒先のNo.17の店は2022年12月現在、臨時休業中

MAP P.80-3A　住 11 & 17 New Bridge Rd.　☎6533-6128　営10:30～21:30（No.17の店は11:00～22:00）　休旧正月　料バクテー $7.6～、ライス$0.8～、お茶代$1～（1人分）　カード J M V　行き方 MRTクラーク・キー駅から徒歩約3分。
［他店舗］住 133 New Bridge Rd., #01-04 Chinatown Point　☎6443-1033

左がいちばん高いポークリブのスープ（$10.8）で、断然おいしい。右の部位はスペアリブでやや硬い

バクテーの素も1袋から買える（$4.16）

漢方ハーブが効いた濃厚スープ

黄亞細肉骨茶餐室 Ng Ah Sio Pork Ribs Soup Eating House

外の席もあり開放的

各テーブル脇にヤカンがあり、自分でお茶を入れる

1977年に潮州系の先代が始めた店で、車やタクシーで乗り付ける常連客でにぎわう。漢方ハーブの香りとコショウやニンニクも比較的強めに効いていて、複雑でコクのある味わい。ご飯がどんどん進む。

MAP 折込表-2B　住 208 Rangoon Rd.　☎6291-4537　営9:00～21:00　休旧正月3日間　料バクテー $7.8～10.8、ライス$0.8～、お茶代$2.8～（2人分）　カード J M V　行き方 MRTファーラー・パーク駅からタクシーで約5分。

マレーシア式具だくさんのバクテー

梁記（巴生）肉骨茶 Leong Kee (Klang) Bak Kut Teh

マレーシアのクランは、バクテーの発祥の地という説もあるほどバクテーで有名な町。そのクランスタイルのバクテーが食べられる店がここだ。ナツメや八角など14種類の漢方ハーブを使って肉と野菜やゆばを土鍋でグツグツ煮込んであり、ボリューム満点。

MAP 折込表-2B　住 251 Gaylang Rd.（Lolong 11との交差点）　☎9380-1718　営11:00～21:30　休火曜、旧正月9日間　料バクテー（スペアリブ）$7～、ライス$0.7　カード 不可　行き方 中心部からタクシーで約15分。

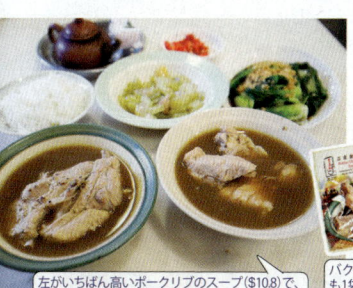

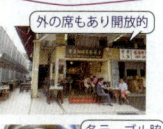

薬膳として飲まれていたスープ。漢方の甘味とクセがあり、好き嫌いが分かれるところ

路上脇の席のほか店舗もある

7～8種類の漢方ハーブ入りのソースをからめ煮にしたドライバクテー（干肉骨茶、$10.5）もある。ピリリと辛くて甘いソースがクセになるおいしさ！

3 フライド・ホッケン・ミー（炒福建面）Fried Hokkien Mee

フライド・ホッケン・ミーとは

太めの卵麺である福建麺を炒めた塩味の焼きそば。さらに食感の違うビーフンも加えるのが普通。エビなどでとったたたしを麺に吸わせるように炒める。具は豚肉やイカ、エビなどが添えられ、サンバル・ブラチャン(※)をあえながら食べる。

※オキアミを発酵させた調味料にチリを混ぜて作ったペースト状調味料。

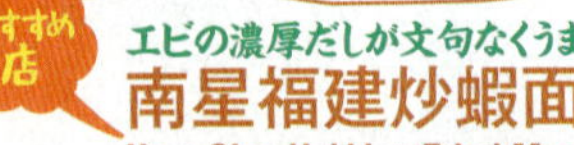

おすすめ店

エビの濃厚だしが文句なくうまい!

南星福建炒蝦面

Nam Sing Hokkien Fried Mee

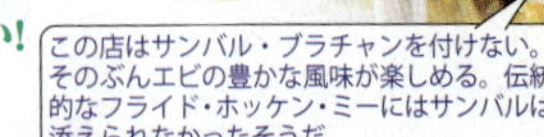

この店はサンバル・ブラチャンを付けない。そのぶんエビの豊かな風味が楽しめる。伝統的なフライド・ホッケン・ミーにはサンバルは添えられなかったそうだ

名店揃いのオールドエアポート・ロード・フードセンター(→P.236)で、いちばん人気の店。午後の早い時間でも売り切れることがある。この店の炒め方はスープの少ないドライタイプだが、エビのだしがたっぷり出たスープがアルデンテの麺にしっかりからんでいる。そのためテイクアウトしてもふやけずおいしく食べられる。

ゴーグルをかけて炒めるおじさんがロゴマーク

大鍋で大量に一気に炒め上げる

年季の入った鍋さばきがうまさの秘訣

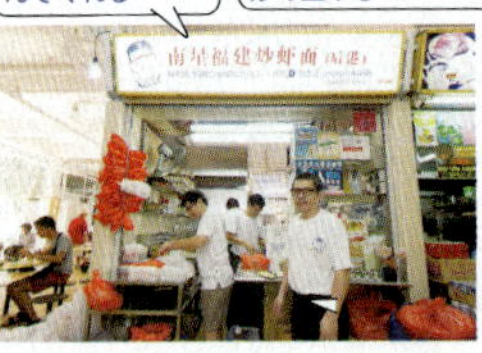

注文ノートにテーブル番号と注文数を記入し、料金前払い。できあがったら運んでくれる

MAP 折込表-2B 住Blk. 51, Old Airport Rd., #01-32 Old Airport Road Food Centre ☎6440-5340 営10:00～17:00（売り切れた時点で閉店） 休旧正月半月 料$5～8 カード不可 行き方中心部からタクシーで約15分。

黄色の太めの卵麺と細いビーフンの配合具合もいい

炭火を使う炒め技が決め手

ゲイラン・ロロン29・フライド・ホッケン・ミー（芽籠二十九巷福建面）

Geylang Lorong 29 Fried Hokkien Mee

1950年代から変わらない調理法をかたくなに守り、炭火を使うこだわりぶり。強めの火力で魚介や肉のうま味をしっかりと麺とスープに浸み込ませていく。店主の気概が感じられる店だ。

じっくり味を浸み込ませていく

炭火の火力を自在に操る職人技

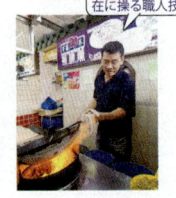

MAP P.169 住396 East Coast Rd. ☎9733-1388 営11:30～20:30 休月曜、旧正月 料$6～ カード不可 行き方中心部からタクシーで約25分。

つるつる麺につゆだくホッケン・ミー

泰豐 Thye Hong

チェーン展開していて、ショッピングセンター内のフードコートに店舗が多く、観光客も利用しやすい。味は海鮮風味がしっかりとあるのにさっぱりしている。値段は少し高めで、殻付きの大ぶりのエビが入っている。米粉の太麺「ラクサ麺」を使っており、スープもたっぷりなのが特徴。

写真のフード・リパブリック内のほか、サンズのラサプラ・マスターズ(→P.237)にもある

竹の香りで風味をアップさせるため竹皮を敷くのが伝統方式

MAP P.86-2A 住313 Orchard Rd., Level 5 Food Republic, 313 @ somerset ☎なし 営10:00～21:00 休無休 料$6～ カードJ 行き方MRTサマセット駅から徒歩約3分。

スープがおいしい。すきっと澄んでいるのにうま味たっぷり。エビの量も満足！（$10のスープ麺）

$10のドライタイプ。麺に添えられたチリソースが絶品。注文時に好みの量を

車で乗り付ける人も多い。早朝がすいている

4 プロウン・ミー（蝦面） Prawn Mee

プロウン・ミーとは

エビと骨付き豚肉でだしを取った贅沢な麺料理。エビのだしがよく出たスープ麺と、スープと麺を別々に味わうドライタイプがある。麺は太くて黄色い卵麺。高価なエビをいかに惜しまず使うかで味が決まる。

おすすめ店

エビ風味の豊かなスープがお見事！

ジャラン・サルタン・プロウン・ミー（惹蘭蘇丹蝦麺） Jalan Sultan Prawn Mee

エビのうま味が濃厚で鼻と口で香りを堪能。この店は特製チリソースがおいしいので、ドライタイプで注文して、麺は辛めのチリソースであえて食べるのが人気。$10の大エビ入りをぜひ！

MAP 折込裏-1D 住2 Jalan Ayer ☎6748-2488 営8:00～15:30 休火曜 料プロウン・ミー $6～10 カード不可 行き方MRTカラン駅から徒歩約3分。

エビとポークリブのハーモニーがたまらない

河南肉骨大虾面 River South (Hoe Nam) Prawn Noodles

自家製のフィッシュ・ケーキもつまみたい

エビの風味と甘味が味わえるスープが評判の老舗。具はエビやポークリブだけでなく、貝やトコブシなどを組み合わせた20数種類のメニューがある。

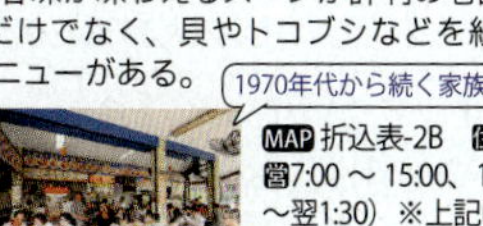

1970年代から続く家族経営の店

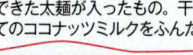

スープをじっくり味わえるドライタイプがおすすめ

MAP 折込表-2B 住31 Tai Thong Crescent ☎6281-9293 営7:00～15:00、17:00～22:00（金・土曜、祝日前日～翌1:30）※上記はラストオーダーの時間 休旧正月 料$5～（エビとポークリブ入りは$7～） カード不可 行き方MRTポトン・パシール駅から徒歩約5分。

5 ラクサ（叻沙） Laksa

濃厚だけど、しつこくなく奥深い味。太めのビーフンもおいしい

麺にスープが浸みわたるようにして碗に盛る

ラクサとは

国によって違いがあり、シンガポールでいうラクサとはココナッツミルク・ベースのスパイシーなスープに、米の粉でできた太麺が入ったもの。干しエビでだしを取り、搾りたてのココナッツミルクをふんだんに使うのがニョニャ流。

ラクサ激戦区、カトンの名店

マリン・パレード・ラクサ（ジャングー・ラクサ） Marine Parade Laksa

おいしいラクサの代名詞「カトン・ラクサ」を称する店は多いが、ここが本家といわれる。60年以上の歴史をもつこの店はニョニャ(※)からレシピを受け継いだという本物の味。奥深い味わいのクリーミーなスープは、その濃厚さでも群を抜いている。

※ニョニャ：マレー半島に早くから来ていた古い中国系移民で、現地のマレー人女性などと婚姻するなどし、現地に土着化した中国人らの子孫をプラナカンという。プラナカンの女性はニョニャと呼ばれる。

ローカルなショッピングセンター内のホーカースタイルの店

MAP P.177下図 住50 East Coast Rd., #01-64 Roxy Square ☎9622-1045 営9:30～16:00（売り切れた時点で閉店） 休無休 料ラクサ$5.5～7.5 カード不可 行き方MRTパヤ・レバ駅からタクシーで約10分。中心部からなら約25分。オーチャード・ロードからNo.14のバスでも行ける。

小ぶりのラクサはシーハムと呼ばれる赤貝が入っている。レンゲで食べる

ひと味違う華人ラクサ

スンゲイ・ロード・ラクサ（結霜橋叻沙） Sungei Road Laksa

地元客が絶えない人気店

華人が作るラクサはカトンのものよりココナッツミルク少なめでさっぱり。チリの辛味とココナッツのまろやかさが溶け合う。この店は炭火でスープを温めていて、かすかに炭の香りがする。

MAP P.93-3D 住Blk. 27, Jalan Berseh Rd., #01-100 ☎なし 営9:30～16:00 休水曜、旧正月 料$3 カード不可 行き方MRTジャラン・ベサール駅から徒歩約5分。

6 キャロット・ケーキ（菜頭粿）Carrot Cake

卵たっぷりのさっぱり塩味のキャロットケーキ。チャイポー（大根の漬物）のみじん切りがよいアクセント

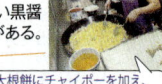

キャロット・ケーキとは

大根餅を細かく切り、漬物や卵とあえて焼き上げたもの。甘い黒醤油味の「ブラック」、あっさりとした塩味の「ホワイト」の2種類がある。

炒めた大根餅にチャイポーを加え、卵液を混ぜ込んで豪快に焼き上げる

おすすめ店

卵のからみ具合が絶妙！

合衆菜頭粿 He Zhong Carrot Cake

注文時にテーブル番号を伝えて番号札をもらおう

シンガポール西部のホーカーズ内の有名な老舗。注文時に番号札を出し、できあがりまで10～15分。味つけは塩味のみで、長年培われた独自の焼き方があり、巨大なパンケーキのようにきれいに焼いたものをひと口大にカットして出す。

MAP 折込表-2B 住51 Upper Bukit Timah Rd., #02-185 Bukit Timah Food Centre ☎なし 営6:00～20:00（水曜～13:00）休旧正月 料$2.5～5 カード不可 行き方MRTビューティ・ワールド駅から徒歩約5分。※土・日曜、祝日のみNo.182の店でも営業。

7 フィッシュボール・ヌードル（魚圓面）Fishball Noodle

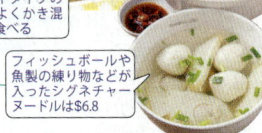

ドライタイプの麺はよくかき混ぜて食べる

フィッシュボール・ヌードルとは

魚のすり身団子、フィッシュボールを添えた麺料理。魚団子は中国潮州の名物で、プリプリとした弾力がすばらしく、材料は黄尾魚や西刀魚を使う。

フィッシュボールや魚製の練り物などが入ったシグネチャーヌードルは$6.8

おすすめ店

フード・オペラの人気店

フードコートでも伝統の味を

立興潮州魚圓面 Li Xin Teochew Fishball Noodles

自社工場で毎朝作る新鮮なフィッシュボールは無添加で、ほおばると口いっぱいに魚のうま味が広がる。プリプリの弾力も感動ものだ。ドライで食べる麺にあえるチリソースも特製で、見た目よりも辛さはマイルド。

MAP P.85-3C 住2 Orchard Turn, # B4-03/04 Food Opera, B4/F ION Orchard ☎なし 営10:00～21:00 休無休 料$5.5～ カードJMV 行き方MRTオーチャード駅から徒歩約3分。
※ショー・ハウス内、サンテック・シティ・モール内のフード・リパブリックにも店舗あり。

フィッシュボールのほか、すり身で作った皮のワンタン、練り物などがのっている

自家製練り物に定評あり

松記餐室 Song Kee Eating House

新鮮な手作りフィッシュボールもおいしいが、人気なのは魚のすり身で作ったワンタン「ハーキョウ」。潮州式に黒酢を効かせたチリソースであえるドライで食べたい。

MAP 折込表-2B 住100 Yio Chu Kang Rd. ☎9336-2745 営11:30～20:45 休木曜、旧正月 料$5～ カード不可 行き方MRTセラングーン駅から徒歩約15分。またはテッカ・センター前からNo.147、ラッフルズ・プレイス駅前からNo.70のバスで20～30分、「Opp S'Goon Sports Cplx」下車、徒歩約5分。

8 カリー・ミー（咖喱面）Curry Mee

家族経営で写真の男性は2代目

カリー・ミーとは

中国系のカレーをかけた麺料理のこと。中国系のカレーはココナッツミルクがベースで、スパイスの配合がインド系とは異なるカレー粉を用いた、ややマイルドでコクのあるスープが特徴だ。通常は太めの黄色い麺を使う。

具だくさんの$8のもの。カレーはコクがあってマイルド

ヘンキーはここ1軒のみ。ニワトリの絵が目印

おすすめ店

手間暇かけたリッチなカレー麺

ヘンキー・カリーチキン・ビーフン・ミー（興記咖喱雞米粉麵）Heng Kee Curry Chicken Beehoon Mee

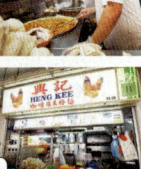

うまいものに目がない一家が作るカリー・ミーは、スパイシーながら甘味のある濃厚カレースープが身上。具もジャガイモ、油揚げと満載で、特につるりと軟らかくゆでた鶏肉がおいしくてボリューム満点。お昼どきは必ず行列ができる人気ぶり。麺は黄色い卵麺（福建麺）、ビーフン、ラクサ麺から選べる。

MAP P.88-1B 住Blk. 531A, Upper Cross St., #01-58 Hong Lim Food Centre ☎9278-0415 営10:30～14:30（売り切れた時点で閉店）休日・月曜、祝日、旧正月 料$5.5～8 カード不可 行き方MRTチャイナタウン駅から徒歩約5分。

9 ナシ・ビリヤーニ Nasi Biryani

チキン・ビリヤーニ。チキンはライスの中に隠れている。バスマティ米は特に細長い種類で、パラッとして香り高い

ナシ・ビリヤーニとは

本場インドのビリヤーニはカレー風味のスパイスで味つけした具材を米の中に入れて炊き上げ、カレーソースなしで食べる。一方シンガポール式はチキンカリーなどカレーをかけて食べるのが定番。カレーのあるなしで、好みが分かれる。

おすすめ店

スパイスとチキンのうま味が凝縮

ビスミラー・ビリヤーニ Bismillah Biryani Restaurant

食堂形式の店

高価なバスマティライスを使用し、じっくり炊き上げたインドスタイルのビリヤーニ。パラパラと香ばしい炊き込みご飯に、ヨーグルトベースのソースをかけて食べる。具はチキンのほか、マトンや魚がある。 MAP P.93-3C 住50 Dunlop St. ☎6935-1326 営11:30～21:00 休無休 料$7～ カード不可 行き方MRTローチョー駅から徒歩約3分。

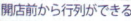

開店前から行列ができる

まろやかカレーで召し上がれ

ゲイラン・ビリヤーニ・ストール Geylang Briyani Stall

MAP P.177上図 住1 Geylang Serai, #02-146 Geylang Serai Market ☎9170-9700 営10:30～15:00 休月曜、ハリ・ラヤ・プアサ、ハリ・ラヤ・ハジの祝日 料$6 カード不可 行き方MRTパヤ・レバ駅から徒歩約8分。

シンガポール式ビリヤーニの人気店。ふっくら香り高く炊き上げたライスはもちろん、濃厚なのにマイルドな味わいのカレーで煮込んだチキンやマトンが軟らかで美味。

ビリヤーニライスにはたっぷりのカレーとピクルスが添えられる

10 ロティ・プラタ Roti Prata

大きな鉄板で次々焼かれる

ロティ・プラタとは

シンガポーリアンにダントツ人気を誇るスナックといったらコレ。朝食や夜食にぴったりの南インド式のパンケーキだ。ギー(インドのバターオイル)をからめながら引っぱるように生地をまとめて焼き上げる。カレーや砂糖をまぶして食す。

おすすめ店

絶妙の焼き具合

シンミン・ロティ・プラタ Sin Ming Roti Prata

団地の1階部分にあるコピティアムの中の店。本格的なカレーやレンダンなどのマレー料理もある

ロティ・プラタの有名店は数あれど、どこも味が落ちたと嘆きの声が多いなか、不便な場所ながら多くのファンを納得させる店がここ。外側はパイ生地風にさっくり、中はふわふわでしっとり、食感のバランスがお見事だ。しかもつけ合わせのカレーも手抜きされておらず、おいしい。

プレーンのロティ・プラタ(手前)とチキンカレー。ほかにチーズやチョコレート入り、ミニサイズのコイン・プラタもある

MAP 折込表-2B 住Blk. 24, Sin Ming Rd., #01-51 Jin Fa Kopitiam ☎6453-3893 営7:00～18:00 休ハリ・ラヤ・プアサの祝日、ハリ・ラヤ・ハジの祝日 料ロティ・プラタ(プレーン)$1 カード不可 行き方中心部からタクシーで約20分。

番外編 **ハマるとやみつきになるうまさ**

ロー・ミー(滷麺) Loh Mee

醤油ベースの奥深い味わい

12:00前から14:00頃までは行列覚悟で。早めの時間が狙い目

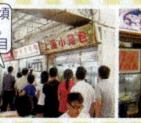

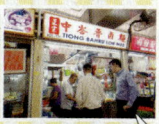

チョンバル・ロー・ミー Tiong Bahru Loh Mee (中峇魯滷麺)

1杯1杯ていねいに作っているので、気長に待とう

ロー・ミーとは片栗粉でどろっとした黒いスープに黄色の太麺が入った福建スタイルの麺料理。マイナーながら実はシンガポーリアンの間で大人気、日本人でもハマる人が多い。黒いスープは八角などのスパイスが効いており、黒酢とおろしニンニクを添えて食べる。この店はロー・ミー好きの絶大な支持を得ており、いつも長蛇の列ができるので有名だ。

MAP 折込表-2B 住Blk. 51, Old Airport Rd., #01-124 Old Airport Road Food Centre ☎なし 営8:30～15:00(売り切れた時点で閉店) 休水曜、旧正月 料$3～5 カード不可 行き方中心部からタクシーで約15分。

巻頭特集 6
魅惑のグルメワールド

ローカルフードの宝庫 ホーカーズを極める

Hawkers

シンガポールの人々の食生活に根づき、欠かせない場所が、ここホーカーズ。安くておいしいありとあらゆる料理があり、旅行者にとっても魅力的。シンガポールの食の醍醐味が詰まったホーカーズを巡ってみよう。

ホーカーズとは

ホーカー（Hawker）とは路上屋台のこと。昔は路上で販売していた屋台を衛生上の問題から1ヵ所に集めたものがホーカーズ・センター(以下ホーカーズ)。正式にはフードセンターというもので、政府が管理している。ショッピングセンター内にあるものは、これと区別してフードコートと呼ばれる。また、個人経営の店舗の中に数軒の屋台が同居しているものは、コーヒーショップ(コピティアム)という。

会社員がテイクアウトしていく姿も

列に並んでね！

セルフサービス！

麺類は数分待つべし

ホーカーズの利用法

1 まずは席を確保

これで席確保、テーブル番号も覚えておこう

テーブルは全店共用で、どのテーブルに座ってもいい。混雑時は席確保が最初の関門。持ち物を机の上に置いておくのが「ここキープ！」のサイン。現地の人はティッシュや傘を置いている(かばんなどの貴重品は置かないこと)。

店頭の看板

店頭のアルファベット表示は政府の衛生検査の結果で、Aがいちばんよい。清潔度と味は必ずしも比例しないが、このランクは気になるところ

2 食べたい料理店を選ぶ

規模の大きいところは100軒以上あるので、おいしい店を見つけるポイントはコレ。

店頭に自分の店が載った新聞や雑誌の記事、推奨状を張り出している店は要チェック

行列

行列のできている店は試してみる価値あり（ただし、オフィス周辺では安いだけで行列ができる場合もある）

3 オーダーと支払い

中国系の店では英語が通じないこともあるが、指さしなどで何とかなる

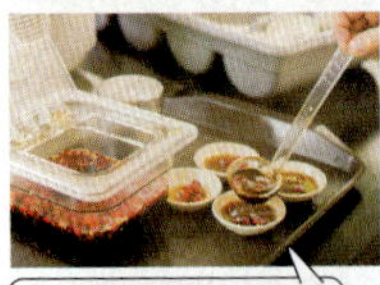

調味料や箸なども自分で用意

オーダー時に伝えることは、①メニュー名と何ドルのものか、②数、③その場で食べるか持ち帰りか※の3点。

オーダー時に料金を支払う。基本はセルフサービスなので、料理ができるまでその場で待つ。

料理を運んでくれる店もあり、その場合はテーブル番号を伝えておき、料理と引き換えに支払う。

ひとつの料理に$3、$4と値段が表示されているのは、具の量による違い。いくらのものにするか指定する

※“すぐ飲食or持ち帰り？”の会話例
- その場で食べるなら「Eat here(イート・ヒア)」。
- 持ち帰るなら「Take away(テイク・アウェイ)」。中国語では「ターパオ(打包)」。

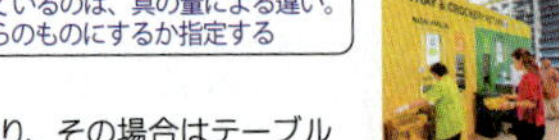

テーブルに運んでもらう場合、支払いは料理と引き換えに

4 食べ終わったら自分で片づける

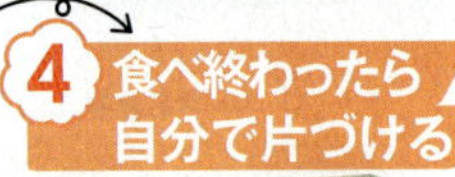

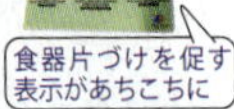

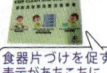

食器片づけを促す表示があちこちに

食器の片づけが義務化されたので、食器は返却場所に持っていくこと。返却棚や返却口は「ノンハラル」と「ハラル」に分かれていることが多く、おもにマレー・ムスリム料理の店の食事は「ハラル」へ、ハラル料理以外の食事は「ノンハラル」に返却

こんな使い方もできます!

ホーカーズの裏ワザ5

魚の蒸し煮やチリ・クラブも調理可能

裏ワザ1 レストランに負けない 本格中国料理も食べられる

メニューにいろいろな料理が張り出されている店は「煮炒(Cze Cha)」と呼ばれ、専門料理を売るのではなく、スープ、炒め物、炒飯、麺料理など何でもありの食堂のような店。家庭料理が多く、大勢でシェアするとよい。値段も安価。

おかず料理をたくさん注文して家族でテーブルを囲む光景も

メニューのほか、店頭に野菜などの食材が並んでいればこの手の店。1品$8くらいから

店頭のガラスケースの果物を指さして注文すればよい

カットフルーツは$0.5くらいから。食後のデザートにおやつ代わりに手軽につまめる

ジュース店でカットフルーツも販売

体の熱を取ってくれるスイカ（手前)、左は夏バテ予防によいニガウリ、右はキウイとオレンジのジュース

裏ワザ2 安くて豊富な果物に注目! フレッシュジュースやカットフルーツでビタミン補給

その場で搾ってくれるジュース店はとても重宝。種類が多く果物の組み合わせも自在、おまけに安い（$2.5～4)。疲労回復やデトックスなど体にもよいので、あれこれ試してみて。

裏ワザ3 ビールとローカルフードも相性よし! クラフトビール専門店もホーカーに

ローカルフードに合うビールを世界中からセレクトしているのが「スミス・ストリート・タップス」。ニュートン・フードセンター(→P.236)にも専門店あり。

Smith Street Taps MAP P.88-2B 住Blk. 335 Smith St., #02-062 Chinatown Complex ☎9430-2750 営17:30～21:30（土曜14:00～。ラストオーダー21:15) 休日・月曜 カード不可 行き方MRTチャイナタウン駅から徒歩約4分。

ビールは週替わりで常時10種類ほど（$12～)。タップの生ビールもある

サテーや焼き餃子、キャロット・ケーキなどをビールとともに

裏ワザ4 気兼ねなくゆっくりできる ひとり席のあるホーカーズ

マックスウェル・フードセンター(→P.233)の北側ブロックの裏には、壁に向かって座る席がずらっと並んでいて、ひとり客がよく利用している。

持ち帰り用のパッキング

裏手にあるので館内の喧騒と打って変わって静か。相席のストレスなしなのがいい

裏ワザ5 「Take Away!」のひと言で 何でもテイクアウトOK!

混雑している場合やゆっくり食べたいときは、テイクアウトしてホテルの部屋で食べるのもあり。

ホーカーズ情報

営業時間
ロティ・プラタやお粥などの朝食の店以外は昼頃から開店。閉店は18:00や22:00などまちまち。売り切れ御免で14:00～16:00に閉店する店も。

予算
ご飯類、麺類とも$3～5くらい。シーフード料理は$15くらいから。

トイレ
¢10～20の使用料が必要なことが多い。小銭の用意を。

歴史
英国植民地時代に中国やインドからやってきた出稼ぎ労働者たちは屋台で食事を済ませることが多く、そのため屋台料理の文化が根づいた。中心部はもちろん、郊外の住宅エリア、駅のそばなどに多い。

うまい店が多い おすすめホーカーズ

- マックスウェル・フードセンター →P.233
- チョンバル・マーケット・アンド・フードセンター →P.235
- オールドエアポート・ロード・フードセンター →P.236

※中国料理が充実しているのはチャイナタウンにあるホーカーズ、インド料理ならリトル・インディアのテッカ・センター（→P.234)、マレー料理ならゲイラン・セライ・マーケット（→P.176）へ。

多彩なメニューを一挙に見せます！

ホーカーズメニュー完全版
Hawkers

P.50～55で紹介の代表的ローカルフードのほかにも、おいしい料理やスナックがたくさんある。ここでは料理系統別に紹介するので、珍しい料理にもトライしてみて！

中国系 Chinese

チャー・クエティヤオ 炒粿条

米の幅広麺に黄色い福建麺を合わせ、貝類や野菜などの具を入れて黒糖醤油で炒めた料理。こってりした味つけ

オイスター・オムレツ 蠔煎

小ぶりのカキを卵と片栗粉などにからめながら、お好み焼き風にまとめて焼いた潮州風スナック。ビールに合う

ワンタン・ミー　雲呑面

シンガポール式ワンタン麺は、スープなしのドライが主流。甘めの醤油だれにチリペーストを加えて麺とあえ、ワンタンとチャーシュウをトッピング

フィッシュボール・ミー 魚圓面

潮州名物の魚のすり身団子が入った麺料理。魚団子はプリプリの食感。スープ麺とドライタイプがあり、麺も好みで選べる

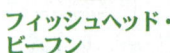

フィッシュヘッド・ビーフン 魚頭米粉

魚の頭や骨を揚げてだしをとった白濁スープが特徴のビーフン。具は揚げた魚の頭。魚の切り身を入れることも

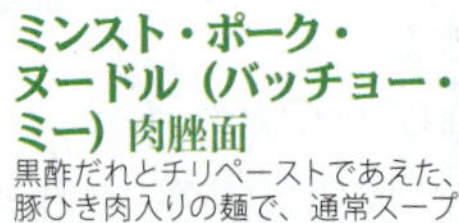

ミンスト・ポーク・ヌードル（バッチョー・ミー）肉脞面

黒酢だれとチリペーストであえた、豚ひき肉入りの麺で、通常スープなし。ミーポッと呼ばれる平たい麺で食べるのが人気

サテー・ビーフン 沙爹米粉

甘めでスパイシーなピーナッツ味のサテーソースを、さっと湯がいたビーフンにかけたもの。具はイカや空芯菜など

バンミエン 板面

小麦粉ベースの手延べ麺。煮干しのだしが効いたあっさりスープで、日本の鍋焼きうどん風の味つけ

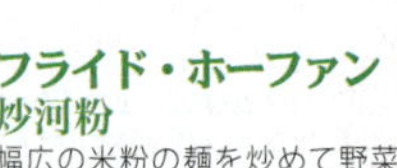

フライド・ホーファン 炒河粉

幅広の米粉の麺を炒めて野菜や肉、海鮮などのあんをかけたもの。「煮炒」（→P.57）の定番メニュー

ローストミートライス
焼臘飯

広東式のローストミートを切り分けてご飯にのせてある。肉はチャーシュウや豚バラ、ダックなど。肉だけでも注文可

シザーズカット・カリーライス
剪刀剪咖喱飯

おかずを選び、カレーと醤油味のつゆをぶっかける海南式カリーライス。シザーズカットとははさみでカツや肉をカットすることに由来

エコノミーライス
経済飯

中国総菜が並ぶ店で、ご飯の上に好みのおかずをのせてもらう。料金はおかずの種類と数で計算

お粥
Congee

広東系のお粥が多い。具は魚の切り身（魚片）、ピータン（皮蛋）、豚肉（豬肉）など。揚げパン（油条）や米粉のクレープ（腸粉）とともに

ハッカ・レイチャ
客家擂茶

数種類の野菜をさいの目に切って炒めたものをご飯にのせた中国版ビビンバ。緑茶をかけながら食べる

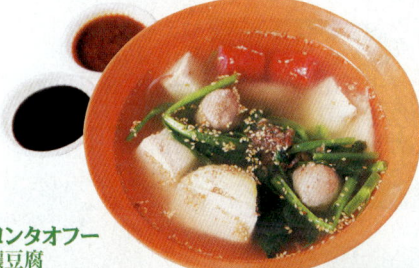

ヨンタオフー
醸豆腐

もとは中国客家のひき肉詰め豆腐の煮物。屋台では魚のすり身を詰めた豆腐や野菜、魚団子などの練り物を選んで、ゆがいてもらう。麺と一緒に食べることも

約30種類の具からチョイス。具は1個¢40～。店によって最低注文個数や何個いくらという設定。麺は¢50～。好みでカレーやラクサなどのソースをかけられる

クェイ・チャップ
粿汁

ラザニアのような幅広の米の麺が入ったスープに、八角風味の醤油だれで煮た豚の肉やモツ、豆腐などを添えたもの

インド系 India

マトンスープ
Mutton Soup

こってりとしたカレー味のスープで、骨付きマトン入り。香辛料もたっぷり入っている

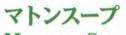

ムルタバ
Murtabak

ロティ・プラタ（→P.55）の生地にチキンやマトン、タマネギ、卵を混ぜた具を包んで焼いた人気メニュー

マレー系 Malay

ナシ・レマ Nasi Lemak

ココナッツミルクを加えて炊いたご飯と甘めのサンバルチリが主役。揚げ魚や目玉焼きが添えられる。人気の朝食メニュー

マレーライス Malay Rice

ライスにカレーや野菜料理など2～3種類のおかずが選べるマレー版ぶっかけご飯。おかずの種類と数で値段が決まる

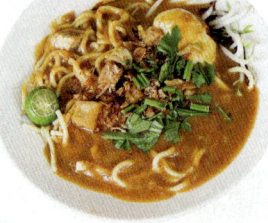

ミー・ロブス Mee Rebus

黄色い麺の上に、サツマイモのマッシュをベースに、タオチオという味噌を加えた甘くてどろっとしたグレービーをかけたもの

ミー・ゴレン Mee Goreng

焼きそば。マレー系とインド系があり、マレー系はチリソースが多めで甘味もある。写真のインド系はカレー風味でドライな仕上がり

サテー Satay

マレーの串焼きで、チキン、マトン、ビーフがある。甘口にマリネされており。甘いピーナッツソースにつけて食べる

ロティ・ジョン Roti John

パンを卵液につけて焼いたマレー版フレンチトーストで、チリソースをつけて食べる。語源はジョン（欧米人）のために作ったパン

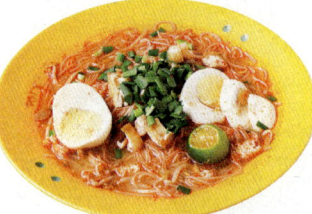

ミー・シャム Mee Siam

タイがルーツとされるビーフン料理。エビでだしをとり、チリペーストを加えたスパイシーで甘くて酸っぱいスープは独特の味

ロントン Lontong

米を圧縮した餅のようなものを入れた、ココナッツミルク味の野菜カレースープ。朝食メニュー

ドリンク Drink

コピ Kopi

濃く煮出して作るコーヒーで、練乳と砂糖入り。練乳なしはコピ・オ、ブラックはコピ・オ・コソンという

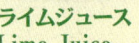

テー The

濃く煮出して作る紅茶でコピ同様、練乳、砂糖入り。練乳なしはテー・オ。テーにショウガ汁を入れたテー・ハリアもある

ライムジュース Lime Juice

たいていはシロップを加えて作る甘酸っぱいドリンク。店によってはライムを搾って作るところも。最もポピュラーなジュースでカレーに合う

シュガーケイン・ジュース Sugarcane Juice

サトウキビを搾って作るジュース。自然な甘味で、ちょっと青臭さがある。レモンを搾ってもらうと飲みやすい

ウォーターメロン・ジュース Watermelon Juice

スイカをジューサーで搾ってできあがり。さっぱりとした甘さはのどを潤すのに最適。体の熱を取る効果あり

スナック系 Snack

ピサン・ゴレン
Pisang Goreng

バナナの天ぷら。中国系は甘い小型バナナをカリッと揚げる。マレー系はもっさりしたイモのようなバナナを使用

ポピア
薄餅

福建名物。ダイコンの千切りや卵焼き、エビなどを包んで巻いたちょっと甘めの春巻き

ロジャ
Rojak

もともとはマレーのフルーツサラダだったが、中国風に進化。キュウリ、パイナップル、揚げパンなどを、黒糖醤油、エビの発酵ペーストなどを混ぜたソースであえてある

パオ
肉包

豪華な中身とふんわり甘口の生地が日本の肉まんと違うところ。「大包（ダーパオ）」という大きなものは、さらに具だくさん

オタオタ
Otah Otah

魚のすり身にチリやハーブ、ココナッツミルクを練り込み、バナナリーフに包んで焼くマレー料理。蒸した中国風のものもある

カヤトースト
Kaya Toast

卵、ココナッツミルク、砂糖を混ぜて、パンダンリーフで風味づけしたペーストがカヤジャム。カリカリに焼いた薄切りパンにバターとともにこのジャムを挟んだパンがカヤトースト

バッチャン
肉粽

中国のちまき。いろいろな具のものがあるが、具の味つけは甘め

カレー・パフ
Curry Puff

スパイシーなカレーが入った揚げパン。具はポテトが多めで、チキンやゆで卵も。サーディン（イワシ）入りのパフも人気

シュイクエ
水粿

米の粉を小皿に入れて蒸したものに、漬物のみじん切りをしょっぱく煮たものをかけて食べる

サワーソップ・ジュース
Sour Sop Juice

甘酸っぱいサワーソップという果物を搾ったさわやかなジュース

これがサワーソップ

殻入りココナッツジュース
Coconut Juice

自然の甘味が楽しめる。内側の白い果肉もスプーンでこそげて食べよう

ソヤビーン・ドリンク
豆漿

大豆を搾って作る豆乳。ガムシロップ入り

バンドン Bandung

ローズシロップに練乳を混ぜたマレーの飲み物。香水のような独特の香りでかなり甘い

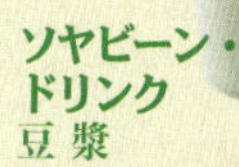

バーリー
Barley

大麦を煮出して作る甘めのドリンク。体の熱を下げるといわれており、シンガポールでは好まれている

南国の味がコラボレーション Sweets

魅惑のスイーツメニュー

シンガポールはスイーツ天国。フルーツやブラウンシュガー、ココナッツミルクたっぷりのスイーツが豊富に揃っている。ひんやりかき氷からカラフルなマレー菓子までラインアップ！

ホーカーズ系 Hawkers

ホーカーズの冷たいスイーツはほぼかき氷入り。値段は$2〜3.5。

チェンドル　Chendol

かき氷にブラウンシュガーとココナッツミルクをかけ、パンダンリーフで色付けした寒天やアズキをトッピング

ボボ・チャチャ Bobo Chacha

サツマイモやタロイモの角切りをココナッツミルクで煮たもの。コールドとホットがある

チェントゥン Cheng Tng

ナツメ、白キクラゲ、ハト麦など漢方の薬材を数種類使ったスープデザート。体の熱を取る効果あり。コールドとホットがある

ハニーデュー・サゴ Honey Dew Sago

ハニーデューメロンやタピオカをのせたココナッツミルク氷

レッド・ルビー Red Ruby

タイのデザート。クワイの実を赤い片栗粉の衣で包んでルビーに見立てている。ココナッツミルク味

ロンガン・グラスゼリー Longan Grass Jelly

ロンガン（龍眼）がたっぷりのった漢方ハーブ（仙草）のゼリー。苦味や漢方臭さはなく、後味さっぱりのヘルシーデザート

マンゴー・アイスゼリー Mango Ice Jelly

ゼリーにマンゴーのジュースと果肉、バジルシードをトッピングしてあり、好みでライムをひと搾り

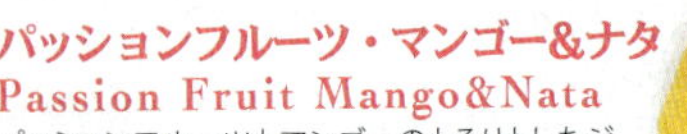

パッションフルーツ・マンゴー&ナタ Passion Fruit Mango&Nata

パッションフルーツとマンゴーのとろりとしたジャム状のペースト。ナタデココとかき氷が入っている

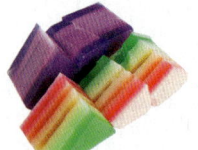

アガアガ・ゼリー Agar Agar Jelly

ココナッツミルク味のカラフルな寒天ゼリー。果物ジュースとカットフルーツを売る店にあり、ポピュラーなおやつ

タウ・スアン Tau Suan

皮なしの緑豆を煮て、片栗粉でどろっとさせた中国系の温かいデザート。揚げパン（油条）を入れて食べる

バリエーションが楽しい

アイス・カチャン大集合！

暑いシンガポールならではのひんやりスイーツ。その決定版がアイス・カチャン(かき氷)だ。何十年も昔からシンガポーリアンに愛されてきた、国民的デザート。日本とは違う「かき氷」を試してみて。

また、近年、台湾発のスノーアイスもブレイク。食べ比べてみるのもおすすめ。

アイス・カチャン Ice Kachang
アズキやコーン、ゼリー、3色シロップと練乳がかかったかき氷。カチャンはマレー語で豆の意味。トッピングの種類豊富。ホーカーズやフードコート、ローカル料理店にあり$2くらいから。

スノーアイス Snow Ice
しっとりとエアリーな食感。果物の果汁などを混ぜ込んであり、素材の味が濃厚。スイーツ専門店やフードコートにあることも。$6くらいから。

アイス・カチャン Ice Kachang

ノーマルなアイス・カチャン

氷の中にもアズキやゼリーが詰まっている

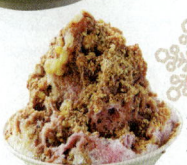

ピーナッツ・アイス・カチャン Peanuts Ice Kachang

アズキの上に砕いたピーナッツをかけてあり、香ばしい味わい

チョコレート・アイス・カチャン Chocolate Ice Kachang

ノーマルのアイス・カチャンにチョコレートソースをかけたもの。写真はさらにピーナッツパウダーもトッピング

アイス・ボール Ice Ball

球状にぎゅっと固められた1960年代のレトロかき氷。中にアズキとコーン入り。当時はビニールにくるんで手に持ち、そのままかじっていたそうだ。近年の懐古ブームで登場

果物ピューレのせアイス・カチャン Raspberry Ice Kachang

写真はラズベリーピューレをトッピングしたもの。ほかにマンゴーやドリアンなどのバリエーションがある

スノーアイス Snow Ice

マンゴー&ストロベリー・スノーアイス Mango & Strawberry Snow Ice

ふたつのフルーツ味がハーフ&ハーフになったスノーアイス。高さは20cmくらいある

チョコレート・スノーアイス Chocolate Snow Ice

チョコレートの甘い氷にバナナという鉄板のコンビネーション

チェンドル・スノーアイス Chendol Snow Ice

チェンドルのスノーアイス版。ココナッツミルク味のスノーアイスにアズキや緑色の寒天、ゼリーをトッピング

※紹介のアイス・カチャンはホーカーズやフードコートのもの。スノーアイスは味香園（→P.246）のもの。

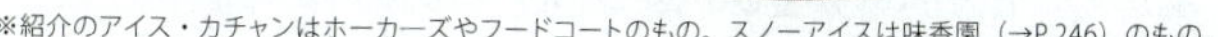

中国系 Chinese

専門店や中国レストランで食べられる。
値段は$2～5。

マンゴー&ポメロ・サゴ
楊子甘露
香港スイーツの定番がシンガポールでも人気。マンゴーのジュースにタピオカ、マンゴー果肉とポメロ入り A、B、C、D

ブラック・セサミ・ペースト
芝麻糊
黒ゴマをすり潰して作ったお汁粉。カルシウム豊富で美髪効果のあるヘルシー系 A

エッグタルト
蛋撻
濃厚なカスタードをパイ生地で包んだ焼き菓子。中国広東のお菓子で、飲茶の点心にもある E

ヤムイモ・ペースト
芋頭露
オリジナルは中国潮州。優しい甘さとヤムイモのねっとりとした食感がいい。ギンナン入り B、C

ピーナッツスープ
花生湯圓
あん入りの白玉団子をピーナッツスープに浮かべたもの。あんは黒ゴマ、アズキ、ヤムイモなど。ピーナッツスープはコクがありまろやか I

パパイヤ、白キクラゲ入りの糖水
冰糖雪耳木瓜
ショウガのスープに漢方の薬材も入った体によいスープデザート B

カメゼリー　亀苓膏
漢方薬で作られているものが多いが、本来はカメの腹甲と漢方薬材を煮込んで作る。苦いのでシロップをかけて食べる H

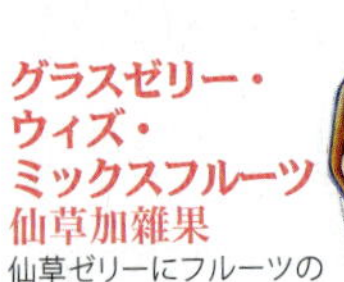

グラスゼリー・ウィズ・ミックスフルーツ
仙草加雜果
仙草ゼリーにフルーツのシロップ漬けをトッピング B

タウ・ファ　豆花
ふわっとした口当たりの軟らかい豆腐にシロップをかけて食べるデザートでコールドとホットがある A、H

サゴ・グラメラカ
Sago Gila Melaka
プラナカンの代表的デザート。タピオカにココナッツミルク、ブラウンシュガーの組み合わせ。シーココナッツ（オウギヤシの実）を黒蜜に漬けたものがトッピングされている　F

白玉団子入り糖水
姜湯湯圓
ショウガがピリッと効いたスープの中に、黒ゴマとピーナッツのあん入りの団子が入っている A、C

ブボー・ヒタム（プルッ・ヒタム）
Bubor Hitam Pulut Hitam
ココナッツ風味のついた黒米のお汁粉。マレー料理店の定番デザートだが、東南アジアではよくある甘味 G

P.64 のスイーツの店
A：味香園→P.246　B：阿秋甜品→P.246　C：ティエンワン（甜旺）→P.154　D：金玉満堂甜品→P.246　E：東興→P.247　F：ブルージンジャー→P.218　G：ワルン・ナシール→P.222　H：恭和館　MAP P.97 上図　住28 Upper Cross St.　☎6223-0562　営10:30～22:30　休無休　カード不可　I：アー・ボーリン・ピーナッツスープ Ah Balling Peanut Soup MAP P.91-1D　住505 Beach Rd., #01-75 Golden Mile Food Centre　☎なし　営11:00～20:30　休旧正月　カード不可
P.65のクエの店　キム・チュー・クエ・チャン→P.284、ブンガワン・ソロ　Bengawan Solo　MAP P.85-3D　住391 Orchard Rd., B2F Takashimaya Department Store　☎6735-5391　営10:00～21:30　休無休　カードADJMV　※店舗多数。チャンギ国際空港内にもある。

クエ Kueh

クエとはプラナカン、マレー系の菓子や餅菓子。もち米、タピオカ、ココナッツやヤシ糖のブラウンシュガー（グラメラカ）をよく使う。
※P.65で紹介のお菓子はP.64データ下の店で買える。

クエ・サラ Kueh Salat
下の白い部分はココナッツミルク味のもち米、上はパンダンリーフで色づけしたココナッツミルクと卵、小麦粉を蒸して固めたもの

ラピス・サグ Lapis Sagu
プラナカンの代表的クエ。ういろうのような食感の餅を何層も重ねてある。甘いココナッツ味

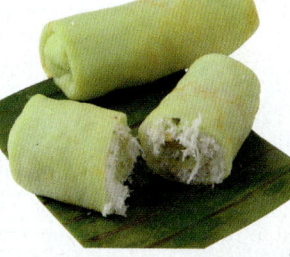

クエ・ダダ Kueh Dadar
ブラウンシュガーで味つけしたココナッツフレークをココナッツ風味のクレープで包んだもの（写真はブラウンシュガー不使用のタイプ）

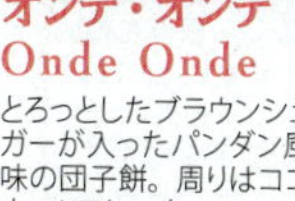

オンデ・オンデ Onde Onde
とろっとしたブラウンシュガーが入ったパンダン風味の団子餅。周りはココナッツフレーク

プルッ・インティ Pulut Inti
甘く蒸したもち米にブラウンシュガーで煮たココナッツフレークをトッピング

クエ・コスイ Kueh Kosui
ブラウンシュガーの濃厚な香りの餅にココナッツフレークをまぶしてある。軟らかな餅の食感とコクのあるブラウンシュガーが口の中で溶け合う

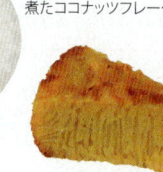

クエ・アンボン Kueh Ambon
インドネシアから伝わった焼き菓子で、見た目が霜柱のよう。タピオカ粉とココナッツミルク、イーストを材料に、しっとり独特の歯応えが人気

クエ・サゴ Kueh Sago
タピオカを練って蒸したものにココナッツフレークをまぶしてある。緑色はパンダンリーフの色

クエ・ロペス Kueh Lopes
三角形のもち米菓子。ココナッツフレークをまぶしてあり、ブラウンシュガーの蜜をかけて食べる

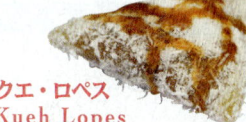

レンパー・ウダン Rempah Udang
ピリ辛の乾燥エビのもち米巻き。バナナの葉でくるんで焼いてあり、オツな味のおやつ

ビンカ・ウビ Bingka Ubi (Baked Tapioca)
タピオカケーキ。タピオカに卵やココナッツミルクを加えて焼いたもので、食感はもっちり

アンクー・クエ Angku Kueh
赤ちゃんの誕生1ヵ月のお祝いに配る亀の甲羅形の餅。甘い餅の中身は緑豆やピーナッツのあん

クエ・ラピス Kueh Lapis
ジャワ島から伝わった、薄い生地を張り合わせて作る焼き菓子。スパイシーなバウムクーヘンといったところ

アポン・バークワ Apom Berkuah
米粉を発酵させて作ったパンケーキ。ブラウンシュガーとココナッツで煮たバナナソースをつけて食べる

シンガポールは海の幸が豊富

シーフードをたらふく味わう

Seafoods

シンガポールの海鮮料理の基本は中国系だが、土地柄、マレー料理やプラナカン料理の調理法も加わり、あっさり系からスパイシー系と調理法もさまざま。

そんなシンガポール式海鮮料理の代表作といえば、チリ・クラブにペッパー・クラブ。ここではシンガポールの海鮮料理を味わい尽くすための基礎知識とノウハウを伝授しよう。

手前が一度は食べたいチリ・クラブ。海鮮ではカニ、エビ、ロブスターが人気だが、イカや魚もおいしい

注文のノウハウ

生けすの前まで行って食べたい魚を選ぼう。メニューを見ながらその店のおすすめを検討するのもいいし、食べたい魚を指さして「How do you recommend to cook?」（おすすめの調理法は？）と相談してみるのもいい。

生けすには世界各地から運ばれた魚介が種類豊富。生けすの中から注文する際はスタッフにアドバイスしてもらいながら、魚介や調理法を決めていくとよい

料金の目安

料金はたいていの場合、調理法ではなく、魚介の重さで決まる。料金の目安はカニの場合、100gにつき$7程度で、中サイズのカニなら約1kgの目方があるため、1匹調理してもらうと調理代込みで$80くらいだ。ホーカーズやフードコート内の海鮮バーベキュー店や中国料理の店では、カニ100gが$5くらいから。

代表的な魚介とその料理

バター・プロウン Butter Prawns

バター（というよりマーガリンだが）の風味と香辛料を効かせ、甘辛くカラッと炒めてある。

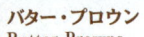

ブラック・タイガー・プロウン Black Tiger Prawn（エビ）

生きたエビはこの種類のみに限定される。単純に蒸すもよし、ニンニクと蒸すもよし。地元ではバター・プロウンが人気。

ゴールデン・ストライプ・ロブスター Golden Stripe Lobster

金糸揚げという料理法。バターや卵、オートミールを絡めて揚げたもの。ロブスターに絡まるクリスピーなそぼろは、ほんのり甘い。

ロブスター Lobster

近海物のほかにオーストラリア産が多く、後者のほうが値段が高い。ニンニク炒めが無難な味だが、金糸揚げも試してみたい。ゆでてマヨネーズとあえたロブスターサラダ、麺と一緒に炒めた料理も人気。

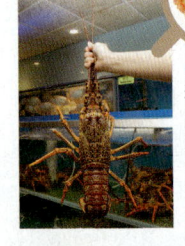

ミル貝のサシミ&シャブシャブ Geoduck Clam Sashimi with Steamboat

刺身で食べた後あっさりスープの鍋にさっとくぐらせて。

スンホック Soon Hock（Marble Goby）

淡水と海水が交わるあたりに生息する魚で、オコゼに似た繊細な白身がおいしい。

スンホックのディープフライ Deep Fried Soon Hock

ディープフライにするのが最もポピュラー。カリカリに揚げて薄口醤油のソースをかけて食べる。

クラムClam（貝類）

写真はジョーダックというミル貝の一種で「サシミ＆シャブシャブ」で食べるのがおいしい。そのほか、マテ貝はニンニク炒め、小さい貝はサンバル炒めがおすすめ。

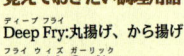

覚えておきたい調理用語

Deep Fry（ディープフライ）:丸揚げ、から揚げ

Fry with Garlic（フライ ウィズ ガーリック）:ニンニク炒め

Steam（スティーム）:蒸す

基本的には以上の3つの調理法さえ覚えておけば何とかなるし、細かいことは給仕たちがいちばんおいしい方法でうまくやってくれるはずだ。どうしても意思疎通が難しい場合は、ここで紹介する代表料理メニューを指さして注文するか、セットメニューも参考にしてみるといいだろう。

なお、日本人とみるとフカヒレやアワビをすすめる店もあるが、これらは高級中国料理店で食べたほうがよく、シーフードレストランではおすすめしない。

食べて幸せ～ カニ料理

人気のカニ料理3

1 チリ・クラブ Chilli Crab

1950年代にシンガポールで考案された料理。甘辛いチリソースで炒めてあり、ソースは店によって異なるが基本はチリとハーブをブレンド。溶き卵を入れるとよりマイルドに仕上がる。
ソースは甘めの中国パンにつけて食べる。メニューになくてもBun（パン）と言えば出してくれるはず。

濃厚ソースと相性抜群の中国パン

カニは手で豪快に食べるのがいちばん。クラブフォークやクラブクラッカーも貸してくれる

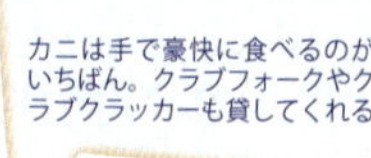

フィンガーボウルを活用しよう。カニを食べるときはウエットティッシュを持参するとよい

2 ペッパー・クラブ Pepper Crab

大量の黒コショウをつぶしてソースにして、カニと炒めたもの。香ばしくてピリリと辛い大人の味はやみつきになる。

3 ホワイトペッパー・クラブ White Pepper Crab

こちらはノーサインボード・シーフード（→P.215）のオリジナルで、白コショウとニンニク、ネギでカニを炒めたもの。シンプルだけにカニの風味が引き立つ。

こんなバリエーション料理にも注目！

ソルテッドエッグ・クラブ Salted Egg Crab

アヒルの塩卵を絡めながら炒めたもの。塩卵のコクと優しい塩気、甘味がバッチリの味つけが人気だ。

スティーム・クラブ Steam Crab

さっと蒸し上げただけのシンプルな食べ方。カニ本来の自然な甘さが味わえる。さっぱりと食べたい人にオススメ。

よく使われるカニ

代表的なのが甲羅の硬いマッドクラブ(写真上)で、身がよく詰まったスリランカクラブが主流だ。ほかにアラスカンキングクラブ(タラバガニ、写真下)、オーストラリア産のカニなどが使われる。

おすすめシーフード料理店

●ノーサインボード・シーフード →P.215

●ロングビーチ・アット・デンプシー Long Beach @ Dempsey

MAP P.158 住25 Dempsey Rd. ☎6323-2222 営11:00～15:00、17:00～23:00（土・日曜、祝日11:00～23:30）休無休 カード ADJMV 行き方 中心部からタクシーで約15分。※予約をしたほうがよい。

地元で人気のおつまみ

●ソトン・キア Sotong Kia
ホタルイカをカリカリになるまで揚げて、甘辛いソースであえたもの。ビールに合う。

※シンガポールの海鮮は鮮度はよいが、貝類には注意したい。胃腸の弱い人は激辛料理は控えたほうがよい。

シンガポールならではの

美食 Delicious Foods

マレー料理（インドネシア料理）

スパイスやハーブ、そして海山の幸が見事な調和を織りなすマレー料理。基本的にマレー料理は家庭料理であり、屋台や食堂で$5～10くらいで食べるもの、という認識がある。そのため格式ばったレストランはほとんどないが、レストランとして店を構える場合は「インドネシア料理」をうたい、ジャワやバリあたりの料理もメニューに載せて特徴を出している。

マレー料理は各ホーカーズやフードコートで食べられるほか、サルタン・モスク（→P.145）周辺に食堂が集まっている。

マレー料理の店は食堂形式で、おかず料理が並ぶガラスケースから料理を選ぶ

数十種類の料理のなかから食べたいものを指さし注文できるので、旅行者にも使いやすい

マレーライスとも呼ばれるぶっかけご飯。ひとり分のおかずを盛りつけてくれるのでひとりでも気軽に利用できる

マレー料理の特徴

その1　ココナッツ、スパイス、香草を多用

さまざまな組み合わせにより、カレー類にしても、カリー（本書ではカレーと表記）、レンダン、アサム・ペダスといった具合に種類も豊富。また、海に囲まれた地域なので魚介料理が好まれ、煮干しも多用する。野菜料理では野趣あふれる在来野菜、タピオカ・リーフやジャックフルーツなど珍しい素材も多い。

その2　食堂風の店が多い

カウンターにズラリと料理を並べ、選んだ料理の合計をキャッシャーでお勘定するシステムで、ナシ・パダン式と呼ばれたりする。

料理の注文方法

1→注文カウンターで「マカン（店で食べる）」なのか「テイク・アウェイ（持ち帰り）」なのかを告げる。

2→ひとりで食べるのなら「ナシ（ご飯）」と声をかけて好きなおかずを選べば、ぶっかけご飯にしてくれる。ぶっかけご飯にしたくない場合は「I want rice separately.（アイ ウォント ライス セパレイトリー）」と言って、おかずを選ぶ。これなら1皿ずつ料理を盛りつけてくれ、仲間と何種類かのおかずをシェアできる。

3→キャッシャーで会計する。料金体系はかなりアバウトで、ぶっかけご飯の場合は、肉や魚料理1品に野菜料理2品を選んで、だいたい$5～6。ふたりで3、4品のおかずをシェアする場合は、$10強というのが相場だ。

ココナッツミルクやブラウンシュガーを使用したデザートも並ぶ

食べてみたい代表料理

レンダン Rendan

ココナッツミルクを多用し、水分がなくなるまで煮たカレーの一種。具はビーフまたはマトン

アヤム・バカール・オポール Ayam Bakar Opor

チキンをグリルしてからココナッツ風味のカレーで煮込んだもの

ウラップ Urap

ココナッツとウイングビーンというシカクマメのあえ物

イカン・アサム・ペダス Ikan Asam Pedas

魚をタマリンドで酸味をつけたソースで煮たカレーの一種

ブガディル Begadir

マレー風ジャガイモのコロッケ、バガデルともいう

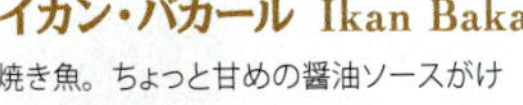

イカン・バカール Ikan Bakar

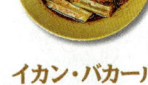

焼き魚。ちょっと甘めの醤油ソースがけ

テロン・ブラード Teron Brahd

揚げナスを特製チリソースであえたもの

サンバル・ブラチャン Sambal Belacan

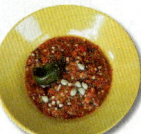

オキアミを発酵させたものを加えたチリペースト（詳細→P.69）

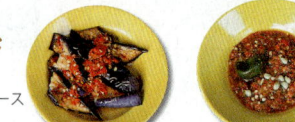

取材協力：ミナン　Rumah Makan Minang（→P.222）

プラナカン料理（ニョニャ料理）

プラナカン（→P.36）の女性、ニョニャが作る料理で、ニョニャ料理とも呼ばれる。マレー料理に中国、インド、西洋の食材や調理法が加わった、当地ならではの伝統的フュージョン料理。

欠かせない調味ペースト サンバル・ブラチャン Sambal Belacan

上／オキアミを発酵させたブラチャンという調味料と生のチリをすり潰して作ったもので、つけだれや料理に使われる　左／ブラチャンは固形で売られている

プラナカン料理に使われる香味野菜とスパイス。手前の黒い木の実がブアクルア

家庭料理の趣だが、奥深い味のハーモニーが楽しめる

プラナカン料理の特徴

その1　マレー料理や中国料理の影響が強い

マレー風のレシピに豚肉や中華材料を使うものもある。反対に中国料理にマレー風のスパイスやハーブを使うことで、よりかぐわしい料理も生まれた。

その2　グルメ好みの洗練された料理

この料理はプラナカン以外のシンガポール人にとっても大切な故郷の料理であり、ラクサなどはその代表格である。手の込んだ料理が多く、ミー・シャム、オタオタ、クエ（マレー菓子）などはマレー系の人々が作るよりもおいしいと言う人も多い。

その3　本場はカトンにあり

プラナカン関連の店は、おもにカトン・エリア（→P.173）に多い。プラナカン式ショップハウスが並ぶこの一画を散歩しながら、食べ歩いてみたい。

食べてみたい代表料理

アヤム・ブアクルア Ayam Buah Keluak

ブアクルアというブラック・ナッツにエビなどを混ぜたものと、チキンを煮込んだカレー風の煮物。プラナカン料理の傑作

チャプチャイ Chap Chai

ニョニャ風野菜の五目炒め。シンプルで家庭的な料理

サンバル・プロウン Sambal Prawn

チリにエシャロットやブラチャンなどを合わせて長時間炒めたニョニャ風チリソースでエビを炒めた一品

ケペティン・バクワン Kepetin Bakwan

豚ひき肉にカニ肉やエビ肉を加えて作った贅沢な肉団子のスープ。タケノコとニンニク風味のあっさりした味

クエ・パイティ Kueh Pie Tee

サクッとした薄いタルト風のミニ・カップに、千切り大根を甘く煮たものや小エビ、チリなどを詰めたスナック。ほんのり甘くてスパイシー

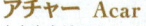

ンゴー・ヒャン Ngoh Hiang

もともと福建料理だが、プラナカン風のアレンジが加わった。豚ひき肉などをゆばで巻いて揚げたもの

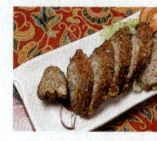

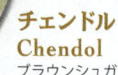

チェンドル Chendol

ブラウンシュガーとココナッツミルクのかき氷。パンダンリーフで色づけした緑色のゼリーとアズキが入っている

アチャー Acar

もともとはマレーの漬物で、ニンジン、キャベツ、キュウリなどにピーナッツ、チリ、ターメリックなどで甘酸っぱく味つけ

取材協力：チリ・パディ　Chilli Padi Nonya Restaurant（→P.217）

シンガポールの 最新おみやげセレクション

The Latest Souvenir Selection

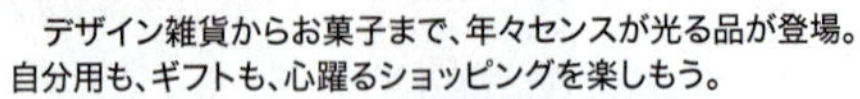

デザイン雑貨からお菓子まで、年々センスが光る品が登場。
自分用も、ギフトも、心躍るショッピングを楽しもう。

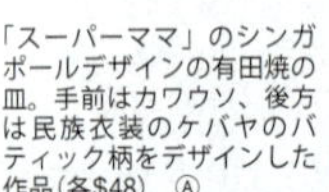

「スーパーママ」のシンガポールデザインの有田焼の皿。手前はカワウソ、後方は民族衣装のケバヤのバティック柄をデザインした作品（各$48） Ⓐ

チキンライスの名店「チャターボックス」（→P.215）創業50年記念で作られた小皿（3枚セット$28） Ⓐ

バスの切符（左）、シンガポール国立博物館（右）をデザインしたホーローマグ（各$15） Ⓐ

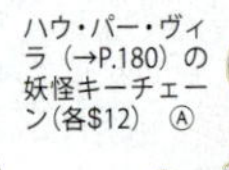

九谷焼とコラボしたマーライオンの小皿（各$20）と箸置き（2個セット$25） Ⓓ

ハウ・パー・ヴィラ（→P.180）の妖怪キーチェーン（各$12） Ⓐ

シンガポールのHDB（住宅団地）や象徴的なモチーフをデザイン化したグッズが次々登場。写真はミニ巾着（各$8） Ⓐ

プラナカンイラストのメモパッド。付箋も付いていて便利（$6） Ⓔ

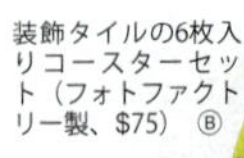

装飾タイルの6枚入りコースターセット（フォトファクトリー製、$75） Ⓑ

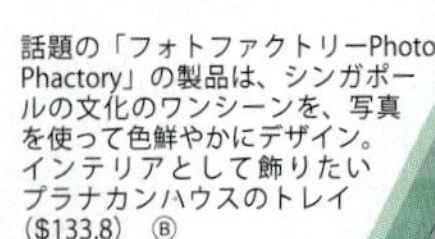

話題の「フォトファクトリーPhoto Phactory」の製品は、シンガポールの文化のワンシーンを、写真を使って色鮮やかにデザイン。インテリアとして飾りたいプラナカンハウスのトレイ（$133.8） Ⓑ

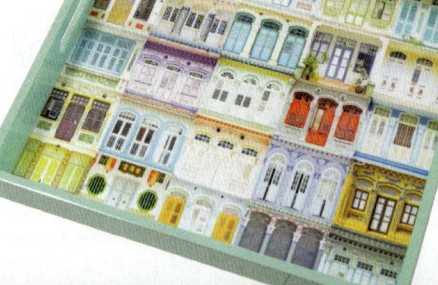

「イエニドローズ＆フレンズ」のかわいいタッチのイラストグッズも人気。写真は鍋やティーポット置きに使える布マット（各$12.9） Ⓑ、Ⓗ

シンガポールの名所や名物を盛り込んだすごろく。ゲーム駒はマーライオン、豆知識が詰まったクイズ付き($25) Ⓔ

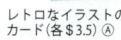

ソールと鼻緒、アクセサリーパーツを選んでカスタムメイドできるビーチサンダル Ⓖ

レトロなイラストのカード(各$3.5) Ⓐ

ローカルアーティストが描く動物のトートバッグ。写真のバッグの絵はシンガポールにも生息するセンザンコウ($32) Ⓒ

手作りのエジプト製香水瓶。魔法のランプ風の形がエキゾチック($15) Ⓕ

ドリアン（左）とタピオカミルクティー（右）のイラストがかわいいソックス(各$13.8) Ⓙ

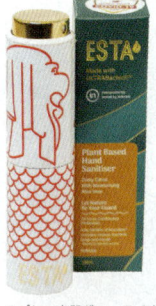

スプレー容器がマーライオンデザインの手指消毒剤($13.9) Ⓒ

シンガポールの飲み物、ローカルフードなどが盛りだくさんの楽しいノート(各$6.9) Ⓓ

インドのブロックプリントのコースターとナプキン($14〜16) Ⓘ

フードみやげ

アラビカ種100%のコーヒー豆専門店「バシャコーヒー」のコーヒーバッグ（左と中央、12袋入り$30〜）。右はイエメンのグランドモカマタリコーヒー（$128）。豆は使うフィルターに合わせてひいてくれる Ⓚ

「アンソニー・ザ・スパイス・メーカー」のマサラチャイ用にブレンドしたスパイス(左、$10.9〜)。右のゴールデンターメリック（$9.9〜）は牛乳とハチミツと合わせればターメリックラテに Ⓛ

「バシャコーヒー」のコーヒービーンチョコレート（各$13） Ⓚ

「インディアン・スパイスボックス」のクミンシード、ターメリックパウダー、グリーンカルダモンの各種スパイス。パッケージもしゃれている(各$6.5) Ⓒ

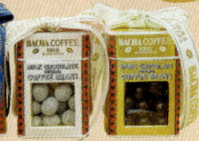

オーガニックスパイスのブランド「インディアン・スパイスボックス」の便利なスパイスブレンド。左からタンドール料理、ビリヤーニ、ひよこ豆のカレー用(各$18)。レシピのQRコード付き Ⓒ

※写真説明の文末のアルファベットは、 商品を扱う以下の店に対応しています。
Ⓐスーパーママ、ミュージアム・ストア→P.273 Ⓑギャラリーストア・バイ・ABRY→P.273 Ⓒデザイン・オーチャード→P.269
Ⓓイセタン・スコッツ→P.260 Ⓔメリッサ→P.271 Ⓕジャマール・カズラ・アロマティックス→P.280
Ⓖフィックル・ストア→P.280 Ⓗイエニドローズ&フレンズ→P.283 Ⓘラ・ティエンダ→P.284
Ⓙギフト・バイ・チャンギ・エアポート→P.20 Ⓚバシャコーヒー→P.241 Ⓛアンソニー・ザ・スパイス・メーカー→P.278

シンガポールにだって
リーズナブルな店やモノはある！

物価高に負けない お得情報を集めました！

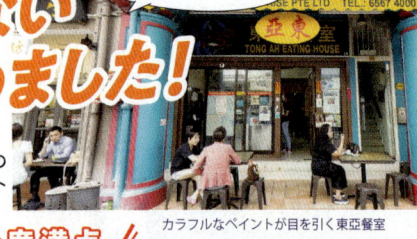

物価が高いシンガポールでは、安くておいしい店は救世主のような存在。地元の人が愛用する名店に行ってみよう。レストランやバーが行っているプロモーションにも注目だ。

カラフルなペイントが目を引く東亜餐室

＼ローカル度満点／

安くておいしい！ 地元で人気の飲食店

食事メニューが狙い目
東亜餐室
Tong Ah Eating House

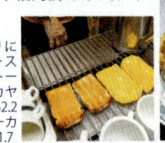

店主のタン（陳昭輝）さん。バックの絵は長年営業していたケオン・サイク・ロードとテック・リム・ロードの交差点のアイコニックな建物

「トンアー（東亜）」といえば「カヤトーストの店ね」といわれるほどカヤトーストが有名。確かにサクサクで香ばしいカヤトーストと濃厚なコピは抜群のコンビネーションだ。

1939年の創業以来、根強い支持を得ているこの店は、中国系の家庭料理でも定評があり、値段も安い。4代目店主のタンさんいわく「中国広東の料理も出していて、鶏肉の甘辛風味揚げ（甘香鶏）や炒めビーフン、豆腐料理なども試してほしい」。料理は3サイズあり肉料理$15〜、炒飯$5.5〜、炒め米麺$6〜。小サイズでもボリュームあり。チリ・クラブや本格海鮮もあり、ディナーで利用してみたい。

スパイスと砂糖を香りよく炒め、鶏のから揚げにからめたフレグラントチキン（甘香鶏）

手前はコーヒーのよい香りをまとったスペアリブ、コーヒーリブ（咖啡排骨、$15）。後方右はピリ辛ソースの揚げ豆腐（奇香豆腐、$12）

コピは昔ながらのいれ方で。ここのコピは濃くて風味豊か

左／カリカリになるまでトーストする（カヤトースト） 右／カヤトーストは$2.2〜、コピ（ローカルコーヒー）$1.7

MAP P.97 下図 住35 Keong Saik Rd. ☎6223-5083 営7:00〜22:00（水曜〜13:00）※朝時間と水曜はカヤトーストとコーヒーメニューのみ。料理メニューは11:00〜14:30、17:00〜22:00。 休 旧正月３日間 カード 不可 行き方 MRTアウトラム・パーク駅から徒歩約６分。

行列必至の朝食麺
喜園咖啡店
YY Kafei Dian

レトロな丸テーブルに簡素な木の椅子、格子タイルの調理カウンターに歴史が刻まれたコピティアム（コーヒーショップ）。ここに安くてうまい朝食メニューがある。店頭で販売されるビーフンとフライドヌードル。鶏のから揚げやフィッシュケーキ（魚のすり身揚げ）、ゴーヒャン（揚げたゆば巻）など好きな具材を選んでトッピングしてもらう。おすすめはほどよい塩加減のビーフン、目玉焼きとフィッシュケーキも外せない。ごく普通の素朴なビーフンだけどリピートしたくなる。ベースの麺は$1.5、具材は1品$0.7〜1.5。10:00くらいに売り切れるので来店は早朝に。データ→P.245

フィッシュケーキ、ランチョンミート、目玉焼きなどをトッピングしたビーフン（$4.7）

上／手前がビーフン。甘めのソースで炒めたフライドヌードルとミックスで注文してもよい 中／具は指さし注文でOK 下／ふわふわソフトパンのカヤトースト（$1.6）も人気朝食メニュー

具材ははさみでカットしてのせてくれる

オープンな造りの店。入口付近で販売するビーフンは通勤途中の人が次々買っていく

ローストダックとクリスピーローストポークのコンボライス($10.8)

香港の名店のロースト

カムズ・ロースト・エクスプレス
Kam's Roast Express

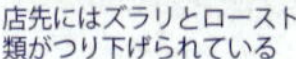

店先にはズラリとロースト類がつり下げられている

ロースト料理で人気の香港の店が、シンガポールに進出。レストランはジュエル・チャンギ・エアポート(→P.18)に、手軽に味わえるホーカータイプの店がアイオン・オーチャードのフードオペラ(→P.237)にある。ジューシーなローストダックが看板料理で、チャーシュウ(BBQポーク)やカリッとした皮がおいしいクリスピーローストポークもおすすめ。ご飯や麺の上にのせるメニューが定番で、$6.8〜11.8。

MAP P.85-3C 住2 Orchard Turn, #B4-03/04 ION Orchard ☎6513-3718 営10:00〜21:15(土・日曜、祝日〜21:00) 休無休 カード不可 行き方MRTオーチャード駅から徒歩約4分。

食事タイムは順番待ちの列ができる人気店

＼観光客向けではないけれど／

とりわけリーズナブルなホーカーズ

オフィス街のど真ん中のホーカーズ。土日、祝日は休業となる

レベルの高い店揃い

マーケット・ストリート・ホーカーセンター
Market Street Hawker Centre

2021年完成の高層ビル「キャピタスプリング」(→P.130)2〜3階にある、オフィスワーカー御用達のホーカーズ。広いスペースに、整然と約60のホーカーが並ぶ。連日行列のできる店が複数あり、なかでも「アーリャン・イポー・ホーファン」(#02-04)の滑らかな米麺($4〜)は断トツの人気。隣の「ホックグーイ・ハイナニーズ・カレーライス」(#02-03)の海南カレーや豚の煮込み(各$3.5)にも行列が。

注目したいのは「ヤミー・ニョニャ・プラナカン」(#02-22)。安価でプラナカンのいろいろな料理を試せるのが魅力だ。化学調味料不使用、スパイス類もホールを手でひいて調合するという料理は本格的。料理4〜5品とご飯で$10以内。混み合うランチタイムの前に行くのが得策。

左／手前がアーリャン・イポー・ホーファンAh Liang Ipoh Hor Fun(営10:00〜19:30)、奥がホックグーイ・ハイナニーズ・カレーライス　福貴海南咖喱飯(営10:00〜15:00)
右／アーリャン・イポー・ホーファンのとろみスープの米麺、魚の揚げ餃子のせ($5)

左／アヤム・ブアクルア(チキンと木の実のスパイス煮込み)とイカのピリ辛炒め、ニガウリ、ポテトフライとご飯で$9.5　中／ヤミー・ニョニャ・プラナカンYummy Nonya Peranakan(営10:00〜14:00)　右／ガラスケースに並ぶ料理から食べたいものをチョイス。野菜は$1〜、チキンカレー$3.5

12:00〜13:30頃は混み合い14:00近くになると売り切れる店もあるので要注意

MAP P.89-1C 住50 Market St.(88 Market St.), Level 2 & 3 CapitaSpring 営店によって異なる(ランチタイムのみの営業の店もある。遅い店の閉店は19:00頃) 休土・日曜、祝日 行き方MRTラッフルズ・プレイス駅から徒歩約3分。

安く抑えたいなら

アルバート・センター・マーケット&フードセンター
Albert Centre Market & Food Centre

手前右のエコノミービーフンセットは$3.3。人気店「富城食品」の自家製ポピア(→P.61、手前左)$2やシュイクエ(→P.61、後方左)$1.8はサイドメニューやおやつに

ブギスにあるHDB(住宅団地)の1階にあるホーカーズは、ローカル色満点。料理1品$5前後という最近のホーカーの相場に比べて、若干安い店が多い。ご飯や麺に数種類の料理を選んでトッピングするエコノミーライス(ヌードル)は$3前後〜、ワンタン・ミー(雲呑面)やパンミエン(板面)は$3.5〜。源記(Guan Kee、#01-59)のキャロットケーキ($3〜)はおすすめ。

ハイナニーズ・ポークチョップセット$3.8(婆婆飯店)

上／メインは中国系の料理。インド料理やインドネシア料理などもある　下／ナシ・レマとエコノミービーフンの店

MAP P.90-2B 住270 Queen St., 1F Albert Centre 営店によって異なり、開店の早い店は7:30頃〜、遅い店は11:00頃〜、閉店は18:00〜21:00 行き方MRTブギス駅から徒歩約3分。

＼プロモーション企画に注目／

生ガキが割安価格になるサービス

カクテル2杯で12個のカキが$24に。左のカクテルはユズ・クラウド、右はスパークリングワインにアイスキャンディを刺したポップ・ゴーズ・ザ・ウィーズル(各$25)

人気のオイスターバー
オイスターバンク
The Oyster Bank

この店を一躍有名にしたのが、毎日行われるハッピーシャッキングアワー(月～金曜17:00～20:00、土・日曜15:00～18:00)。この時間帯に限り、お酒1杯ごとに最大6個の生ガキを1個$2(通常$3.95)で提供するというサービスだ。さらに毎日12:00～21:00はハッピーアワーになっていて、ほとんどのアルコール類が割安に。創作シーフード料理も揃っているので、食事を兼ねて訪れたい。

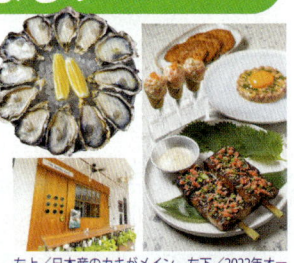

左上／日本産のカキがメイン　左下／2022年オープンのタンジョン・パガー店。ショッピングセンターのフナンやグレート・ワールドにも店舗がある　右／ポーク串焼き(手前、$16)、和牛ビーフタルタル(後方右、$25)、ネギトロイクラ・コーン(後方左)など和食の要素を取り入れた料理メニュー

MAP P.97 下図　住39 Tanjong Pagar Rd., #01-02　☎6970-7662　営12:00～15:00、16:30～22:30(金曜～24:00、土曜12:00～24:00、日曜12:00～22:30。ラストオーダーは閉店30分前)　休旧正月1～2日間　カード A J M V　行き方MRTマックスウェル駅から徒歩約5分、タンジョン・パガー駅から徒歩約8分。[他店舗] 住107 North Bridge Rd., #02-32 Funan ☎6970-0487

＼便利なうえに優れモノ／

街角の自動販売機を活用

自動販売機設置場所：ブギス・ジャンクション(→P.265)の入口付近(MAP P.90-2B)、MRTダウンタウン線ブギス駅構内、MRTサークル線ボタニック・ガーデン駅構内

左／シンガポール各地のアイコンのイラスト入りMRT路線図のメモパッド($7.5)　右／シンガポールバスのキーチェーン($11.5)

オレンジジュース
i.Joozのオレンジ生搾り自販機

機械の中でオレンジを搾って果汁100%のジュースを出す自動販売機が街のいたるところに設置されている。45秒で1杯に4個分のオレンジ果汁を搾る。これで$2という値段もお得。のどが渇いたときに気軽に利用できる。

現金のほか、クレジットカードやイージー・リンク・カード(→P.360)も使える

左／機械の中で搾汁される様子が見える　右／街歩きのクールダウンにぴったり

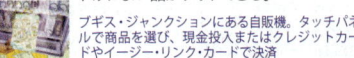

交通グッズ
ナックストップのバスやMRTグッズ

シンガポールの交通機関グッズを販売するナックストップKnackstop。おもにオンラインでの販売だが、自動販売機がある。MRTの路線をデザインしたトートバッグやTシャツ、バスの車体やバス停などをデザインしたキーチェーンやタンブラーなど、おみやげによい品がゲットできる。

ブギス・ジャンクションにある自販機。タッチパネルで商品を選び、現金投入またはクレジットカードやイージー・リンク・カードで決済

事前にダウンロードしておきたい

旅行者にも利用価値大なアプリ

タクシー配車サービスアプリや無料の地図など、便利なアプリをご紹介。Wi-Fiなどのインターネット環境があれば使用できるが、現地空港でSIMカードを購入すればさらに便利。

グラブ Grab

カード情報などの登録なしに、現在地と目的地を選択するだけでタクシーが配車できる、シンガポール発の配車サービス。通常のタクシーより料金が安いことが多く、時間や予算の限られた旅行者の強い味方。支払いは降車時にカードか現金で。カード情報をアプリに登録しておけばキャッシュレス決済も可能。

ジグ Zig

国内のタクシー最大手、コンフォートデルグロComfortDelGro社によるタクシー配車サービスアプリ。タクシーの配車だけでなく、レストランやホテルの予約も可能。自社車両を有するため、タクシーがつかまりにくいエリアにも強いのが特徴。「グラブ」に比べて若干運賃が安く、支払い方法までアプリで選べるので、英語が話せなくても安心。

シンガポール・マップ Singapore Maps

街歩きに便利な、オフラインでも利用できる無料の地図アプリ。Wi-Fiに接続すれば、現在位置周辺のタクシー、バス、MRTなどの交通機関が選択できる。

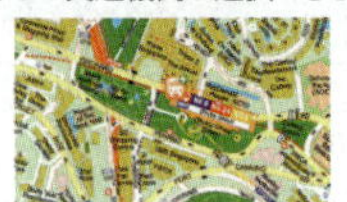

食料品からコスメまで買い物のワンダーランド

スーパーマーケットへGo!

スーパーマーケットは食品みやげの宝庫。お国柄が現れた珍しい商品も多く、何より安くてテンション上がりっぱなし！　ローカルの暮らしものぞけて何だか楽しい。旅行者が利用しやすい代表的なスーパーマーケット4店、それぞれの強みとともにご紹介。

圧倒的な品揃えを誇る最大級のスーパー

フェアプライス・エクストラ
FairPrice Xtra

フェアプライスは国内に150を超えるスーパーマーケットをもつ最大手。いくつかある形態のなかで「エクストラ」と付く店舗は、食料品に加え、家庭用品やDIY用品、自転車や旅行用品とあらゆる品を揃えたハイパーマーケット。

MAP P.95-1C　住 1 Harbour Front Walk, #01-23、#B2-23 VivoCity　☎6261-0803　営8:00〜23:00　休 無休　カード AMV　行き方 MRT ハーバーフロント駅から徒歩約 3 分。

Strong Point!

- スーパーのなかでも比較的安価
- コスメ、衣料品、電化製品まで幅広い品揃え
- ベーカリーやイートインコーナーがある
- 夜遅くまで営業

❶1階の食品売り場。とても広いので時間に余裕をもって訪れたい　❷地下2階は生鮮食品が中心。写真正面は販売車を模したアイスクリーム売り場　❸会計はセルフレジ。商品バーコードをリーダーで読み取り、支払いは現金またはクレジットカードで　❹ヘアケア用品の商品棚　❺オーガニック食品の品揃えもよく、写真はオーガニックハーブティー　❻スーツケースやバッグ、デイパックも　❼ビボシティ1階の入口

各$4.5

コピ（ローカルコーヒー）のコーヒーバッグ。各20包入りで、左はブラック、右は砂糖入りの甘いタイプ

各$2.85

化学調味料不使用の調理キット。チキンライス(左)とグリーンカレー

$7.65

アラビカ種のコーヒー豆使用のプレミアムなコピ。コーヒーバッグタイプで40包入り

$3.9　$3.65

マーラー火鍋の素。沸騰した湯に加えれば火鍋のスープに。左はシンガポール製、右は中国製

$2.9

シンガポールの老舗菓子メーカー「コングアンKhong Guan」のクラッカーはシンプルな味で重宝する

5袋入り$2.6

インドネシアのミーゴレン（焼きそば）のインスタント麺

ミニボックス3箱セット$22

オーストラリアのメルボルン発のフレーバーティー「T2 tea」。パッケージもかわいくおみやげに人気

$1.95

ビスケットの上にカラフルな砂糖菓子をのせたお菓子。国民的お菓子ともいえ、デザイン雑貨のモチーフにも登場

輸入商品多めの歴史あるスーパー

コールド・ストレージ
Cold Storage

1960年代に初の店舗を開いたシンガポールを代表するスーパーマーケット。コールド・ストレージのほか、CSフレッシュ、ジェイソンズ・デリなどのブランドを展開しており、合わせて約50店舗。オーチャードの高島屋百貨店内の店舗は、食品みやげの品揃えがよく、立地も便利。

❶世界中の高品質な製品提供がコンセプト　❷種類豊富なインスタント麺の商品棚　❸観光客の利用も多い店舗

MAP P.85-3D　住391A Orchard Rd., #B2-01-1 Takashimaya Department Store　☎6735-1266　営10:00～21:30　休旧正月ほか不定休　カードADJMV　行き方MRTオーチャード駅から徒歩約5分。

Strong Point!

- 欧米をはじめ、アジア各国の輸入商品が充実
- おみやげによいアイテムが揃う
- ビールなど酒類の品揃えもよい
- 日本の食品、寿司・惣菜コーナーもある

5袋入りパック各$6.9

アービンズと日清食品がコラボして生まれた**ソルテッドエッグフレーバーのインスタント麺**。右はスパイシー

$8

ビールのおつまみにぴったりの**プロウンロール**（ひと口サイズのエビ春巻き）

各$7.8

味のクオリティが高いと地元でも評判の**プリマ・テイスト社の調理キット**。人気のチキンライス（中央）をはじめ、チリ・クラブ（左）とバクテー（右）。自宅でシンガポールの味を再現しよう

各$9.95

シンガポール発の**トリュフポテトチップス**。アロマトリュフ社の香り豊かなスナックは一躍人気商品に。左はパルメザンチーズ風味

$7.55

「7D」はフィリピン産**ドライマンゴー**のトップブランド。マンゴーそのものの甘味と酸味がギュッと濃縮

各$9

大ブームを起こしたアービンズの**ソルテッドエッグ・チップス**。濃厚なコクと甘味があるアヒルの塩漬け卵の黄身をまぶしたチップス。左からフィッシュスキン、ポテトチップス、サーモンスキン

2箱セット$15.9

アーモンド入り**マーライオンチョコ**。パッケージに観光名所が描かれていてシンガポールみやげに格好の品

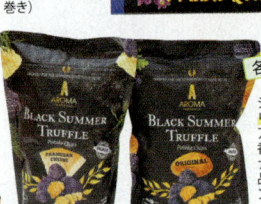

4袋入りパック各$10.95

プリマ・テイスト社のインスタント麺は、値段は高いが、味や麺が本格派の優れモノ。人気のラクサ（下）のほか、プロウンスープ、ブラックペッパー・チリ・クラブ、フィッシュスープなど

シンガポールのクラフトビール

世界各国の酒類を取り揃えており、コールド・ストレージはクラフトビールも充実。

シンガポールのクラフトビールのパイオニア、ブルーワークスBrewerkzからマーライオンのデザイン缶が登場（ピルスナーとエール各種、各$6）

ラベルがすてきなアーキペラゴブルワリーArchipelago Breweryのクラフトビール各種（330mℓ瓶各$5.5）

ブルーランダーBrewlanderは西部のトゥアスで醸造。ポップなデザイン缶が目を引く新進気鋭のブランドだ。左がエクストラペールエール（$6.5）、右がIPA（$7.5）

レッドドット・ブルーハウスRedDot BrewHouseの「ドリームミルク・スタウト」。コーヒーのような苦味をもつ黒ビール（$6.5）

選び抜かれた食品みやげコーナーは必見

イセタン・スコッツ・スーパーマーケット

Isetan Scotts Supermarket

シンガポールのフードみやげのセレクトコーナーがあり、幅広い種類の厳選商品がズラリ。効率よくおみやげのまとめ買いができる。ホテルで食べやすい個包装、小分けの季節のフルーツも重宝する。

MAP P.85-2C 住350 Orchard Rd., Shaw House, B1F Isetan Scotts ☎6733-1111 営10:00～21:00 休旧正月1日 カードADMV 行き方MRTオーチャード駅から徒歩約5分。

❶日本製品のほか、ローカルや各国の商品も ❷中央にあるおみやげ品を集めたコーナー ❸おもに日本から取り寄せた魚介を使った寿司は人気商品

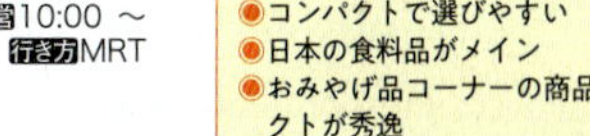

Strong Point!

- コンパクトで選びやすい
- 日本の食料品がメイン
- おみやげ品コーナーの商品セレクトが秀逸
- 寿司・惣菜コーナーが充実

各$9 / $28

シンガポール・スリング風味のクリームが入った**チョコレート**（右）。カヤジャムやローカルコーヒー風味のものもあり、左は板チョコタイプ

各$3.4

ヤクン（→P.244）の**カヤ（ココナッツ&パンダンリーフ）風味のクッキー**。右はピスタチオ入り

$16

シンガポールの伝統菓子メーカー、ウーグーフェン（五谷豐）の**ライオンヘッドのパイナップル・ショートケーキ**（パイナップルあん入りクッキータルト）

各$7

スープ・レストラン（→P.211）の**ジンジャーソース**（中央）とサンバルソース（左）。右はXO醤

$6.3

カヤトーストの有名店、ヤクン（→P.244）の**カヤジャム**。賞味期限は開封後1ヵ月くらい

$27

バウムクーヘンのような層状の**ラピスケーキ**（ウーグーフェン製）

$5～6.5

ローカル風味のポテトチップス。左は甘じょっぱいシリアル、中央はフィッシュヘッド・カレー風味。右はブラックペッパー・クラブ風味のフィッシュスキン

$5.5 / $4

XOサンバルチリソース（左）は肉料理に、**スチームボート・チリ**（右）は鍋料理のつけだれに

各$7

プラナカン風デザインの小箱に入った**パイナップルケーキ**（ウーグーフェン製）

各$15

柑橘系の果物をベースにした**シンガポール・スリング風味のジャム**（右）。左と中央はそれぞれカラマンシー、パイナップル風味のマーマレード

手軽に試せるフルーツ各種

南国ならではのフルーツも滞在中に試してみたい。そんなときにうれしい少量の果物たち。

食べきりサイズを用意してます

ジャックフルーツ（$4.6）。実だけパックされているので食べやすい

カスタードアップル（$6.9）。白い果肉はねっとり甘い。皮は手でむける

上品な味わいのマンゴスチン（7個$4.9）

※記載情報は2023年1月時点のもの。最新情報は店頭で確認ください。

珍しいタイ食品がザクザク

タイ・スーパーマーケット
Thai Supermarket

生鮮食品から台所用品、日用品、コスメまで膨大な商品数。ハーブやスパイスが調合済みの合わせ調味料は、要チェックだ。軽食やスナックの店も併設されている。

調味料や菓子類の品揃えがよい

MAP 折込裏 -1D 住5001 Beach Rd., #02-08 Golden Mile Complex ☎8138-3715 営9:30 ～ 21:00 休無休 カード不可 行き方MRT ニコル・ハイウエイ駅から徒歩約 10 分。※ 2023 年 4 月に MRT ラベンダー駅近くに移転予定（移転先はホームページ、フェイスブックで要確認）URL www.thaisupermarket.sg、www.facebook.com/thaisupermarketGMC

Strong Point!

- タイのマニアックな製品が手に入る
- ベトナム製品もある
- 美容関連のアイテムが豊富
- イートインもできる

化学調味料不使用、グルテンフリーの**高級カレーペースト**。レッドカレー、グリーンカレー、マッサマンカレー。右はエシャロットやガランガル（ショウガ科）、コブミカンの葉入りの**本格トムヤムスープの素**

各$4.9

各$1.5

左はタイの**チャーハンの素**。右は**ガパオ炒め（肉のバジル炒め）の合わせ調味料**

ヘアケア・スキンケア用品もチェック！

植物由来の天然成分を用いた美白や保湿のケア用品が魅力。

カタツムリの美容成分配合の美白効果が高いとされる石鹸($4.5)

泡立てネット入りスクラブソープ。パパイヤの抽出物配合でニキビ予防によい($2.9)

バージンオーガニックのココナッツ・ヘアセラム。純度100%のココナッツオイル配合で、しっとり潤いのある髪に導くヘアケア美容液($7.9)

ココナッツオイル配合のシャンプー（$12.9）とコンディショナー（$13.9）

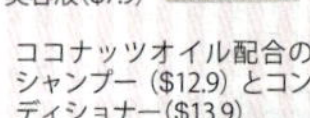

ココナッツオイル配合のソルトスクラブ($4.5)

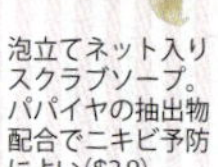

ココナッツオイルとアロマオイルの入ったボディマッサージオイル。肌を滑らかに保ちエイジングケア効果も($11.9)

各$1.2

お湯を入れるだけの**インスタント・ライススープ**。タイ風お粥といったところ

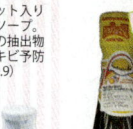

$3.9

メープラノム（Mae Pranom）ブランドの**タイ・チリ・ペースト**。トムヤムスープや蒸し物、サラダのディップに最適

$2.9

炒め物に重宝する**オイスターソース**。写真はタイでポピュラーなメクルアMaekruaブランドの製品

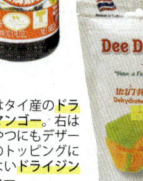

$1.7

ココナッツ100%使用の**ココナッツミルク**

各$4.9

左はタイ産の**ドライマンゴー**。右はおやつにもデザートのトッピングにもよい**ドライジンジャー**

$2.8

お湯でも水でも注ぐだけでOKの**チョコレートドリンク・パウダー**

そのほかのスーパーマーケット

●**ジャイアント・ハイパーマーケット Giant Hypermarket** 住3 Temasek Blvd., #B1-154/155/156 Suntec City Mall ☎6336-6779 営9:00 ～ 22:00 休無休 カードADJMV 行き方MRT プロムナード駅から徒歩約 5 分。MAP P.81-1D

●**シェンシオン・スーパーマーケット Sheng Siong Supermarket** 住Blk.52 Chin Swee Rd., #01-25 ☎6535-0401 営24 時間 休無休 カードMV 行き方MRT チャイナタウン駅から徒歩約 10 分。MAP P.83-3C

番外編
迷宮のショッピングセンター

ムスタファ・センターでおみやげ探し

盗難防止のため買い物袋の口はバンドで縛って渡される

リトル・インディアにあるムスタファ・センターは、インド製品を中心に、定番シンガポールみやげも扱うカオスな品揃え。値段も比較的安く、深夜まで営業。見るだけでもワクワクするショッピングセンターをご案内。

フロア紹介

4階	文房具、書籍、雑貨
3階	女性物衣料品、食器、台所用品、寝具
2階	食料品、おみやげ品、バッグ・スーツケース
1階	携帯・ゲーム機、時計、アクセサリー、化粧品、薬
地下1階	衣料品、サリーやサロン、靴・サンダル
地下2階	カメラ、オーディオ機器、おもちゃ、スポーツ用品など

※1階と地下2階に両替所、1階にカフェがある。

週末の夜は混みます

とても広いので、目指すものを絞って行こう

ムスタファ・センター Mustafa Centre
MAP P.93-2C　住 145 Syed Alwi Rd.　☎6295-5855
URL www.mustafa.com.sg　営 9:30～翌2:00　休 無休
カード A D J M V　行き方 MRTファーラー・パーク駅から徒歩約3分。

2階

マーライオンの置物は$3.9～

バティックの長財布(各$8.9)

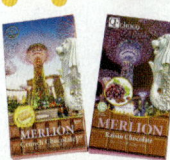

バティック生地のトートバッグ($16.5)。ジッパー付きで容量も大

マーライオンとガーデンズ・バイ・ザ・ベイがコラボするパッケージの板チョコ。左はクランチチョコ、右はレーズンチョコ(各$2.5)

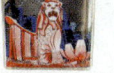

マーライオンのトランプ($2.9)

新館2階

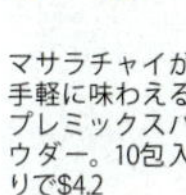

マサラチャイが手軽に味わえるプレミックスパウダー。10包入りで$4.2

スリランカの有名なお茶メーカー、ムレスナ社のフレーバーティーは圧巻の品揃え。カラフルな絵柄の木箱入りの物が数十種類ある

スパイスやインド料理の素などは新館2階の広いスペースを占める

イギリスの会社「NATCO」がインドで製造するチリやスパイス類はパッケージがおしゃれ。袋入り各種$1.1～

1階

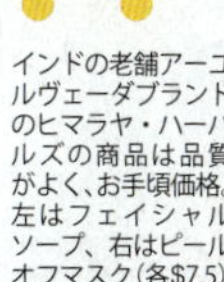

インドの老舗アーユルヴェーダブランドのヒマラヤ・ハーバルズの商品は品質がよく、お手頃価格。左はフェイシャルソープ、右はピールオフマスク(各$7.5)

インド服に合うブレスレットが多彩(セットで$2.5～)

左はサンダルウッドから抽出したオイル入り、右は肌によいパパイヤ果実エキス入りの石鹸(各$2.8)

ヒマラヤ・ハーバルズの保湿、エイジングケアなどのシートマスク(各$2.9)

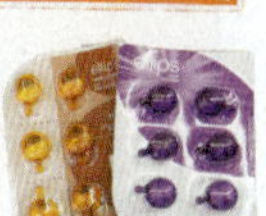
カプセルタイプのヘアトリートメントは優秀。まとめ買いしたい商品(各$1.5)

地下1階

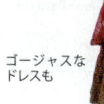

ゴージャスなドレスも

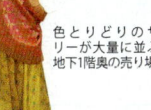

色とりどりのサリーが大量に並ぶ地下1階奥の売り場

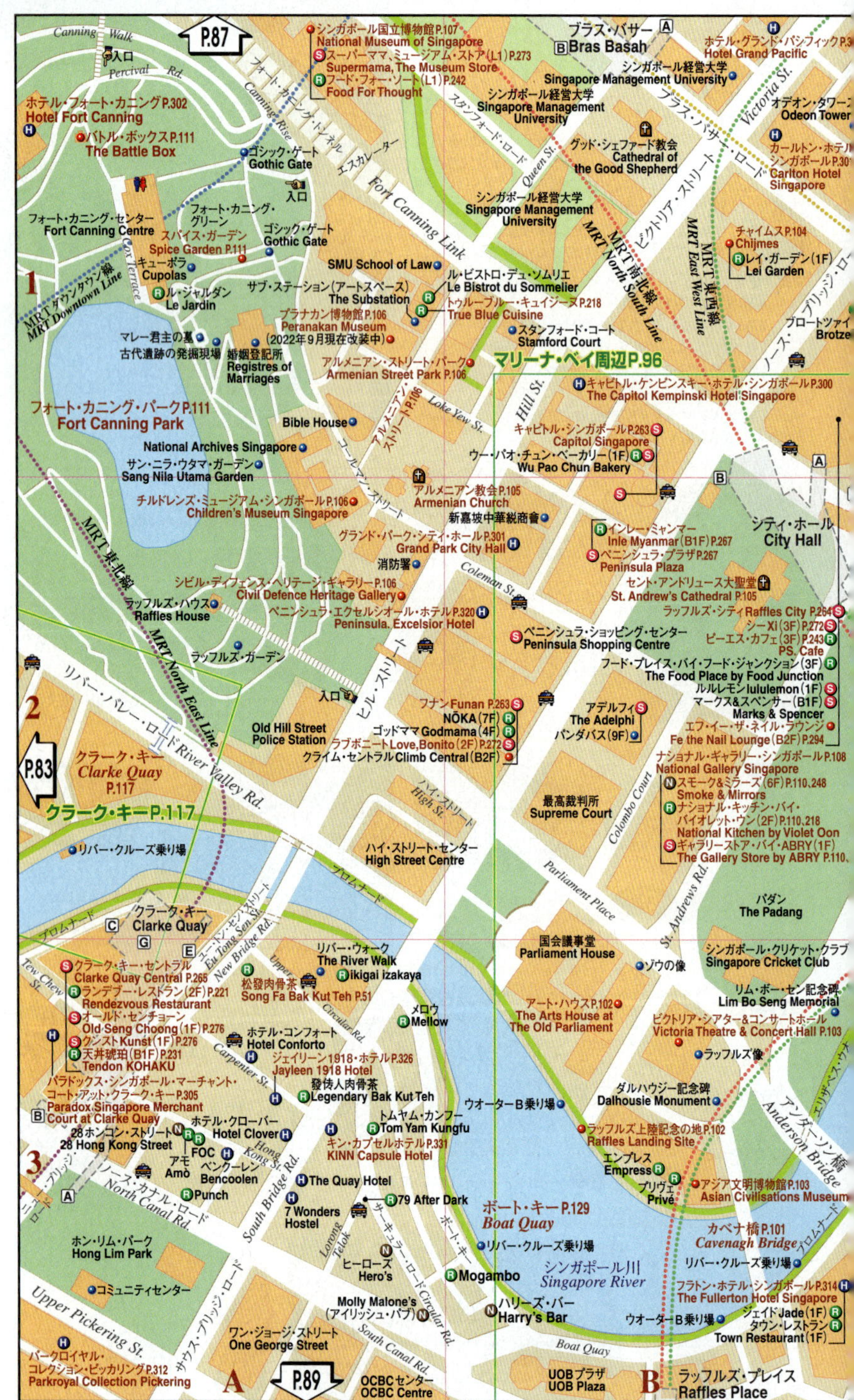
P.87
シンガポール国立博物館P.107
National Museum of Singapore
スーパーママ、ミュージアム・ストア(L1)P.273
Supermama, The Museum Store
フード・フォー・ソート(L1)P.242
Food For Thought
ブラス・バサー
Bras Basah
ホテル・グランド・パシフィックP.3
Hotel Grand Pacific
シンガポール経営大学
Singapore Management University
シンガポール経営大学
Singapore Management University
オデオン・タワー
Odeon Tower
カールトン・ホテル・シンガポールP.30
Carlton Hotel Singapore
グッド・シェファード教会
Cathedral of the Good Shepherd
ブラス・バサー・ロード
Victoria St.
Queen St.
スタンフォード・ロード
フォート・カニング・トンネル
Canning Rise
Canning Walk
Percival Rd.
入口
ホテル・フォート・カニングP.302
Hotel Fort Canning
バトル・ボックスP.111
The Battle Box
ゴシック・ゲート
Gothic Gate
エスカレーター
Fort Canning Link
フォート・カニング・グリーン
フォート・カニング・センター
Fort Canning Centre
スパイス・ガーデン
Spice Garden P.111
ゴシック・ゲート
Gothic Gate
キューポラ
Cupolas
Cox Terrace
シンガポール経営大学
Singapore Management University
SMU School of Law
ル・ビストロ・デュ・ソムリエ
Le Bistrot du Sommelier
サブ・ステーション(アートスペース)
The Substation
トゥルーブルー・キュイジーヌP.218
True Blue Cuisine
MRT南北線
MRT North South Line
MRT東西線
MRT East West Line
ビクトリア・ストリート
チャイムスP.104
Chijmes
レイ・ガーデン(1F)
Lei Garden
ノース・ブリッジ・ロード
ブロートツァイ
Brotze
MRTダウンタウン線
MRT Downtown Line
ル・ジャルダン
Le Jardin
プラナカン博物館P.106
Peranakan Museum
(2022年9月現在改装中)
スタンフォード・コート
Stamford Court
マレー君主の墓
古代遺跡の発掘現場
婚姻登記所
Registres of Marriages
アルメニアン・ストリート・パーク
Armenian Street Park P.106
マリーナ・ベイ周辺P.96
キャピトル・ケンピンスキー・ホテル・シンガポールP.300
The Capitol Kempinski Hotel Singapore
フォート・カニング・パークP.111
Fort Canning Park
Bible House
アルメニアン・ストリートP.106
Loke Yew St.
Hill St.
キャピトル・シンガポールP.263
Capitol Singapore
National Archives Singapore
サン・ニラ・ウタマ・ガーデン
Sang Nila Utama Garden
ウー・パオ・チュン・ベーカリー(1F)
Wu Pao Chun Bakery
コールマン・ストリート
アルメニアン教会P.105
Armenian Church
チルドレンズ・ミュージアム・シンガポールP.106
Children's Museum Singapore
新嘉坡中華総商會
インレー・ミャンマー
Inle Myanmar(B1F)P.267
ペニンシュラ・プラザP.267
Peninsula Plaza
シティ・ホール
City Hall
MRT東北線
MRT North East Line
グランド・パーク・シティ・ホールP.301
Grand Park City Hall
消防署
Coleman St.
セント・アンドリュース大聖堂
St. Andrew's Cathedral P.105
シビル・ディフェンス・ヘリテージ・ギャラリーP.106
Civil Defence Heritage Gallery
ラッフルズ・シティRaffles City P.264
シー・Xi(3F)P.272
ピーエス・カフェ(3F)P.243
PS. Cafe
ラッフルズ・ハウス
Raffles House
ペニンシュラ・エクセルシオール・ホテルP.320
Peninsula Excelsior Hotel
ペニンシュラ・ショッピング・センター
Peninsula Shopping Centre
ラッフルズ・ガーデン
フード・プレイス・バイ・フード・ジャンクション(3F)
The Food Place by Food Junction
ルルレモンlululemon(1F)
マークス&スペンサー(B1F)
Marks & Spencer
入口
ヒル・ストリート
リバー・バレー・ロード
River Valley Rd.
アデルフィ
The Adelphi
パンダバス(9F)
エフ・イー・ザ・ネイル・ラウンジ
Fe the Nail Lounge(B2F)P.294
フナンFunan P.263
NŌKA(7F)
ゴッドママGodmama(4F)
ラブボニートLove,Bonito(2F)P.272
クライム・セントラルClimb Central(B2F)
Old Hill Street Police Station
P.83
クラーク・キー
Clarke Quay
P.117
クラーク・キーP.117
ナショナル・ギャラリー・シンガポールP.108
National Gallery Singapore
スモーク&ミラーズ(6F)P.110,248
Smoke & Mirrors
ナショナル・キッチン・バイ・バイオレット・ウン(2F)P.110,218
National Kitchen by Violet Oon
ギャラリーストア・バイ・ABRY(1F)
The Gallery Store by ABRY P.110
ハイ・ストリート
High St.
最高裁判所
Supreme Court
Colombo Court
リバー・クルーズ乗り場
ハイ・ストリート・センター
High Street Centre
Parliament Place
プロムナード
エートン・センストリート
Eu Tong Sen St.
New Bridge Rd.
クラーク・キー
Clarke Quay
パダン
The Padang
St. Andrews Rd.
国会議事堂
Parliament House
シンガポール・クリケット・クラブ
Singapore Cricket Club
ゾウの像
リバー・ウォーク
The River Walk
ikigai izakaya
クラーク・キー・セントラル
Clarke Quay Central P.265
ランデブー・レストラン(2F)P.221
Rendezvous Restaurant
オールド・センチョーン
Old Seng Choong(1F)P.276
クンストKunst(1F)P.276
天丼琥珀(B1F)P.231
Tendon KOHAKU
松發肉骨茶
Song Fa Bak Kut Teh P.51
Upper Circular Rd.
メロウ
Mellow
リム・ボー・セン記念碑
Lim Bo Seng Memorial
アート・ハウスP.102
The Arts House at The Old Parliament
ビクトリア・シアター&コンサートホール
Victoria Theatre & Concert Hall P.103
Tew Chew St.
ホテル・コンフォート
Hotel Conforto
ジェイリーン1918・ホテルP.326
Jayleen 1918 Hotel
ラッフルズ像
パラドックス・シンガポール・マーチャント・コート・アット・クラーク・キーP.305
Paradox Singapore Merchant Court at Clarke Quay
Carpenter St.
發傳人肉骨茶
Legendary Bak Kut Teh
ウオーターB乗り場
ダルハウジー記念碑
Dalhousie Monument
アンダーソン橋
Anderson Bridge
エリザベス・ウォーク
28ホンコン・ストリート
28 Hong Kong Street
ホテル・クローバー
Hotel Clover
FOC
アモ
Amo
ベンクーレン
Bencoolen
Hong Kong St. Rd.
トムヤム・カンフー
Tom Yam Kungfu
キン・カプセルホテルP.331
KINN Capsule Hotel
ラッフルズ上陸記念の地P.102
Raffles Landing Site
エンプレス
Empress
プリヴェ
Privé
アジア文明博物館P.103
Asian Civilisations Museum
ノース・ブリッジ・ロード
ノース・カナル・ロード
North Canal Rd.
Punch
South Bridge Rd.
The Quay Hotel
7 Wonders Hostel
79 After Dark
サーキュラー・ロード
ボート・キー
ボート・キーP.129
Boat Quay
カベナ橋P.101
Cavenagh Bridge
プロムナード
ホン・リム・パーク
Hong Lim Park
Lorong Telok
リバー・クルーズ乗り場
ヒーローズ
Hero's
Mogambo
シンガポール川
Singapore River
リバー・クルーズ乗り場
コミュニティセンター
Upper Pickering St.
サウス・ブリッジ・ロード
Molly Malone's
(アイリッシュ・パブ)
ハリーズ・バー
Harry's Bar
Circular Rd.
フラトン・ホテル・シンガポールP.314
The Fullerton Hotel Singapore
ジェイドJade(1F)
タウン・レストラン
Town Restaurant(1F)
ウオーターB乗り場
ワン・ジョージ・ストリート
One George Street
South Canal Rd.
Boat Quay
パークロイヤル・コレクション・ピッカリングP.312
Parkroyal Collection Pickering
P.89
OCBCセンター
OCBC Centre
UOBプラザ
UOB Plaza
ラッフルズ・プレイス
Raffles Place
1
2
3
A
B

P.90
P.91
ホテル・ヌーヴェ・ヘリテージP.320
Hotel NuVe Heritage
ミントおもちゃ博物館P.106
Mint Museum of Toys
津津餐室P.50
Chin Chin Eating House
マニキュリオスManicurious P.294
喜園咖啡店P.72、245
YY Kafei Dian
2022年9月現在
ショータワー建設工事中
新瑞記鶏飯
Sin Swee Kee Chicken Rice
パピス・タコス
Papi's Tacos
ナウミ・ホテル・シンガポール
Naumi Hotel Singapore P.301
ラッフルズ・シンガポールRaffles SingaporeP.105、298
ラッフルズ・ホテル・アーケードRaffles Hotel Arcade
ロングバーLong Bar(2F)P.299
ティフィンルームTiffin Room(1F)P.299
グランドロビーThe Grand Lobby(1F)P.239
シンガポールコーヒーSingapore Coffee(1F)P.241
ラッフルズ・ブティックRaffles Boutique(1F)P.105、299
ファウンテン・フード・テラス(B1F)
Fountain Food Terrace
ジャイアント・ハイパーマーケット
Giant Hypermarket(B1F)P.78
フード・リパブリック(B1F)
Food Republic
松發肉骨茶(B1F)
Song Fa Bak Kut Teh
サンテック・シティ・モール
Suntec City Mall P.262
タワー1
タワー2
タワー3
タワー4
タワー5
ドンドンドンキ
Don Don Donki(2F)
ペナン・プレイス(2F)P.216
Penang Place
ダックツアーズ(1F)
DUCK Tours P.372
ハリアンズ・ニョニャ・テーブル(1F)P.243、247
HarriAnns Nonya Table
クッキー・ミュージアム(1F)P.275
The Cookie Museum
サンテック・シティ・モールP.262
Suntec City Mall
ファウンテン・オブ・ウエルスP.115
Fountain of Wealth
JWマリオット・ホテル・シンガポール・サウスビーチP.301
JW Marriott Hotel Singapore South Beach
サウスビーチ・タワーP.101
South Beach Tower
フェアモント・シンガポール
Fairmont Singapore
スイソテル・ザ・スタンフォードP.300
Swissôtel The Stamford
コピ・ティアム(2F)
Kopi Tiam
TWGティー(1F)
TWG Tea
エスプラネード
Esplanade
戦争記念公園P.103
War Memorial Park
日本占領時期死難人民記念碑
シティリンク・モール
CityLink Mall P.264
シンガポール国際会議場・展示会場P.113
Singapore International Convention & Exhibition Centre
プロムナード
Promenade
コンラッド・センテニアル・シンガポール
Conrad Centennial Singapore P.304
ロビーラウンジLobby Lounge
タイム・スクエア
Time Square
パウラナー・ブロイハウスP.229
Paulaner Bräuhaus
ハイティエンロウ(3F)
Hai Tien Lo
ラン・マハール(3F)
Rang Mahal
三菱UFJニコス ハローデスクP.342
パン・パシフィック・シンガポール
Pan Pacific Singapore P.303
ワン・ラッフルズ・リンク
One Raffles Link
MRTサークル線
MRT Circle Line
ラッフルズ・ブルバード
Raffles Blvd.
テマセック・ブルバード
Temasek Blvd.
シンガポール・レクリエーション・クラブ
パークロイヤル・コレクション・マリーナベイ、シンガポール
Parkroyal Collection Marina Bay,Singapore P.303
ミレニア・ウオークP.261
Millenia Walk
明治屋(L1〜2)
Meidi-ya
マリーナ・スクエアP.263
Marina Square
ダイソーDaiso(3F)
ブリティッシュインディア(2F)P.275
BritishIndia
アイランド・ショップIsland Shop(2F)
ケンコー・ウエルネス・スパ・アンド・リフレクソロジー
Kenko Wellness Spa and Reflexology(2F)P.292
リムズLims(2F)P.274
プーティエンPu Tien(2F)
ハイシス(2F)P.275
Hysses
シティ・ツアーズP.373
リッツ・カールトン・ミレニア・シンガポールP.302
The Ritz-Carlton, Millenia Singapore
サマーパビリオン(L3)
Summer Pavilion
マンダリン・オリエンタル・シンガポールP.302
Mandarin Oriental, Singapore
ザ・スパThe Spa(5F)P.290
ドルチェ・ヴィータDolce Vita(5F)
MO・バーMO Bar(4F)
タン・キム・セン噴水
Tan Kim Seng Fountain
エスプラネード・パーク
Esplanade Park
セノタフ(英軍戦没者記念碑)
Cenotaph
シンガポール・ツーリズム・ボード
Singapore Tourism Board
サプライ・アンド・デマンド
Supply & Demand
マカンストラ・グラットンズ・ベイP.114
Makansutra Gluttons Bay
パワーハウス
The Powerhouse
屋外ステージ
コ・ナッツ・インク
Co+Nut+ink
屋外シアター
リバー・クルーズ乗り場
エスプラネード・シアターズ・オン・ザ・ベイP.114
Esplanade Theatres on the Bay
ラビリンスLabyrinth(2F)
ストレイツ・チャイニーズ・シグネチャー(2F)
Straits Chinese Signatures
ハリーズ・アット・エスプラネード(1F)
Harry's@Esplanade
マリーナ・ベイ多目的施設
Marina Bay Multi-purpose Facility
マリーナ・プロムナード
Marina Promenade
フローティング・ステージ
エスプラネード橋
Esplanade Bridge
ジュビリー・ブリッジP.113
Jubilee Bridge
展望スペース
ピコタンPicotin(3F)
フラトン・ウオーターボートハウス
The Fullerton Waterboat House
マーライオン
Merlion
マーライオン・パークP.104
Merlion Park
リバー・クルーズ乗り場
ビストロ・アセアナP.105
Bistro Aseana
ワン・フラトン
One Fullerton
パームビーチ・シーフード(1F)
Palm Beach Seafood
マリーナ・ベイ
Marina Bay
ヘリックス・ブリッジ The Helix Bridge
P.92-93
P.84-85
P.86-87
P.90-91
P.82-83
P.80-81
P.96
P.88-89
Middle Rd.
Purvis St.
Seah St.
Beach Rd.
ビーチ・ロード
Nicoll Highway
ニコル・ハイウェイ
Stamford Rd.
地下道
Connaught Drv.
Esplanade Drv.
ラッフルズ・アベニュー
Raffles Ave.
Temasek Ave.
Rochor Rd.
N
0
200m
C
D

シティ・ホール&マリーナ・エリア
City Hall & Marina Area

クラーク・キー周辺
Around Clarke Quay
P.86
P.92-93
P.84-85
P.86-87
P.90-91
P.82-83
P.80-81
P.96
P.88-89
AAセンター
AA Centre
リバー・バレー・ロード
The Singapore Buddhist Lodge
グレート・ワールド
Great World
グレート・ワールド P.265
Great World
オイスターバンク(1F)
The Oyster Bank
マレーシア Chiak!(B1F)
Malaysia Chiak!
明治屋(B2F)
Meidi-ya
Centennia Suites
Rive Valley Green
River Valley Close
キム・セン公園
Kim Seng Park
キム・セン橋
Kim Seng Bridge
Kim Seng Promenade
ジャクキム橋
Jiak Kim Bridge
ロバートソン・キー
P.118
バカラキ・グリーク・タヴェルナ P.229
Bakalaki Greek Taverna
コモンマン・コーヒー・ロースターズ
Common Man Coffee Roasters
ブックカフェ
The Book Cafe
スタジオ・エム・ホテ
Studio M Hotel
Mirage Tower
Tribeca
リバーゲート
Rivergate
Le Rida
ロバートソン100
Robertson 100
グランド・コプソーン・ウオーターフロント
Grand Copthorne Waterfront P.305
エム・ソーシャル・シンガポール
M Social Singapore
ウオーターマーク・ロバートソン・キー
Watermark Robertson Quay
インターコンチネンタル・シンガポール・ロバートソン・キー P.305
InterContinental Singapore Robertson Quay
Memo
スリー・バンズ
Three Buns
キーサイド
The Quayside
タパス24 P.228
Tapas 24
なんじゃもんじゃ
Nanja Monja
ウオーターフロント・プラザ
Waterfront Plaza
レモンチェロ
Limoncello
ビースト&バタフライズ
Beast & Butterflies
ブーメラン・ビストロ&バー
Boomerang Bistro & Bar
スーパー・ロコ
Super Loco
エイビス
Avis Car Rent
ロバートソン橋
Robertson Bridge
キース
Kith
シンガポール川
ロバートソン・キー P.118
Robertson Quay
大上海
Grand Shanghai
キングス・センター
Kings Centre
リバー・クルーズ乗り場
Pulau Saigon Bridge
ロングビーチ・アット・ロバートソン・キー
Long Beach @ Robertson Quay
ザイオン・ロード
MRTトムソン・イーストコースト線
MRT Thomson-East Coast Line
Kim Seng Rd.
ガンジス・アベニュー
Ganges Ave.
ハブロック・ロード
亞華肉骨茶餐室
ジョク・ホン・ティアン寺院
Giok Hong Tian Temple
ホリデイ・イン・シンガポール・アトリウム P.306
Holiday Inn Singapore Atrium
シン・キュイジーン(4F)
Xin Cuisine Chinese Restaurant
ベスト・ブルー・シンガポール
Best Brew Singapore
フォー・ポイント・バイ・シェラトン・シンガポール、リバー・ビュー
Four Points by Sheraton Singapore,River View
ウエアハウス・ホテル P.319
The Warehouse Hotel
ポーP6(1F)
Havelock Rd.
ホテル・ミラマー・シンガポール P.329
Hotel Miramar Singapore
コプソーン・キングス・ホテル・オン・ハブロック P.306
Copthorne King's Hotel on Havelock
プリンセス・テラス・オーセンティック・ペナンフード(1F)
Princess Terrace Authentic Penang Food
ハブロック
Havelock
Taman Ho Swee
Jalan Bukit Ho Swee
Zion Rd.
Tan Boon Liat Bldg.
アウトラム・ロード
Outram Rd.
フラマ・リバーフロント P.306
Furama RiverFront
欧南中学
York Hill
Chin Swee Rd.
Central Expressway
チン・スウィ・ロード
セントラル・エクスプレスウェイ
ホテル・リー
Hotel Re!
チョンバル P.140
チョンバル・ロード
チョンバル駅へ
MRT東西線
MRT East West Line
Seng Poh Rd.
ニューケープ・イン
New Cape Inn
YWCAアウトラム・センター
YWCA Outram Centre
チョンバル・マーケット・アンド・フードセンター P.235
Tiong Bahru Market and Food Centre
ノスタルジア・ホテル
Nostalgia Hotel
リンク・ホテル
Link Hotel P.323
チョンバル・パオ
Tiong Bahru Pau
ディー・ホテル・シンガポール
D'Hotel Singapore P.323
Outram Hill
イエニドローズ&フレンズ
Yenidraws & Friends P.283
Lim Liak St.
セン・ポー・ロード
Bahru Rd.
A
B
1
2
3
N
0
200m

P.87
Canning Walk
Percival Rd.
Oxley Rd.
River Valley Rd.
Dimensions International College
Jalan Rumbia
ホテル・フォート・カニングP.302
Hotel Fort Canning
バトル・ボックスP.111
The Battle Box
フォート・ゲート
Fort Gate
フォート・カニング・センター
Fort Canning Centre
Cox Terrace
ル・ジャルダン
Le Jardin
スリ・タンダユタパニ寺院
Sri Thandayuthapani Temple
Tank Rd.
Gianurn Bldg.
パティシエ
The Patissier
竹輪亭Chikuwa Tei
カレークラブThe Curry Club
ビステッカ・トスカーナ・ステーキハウス
Bistecca Tuscan Steakhouse
ホン・サン・シー寺院
Hong San See Temple
イングリッシュハウス
The English House
UEスクエア
UE Square
一風堂SG@モハメッド・サルタン
Ippudo SG@Mohamed Sultan
ファインダイニイング・ベーカリー
Fine Dining Bakery
クレメンソー・アベニュー Clemenceau Ave.
MRT東北線
MRT North East Line
パンクール・ラランガン
（禁断の泉）
Pancur Larangan
フォート・カニング・パークP.111
Fort Canning Park
ジュビリー・パークP.116
Jubilee Park
日本料理店が並ぶ
ーク・アベニュー・ロバートソン
Park Avenue Robertson
Mohamed Sultan Rd.
Unity St.
UEスクエア
UE Square
シェルハウス
Shell House
リバー・バレー・ロード
UEスクエア・ショッピング・モール
UE Square Shopping Mall
ダッチ・コロニー・コーヒー（1F）
Dutch Colony Coffee Co.
モック・クアンMoc Quan（1F）
ワイン・コネクション・チーズ・バー
Wine Connection Cheese Bar
ハメッド・サルタン・ロード
ロバートソン・ウオーク
Robertson Walk
フォート・カニング
Fort Canning
P.80
チョンバル・ベーカリー・フットヒルズ
Tiong Bahru Bakery Foothills
River Valley Rd.
ピア・アット・ロバートソン
The Pier at Robertson
Merbau Rd.
ロバートソン・キー・ホテルP.329
Robertson Quay Hotel
ITS Centre
Caseen Rd.
リバーサイド・ビュー
Riverside View
リバーサイド・ホテル・ロバートソン・キーP.306
Riverside Hotel Robertson Quay
2022年9月現在工事中
アサイド48
erside 48
リバー・クルーズ乗り場
ロッソ・ヴィーノ
Rosso Vino
STPI-クリエイティブ・ワークショップ&ギャラリー
STPI-Creative Workshop & Gallery P.118
Clemenceau Ave.
Singapore River
MRTダウンタウン線
MRT Downtown Line
SGホーカーP.118
SG Hawker
アルカフ橋
Alkaff Bridge
オルド橋
Ord Bridge
クラーク・ストリート
ウオーターB乗り場
リード・ストリート
リバープレイス
River Place
クレメンジョー・アベニュー
クラーク・キーP.117
Clarke Quay
リバー・クルーズ乗り場
ハリーズ・リバーサイド・ポイント
Harry's Riverside Point
リバー・クルーズ乗り場
リード橋
Read Bridge
プロムナード
プロジェクターX（4F）
Projector X
リバーサイド・ポイント
Riverside Point
カフェ・イグアナ
Café Iguana
Sque Rottisserie & Alehouse
ホリデイ・イン・エクスプレス・シンガポール・クラーク・キーP.324
Holiday Inn Express Singapore Clarke Quay
Magazine Rd.
陳氏宗祠P.137
（保赤宮）
クラーク・キー・セントラル
Clarke Quay Central P.265
ジャンボ・シーフード
Jumbo Seafood
セントラル・モール
Central Mall
マーチャント・スクエア
Merchant Square
Tew Chew St.
パラドックス・シンガポール・マーチャント・コート・アット・クラーク・キー
Paradox Singapore Merchant Court at Clarke Quay P.305
クラーク・キー
Clarke Quay
アナラクシュミー
Annalakshmi
Cumming St.
Keng Chow St.
エレンボロウ・マーケット・カフェ
Ellenborough Market Café
アッパー・クロス・ストリート
セントラル・スクエア
Central Square
（サービスアパートメント）
Omar Kampong Melaka Mosque
クラーク・キー
P.117
レッド・スター（7F）
Red Star Restaurant
パーク・レジス・シンガポール
Park Regis Singapore
マーチャント・ロード
Merchant Rd.
Market Rd.
Eu Tong Sen St.
New Bridge Rd.
マンハッタン・ハウス
Manhattan House
労働省
旧同濟醫院
Old Thong Chai Medical Institution
ハブロック・ロード
Havelock Rd.
シェンシオン・スーパーマーケットP.78
Sheng Siong Supermarket
家庭裁判所
Family Justice Courts
New
Upper Cross St.
Pearl's Hill Rd.
an Swee Rd.
フラマ・シティ・センターP.329
Furama City Centre
MRT東北線
MRT North East Line
ホン・リム・パーク
Hong Lim Park
コミュニティセンター
Upper Pickering St.
パークロイヤル・コレクション・ピッカリング
Parkroyal Collection Pickering P.312
State Courts Towers
ユー・トン・セン・ストリート
ニュー・ブリッジ・ロード
Upper Hokkien St.
ヘンキー・カリーチキン・ビーフン・ミー（1F）P.54
Heng Kee Curry Chicken Beehoon Mee
糖水Tong Shui Dessert（2F）
ピープルズ・パーク・センターP.131, 293
People's Park Centre
パールズ・ヒル・シティ・パーク
Pearl's Hill City Park
ピープルズ・パーク・フードセンター（1F）
People's Park Food Centre
ホン・リム・フードセンターP.235
Hong Lim Food Centre
珍珠百貨商場
OGデパート
OG Department
チャイナタウン・ポイントP.266
Chinatown Point
天仁茗茶Ten Ren's Tea（1F）
松發肉骨茶Song Fa Bak Kut Teh（1F）
貯水池
Pearl's Hill Terrace
Pearl's Hill Terrace
Park Crescent
裕華國貨P.277
Yue Hwa Chinese Products
マジェスティック
Majestic
C
ピープルズ・パーク・コンプレックス
People's Park Complex P.293
チャイナタウン
Chinatown
P.88
D
ホン・リム・コンプレックス
Hong Lim Complex

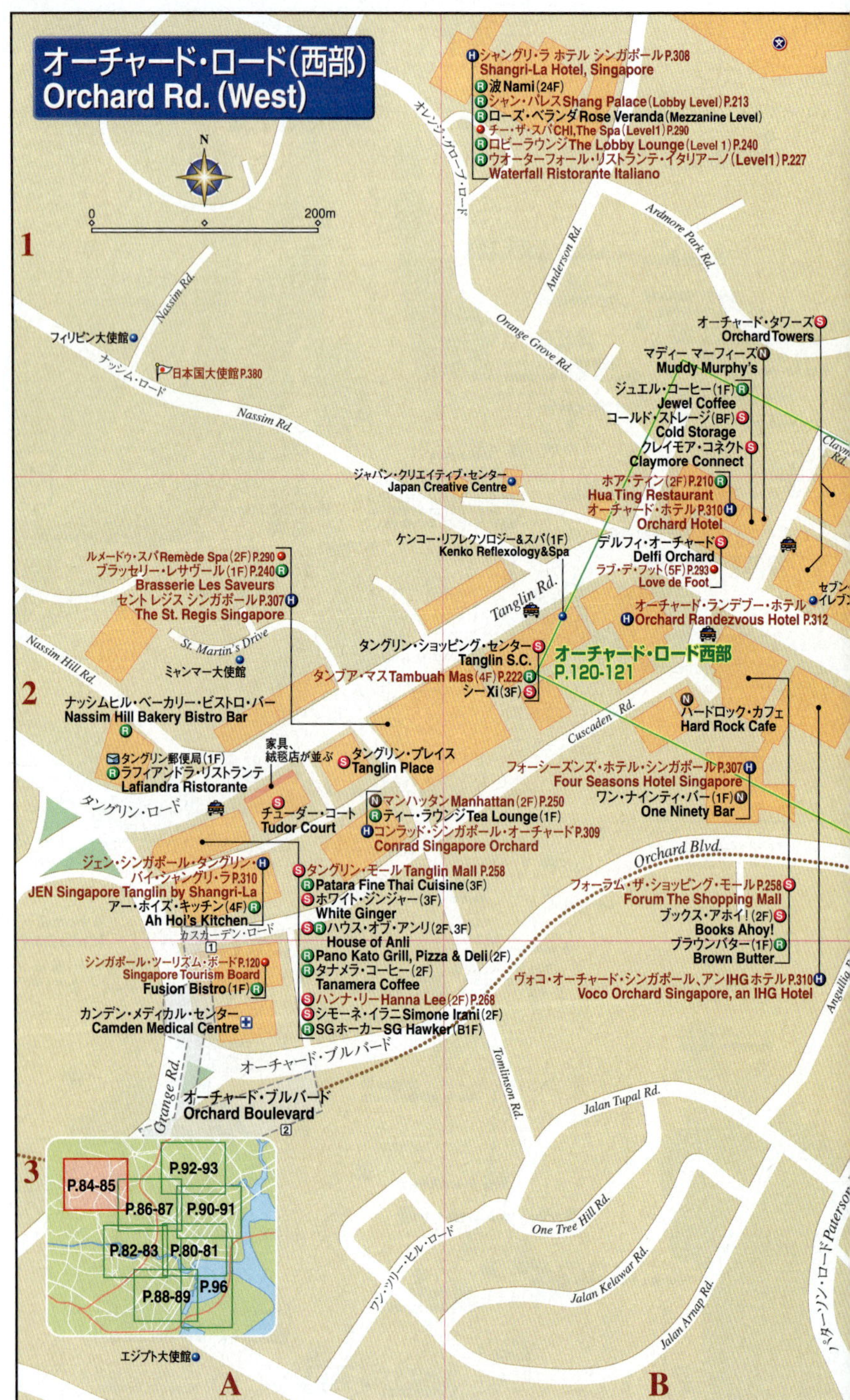

オーチャード・ロード(西部)
Orchard Rd. (West)
N
0
200m
1
2
3
A
B
シャングリ・ラ ホテル シンガポール P.308
Shangri-La Hotel, Singapore
波 Nami (24F)
シャン・パレス Shang Palace (Lobby Level) P.213
ローズ・ベランダ Rose Veranda (Mezzanine Level)
チー・ザ・スパ CHI, The Spa (Level1) P.290
ロビーラウンジ The Lobby Lounge (Level 1) P.240
ウオーターフォール・リストランテ・イタリアーノ (Level1) P.227
Waterfall Ristorante Italiano
オレンジ・グローブ・ロード
Anderson Rd.
Ardmore Park Rd.
Orange Grove Rd.
Nassim Rd.
フィリピン大使館
ナッシム・ロード
日本国大使館 P.380
Nassim Rd.
オーチャード・タワーズ
Orchard Towers
マディー マーフィーズ
Muddy Murphy's
ジュエル・コーヒー (1F)
Jewel Coffee
コールド・ストレージ (BF)
Cold Storage
クレイモア・コネクト
Claymore Connect
Claymore Rd.
ジャパン・クリエイティブ・センター
Japan Creative Centre
ホア・ティン (2F) P.210
Hua Ting Restaurant
オーチャード・ホテル P.310
Orchard Hotel
ケンコー・リフレクソロジー&スパ (1F)
Kenko Reflexology&Spa
デルフィ・オーチャード
Delfi Orchard
ラブ・デ・フット (5F) P.293
Love de Foot
セブン・イレブン
ルメードゥ・スパ Remède Spa (2F) P.290
ブラッセリー・レサヴール (1F) P.240
Brasserie Les Saveurs
セント レジス シンガポール P.307
The St. Regis Singapore
Tanglin Rd.
オーチャード・ランデブー・ホテル
Orchard Randezvous Hotel P.312
St. Martin's Drive
Nassim Hill Rd.
ミャンマー大使館
タングリン・ショッピング・センター
Tanglin S.C.
オーチャード・ロード西部
P.120-121
タンブア・マス Tambuah Mas (4F) P.222
シー Xi (3F)
ナッシムヒル・ベーカリー・ビストロ・バー
Nassim Hill Bakery Bistro Bar
ハードロック・カフェ
Hard Rock Cafe
Cuscaden Rd.
家具、絨毯店が並ぶ
タングリン・プレイス
Tanglin Place
タングリン郵便局 (1F)
ラフィアンドラ・リストランテ
Lafiandra Ristorante
フォーシーズンズ・ホテル・シンガポール P.307
Four Seasons Hotel Singapore
ワン・ナインティ・バー (1F)
One Ninety Bar
タングリン・ロード
チューダー・コート
Tudor Court
マンハッタン Manhattan (2F) P.250
ティー・ラウンジ Tea Lounge (1F)
コンラッド・シンガポール・オーチャード P.309
Conrad Singapore Orchard
Orchard Blvd.
ジェン・シンガポール・タングリン・バイ・シャングリ・ラ P.310
JEN Singapore Tanglin by Shangri-La
アー・ホイズ・キッチン (4F)
Ah Hoi's Kitchen
タングリン・モール Tanglin Mall P.258
Patara Fine Thai Cuisine (3F)
ホワイト・ジンジャー (3F)
White Ginger
ハウス・オブ・アンリ (2F、3F)
House of Anli
Pano Kato Grill, Pizza & Deli (2F)
タナメラ・コーヒー (2F)
Tanamera Coffee
ハンナ・リー Hanna Lee (2F) P.268
シモーネ・イラニ Simone Irani (2F)
SG ホーカー SG Hawker (B1F)
フォーラム・ザ・ショッピング・モール P.258
Forum The Shopping Mall
ブックス・アホイ! (2F)
Books Ahoy!
ブラウンバター (1F)
Brown Butter
ヴォコ・オーチャード・シンガポール、アン IHG ホテル P.310
Voco Orchard Singapore, an IHG Hotel
カスカーデン・ロード
シンガポール・ツーリズム・ボード P.120
Singapore Tourism Board
Fusion Bistro (1F)
カンデン・メディカル・センター
Camden Medical Centre
オーチャード・ブルバード
Orange Rd.
オーチャード・ブルバード
Orchard Boulevard
Tomlinson Rd.
Jalan Tupal Rd.
Angullia
P.84-85
P.92-93
P.86-87
P.90-91
P.82-83
P.80-81
P.96
P.88-89
One Tree Hill Rd.
ワン・ツリー・ヒル・ロード
Jalan Kelawar Rd.
Jalan Arnap Rd.
パターソン・ロード Paterson
エジプト大使館

シェラトン・タワーズ・シンガポール P.308
Sheraton Towers Singapore
リーバイ・カントニーズ・レストラン (Lower Lobby) P.210
Li Bai Cantonese Restaurant
MRT ニュートン駅へ
インドカフェ・ザ・ホワイトハウス
Indocafe the White House
ソング・オブ・インディア
The Song of India
ライフ・インフィニティ・シンガポール
Life Infinity Singapore
Environment Bldg.
MRT North South Line
MRT南北線
Stevens Rd.
Draycott Park
Draycott Drive
タングリン・クラブ（ゴルフ・クラブ）
Tanglin Club
Anthony Rd.
MOE Language Centre
ケアンヒル・ロード
アメリカン・クラブ（ゴルフ・クラブ）
American Club
スコッツ・ロード
Scotts Rd.
グッドウッド・パーク・ホテル P.123、307
Goodwood Park Hotel
レスプレッソ L'Espresso (1F) P.240
ミンジャン Min Jiang (1F)
Cairnhill Rd.
カフェ・ド・ミューズ (1～2F)
Cafe de Muse
イセタン・スコッツ
スーパーマーケット (B1F) P.77
tan Scotts Supermarket
イセタン・スコッツ P.260
Isetan Scotts
レザミ Les Amis (1～2F)
ポロ・ラルフローレン (1～2F)
POLO RALPH LAUREN
ショー・センター Shaw Centre
Thong Teck Bldg.
Claymore Hill Rd.
カルーセル Carousel (1F)
ロイヤル・プラザ・オン・スコッツ・シンガポール P.310
Royal Plaza on Scotts Singapore
ピーエス・カフェ (2F)
PS.Cafe
メルシー・マルセール・コンセプト・ストア (1F) P.121
Merci Marcel Concept Store
メルシー・マルセール P.121
Merci Marcel (1F)
パレ・ルネッサンス
Palais Renaissance
HSBC
ファーイースト・プラザ P.260、344
Far East Plaza
雑貨店 The Corner Shop (3F) P.260
クインシー・ホテル・シンガポール P.321
Quincy Hotel Singapore
ヨーク・ホテル・シンガポール P.320
York Hotel Singapore
ホワイトローズ・カフェ P.215
White Rose Cafe
イポー・キッチン・コーヒー・バー
Ipoh Kitchen Coffee Bar
Mr. Holmes Bakehouse (1F)
パシフィック・プラザ
Pacific Plaza
Claymore Hill
グランド・ハイアット・シンガポール P.308
Grand Hyatt Singapore
ストレイツ・キッチン (LF)
StraitsKitchen
Yotel Singapore
タイ大使館
インターナショナル・ビル
International Bldg.
フットワークス (1F) P.293
Footworks
フード・リパブリック
Food Republic (B1F) P.237
ショー・ハウス
Shaw House
スコッツ・スクエア Scotts Square
ワイルド・ハニー Wild Honey (3F)
Mount Elizabeth
P.86
シンガポール・マリオット・タンプラザ・ホテル P.309
Singapore Marriott Tang Plaza Hotel
マウント・エリザベス病院
Mt. Elizabeth Hospital
Mt. Elizabeth Link
Bideford Rd.
ファーイースト・ショッピング・センター
Far East S.C.
リアット・タワーズ Liat Towers
ネイチャーランド (2～3F) P.288
Natureland
タングス・マーケット (B1F) P.236
Tangs Market
タングス・ギフト・ショップ (B1F) P.271
Tangs Gift Shop
タングス P.260
Tangs
Tea Bone Zen Mind
ジャパングリーンクリニック (10F) P.380
Japan Green Clinic
インペリアル・トレジャー・スーパー・ペキンダック (5F)
Imperial Treasure Super Peking Duck Restaurant
ベーカーズ・ブルー・カフェ (5F)
Baker's Brew Café
ピーエス・カフェ PS. Cafe (3F)
スープ・レストラン (BF) P.211
Soup Restaurant
タンブア・マス Tambuah Mas (BF)
ウィーロック・プレイス
Wheelock Place
卓爾書店 (1～2F)
The Zall Bookstore
マークス&スペンサー (1F) P.261
Marks & Spencer
パーム・プレス (B1F) P.268
The Palm Press
ナムナム・ヌードル・バー
NamNam Noodle Bar (B2F) P.232
チョンバル・ベーカリー
Tiong Bahru Bakery
(B2)
ラッキー・プラザ P.267、344
Lucky Plaza
イナサル (4F) P.267
Inasal
チョーさん・ザッカ P.121
(ファー・イースト・ファイン・アーツ/3F)
Chosan Zakka
(Far East Fine Arts)
オーチャード・ロード Orchard Rd.
トン・ビル
Tong Bldg.
パラゴン P.258
Paragon
ケアンヒル・プレイス
Cairnhill Place
オーチャード
Orchard
マンゴ (B1F)
Mango
オーチャード・ロード東部 P.122-123
アイオン・オーチャード
ION Orchard P.257
シンガポール航空 (L4) P.381
ジャンボ・シーフード (L4)
Jumbo Seafood
バイオレット・ウン・シンガポール (L3)
Violet Oon Singapore
TWGティーサロン&ブティック (L2)
TWG Tea Salon & Boutique
バシャコーヒー (L1) P.241
Bacha Coffee
イングッド・カンパニー (B1) P.268
In Good Company
チャールズ&キース (B3) P.271
Charles & Keith
フード・オペラ Food Opera (B4) P.237
立興潮州魚圓面 (B4) P.54
カムズ・ロースト・エクスプレス (B4) P.73
Kam's Roast Express
ホーカーズ・ストリート (B4) P.238
Hawker's Street
オーチャード・パークスイーツ
Orchard Park Suites
(サービスアパートメント)
ホリデイ・イン・エクスプレス・シンガポール・オーチャード・ロード
Holiday Inn Express Singapore Orchard Road
オーチャード・ブルバード
MRTトムソン・イーストコースト線
MRT Thomson-East Coast Line
専門店街 P.256
イースト・オーシャン
East Ocean Teochew Restaurant (5F) P.213
ニー・アン・シティ
Ngee Ann City
シンガポール高島屋S.C. P.256
Singapore Takashimaya S.C.
紀伊國屋書店 (4F) P.270
Books Kinokuniya
シャンハイタン (3F) P.270
Shanghai Tang
エディターズ・マーケット
The Editor's Market (B1F) P.269
アナザーソール (B2F)
Another Sole
クリスタル・ジェイド・ホンコン・キッチン
Crystal Jade Hong Kong Kitchen (B2F) P.212
マンダリン・ギャラリー P.257
Mandarin Gallery (L1-L4)
ヒルトン・シンガポール・オーチャード P.309
Hilton Singapore Orchard
Orchard Turn
ジンジャー・リリー (L5)
Ginger. Lily
チャターボックス P.215
Chatterbox (L5)
キャセイ・シネレジャー・オーチャード
Cathay Cineleisure Orchard
ウィスマ・アトリア Wisma Atria P.257
フード・リパブリック Food Republic (4F)
プリティ・フィット Pretty Fit (B1F) P.272
高島屋百貨店 P.256
Takashimaya Department Store
ブンガワン・ソロ Bengawan Solo (B2F) P.64
コールド・ストレージ Cold Storage (B2F) P.76
Orchard Link
スケイプ
Scape
Grange Rd.
ユース・パーク
Youth Park
Orchard Blvd.
C
D

オーチャード・ロード(東部)
Orchard Rd. (East)
ヨーク・ホテル・シンガポール P.320
York Hotel Singapore
ホワイトローズ・カフェ P.215
White Rose Cafe
マウント・エリザベス病院
Mt. Elizabeth Hospital
メリッサ Melissa (L4) P.271
酢重レストラン (L4)
Suju Japanese Restaurant
シー Xi (L3)
ワイルド・ハニー (L3)
Wild Honey
クインテセンシャル (L2) P.270
Quintessential
プロビドール (L2)
The Providore
マンダリン・ギャラリー (L1-L4) P.257
Mandarin Gallery
ホリデイ・イン・エクスプレス・シンガポール・オーチャード・ロード
Holiday Inn Express Singapore Orchard Road
パラゴン P.258
Paragon
ケアンヒル・プレイス
Cairnhill Place
プラナカン・ショップハウスが並ぶ
松發肉骨茶 (2F)
Song Fa Bak Kut Teh
センターポイント
The CentrePoint
エメラルド・ヒル P.37
Emerald Hill
スターハブ・センター
Star Hub Centre
コーツ・ノジマ・ザ・ヒーレン
Courts Nojima The Heeren
シンガポール高島屋 S.C. P.256
Singapore Takashimaya S.C.
アイス・コールド・ビア
Ice Cold Beer
ケ・パサ Que Pasa
ナンバー・ファイブ No. 5 P.251
カッページ・テラス P.122
Cuppage Terrace
ホリデイ・イン・シンガポール・オーチャード・シティセンター P.311
Holiday Inn Singapore Orchard City Centre
チャターボックス (L5) P.215
Chatterbox
ヒルトン・シンガポール・オーチャード P.309
Hilton Singapore Orchard
デザイン・オーチャード P.269
Design Orchard
オーチャードゲイトウェイ・アット・エメラルド
Orchardgateway@Emerald
シンガポール・ビジター・センター P.120
プラナカン・プレイス P.122
Peranakan Place
ランドリー・デイ (1F) P.382
Laundry day
カッページ・プラザ
Cuppage Plaza
キャセイ・シネレジャー・オーチャード
Cathay Cineleisure Orchard
H&M
オーチャード S.C.
Orchard S.C.
ミッドポイント・オーチャード
Midpoint Orchard
オーチャード・ポイント
Orchard Point
グランド・セントラル
Grand Central
オーチャード・プラザ
Orchard Plaza
スケイプ
Scape
オーチャード・セントラル P.259
Orchard Central
ウオーキング・オン・サンシャイン (L3) P.288
Walking on Sunshine
デジグアル Desigual (L1) P.270
ドンドンドンキ (B1~B2)
Don Don Donki P.122
ナショナル・ユース・センター
National Youth Centre
フェア・プライス・ファイネスト
Fair Price Finest
サマセット
Somerset
ケー・ピー・オー
キリニー・ロード郵便局
コンコルド・ホテル・シンガポール P.31
Concorde Hotel Singapore
スパイシーズ・カフェ (L3) P.217
Spices Cafe
ユース・パーク
Youth Park
トリプル・ワン・サマセット
Triple One Somerset
オーチャードゲイトウェイ P.259
Orchardgateway
ジェン・シンガポール・オーチャードゲイトウェイ・バイ・シャングリ・ラ P.311
JEN Singapore Orchardgateway by Shangri-La
スケートボード場
ライブラリー・アット・オーチャード
Library@Orchard (3F) P.122
ランソン・プレイス
Lanson Place
MRT南北線
313・アット・サマセット 313@somerset P.259
フード・リパブリック (L5) P.237
Food Republic
泰豐 Thye Hong (L5) P.52
オンマ・スプーン O'ma Spoon (L4)
ウェル・ブレッド Well Bred (L4)
ニューワールド・カーニバル New World Carnival (L3)
ホーコン Håakon (B2) P.382
コム・センター(シンテル)
Comcentre (Singtel)
電信電話センター
オーチャード・ロード東 P.122-123
キリニー・コピティアム P.244
Killiney Kopitiam
ワルン・ナシール P.222
Warung M. Nasir
レストランが並ぶ
キリニー・カレー・パフ
Killiney Curry Puff
友吉飯店 Jew Kit
福動 Fook Kin
アルチザン・ブーランジェリー
Artisan Boulangerie Co.
Crystal Cafe
オーチャード・グランドコート
Orchard Grand Court
NTUC フェア・プライス (1F)
NTUC Fair Price
ロイズ・イン
Lloyds Inn
AA センター
AA Centre
Cairnhill Rd.
Cairnhill Rise
Cairnhill Circle
Clemenceau Ave.
セントラル・エクスプレスウェイ
カベナ・ロード
Mt. Elizabeth Link
Mt. Elizabeth Rd.
Mount Elizabeth
Bideford Rd.
Saunders Rd.
Emerald Hill Rd.
エメラルド・ヒル・ロード
Central Expressway
Cavenagh Rd.
Hullet Rd.
オーチャード・ロード
Orchard Link
Grange Rd.
Cuppage Rd.
Koek Rd.
Cavenagh Rd.
Kramat Rd.
Kramat La.
サマセット・ロード
Somerset Rd.
Orchard Rd.
Devonshire Rd.
Exeter Rd.
Eber Rd.
Killiney Rd.
Dublin Rd.
Devonshire Rd.
キリニー・ロード
オックスレイ・ライズ
Oxley Rd.
Lloyd Rd.
オックスレイ・ロード
Oxley Walk
River Valley Rd.
リバー・バレー・ロード
0
200m
N
P.85
P.82
P.83
A
B
1
2
3

P.92
P.84-85
P.92-93
P.86-87
P.90-91
P.82-83
P.80-81
P.88-89
P.96
大統領官邸 P.123
Istana
リトル・インディア
Little India
ワイン・アーケード
Wine Arcade
テッカ・センター P.148、234
Tekka Centre
エル・イー・カフェ P.247
LE Cafe
マウント・エミリー・パーク
Mount Emily Park
2022年9月現在
工事中
G4ステーション P.330
G4 Station
セレギー・センター
Selegie Centre
エミリー・プレジデンス
Emily Presidence
小学校
Sikh Temple Sri Guru Singh Sabha
（シーク教寺院）
イビス・バジェット・シンガポール・セレギー
Ibis Budget Singapore Selegie
MRT North East Line
MRT東北線
P.90
ホテル81 セレギー
Hotel 81 Selegie
Citadines Mount Sophia Singapore
（アパートホテル）
ウィルキー・エッジ
Wilkie Edge
トゥエンティーエイト・カフェ
Twenty Eight Cafe
辣家小館
La Jia Restaurant
美食区（フードコート）
ピース・センター
Peace Centre
シネマ・オールド・スクール
Sinema Old School
パークレーン・ショッピング・モール
Parklane Shopping Mall
ダイソー Daiso（5F）
マークス&スペンサー（3F）
Marks & Spencer
ゴーアン・プラトゥナム・チキンライス（3F）
Go-Ang Pratunam Chicken Rice
アーティスティック・デパティオ（3F）
Arteastiq DePatio
イニスフリー innisfree（1F）
プラザ・シンガプーラ P.261
Plaza Singapura
Mosanco Enchanted Cafe
The Gallery（2F）
アセンブリー・グラウンド（1F）
The Assembly Ground
オーバージョイド（B1F）
Overjoyed
キャセイ The Cathay P.123
（5、6Fは映画館）
セレギー・アート・センター
Selegie Arts Centre
SOTA
（School of the Arts Singapore）
I'm Kim Korean BBQ
レストランが並ぶ
ヴォイド・カフェ
Void Cafe
大統領官邸入口
オーチャード・ロード
MRT North South Line
イスタナ・パーク
Istana Park
フォーワード・コーヒー・ロースターズ
Foreword Coffee Roasters
ストランド・ホテル
Strand Hotel
ランデブー・ホテル・シンガポール・アット・ブラス・バサー P.311
Rendezvous Hotel Singapore at Bras Basah
ドービー・ゴート
Dhoby Ghaut
ペナン・ロード
ドービー・ゴートグリーン
Dhoby Ghaut Green
ブラス・バサー・ロード Bras Basah Rd.
ベンクーレン
Bencoolen
シンガポール S.C.
Singapore S.C.
ビジュアルアーツ・センター
Visual Arts Centre
プレスビテリアン教会
Presbyterian Church
シンガポール経営大学
Singapore Management University
フード・ダイナスティ
Food Dynasty
シタディーン・コネクト・シティセンター・シンガポール
Citadines Connect City Centre Singapore
Tap@9 Penang
Ji Hotel Orchard Singapore
YWCAフォート・カニング P.325
YWCA Fort Canning
YMCAアット・ワン・オーチャード P.324
YMCA@One Orchard
ブラス・バサー
Bras Basah
Haw Par Glass Tower
赤十字ビル
Red Cross House
入口
フォート・カニング・ロード
シンガポール経営大学
Singapore Management University
フォート・カニング・パーク P.111
Fort Canning Park
シンガポール国立博物館 P.107
National Museum of Singapore
スーパーママ、ミュージアム・ストア P.273
Supermama, The Museum Store（L1）
フード・フォー・ソート（L1）P.242
Food For Thought
ホテル・フォート・カニング P.302
Hotel Fort Canning
バトル・ボックス P.111
The Battle Box
MRTダウンタウン線
MRT Downtown Line
ゴシック・ゲート
Gothic Gate
入口
エスカレーター
P.80
C
D

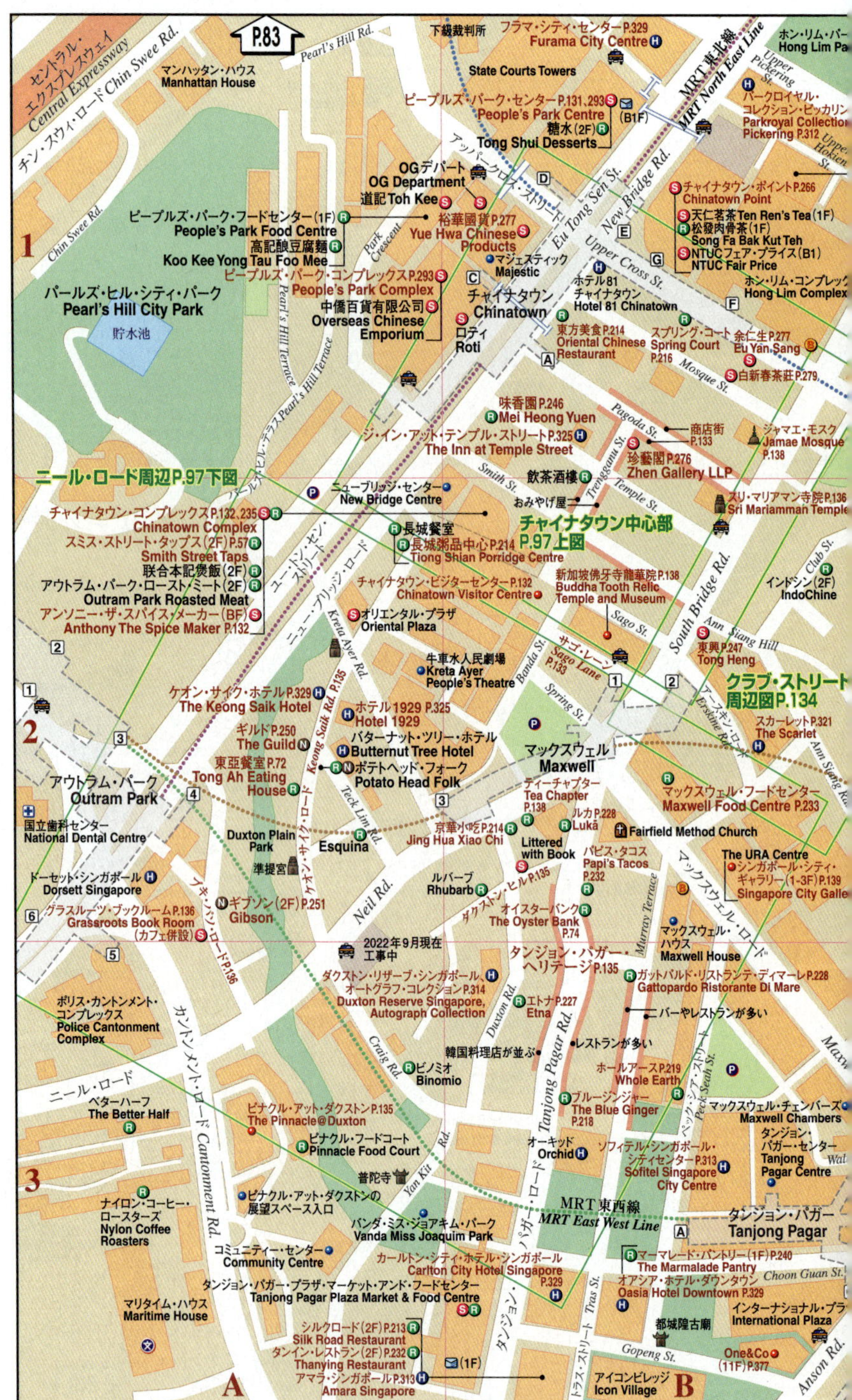

P.83
セントラル・エクスプレスウェイ Central Expressway
チン・スウィ・ロード Chin Swee Rd.
マンハッタン・ハウス Manhattan House
下級裁判所 State Courts Towers
フラマ・シティ・センター P.329 Furama City Centre
ホン・リム・パーク Hong Lim Park
ピープルズ・パーク・センター P.131,293 People's Park Centre
糖水(2F) Tong Shui Desserts
MRT東北線 MRT North East Line
パークロイヤル・コレクション・ピッカリング Parkroyal Collection Pickering P.312
OGデパート OG Department
道記 Toh Kee
裕華國貨 P.277 Yue Hwa Chinese Products
マジェスティック Majestic
ピープルズ・パーク・フードセンター(1F) People's Park Food Centre
高記餛豆腐麵 Koo Kee Yong Tau Foo Mee
ピープルズ・パーク・コンプレックス P.293 People's Park Complex
中僑百貨有限公司 Overseas Chinese Emporium
ロティ Roti
チャイナタウン Chinatown
ホテル81チャイナタウン Hotel 81 Chinatown
チャイナタウン・ポイント P.266 Chinatown Point
天仁茗茶 Ten Ren's Tea (1F)
松發肉骨茶(1F) Song Fa Bak Kut Teh
NTUCフェア・プライス(B1) NTUC Fair Price
ホン・リム・コンプレックス Hong Lim Complex
東方美食 P.214 Oriental Chinese Restaurant
スプリング・コート P.216 Spring Court
余仁生 P.277 Eu Yan Sang
白新春茶莊 P.279
パールズ・ヒル・シティ・パーク Pearl's Hill City Park
貯水池
味香園 P.246 Mei Heong Yuen
ジ・イン・アット・テンプル・ストリート P.325 The Inn at Temple Street
商店街 P.133
ジャマエ・モスク Jamae Mosque P.138
珍藝閣 P.276 Zhen Gallery LLP
ニール・ロード周辺 P.97下図
飲茶酒樓
おみやげ屋
ニューブリッジ・センター New Bridge Centre
スリ・マリアマン寺院 P.136 Sri Mariamman Temple
チャイナタウン・コンプレックス P.132, 235 Chinatown Complex
スミス・ストリート・タップス(2F) P.57 Smith Street Taps
联合本記褒飯(2F)
アウトラム・パーク・ロースト・ミート(2F) Outram Park Roasted Meat
アンソニー・ザ・スパイス・メーカー(BF) Anthony The Spice Maker P.132
長城餐室
長城粥品中心 P.214 Tiong Shian Porridge Centre
チャイナタウン中心部 P.97上図
新加坡佛牙寺龍華院 P.138 Buddha Tooth Relic Temple and Museum
チャイナタウン・ビジターセンター P.132 Chinatown Visitor Centre
インドシン(2F) IndoChine
オリエンタル・プラザ Oriental Plaza
東興 P.247 Tong Heng
牛車水人民劇場 Kreta Ayer People's Theatre
サゴ・レーン Sago Lane P.133
クラブ・ストリート周辺図 P.134
ケオン・サイク・ホテル P.329 The Keong Saik Hotel
ホテル1929 P.325 Hotel 1929
ギルド P.250 The Guild
バターナット・ツリー・ホテル Butternut Tree Hotel
ポテトヘッド・フォーク Potato Head Folk
東亜餐室 P.72 Tong Ah Eating House
マックスウェル Maxwell
スカーレット P.321 The Scarlet
アウトラム・パーク Outram Park
ティーチャプター Tea Chapter P.138
マックスウェル・フードセンター Maxwell Food Centre P.233
国立歯科センター National Dental Centre
Duxton Plain Park
Esquina
京華小吃 P.214 Jing Hua Xiao Chi
ルカ P.228 Lukā
Fairfield Method Church
Littered with Book
パピス・タコス Papi's Tacos P.232
The URA Centre
シンガポール・シティ・ギャラリー(1-3F) P.139 Singapore City Gallery
準提宮
ドーセット・シンガポール Dorsett Singapore
ギブソン(2F) P.251 Gibson
ルバーブ Rhubarb
オイスター・バンク The Oyster Bank P.74
グラスルーツ・ブックルーム P.136 Grassroots Book Room (カフェ併設)
マックスウェル・ハウス Maxwell House
2022年9月現在 工事中
ダクストン・リザーブ・シンガポール・オートグラフ・コレクション P.314 Duxton Reserve Singapore, Autograph Collection
タンジョン・パガー・ヘリテージ P.135
ガットパルド・リストランテ・ディマーレ P.228 Gattopardo Ristorante Di Mare
ポリス・カントンメント・コンプレックス Police Cantonment Complex
エトナ P.227 Etna
バーやレストランが多い
レストランが多い
韓国料理店が並ぶ
ビノミオ Binomio
ホールアース P.219 Whole Earth
ニール・ロード
ベターハーフ The Better Half
ピナクル・アット・ダクストン P.135 The Pinnacle@Duxton
ピナクル・フードコート Pinnacle Food Court
ブルージンジャー The Blue Ginger P.218
マックスウェル・チェンバーズ Maxwell Chambers
オーキッド Orchid
ソフィテル・シンガポール・シティセンター P.313 Sofitel Singapore City Centre
タンジョン・パガー・センター Tanjong Pagar Centre
普陀寺
ナイロン・コーヒー・ロースターズ Nylon Coffee Roasters
ピナクル・アット・ダクストンの展望スペース入口
MRT東西線 MRT East West Line
バンダ・ミス・ジョアキム・パーク Vanda Miss Joaquim Park
タンジョン・パガー Tanjong Pagar
コミュニティー・センター Community Centre
カールトン・シティ・ホテル・シンガポール Carlton City Hotel Singapore P.329
マーマレード・パントリー(1F) P.240 The Marmalade Pantry
タンジョン・パガー・プラザ・マーケット・アンド・フードセンター Tanjong Pagar Plaza Market & Food Centre
オアシア・ホテル・ダウンタウン Oasia Hotel Downtown P.329
マリタイム・ハウス Maritime House
シルクロード(2F) P.213 Silk Road Restaurant
タンイン・レストラン(2F) P.232 Thanying Restaurant
アマラ・シンガポール P.313 Amara Singapore
都城隍古廟
インターナショナル・プラザ International Plaza
One&Co (11F) P.377
アイコンビレッジ Icon Village
カントンメント・ロード Cantonment Rd.
タンジョン・パガー・ロード Tanjong Pagar Rd.
マックスウェル・ロード
ニューブリッジ・ロード
ケオン・サイク・ロード Keong Saik Rd.
ユートン・セン・ストリート
アッパー・クロス・ストリート
ダクストン・ヒル P.135
ブキ・パソ・ロード P.136
アースキン・ロード
ペック・シア・ストリート
トラス・ストリート
Pearl's Hill Rd.
Pearl's Hill Terrace
パールズ・ヒル・テラス
Park Crescent
Eu Tong Sen St.
New Bridge Rd.
Upper Cross St.
Upper Pickering St.
Upper Hokien St.
Mosque St.
Pagoda St.
Temple St.
Trengganu St.
Smith St.
Sago St.
South Bridge Rd.
Club St.
Ann Siang Hill
Erskine Rd.
Amoy St.
Kreta Ayer Rd.
Banda St.
Spring St.
Teck Lim Rd.
Neil Rd.
Murray Terrace
Duxton Rd.
Craig Rd.
Yan Kit Rd.
Peck Seah St.
Tras St.
Choon Guan St.
Gopeng St.
Anson Rd.
Chin Swee Rd.
1
2
3
A
B

チャイナタウン&シェントン・ウェイ
Chinatown & Shenton Way
シンガポール川
Singapore River
ラッフルズ・プレイス
Raffles Place
テロック・アヤ
Telok Ayer
ダウンタウン
Downtown
シェントン・ウェイ
Shenton Way
マリーナ・ベイ周辺
P.96
MRT南北線
MRT North South Line
MRT東西線
MRT East West Line
MRTダウンタウン線
MRT Downtown Line
ラオ・パ・サ・フェスティバル・マーケット
Lau Pa Sat Festival Market P.129, 234
フラトン・ホテル・シンガポール P.314
The Fullerton Hotel Singapore
フラトン・ベイ・ホテル・シンガポール P.314
The Fullerton Bay Hotel Singapore
ホン・リム・フードセンター P.235
Hong Lim Food Centre
アモイ・ストリート・フードセンター P.233
Amoy Street Food Centre
ヤクン・カヤトースト P.244
Ya Kun Kaya Toast
ナゴール・ダルガー・インディアン・ムスリム・ヘリテージ・センター P.138
Nagore Dargah Indian Muslim Heritage Centre
シアン・ホッケン寺院 P.136
Thian Hock Keng Temple
アル・アブラー・モスク P.138
Al Abrar Mosque
ウェスティン・シンガポール P.304
The Westin Singapore
ホテル・テレグラフ、シンガポール P.315
Hotel Telegraph, Singapore
クランホテル・シンガポール P.312
The Clan Hotel Singapore
2022年9月現在工事中
200m

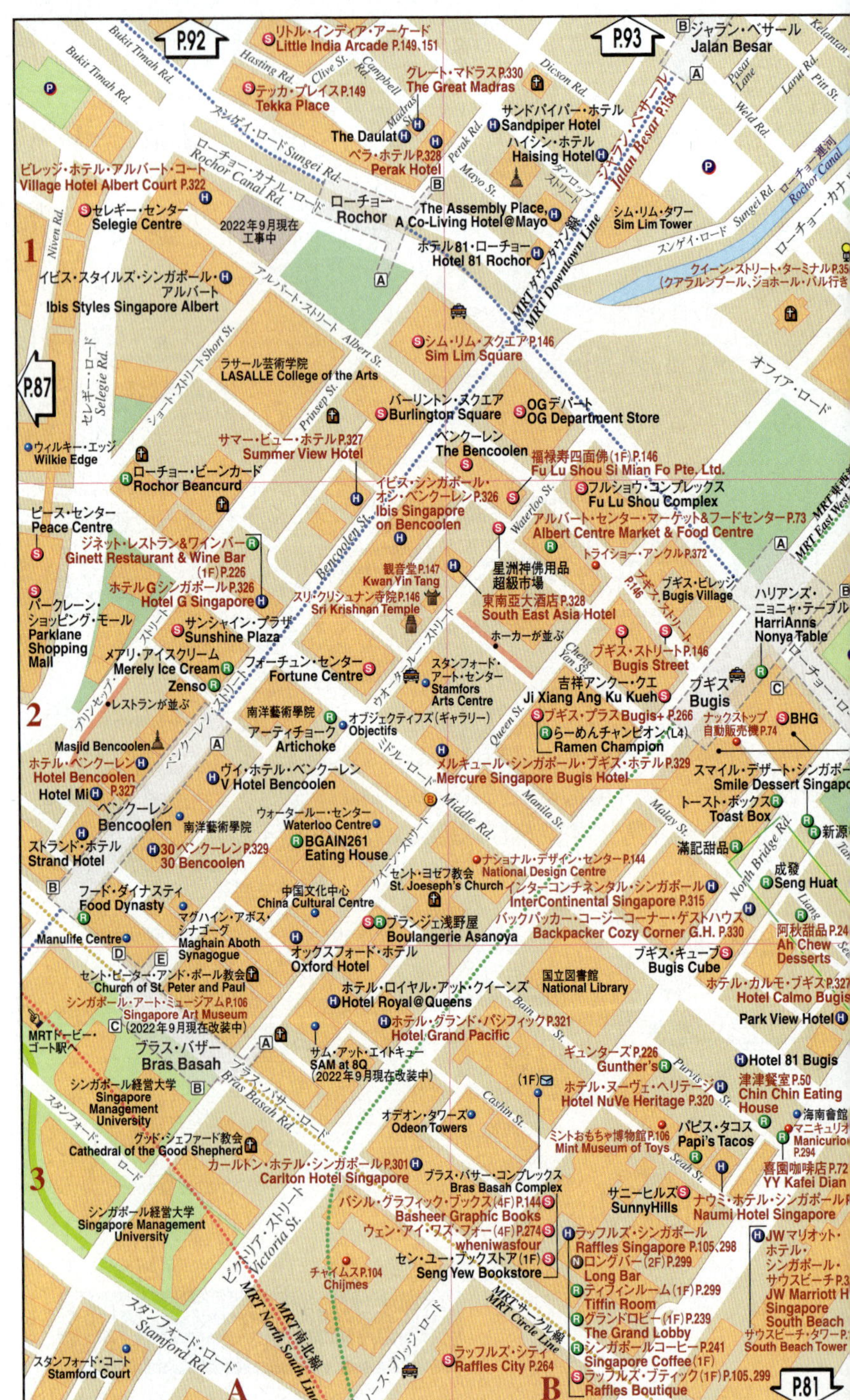

P.92
P.93
P.87
P.81
リトル・インディア・アーケード
Little India Arcade P.149, 151
テッカ・プレイス P.149
Tekka Place
グレート・マドラス P.330
The Great Madras
ジャラン・ベサール
Jalan Besar
サンドパイパー・ホテル
Sandpiper Hotel
ハイシン・ホテル
Haising Hotel
The Daulat
ペラ・ホテル P.328
Perak Hotel
ビレッジ・ホテル・アルバート・コート
Village Hotel Albert Court P.322
セレギー・センター
Selegie Centre
2022年9月現在
工事中
ローチョー
Rochor
The Assembly Place,
A Co-Living Hotel@Mayo
シム・リム・タワー
Sim Lim Tower
ホテル81・ローチョー
Hotel 81 Rochor
イビス・スタイルズ・シンガポール・アルバート
Ibis Styles Singapore Albert
クイーン・ストリート・ターミナル P.35
(クアラルンプール、ジョホール・バル行き
シム・リム・スクエア P.146
Sim Lim Square
ラサール芸術学院
LASALLE College of the Arts
オフィア・ロード
バーリントン・スクエア
Burlington Square
OGデパート
OG Department Store
サマー・ビュー・ホテル P.327
Summer View Hotel
ベンクーレン
The Bencoolen
ウィルキー・エッジ
Wilkie Edge
ローチョー・ビーンカード
Rochor Beancurd
福禄寿四面佛(1F) P.146
Fu Lu Shou Si Mian Fo Pte. Ltd.
イビス・シンガポール・オン・ベンクーレン P.326
Ibis Singapore on Bencoolen
フルショウ・コンプレックス
Fu Lu Shou Complex
ピース・センター
Peace Centre
アルバート・センター・マーケット&フードセンター P.73
Albert Centre Market & Food Centre
ジネット・レストラン&ワインバー
Ginett Restaurant & Wine Bar
(1F) P.226
トライショー・アンクル P.372
観音堂 P.147
Kwan Yin Tang
星洲神佛用品超級市場
ホテルGシンガポール P.326
Hotel G Singapore
スリ・クリシュナン寺院 P.146
Sri Krishnan Temple
東南亜大酒店 P.328
South East Asia Hotel
ブギス・ビレッジ
Bugis Village
ハリアンズ・ニョニャ・テーブル
HarriAnns Nonya Table
パークレーン・ショッピング・モール
Parklane Shopping Mall
サンシャイン・プラザ
Sunshine Plaza
ホーカーが並ぶ
ブギス・ストリート P.146
Bugis Street
メアリ・アイスクリーム
Merely Ice Cream
フォーチュン・センター
Fortune Centre
スタンフォード・アート・センター
Stamfords Arts Centre
吉祥アンクー・クエ
Ji Xiang Ang Ku Kueh
ブギス
Bugis
Zenso
レストランが並ぶ
南洋藝術學院
オブジェクティフス(ギャラリー)
Objectifs
ブギス・プラス Bugis+ P.266
ナックストップ
自動販売機 P.74
BHG
アーティチョーク
Artichoke
らーめんチャンピオン(L4)
Ramen Champion
Masjid Bencoolen
ホテル・ベンクーレン
Hotel Bencoolen
P.327
ヴイ・ホテル・ベンクーレン
V Hotel Bencoolen
メルキュール・シンガポール・ブギス・ホテル P.329
Mercure Singapore Bugis Hotel
スマイル・デザート・シンガポ
Smile Dessert Singapo
Hotel Mi
ベンクーレン
Bencoolen
ウォータールー・センター
Waterloo Centre
トースト・ボックス
Toast Box
南洋藝術學院
BGAIN261
Eating House
新源
ストランド・ホテル
Strand Hotel
30ベンクーレン P.329
30 Bencoolen
満記甜品
ナショナル・デザイン・センター P.144
National Design Centre
成發
Seng Huat
セント・ヨゼフ教会
St. Joeseph's Church
インターコンチネンタル・シンガポール
InterContinental Singapore P.315
フード・ダイナスティ
Food Dynasty
中国文化中心
China Cultural Centre
マグハイン・アボス・シナゴーグ
Maghain Aboth Synagogue
バックパッカー・コージーコーナー・ゲストハウス
Backpacker Cozy Corner G.H. P.330
ブランジェ浅野屋
Boulangerie Asanoya
阿秋甜品 P.24
Ah Chew Desserts
Manulife Centre
オックスフォード・ホテル
Oxford Hotel
ブギス・キューブ
Bugis Cube
セント・ピーター・アンド・ポール教会
Church of St. Peter and Paul
国立図書館
National Library
ホテル・カルモ・ブギス P.327
Hotel Calmo Bugis
シンガポール・アート・ミュージアム P.106
Singapore Art Museum
(2022年9月現在改装中)
ホテル・ロイヤル・アット・クイーンズ
Hotel Royal@Queens
Park View Hotel
MRTドービー・ゴート駅へ
ホテル・グランド・パシフィック P.321
Hotel Grand Pacific
ブラス・バザー
Bras Basah
サム・アット・エイトキュー
SAM at 8Q
(2022年9月現在改装中)
ギュンターズ P.226
Gunther's
Hotel 81 Bugis
シンガポール経営大学
Singapore Management University
ホテル・ヌーヴェ・ヘリテージ
Hotel NuVe Heritage P.320
津津餐室 P.50
Chin Chin Eating House
オデオン・タワーズ
Odeon Towers
海南會館
マニキュリオ
Manicurio
P.294
ミントおもちゃ博物館 P.106
Mint Museum of Toys
パピス・タコス
Papi's Tacos
グッド・シェファード教会
Cathedral of the Good Shepherd
カールトン・ホテル・シンガポール P.301
Carlton Hotel Singapore
ブラス・バザー・コンプレックス
Bras Basah Complex
喜園咖啡店 P.72
YY Kafei Dian
サニーヒルズ
SunnyHills
ナウミ・ホテル・シンガポール
Naumi Hotel Singapore
シンガポール経営大学
Singapore Management University
バシル・グラフィック・ブックス(4F) P.144
Basheer Graphic Books
ウェン・アイ・ワズ・フォー(4F) P.274
wheniwasfour
ラッフルズ・シンガポール
Raffles Singapore P.105, 298
JWマリオット・ホテル・シンガポール・サウスビーチ
JW Marriott Hotel Singapore South Beach
セン・ユー・ブックストア(1F)
Seng Yew Bookstore
ロングバー(2F) P.299
Long Bar
チャイムス P.104
Chijmes
ティフィンルーム(1F) P.299
Tiffin Room
グランドロビー(1F) P.239
The Grand Lobby
サウスビーチ・タワー
South Beach Tower
シンガポールコーヒー P.241
Singapore Coffee (1F)
スタンフォード・コート
Stamford Court
ラッフルズ・シティ
Raffles City P.264
ラッフルズ・ブティック(1F) P.105, 299
Raffles Boutique
MRTダウンタウン線
MRT Downtown Line
MRT東西線
MRT East West
MRT南北線
MRT North South Line
MRTサークル線
MRT Circle Line
ジャラン・ベサール
Jalan Besar P.154
スンゲイ・ロード Sungei Rd.
ローチョー・カナル・ロード Rochor Canal Rd.
ローチョー運河 Rochor Canal
アルバート・ストリート Albert St.
ショート・ストリート Short St.
セレギー・ロード Selegie Rd.
ベンクーレン・ストリート
ミドル・ロード Middle Rd.
ウォータールー・ストリート
ブラス・バザー・ロード Bras Basah Rd.
ビクトリア・ストリート Victoria St.
スタンフォード・ロード Stamford Rd.
ノース・ブリッジ・ロード North Bridge Rd.
ダンロップ・ストリート
Bukit Timah Rd.
Hasting Rd.
Clive St.
Campbell Rd.
Madras St.
Perak Rd.
Mayo St.
Dickson Rd.
Kelantan
Pasar Lane
Weld Rd.
Larut Rd.
Pitt St.
Niven Rd.
Prinsep St.
Bencoolen St.
Waterloo St.
Queen St.
Cheng Yan St.
Manila St.
Malay St.
Liang Seah St.
Bain St.
Purvis St.
Seah St.
Cashin St.
1
2
3
A
B

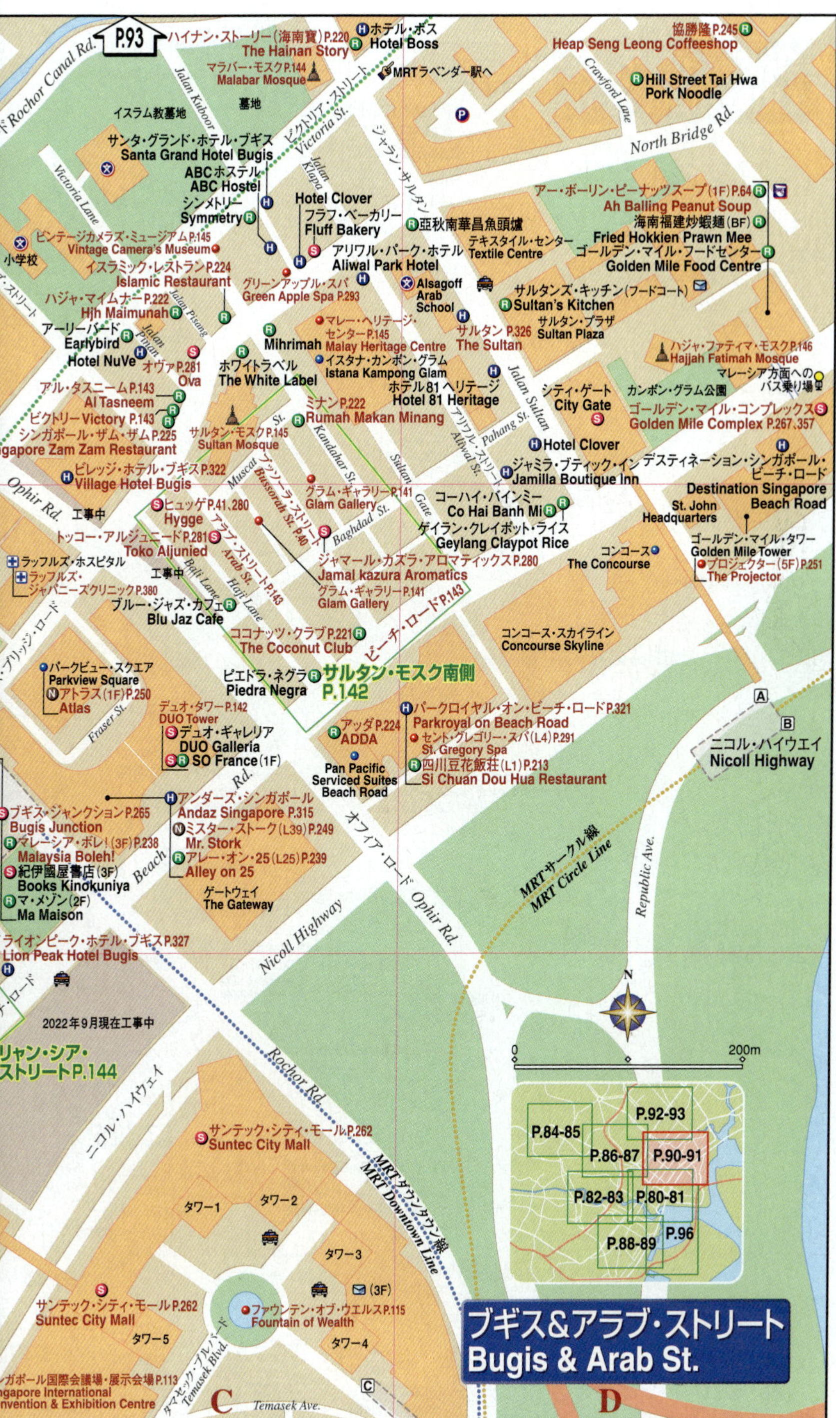

ブギス&アラブ・ストリート
Bugis & Arab St.

リトル・インディア
Little India
P.92-93
P.84-85
P.86-87
P.90-91
P.82-83
P.80-81
P.88-89
P.96
ペッキオ・マーケット・フードセンター
Pek Kio Market / Food Centre
華記大蝦麵
Wah Kee Big Prawn Noodle
オーウェン・ロード
オールド・ヘン・キッチン
Old Hen Kitchen
ティンカット・ペラマカン P.219
Tingkat PeraMakan
興興砂煲肉骨茶
Heng Heng Claypot Bak Kut Teh
ABCプレミアム・ホステル
ABC Premium Hostel
和平飯店
Wo Peng Cantonese Cuisine
Gloucester Rd.
Dorset Rd.
Cambridge Rd.
200m
シンガポール・バプティスト教会
Singapore Baptist Church
ケン・リー・ロード
カンポン・ジャワ・ロード
ローチョー運河
Rochor Canal
Keng Lee Rd.
Kampong Java Rd.
Hertford Rd.
Bristol Rd.
ドルセット・ロード
タングリン警察署
ファーラー・パーク・テニスセンター
Farrer Park Tennis Centre
スイミング・プール
カンポン・ジャワ・パーク
Kampong Java Park
ファーラー・パーク
Farrer Park
Shiv Sagar
Northumberland Rd.
KKウイミンズ&チルドレンズ病院
KK Women's & Children's Hospital
Hampshire Rd.
レース・コース・ロード
アーユシュ・アーユルヴェデ
Ayush Ayurve
P.292
ムトゥース・カリー P.223
Muthu's Curry
スパイス・ジャンクション P.224
Spice Junction
ガヤトゥリ Gayatri
ランド・トランスポート・オーソリティ(ハンプシャーオフィス)
Land Transport Authority (Hampshire Office)
(陸路交通管理局)
福州メソジスト教会
Foo Chow Methodist Church
Klang Rd.
デリ・
Delh
アンジャパール
Anjappar
ブロードウェイ
Broadway
Rotan Lane
エベレスト・キッチン
Everest Kitchen
Hilton Garden Inn
Singapore Serangoon
Azmi Restaurant
大衆餐
Thye Chon
Restaura
MRTダウンタウン線
MRT Downtown Line
ブキ・ティマ・ロード
シンガポール・モビリティ・ギャラリー
Singapore Mobility Gallery
バナナリーフ・アポロ P.223
The Banana Leaf Apolo
Chander Rd.
ガンディー Gandhi
Belilios Rd.
ジャギーズ Jaggi's P.223
マスタード Mustard
ミスタービリヤーニ
Mr Briyani
スリ・ヴィラマカリアマン
Sri Veeramakaliamma
Temple P.151
Check-Inn at Little India
スリ・ラクシュミー・ナラヤン寺院
Sri Lakshmi Narayan Temple
Belilios Lane
Kerbau Rd.
リトル・インディア
Little India
Takka Lane
ニューパサールバル・エンタープライズ P.282
New Pasar Baru Enterprises
タン・テンニア氏の邸宅跡 P.150
Residence of Tan Teng Niah
Cuff Rd.
ワイン・アーケード
Wine Arcade
Bukit Timah Rd.
ルピニス(2F) P.291
Rupini's
ナラン
Nalan
Buffalo Rd.
ナリ P.282
Nalli
Upper Dickson Rd.
Race Course Rd.
マドラス・ニュー・ウッドランズ P.22
Madras New Woodland
コマラ・ヴィラス
Komala Vilas
マッケンジー・ロード
Mayne Rd.
テッカ・センター P.148, 234
Tekka Centre
インディアン・ヘリテージ・センター
Indian Heritage Centre P.152
ラサ・ラジャ・ボジュン Rasa Raja Bojun
アル・ラーマン・ロイヤル・プラタ P.148
Ar-Rahman Royal Prata
セレブレーション・オブ・アーツ P.282
Celebration of Arts
ダンロップ・ス
アラーディンズ・ビリヤーニ Allauddin's Briyani
Mackenzie Rd.
リトル・インディア・アーケード
Little India Arcade P.149, 151
Campbell Lane
Clive St.
Mount Emily Rd.
エル・イー・カフェ P.247
LE Cafe
Hastings Rd.
Campbell Inn
テッカ・プレイス P.149
Tekka Place
グレート・マドラス P.330
The Great Madras
マウント・エミリー・パーク
Mount Emily Park
ビレッジ・ホテル・アルバート・コート P.322
Village Hotel Albert Court
ペラ・ホテル P.32
Perak Hote
スンゲイ・ロード
G4ステーション P.330
G4 Station
Wilkie Rd.
Upper Wilkie Rd.
ローチョー・カナル・ロード
小学校
P.87
セレギー・センター
Selegie Centre
P.90
ローチョー
Rochor

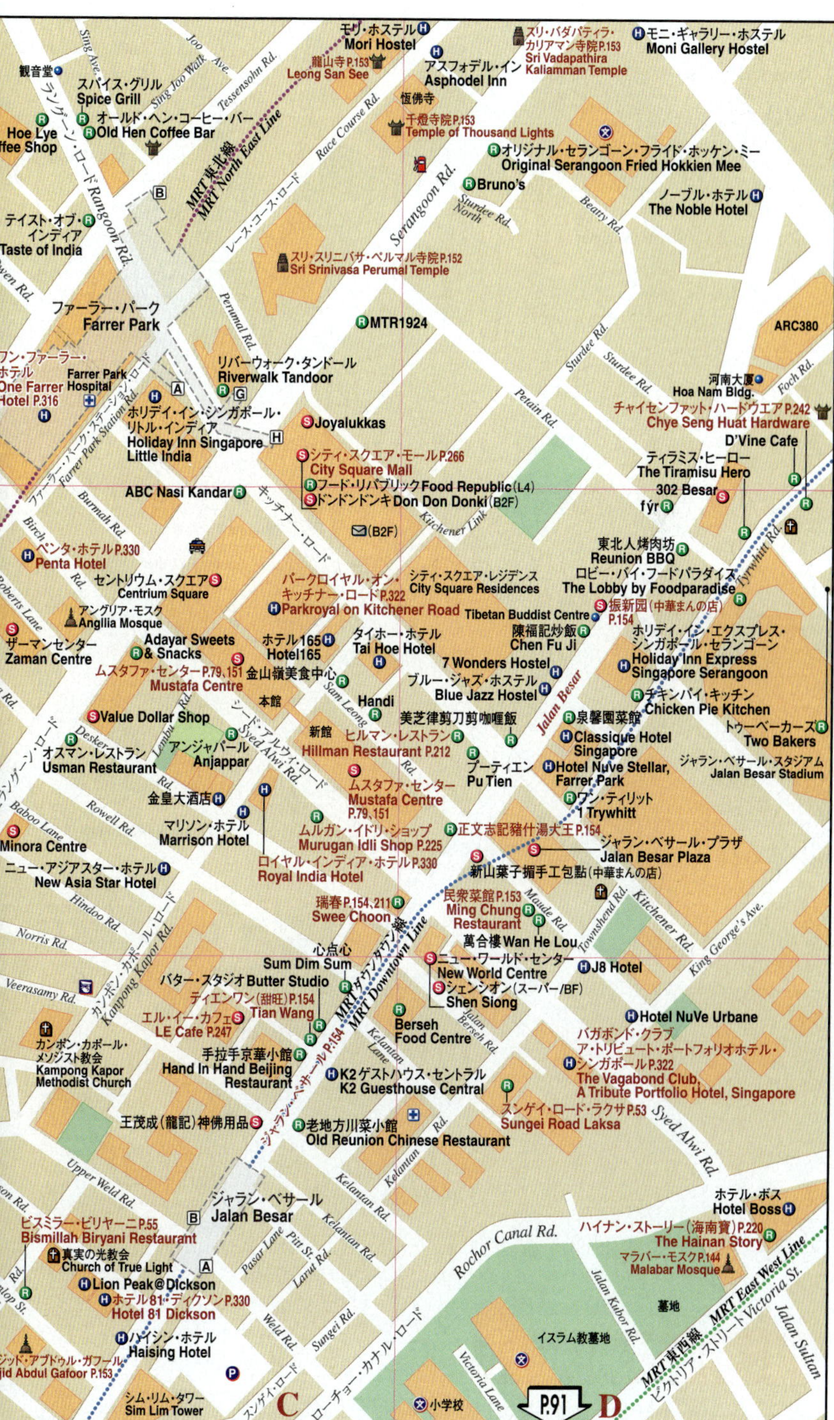
モリ・ホステル Mori Hostel
龍山寺 P.153 Leong San See
アスフォデル・イン Asphodel Inn
スリ・バダパティラ・カリアマン寺院 P.153 Sri Vadapathira Kaliamman Temple
モニ・ギャラリー・ホステル Moni Gallery Hostel
観音堂
スパイス・グリル Spice Grill
オールド・ヘン・コーヒー・バー Old Hen Coffee Bar
Hoe Lye Coffee Shop
恒佛寺
千燈寺院 P.153 Temple of Thousand Lights
オリジナル・セランゴーン・フライド・ホッケン・ミー Original Serangoon Fried Hokkien Mee
Bruno's
ノーブル・ホテル The Noble Hotel
テイスト・オブ・インディア Taste of India
MRT東北線 MRT North East Line
レース・コース・ロード
スリ・スリニバサ・ペルマル寺院 P.152 Sri Srinivasa Perumal Temple
ファーラー・パーク Farrer Park
MTR1924
ARC380
ワン・ファーラー・ホテル One Farrer Hotel P.316
Farrer Park Hospital
リバーウォーク・タンドール Riverwalk Tandoor
河南大廈 Hoa Nam Bldg.
チャイセンファット・ハードウエア P.242 Chye Seng Huat Hardware
D'Vine Cafe
ホリデイ・イン・シンガポール・リトル・インディア Holiday Inn Singapore Little India
Joyalukkas
シティ・スクエア・モール P.266 City Square Mall
フード・リパブリック Food Republic (L4)
ドンドンドンキ Don Don Donki (B2F)
(B2F)
ティラミス・ヒーロー The Tiramisu Hero
302 Besar
fýr
ABC Nasi Kandar
キッチナー・ロード
ペンタ・ホテル P.330 Penta Hotel
東北人烤肉坊 Reunion BBQ
ロビー・バイ・フードパラダイス The Lobby by Foodparadise
セントリウム・スクエア Centrium Square
パークロイヤル・オン・キッチナー・ロード P.322 Parkroyal on Kitchener Road
シティ・スクエア・レジデンス City Square Residences
振新園(中華まんの店) P.154
Tibetan Buddist Centre
陳福記炒飯 Chen Fu Ji
ホリデイ・イン・エクスプレス・シンガポール・セランゴーン Holiday Inn Express Singapore Serangoon
アングリア・モスク Anglia Mosque
ザーマンセンター Zaman Centre
Adayar Sweets & Snacks
ホテル165 Hotel165
タイホー・ホテル Tai Hoe Hotel
7 Wonders Hostel
ムスタファ・センター P.79、151 Mustafa Centre
金山嶺美食中心
ブルー・ジャズ・ホステル Blue Jazz Hostel
チキンパイ・キッチン Chicken Pie Kitchen
本館
Handi
美芝律剪刀剪咖喱飯
泉馨園菜館
Value Dollar Shop
新館
ヒルマン・レストラン Hillman Restaurant P.212
Classique Hotel Singapore
トゥーベーカーズ Two Bakers
オスマン・レストラン Usman Restaurant
アンジャパール Anjappar
シード・アルウィ・ロード
プーティエン Pu Tien
Hotel Nuve Stellar, Farrer Park
ジャラン・ベサール・スタジアム Jalan Besar Stadium
金皇大酒店
ムスタファ・センター Mustafa Centre P.79、151
ワン・ティリット 1 Trywhitt
マリソン・ホテル Marrison Hotel
ムルガン・イドリ・ショップ Murugan Idli Shop P.225
正文志記豬什湯大王 P.154
ジャラン・ベサール・プラザ Jalan Besar Plaza
Minora Centre
ロイヤル・インディア・ホテル P.330 Royal India Hotel
新山葉子掴手工包點(中華まんの店)
ニュー・アジアスター・ホテル New Asia Star Hotel
瑞春 P.154、211 Swee Choon
民衆菜館 P.153 Ming Chung Restaurant
萬合樓 Wan He Lou
心点心 Sum Dim Sum
ニュー・ワールド・センター New World Centre
J8 Hotel
バター・スタジオ Butter Studio
シェンシオン(スーパー/BF) Shen Siong
ティエンワン(甜旺) P.154 Tian Wang
エル・イー・カフェ LE Cafe P.247
Berseh Food Centre
Hotel NuVe Urbane
カンポン・カポール・メソジスト教会 Kampong Kapor Methodist Church
手拉手京華小館 Hand In Hand Beijing Restaurant
K2ゲストハウス・セントラル K2 Guesthouse Central
バガボンド・クラブ ア・トリビュート・ポートフォリオホテル・シンガポール P.322 The Vagabond Club, A Tribute Portfolio Hotel, Singapore
MRTダウンタウン線 MRT Downtown Line
ジャラン・ベサール P.154
王茂成(龍記)神佛用品
老地方川菜小館 Old Reunion Chinese Restaurant
スンゲイ・ロード・ラクサ P.53 Sungei Road Laksa
ジャラン・ベサール Jalan Besar
ホテル・ボス Hotel Boss
ビスミラー・ビリヤーニ P.55 Bismillah Biryani Restaurant
真実の光教会 Church of True Light
ハイナン・ストーリー(海南寶) P.220 The Hainan Story
マラバー・モスク P.144 Malabar Mosque
Lion Peak@Dickson
ホテル81・ディクソン P.330 Hotel 81 Dickson
墓地
ハイシン・ホテル Haising Hotel
ローチョー・カナル・ロード
イスラム教墓地
MRT東西線 MRT East West Line
ビクトリア・ストリート
ジッド・アブドゥル・ガフール P.153
シム・リム・タワー Sim Lim Tower
スンゲイ・ロード
小学校
P.91
C
D
Sing Ave.
Joo Ave.
Sing Joo Walk
Tessensohn Rd.
Race Course Rd.
Serangoon Rd.
Sturdee Rd. North
Beatty Rd.
ラングーン・ロード Rangoon Rd.
Owen Rd.
Perumal Rd.
Sturdee Rd.
Petain Rd.
Foch Rd.
ファーラー・パーク・ステーション・ロード Farrer Park Station Rd.
Kitchener Link
Tyrwhitt Rd.
Burmah Rd.
Birch Rd.
Roberts Lane
Jalan Besar
Sam Leong Rd.
Syed Alwi Rd.
Desker Rd.
Lembu Rd.
Rowell Rd.
Baboo Lane
ランゲーン・ロード
Hindoo Rd.
Norris Rd.
Veerasamy Rd.
カンポン・カポール・ロード Kampong Kapor Rd.
Maude Rd.
Townshend Rd.
Kitchener Rd.
King George's Ave.
Jalan Berseh Rd.
Kelantan Lane
Kelantan Rd.
Upper Weld Rd.
Pasar Lane
Pitt St.
Larut Rd.
Weld Rd.
Sungei Rd.
Rochor Canal Rd.
Jalan Kubor Rd.
Victoria Lane
Victoria St.
Jalan Sultan
Syed Alwi Rd.

マウント・フェーバーへ
ハーバーフロント・タワー1
ケッペルベイ・タワー
ハーバーフロント・タワー2 P.161
ハーバーフロント・ステーション
ハーバーフロント・センター
マリーナ・アット・ケッペル・ベイ
ケッペル島
Pulau Keppel
シンガポール・クルーズセンター P.356
国際旅客ターミナル P.357
ハーバーフロント駅周辺 P.179
ケーブルカー（マウント・フェーバーライン）
ロイヤル・アルバトロス（クルーズ船）P.33
シー・アクアリウム入口
シー・アクアリウム P.32
ドルフィン・アイランド
エクアリアス・オーシャン・スイート P.319
Equarius Ocean Suite
アドベンチャー・コーブ・ウオーターパーク入口
アドベンチャー・コーブ・ウオーターパーク P.33
エクアリアス・ヴィラ
Equarius Villas
エクアリアス・ホテル P.318
Equarius Hotel
シロソ砦 P.166
シロソ砦スカイウオーク
スカイウオークへのエレベーター
トリックアイ・アット・サウスサイド
Trickeye@Southside
シロソ・ポイント・ステーション
シロソ・ロード
ハードロックホテル・シンガポール P.319
Hard Rock Hotel Singapore
キャセロール（L3）
Casserole
コ・ナッツ・インク
シャングリ・ラ ラサセントーサ、シンガポール P.317
Shangri-La Rasa Sentosa, Singapore
メガ・アドベンチャーパーク P.164
Imbiah Hill Rd.
ネイチャーウオーク
フェスティブ・ホテル
Festive Hotel
クロックフォード・タワー
Crockfords Tower
ケーブルカー（セントーサライン）
セントーサ・ネイチャー・ディスカバリー P.163
ネストピア
メガジップ
セントーサ・4Dアドベンチャーランド P.164
セントーサ・ステーション（ケーブルカー駅）
ホテル・マイケル
Hotel Michael
トラピッツァ
メガ・アドベンチャー・チケット・カウンター
インビア・ルックアウト・ステーション
イメージ・オブ・シンガポール・ライブ P.163
スカイライン・リュージュ・セントーサ P.164
マダム・タッソー・シンガポール
スカイパーク・セントーサ・バイ・AJハケット P.166（バンジージャンプ）
スカイヘリックス・セントーサ P.167
Siloso Rd.
メガジップ着地点
セントピア
シロソ・ビーチ・リゾート
Siloso Beach Resort P.330
マーライオン・ステーション
2022年9月現在工事中
インビア・ステーション
シロソ・ビーチ・ウオーク
マジカル・ショアーズ
オアシア・リゾート・セントーサ
Oasia Resort Sentosa
シロソ・ビーチ P.165
Siloso Beach
ルーマーズ・ビーチ・クラブ
ビレッジホテル・セントーサ
Village Hotel Sentosa
オラ・ビーチクラブ P.165
ゴーグリーン＠セントーサ P.166
アウトポスト・ホテル・セントーサ
The Outpost Hotel Sentosa
レストラン、バーが並ぶ
ビキニ・バー
アイ・フライ P.166
スカイライン・リュージュのスカイライド乗り場
グッドオールドデイズ
セントーサ・マジカル・ファウンテン
ビーチ・ステーション
ウイングス・オブ・タイム P.167
セントラル・ビーチ・バザール P.165
2022年9月現在工事中
パラワン島
Palawan Island
パラワン・ビーチ
Palawan Be
N
0
300m
1
2
A
B

セントーサ島中心部

RWS8（リゾート・ワールド・セントーサ行きバス）
Telok Blangah Rd.
West Coast Highway
ビボシティ・ステーション
ハーバーフロント駅
セント・ジェームス・パワーステーション
St James Power Station
ビボシティP.266
VivoCity
マルシェモーベンピック（3F）
Marché Mövenpick
フード・リパブリック（3F）
Food Republic
ブーティエンPUTIEN（2F）P.214
ファブインディアFabindia（1F）P.284
フェアプライス・エクストラ（B2F、1F）P.75
FairPrice Xtra
セントーサ島
シロソ砦P.166
リゾート・ワールド・セントーサP.30
ユニバーサル・スタジオ・シンガポールP.34
ブラニ島
ソール・ポモドーロ・トラットリア・ピッツェリア
キーサイド・アイル
インビア・ルックアウト
シロソ・ビーチ
セントーサ島中心部
セラポン・ゴルフコース
セラポン・レイク
セラポン山
パラワン島
パラワン・ビーチ
ソフィテル・シンガポール・セントーサ・リゾート＆スパP.317
タンジョン・ゴルフコース
セントーサ・ゴルフクラブ
タンジョン・ビーチクラブ
マリーナ
Wシンガポール・セントーサ・コーブP.318
タンジョン・ビーチP.165
セントーサ・コーブ（コンドミニアム群）
0
1km
N
セントーサ・ボードウオークP.161
セントーサ・エクスプレス
セントーサ・ゲートウェイ
Sentosa Gateway
ブラニ島
Pulau Brani
マレーシアン・フードストリートP.31
リゾート・ワールド・セントーサP.30
Resorts World Sentosa
リゾート・ワールド・セントーサへ
セントーサへ
セラポン桟橋
リゾート・ワールド・ステーション
ユニバーサル・スタジオ・シンガポールP.34
フェス・ホール・アット・セントーサ
Festive Hall at Sentosa
（レストラン集合施設）
セントーサ・ガントリー（料金所）
グループ・アライバル・センター
ゲートウェイ・アベニュー
アーティラリー・アベニュー
セラポン・ゴルフコース
Serapong Golf Course
バラックス・ホテル・セントーサ
The Barracks Hotel Sentosa
アマラ・サンクチュアリー・リゾート・セントーサP.318
Amara Sanctuary Resort Sentosa
シャッターズ
Shutters
Serapong Course Rd.
パラワン・キッズシティ
カペラ・シンガポールP.317
Capella Singapore
セラポン山
Mt. Serapong
ソー・スパ
So Spa
セントーサ事務所
トロダッシュP.167
つり橋
パラワン・ビーチ・ウオーク
アランブルーク・ロード Allanbrooke Rd.
Bukit Manis Rd.
Artillery Ave. South
アジア大陸最南端の地
ソフィテル・シンガポール・セントーサ・リゾート＆スパP.317
Sofitel Singapore Sentosa Resort & Spa
FOCセントーサ
セントーサ・コーブへ
Wシンガポール・セントーサ・コーブP.318へ
C
D

マリーナ・ベイ周辺
エスプラネード Esplanade
シンガポール国際会議場・展示会場 P.113 Singapore International Convention & Exhibition Centre
ラッフルズ・シティ P.264 Raffles City
キャピトル・シンガポール P.263
シティ・ホール City Hall
セント・アンドリュース大聖堂 P.105 St. Andrew's Cathedral
戦争記念公園 P.103 War Memorial Park
シティリンク・モール P.264 CityLink Mall
ミレニア・ウオーク P.261 Millenia Walk
プロムナード Promenade
マリーナ・スクエア P.263 Marina Square
リッツ・カールトン・ミレニア・シンガポール P.302 The Ritz-Carlton, Millenia Singapore
最高裁判所 Supreme Court
The Padang
ナショナル・ギャラリー・シンガポール P.108
エスプラネード・シアターズ・オン・ザ・ベイ P.114 Esplanade Theatres on the Bay
マカンストラ・グラットンズ・ベイ P.114 Makansutra Gluttons Bay
マリーナ・ベイ多目的施設
国会議事堂 Parliament House
アート・ハウス P.102
ビクトリア・シアター＆コンサートホール P.103
展望スペース
エス・エフSF（高架道路下）
屋外シアター
リバー・クルーズ乗り場
フローティング・ステージ
マーライオン・パーク P.104 Merlion Park
マーライオン Merlion
フラトン・ウオーターボートハウス The Fullerton Waterboat House
アジア文明博物館 P.103
ビストロ・アセアナ P.105 Bistro Aseana
シンガポール川
フラトン・ホテル・シンガポール P.314 The Fullerton Hotel Singapore
パームビーチ・シーフード Palm Beach Seafood
ワン・フラトン One Fullerton
ジプシー・ワン・フラトン Jypsy One Fullerton
ブルーワークス Brewerkz
ウオーターB乗り場
アートサイエンス・ミュージアム ArtScience Museum
フューチャーワールド（B2）P.24 Future World
マリーナ・ベイ Marina Bay
ルイ・ヴィトン Louis Vuitton
HSBC Bldg.
モンティ Monti
ラッフルズ・プレイス Raffles Place
Clifford Centre
The Arcade
噴水
クリフォード桟橋 Clifford Pier
「スペクトラ」のショー P.23
OUEタワー OUE Tower
アップル・マリーナベイ・サンズ Apple Marina Bay Sands
イベントプラザ
タワー3
タワー2
タワー1
ガーデンズ・バイ・ザ・ベイへ連絡橋
展望スペース
シャトルサービス乗り場
駅出入口
ランタン Lantern（屋上）P.249
フラトン・ベイ・ホテル・シンガポール P.314 The Fullerton Bay Hotel Singapore
OUE Link
OUEベイフロント OUE Bayfront
Barnacles
ヴュー（L19）VUE P.249
カスタムズ・ハウス・テラス
カスタムズ・ハウス Customs House
リバー・クルーズ乗り場
ベイフロント Bayfront
NTUCセンター NTUC Centre
Chim's Marina Bay
サバイ・ファイン・タイ・オン・ザ・ベイ Sabai Fine Thai on the Bay（1F）
スーパー・ロコ Super Loco（1F）
カフェ・フェルネット（1F）Cafe Fernet
マリーナベイ・サンズ P.304 Marina Bay Sands
セラヴィ Cé La Vi（L57）P.248
スパゴ Spago（L57）
サンズ・スカイパーク（L56〜57）Sands SkyPark P.22
バンヤン・ツリー・スパ・マリーナベイ・サンズ（L55）P.289 Banyan Tree Spa Marina Bay Sands
ノースタワー
ワン・ラッフルズ・キー One Raffles Quay
サウスタワー
セイル・アット・マリーナ・ベイ The Sail @ Marina Bay
SOS Bar Restaurant
Marina Bay Suites
マリーナ・ベイ・リンクモール Marina Bay Link Mall（BF）P.126
レッド・ドット・デザイン・ミュージアム P.115 Red Dot Design Museum
The Lawn
ガーデンズ・バイ・ザ・ベイ P.26 Gardens by the Bay
2022年9月現在工事中
マリーナ・ベイ・ファイナンシャル・センター Marina Bay Financial Centre
タワー2
タワー3
タワー1
ワン・シェントン One Shenton
ダウンタウン Downtown
2022年9月現在工事中
レベル33（33F）Level 33 P.248
スタンフォード・チャータード銀行
アジア・スクエア Asia Square
タワー1
フードガーデン Food Garden（2F）
エクスチェンジ The Exchange（1F）
シティバンク
シェントン・ウェイ Shenton Way
マリーナ・ワン Marina One
タワー2
ウェスティン・シンガポール P.304 The Westin Singapore
ヘブンリー・スパ・バイ・ウェスティン（35F）P.291 Heavenly Spa by Westin
マリーナベイ・サンズ Marina Bay Sands P.22
カジノ Casino（B2〜L3）
ショップス・アット・マリーナベイ・サンズ P.25 The Shoppes at Marina Bay Sands
ジェイソンズ・デリ（L1）P.25 Jasons Deli
ブラック・タップ・クラフトバーガー＆ビア Black Tap Craft Burgers & Beer（L1）P.23
ジャスティン・フレーバー・オブ・アジア（L1）P.23 JustIN Flavours of Asia
ブレッドストリート・キッチン（L1）P.229 Bread Street Kitchen
モット32 シンガポール（B1）P.23, 212 Mott 32 Singapore
マーキー・シンガポール（B1）P.23 Marquee Singapore
TWGティー・ガーデン・アット・マリーナベイ・サンズ（B2）P.242 TWG Tea Garden at Marina Bay Sands
ラサプラ・マスターズ（B2）P.237 Rasapura Masters
デジタルライト・キャンバス（B2）P.24 Digital Light Canvas
マリーナ・ベイ Marina Bay
マリーナ・サウス Marina South
MRT東西線 MRT南北線
MRT East West Line MRT North South Line
MRTサークル線 MRT Circle Line
MRTダウンタウン線 MRT Downtown Line
MRTトムソン・イーストコースト線 MRT Thomson-East Coast Line
ジュビリー・ブリッジ Jubilee Bridge
エスプラネード橋
ヘリックス・ブリッジ The Helix Bridge
Bayfront Bridge
カベナ橋 P.104
地下道
Raffles Blvd.
ラッフルズ・アベニュー Raffles Ave.
マリーナ・プロムナード
ベイフロント・アベニュー
マリーナ・ベイ・プロムナード
Nicoll Highway
St. Andrew's Rd.
Connaught Drive
Fullerton Rd.
Collyer Quay
Raffles Quay
マリーナ・ブルバード
Bayfront Link
Sheares Link
Olympic Walk
Marina View
Straits View
Central Blvd.
Marina Blvd.
Marina Way
Boon Tat St.
Shenton Way
Shenton Lane
Park St.
Straits Blvd.
Sheares Ave.
Bayfront Ave.
P.80
P.81
P.89
0 300m
N
1 2 3
A B
P.84-85 P.92-93 P.86-87 P.90-91 P.82-83 P.80-81 P.96 P.88-89

上図

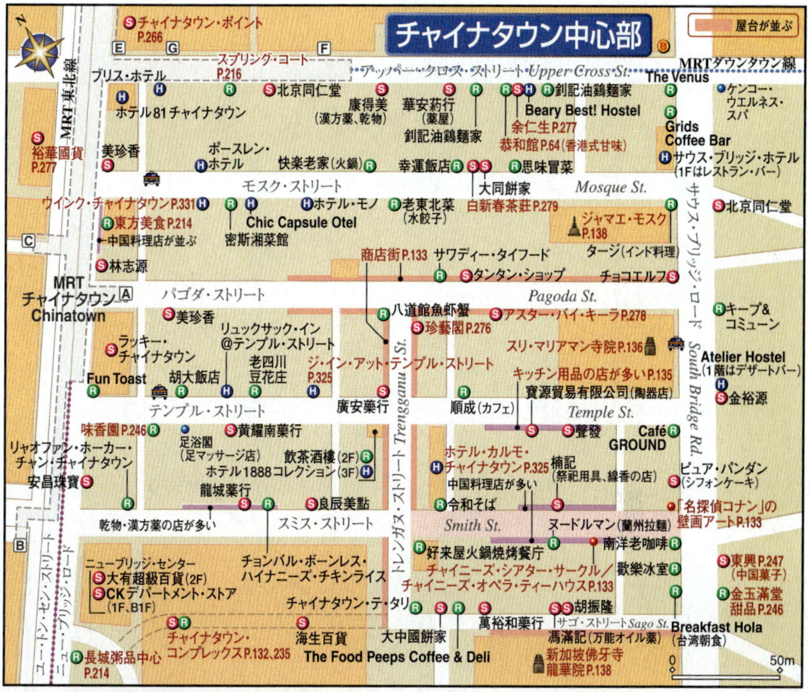

チャイナタウン中心部

屋台が並ぶ

チャイナタウン・ポイント P.266
スプリング・コート P.216
アッパー・クロス・ストリート Upper Cross St.
MRTダウンタウン線
MRT東北線
ブリス・ホテル
ホテル81チャイナタウン
北京同仁堂
康得美（漢方薬、乾物）
華安薪行（薬屋）
釗記油鶏麵家
釗記油鶏麵家
Beary Best! Hostel
余仁生 P.277
恭和館 P.64（香港式甘味）
The Venus
ケンコー・ウエルネス・スパ
Grids Coffee Bar
サウス・ブリッジ・ホテル（1Fはレストラン・バー）
裕華國貨 P.277
美珍香
ポースレン・ホテル
快楽老家（火鍋）
幸運飯店
思味冒菜
大同餅家
モスク・ストリート Mosque St.
ウインク・チャイナタウン P.331
ホテル・モノ
老東北菜（水餃子）
白新春茶荘 P.279
ジャマエ・モスク P.138
北京同仁堂
東方美食 P.214
中国料理店が並ぶ
Chic Capsule Otel
密斯湘菜館
林志源
商店街 P.133
サワディー・タイフード
タージ（インド料理）
タンタン・ショップ
チョコエルフ
サウス・ブリッジ・ロード South Bridge Rd.
MRTチャイナタウン Chinatown
パゴダ・ストリート Pagoda St.
美珍香
リュックサック・イン@テンプル・ストリート
八道館魚虾蟹
珍藝閣 P.276
アスター・バイ・キーラ P.278
キープ&コミューン
ラッキー・チャイナタウン
Fun Toast
胡大飯店
老四川豆花庄
ジ・イン・アット・テンプル・ストリート P.325
スリ・マリアマン寺院 P.136
キッチン用品の店が多い P.135
寶源貿易有限公司（陶器店）
Atelier Hostel（1階はデザートバー）
金裕源
テンプル・ストリート Temple St.
廣安薬行
順成（カフェ）
味香園 P.246
足浴園（足マッサージ店）
黄耀南薬行
譽發
Café GROUND
リャオファン・ホーカー・チャン・チャイナタウン
飲茶酒樓（2F）
ホテル1888コレクション（3F）
ホテル・カルモ・チャイナタウン P.325
楠記（祭祀用具、線香の店）
ピュア・パンダン（シフォンケーキ）
安昌珠寶
龍城薬行
中国料理店が多い
令和そば
良辰美點
「名探偵コナン」の壁画アート P.133
乾物・漢方薬の店が多い
スミス・ストリート Smith St.
ヌードルマン（蘭州拉麵）
トレンガヌ・ストリート Trengganu St.
南洋老咖啡
ニューブリッジ・センター
大有超級百貨（2F）
CKデパートメント・ストア（1F、B1F）
チョンバル・ボーンレス・ハイナニーズ・チキンライス
好來屋火鍋燒烤餐厅
チャイニーズ・シアター・サークル／チャイニーズ・オペラ・ティーハウス P.133
歡樂冰室
東興 P.247（中国菓子）
チャイナタウン・テ・タリ
萬裕和薬行
胡振隆
サゴ・ストリート Sago St.
金玉滿堂甜品 P.246
ユートン・セン・ストリート
ニュー・ブリッジ・ロード
チャイナタウン・コンプレックス P.132、235
海生百貨
大中國餅家
馮滿記（万能オイル薬）
Breakfast Hola（台湾朝食）
長城粥品中心 P.214
The Food Peeps Coffee & Deli
新加坡佛牙寺龍華院 P.138
0 50m

下図

ニール・ロード周辺

チャイナタウン・コンプレックス P.132、235
Banda St.
Spring St.
South Bridge Rd.
マックスウェル・フードセンター P.233
天天海南雞飯 P.50
オリエンタル・プラザ
牛車水人民劇場
MRT東北線
ニュー・ブリッジ・ロード
マックスウェル Maxwell
マックスウェル・ロード
The URA Centre
シンガポール・シティ・ギャラリー（1～3F）P.139
クレタ・アイル・ロード Kreta Ayer Rd.
ケオン・サイク・ロード P.135
Neil Rd.
サンジョン・パザー・ロード
Fairfield Method Church
Maxwell Rd.
スリ・ラヤン・ヴィナヤガー寺院
ティーチャプター P.138
ルカ P.228
ケオン・サイク・ホテル P.329
ホテル1929 P.325
京華小吃 P.214
Todamgol（韓国料理）
Murray Terrace
マックスウェル・ハウス
オリビア・レストラン&ラウンジ P.229
アンソニー・ザ・スパイス・メーカー P.278
オールド・ハウス
Littered with Book
パピス・タコス P.232
マックスウェル・リザーブ・シンガポール、オートグラフ・コレクション
KĒSA House
バターナット・ツリー・ホテル
ダクストン・ロード
Peck Seah St.
ギルド P.250
オイスターバンク P.74
ポテトヘッド・フォーク
Teck Lim Rd.
ホテル・ソロハ P.329
キロ・キッチン
ファイブオアーズ・コーヒーロースターズ
Cook St.
國成球記餐室
フロル
ガットパルド・リストランテ・ディマーレ P.228
東亞餐室 P.72
ルバーブ
ケオンサイク・ベーカリー
エスキーナ
Kafe Utu
ラッテリア・モッツァレラ・バー
怡心軒
Leckerbaer
ホテル81コージー
Duxton Hill
ダクストン・リザーブ・シンガポール、オートグラフ・コレクション P.314
ユートン・セン・ストリート
キュア
SGタップス
Keong Saik Rd.
Teo Hong Rd.
圭八
Lucha Loco（メキシコ料理）
チュミ・バリ P.221
準提宮
Pastaria Abate
ダクストン・ヒル P.135
エトナ P.227
5 The Moments Cafe
Duxton Plain Park
ニール・ロード
チャンピオン・ボーローバン P.252
南祥
2022年9月現在工事中
ルルレモン
Clos Pasoh
韓国料理店が多い
カフェ&バー・ガブロッシュ
ドーセット・シンガポール
ブキ・パソ・ロード P.136
ギブソン（2F）P.251
L'Entrecôt
ブルージンジャー P.218
ブラッスリー・ガヴロッシュ P.226
Duxton Rd.
マンダラクラブ
シェイクシャック
オーキッド
グラスルーツ・ブックルーム P.136（カフェ併設）
フヴァーラ（ティーサロン）
ピノミオ
Tras St.
テッペイ・ジャパニーズ・レストラン P.231
クレイグ・ロード Craig Rd.
東門昇（骨董品）
Firangi Superstar
アウトラム・パーク Outram Park
カントンメント・ロード
ファースト・グリル・シグネチャー&ザ・チリ・クラブ
バーズ・オブ・パラダイス
トラス・リンク・パーク
ベーカーズ・ベンチ・ベーカリー
メルベン・シグネチャー
Duxton Plain Park
Tanjong Pagar Rd.
ポリス・カントンメント・コンプレックス
Cantonment Rd.
MRT東西線
普陀寺
Yan Kit Rd.
バンダ・ミス・ジョアキム・パーク
Plaza Link
0 100m
ピナクル・アット・ダクストン P.135

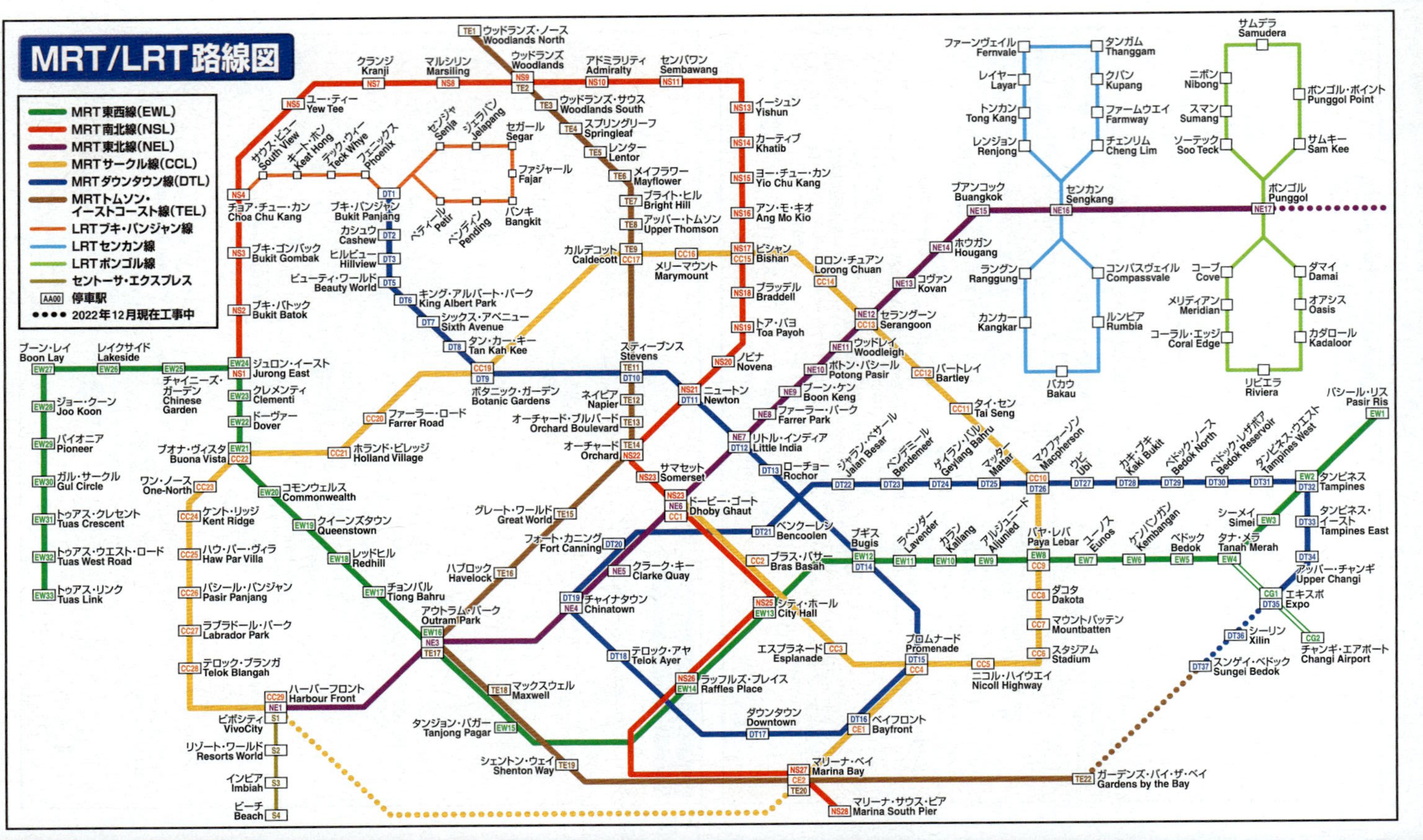
MRT/LRT路線図
MRT東西線(EWL)
MRT南北線(NSL)
MRT東北線(NEL)
MRTサークル線(CCL)
MRTダウンタウン線(DTL)
MRTトムソン・イーストコースト線(TEL)
LRTブキ・パンジャン線
LRTセンカン線
LRTポンゴル線
セントーサ・エクスプレス
AA00 停車駅
2022年12月現在工事中
TE1 ウッドランズ・ノース Woodlands North
NS9/TE2 ウッドランズ Woodlands
NS7 クランジ Kranji
NS8 マルシリン Marsiling
NS10 アドミラリティ Admiralty
NS11 センバワン Sembawang
NS5 ユー・ティー Yew Tee
NS4 チョア・チュー・カン Choa Chu Kang
NS3 ブキ・ゴンバック Bukit Gombak
NS2 ブキ・バトック Bukit Batok
NS13 イーシュン Yishun
NS14 カーティブ Khatib
NS15 ヨー・チュー・カン Yio Chu Kang
NS16 アン・モ・キオ Ang Mo Kio
NS17/CC15 ビシャン Bishan
NS18 ブラッデル Braddell
NS19 トア・パヨ Toa Payoh
NS20 ノビナ Novena
NS21/DT11 ニュートン Newton
TE3 ウッドランズ・サウス Woodlands South
TE4 スプリングリーフ Springleaf
TE5 レンター Lentor
TE6 メイフラワー Mayflower
TE7 ブライト・ヒル Bright Hill
TE8 アッパー・トムソン Upper Thomson
TE9/CC17 カルデコット Caldecott
CC16 メリーマウント Marymount
サウス・ビュー South View
キート・ホン Keat Hong
テック・ウィー Teck Whye
フェニックス Phoenix
センジャ Senja
ジェラパン Jelapang
セガール Segar
ファジャール Fajar
バンキ Bangkit
ペンディン Pending
ペティール Petir
DT1 ブキ・パンジャン Bukit Panjang
DT2 カシュウ Cashew
DT3 ヒルビュー Hillview
DT5 ビューティ・ワールド Beauty World
DT6 キング・アルバート・パーク King Albert Park
DT7 シックス・アベニュー Sixth Avenue
DT8 タン・カー・キー Tan Kah Kee
CC19/DT9 ボタニック・ガーデン Botanic Gardens
TE11/DT10 スティーブンス Stevens
TE12 ネイピア Napier
TE13 オーチャード・ブルバード Orchard Boulevard
TE14/NS22 オーチャード Orchard
NS23 サマセット Somerset
NS24/NE6/CC1 ドービー・ゴート Dhoby Ghaut
EW27 ブーン・レイ Boon Lay
EW26 レイクサイド Lakeside
EW25 チャイニーズ・ガーデン Chinese Garden
EW24/NS1 ジュロン・イースト Jurong East
EW23 クレメンティ Clementi
EW22 ドーヴァー Dover
EW21/CC22 ブオナ・ヴィスタ Buona Vista
EW28 ジョー・クーン Joo Koon
EW29 パイオニア Pioneer
EW30 ガル・サークル Gul Circle
EW31 トゥアス・クレセント Tuas Crescent
EW32 トゥアス・ウエスト・ロード Tuas West Road
EW33 トゥアス・リンク Tuas Link
CC20 ファーラー・ロード Farrer Road
CC21 ホランド・ビレッジ Holland Village
CC23 ワン・ノース One-North
CC24 ケント・リッジ Kent Ridge
CC25 ハウ・パー・ヴィラ Haw Par Villa
CC26 パシール・パンジャン Pasir Panjang
CC27 ラブラドール・パーク Labrador Park
CC28 テロック・ブランガ Telok Blangah
CC29/NE1 ハーバーフロント Harbour Front
S1 ビボシティ VivoCity
S2 リゾート・ワールド Resorts World
S3 インビア Imbiah
S4 ビーチ Beach
EW20 コモンウェルス Commonwealth
EW19 クイーンズタウン Queenstown
EW18 レッドヒル Redhill
EW17 チョンバル Tiong Bahru
EW16/NE3/TE17 アウトラム・パーク Outram Park
TE15 グレート・ワールド Great World
DT20 フォート・カニング Fort Canning
TE16 ハブロック Havelock
NE5 クラーク・キー Clarke Quay
DT19/NE4 チャイナタウン Chinatown
DT18 テロック・アヤ Telok Ayer
TE18 マックスウェル Maxwell
EW15 タンジョン・パガー Tanjong Pagar
TE19 シェントン・ウェイ Shenton Way
NS27/CE2/TE20 マリーナ・ベイ Marina Bay
NS28 マリーナ・サウス・ピア Marina South Pier
NS26/EW14 ラッフルズ・プレイス Raffles Place
NS25/EW13 シティ・ホール City Hall
CC2 ブラス・バサー Bras Basah
CC3 エスプラネード Esplanade
DT15/CC4 プロムナード Promenade
DT16/CE1 ベイフロント Bayfront
DT17 ダウンタウン Downtown
CC5 ニコル・ハイウエイ Nicoll Highway
CC6 スタジアム Stadium
CC7 マウントバッテン Mountbatten
CC8 ダコタ Dakota
EW8/CC9 パヤ・レバ Paya Lebar
DT21 ベンクーレン Bencoolen
DT13 ローチョー Rochor
NE7/DT12 リトル・インディア Little India
NE8 ファーラー・パーク Farrer Park
NE9 ブーン・ケン Boon Keng
NE10 ポトン・パシール Potong Pasir
NE11 ウッドレイ Woodleigh
NE12/CC13 セラングーン Serangoon
CC14 ロロン・チュアン Lorong Chuan
NE13 コヴァン Kovan
NE14 ホウガン Hougang
NE15 ブアンコック Buangkok
NE16 センカン Sengkang
NE17 ポンゴル Punggol
CC12 バートレイ Bartley
CC11 タイ・セン Tai Seng
CC10/DT26 マクファーソン Macpherson
DT22 ジャラン・ベサール Jalan Besar
DT23 ベンデミーア Bendemeer
DT24 ゲイラン・バル Geylang Bahru
DT25 マッター Mattar
DT27 ウビ Ubi
DT28 カキ・ブキ Kaki Bukit
DT29 ベドック・ノース Bedok North
DT30 ベドック・レザボア Bedok Reservoir
DT31 タンピネス・ウエスト Tampines West
EW2/DT32 タンピネス Tampines
EW1 パシール・リス Pasir Ris
DT33 タンピネス・イースト Tampines East
DT34 アッパー・チャンギ Upper Changi
CG1/DT35 エキスポ Expo
DT36 シーリン Xilin
DT37 スンゲイ・ベドック Sungei Bedok
CG2 チャンギ・エアポート Changi Airport
TE22 ガーデンズ・バイ・ザ・ベイ Gardens by the Bay
EW12/DT14 ブギス Bugis
EW11 ラベンダー Lavender
EW10 カラン Kallang
EW9 アルジュニード Aljunied
EW7 ユーノス Eunos
EW6 ケンバンガン Kembangan
EW5 ベドック Bedok
EW4 タナ・メラ Tanah Merah
EW3 シーメイ Simei
ファーンヴェイル Fernvale
レイヤー Layar
トンカン Tong Kang
レンジョン Renjong
タンガム Thanggam
クパン Kupang
ファームウエイ Farmway
チェンリム Cheng Lim
ラングン Ranggung
カンカー Kangkar
バカウ Bakau
ルンビア Rumbia
コンパスヴェイル Compassvale
サムデラ Samudera
ニボン Nibong
スマン Sumang
ソーテック Soo Teck
ポンゴル・ポイント Punggol Point
サムキー Sam Kee
コーブ Cove
メリディアン Meridian
コーラル・エッジ Coral Edge
リビエラ Riviera
ダマイ Damai
オアシス Oasis
カダロール Kadaloor

エリアガイド
Area Guide

ガーデンズ・バイ・ザ・ベイ（→P.26）

シティ・ホール周辺

Around City Hall

ACCESS

主要部のスポットへ▶MRTシティ・ホール駅が便利。
西部のスポット（シンガポール国立博物館など）へ▶MRTブラス・バサー駅かベンクーレン駅を利用。
東部（戦争記念公園）へ▶MRTエスプラネード駅かシティ・ホール駅を利用。
川沿いのスポットへ▶MRTラッフルズ・プレイス駅を利用。

各エリア間の徒歩所要時間

●**川沿いエリア～MRTシティ・ホール駅**
セント・アンドリュース・ロードを北上して約15分。

●**MRTシティ・ホール駅周辺～MRTブラス・バサー駅周辺**
ブラス・バサー・ロードを西へ約10分。

街歩きプラン

1. マーライオン・パーク→P.104
   - 徒歩約8分
2. アジア文明博物館 →P.103
   - 徒歩約3分
3. ラッフルズ上陸記念の地 →P.102
   - 徒歩約5分
4. ナショナル・ギャラリー・シンガポール →P.108
   - 徒歩約8分
5. ラッフルズ・シンガポール →P.105

新たなアートの発信地として脚光を浴びるナショナル・ギャラリー・シンガポール。ドームを冠する建物はかつての最高裁判所、隣接する建物はシティ・ホールだった。クラシックとモダンをミックスした新境地を体現

シンガポール川の河口の北側一帯はシンガポールの歴史を物語る鍵となるエリア。

ここに来るとアジアとは異質の光景を目にする。丸いドームが青空に映えるコリント式の列柱をもつ建物とネオクラシックの重厚な建物が連なるナショナル・ギャラリー・シンガポール(→P.108)、ステンドグラスが美しいネオゴシック様式のセント・アンドリュース大聖堂。パダンと呼ばれるグラウンドではクリケットやラグビーが行われている。シンガポールで、いやアジアで、ヨーロッパの面影をいちばん色濃く残すのがシティ・ホール周辺だ。

このエリアの一角にラッフルズが第一歩を印した場所がある。歴史上にシンガポールが現れるのはこのときからであり、そういった意味で「近代シンガポール発祥の地」といわれている。ラッフルズが上陸してから200年の歳月が流れ、その間シンガポールは大きく様変わりした。しかし、ラッフルズがシンガポールに築いたヨーロッパは、今もここに洗練された美しさをたたえて姿をとどめている。

歩き方 Orientation

見どころはシティ・ホール駅周辺とシンガポール川沿いに集中

シンガポール川沿いの見どころへはMRTラッフルズ・プレイス駅からアクセス。川沿い以外のスポットへはMRTブラス・バサー駅、エスプラネード駅、シティ・ホール駅を使い分けるのがコツ。

見どころが集中しているのは３つのエリア

川沿いの一画

※MRTラッフルズ・プレイス駅利用

シンガポールに来たなら、まず訪れたいのが、シンガポール川の川沿いのエリア。**近代シンガポール発祥の地であるこのエリアは、コロニアル建築の歴史遺産が集中している。**ラッフルズ上陸記念

川沿いにプロムナードが整備されており、絶好の散歩道。ジョギングやサイクリングをする人の姿も

の地（→P.102）、アジアの芸術遺産を集めたアジア文明博物館（→P.103）、ビクトリア・シアター＆コンサートホール（→P.103）、ナショナル・ギャラリー・シンガポール（→P.108）、そしてフラトン・ホテル・シンガポール（→P.314）を経由して河口へ進むとマーライオン・パーク（→P.104）がある。見どころの多い川沿いのプロムナードをぶらぶら歩いてみよう。

左／1860年建造の歴史あるカベナ橋（MAP P.80-3B）
下／この橋のたもとには、以前このあたりにいた猫の親子の像がある

シティ・ホール駅周辺

※MRTシティ・ホール駅利用

駅の周りには人気のショッピングセンター、**ラッフルズ・シティ**（→P.264）、カフェやレストランなど食関連が充実した複合施設、キャピトル・シンガポール（→P.263）、観光要素も多い名門コロニアルホテルの**ラッフルズ・シンガポール**（→P.298）がある。シティ・ホール駅は、地下街のシティリンク・モール（→P.264）を介してエスプラネード駅につながっている。

ブラス・バサー駅周辺

※MRTブラス・バサー駅利用

シンガポール・アート・ミュージアム（2022年12月現在改装中）、**シンガポール国立博物館**（→P.107）があり、シンガポール経営大学の校舎も並ぶアカデミックな一画。

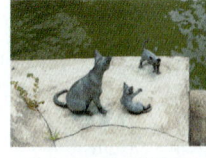

アイコニックなタワーが登場 サウスビーチ・タワー South Beach Tower

MAP P.81-1C　住38 Beach Rd.

エスプラネード駅の真上に立つ2棟のタワー。タワー内にはオフィス、高級アパート、ホテルがあり、軍関連の施設だった4棟の歴史建築物も組み込まれている。エコ機能のある波状の張り出し屋根のほか、雨水利用や植物の植え込みなど工夫が施された都市と自然の調和を目指すグリーンなビルだ。

タワー内のホテルは規模の大きな「JWマリオット・ホテル・シンガポール・サウスビーチ」（→P.301）。

壁面が曲線を描く2棟の建物はロンドンの建築家集団の設計。低層階にはレストランやショップが入店している。写真手前が旧軍兵舎で現在はホテルのバーやボールルームになっている

アート・ハウスにあるゾウの像

パーラメント・プレイス沿いのアート・ハウス（旧国会議事堂）前（→P.102）にはブロンズでできたゾウの像が立っている。これは、1871年3月にタイの国王ラマ5世から贈られたもの。シンガポール訪問の際、盛大な歓迎を受けたラマ5世が、お返しに贈ったのだという。最初はビクトリア・シアター＆コンサートホールの前に据えられていたが、1919年に現在の場所に移された。

ひっそりと立つ黒いゾウ

おもな見どころ Sightseeing Spot

近代シンガポール発祥の地に立つ

ラッフルズ上陸記念の地

MAP P.80-3B

★★★ Raffles Landing Site

1819年にサー・トーマス・スタンフォード・ラッフルズが上陸したのがここ。漁村から近代都市へと歴史の転換点となった場所だ。記念の地には白いラッフルズ像が立ち、台座にはシンガポールの公用4ヵ国語で書かれた碑文プレートがはめ込まれている。

ラッフルズ上陸150周年を記念して造られた像。ビクトリア・シアター前の黒いラッフルズ像（→P.103）の鋳型を取り同じ大きさで作製された

ラッフルズ上陸記念の地

行き方 MRTラッフルズ・プレイス駅から徒歩約7分。

台座の4面に各言語で「ラッフルズ卿、1819年1月28日に初上陸」と刻まれている

スタンフォード・ラッフルズの経歴

イギリスの東インド会社の臨時職員から猛努力が実って昇進。書記官としてペナンへ渡り、ジャワ島統治を経て、シンガポールにやってきた。貿易の拠点となる中継港としてこの地を選んだ先見の明が光る。再訪した1822〜23年に都市計画を練り、自由貿易港の基礎を整えた。

歴史遺産の中で楽しむ最新アート＆カルチャー

アート・ハウス

MAP P.80-3B

★★ The Arts House at The Old Parliament

1827年に建てられた、最も古い政府関連の建造物。当初はシンガポールで最初の裁判所として、後には国会議事堂として1999年まで使用されてきた。そして2004年にアートを発信し、歴史の軌跡を示す「アート・ハウス」に生まれ変わった。

2階にはミニシアターやミニシネマ、ギャラリーなどがあり、か

左／アート・ハウスは白亜のビクトリア様式の建物　右／かつての議場の調度品はロンドンから取り寄せたオリジナル。現在はコンサートやイベント、会議などに使われている

アート・ハウス

住 1 Old Parliament Lane
☎6332-6900、6332-6919（チケット売り場）
URL www.theartshouse.sg
開 10:00〜22:00（チケット売り場は10:00〜20:00。祝日休み）
休 無休　料 無料（各パフォーマンス鑑賞は有料）
行き方 MRTラッフルズ・プレイス駅から徒歩約7分、シティ・ホール駅から徒歩約8分。

演劇、映画やライブ、ギャラリーの展示案内などは上記ホームページに紹介されている。

Information

リバークルーズで絶景ウオッチング

バムボートと呼ばれる木造船で、シンガポール川からマリーナ・ベイを巡る遊覧ツアー（所要約40分）は、シンガポールのハイライトを眺められる人気ツアーだ。コロニアル建築、マーライオン、マリーナベイ・サンズが次々と視界に出現。船内では周辺の歴史や観光のビデオ案内も。マリーナベイ・サンズのレーザーショー（→P.23）を観賞するクルーズもある。以下の2社が、乗り場は異なるが同様のルート、料金で運航している。

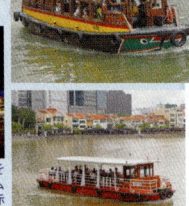

シンガポール・リバー・クルーズ
Singapore River Cruise

☎6336-6111　URL www.rivercruise.com.sg　営 13:00〜22:00（金・土曜、祝日10:00〜。最終は21:00発）。約15分間隔で運航。レーザーショー・クルーズは19:30、20:30にクラーク・キーの乗り場から出発。休 無休　料 通常クルーズ：大人$25、子供（3〜12歳）$15、レーザーショー・クルーズ：大人$38、子供$22

左／サンズの前に停止してショーを観賞　右上／レトロな風情のバムボート　右下／ウオーターB社は赤と白の船も使用

ウオーターB　Water B

☎6509-8998　URL www.waterb.com.sg　営 17:00〜21:00　休 料 同上（最終は22:00発）。1時間おきに運航。船上で夕食や軽食が楽しめるダイニング・クルーズも運航している。

※通常クルーズの乗り場は川・湾沿いにそれぞれ7〜8ヵ所あるが、2022年10月現在、営業休止中の乗り場もある。

つての議場はコンサートやパフォーマンスの会場に使われている。建物内には1827年当時の建築部分やインテリアがそのまま残る箇所もあり、興味深い。

1階には企画展が行われるギャラリー、チケット売り場があり、飲食施設は屋外席でライブ音楽が楽しめるバー「ティンブレ」が入店。

クラシカルな風情と最新設備を併せもつ MAP P.80-3B

ビクトリア・シアター＆コンサートホール

★★ Victoria Theatre & Concert Hall

1862年にイギリス人建築家ジョン・バーネットの設計で建てられた旧市役所(左側)と、その右側に増築された高さ54mの時計台、ビクトリア女王をたたえる記念堂からなる。現在は、左を劇場に右をコンサートホールとして使用。4年間の改築工事を経て2014年に再オープンし、クラシカルな雰囲気はそのままに最新の音響設備が整備された。交響楽団や室内楽のコンサートから、海外の現代劇、能や狂言にいたるまであらゆるジャンルの公演が行われている。

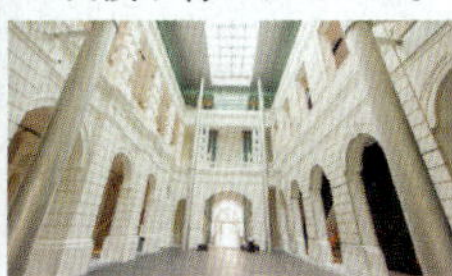

ビクトリア・シアター＆コンサートホール
住 9 Empress Place
URL www.vtvch.com
開10:00～21:00 休無休
行き方 MRTラッフルズ・プレイス駅から徒歩約6分。

左／シンガポール最古の劇場 右／昔の姿を残す1階ホール。シアターとコンサートホールの間の通路は改装後、ガラス張りになり時計台が望める 上／正面入口の前に立つ黒いラッフルズ像。こちらが元祖オリジナル

アジア全域の文化・文明の遺産を展示 MAP P.80-3B

アジア文明博物館

★★★ Asian Civilisations Museum

19世紀に建てられた由緒ある歴史的建造物、エンプレス・ビル内にある博物館。宗教にまつわる美術品や出土品など、アジア全域の多様な文化財を鑑賞できる。7つのギャラリーがあり、2015年の増築で加わった「唐代の沈没船Tang Shipwreck」は目玉のギャラリーのひとつだ。沈没船はまるでタイムカプセル。ジャワ海から引き揚げられた積み荷は当時の交易の様子がわかる貴重な遺産だ。古代宗教、南アジアとイスラム世界の文化、交易の美術品など充実の展示品を誇る。

アジア文明博物館
住 1 Empress Place
☎6332-7798 URL acm.org.sg
開10:00～19:00(金曜～21:00)
休無休 料大人$25、学生、60歳以上$20、6歳以下の子供は無料（2022年12月現在。展示内容によって異なる）
行き方 MRTラッフルズ・プレイス駅から徒歩約5分。
●無料の館内ガイドツアー
［日本語］月～金曜の10:30、第2土曜の10:30

左／1000年以上海底に沈んでいた積み荷が1998年に引き揚げられた 中／唐代(618～907年）の陶磁器約6万枚のほか、金や銀製品も積み荷に 右／カンボジアのアンコール王朝時代の仏陀像 上／シンガポール川沿いの歴史建造物内にある。館内にはスーパーママとコラボしたギャラリーストア(→P.273)も備わる

戦争の悲惨さについて考えさせられる MAP P.81-2C

戦争記念公園

★★ War Memorial Park

ラッフルズ・シティの前にある小さな公園が戦争記念公園。68mの高さをもつ塔の正式名称は「日本占領時期死難人民記念碑」。1942年２月18日、シンガポールが日本軍に占領されてから10日間にわたり、数万人の華人が虐殺された(その数にまだ定数はない)。

戦争記念公園
行き方 MRTエスプラネード駅から徒歩約2分。

日本軍の降伏
1945年9月、連合軍の東南アジア方面最高司令官だったマウントバッテン卿と日本軍の板垣征四郎大将との間で、日本軍の降伏調印式が行われた。会場は旧シティ・ホールを使用。

その犠牲者の霊を慰めるため、またこのような惨事を二度と繰り返さないようにと、シンガポール、日本両政府の協力で1967年に建てられた慰霊塔である。塔は４本の柱からなっており、それぞれ中国人、マレー人、インド人、ユーラシアンを表す。４本の柱が寄り添い、空に向かって伸びている姿は、それぞれの民族が力を合わせ平和を築いていこうとしているようにも見える。

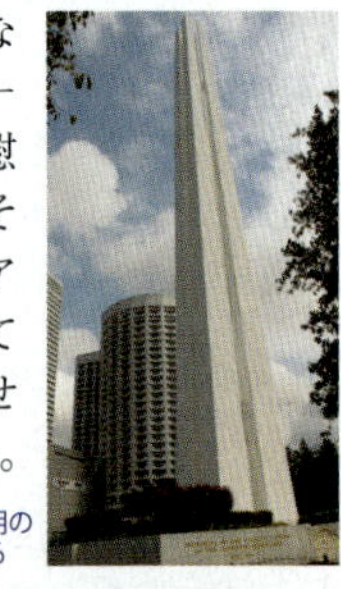

約70mの4本柱の慰霊塔。身元不明の遺骨は慰霊塔の下に埋葬されている

最高のビューポイントに立つシンガポールのシンボル　MAP P.81-3C

マーライオン・パーク　Merlion Park

★★★

1972年9月15日、当時の首相リー・クアンユーの提案で造られたマーライオン。上半身がライオン、下半身が魚の不思議な容姿の像だ。上半身のライオンはシンガポールの名前の由来であるシンガ（サンスクリット語でライオンの意味）に由来し、下半身の魚は港町シンガポールを象徴しているという。そのマーライオンの像は、ワン・フラトンの海側にあり、海に向かって勢いよく水を噴き出している。正面から見られる場所まで桟橋が延び、記念撮影する人々でにぎわっている。高さ8.6mの本家マーライオンの背後にはミニマーライオンも立つ。

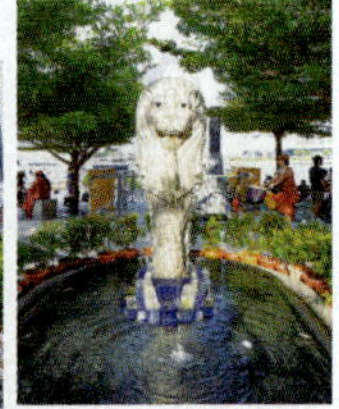

左／記念写真を撮る観光客で早朝から夜までにぎわっている　右／背後のミニマーライオン（高さ約3m）は柔らかな顔立ち

歴史ある教会施設にレストランが集合　MAP P.80-1B

チャイムス　Chijmes

★★

1854年にフランスの尼僧によって建てられた修道院が前身。その後1904年に孤児院と教会が増築され、現在はステンドグラスが美しい教会や回廊、芝生の中庭など当時の面影を残しつつ、レストランやバーが軒を連ねるダイニングスポットとなっている。ビクトリア・ストリート沿いの外壁には当時、育てられなくなった乳児を預けるための小さな扉「ゲート・オブ・ホープ」の複製が据え付けられている。

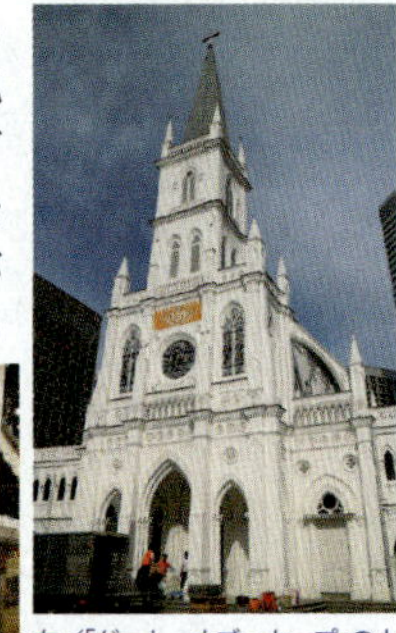

左／「ゲート・オブ・ホープ」の小さな扉。ここで命をつないだ乳児は修道院内の孤児院で育てられた　右／ゴシック様式の美しい教会

マーライオン・パーク
料無料
行き方MRTラッフルズ・プレイス駅から徒歩約10分。
　像を正面から見られる桟橋が設けられている。隣接するワン・フラトンの1階部分にはレストランやカフェが並ぶ。また、西側のアンダーソン橋のそばにはみやげ物店がある。

マーライオンを造った人
　シンガポールの彫刻家リム・ナンセンによるもの。$10万のお金をかけ、40トンものセメントを使って造り上げげた。2002年に現在の場所に移動したが、その引っ越しにかかった費用は$750万。

チャイムス
住30 Victoria St.　☎6265-3600
URLchijmes.com.sg
営だいたい11:30頃～23:00頃
行き方MRTシティ・ホール駅から徒歩約3分。

レストランの並びを壁画アートが彩る

チャイムス 1F

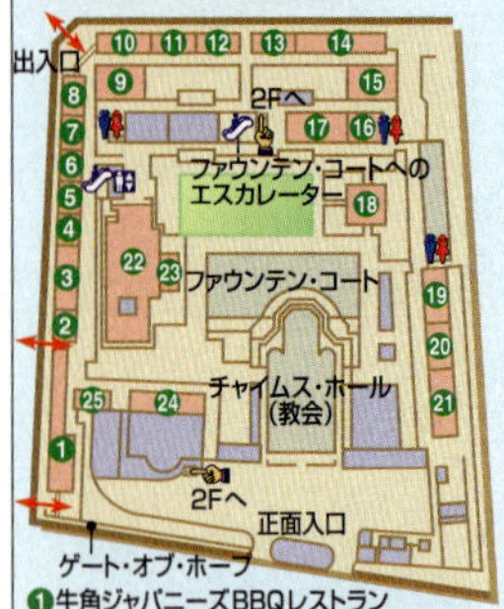

1. 牛角ジャパニーズBBQレストラン Gyu-Kaku Japanese BBQ Restaurant
2. グラスハウス（コーヒー&トースト） The Glasshouse
3. フヴァーラHvala（ティーサロン）
4. オールモスト・フェイマス・クラフトビア・バー Almost Famous Craft Beer Bar
5. 博多一幸舎Ikkousha Ramen
6. 達Tatsu（寿司、鉄板焼き）
7. とんかつ・バイ・マ・メゾン Tonkatsu by Ma Maison
8. こめバーKome Bar（居酒屋）
9. モダン居酒屋The Modern Izakaya
10. れんが家Rengaya（居酒屋）
11. マルゲンMarugen（酒&おでん）
12. アングロ・インディアン・カフェ&バー Anglo Indian Cafe & Bar
13. ハリーズHarry's（バー）
14. ペメンコPemenco（バー）
15. 金色不如帰Konjiki Hototogisu（ラーメン）
16. セニョール・タコSeñor Taco（メキシコ料理）
17. ランブルLumbre（スペイン料理）
18. プリヴェPrivé
19. カーニボア・ブラジリアン・シュハスカリア Carnivore Brazilian Churrascaria
20. アナログAnalogue（バー）
21. ドウDough（ベーカリーカフェ）
22. レイ・ガーデンLei Garden（広東料理）
23. レイ・ヤードLei Yard
24. ホワイトグラスWhitegrass（フランス料理）
25. シングル・カスク（ウイスキーバー） The Single Cask

シンガポール随一の観光名所　MAP P.81-1C

ラッフルズ・シンガポール
★★★　Raffles Singapore

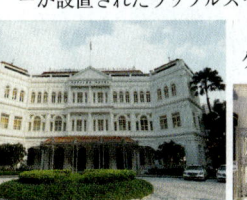

1887年、アルメニア人の富豪、サーキーズ兄弟によって造られたのがラッフルズ・シンガポール。以来、シンガポールを代表するコロニアルホテルとして、多くの人々を魅了してきた。ホテルとしてはもちろん、観光スポットとしてもシンガポールを代表する場所だ。

2年半の全館改装工事を終えて2019年に新生ラッフルズがお目見え（→P.298）。コロニアルな造りはそのままに、客室やレストランに機能性や先端性を加えてパワーアップ。ヒストリーギャラリーが設置されたラッフルズ・ブティックは見学を兼ねて訪れたい。

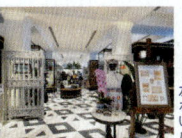

レストランやバー、ショッピングアーケード、グランドロビーでのアフタヌーンティー（→P.239）は観光客も利用できる。

左／凛とした気品をたたえるホテルのファサード　右／広いスペースで展開するラッフルズ・ブティック

白亜の尖塔が印象的な　MAP P.80-2B

セント・アンドリュース大聖堂
★★　St. Andrew's Cathedral

壮麗で気品あるこの教会は、シンガポール教区の主教座堂だ。創建は1834～1837年だが、1856～1863年に現在の姿に再建され、以後イギリス国教会に属している。

美しいゴシック建築の外観とともに、厳かな空気に満ちた内部のステンドグラスにも注目したい。正面のものはラッフルズや歴代総督を記念するもので、正面中央のステンドグラスにはラッフルズの紋章が描かれている。

左／ステンドグラスから光が差し込む祭壇。模様のなかにラッフルズの紋章がある　右／木立が生い茂る広い敷地に立つ

シンガポール最古の教会　MAP P.80-2A

アルメニアン教会
★　Armenian Church

ヒル・ストリート沿い、「グランド・パーク・シティ・ホール」ホテルの向かいにあるドーリア式の柱が並ぶ白い教会。1835年、シンガポール在住のアルメニア人12家族の基金によって設立されたため、この名前がついた。別名をセント・グレゴリー教会ともいう。

教会内部は設立当時のままに残されており、当時の様子をしのばせる。敷地内には、アルメニア人の墓や碑がいくつか並んでいる。

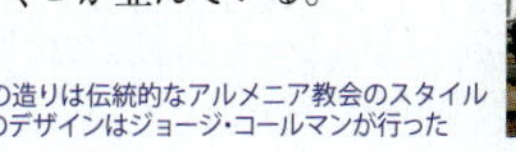

左／内部の造りは伝統的なアルメニア教会のスタイル
右／建物のデザインはジョージ・コールマンが行った

マーライオンアイスも販売！

マーライオン・パークのすぐ近く、ワン・フラトンの一角の「ビストロ・アセアナ」で、マーライオンのアイスキャンディが販売されている。ココナッツウオーター・ライチやヤム、ドリアンなど南国フレーバーもあり、1本$8.9～。

●ビストロ・アセアナ
Bistro Aseana
MAP P.81-3C　住1 Fullerton Rd., #01-11 One Fullerton　☎9018-0082　営11:00～23:00　休無休
行き方MRTラッフルズ・プレイス駅から徒歩約10分。

マーライオンとアイスキャンディの共演ショット

ラッフルズ・シンガポール
住1 Beach Rd.　☎6337-1886
URLwww.raffles.jp/singapore
行き方MRTシティ・ホール駅、エスプラネード駅から徒歩約5分。

●ラッフルズ・ブティック
Raffles Boutique
MAP P.81-1C
☎6412-1143　営10:00～19:30
休無休　カードADJMV

定番人気のカヤジャムやピーナッツ、お茶のほか商品がさらに充実。ホテルの歴史資料や昔の品々を展示するヒストリーギャラリー、ケーキやコーヒーを販売するコーナーも併設されている。

セント・アンドリュース大聖堂
住11 St. Andrew's Rd.
☎6337-6104
URLcathedral.org.sg
行き方MRTシティ・ホール駅から徒歩約3分。
※2022年10月現在、改装工事中。

アルメニアン教会
住60 Hill St.
開9:00～17:00（土曜～12:00）
行き方MRTシティ・ホール駅から徒歩約7分。

シビル・ディフェンス・ヘリテージ・ギャラリー
住62 Hill St.　☎6332-2996
URL www.scdf.gov.sg　開10:00〜16:00　休月曜　料無料　行き方MRTシティ・ホール駅から徒歩約5分。

チルドレンズ・ミュージアム・シンガポール　Children's Museum Singapore
MAP P.80-2A　住23-B Coleman St.
☎6337-3888　URL www.nhb.gov.sg/childrensmuseum　開9:00〜13:00、14:00〜18:00　休月曜　料2023年3月31日まで無料 ※オンラインで事前に要予約。　行き方MRTシティ・ホール駅から徒歩約8分。
以前の切手博物館を改修し、2022年12月にオープン。シンガポールの昔と今、遺産などについて子供向けのインタラクティブな展示で紹介。遊び感覚で学べる工夫が凝らされている。

ミントおもちゃ博物館
住26 Seah St.　☎8339-8966
URL www.emint.com　開9:30〜18:30（最終入館17:30)、19:30〜22:30(ナイトミュージアム)　休月曜の9:30〜18:30　料大人$25、子供（7〜12歳)、60歳以上$15。ナイトミュージアムはカクテル付きで$15　カード A M V　行き方MRTシティ・ホール駅から徒歩約6分。

シティ・ホール周辺の博物館が軒並み改装中
既存の博物館のさらなる規模拡大やハイテク化を目指して改装工事が相次いでいる。プラナカン博物館Peranakan Museum（MAP P.80-1A）は2023年前半に再開予定。シンガポール・アート・ミュージアムSingapore Art Museum（MAP P.90-3A）は大規模な改修が進行中で、再開は2026年の予定。

消防の歴史がわかる　MAP P.80-2A
シビル・ディフェンス・ヘリテージ・ギャラリー
★　Civil Defence Heritage Gallery

ヒル・ストリートにある目立つれんが造りの建物は消防署である。この歴史ある消防署に隣接して、消防の歴史と現在の消防技術や救助活動に関する展示ギャラリーが設けられている。消火現場のビデオは迫力あり。敷地内では消火や救助のデモンストレーションが行われることもある。

1920年代建造の建物も見もの

国内で活躍した歴代の消防車が展示されている

ビンテージのおもちゃ約1万点を展示　MAP P.81-1C
ミントおもちゃ博物館
★★　Mint Museum of Toys

昔懐かしいおもちゃコレクション（1930〜1960年代のものが中心)。これらは個人のコレクションですべてオリジナル。世界25ヵ国のおもちゃがテーマ構成されて、2〜5階の展示フロアに並ぶ。

2階は1840年代のドイツの木製おもちゃをはじめ、貴重な収集品の展示、3階はフェリックスやミッキーマウスといった子供時代のお気に入り。4階はポパイやバットマンなど人気フィギュアが並ぶキャラクタールーム。5階は宇宙をテーマにした漫画やSF映画のキャラクター商品などの展示。毎日19:30〜22:30の間には、一部の展示が観賞できるナイトミュージアムを開催(カクテル付き)。地下にカフェ&バーがある。

日本の懐かしいおもちゃもある

Information

アルメニアン・ストリートが緑いっぱいの公園に変貌

ショップハウスが並び、プラナカン博物館が立つ50mほどの通りが、アルメニアン・ストリート・パークArmenian Street Park（MAP P.80-1B)としてお目見え。

フォート・カニング・パーク(→P.111)の北東側一帯は、1822年ラッフルズによって開かれたシンガポール最初の植物園があった場所。ナツメグとクローブを中心にコショウやコーヒーなど経済目的の作物が植えられていた。1829年に閉鎖された植物園を、同地域によみがえらせようという試みの一環で、このパークにもスパイスや薬用植物などの植栽が整備された。色鮮やかなショップハウスや1900年代のコロニアル建築と相まって、写真映えする新たな観光スポットになりそう。

左／ショップハウスの壁に描かれたノスタルジックな壁画　中／1800年代にこの地域に自生していた植物を再現　右／一角にあるプラナカン料理店「トゥルーブルー・キュイジーヌ」(→P.218)　右上／カラフルなショップハウスに面した公園

古代遺産からデジタルアートまで盛りだくさん

シンガポール国立博物館

National Museum of Singapore

ビクトリア女王在位50年を記念して建てられたドームを有する白亜の建物が国立博物館だ。体験型のデジタルアート「ストーリー・オブ・ザ・フォレスト」は幻想の世界に浸れる注目の展示。1階の「シンガポールヒストリーギャラリー」を見れば、この国がもっと身近になるはず。進化した博物館を楽しもう。

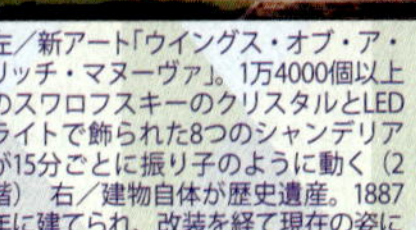

左／新アート「ウイングス・オブ・ア・リッチ・マヌーヴァ」。1万4000個以上のスワロフスキーのクリスタルとLEDライトで飾られた8つのシャンデリアが15分ごとに振り子のように動く（2階）　右／建物自体が歴史遺産。1887年に建てられ、改装を経て現在の姿に

回廊を下りきるとドーム空間へ。人がスクリーンに近づくと種が降ってきて木が生え、森になる。花の香りや鳥の鳴き声、雨音と臨場感たっぷり

ストーリー・オブ・ザ・フォレスト
Story of the Forest

2階のドーム型のガラスロタンダに設置された、日本のデジタルアート制作集団、チームラボによる常設展。館内の展示品である19世紀初頭の動植物画「ウィリアム・ファーカー・コレクション※」が題材。シンガポールの自然界をデジタルアートで体験できるというものだ。観賞者の数や立ち位置で次々自然が変化し、幻想的で神秘に満ちた世界にはまり込んでしまう。

下／らせん状の回廊に投影された動植物が生息するシンガポールの森　上／専用のアプリをダウンロードしてスマホを動物にかざすと、その動物の情報が見られ、撮影して取り込むこともできる

シンガポールヒストリーギャラリー
Singapore History Gallery

メインの展示室。歴史と文化を、時代やテーマに沿って紹介している。

この地に人が住み始めたのは約1000年前。写真は中国人貿易商の記述から再現した14世紀中頃の当地の生活再現映像

自由貿易港、さらには近代化の基礎を築いたスタンフォード・ラッフルズ。努力家でマレー語を習得し歴史も学んだうえで、町づくりや法の制定を行った

フォート・カニングの丘から出土した王族の金のイヤリングとアームレット。14世紀中頃のもので、アームレットにはヒンドゥー教の神様が彫られており、インドネシアのジャワ島との関連がうかがえる

1965年マレーシアからの追放という形で独立を余儀なくされた初代首相のリー・クアンユーが、涙ながらに独立発表する記録映像

「シンガポール・ストーン」に注目

シンガポール川河口に存在した石碑の破片。1843年にイギリス人が港建設のため爆破し、残った唯一の破片がこれ。石碑には古代の文字でこの地の歴史が記されていたとされるが、判読不能で謎に包まれたまま。

鑑賞後に立ち寄りたいカフェ「フード・フォー・ソート」

1階にあるカフェは鑑賞後の余韻に浸るのにぴったり。室内のほか、館内のオープンスペースにもテーブル席が並び、雰囲気もよくてゆっくりできる。ローカルフードのメニューも(→P.242)。

スタッフおすすめの潮州粥プラター

MAP P.80-1A　住93 Stamford Rd.　☎6332-3659、6332-5642
URL nationalmuseum.sg　開10:00～19:00（最終入場「ストーリー・オブ・ザ・フォレスト」は18:15、それ以外は18:30）　休無休　料大人$15、学生、60歳以上$10、6歳以下は無料　行き方MRTブラス・バサー駅、ベンクーレン駅から徒歩約4分。
●無料の日本語ガイドツアー：月～土曜の10:30。※祝日は行われない。

※：ラッフルズ統治下、駐在官だったウィリアム・ファーカーがマレーシアやシンガポールの動植物を中国人画家に記録させた477点の貴重な資料。

ナショナル・ギャラリー・シンガポール NATIONAL GALLERY SINGAPORE 大解剖

シンガポールが総力を挙げて築いたアートの殿堂、ナショナル・ギャラリー・シンガポール。2015年のオープンから注目度は高く、目玉の観光スポットのひとつとなっている。珠玉のアート作品もさることながら、さすが先進とエンタメの国と思わせる造りや趣向に驚嘆。歴史建築とのコラボ、すばらしい眺望、洗練のダイニングなど楽しみと魅力が詰まっている。

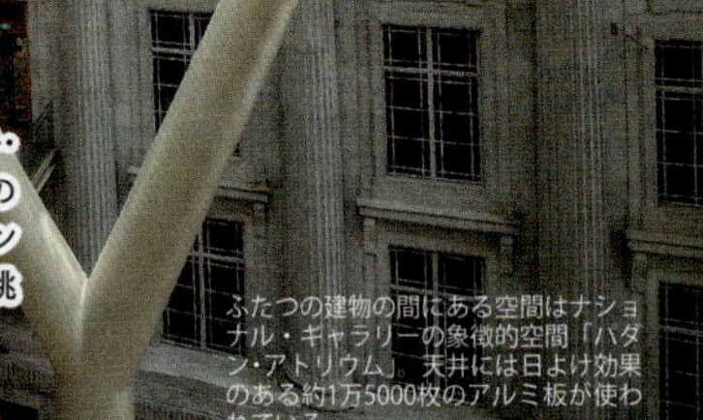

ふたつの建物の間にある空間はナショナル・ギャラリーの象徴的空間「パダン・アトリウム」。天井には日よけ効果のある約1万5000枚のアルミ板が使われている

見どころと攻略法

石造りの壮麗な建物。手前が旧裁判所

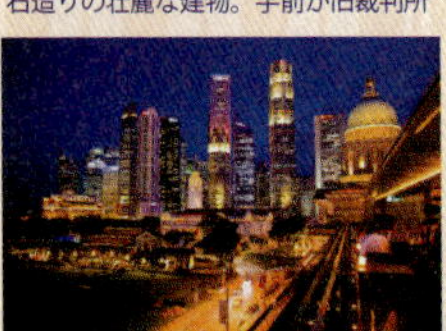

屋上のバー「スモーク＆ミラーズ」から望む摩天楼の夜景。バー隣の展望デッキは入場券なしでも景色を楽しめる

とにかく広い（6万4000㎡）！　最短でも2〜3時間、じっくり見ると1日でも足りないほど。ざっと構造を頭に入れ、見たいスポットを絞ろう。入館料不要でアクセスできるレストランやショップ、屋上展望デッキだけでも壮麗な雰囲気に触れられる。

ふたつの歴史遺産が合体

1939年建設の旧最高裁判所（スプリームコート）と1929年建設の旧市庁舎（シティ・ホール）をつなぎ、それぞれウイングと称してギャラリー展開。ふたつの建物を行き来できるのは地下と3階、4階のブリッジのみ。シティ・ホール・ウイングの6階（屋上）にルーフガーデン・ギャラリーと展望デッキ、バーがある。

必見のギャラリーはここ

◆**DBSシンガポールギャラリー**（ローカルアーティストの作品、シンガポールに関連のある作品約400点。全3室）：シティ・ホール・ウイング2階全域を占めるこのギャラリーはぜひ見たい。

◆**UOB東南アジアギャラリー**（東南アジア全般の作品約400点。全15室）：スプリームコート・ウイング3階、旧法廷に隣接するギャラリー2の絵画『Forest Fire』（→P.110①）がいちばんの見もの。時間がなければここだけ鑑賞。

こんな楽しみもあり！

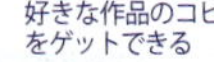

☞作品のデータを入手できる

シティ・ホール・ウイング2階のソーシャルテーブルには全作品のデータが収納されており、作品のコピーを自分のメールアドレスに送信することも可能。

好きな作品のコピーをゲットできる

☞屋上デッキで絶景観賞

屋上ガーデンは入場券不要。オープンスペースの展示ギャラリーもあり、展望デッキからは街のパノラマが楽しめる。

屋上の「ンー・テン・フォン・ルーフガーデン・ギャラリー」
※ギャラリー（展示室）以外の建物内部、レストランやバー、カフェ、屋上ガーデンは入場券不要。

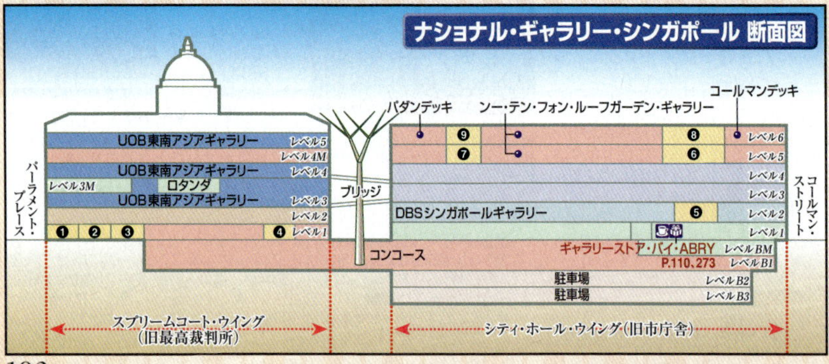

昔の姿が残る 建物内部の見学ポイント

周到な配慮と最新技術でオリジナル建築を保護再生。建物内も鑑賞しよう。以下の見学ポイントはすべてスプリームコート・ウイングにある。

A スプリームコート・ホワイエ（裁判所ロビー）1階の床に礎石がある。この下に新聞とコインの入ったタイムカプセルが埋められており、西暦3000年に開封予定。

B 1階に旧裁判所の拘置施設がある。被告人が判決を待つ間収容された拘置部屋が見学可能。

C 3階中央にある円形ドームのある部屋「ロタンダ」。以前は法律図書館だった。現在はその造りを生かし、アジアのアート関連の資料本等を展示。

D 3階の旧裁判所法廷。荘厳で重厚、趣のある内装が見もの。判事席、被告席、2階に傍聴席があり、昔は赤い絨毯が敷かれていた。

E 5階に上がれば、ロタンダのドームが見える。緑色の大ドームは外からよく見えるが、このロタンダドームは背後に隠れていて見えづらかった。今回の改修で多くの人が第2のドームの存在を知ることとなった。

※A～Eはフロアマップのアルファベットに対応しています。

左／礎石、床のタイルも昔のもの　右／礎石のあるスプリームコート・ホワイエ。アール・デコ調の建築様式が美しい

簡素な独房

書棚は裁判所時代のもので、細かい中国風のモチーフが彫刻してある

円形の部屋に書棚が並ぶ（ロタンダ）

左／アジアの王族などの絵画が展示されている（旧法廷）　右／大ドームと同じデザインのロタンダドーム

ナショナル・ギャラリー・シンガポール フロアマップ National Gallery Singapore

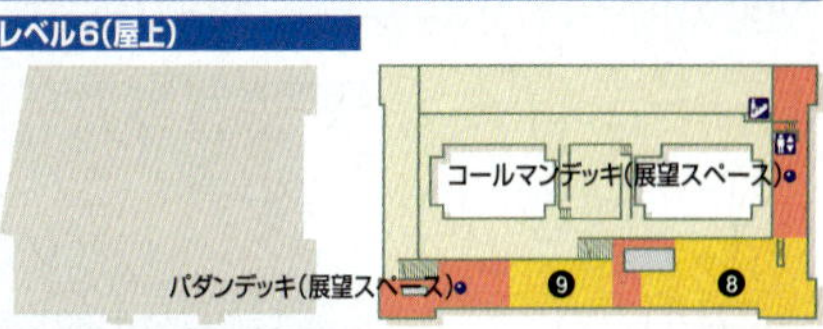

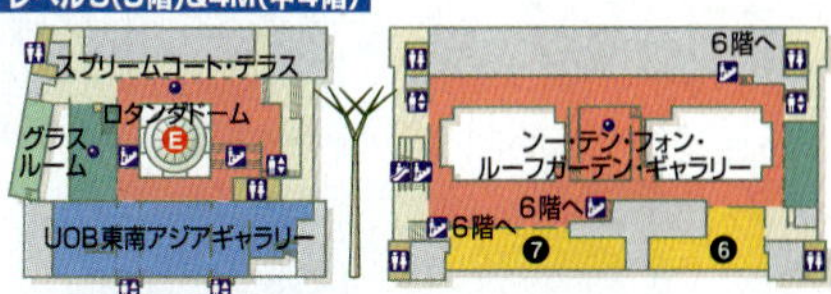

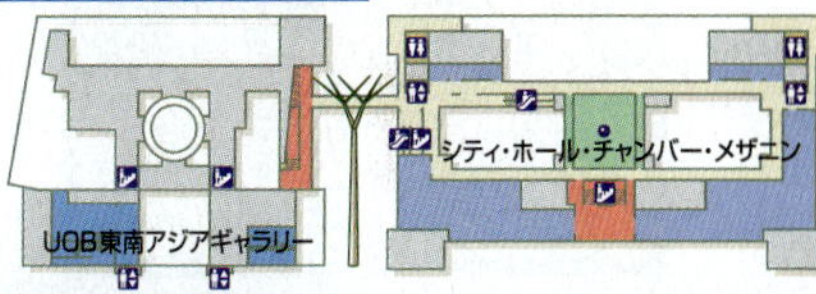

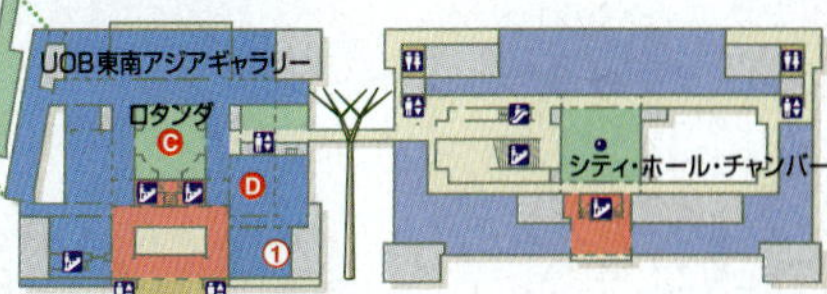

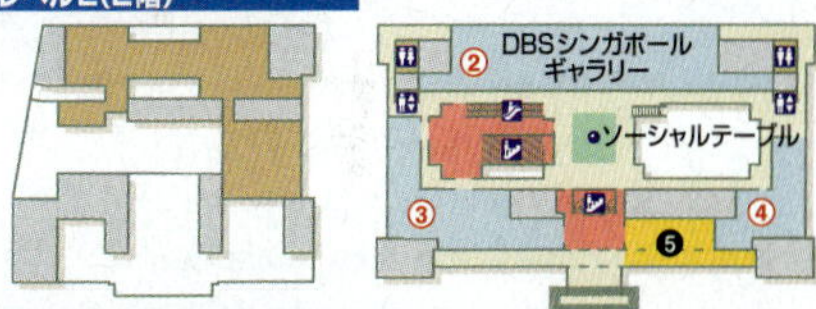

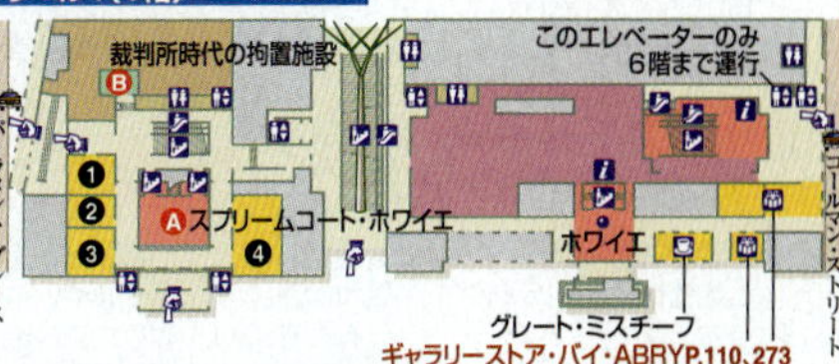

レベルB1（地下1階）

ロッカールーム

コンコース

※A～EはP.109の本文に、①～④はP.110で紹介の作品番号に対応。

- インフォメーションカウンター
- エレベーター
- エスカレーター
- 階段
- トイレ
- ショップ
- カフェ
- タクシー乗り場

- ギャラリー（展示室）
- 歴史遺産
- 子供向け教育施設
- ロビー、テラスなど
- レストラン、バー

1. コートヤード・カフェ&ラウンジ
2. パブリック・エイト（バー）
3. 八Hachi Restaurant（日本料理）
4. オデット（フランス料理）
5. ナショナル・キッチン・バイ・バイオレット・ウン P.110、218
6. ジェンマ（イタリア料理）
7. ヤン（広東料理）
8. アート（イタリア料理）
9. スモーク&ミラーズ（バー）P.110、248

名作をチェック!

鑑賞したいアート作品

19世紀以降の現代アート、約8000点を所有。絵画だけでなく、インスタレーション、パフォーマンスアート、映像など多岐にわたるのが魅力。アジアの自然や民俗、暮らしを捉えた南国的な絵画が多く、シンガポールの歴史を垣間見る作品も興味深い。

①『Forest Fire』(1849年)

オランダ王室から「王の画家」の称号を得たインドネシア人画家Raden Salehが、同王室へ献上した絵画。西洋と東洋両方の技法を用い、火事で断崖に追われた動物を迫力あるタッチで描いている。

②『National Language Class』(1959年)

Chua Mia Teeの作品。1959年イギリスから独立し、国語となったマレー語を学ぶシンガポールの華人の様子が描かれている。シンガポールのアイデンティティを象徴するような絵画。

③『Artist And Model』(1954年)

作者のLiu Kangは上海とパリで美術を学んだ「南洋スタイル」の代表的油彩画家。バリ島の風俗や人々を好んで題材にした。

④『Journey Of A Yellow Man No.11 : Multi-Culturalism』(1997年)

体を黄色くペイントして水桶に入るというパフォーマンスアート(Lee Wen)を撮影した映像は衝撃的。

※①～④の番号はP.109のフロアマップ内の番号と対応しています。

えりすぐりの ダイニング&ショップ Dining & Shop

ナショナル・キッチン・バイ・バイオレット・ウン National Kitchen by Violet Oon

オーナーシェフのバイオレット・ウンさん

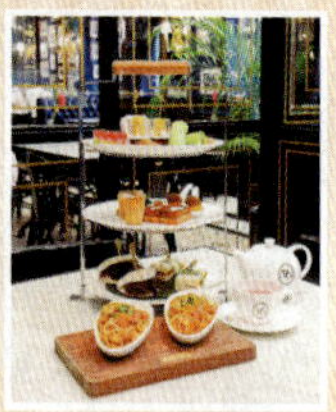

プラナカンのスイーツが味わえるアフタヌーンティーセット(2人用$59)もある

トップクラスの各国料理店が顔を揃えるなか、いちばん人気があるのがここ。著名な料理研究家のバイオレット・ウンさんが経営するファインダイニングだ。多民族ならではのローカル料理をモダンにアレンジ。創作を加えたプラナカン料理も繊細な味わいに仕上げている。DATA→P.218

スモーク&ミラーズ Smoke & Mirrors

近隣オフィスの勤め人にも観光客にも人気の屋上テラスバー。見事なパノラマとアーティスティックなカクテルが楽しめる。DATA→P.248

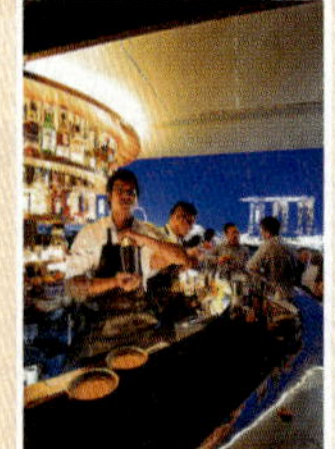

眺めを存分に楽しめるように設計されたバー

ギャラリーストア・バイ・ABRY The Gallery Store by ABRY

展示作品をモチーフにしたグッズや、ハイセンスな雑貨やウエア、絵本や料理本も揃えたブックコーナーがある。DATA→P.273

ゆったり広いスペース

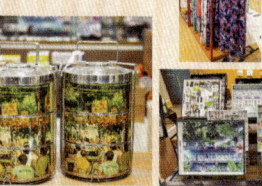

竹の繊維で作られたタンブラー($18)

パリの人気ブランドのウエアも

左／主要画家のひとり、Chua Mia Teeの作品を大胆にデザインしたランチボックス($83.7) 右／プラナカンモチーフのトレイ

Information

ナショナル・ギャラリー・シンガポール National Gallery Singapore

MAP P.80-2B 住1 St. Andrew's Rd. ☎6271-7000
URL www.nationalgallery.sg 開10:00～19:00(最終入場は閉館30分前) 休無休 料$20(7～12歳、学生、60歳以上$15)※一部の祝日は無料。※常設展のみ。企画展込みはプラス$5。 カード A D J M V
行き方 MRTシティ・ホール駅から徒歩約5分。※建築や展示物を案内する各種無料ガイドツアー(英語、中国語がメインで日本語は毎月第1・3木曜13:30)がある。

古代からパワーを秘めた神聖な場所 MAP P.80-1A、83-1D

フォート・カニング・パーク Fort Canning Park

★★

フォート・カニング・グリーンに立つ白亜の建物はフォート・カニング・センター

シンガポール川北側の標高163mの小高い丘は、シンガポール史をひもとく重要なキーワードを秘めた場所。美しい植物が生い茂る中に歴史遺産がひっそりたたずんでいる。

14世紀初めにはマレーの君主の居住地で、庶民は立ち入りを禁じられ「フォービドンヒル」（禁制の丘）と呼ばれた。その後ラッフルズが上陸してこの丘に住居を構え、代々総督の住まいとなったことから「ガバメントヒル」と呼び名を変えた。さらに英国植民地時代には軍司令部がおかれ「フォート・カニング」と再度名称が変わり、日本軍占領時にも軍事目的で使われた。

丘に点在する見どころや庭園を巡るトレイルが整備されているので、散策してみよう。

フォート・カニング・グリーン周辺

公園北側の広大な芝生エリアがフォート・カニング・グリーン。高みに立つ白亜の建物は1926年建造の英国軍兵舎で、現在はフォート・カニング・センターと名づけられ、インド料理やフランス料理の店、カフェなど数軒のレストランが入店している。スパイス・ガーデンSpice Garden、マレー君主の墓、古代遺跡の発掘現場、地下の旧英国軍指令本部を再現したバトル・ボックスThe Battle Box（→欄外）、要塞跡のフォート・ゲートなどがおもな見どころだ。

左／フォート・ゲートは1859～1861年に造られた要塞の一部　中／14世紀にこの地を治めていたマレーの最後の君主、イスカンダル・シャーがここに埋葬されたとされる　右／14世紀のマレーの王族の宝飾品が多数出土した発掘現場。一部は国立博物館に展示されている

南側、西側にある歴史公園も見もの

ヒル・ストリート沿いの入口近くにあるのが「サン・ニラ・ウタマ・ガーデン」と「ラッフルズ・ガーデン」。シンガポールの伝説上の古代の王の名にちなんで名づけられた前者は、古代の東南アジアの宮殿の庭園をイメージ。「ラッフルズ・ガーデン」には丘の上にラッフルズ・ハウスがあり、1820年代のタイムポールや灯台が復元されている。

パーク西側にある「パンクール・ラランガン」（禁断の泉）と名づけられた場所は、古代この地にあった王宮の高貴な女性が入浴する泉が再現されている。

入港した船の情報を旗で伝えるフラッグスタッフが立つ「ラッフルズ・ガーデン」

フォート・カニング・パーク
FREE 1800-4717300（ナショナルパーク・オフィス）
URL www.nparks.gov.sg
行き方 MRTブラス・バサー駅から徒歩約8分、シティ・ホール駅から徒歩約10分。フォート・カニング駅からは徒歩数分（フォート・カニング・センターまで徒歩約10分）。

●入口は5ヵ所
パーク北側の入口は、シンガポール国立博物館東側に設置されたエスカレーターを上った先と、YWCAフォート・カニング（→P.325）の近くにある。東側はヒル・ストリート沿いに、南側はリバー・バレー・ロード沿いとジュビリー・パーク（→P.116）にそれぞれ入口がある。

●南北を縦断するように歩く
フォート・カニング・グリーンのあたりから南のラッフルズ・ガーデンまで徒歩10～15分。

バトル・ボックス
MAP P.80-1A、83-1D
住 2 Cox Terrace　☎6338-6133
URL www.battlebox.com.sg
開 ツアー：金～日曜、祝日9:45～11:45、14:00～16:30の間に30分間隔　休 月～木曜
料 大人$20、子供（7～12歳）$10
英語ガイドと回る約30分間のツアーで、地下指令部跡を見学する。

スパイス・ガーデン
ローカル料理に多用されるパンダンリーフやレモングラス、ナツメグ、シナモン、ジンジャーなどが植えられている。もともとはラッフルズが植物園を創設した場所。 MAP P.80-1A

古代の宮殿を彷彿させる「サン・ニラ・ウタマ・ガーデン」

上・下／古代の入浴場「パンクール・ラランガン」。昔の暮らしや自然を表現した彫刻が見どころ

マリーナ・エリア
Marina Area

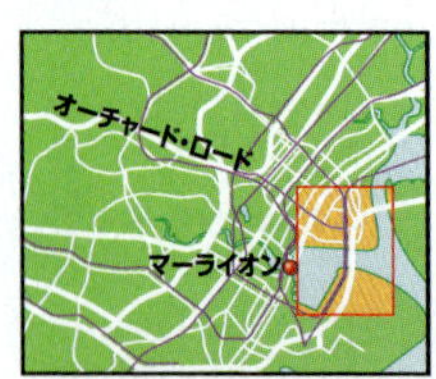

ACCESS

西側の見どころへはMRTエスプラネード駅、東側の見どころとマリーナベイ・サンズへはベイフロント駅、マリーナ南側へはダウンタウン駅を利用。

街歩きプラン

❶ガーデンズ・バイ・ザ・ベイ →P.26
↓徒歩約10分
❷マリーナベイ・サンズ →P.22
↓徒歩約12分、またはタクシーで約5分
❸シンガポール・フライヤー →P.114
↓徒歩約10分
❹マカンストラ・グラットンズ・ベイ →P.114

カワウソが大繁殖！

もともと野生のカワウソが生息していたが、コロナ禍の影響で、ここ4～5年で頭数が倍増。中心部ではシンガポール川やガーデンズ・バイ・ザ・ベイ北側の湾岸に巣があり、観光中にカワウソと出合うことも。かわいい風貌だけど意外に凶暴。近づきすぎて襲われる被害も出ているので、要注意。

ガーデンズ・バイ・ザ・ベイ北側の遊歩道脇にいたカワウソ一家。観察は距離をとり、餌を与えないこと

エスプラネード・エクスチェンジ　Esplanade Xchange

MAP P.112

エスプラネード駅の地下街。サンテック・シティとマリーナ・スクエアなどへの地下通路の起点となっている。フードコートやファストフード、スナック店、カフェなど約30の店が入店。

新スポットが続々と登場するシンガポールで、最も劇的な変化を遂げ、パワーとエネルギーみなぎるエリアがここ。マリーナ・ベイを取り囲むこの一帯は、観光でもビジネスにおいても世界中から熱い視線が注がれている。

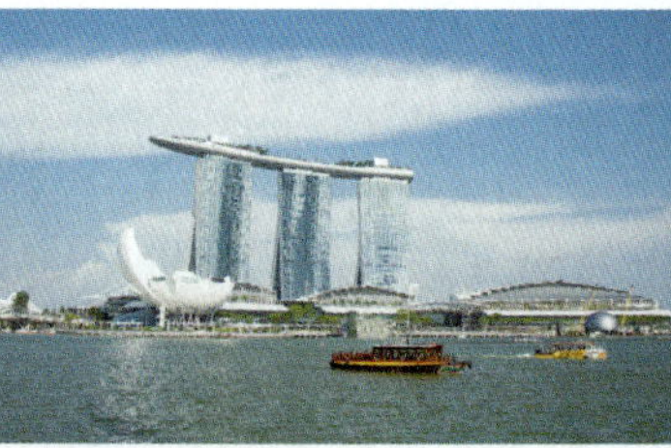

特異な建物が目を引くマリーナベイ・サンズ。マリーナ・ベイをクルーズ船が行き交う

今やシンガポールのアイコンとなったマリーナベイ・サンズ Marina Bay Sands(→P.22)は、あらゆる楽しみを網羅したオールラウンドの観光施設。その東隣には人工植物園のガーデンズ・バイ・ザ・ベイGardens by the Bay(→P.26)が造られ、開発の勢いはとどまるところを知らない。

湾の北側の一画には、大型ショッピングセンターやホテルが集まっており、それらの施設とエスプラネード駅をつなぐ地下街や連絡通路が張り巡らされ、一大観光エリアを形成している。

マリーナ・ベイに沿って、プロムナードがぐるりと設けられているので、散策してみるのもいいだろう。ここは迫力ある夜景が楽しめるエリアでもある。毎晩マリーナベイ・サンズではレーザーショー(→P.23)が行われ華やか。

歩き方 Orientation

歩き方のヒント

連絡通路を利用するのがコツ

このエリアにはショッピングセンターが集まっており、それらを迷うことなく、効率よく回るには連絡通路、地下道を利用しよう。ショッピングセンターを見て回るには、意外に時間が必要。目当てのショッピングセンターや店を絞り込んでから出かけるとよい。

エスプラネード駅の地下街

エスプラネード駅は各見どころへの核となる駅。以下のアクセス図を参考に、目指す場所へ向かおう。

プロムナード駅から各スポットへのアクセス

B出口を出るとミレニア・ウオークに、C出口はサンテック・シティのタワー4の近くに出る。また、A出口からはシンガポール・フライヤーへ、**歩行者専用橋「ヘリックス・ブリッジThe Helix Bridge」**を通ってマリーナベイ・サンズにも行ける。

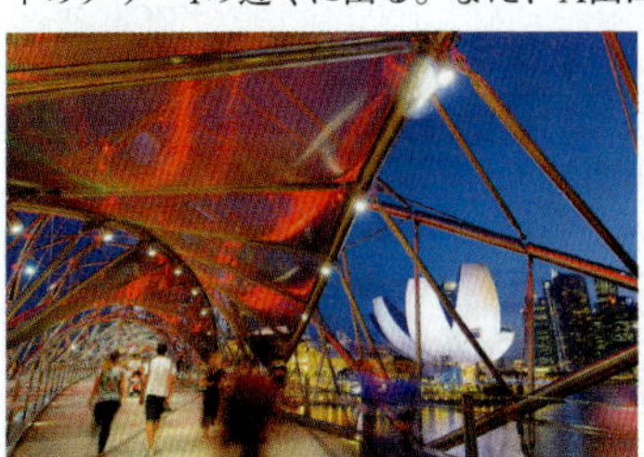

ヘリックス・ブリッジはマリーナ・ベイ多目的施設脇からサンズへと続く約280mの歩行者専用の橋。ユニークなデザインはDNAのらせん構造から着想したもの

おもな複合ビル

サンテック・シティを構成するのは

- シンガポール国際会議場・展示会場Singapore International Convention & Exhibition Centre
- サンテック・シティ・モール(→P.262)
  ※幸運をもたらすといわれる噴水ファウンテン・オブ・ウエルス(→P.115)がある。

マリーナ・スクエアと同じ建物内のホテルは

- パークロイヤル・コレクション・マリーナベイ、シンガポール(→P.303)
- マンダリン・オリエンタル・シンガポール(→P.302)
- パン・パシフィック・シンガポール(→P.303)

連絡通路利用術

複数のショッピングセンターや、隣接するホテルは地下か2階に連絡通路があるので、うまく活用しよう。

- サンテック・シティ・モール(→P.262)←→マリーナ・スクエア(→P.263)←→ミレニア・ウオーク(→P.261):2階の連絡通路で行き来できる。
- マリーナ・スクエア←→エスプラネード・シアターズ・オン・ザ・ベイ:マリーナ・スクエア南側の出口から出て、ラッフルズ・アベニューを横断して行ける。また、マリーナ・スクエア地下1階からマリーナ・リンク、エスプラネード駅、シティリンク・モールを経由する地下道でもつながっている。

マーライオン・パーク(→P.104)からマリーナ・エリアへ

マーライオン観光のあと、マリーナ・エリアのショッピングセンターに行くには、歩行者専用のジュビリー・ブリッジ(MAP P.81-3C)が便利。眺めもよく、約5分でエスプラネード・シアターズ・オン・ザ・ベイに到着。館内を突っ切り、ラッフルズ・アベニューを横断すればマリーナ・スクエア。

建国50周年を記念して造られた橋。観光エリアを結ぶとあって多くの観光客が利用する

シンガポール国際会議場・展示会場

MAP P.81-1C
住1 Raffles Blvd., Suntec City
☎6337-2888
行き方MRTエスプラネード駅から徒歩約2分。

エスプラネード・シアターズ・オン・ザ・ベイ(→P.114)

住1 Esplanade Drv.
☎6828-8377
URLwww.esplanade.com
行き方MRTエスプラネード駅から徒歩約8分。シティ・ホール駅からシティリンク・モール経由でも行ける(徒歩約10分)。

●エスプラネード・モール
住1 Esplanade Drv., 1～3F Esplanade Mall
営ショップはだいたい12:00頃～21:00頃、レストランは11:30頃～22:30、23:00頃
※午前中は閉まっているところがほとんどなので、注意。

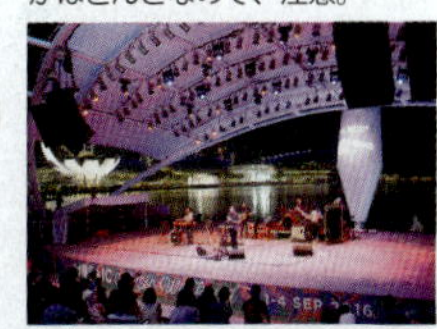

屋外シアターでは金～日曜の夜に無料ライブを開催。ローカルのバンドやシンガーが熱演。席は約450ある

Information

エスプラネード・シアターズ・オン・ザ・ベイ内のおもな施設

◆シアター　Theatre
イタリアのオペラハウスを模した2000人収容可能な劇場。重厚な空気に包まれている。

◆コンサートホール　Concert Hall
最新の設備と音響装置を誇る。どんな音楽にも適応するアコースティック・カーテンもそのひとつだ。1600人収容可能。

◆ライブラリー　Library
3階。アート関連の書物が充実し、CDやDVDなどマルチメディアを網羅。カフェもある。

◆チケット売り場
Mezzanine Levelボックスオフィスでチケットを購入できる。ウェブサイト、またはSISTIC ☎6348-5555でも予約が可能。

◆エスプラネード・モール　Esplanada Mall
レベル1～3にレストランやカフェを中心とした店が集まっている。レベル4の屋上のバーは2022年12月現在休業中。

おもな見どころ Sightseeing Spot

注目度大の文化、芸術の発信地 MAP P.81-2C

エスプラネード・シアターズ・オン・ザ・ベイ ★★
Esplanade Theatres on the Bay

文化、芸術の浸透を目指して造られた文化複合施設。シアターとコンサートホールのふたつの巨大ドームを中心にクリエイティブなスペースが展開しており、世界クラスの公演や地元アーティストの幅広い芸術活動を観ることができる。

おもな施設はP.113の囲み内を参照。ショップやレストランが入ったエスプラネード・モール、屋外にあるホーカーズのマカンストラ・グラットンズ・ベイは、観光客もチェックしたい。

マカンストラ・グラットンズ・ベイ
Makansutra Gluttons Bay

エスプラネード・シアターズ・オン・ザ・ベイ隣接の屋外ホーカーズ。10店ほどのストールは写真付きメニューでわかりやすく、観光客に人気だ。チリ・クラブやサテー、ロティ・プラタ、スイーツなど人気メニューを網羅している。

規模は大きくない。週末は混み合うので、早めの時間に訪れたい

世界最大規模を誇る観覧車 MAP 折込裏-2D

シンガポール・フライヤー ★★★
Singapore Flyer

日本の建築家も開発に加わった巨大で美しい形状の観覧車。エアコン完備の28人乗りカプセルが最高165mの高さまで上がり、約30分かけて1周する。市中心部はもちろん、空港方面からセントーサ島、はるかインドネシアの島々まで見渡せる。観覧車の基部に立つ3階建てのビルには、中央部の熱帯植物ガーデンを囲むようにショップやレストランなど約10店が入店。夕方から夜にかけて夜景もすばらしく、カクテルやモクテルが用意されたフライトを楽しむのもよい。

左／夜のフライトは眼下のマリーナ・ベイの夜景が感動的な美しさ　右／昼間は天気がよければインドネシアの島々、空港方面まで見渡せ、見飽きることがない

タイムカプセル
Time Capsule

映像や光、インタラクティブゲームなど最新技術を駆使し、五感を刺激する展示ギャラリー。2020年末にシンガポール・フライヤーの乗車口に隣接する一角に開設された。ロボットのR65がシンガポールの過去から現在、未来を巡る旅へとガイド。ハイライトは約3分の映像と音楽のショーが繰り広げられる「インフィニティ・スペース」。シンガポールの多様な文化、魅力を表した映像が、大迫力で体を包み込む。発展の歴史をちょっぴり学んで、フライヤーからシンガポールを眺めると感慨もひとしおだ。

ドリアンに似た形状は、日よけの役目を果たす工夫

エスプラネード・シアターズ・オン・ザ・ベイのデータ→P.113

マカンストラ・グラットンズ・ベイ
MAP P.81-2C
営17:00〜23:00（金・土・日曜〜23:30）　休無休　カード不可
行き方エスプラネード・シアターズ・オン・ザ・ベイと同じ。

シンガポール・フライヤー
住30 Raffles Ave.　☎6333-3311
URL www.singaporeflyer.com
営14:00〜22:00（ラストフライト21:30）※ショップ・レストランは10:00頃〜22:00頃　休無休
料シンガポール・フライヤー：大人$33、子供(3〜12歳)$21
シンガポール・フライヤーとタイムカプセルのセットチケット：大人$40、子供(3〜12歳)$25
タイムカプセル:大人$15、子供(3〜12歳)$10
ドリンク付きのフライト
シンガポール・スリング・エクスペリエンス:大人$69、子供$31(3〜17歳はモクテルをサーブ)
※タイムカプセル入場料を含む。
カード A M V
行き方MRTプロムナード駅から徒歩約8分。

L2には飛行機の操縦シミュレーションを体験できる「フライト・エクスペリエンス」、レンタサイクル「ゴー・サイクリング」、プロムナード沿いのテラスレストランもある。

カプセルは4m×7mあり、エアコンが効いていて快適

タイムカプセル
営14:00〜22:00(最終入場21:15)
休無休　料→上記シンガポール・フライヤーのデータ欄

左／「インフィニティ・スペース」では全方向の境がなくなり別世界へ　右／約700年のシンガポールの歴史をシンガポール川に見立てた「リバーオブ・タイム」も没入感たっぷり（ともにタイムカプセル館内）

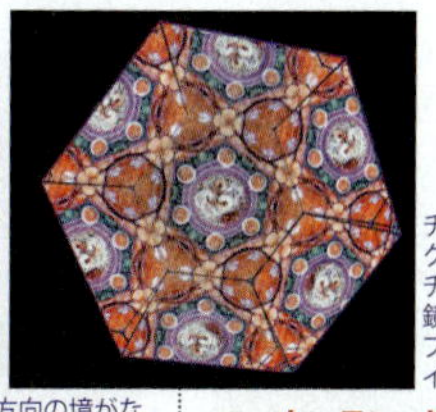
チリ・クラブやラクサなどの食をモチーフにした万華鏡「カレイドスコープ・ウオーク」（タイムカプセル内）

世界最大の噴水は特別なパワーがある!?　MAP P.81-1D

ファウンテン・オブ・ウエルス
★★
Fountain of Wealth

サンテック・シティ・モールにある噴水、ファウンテン・オブ・ウエルスは中国語で「財富之泉」という。中国の五行思想のなかで水は財力、金運の象徴とされ、それは風水の考えにも表れている。この噴水には風水の教えが生かされており、噴水と周りのビルの配置によって、ここは常によい「気」があふれる場所とされている。噴水にタッチできる時間帯も設けられており、願掛けをすることもできる。（→P.115欄外）。

モールの地下には、噴水を囲んでレストランが並んでいる。

左／ライトアップされる19:00頃に訪れるのがおすすめ。1998年にギネス世界記録に認定された噴水は高さ13.8m、直径21m　右／噴水で願掛けする人々

マリーナの堰堤にある展望スペース　MAP 折込裏-3D

マリーナ・バラージ
★★
Marina Barrage

マリーナ・ベイと外海をつなぐ水路には堰がある。9つの水門をもつ長さ350mの堰堤には、排水量を調節する施設があり、その中に飲食店、ギャラリー、展望スペースなどが設けられている。ここは湾内を淡水化し将来的に飲料水を供給する役目も担っている。また、芝生が一面に敷かれた広い屋上は、レクリエーションに活用。

2階にはこの施設の特徴や環境保護への取り組みなどを展示したサスティナブル・シンガポール・ギャラリーがある。

シンガポールのスカイラインが眺められる　MAP 折込裏-2D

ベイ・イースト・ガーデン
★
Bay East Garden

ガーデンズ・バイ・ザ・ベイ（→P.26）は、ベイ・サウスとイースト、セントラルの3つのガーデンからなり、ベイ・イーストはマリーナ・バラージの堰堤を越えた対岸に広がる。ヤシの木の群生や池、休憩所などが整備され、湾沿いに延びる約2kmのプロムナードが圧巻。マリーナベイ・サンズから高層ビル群、シンガポール・フライヤーまで、見事なスカイラインが目の前に広がる。バラージから足を延ばしてみてもいい。

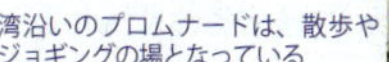
湾沿いのプロムナードは、散歩やジョギングの場となっている

ファウンテン・オブ・ウエルス
住 3 Temasek Blvd.　☎6337-3803
開 9:00～22:00　料 無料
行き方 MRTエスプラネード駅から徒歩約5分。

●噴水に触れられる時間帯
10:00～12:00、14:00～16:00、18:00～19:30
願い事をしつつ右手で噴水の水を触りながら周囲を3周すると、願いがかなうという。

サンズの南側にある レッド・ドット・デザイン・ミュージアム Red Dot Design Museum
世界中の傑出した製品デザインに与えられる権威ある「レッド・ドット・デザイン賞」の受賞作品約1000点を展示。1階のショップは受賞作品の一部を販売している。カフェとバーも併設。
MAP P.96-2B
住 11 Marina Blvd.　☎6514-0111
URL www.museum.red-dot.sg
開 12:00～20:00（土・日曜10:00～）
休 無休　料 $10（6歳以下無料）
行き方 MRTダウンタウン駅、ベイフロント駅から徒歩5～7分。

湾沿いにある

マリーナ・バラージ
住 8 Marina Gardens Drv.
☎6514-5959
URL www.pub.gov.sg/marinabarrage　開 24時間　休 無休
行き方 MRTマリーナ・ベイ駅前からSBS No.400のバスを利用。中心部からタクシーで約15分。

●サスティナブル・シンガポール・ギャラリー
Sustainable Singapore Gallery
開 9:00～18:00　休 火曜　料 無料

貯水池（左側）と外洋（右側）を仕切る堰堤

ベイ・イースト・ガーデン
住 Bay East Drv.　☎6420-6848
URL www.gardensbythebay.com.sg
開 24時間　休 無休　料 無料
行き方 マリーナ・バラージから徒歩約5分。

クラーク・キー周辺
Around Clarke Quay

ACCESS

クラーク・キー東側へはMRTクラーク・キー駅が便利。西側のロバートソン・キーへはMRTフォート・カニング駅やハブロック駅が近い。

スコッツ・ロードからリバー・バレー・ロードを通るNo.54のバスはオーチャード方面からのアクセスに使える。

街歩きプラン

1. 松發肉骨茶（ソンファー・バクテー） →P.51

徒歩約3分

2. クラーク・キー・セントラル（ショッピングセンター） →P.265

徒歩約5分

3. クラーク・キー →P.117

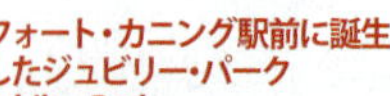

フォート・カニング駅前に誕生したジュビリー・パーク
Jubilee Park

MAP P.83-1D 住31 Jubilee Rd. 料無料

フォート・カニング・パークの西側斜面を利用した子供のプレイグラウンド。ブランコや滑り台、丸太歩きなどユニークなデザインの遊具が設置されている。駅や観光スポットに近い遊び場として家族旅行の際はチェック。

上／駅B出口の目の前にある。週末は子供たちの歓声が響く　下／斜面を利用した滑り台

クラーク・キーにはレストラン、バー、クラブなど約50店が集まっている（2022年10月現在、休業中や改装中の店もある）

クラーク・キー、ロバートソン・キーを中心に、川沿いに観光スポットが集まっている。核となるのは、エンターテインメントの殿堂、クラーク・キー。さらに西のロバートソン・キーも近年開発が進み、新しいビルや店、ナイトスポットが増えている。川沿いの観光は夜景もきれいで、にぎわう夕方以降がおすすめ。クラーク・キー駅の真上のショッピングセンター「クラーク・キー・セントラル」（→P.265）は日本関連の店が多く、地元客に人気だ。

このあたりは19世紀以降、貿易の拠点として発展したシンガポールの礎となった場所であり、当時の倉庫街を彷彿させる建物も残っている。そんな歴史を秘めた川沿いにプロムナードが整備されており、ぶらぶら歩いてみるのもいい。

クラーク・キーの真向かいに立つ「クラーク・キー・セントラル」

左／川沿いに各国レストランが並ぶロバートソン・キーは緑が多く散歩するのもいい　右／ロバートソン・キーにあるアルカフ橋は、カラフルなペイントが施されていてフォトジェニック

歩き方 Orientation

ディナーやナイトライフを楽しみに訪れるのがよい

余裕があればサンセット前の夕刻から訪れ、川の向こうに沈む夕日を眺めつつ散策。ライトアップがきれいな夜までゆっくり過ごすのがおすすめ。夜景撮影の人気ポイントはリード橋の上。

おもな見どころ Sightseeing Spot

旬のレストランとエンターテインメントがめじろ押し　MAP P.83-2D

クラーク・キー Clarke Quay
★★★

一大観光スポットとして注目のクラーク・キー。レストランやバーがメインで、世界のあらゆる料理が揃っている。ペルシア料理の「シラーズ・バー・アンド・グリル」やラテンアメリカ料理とモヒート、ライブパフォーマンスが楽しめる「キューバ・リブレ・カフェ＆バー」をはじめ、韓国料理やベトナム料理など。数軒のホーカーが入店した「SGホーカー」(→P.118) もお目見え。ライブスポットも多く、シンガポール最大規模のクラブ「ズーク」もありエンターテインメントシーンをリードするエリアでもある。夕方以降、雰囲気が一変しにぎわいを増すので、ディナーやアフターディナーに訪れてみたい。

川を挟んで向かい側には、**リバーサイド・ポイントRiverside Point**があり、こちらのテラスレストランも夜になると活気づく。

クラーク・キー
住River Valley Rd.　☎6337-3292
URL www.capitaland.com/sg/malls/clarkequay/en.html
行き方MRTクラーク・キー駅、フォート・カニング駅から徒歩約5分。

●アトラクションは休業中
クラーク・キーの川沿いにあった「ジーエックス・ファイブ・エクストリーム・スイング」は、2022年10月現在、閉鎖されており、今後新たなアトラクションの開業が予定されている。

左上／対岸のリバーサイド・ポイント　左下／昼間はカラフルなショップハウスの彩りが目を楽しませてくれる　中／縦横に延びる通路にも席が出てにぎわうレストランやバー　右／シェードの光の色が変わり、気分を盛り上げる

1. ゾルバ・ザ・グリーク・タヴェルナ(ギリシャ料理) Zorba The Greek Taverna
2. イン・バー＆ラウンジYin Bar & Lounge
3. 翠華Tsui Wah(香港カフェ)
4. 居酒屋Tomo
5. ヤンYan(クラブ)
6. シラーズ・バー・アンド・グリル(ペルシア料理) Shiraz Bar and Grill
7. イグナイトEgnyte
8. ホーリー・モーリー・ゴルフ・クラブ Holey Moley Golf Club
9. ホットバンズHot Buns(アジア風ハンバーガー)
10. レッド・テイル・バー・バイ・ズーク(バー) Red Tail Bar by Zouk
11. 一風堂Ippudo(ラーメン)
12. ウェアハウスWarehouse(レストラン・バー)
13. ジンジュ・モダン・コリアン・バー Jinju Modern Korean Bar
14. BBQボックス・プライムBBQ Box Prime(グリル料理)
15. ハンジップ・コリアン・グリル・ハウス Hanjip Korean Grill House
16. ズークZouk(クラブ)
    キャピタルCapital(クラブ)
    フューチャー・Phuture(クラブ)
17. ハリーズHarry's(バー)
18. フーリン・レストラン＆バー(フュージョンチャイニーズ) Fu Lin Restaurant & Bar
19. チョロンポチャChorong Pocha(韓国ストリートフード)
20. タイ・クン・バー・アンド・ストリートフーズ Thai-Khun Bar and Street Foods
21. フーターズ・オブ・シンガポール Hooters of Singapore
22. リトル・サイゴンLittle Saigon(ベトナム料理)
23. キューバ・リブレ・カフェ＆バー Cuba Libre Cafe & Bar
24. ガッバル・ビストロ・バー(インド料理) Gabbar Bistro Bar
25. オクタパス・バイ・エル・メサ(スペイン料理) Octapas by El Mesa
26. SGホーカーSG Hawker P.118

SGホーカー
MAP P.117
住River Valley Rd., Blk E, #01-08 Clarke Quay
営店舗によって異なる。早い店は8:00頃～、遅い店は～22:00頃
休無休　カード不可
行き方MRTフォート・カニング駅から徒歩約3分、クラーク・キー駅から徒歩約5分。

派手な壁画やクラーク・キー一帯の昔の写真がディスプレイされている

ロバートソン・キー
行き方東側はMRTフォート・カニング駅から徒歩約5分、西側はハブロック駅から徒歩約3分。

STPI-クリエイティブ・ワークショップ&ギャラリー
STPI-Creative Workshop & Gallery
MAP P.83-2C
住41 Robertson Quay
☎6336-3663
URL www.stpi.com.sg
開10:00～19:00(日曜11:00～17:00)
休祝日　料無料
行き方MRTフォート・カニング駅から徒歩約7分。

印刷・紙作りのプロとアーティストがタッグを組んで、技術の可能性を探り、最先端のアートを創り出すという取り組みを行っている。併設のギャラリーで作品を展示しており、見学可能。日本人の専門職人も在籍する。

SGホーカー
SG Hawker

クラーク・キーのリバー・バレー・ロード沿いの一角にオープンしたホーカーズ。ラクサや海南カレーライス、フライド・ホッケン・ミー、フィッシュボール・ヌードルなどを出す5店舗と規模は小さいが、クラーク・キー界隈で手軽にローカルフードが食べられる場所。休憩スポットとしてインプットしておこう。

左／テーブル席がゆったりと配置されていて意外にくつろげる　右／ミンスト・ポーク・ヌードル(バッチョー・ミー、$5.5)

話題のリバーテラスレストランが連なる　MAP P.82-2B

ロバートソン・キー
★★　Robertson Quay

クラーク・キーの西側、ロバートソン・キーもレストラン街になっており、ちょっとしたブームだ。川沿いに連なる高級アパート群の低層階に、レストランやバーが建ち並び話題を振りまいている。場所柄、外国人向けの店が中心で、クラーク・キーほど派手さはないが、ゆったりと各国料理とお酒が楽しめる。

左／川沿いはサイクリングやジョギングする人も行き交う　右／インターコンチネンタル・シンガポール・ロバートソン・キーのレストラン&バー「パプリコ」のテラス席

※MAP 周辺図はP.82～83

オーチャード・ロード Orchard Rd.

夜はいっそう華やぎ、22:00頃までにぎわう。写真はアイオン・オーチャード

美しい街路樹の歩道を世界各国の観光客が行き交うオーチャード・ロード。新陳代謝を繰り返し、超絶デザインのショッピングセンターがひしめく最も華やいだエリアだ。

19世紀までのこのあたりはナツメグなどを栽培する果樹園があった場所だ。このことからオーチャード（果樹園）という名前がついたといわれている。今でこそメインストリートになっているものの、その頃は小さな市街地の郊外で、裕福なヨーロッパ人や中国人が屋敷を構える高級住宅地だった。広い庭をもつコロニアル様式の屋敷、そしてその周りには緑豊かな果樹園が広がる、そんな当時の様子を今のオーチャード・ロードから思い浮かべることはできない。

50年ほど前、リー・クアンユー首相(当時)がオーチャード・ロードを一大ショッピングセンターにすることを唱える。このときから果樹園が消え、コロニアルな屋敷が消えた。代わりに世界中の品物を集めたショッピングセンターが軒を並べ、巨大なホテルが林立した。「すべてのものを新しく」——そんな政府の政策をものの見事に実現してみせたのが、ここオーチャード・ロードだ。

近年はマリーナ・エリアに負けじと迫力ある規模とデザインのショッピングセンターが次々出現。一気にヒートアップしたオーチャードは、シンガポールの今を体感させてくれる。

歩き方 Orientation

オーチャード・ロードは全長約3km。オーチャード駅の真上にあるアイオン・オーチャード（→P.257）を街歩きの起点、目印にするとよい

最旬スポットはサマセット駅周辺にある。人気S.C.はアイオン・オーチャード、髙島屋S.C.、パラゴン、マンダリン・ギャラリー、313・アット・サマセット。

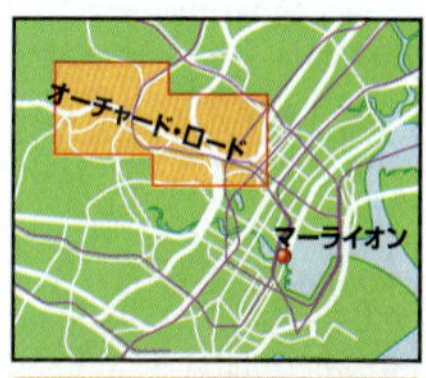

ACCESS

オーチャード・ロード沿いには3つのMRTの駅がある。西からオーチャード駅、サマセット駅、ドービー・ゴート駅。目的地に合わせて下車駅を選ぼう。

オーチャード・ロードは西から東へ向かう（一方通行）多数のバス路線が通っており、バス停も複数ある。オーチャード・ロード内の移動にバスを使ってもいい。

オーチャード・ロード西南側に開業したオーチャード・ブルバード駅は、オーチャード西側のショッピングセンターやホテルのアクセスに便利。

街歩きプラン

1. ボタニック・ガーデン→P.124
   ↓ バスかMRTで約10分
2. アイオン・オーチャード→P.257
   ↓ 徒歩約5分
3. シンガポール髙島屋S.C.→P.256
   ↓ 徒歩約12分
4. グッドウッド・パーク・ホテルの「レスプレッソ」でハイティー→P.240

地下道をうまく活用

横断歩道が少なく、地下道を使わないと横断できない箇所が多々ある。おもな地下道は以下のとおり。

●アイオン・オーチャード(B2F)⟺ウィーロック・プレイス
●オーチャード駅地下⟺タングス⟺ショー・ハウス
●シンガポール髙島屋S.C.(B1F)⟺ラッキー・プラザ

国際色豊かな人々が行き交う

オーチャード・ロードに出るアイス屋台。食パンにサンドしたアイスクリームは昔ながらの名物

シンガポール・ビジター・センター
Singapore Visitor Centre
MAP P.86-2A
住216 Orchard Rd.
FREE1800-736-2000
URLwww.visitsingapore.com
開10:00～19:00　休無休
行き方MRTサマセット駅から徒歩約1分。

観光案内がメイン。2022年10月現在、2階の展示スペースは閉鎖中。

プラナカンハウスを改装した建物内にある

シンガポール・ツーリズム・ボード
Singapore Tourism Board
MAP P.84-3A
住1 Orchard Spring Lane
☎6736-6622
開9:00～18:00　休土・日曜、祝日
行き方MRTオーチャード・ブルバード駅から徒歩約2分。

観光局本局オフィス。1階に展示や観光情報のコーナーを設置。また、政府公認のマーライオン6頭のうち、1頭がここの庭にいる（左写真）。

オーチャード・ロードの注目ショッピングセンター

アイオン・オーチャード前は人気の記念撮影ポイント

大型ブランド店の出店が相次ぐオーチャード・ロード。人気のショッピングセンター（S.C.）は、オーチャード駅の東側に集まっている。

オーチャード・ロードの中心核ともいえる巨大S.C.が**アイオン・オーチャード**。**マンダリン・ギャラリー**（→P.257）は少数精鋭のモール。サマセット駅に直結する**313・アット・サマセット**（→P.259）は、若い女性に人気の駅ビル的S.C.。その東隣には個性派ブランドを集めた**オーチャード・セントラル**（→P.259）がある。

夜になるとイルミネーションがきらめき、散歩するだけでもワクワクする。ショッピングに興味がなくても、近未来的な建築物が林立するこの通りをウオッチしてみたい。

◆

ズラリ林立するショッピングセンターや見どころを、西から東へ順を追ってご紹介。

西端からスコッツ・ロードの交差点まで

イセタン・スコッツが入ったショー・ハウス

オーチャード・ロード北側：**デルフィ・オーチャードDelfi Orchard**（エステ、ヘアサロンが多い）➡**オーチャード・タワーズOrchard Towers**（古めかしい。テーラー、レストランなどローカル度高し）➡**パレ・ルネッサンス**（カフェやレ

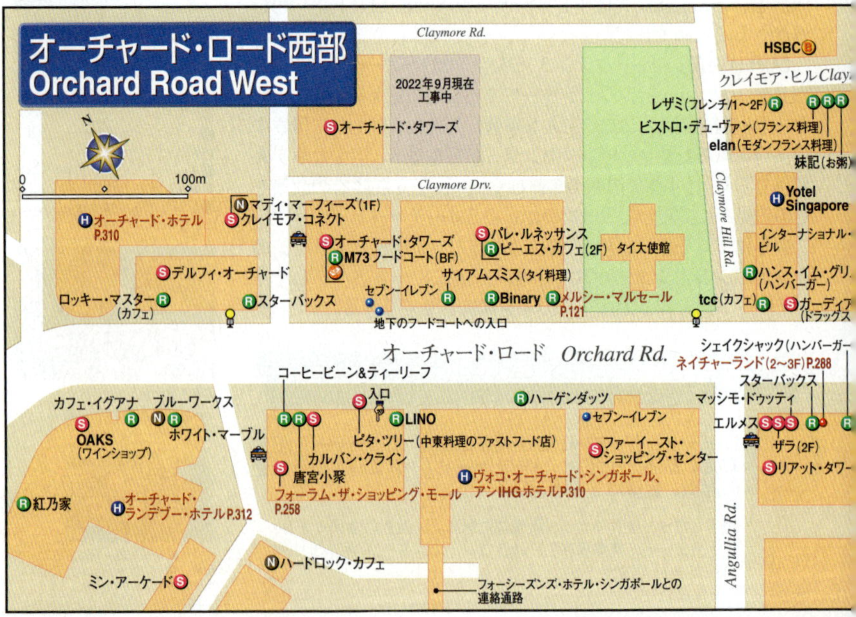

オーチャード・ロード西部
Orchard Road West

Claymore Rd.
2022年9月現在 工事中
オーチャード・タワーズ
HSBC
クレイモア・ヒル Clay...
レザミ（フレンチ/1～2F）
ビストロ・デュ・ヴァン（フランス料理）
elan（モダンフランス料理）
妹記（お粥）
Claymore Drv.
Claymore Hill Rd.
Yotel Singapore
0　100m
マディ・マーフィーズ（1F）
オーチャード・ホテル P.310
クレイモア・コネクト
オーチャード・タワーズ
M73フードコート（BF）
パレ・ルネッサンス
ピーエス・カフェ（2F）
タイ大使館
インターナショナル・ビル
デルフィ・オーチャード
サイアムスミス（タイ料理）
ハンス・イム・グリ...（ハンバーガー）
ロッキー・マスター（カフェ）
スターバックス
セブン-イレブン
Binary
メルシー・マルセール P.121
tcc（カフェ）
ガーディア...（ドラッグス）
地下のフードコートへの入口
オーチャード・ロード　Orchard Rd.
シェイクシャック（ハンバーガー）
ネイチャーランド（2～3F）P.288
コーヒービーン&ティーリーフ
スターバックス
カフェ・イグアナ
ブルーワークス
入口
ハーゲンダッツ
マッシモ・ドゥッティ
OAKS（ワインショップ）
ホワイト・マーブル
LINO
セブン-イレブン
エルメス
ピタ・ツリー（中東料理のファストフード店）
ファーイースト・ショッピング・センター
ザラ（2F）
カルバン・クライン
リアット・タワー
唐宮小聚
ヴォコ・オーチャード・シンガポール、アンIHGホテル P.310
フォーラム・ザ・ショッピング・モール P.258
紅乃家
オーチャード・ランデブー・ホテル P.312
Angullia Rd.
ハードロック・カフェ
ミン・アーケード
フォーシーズンズ・ホテル・シンガポールとの連絡通路

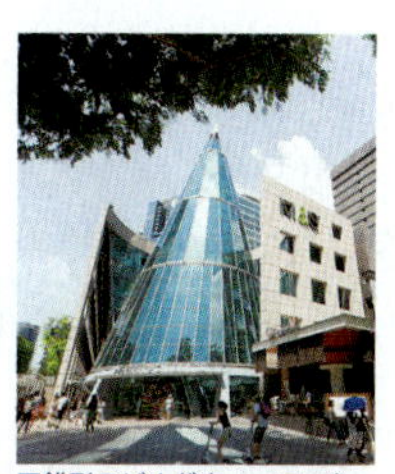

円錐形のビルがウィーロック・プレイス

ストランに注目)➡**イセタン・スコッツ**(スーパーは食料品みやげの品揃えよし。5階は映画館。→P.77、260)。

オーチャード・ロード南側:**フォーラム・ザ・ショッピング・モール**(子供用品が充実。→P.258) ➡**ウィーロック・プレイス Wheelock Place**(個性派ショップ多数。主要店はマークス&スペンサー)。

オーチャード・ロードの中心部

地下通路を通ってスコッツ・ロードを越えると、最もにぎわう一画。

スコッツ・ロードに寄り道:**スコッツ・スクエア**(高級S.C.)➡**ファー イースト・プラザ**(比較的安価な店が600店以上。→P.260)

オーチャード・ロード北側:**タングス**(根強い人気を誇るデパート。→P.260)➡**ラッキー・プラザ**(アジアのカオスを感じる老舗S.C.。地下の両替店はレートがよい。安服・安靴店多数。→P.267)➡**パラゴン**(おしゃれ度高し。→P.258)。

カジュアル服の路面店が並ぶラッキー・プラザ

オーチャード・ロード南側:**アイオン・オーチャード**(大型S.C.。→P.257)➡**ウィスマ・アトリア**(流行のファッション店が揃う。→P.257)➡**シンガポール高島屋S.C.**(最大規模のS.C.。ブランド品からみやげ物まで幅広い。→P.256)。

シンガポール高島屋S.C.が入ったニー・アン・シティ

チョーさん・ザッカ(ファー・イースト・ファイン・アーツ)
Chosan Zakka (Far East Fine Arts)

MAP P.85-2D
住304 Orchard Rd., #03-50 Lucky Plaza ☎6235-1536
営12:00～16:00 休日曜、祝日
カード ADJMV 行き方 MRTオーチャード駅から徒歩約5分。

雑貨から食べ物まで幅広くみやげ物を揃え、なおかつ良心的な価格で人気。店主のチョーさんは日本語が堪能。3階にある。

種類豊富な品揃え

フレンチカフェ&ショップ メルシー・マルセール
Merci Marcel

MAP P.85-2C
住390 Orchard Rd., #01-03/04 Palais Renaissance
☎6735-2608、6838-0198
営カフェレストラン:8:00～24:00(日・月曜～23:00)、ショップ:11:00～20:30 休無休
カード AMV
行き方 MRTオーチャード駅から徒歩約8分。

フランスのエスプリと南国のエッセンスを調和させたおしゃれなカフェレストランがオーチャード・ロードに進出(1号店はチョンバル店、→P.140)。パレ・ルネッサンスの1階にあり、隣にライフスタイルや雑貨のコンセプトストアを併設。

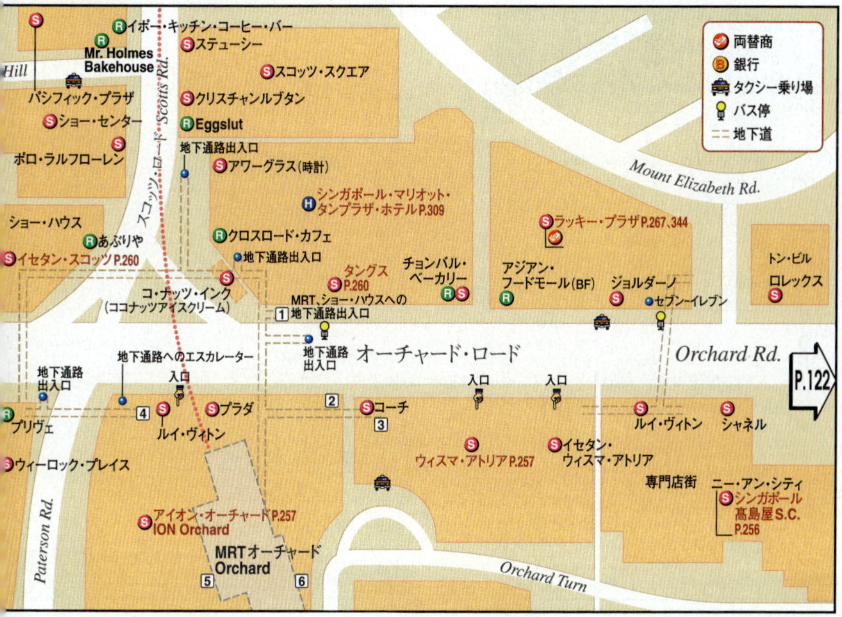

ライブラリー・アット・オーチャード　Library @ Orchard
MAP P.86-2A
住 277 Orchard Rd., #03-12/04-11 Orchardgateway　☎6332-3255
URL www.nlb.gov.sg　開 11:00～21:00（12/24、12/31、旧暦12/31は～17:00）　休 祝日、1/1、旧正月
行き方 MRTサマセット駅から徒歩約3分。

　おしゃれな進化型図書館。幅広い分野の蔵書は約10万タイトル。ディスプレイやレイアウトもスタイリッシュで、広々とした閲覧スペースが魅力。

大盛況の「ドンドンドンキ」Don Don Donki
MAP P.86-2B
住 181 Orchard Rd., B1 & B2 Orchard Central　☎6834-4311
営 24時間（北海道マルシェ11:00～22:00）　休 無休　カード A D J M V
行き方 MRTサマセット駅から徒歩約3分。

　日本の「ドン・キホーテ」のシンガポール1号店。オーチャード・セントラルの地下1階～地下2階で生鮮食品＆食料品を中心に展開。安さと日本製品の品揃えのよさをウリに24時間営業。地下2階に北海道の名店を集めた食エリア「北海道マルシェ」もある。

B1Fのお菓子のコーナー

MRTサマセット駅周辺

オーチャード・ロード南側：**マンダリン・ギャラリー**（話題のカフェや雑貨ショップに注目。→P.257）➡**313・アット・サマセット**（ファストファッション店が集合。→P.259）➡**オーチャード・セントラル**（個性派揃い。→P.259）。

オーチャード・ロード北側：**プラナカン・プレイス**（装飾したプラナカン〈→P.36〉の住居を再現した2階建てショップハウス。バーやレストランが入店。MAP P.86-2B）➡**センターポイント**（ローカル人気が高いS.C.）。

ブリッジがあるS.C.「オーチャードゲイトウェイ」

カッページ・テラスCuppage Terrace：ショップハウスに入った各国レストランが連なる一角。南国植物を配したテラス席は、夕方以降にぎわう。MAP P.86-2B。

　以上がおもなショッピング＆グルメスポットだ。このあと、さらに東へドービー・ゴートのほうへ向かってみよう。

レストランとバーが約10店連なるカッページ・テラス

MRTドービー・ゴート駅周辺

　オーチャード・プラザを通り過ぎると、**コンコルド・ホテル・シンガポールConcorde Hotel Singapore**（→P.311）がある。このホテルからバヨン・ロードBuyong Rd.を渡った左側一帯は大統領官邸Istanaだ。特別な日以外、中には入れないが（→P.123欄外）、敷地内には立派な建物と広々とした庭園がある。

　そのまま真っすぐ行くと左側に見えてくるのが、**プラザ・シンガプーラPlaza Singapura**（→P.261）。その地下が、MRTのドー

オーチャード・ロード東部 Orchard Road East

ケアンヒル・プレイス　Bideford Rd.　Cairnhill Rd.　Mount Elizabeth Rd.
パラゴン P.258　ホテル入口　ホリデイ・イン・エクスプレス・シンガポール・オーチャード・ロード　コーツ・ノジマ・ザ・ヒーレン
トン・ビル　ロレックス　バレンシアガ　トッズ　プラダ　フェラガモ　プリヴェ　グッチ　入口　アディダス　アップルストア　フェーバーハ…　デザイン・オーチャード P.269
オーチャード・ロード　Orchard R…　P.121
ピタ・ツリー（中東料理のファストフード店）　シャネル　噴水のある広場　ポロ・ラルフローレン　高島屋百貨店 P.256　正面入口　シンガポール高島屋S.C. P.256
マイケルコース　ヒューゴ・ボス　入口　マックスマーラ　マンダリン・ギャラリー P.257　ヴィクトリアズ・シークレット　ビンバイローラ　H&…
Orchard Link　ヒルトン・シンガポール・オーチャード P.309　オーチャード・ビル　キャセイ・シネレジャー・オーチャード　スターバックス　Grange Rd.
0　100m

ビー・ゴート駅だ。

駅から数分東に進んだ所には、**キャセイThe Cathay**（→P.123欄外）というシネコンがある。前身は1939年に建てられたキャセイビルで、当時の外観を再現し、さらにハイテク感を加味した建物は存在感がある。

この先からオーチャード・ロードは、ブラス・バサー・ロードBras Basah Rd.と名前を変え、ラッフルズ・シンガポール方面に続く。北上する道(セレギー・ロードSelegie Rd.)は、リトル・インディアへといたる。

おもな見どころ Sightseeing Spot

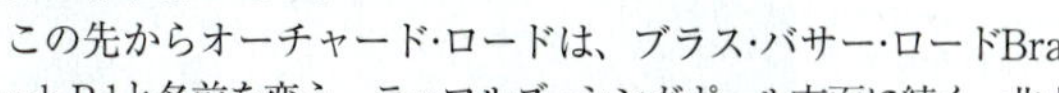

スコッツ・ロードに彩りを添えるコロニアルホテル　MAP P.85-1D

グッドウッド・パーク・ホテル Goodwood Park Hotel

★★

ラッフルズ・シンガポールと並ぶ、シンガポールのコロニアルホテル。1900年、在住ドイツ人のためのクラブハウスとして建てられたもので、とんがり屋根をもつ外形はドイツ、ライン川沿いの城をイメージしたものだという。夜、照明に浮かび上がるその姿は、特に美しい。

GOODWOOD PARK
宿泊客のみならず、記念撮影で訪れるツーリストもいるグッドウッド・パーク・ホテル

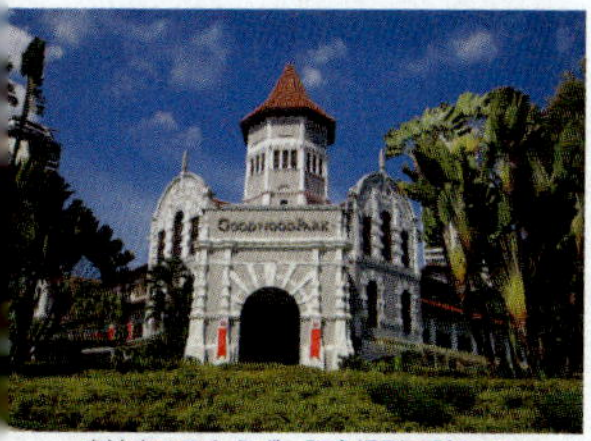

現在では、高級エレガントホテルとしてハネムーナーなどに人気があるほか、各種レストランが充実していることでも知られている。特に中庭に面した「レスプレッソ」（→P.240）のハイティーは有名だ（ホテルの紹介は→P.307）。

大統領官邸に入れる日

普段は一般公開されない大統領官邸だが、毎年旧正月1日目、2日目、レイバー・デー、ハリ・ラヤ・プアサ、ナショナル・デー前の土曜日か日曜日、ディーパヴァリの年6日（開9:30〜14:30、16:30〜17:00　料入館料$4、ガイドツアーは$10）は特別に入ることができる。機会があったらぜひ見学してみよう。

大統領官邸 MAP P.87-1C

ドービー・ゴートって？

変わった名前だけど、これはタミール語で洗濯男、または洗濯場の意味。昔インドから渡ってきた人々がこのあたりに多く住み、洗濯場がたくさんあったことに由来する。丘の斜面にはズラリと洗濯物が干されていたそうだ。

キャセイ　The Cathay

MAP P.87-2D　住2 Handy Rd.

URL www.thecathay.com.sg

行き方 MRTドービー・ゴート駅から徒歩約2分。

地下1階から4階まではショップとレストランが入り、5・6階には最新設備が整った8つのシネマルームがある。

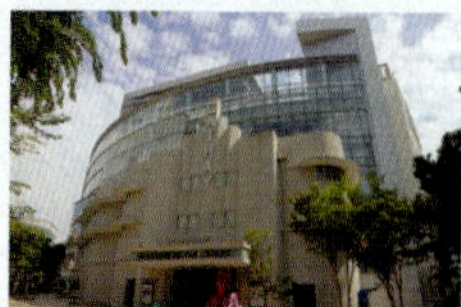

個性が際立つユニークな雑貨やウエアの店が多い

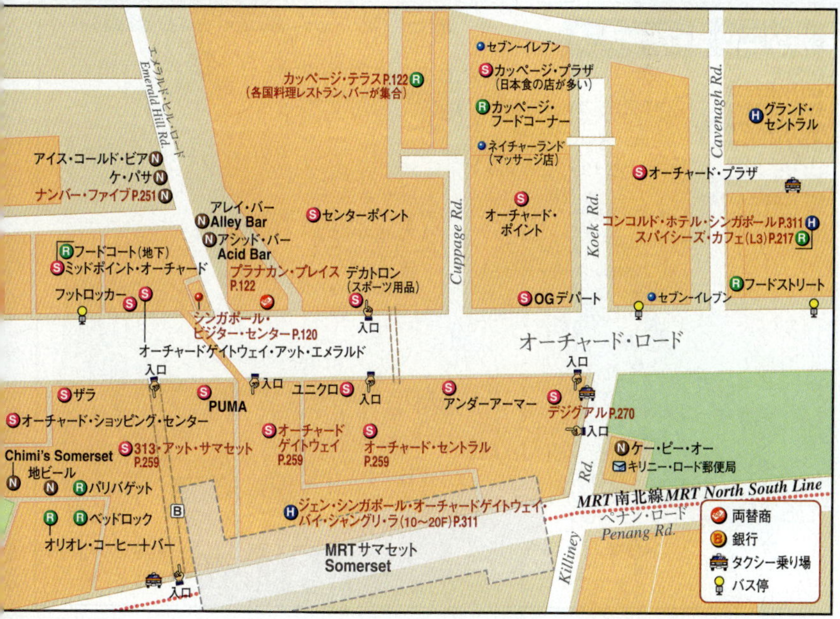

エメラルド・ヒル・ロード
Emerald Hill Rd.
カッページ・テラスP.122
（各国料理レストラン、バーが集合）
セブン-イレブン
カッページ・プラザ
（日本食の店が多い）
カッページ・フードコーナー
ネイチャーランド
（マッサージ店）
Cavenagh Rd.
グランド・セントラル
アイス・コールド・ビア
ケ・パサ
ナンバー・ファイブP.251
オーチャード・プラザ
アレイ・バー
Alley Bar
アシッド・バー
Acid Bar
センターポイント
Cuppage Rd.
オーチャード・ポイント
Koek Rd.
コンコルド・ホテル・シンガポールP.311
スパイシーズ・カフェ(L3)P.217
フードコート(地下)
ミッドポイント・オーチャード
プラナカン・プレイス
P.122
デカトロン
（スポーツ用品）
フットロッカー
シンガポール・ビジター・センターP.120
OGデパート
セブン-イレブン
フードストリート
入口
オーチャードゲイトウェイ・アット・エメラルド
オーチャード・ロード
入口
入口
ユニクロ
入口
アンダーアーマー
デジグアルP.270
ザラ
PUMA
オーチャード・ショッピング・センター
オーチャードゲイトウェイ
P.259
オーチャード・セントラル
P.259
入口
Chimi's Somerset
地ビール
313・アット・サマセット
P.259
ケー・ピー・オー
キリニー・ロード郵便局
パリバゲット
Rd.
ジェン・シンガポール・オーチャードゲイトウェイ・バイ・シャングリ・ラ(10〜20F)P.311
MRT南北線MRT North South Line
ペナン・ロード
Penang Rd.
ベッドロック
オリオレ・コーヒー+バー
MRTサマセット
Somerset
Killiney
入口
両替商
銀行
タクシー乗り場
バス停

シンガポール初の世界遺産

シンガポール・ボタニック・ガーデン

160年を超える歴史があり、シンガポールの発展にも深い関わりをもつシンガポール・ボタニック・ガーデン（以下ボタニック・ガーデン）が、2015年、世界遺産に登録された。このガーデンは、実はシンガポールの歴史の断片を秘めた場所。歴史スポットや希少な植物が数々ある。

2021年に園内のナショナル・オーキッド・ガーデン（→P.126）が改修を終え、新たな見どころが登場。さらに拡張エリア、ギャロップ・エクステンション（→P.127）も開園。ますます注目が集まる植物園を散策してみよう。

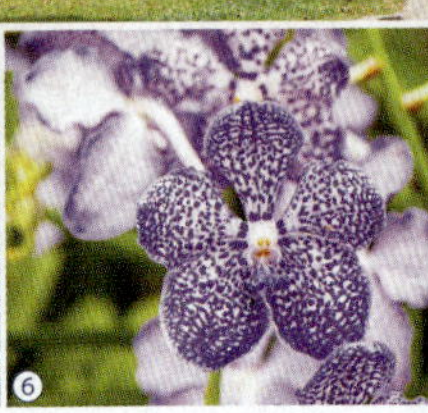

①「ローズ・グレープ」と呼ばれるショッキングピンクの花「メディニラ・マグフィカ」 ②ひっそりと茂みに咲くトーチジンジャー ③クエ（餅菓子）やココナッツライスの色づけに使われるバタフライピーも園内で見られる ④ガーデンのランドマーク「バンドスタンド」。1860年代初めに小高い丘を整地し、ここでバンド演奏が行われていたことから命名。写真の八角形のガゼボは1930年代に建造。イエローレインツリーに囲まれた景勝スポットだ ⑤散策は早朝がおすすめ ⑥バンダ属の珍しいラン

ボタニック・ガーデンはこんな場所

南北に細長い52ヘクタールの広さは、ひと回りすると3〜4時間はかかる。熱帯固有の枝ぶりの見事な木々が生い茂り、なかでも47本が国が保護するヘリテージツリーに指定されている。

地元の人々にとっては散歩やジョギングに訪れたり、休日はピクニックをしたりと憩いの場である。シンフォニー・レイクの池の中のステージでは週末にコンサートが開かれることも。

ナショナル・オーキッド・ガーデンやジンジャー・ガーデンなど見どころも盛りだくさん（→P.126〜127）。なるべく朝早い時間に訪れて、小鳥のさえずりを聞きながら、散歩するのが気持ちいい。

ハスの花が咲くシンフォニー・レイクのステージ

※地図内の①〜⑧はP.125に掲載の注目ポイントに対応してます。

注目すべきポイントはココ!

タングリン・ゲートからナショナル・オーキッド・ガーデンへの道沿いには、世界遺産登録の決め手となったスポットや植物が点在。

①スワン・レイクのガゼボ

白鳥が泳ぐ池のそばに立つビクトリア様式の美しい展望亭。1850 年代に別の場所に建造されたものが 1969 年に移築された。

池が見渡せる

②5ドル紙幣の木

5ドル紙幣

シンガポールで最も有名な木。樹齢150年以上の見事な大木

5ドル紙幣の裏に描かれたテンブスの大木がある。この木は下方の枝が地を這うように横に伸びていて、その特異な姿が昔から有名。枝に座って記念写真を撮るのが人気だったとか。150 年前の開園以前からここにあったといわれる。

③丸い石の噴水

水の上でくるくる回る石。手で押すと回転方向が変わる

④幸せを招くサガの実

サガ (Saga) のヘリテージツリー。このサガの木の赤い小さな実は昔から幸せを呼ぶ実といわれ、100 個集めると願いがかなう、恋愛のお守りなどさまざまな言い伝えがある。1 ～ 2 月頃、7 ～ 8 月頃に実がなる。

下／マメ科の巨大木　上／実は宝石のようにきれいなので、雑貨やアクセサリーにも使われる

⑤世界最大のラン

花がトラの模様に似ているので「タイガーオーキッド」と呼ばれ、ランのなかではひと株の大きさが世界一。昔はシンガポールに自生していたが、今ではガーデン内 2 ヵ所に残るのみ。

野性味あふれるラン。道の脇、囲いで覆われている。長い茎は2mにもなる

⑥プラントハウスのれんがの階段

このれんがは日本統治時代、外国人捕虜が造らされたもの。れんがの表面に彫られた無数の矢印は、抵抗の証を刻んだものという。

左／プラントハウスへ続く階段に注目　右／プラントハウスはハス池のある小さなガーデン

⑦プルメリアの群落

香りのよいプルメリアが群をなす一角。1年を通して白やピンクの花が咲く。木々のそばにはブランコがあり家族連れが集う

⑧シンガポールの国花

可憐に咲く国花のランも見もの。1893 年、アグネス・ジョアキムさんが発見した新種の自然交配種のランで、当時の園長によって彼女の名前を冠した「バンダ・ミス・ジョアキム」と名づけられた。

意外に小さくて可憐なラン

豆・知・識

160 年を超えるヒストリー

開園は 1859 年。植物の研究に熱心だったラッフルズ卿が造ったフォートカニング・パークの植物園が前身。その遺志を受け継ぎ、熱帯雨林の研究の場として現在にいたっている。

世界遺産登録の理由は?

- ランの交配の研究は有名だが、ここでゴムノキから樹液を効率よく採取する方法が開発された。このことがゴム産業を躍進させ、シンガポールの経済発展の礎を築いた功績が大きな理由。
- 歴史建築物や英国式の庭園、ヘリテージツリーがあること、絶滅に瀕している植物の保護、育成なども認められた。

絶滅危惧植物のダブルココナッツの木。種子は世界最大の大きさ

園内散策ガイド

おもなゲートは南のタングリン・ゲート (オーチャード・ロードのタングリン・モールから徒歩 7 ～ 8 分)と、東のナッシム・ゲート、北は MRT ボタニック・ガーデン駅そばのブキ・ティマ・ゲート。

タングリン・ゲート

野生動物にも遭遇!

オオトカゲ

徒歩所要時間

- タングリン・ゲート ～ ナショナル・オーキッド・ガーデン：約 12 分 (800m)
- タングリン・ゲート ～ ナッシム・ゲート：約 20 分 (1.6km)
- ナッシム・ゲート ～ ナショナル・オーキッド・ガーデン：約 8 分 (660m)
- ナッシム・ゲート ～ MRT ボタニック・ガーデン駅：約 10 分 (1.1km)

リス

日本語ガイドツアーもある

毎月第 1 土曜の 10:00 から所要約 2 時間。当日 9:45 からナッシム・ゲートのビジターセンター脇のカウンターで参加受付。定員 30 名。料 無料

グレードアップしたナショナル・オーキッド・ガーデン

世界のラン展示場のなかで最大規模を誇り、1000を超える原種と約2000の交配種のランが約6万株展示されている。園のスタッフによって丹精込めて生み出された色とりどりのランは、美しく魅惑的。特に珍しいランや植物が見られるのが、改修によって広さも内容も進化した「タン・フーン・シアン・ミストハウス」と「センブコープ・クールハウス」。じっくり見て回ると数時間あっという間なので、余裕をもって訪れたい。

①黄色いオンシジューム・ゴールデンシャワーで飾られたアーチ状のトンネル　②カラフルなランで彩られた入口　③ツルの噴水は記念撮影スポット　④新たに整備されたタン・フーン・シアン・ミストハウスへ続くボードウオーク

タン・フーン・シアン・ミストハウス
Tan Hoon Siang Mist House

標高650～1000mの古代熱帯の植物相を模した造りになっていて、ランの珍しい希少種や受賞歴のある交配種などを厳選して展示されている。

高貴で優雅なランが目を楽しませてくれる

実業家・慈善家であり、ランの愛好家でもあったタン・フーン・シアンの名を冠したミストハウス

タン・フーン・シアンによって生み出され受賞歴もあるパピリオナンダ・タン・チャイ・ヤン

芸術作品のようなコチョウラン

館内にはプリミティブな像も

ユエン・ペン・マクニース・ブロメリア・コレクション
Yuen Peng McNeice Bromeliad Collection

標高650～1000mの中南米の植物をフィーチャー。おもにパイナップル科（ブロメリア）のさまざまな植物が見られる。

珍しいパイナップル科のグズマニアやネオレゲリアなどの種類が集合

センブコープ・クールハウス
The Sembcorp Cool House

標高1000～2000m、気温16～23℃の高山に自生するランを集めて展示。館内はひんやり涼しく、山岳ジャングルの雰囲気満点。袋状の花弁をもつ不思議なランや食虫植物が見られる。

冷涼で多雨な山岳地帯の環境がハイテク技術によって再現されている

渋い色合いのジゴペタルム属のラン

「レディススリッパ」「ビーナスのスリッパ」といわれる、袋状の花弁をもつランは、色も形状も可憐

ウツボカズラの仲間やサラセニア属など食虫植物も展示されているので、探してみて

ナショナル・オーキッド・ガーデン
National Orchid Garden

開8:30～19:00（最終チケット販売18:00）　休 無休
料 大人$15、学生、60歳以上$3、子供（12歳未満）無料
カード A M V（$30以上の場合のみ使用可能）　行き方 タイアサール・ゲートから徒歩約4分。

多彩な見どころ

園内にはテーマを設けたさまざまなガーデンや自然散策トレイルがある。注目すべき場所をご紹介。

ジンジャー・ガーデンで見られるジンジャーの仲間のイラスト画。種類が多いことが一目瞭然

オオオニバスが浮かぶ池の周辺がジンジャー・ガーデン

ジンジャー・ガーデン
Ginger Garden

中南米から東南アジアまで熱帯地方に分布する250種ものショウガ科とその近縁種を栽培。ここで1859年からジンジャーの研究が行われていたのが発端となっている。独特の形状の種類豊富なジンジャーは興味深い。

行き方 タイアサール・ゲートから徒歩約3分。

①ろうそくのような見た目のジンジャー。驚きの姿に発見がある　②おもしろい形状のヘリコニアもジンジャーの仲間　③花のように見えるのは苞（つぼみを包む葉）で、その中に小さい黄色い花が咲いている

熱帯雨林の森
Rain Forest

ナッシム・ゲートの近くに約6ヘクタールの熱帯雨林の森があり、原生林も部分的に残っている。高木からシダやハーブまで約300種類の植物が生い茂る森の中に遊歩道が設置されていて、散策できる。

行き方 ナッシム・ゲートから徒歩約5分。

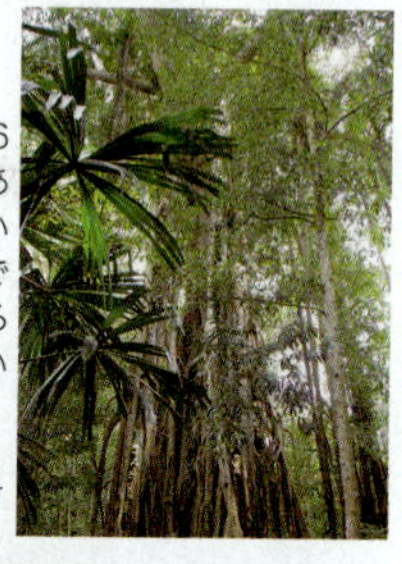

樹木の密度がすごい。高さ50mまで伸びる木もある

ヒーリング・ガーデン
Healing Garden

おもに東南アジアで伝統的に薬に使われる植物を約400種類、説明文とともに展示栽培している。循環器系、消化器系など効能のある部位ごとに分けられた6エリアで構成。植物の秘められたパワーに驚かされる。

開7:00～19:00　休火曜　料無料
行き方 ナッシム・ゲートから徒歩約5分。

発熱、下痢などの薬に使用されるクラウンフラワー（英名）

※データの記載のない所はボタニック・ガーデンのデータと同じ。

拡張エリアのギャロップ・エクステンション
Gallop Extension

シンガポール最古（1898年建造）のブラック&ホワイトの保存建築内にあるフォレスト・ディスカバリー・センター

ボタニック・ガーデン西側の一画、8ヘクタールが整備され、2021年に開かれた。広大な森と原生林に囲まれた敷地に、森林の生態系を紹介する「フォレスト・ディスカバリー・センター」、植物を題材にしたアート作品展示の「ボタニカル・アート・ギャラリー」、子供の遊び場「コモ・アドベンチャー・グローブ」などがある。

開5:00～24:00（ふたつの展示館は9:00～18:00）　休無休　料無料　行き方 ギャロップ・ゲートから徒歩数分～10分。

左／ボタニカル・アート・ギャラリーの建物も歴史建築物　右／アートを通して植物の魅力に触れられる

ガーデン内のレストラン

ハリア Halia

ジンジャー・ガーデンに隣接したヨーロッパ料理の店。ショウガを用いた飲み物が名物。

☎8444-1148　営9:00～21:00（土・日曜、祝日10:00～。ラストオーダー20:30）　休無休　カード A J M V

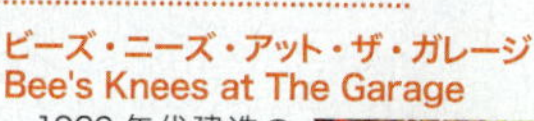

左／熱帯植物に囲まれた屋外席　右／ハーブ入りのフルーツドリンク

コーナー・ハウス Corner House

歴史的建造物にある創作料理レストラン。

☎6469-1000
営12:00～15:00、18:30～23:00（ラストオーダー13:30、20:30）
休月曜、旧正月
カード A M V

ビーズ・ニーズ・アット・ザ・ガレージ Bee's Knees at The Garage

1920年代建造の歴史建築物の1階にあるビストロ&カフェ。朝食メニュー、ピザやパスタなどを提供。

☎9815-3213
営8:00～22:00
休無休　カード A J M V

手前はベリーとヨーグルトのパンケーキ（$17）、ドリンクはスイカジュース（$9.5）

※掲載のレストラン MAP P.124

ガーデン内のショップ

ガーデン・ショップ Gardens Shop

タングリン・ゲート、ナッシム・ゲートの各入口付近にある。植物をテーマにした雑貨のほか、植物関連の書籍や写真集もある。

タングリン・ゲート店：☎6475-1155　営8:30～14:30、15:30～19:00、ナッシム・ゲート店：☎6467-0380　営8:30～19:00　休無休　カード A J M V
MAP P.124

シンガポール・ボタニック・ガーデン
Singapore Botanic Gardens

MAP 折込裏-1A、P.124　住1 Cluny Rd.
☎6471-7138、6471-7361　URL www.nparks.gov.sg/SBG　開5:00～24:00　休無休　料無料（園内のナショナル・オーキッド・ガーデンのみ有料）　行き方 ブキ・ティマ・ゲートはMRTボタニック・ガーデン駅から徒歩約1分。タングリン・ゲートはMRTネイピア駅から徒歩約3分。オーチャード・ブルバードからNo.7、77、105、106、123のバスで約5分。

シェントン・ウェイ
Shenton Way

ACCESS

MRTラッフルズ・プレイス駅の利用が便利。南側のアジア・スクエアへはダウンタウン駅を利用。オーチャード・ロードからバスを使うなら、No.167、700で約10分。クリフォード桟橋前のバス停下車。

街歩きプラン

1. ラオ・パ・サ・フェスティバル・マーケット →P.234
   徒歩約5分
2. キャピタスプリングのスカイガーデン →P.130
   徒歩約3分
3. ボート・キー →P.129

左の3つのタワーが、マリーナ・ベイ・ファイナンシャル・センター

マリーナ・ベイ・リンクモール
Marina Bay Link Mall
MAP P.96-2A
住8A Marina Blvd.
☎6634-0888 営10:00〜22:00
行き方 MRTダウンタウン駅から徒歩約3分、ラッフルズ・プレイス駅からなら徒歩約8分。
　マリーナ・ベイ・ファイナンシャル・センター地下から西側に広がるショップ＆ダイニング街。モールからラッフルズ・プレイス駅まで地下道が延びている。

金融関係の高層ビル群が連なるシェントン・ウェイ。手前は歴史遺産の桟橋「クリフォード・ピア」

　どこまでも広がる南国の空を、無機的な建物が四角く切り取っている。アジアの金融センター、シェントン・ウェイの空だ。シンガポールというと、どうしてもビルの林立するさまを思い浮かべてしまう。まさにそのイメージと合致するのが、シェントン・ウェイだ。しかもこのエリアのビル群は、互いにくっつき合い、あたかもそれ全体で巨大なビルのコラージュを作り上げているようだ。

　近年、金融街はマリーナ・ベイの南岸に沿って東側に拡張されている。その核となっているのが3つのタワーをもつマリーナ・ベイ・ファイナンシャル・センターMarina Bay Financial Centreだ。それにともなうかのように、新しいオフィスビルや高級アパートメントが建設され、2022年にはMRTシェントン・ウェイ駅が開業した。

歩き方 Orientation

歩き方のヒント

注目はウオーターフロントを彩るスポット

再開発されたコリア・キー東側の湾岸には、レストランやホテル、プロムナード、オフィスビルなどが次々と登場。夜景もすばらしいこのあたりを散策するのがおすすめ。

シェントン・ウェイのエリア範囲

　一般にシェントン・ウェイと呼ばれる場所は、本来の通りとしてのシェントン・ウェイを指すものではない。ラッフルズ・プレイス駅周辺から南へ向かう幹線道路のラッフルズ・キーRaffles Quay〜シェントン・ウェイShenton Wayを中心にした一帯を指す。このエリアは企業や銀行の高層ビルが建ち並ぶオフィス街だ。

ラッフルズ・プレイスで空を見上げる

　MRTラッフルズ・プレイス駅がシェントン・ウェイの玄関口だ。駅出口のあるその名も**ラッフルズ・プレイスRaffles Place**という広場の周りには、シンガポールで1、2を争う超高層ビルがそびえ立っている。なかでも目を引くのがともに280mという高さをもつ、**ワン・ラッフルズ・プレイス One Raffles Place**（MAP P.89-1D）と新たに誕生した**キャピタスプリングCapitaSpring**（→P.130）。そのすぐ脇、川沿いの**UOBプラザUOB Plaza**（66階建て、279.8m）とともにラッフルズ・プレイスのシンボルになっている。

中央の高層ビルがワン・ラッフルズ・プレイス。すぐ右側がＵＯＢプラザ

ラッフルズ・プレイスからシェントン・ウェイへ

ラッフルズ・プレイス駅東側のクリフォード桟橋前のコリア・キーCollyer Quayを南にワンブロック進むと、ラオ・パ・サ・フェスティバル・マーケットLau Pa Sat Festival Market（→P.234）がある。時計塔をもつビクトリア調の目立つ建物で、内部は巨大なフードコートだ。

コリア・キーはラッフルズ・キー、シェントン・ウェイと名前を変えて南へ続く。新設のモール「ダウンタウン・ギャラリー」を過ぎて、交差するマックスウェル・ロードを右に行くとMRTタンジョン・パガー駅へ、左は開発が進むマリーナ・サウスへ続いている。

おもな見どころ Sightseeing Spot

人気のディナーエリア　MAP P.80-3A、3B

ボート・キー Boat Quay
★★

ラッフルズ・プレイス駅G出口からUOBプラザを通り抜けたシンガポール川の川岸には、改修された色鮮やかなショップハウスが並んでいる。ここがボート・キーだ。中国、インド、イタリアなどバラエティに富んだレストランや、英国風パブ、ライブバー、スポーツバーなどのナイトスポットが入っており、夕方からにぎわい始める。

さらにボート・キーの裏手のサーキュラー・ロードCircular Rd.沿いにもパブやレストランが建ち並び、にぎわっている。

川沿いに並ぶテーブル席は開放感があり人気

ヒップなショッピングモール　MAP P.89-3C

ダウンタウン・ギャラリー Downtown Gallery
★★

2棟のタワーからなる「OUEダウンタウン」。上階はオフィスや高級アパートが占め、地下1階から5階が「ダウンタウン・ギャラリー」になっている。オーガニック系のカフェやスキンケア店、ヨガスタジオなどヘルシー系が充実。2階の四川飯店系列のレストラン「チェンズ・マーポートーフ」、地下1階の食のコンセプトストア「プロビドール」に注目。

ワン・ラッフルズ・プレイス
旧名はOUBセンター（OUB Centre）。丹下健三氏の設計として知られる63階建てのビル。隣接して38階のタワーが完成し、複合ビルとなり、名称が現名に変更された。地下1階から地上5階までショッピングモールになっている。

ラオ・パ・サ・フェスティバル・マーケット
MAP P.89-2C、2D
住18 Raffles Quay
行き方 MRTラッフルズ・プレイス駅から徒歩約7分。

ラオ・パ・サ・フェスティバル・マーケットは、オフィスワーカーのランチどころでもある

ボート・キー
行き方 MRTラッフルズ・プレイス駅から徒歩約5分。

ボート・キーからクラーク・キーへの道
ボート・キーからクラーク・キーへは徒歩約10分。ボート・キーの西端、サウス・ブリッジ・ロードの下の随道をくぐり、川沿いの遊歩道を西へ進むとショッピングセンター、クラーク・キー・セントラルに出る。目の前がクラーク・キーだ。

クラーク・キー近くに架かるコールマン・ブリッジ

ダウンタウン・ギャラリー
住6A Shenton Way
☎6513-7727
URL downtowngallery.com.sg
営10:00～21:00　行き方 MRTタンジョン・パガー駅から徒歩約5分。

上／「四川飯店」の姉妹店「チェンズ・マーポートーフ」（2F, #02-29）は、カジュアルに楽しめる　左／1階で大々的に展開するバイシクルカフェの「Autobus」

CapitaSpring

オフィスビルの展望ガーデンで絶景と緑を愛でる
キャピタスプリング

シンガポールのスカイラインにユニークな高層ビルが仲間入り。2021年に完成したキャピタスプリングは地上51階建て、高さ280mの大規模複合施設だ。先鋭的でダイナミックなデザインのビルには、豊かな緑を配したグリーンオアシスやスカイガーデン、ホーカーズがあり、一般の人もアクセス可能。360度のパノラマが楽しめるスカイガーデンで、新たなシンガポールを展望してみよう。

屋上51階のスカイガーデン

ラッフルズ・プレイス周辺のビル群越しにマリーナ・ベイを望む

チャイナタウンも間近に見える

キャピタスプリングってどんなビル?

MRTラッフルズ・プレイス駅から徒歩約3分、ビジネス街の中心部に立地。ファサードに設けた空間から緑が顔を出すのが特徴的。オフィスとサービスアパートメントが入居していて、その間の17～20階は緑の回廊「グリーンオアシス」、屋上は農園もある「スカイガーデン」として一般開放されている。2～3階には、前身の建物内にあった「マーケット・ストリート・ホーカーセンター」がモダンな装いで復活。1階、17階、51階にカフェやレストランがある。

植物を外壁のデザインに組み込んでいるのが斬新

スカイガーデンの楽しみ方

マリーナベイ・サンズ、チャイナタウンやシティ・ホール周辺、海上の島々まで360度の展望を堪能。周辺の高層ビルが眼下に見えるのが圧巻だ。屋上全体が庭園で区画ごとに花、野菜や果物、ハーブが植えられているので、観察してみるのもおもしろい。オクラやカボチャなどおなじみの野菜も発見!

マメ科の植物、ゴールデンキャンドル

庭園を巡るトレイル、眺望スペースも設けられている

写真はカボチャとオクラ。小松菜や水菜も育てられている

グリーンオアシスをぐるぐる周遊

17～20階の4フロアが回遊式のトロピカルガーデンになっていて、階段と歩道で散歩気分を味わえる。ヤシやシダ、パイナップル科の植物などが鮮やか。隣接するビル群とのコントラストが異彩を放っている。休憩場所でのんびりするのもいい。

多様な熱帯植物が配されたグリーンオアシス

休憩場所が点在。一部はWi-Fiや電源も完備

名店揃いのマーケット・ストリート・ホーカーセンター

無機質なスペース(2～3階)にホーカー約60店が整列。周辺の会社勤めの人々の胃袋を満たす貴重なランチ処だ。安くてうまい店が多いので、混み合う昼食タイムを少し外して訪れたい(土・日曜は休業の店が多いので要注意)。詳細→P.73

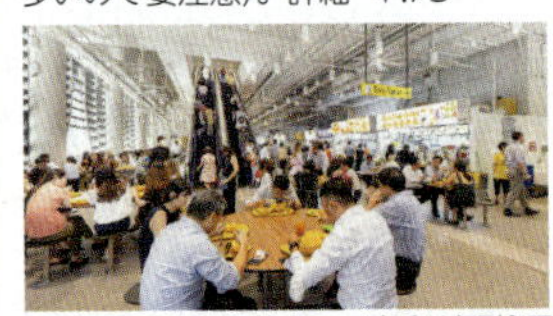
12:00～13:30頃は混雑する。人気店は行列必至

キャピタスプリング CapitaSpring
MAP P.89-1C 住88 Market Place
行き方MRTラッフルズ・プレイス駅から徒歩約3分。
スカイガーデン Sky Garden
住Level 51 開8:30～10:30、14:30～18:00(最終入場17:30) 休土・日曜、祝日 料無料
グリーンオアシス Green Oasis
住Level 17～20 開休スカイガーデンと同じ
※スカイガーデン、グリーンオアシスとも祝日前日やイベント開催時は閉鎖になることもある。

Map P.88-89、97

チャイナタウン Chinatown

MRTチャイナタウン駅A出口を出ると、目の前がパゴダ・ストリートの商店街

ひと昔前なら、シンガポールはどこを歩いてもチャイナタウンの雰囲気を感じることができた。だが「都市再開発」という名の下で街は大きく変貌を遂げ、「チャイナタウン」という名前は、シンガポール川の南側、ニュー・ブリッジ・ロードNew Bridge Rd.とサウス・ブリッジ・ロードSouth Bridge Rd.を中心とする一画だけになってしまった。一時は、この一画でさえ「開発」「保存」の声が入り乱れ、それこそチャイナタウンという名前のつくエリアが、シンガポールから消えるのではないかとの危惧もあった。が、観光資源としてチャイナタウンは「保存開発」されることになり、整備が進められている。

ケオン・サイク・ロード(→P.135)とテック・リム・ロードの角に立つ1939年建造のランドマーク的建物

今、訪れるチャイナタウンでは、古い朽ちかけたショップハウスは取り壊され、色鮮やかな彩色を施した観光用のショップハウスが目につく。この街で生活してきた人たちは、高層住宅へ移り住み、チャイナタウン独特の生活臭も薄れた感はある。とはいえ、やっぱり中国パワーや文化をどこよりも体感できるのはこの街だ。数はわずかだが100年近く続く老舗も、今なお歴史を刻んでいる。

歩き方 Orientation

見どころのポイントとなるのはこの3ヵ所

① ニュー・ブリッジ・ロードとサウス・ブリッジ・ロードに挟まれた屋台や老舗が多いエリア　② レストラン・バー街のクラブ・ストリート周辺　③ シアン・ホッケン寺院

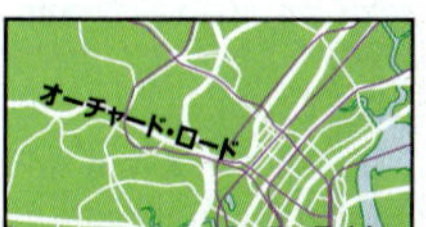

ACCESS

MRTチャイナタウン駅、マックスウェル駅の利用が便利。チャイナタウンの南西部へはアウトラム・パーク駅、東部へはテロック・アヤ駅、タンジョン・パガー駅を利用。

街歩きプラン

❶ シアン・ホッケン寺院→P.136
徒歩約7分
❷ トレンガヌ・ストリート、パゴダ・ストリート散策 →P.133
徒歩約3分
❸ スリ・マリアマン寺院→P.136
徒歩約3分
❹ 新加坡佛牙寺龍華院→P.138

ピープルズ・パーク・センター People's Park Centre

MAP P.88-1B
住 101 Upper Cross St.
営 10:00頃～20:30頃
行き方 MRTチャイナタウン駅から徒歩約3分。

チャイナタウンのなかでは中規模の地味なS.C.。ローカル度は高く、中国色濃厚だ。1～2階には安さで勝負の洋服、靴、かばん屋、それに旅行会社が多い。2～3階にはマッサージ店（なかには風俗マッサージ店もあるので注意）、漢方薬店が、地下1階にはフードコートがある。

変貌するサウス・ブリッジ・ロード

チャイナタウンの背骨のような通りのひとつ、サウス・ブリッジ・ロード。近年、老舗が閉店し、カフェやショップが増え始めている。特にヒンドゥー教寺院のスリ・マリアマン寺院(→P.136)以南にしゃれたカフェやケーキショップなどが集まっており、観光にも要チェックだ。

サウス・ブリッジ・ロード沿いに2022年に開業した中国甘味の「金玉滿堂甜品」(→P.246)は注目店

チャイナタウン・コンプレックス Chinatown Complex

MAP P.88-2B
住Blk.335 Smith St.
営8:00頃～生鮮食品店は昼過ぎ、商店は夕方、ホーカーは21:00頃
行き方 MRTチャイナタウン駅から徒歩約4分。

●1階の台所用品店

1階には衣類や日用雑貨、祭祀用具、翡翠や玉石の店などがある。掘り出し物が潜んでいる台所用品店はのぞいてみたい。同様の店は歩道を挟んで市場南側の商店の並びにもある。

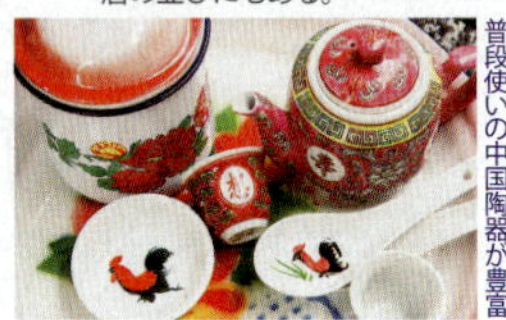

普段使いの中国陶器が豊富

●地下のアンソニー・ザ・スパイス・メーカーAnthony The Spice Maker

市場では珍しいモダンなスパイス専門店。オーナーが厳選したスパイスはすべて無添加。ホールから粉にひいたもの、特製ブレンドにペーストと多種揃っている。チキンカリーの日本語レシピもくれる。コブミカンの葉やレモングラスなどのドライハーブも料理好きにおすすめ（メインのショップ→P.278）。
住#B1-169 Chinatown Complex
☎9117-7573　営10:00～13:00
休土・日・月曜、祝日、旧正月
カード不可

アンソニーさんの調合によるスパイス類がズラリ

チャイナタウン・ビジターセンター Chinatown Visitor Centre （牛車水游客詢問中心）

MAP P.88-2B
住2 Banda St.　☎6534-8942
URL www.chinatown.sg
開10:00～19:00　休旧正月
行き方 MRTマックスウェル駅から徒歩約3分、チャイナタウン駅から徒歩約6分。

チャイナタウンの民間団体が運営。観光情報を提供するとともに、チャイナタウンやその文化にちなんだおみやげ品を販売。

牛車水の名前の由来

牛車水とはこの地区を表す名前で、その昔、このあたりの路地は牛車を引きながら水をまいて掃除したことからこの名前がついたといわれている。大厦はビルの意味。

駅周辺にはショッピングセンターが建ち並ぶ

街のど真ん中にMRTチャイナタウン駅があり、それぞれの出口はショッピングセンターや露店街の近くにある。

A出口を出ると、パゴダストリートPagoda St.だ。両サイドには色鮮やかなショップハウスが並び、路上まで商品があふれている。

C出口を出た所はショッピングセンター（以下S.C.）が集中している。通称ピープルズ・パークと呼ばれる**ピープルズ・パーク・コンプレックスPeople's Park Complex**、OGデパートOG Department Store、**ピープルズ・パーク・センターPeople's Park Centre**など。なかでも規模の大きなローカル向けS.C.、ピープルズ・パーク・コンプレックスは衣料品、靴、かばん、電気製品、カメラ、時計、CD、さらに漢方薬や中国グッズを売るテナントがぎっしり入っている。買い物客も圧倒的に地元の人が多い。

E出口を出ると**チャイナタウン・ポイントChinatown Point**（→P.266）の正面だ。

チャイナタウン・ポイントは、チャイナタウンのランドマーク。中国系の老舗が多数入店

チャイナタウン・コンプレックスは生活感いっぱい

チャイナタウンの核ともいえる存在がチャイナタウン・コンプレックス（牛車水大厦〈→P.132欄外〉）だ。この付近の路上で営業していた屋台を1ヵ所に集めて造ったのが、この巨大市場＆ホーカーセンターの始まり。造りは整然としているが、生活臭が色濃く漂う場所だ。地下は生鮮食料品を扱うマーケットで、早朝から昼くらいまでの営業、1階は衣料品や日用雑貨など。2階の中国系屋台が並ぶホーカーズ（→P.235）にはさまざまな料理やスナックが揃い、食文化の奥深さが実感できる。

チャイナタウン・コンプレックスに隣接するビルは**ニュー・ブリッジ・センターNew Bridge Centre**で、1階と地下は格安衣料品百貨店のCKデパートメント・ストア、2階には中国雑貨を扱うスーパー、大有超級百貨が入店。

左／チャイナタウン・コンプレックス正面入口　右／地下の市場は午前中が盛況

チャイナタウンのカオスを体感

チャイナタウン・コンプレックスの周辺はチャイナタウンのなかでも、最もにぎわう一画。歴史を感じさせる老舗も点在し、街と華人のパワーが伝わってくる。そんな活気あふれるストリートを歩いてみよう。

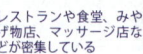

レストランや食堂、みやげ物店、マッサージ店などが密集している

●トレンガヌ・ストリート Trengganu St.

みやげ物の商店が通りにまでせり出してズラリと並んでいる。ハンコ彫りや嗅ぎたばこの小瓶の絵付けなどの実演販売もあり、見て歩くだけでも楽しい。南側には果物や甘味などの店もあり、夜もにぎやか。

左／パゴダ・ストリート〜トレンガヌ・ストリートは夜もにぎわう　右／ドリアンの有名店もある

●パゴダ・ストリート Pagoda St.

MRTチャイナタウン駅の出入口があるこの通りには、骨董やチャイナシックな雑貨の店が多く、路上にも出店がズラリ。エスニック小物やウエア、アクセサリーと多様な品揃えだ。

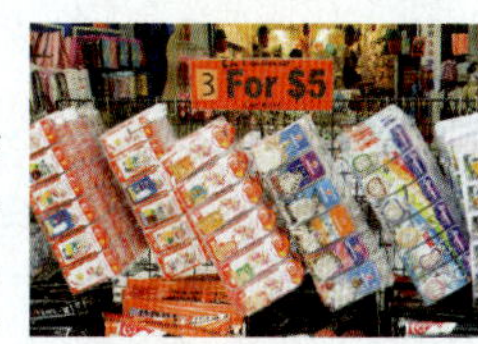

多くの商品が「3つで$5」といった複数で安くなるパターン。まとめ買いならお得

●テンプル・ストリート Temple St.

西側にはみやげ物や骨董の店が比較的多く、東側には台所用品や陶器の店が集まっている。

骨董品や漢方薬、甘味店、食堂など中国色の強い店が並ぶテンプル・ストリート

●スミス・ストリート Smith St.

濃厚な中国色が漂う通り。西側には漢方薬や涼茶と呼ばれる漢方茶の立ち飲みスタンド、乾物の卸商、点心レストランなどが見られる。シェードのある東側は以前、食の屋台街があったが現在は閉鎖され、通り沿いには中国系のレストランが多い。

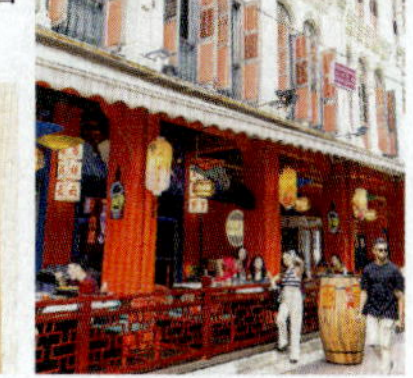

左／漢方茶を店頭販売する店。苦いけれど体の調子を整えてくれる　右／スミス・ストリートとトレンガヌ・ストリートの角にあるスチームボート（火鍋）のレストラン

●サゴ・ストリート Sago St.

漢方薬や中国菓子などの老舗があり、こちらにも中国みやげ物や雑貨の屋台が出ている。

●アッパー・クロス・ストリート Upper Cross St.

ニュー・ブリッジ・ロードとサウス・ブリッジ・ロードに挟まれた一画には老舗店が多く、漢方薬、広東料理、広東式甘味などの店が軒を連ねている。

各ストリートへのアクセス

トレンガヌ・ストリート周辺のP.133〜134に掲載の各ストリートへは、MRTチャイナタウン駅から徒歩1〜5分。

トレンガヌ・ストリート、パゴダ・ストリートの商店街

MAP P.88-1B、2B、P.97上図
営10:00頃〜21:00頃　休無休

チャイニーズ・シアター・サークル／チャイニーズ・オペラ・ティーハウス Chinese Theatre Circle／Chinese Opera Teahouse

MAP P.97上図
住5 Smith St.
☎6323-4862、9630-2886
URL www.ctcopera.com/our-tea-house/tea-house
営広東オペラのパフォーマンスは金・土曜に開催。変更になることもあるのでHPで要チェック。19:00〜21:00（ショーのみなら19:50〜21:00。火〜土曜12:00〜17:00、日曜14:00〜18:00はカラオケタイム）　休月曜
料ディナー&ショー$40、ショーのみ$25　カードA　※要予約。
行き方MRTマックスウェル駅から徒歩約2分、チャイナタウン駅から徒歩約6分。

チャイニーズ・オペラのパフォーマンスでは、美しい衣装や独特の情感ある歌や動きが楽しませてくれる。

商店街周辺は壁画スポット

トレンガヌ・ストリート周辺には壁画アートが数々あり、写真撮影スポットともなっている。

上／テンプル・ストリート、スミス・ストリート周辺は壁画が多い　下／スミス・ストリート東側にある「名探偵コナン」が登場する壁画 MAP P.97上図

サゴ・レーン Sago Laneの歴史

MAP P.88-2B

昔、この通りには死を迎える人のための施設があった。中国系移民の多くは貧しく、大人数で暮らしていたので、病人は行き場がなく、この施設を頼った。当時の中国人社会のなかで重要な役目を担った場所だったという。現在の街並みからは知るよしもない歴史の断片だ。

クラブ・ストリート周辺図

チャイナ・スクエア・セントラル
チャイナ・ストリート
ファーイースト・スクエア P.139
クロス・ストリート Cross St.
MRTダウンタウン線
South Bridge Rd.
2022年9月現在工事中
パラレル・コーヒー・ロースターズ
メルシー・マルセール
ルークス
ル・スパ
Bar-A-Thym（フランス料理）
Guccio（イタリア料理）
ボシンシェ（アルゼンチン料理）
Le Bon Funk（ビストロ）
北京同仁堂
Ali Lane
サーティシックス・ブルーラボ＆スモークハウス
川羊記
Mohamed
エメラルド・ガーデン（アパートメント）
ジャマエ・モスク P.138
Kinzo Izakaya
スリ・マリアマン寺院 P.136
Club St.
インドシン（ベトナム・ラオス・カンボジア料理/2F）
セブン-イレブン
#wtf
Mazzo Restaurant & Bar
リバティー・ハウス
ラビッシュ
クラブ・ストリート
Masa Izakaya Japanese Restaurant
NOX-Dine in the Dark
L'Angelus
クラブ・ストリート・ワインルーム
Jerry's（ステーキ）
Low Tide
コーナー・グリル
德信藥行
Bar NKD
Ann Siang Hill
Wanton Seng's
アン・シアン・ロード
Les Bouchons（フランス料理）
東興 P.247
トゥルフィット＆ヒル（理髪店）
MADLY（ジュエリー）
Yen Yakiniku
アモイ・ストリートへの近道
中国各地の郷土会館が多い
ブリス・マッサージ（2F）
バックペンチャーズ・カフェ＆バー
ピーエス・カフェ
Lolla
Ann Siang Rd.
サウス・ブリッジ・ロード
NOM Gelato
ショップハウス・ファブリック
アースキン・ロード Erskine Rd.
Waved（コールドプレスジュース）
La Grigne（パティスリー）
アン・シアン・ハウス
耶寿司
ショップが並ぶ
パスタ・ブラバ（イタリア料理）
スカーレット P.321
マックスウェル Maxwell
0　100m
マックスウェル・フードセンター P.233
マックスウェル・ロード

※周辺図はMAP P.88～89

おしゃれなレストランが並ぶ クラブ・ストリート周辺

サウス・ブリッジ・ロードの1本東側の**クラブ・ストリートClub St.**から**アン・シアン・ロードAnn Siang Rd.**にかけては、大人の雰囲気のレストランやバーが並ぶ。年々、イタリアやスペイン料理などの新店が登場。建ち並ぶショップハウス内に店があり、趣のある造りやデザインが施された店が多い。壁面がプラナカンの装飾タイルで彩られた店や施設もある。

また、アン・シアン・ロードには中国各地の郷土会館だった建物が多く、歴史の一端を垣間見る。

上／ショップハウスを改装したレストランやバーが軒を連ねる　下左／装飾タイルの美しい建物の並び　下右／現在も中国の郷土会館として使われる建物

歴史あるアン・シアン・ヒル

クラブ・ストリートとアン・シアン・ロードがあるあたりの小高い丘はアン・シアン・ヒル（安祥山）と呼ばれる。アン・シアン・ヒルという歩道があり、上り詰めると丘の上に出る。この一帯では昔はクローブやナツメグが栽培されていた。その後、移民してきた華人の裕福な商人の居住地となり、商業、コミュニティ活動の中心としてにぎわった。現在でも郷土会館が多く残るのも、歴史の断片だ。1889年には華人のエリートたちによってエンターテインメントクラブと呼ばれる社交クラブが丘の上に創設され、これがクラブ・ストリートの名前の由来となった。

タンジョン・パガー・ヘリテージ

パゴダ・ストリートの突き当たり、スリ・マリアマン寺院からサウス・ブリッジ・ロードを南へ5分ほど歩くと、**マックスウェル・ロードMaxwell Rd.**との交差点に出る。ここからサウス・ブリッジ・ロードは**タンジョン・パガー・ロードTanjong Pagar Rd.**、**ニール・ロードNeil Rd.**と二手に分かれる。このふたつの通りに挟まれた一画が、改装されたショップハウスの建ち並ぶ場所、**タンジョン・パガー・ヘリテージ**だ。パステルカラーに塗り分けられたショップハウスには、レストラン、バーなどが入っている。

●タンジョン・パガー・ロードは旬のレストラン街

以前からこの通りは韓国料理のレストランが多かったが、近年、世界各国の料理店やカフェが続々登場し、ホットな話題を振りまいている。マックスウェル駅ができて、アクセスもより便利になった。

●バーやレストランが並ぶ トラス・ストリート　Tras St.

タンジョン・パガー・ロードの1本東のトラス・ストリートは、フレンチやイタリアンの店、バーなどが続々オープンし、秘かなグルメ街となっている。

正統派フレンチの「ブラッスリー・ガヴロッシュ」(→P.226)

トラス・ストリート沿いにあるユニークな建物はオアシア・ホテル・ダウンタウン

レストランやバー、婚礼衣装の店が並ぶタンジョン・パガー・ロード

タンジョン・パガー・ヘリテージ
MAP P.88-2A、2B、3A、3B
行き方 MRTタンジョン・パガー駅から徒歩約5分。

ダクストン・ヒル
MAP P.97下図

ダクストン・ヒルは旬のナイトスポット

タンジョン・パガー・ロードから西に入る**ダクストン・ヒル Duxton Hill**には、ショップハウスを改装したおしゃれなレストランやバーがズラリ。さらにこの通りの先の細い道にまで店が進出し、バーや各国レストランが並ぶ隠れ家エリアといった雰囲気。

左／ダクストン・ヒルのメキシコ料理が人気のバー「ルチャ・ロコ」
右／モダンに改装されたショップハウスが目を引く

高層団地の展望スペース ピナクル・アット・ダクストン
MAP P.88-3A
住 The Pinnacle @Duxton, Cantonment Rd.　☎6772-6415
URL www. pinnacleduxton.com.sg
開 9:00～21:00　休 無休　料 $6
行き方 MRTアウトラム・パーク駅から徒歩約10分。

ユニークなデザインのHDB(公営団地)。7つのブロックタワーを結ぶ50階のスカイブリッジが一般公開されており、眺望を楽しめる(1日150人まで)。

入場にはイージー・リンク・カード(→P.360)が必要。1Gブロック1階の管理オフィスで入場料$6を現金で支払い、イージー・リンク・カードにアクセスコードを登録してもらう。50階に上がり、ブリッジ出入口のカードリーダーにイージー・リンク・カードをタップして入退場する(登録有効時間1時間)。

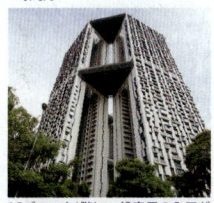

1Gブロック1階に一般客用の入口がある

ニール・ロード周辺も散策してみよう

サウス・ブリッジ・ロードの南の**ニール・ロードNeil Rd.**周辺には、歴史が感じられるショップハウスが比較的多く残っている。

●新店ラッシュのケオン・サイク・ロード Keong Saik Rd.

変化が著しいのが、この通り。ショップハウスが連なる200mほどの通りの店が、次々と新しい店に替わっている。もともと中級クラスのホテルが多い通りだったが、世界各国のレストランやバーなどが通りを彩っている。この周辺に宿泊して、新旧のチャイナタウンを散策するのもいいだろう。

ビストロやカフェ、ベーカリーなど次々新しい店ができるケオン・サイク・ロード。後方に見えるのはピナクル・アット・ダクストン

ケオン・サイク・ロード
MAP P.88-2A

Information

テンプル・ストリートは台所用品街

シンガポールの「かっぱ橋道具街」がここ。とはいえ、卸問屋を兼ねた店が数軒並ぶだけだが、地元の調理器具に興味がある人は必見。プロ用から家庭用まであらゆるキッチン用品が揃う「聲發」、中国陶器の宝庫「寶源貿易有限公司」など。食器の専門店もある。MAP P.97上図

左／寶源貿易有限公司　右／せいろやプロ用のキッチン用品が揃う

左／掘り出し物が見つかるかも　右／「聲發」のマーライオンのゼリー型($0.9)

ブキ・パソ・ロード
MAP P.88-2A、3A
ブレア・ロード
MAP 折込裏-3B

グラスルーツ・ブックルーム
Grassroots Book Room
（草根書室）
MAP P.88-2A
住25 Bukit Pasoh Rd. ☎6337-9208 営11:00～20:00（金・土曜～21:00、日曜～18:00） 休火曜、旧正月 カード MV 行き方 MRTアウトラム・パーク駅から徒歩約3分。

ブキ・パソ通りにある独立系書店。中国語書籍がメインでセレクションは個性的。文化やアート、サブカル関連の本もある。本に交じってカードや文具などおみやげによいグッズも並ぶ。

店の奥には昔懐かしい椅子やテーブルが置かれた手作り感あふれるカフェがある。

上／香港や台湾、中国の本も並ぶ
下／カードとノート（各$2.5）

スリ・マリアマン寺院
住244 South Bridge Rd.
☎6223-4064
開7:00～24:00 休無休 料無料
※お祈りの時間は11:30、18:00。
行き方 MRTチャイナタウン駅、マックスウェル駅から徒歩約3分。

このヒンドゥー教寺院の創建者は、ラッフルズとともに初めてこの地へやってきたインド商人だとされている。※2022年10月現在、一部改装中。

寺院内は極彩色の宗教画で彩られている

シアン・ホッケン寺院
住158 Telok Ayer St.
☎6423-4616 開7:30～17:30（最終入場17:00） 休無休 料無料
行き方 MRTテロック・アヤ駅から徒歩約3分、チャイナタウン駅、マックスウェル駅から徒歩約8分。

本堂中央に航海の守り神「天后」が祀られている

●グルマンが通うブキ・パソ・ロード Bukit Pasoh Rd.

イタリアやドイツ料理の店、隠れ家風のスパやバーなどが、静かな通り沿いに並ぶ。歴史を物語る中国各地の郷土会館も点在。

隠れ家カフェやスパもある

●プラナカン装飾が美しいブレア・ロード Blair Rd.

ニール・ロードを西に進むと装飾がきれいなプラナカンハウスが見られる。プラナカンの文化に触れられるNUSババ・ハウス（→P.139）は、この通りにある。さらにブレア・ロードに入ると、カラフルで優美な家々が並んでいる。

左・右／繊細な装飾の家並みが続くブレア・ロード

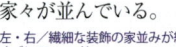

おもな見どころ Sightseeing Spot

チャイナタウンにあるヒンドゥー教寺院 MAP P.88-2B

スリ・マリアマン寺院 Sri Mariamman Temple
★★

サウス・ブリッジ・ロードに立つシンガポール最古のヒンドゥー教寺院（1827年完成）。19世紀中頃まで、このあたりにインド人がたくさん住んでいた名残といわれている。本尊の女神マリアマンは、南インドの村の守り神だったという。

観光客もたくさん訪れる

極彩色に塗られたヒンドゥー教の神々、動物、人などの像が彫り込まれた15mのゴープラム（高門）が、チャイナタウンのなかで異様な雰囲気を醸し出している。入口で靴を脱いで中へ入ると、そこは外の喧騒とはまったくの別世界。香がたかれ、信者が祈りを捧げている。なぜかこの雰囲気は荘厳な気持ちにさせる。

シンガポール最古の中国寺院として有名な MAP P.89-2C

シアン・ホッケン寺院 Thian Hock Keng Temple
★★★

1839年、中国福建省出身の華人たちが、中国から神像や彫刻を運び、建てたという道教寺院。寺院内には船乗りを守る天后が祀られている。シアン・ホッケン寺院の面するテロック・アヤ・ストリートは、昔の海岸通りで、この寺ができた頃、船乗りたちはここで航海の安全を祈り船出していったという。

左／龍や鳳凰などの細かな彫刻にも注目 右／広い中庭のある中国南部の伝統様式

精緻な彫刻が美しく、しっとりと落ち着いた感じのする寺院内は、今も1日中線香の煙がたちこめ、一心に拝む中国系の人の姿が絶えない。この寺院は人々の心のよりどころとして180年以上の間、存在し続けている。そんな歴史の重みを感じることができる。

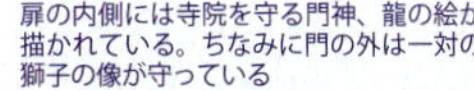

扉の内側には寺院を守る門神、龍の絵が描かれている。ちなみに門の外は一対の獅子の像が守っている

歴史遺産が観光施設に衣替え MAP P.89-2C

崇文閣
★★ Chong Wen Ge

シアン・ホッケン寺院に隣接する崇文閣は、福建省から来た華人が中心になって1849～1852年に建てた3層の楼閣。初期は華人の子供の私塾の役割を担い、付随する建物は1915年から1985年まで崇福学校（女学校）だった。閉校後は福建会館の管理下に。2016年に会館内にオルゴール博物館（→下記）がオープンし、その後プラナカンコンセプトのミュージアム・カフェが設けられた。

左／六角形の崇文閣の天井には見事な中国画が　右／装飾タイルが敷き詰められたミュージアム・カフェ。プラナカンの生活品なども展示されている

オルゴールを通して歴史をひもとく MAP P.89-2C

シンガポール・オルゴール博物館
★★ Singapore Musical Box Museum

シアン・ホッケン寺院隣の歴史遺産の崇文閣（→上記）内にある。創設に携わった大類猶人氏はイギリスでオルゴール製作を学んだ際、師のグラハム・ウェッブ氏から植民地時代にシンガポールで作られたオルゴールを託され、当時のヨーロッパ文化との関わりなど歴史の断片を伝えるためにこの展示館を開設した。

クラブ・ストリートからシアン・ホッケン寺院への近道
MAP P.134
クラブ・ストリートの先のアン・シアン・ロードとシアン・ホッケン寺院のあるテロック・アヤ・ストリートを結ぶ屋根付き遊歩道がある。アン・シアン・ロードから東側に延びる脇道を進み、階段を下りるとアモイ・ストリートの仙祖宮脇に出る（徒歩約5分）。

崇文閣
住168 Telok Ayer St.
行き方 MRTテロック・アヤ駅から徒歩約3分、チャイナタウン駅、マックスウェル駅から徒歩約8分。

●ミュージアム・カフェ Museum Cafe
住行き方 崇文閣と同じ。
☎9864-6021　営ランチ：11:30～14:00、ハイティー：14:00～17:30
休旧正月　カード不可
床から壁、テーブルまでプラナカンの装飾タイルで飾られ、フォトジェニック。メニューはラクサやカリーチキン、餅菓子のニョニャ・クエなど。

オルゴール博物館の隣にカフェがある

シンガポール・オルゴール博物館
住168 Telok Ayer St.
☎9864-6021
URL www.singaporemusicalboxmuseum.org
開11:00～17:00（最終入場15:00）
休火曜　料大人$12、学生、60歳以上$6、6歳以下無料　※要予約。日本語ガイドツアー（無料）があり、日程や時間はウェブで確認。
行き方 MRTテロック・アヤ駅から徒歩約3分、チャイナタウン駅、マックスウェル駅から徒歩約8分。

Column

精緻な装飾の古刹、陳氏宗祠（保赤宮）

あまり知られていないが、チャイナタウンの北にひっそりとたたずむ歴史のある寺院がある。それは1878年に建立された陳（タン）氏族の福建寺院。「陳」の姓をもつ移民たちの氏族会館としての役割を果たしていただけでなく、かつてはその中に男子学校も併設されていた。典型的な福建寺院の建築様式をもつこの寺院は、きらびやかな装飾に彩られ、それらは美しさだけでなく、神聖な力と権威を象徴する花と龍、忍耐と高位を象徴する蓮の花や鳳凰、悪霊よけの龍と獅子などのモチーフが用いられ、風水学上からも優れた建物として知られている。静かに線香の煙が漂う境内は時間の流れがゆったりとした別世界だ。

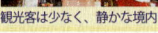

観光客は少なく、静かな境内

一歩中に入ると見事な装飾に息をのむ

陳氏宗祠（保赤宮）Tan Si Chong Su Temple（Po Chiak Keng）
MAP P.83-2C　住15 Magazine Rd.　☎6533-2880
開9:00～18:00　休無休　行き方 MRTクラーク・キー駅から徒歩約5分。

ヨーロッパ各国のアンティーク品が並び、美しい細工や緻密な構造に目を見張る。1900年初頭、ヨーロッパの駅やレストランなどで音楽を楽しむために設置された大型のオルゴールは、オーケストラ仕立てになっていて壮大な音楽を奏でる。ガイドツアーに参加して、音色を聞き比べてみたい。

左／100年以上歴史のあるオルゴールが並ぶ。右はタイタニック号に載せる予定だったオルゴール　右／シンガポール製のオルゴール。シンガポールの時計職人がイギリスの技術を学んでオルゴールも作るようになった

仏教の歴史や遺産の展示ギャラリーがある　MAP P.88-2B

新加坡佛牙寺龍華院

★★　Buddha Tooth Relic Temple and Museum

チャイナタウンの中心部にある唐代様式の規模の大きな寺院。内部はきらびやかな仏教画や仏像が目を引く絢爛たる様相だ。寺名のとおり、4階には仏陀の歯が安置された金色のストゥーパ（佛牙舎利塔）がある。3階の龍華文物館では、仏陀の一生とその教えを仏教遺跡とともに紹介。2階の蘭若軒では仏像などの文化財を展示、1階には巨大な弥勒大仏が鎮座し、地下1階には精進料理が食べられる「五観堂」がある。また、屋上は南国植物が茂る庭園になっており、10万の小さな仏像を壁面にはめ込んだ萬佛閣の中には巨大なマニ車が据えられている。

左／ひときわ目立つ朱色の寺院　右／屋上にあるマニ車は内部に経文が書かれており、回した回数のお経を唱えるのと同じ功徳があるとされる

約190年前の姿をとどめる　MAP P.88-1B

ジャマエ・モスク

★　Jamae Mosque

1826年、南インドのイスラム教徒によって建設。創建後すぐの1835年に改修され現在の姿に。外観は南インドスタイルだが、全体的にはさまざまな様式が合わさった特異な造り。内部も見学可能。インドのコロマンデル海岸地方出身者をチュリア人と呼び、彼らが創建者だったのでチュリア・モスクとも呼ばれる。初期の移民だったチュリア人はアル・アブラー・モスク（→P.138欄外）やナゴール・ダルガー（→下記）も建設。

一対のミナレット（尖塔）とライトグリーンの彩色が目を引く

壮麗な建造物　MAP P.89-2C

ナゴール・ダルガー・インディアン・ムスリム・ヘリテージ・センター

★★　Nagore Dargah Indian Muslim Heritage Centre

もとは南インドからのイスラム教徒の移民によって1828～30年の間に建造された聖堂だった。ムスリムの聖人の偉業をたたえるとともにシンガポールに無事たどり着けた感謝を捧げるため、同聖人の霊廟を模して造られた。時を経た1990年代に閉鎖となり、

新加坡佛牙寺龍華院
住288 South Bridge Rd.
☎6220-0220
開7:00～19:00（4階の佛牙舎利塔見学は9:00～18:00）
休無休　料無料
行き方MRTチャイナタウン駅から徒歩約7分。

中国茶館
ティーチャプター
Tea Chapter（茶淵）
MAP P.88-2B　住9&11 Neil Rd.
☎6226-1175、6226-1917、6226-3026　URL teachapter.com
営11:00～21:00（金・土曜、祝日前日、祝日～22:30）　休旧正月3日間
料ミニマムチャージ$9～。各部屋の使用料は女王座$10（1室）、韓国式$5（1室）　カード D J M V
行き方MRTマックスウェル駅から徒歩約2分。※週末は予約をしたほうがよい。

中国のティーセレモニー（茶芸）を体験できる、英国のエリザベス女王も訪れたという由緒ある店。メニューから好みのお茶を選んで自分で楽しむもよし、頼めば店の人が茶芸を実演しながら作法を教えてくれる。2階が茶館、1階は茶葉などのショップ。

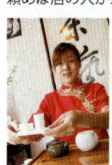

中国茶の作法や入れ方を教えてもらおう

ジャマエ・モスク
住218 South Bridge Rd.
☎6221-4165
開見学可能時間10:00～18:00（金曜10:00～12:00、14:30～18:00）
休無休　行き方MRTチャイナタウン駅から徒歩約5分。

アル・アブラー・モスク
Al Abrar Mosque
MAP P.89-2C
住192 Telok Ayer St.
開9:00～18:00　休無休
南インド出身のイスラム教徒の移民によって1827年に建てられた歴史のあるモスク。

修復の手が加えられ、2014年にインド人ムスリム社会や文化、彼らが携わっていた交易などを紹介するヘリテージ・センターとして開かれた。

左／美しい外観　右／写真や資料を展示

ナゴール・ダルガー・インディアン・ムスリム・ヘリテージ・センター
住140 Telok Ayer St.
☎8591-5724
URL www.ndsociety.sg
開10:00～17:30(土曜9:00～13:00)
休日曜　料無料　行き方MRTテロック・アヤ駅から徒歩約3分、チャイナタウン駅、マックスウェル駅から徒歩約10分。

建国から約60年の劇的な変化を展示　MAP P.88-2B

シンガポール・シティ・ギャラリー Singapore City Gallery

★★★

先進的な都市国家へとどのように変貌してきたのかを解き明かす都市計画、街の景観や暮らしの変化など11のテーマエリアに約40の展示がある。2019年に改装を終え、ハイテク映像を用いた体験型の展示を多用し、楽しみながら見て回れる。将来の開発計画も盛り込んだ巨大ジオラマは圧巻。

シンガポール中心部を緻密に再現したジオラマ。白木で作られたビルはこれから建設予定のもの

シンガポール・シティ・ギャラリー
住45 Maxwell Rd.　☎6221-6666
URL www.ura.gov.sg/Corporate/Singapore-City-Gallery
開9:00～17:00　休日曜、祝日
料無料　行き方MRTマックスウェル駅から徒歩約4分。
●無料の館内ガイドツアー
[英語]火・木曜12:30、第2・4土曜11:00、11:45、12:30

プラナカンの粋を集めた邸宅を再現　MAP 折込裏-3B

NUSババ・ハウス NUS Baba House

★★★

1895年頃の創建時の姿を忠実に復元したプラナカンの住居。当時の名家ウィー一族が暮らした家を、シンガポール国立大学が修復し管理している。伝統的な建材を用い中国の職人を招いて復元された家の中は、息をのむ美しさ。2000点を超える精緻で優美な調度品や装飾品、ひときわ荘厳な祭壇、台所の調理用具などから当時の暮らしがよみがえってくる。見学、ガイドツアーとも予約が必要。

NUSババ・ハウス
住157 Neil Rd.　☎6227-5731
URL babahouse.nus.edu.sg
E-mail babahouse@nus.edu.sg
開ガイドツアー：英語ツアー：火～金曜10:00、ガイドなしの見学のみ：土曜13:30～16:30(入場時間指定制で所要約1時間、各回10人まで)　休日曜、祝日　料$10 ※ウェブから要予約。　行き方MRTアウトラム・パーク駅から徒歩約8分。

鮮やかなブルーのファサード。家の中は奥に長い造りになっていて、見応え十分

Column

新旧が交わるファーイースト・スクエア

100年以上も前の中国伝統の家屋を保存、改築し、生まれ変わったダイニング＆エンターテインメントスポット。中国の陰陽五行思想を基にしたインテリアや造りは独特だ。各国レストランやバーが入っている。

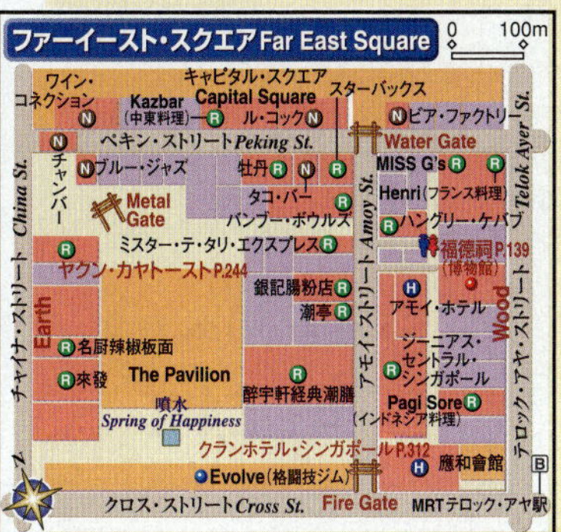

上／立派なゲートがある　下／福徳祠内のミニ博物館にある、創建当時のチャイナタウンのジオラマ

歴史的な見どころ
◆福徳祠　Fuk Tak Chi
1824年に建てられた寺院の内部はミニ博物館(料無料)になっている。
☎6532-7868　開10:00～22:00　休無休

ファーイースト・スクエア Far Fast Square
MAP P.89-1C、2C
行き方MRTテロック・アヤ駅から徒歩約1分。

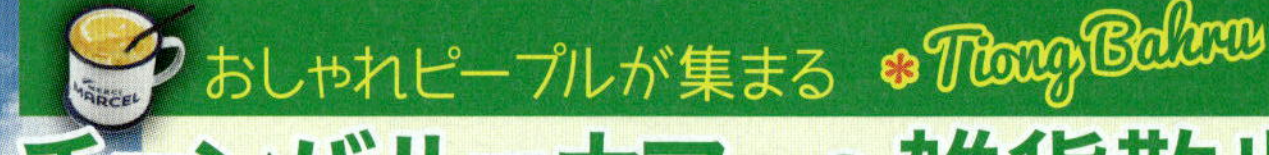

チョンバルでカフェ＆雑貨散歩

1930年代に建てられた白壁のHDB（住宅団地）とヤシの木が立ち並ぶチョンバル。地元の人々の生活の匂いが感じられるノスタルジックな街並みに、個性豊かな雑貨店やカフェがしっくりとなじんでいる。

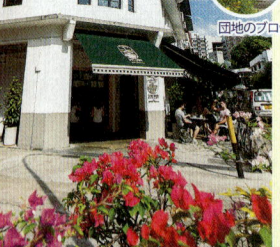

団地のブロック番号を目印に散策

約30棟ある白壁の低層団地群は、1930年代にイギリスの支配下で建てられた

カフェ＊Cafe

パリの風を感じるベーカリー＆カフェ

チョンバル・ベーカリー
Tiong Bahru Bakery

フランス人の有名パン職人ゴントラン・シェリエ氏がプロディースする店。洗練された味わいのパンはシンガポールで一躍話題になり、ラッフルズ・シティ（→P.264）にも出店。

住56 Eng Hoon St., #01-70　☎6220-3430
営7:30～20:00 休無休 カードAMV

パンは$4～7.5くらい。コーヒーなどドリンクは$6～

漢字の「中峇魯（チョンバル）」がロゴマークに

チョンバルエリアのカフェ&ショップ
行き方 MRTチョンバル駅から徒歩8～10分。
MAP P.140、折込裏-3A、3B

カジュアルなフレンチカフェ

メルシー・マルセール
Merci Marcel

朝食から食後の1杯まで、1日中気ままに楽しめるのが魅力。オーガニック野菜とレッドスナッパー（タイの仲間）のセビーチェ（$25）などワインに合うフュージョンフレンチを提供。

住56 Eng Hoon St., #01-68　☎6224-0113
営8:00～24:00（日・月曜～23:00）休無休 カードAMV

左／中央右はスイスの濃厚なチーズのラビオリ（$18）、後方はシイタケやブロッコリーが入ったサラダそば（$16）、手前はオレンジジュース（$6）。オリジナルのホーローカップは$15で購入できる　中／パリのビストロのような雰囲気　右／店の前と店内奥にテラス席がある

ショップ＊Shop

おみやげにもよいバンブー素材のプレートはスタッフのいち押し

すてきなイラスト雑貨&ウエア

イエニドローズ&フレンズ
Yenidraws & Friends

イラストレーターのイエニさんが描く優しくてかわいい絵柄のグッズがメインアイテム。エスニックなウエアやアクセサリーもあり、掘り出し物に出合える（詳細→P.283）。

左上／オオハシとトロピカルな植物模様の傘（$25）　右上／インドのハンドプリントのブラウス（$75）　下／インドネシアの布地を用いたネックレス（$13～）

猫好きは見逃せない

キャット・ソクラテス
Cat Socrates

猫好きのオーナーの店だけあって、猫にまつわるグッズが豊富。シンガポールらしいデザイン雑貨も多種類揃う（詳細→P.283）。

左／かわいい雑貨が詰まった店　右／ケイソウ土製のオリジナルコースター（各$6.9）

右／シロクマのトレイ（$29）　左／シングリッシュを話す猫のイラストがかわいいクッション（$29）

※周辺図は MAP 折込裏-3A、3B

ブギス＆アラブ・ストリート
Bugis & Arab St.

正面はライトアップされて昼間とは違う迫力を見せるサルタン・モスク。モスク前のブッソーラ・ストリート(→P.143)には中東料理店がズラリ

ブギス界隈は、昔は風俗店が建ち並び、猥雑な雰囲気の漂う一画だったが、今では再開発の名の下、ショッピングセンターやしゃれた店ができ、若者や観光客が昼となく夜となく集まる繁華街へと変貌した。

一方、そんなブギスからわずか100mも離れていないアラブ・ストリート界隈は、カンポン・グラム(→P.141欄外)と呼ばれるイスラムの匂い濃い地域である。19世紀頃、アラブやブギス(インドネシアのスラウェシ島周辺を根城にしていた海洋民族)の商人たちが、香料、コーヒー豆、砂金、真珠などを運び込み、商業の町として栄えたところだ。今ではインド系やマレー系が目立つようになったが、通りに残された中東風の名前や、シンガポール最大のイスラム教寺院、サルタン・モスク、マレー・ヘリテージ・センターなどに、当時の様子をしのぶことができる。

狭い通り沿いに籐製品、アラビア絨毯、バティック、ソンケット（イスラム教徒用の帽子）、布地、宝石類を売る店が並び、交渉がうまくいけば驚くほど安く買い物ができる。そんな昔ながらの店が並ぶ1本先にはハンドクラフトショップやカフェが続々と誕生している。エキゾチックな雰囲気が五感を刺激し、ムスリム（イスラム教徒）の文化や生活にも触れられる興味深いエリアだ。

マレー文化が色濃いエリア。アラブ・ストリートにはマレーの衣装用の生地屋やテーラーが多い

歩き方 Orientation

エスニック街を散策するか、ショッピング三昧かで、目指すエリアが変わる

異国情緒いっぱいのアラブ・ストリート界隈へは、MRTブギス駅B出口から徒歩約7分、買い物や食を楽しむなら駅の真上のブギス・ジャンクション、ブギス・プラスなどへ向かおう。

ACCESS

MRTブギス駅の利用が最も便利。アラブ・ストリートの東側のエリアへはニコル・ハイウエイ駅を利用。また、バスを使うならオーチャード・ロードからNo.7、175で約10分、サルタン・モスクの黄金のドームが右側に見えてくるのですぐわかる。チャイナタウンのピープルズ・パーク・コンプレックス前からならNo.2、61のバスを利用。所要10〜15分。

街歩きプラン

1 サルタン・モスク →P.145
↓ 徒歩約2分
2 マレー・ヘリテージ・センター →P.145
↓ 徒歩約2分
3 ブッソーラ・ストリート散策 →P.143
↓ 徒歩約2分
4 アラブ・ストリート、ハジ・レーン散策 →P.143

カンポン・グラム Kampong Gelam

このエリアの昔の名称。カンポンは村、グラムは当地に茂っていたユーカリ属の樹木で、船の修理などに使われていた。ラッフルズがシンガポールにやってくる前からここにマレー人の村があった。

壁画が連なる「グラム・ギャラリーGelam Gallery」

サルタン・モスクの前からブッソーラ・ストリートに並行する2本の路地が、屋外アートギャラリーに。一部はフレーム入りの作品と壁画がセットで並ぶ。
MAP P.91-1C、2C

壁一面に約30人のアーティストや美術学生が描いたアートが連なる

ブギスの新ランドマーク
デュオ・タワー　DUO Tower

MAP P.91-2C
住 7 Fraser St.　☎6386-6865
URL www.duosingapore.com/duo-tower.html

6角形のパターンが刻まれた壁面が大きく湾曲するタワーは近未来的。コンドミニアム棟とオフィスとホテル「アンダーズ・シンガポール」(→P.315)が入る棟の2棟構成。1階部分はレストランとショップを備えたデュオ・ギャレリアがお目見え。地下3階でMRTブギス駅と直結。

蜂の巣形のハニカム構造のビル。約20軒の飲食店と数軒のショップが入店

見どころ満載のエリア

ブギス駅真上に立つブギス・ジャンクション。この一画はショップハウス形式の店が並ぶ繁華街だ

MRTブギス駅周辺にはショッピングモール、映画館、インターコンチネンタル・ホテルが一体となった**ブギス・ジャンクションBugis Junction**(→P.265)、ファッションの店や屋台が並ぶ**ブギス・ストリートBugis Street**(→P.146)があり、観光客はもちろん、地元の若者、家族連れにも大人気だ。

ブギス・ジャンクションから**ノース・ブリッジ・ロードNorth Bridge Rd.**を北東へ進むと、ビレッジ・ホテル・ブギスが見えてくる。このホテルとアラブ・ストリートを挟んで斜め向かいに、シンガポール最大のイスラム教寺院、**サルタン・モスクSultan Mosque**(→P.145)がある。巨大なドームが青空のなかに、ひときわ美しい姿を見せている。

サルタン・モスク南側

サルタン・モスクP.145 Sultan Mosque
マレー・ヘリテージ・センターP.145
ラ・ペト・カフェ
アイ・アム
ヒュッゲP.41、280
Kulon(インドネシア料理)
GROUND 1509
Arab St.
Muscat St.
壱鵠堂P.230
ミナン(マレー料理)P.222
メゾン・イッコク(2F)
グラム・ギャラリーP.141
Kandahar St.
SSFW
ピタ・ベーカリー
Bella Kini(水着)
グラム・ギャラリーP.141
Wahab Textiles
ハビトゥ・クラフト
リッチ&グッドケーキショップP.382
ワンダーズ・ベーカリー
アヤソフィア(トルコ料理)
Taliwang(インドネシア料理)
グッドラック・パンチ
バシャラヒル・ブラザーズP.281
Padi(マレー料理)
ジャマール・カズラ・アロマティックスP.280
串屋
Bali Lane
NestCha(ドリンク&スイーツ)
トッコー・アルジュニードP.281
タッブーレ(レバノン料理)
シンガポール・ビジター・センター
キューブ・ブティック・カプセルホテル・アット・カンポン・グラムP.331
Lickety(アイスクリーム)
Bussorah St.
オーラ・ビューティ&ウエルネス
コンディトリ・アーティザン・ベイクスP.252
マカン
Wardah Books(イスラム関連の書店)
サルタン(トルコ料理)
カンダハール・ストリート
3 of Cups
Haji Lane
ジャラビー・スイーツ(トルコ菓子)
バリ・レーン
フレンチ・アメリカン・ベーカリー
Anglia
ディリップ・テキスタイルズ
ダルウィッシュ
Kaifiyyah
ペルマタ(インドネシア料理)
ユートピアP.279
XX Simplicity
イスタンブール・トルキッシュ・レストラン(1F)
ブンブ(バリ料理)
Isaiah45
ネイル・ソーシャル(2F)P.294
フィックル・ストアP.280
ラ・マレル・カフェ・アンド・ブティック(2F)
ロイヤル・フレグランス
ハジ・レーン
ニルヴァーナ・デザート・カフェ
モモラートP.41
Beary Best! Hostel
Salmin(マレー系の衣類、小物)
Tash Daily
パンケーキ&ワッフル・プレイス
ブルー・ジャズ・カフェ
AS'FALL
シークレット・ガーデン(カフェ)
Ratianah(ブティック)
Meyl
Black Sheep & Co
Nasrin
Bhai Sarbat Stall(テ・タリの店)
Baghdad St.
ジャマール・カズラ・アロマティックス
% Arabica
Sanobar(レバノン料理)
カンポン・グラム・カフェ
Madd Pizza
Positano(イタリア料理)
Alaturka(トルコ料理)
Sarvan's Carpets
Byblos Grill(レバノン料理)
ブッソーラ・ストリート
フライング・モンキー(インド料理)
絨毯の店が多い
Pasha Mezza and Grill
カッパドキア(トルコ料理)
グッドラック・ビアハウス
アラブ・ストリート
セブン-イレブン
オーバーライス
マラヤン・カウンシル
ピザ・ファブリカ
シフル・アロマティックス
ベイルート・グリル(中東料理)
ファンクション・ファイブ・スリフト・ショップ
フヴァーラ(ティーサロン)
ポッド・ブティック・カプセル・ホテル
ハウス・オブ・ケバブ
オール・シングス・デリシャス
RedDoorz Hostel
ピエドラ・ネグラ
白蘭閣街蝦麺
ココナッツ・クラブP.221
バーズ・オブ・パラダイスP.252
ビーチ・ロードP.143 Beach Rd.
Fika(スウェーディッシュ・カフェ)
※サルタン・モスクからビーチ・ロードまでは徒歩約5分。

※周辺図は MAP P.91

注目のサルタン・モスク周辺

年々、ローカルや観光客の注目が高まっている。トルコやエジプト、モロッコなどエキゾチックな料理店やカフェが増え、夕暮れとともに歩道までテーブル席が並び、夕方以降、一段とにぎわいを見せる。

また、買い物が楽しめるのも魅力。**ブッソーラ・ストリート**にはエスニック雑貨やウエアなどの店がズラリ。アラブ・ストリートの1本西の**ハジ・レーン**には、個性的なブティックやおしゃれ雑貨の店が軒を連ねる。

色鮮やかなマレー系の民族衣装、コーランの響き、スパイスの香りなどが異国情緒を盛り上げ、グルメも買い物も楽しめる注目の場所となっている。メインとなる通りは以下の5つだ。

●アラブ・ストリート Arab St. ＊テキスタイル街

シルクやバティックの老舗生地店や仕立ての店が並び、ビーズなど手芸用品の店もある。南側には絨毯の店が多い。

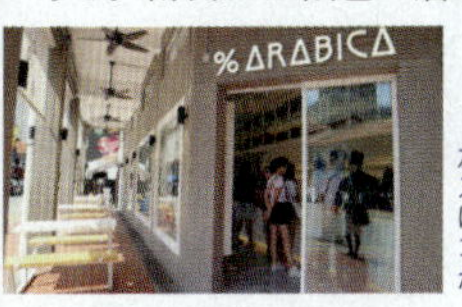

左／店先の通路にまで生地やスカーフが並ぶ　右／世界中に店舗をもつ京都発の人気コーヒーショップ「アラビカ」がある

●ブッソーラ・ストリート Bussorah St. ＊エスニック雑貨街

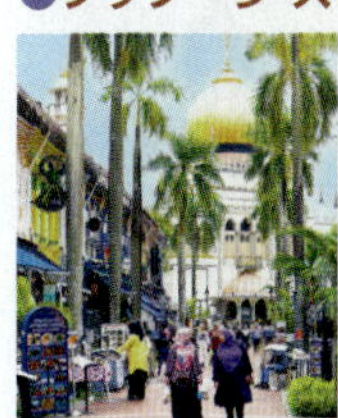

サルタン・モスクの正面、車が入ってこないので散策にぴったりの通り。ヤシの木が心地よい日影をつくっている。ショップハウスを改装した建物には、アジアの雑貨、マレーの衣料品の店、トルコや中東のレストランなどが入っており、ディナータイムもにぎわう。

モスクの礼拝に訪れる人々も行き交う通り

●カンダハール・ストリート Kandahar St. ＊レストラン街

人気のナシ・パダン食堂「ミナン」をはじめ、安くておいしいマレー、インドネシア料理の店やカフェがある。

●ハジ・レーン Haji Lane ＊ブティック街

アラブ・ストリートの西側の小さな通り。ショップハウスの1階はもとより、2階にもファッションの店が入り、"裏アラブ"的ストリートとなっている。最近は奇抜でカラフルな壁画アートが続々登場し、フォトジェニックな場所として有名に。

左上／バティック地の洋服店「ユートピア」（→.279）
左下／ブティックやバー、カフェが並ぶハジ・レーンは派手なペイントや装飾が際立つ。店の多くは午後から、バーは夕方頃からオープンする
右／地元デザイナーのブティックが多い

日曜はダメよ！

アラブ・ストリートの店は、日曜はほとんど店を閉める。平日は9:00〜18:00に営業している店が多い。なお、観光客の多いブッソーラ・ストリートの店は日曜も開いているところが多い。

アラブ・ストリート界隈

MAP P.91-1C、2C
行き方 MRTブギス駅から徒歩8〜10分。

アラブ・ストリート界隈の名物はマレー料理とムルタバ

中東料理やカフェが増えているが、何といってもこのエリアの歴史に根付いた料理がうまい！　マレー料理のナシ・パダンと呼ばれる食堂形式の店で、現地の人が推す店は「ミナン」（→P.222）、イスラム版お好み焼きともいえるムルタバの有名店はノース・ブリッジ・ロード沿いに3店ある。「シンガポール・ザム・ザム」（→P.225）と「ビクトリー」は老舗の両雄、「アル・タスニーム」はミー・ゴレン（焼きそば）もおいしい穴場店。ぜひこのエリアならではの料理を試してみたい。

MAP P.91-1C

1910年 創業のビクトリー。ムルタバを作る様子も見られる

ビーチ・ロードに新ショップが続々

アラブ・ストリートやブッソーラ・ストリートの南端がぶつかるビーチ・ロードBeach Rd.にも、界隈の活気が及んでいる。ブッソーラ・ストリートとの交差点に立つナシ・レマの有名店「ココナッツ・クラブ」（→P.221）がランドマークとなり、ジェラートの「バーズ・オブ・パラダイス」（→P.252）や抹茶のティーサロン「フヴァーラ Hvala」が次々登場。カプセルホテルも増えている。

MAP P.91-2C

ビーチ・ロードのショップハウスにも話題の店が並ぶ。写真はレストラン「ココナッツ・クラブ」

シンガポールのアート基地
ナショナル・デザイン・センター
National Design Centre

MAP P.90-2B
住111 Middle Rd. ☎6333-3737
URL www.designsingapore.org
開9:00～21:00 休無休
行き方MRTブラス・バサー駅から徒歩約5分、ブギス駅から徒歩約6分。

約120年前修道院として建てられた保存建築を改修した建物にある。デザイン産業の振興を目的にデザイナーや企業、育成機関などを集結させた国営の施設だ。ワークショップやギャラリーも数多く、イベントも開催。日本とアメリカのフュージョン料理を出すバーレストラン「タヌキ・ロウTanuki Raw」が1階にある。

1階アトリウムでは企画展が行われることもある

バシル・グラフィック・ブックス
Basheer Graphic Books

MAP P.90-3B
住Blk. 231, Bain St., #04-19 Bras Basah Complex ☎6336-0810
営10:00～20:00（日曜11:00～18:30）
休ハリ・ラヤ・プアサの祝日1日、ハリ・ラヤ・ハジの祝日1日、旧正月2日間
カード A D J M V
行き方MRTブラス・バサー駅、ブギス駅から徒歩7～8分。

ブラス・バサー・コンプレックス内にある、世界各国の本が豊富にストックされた書店。アート、デザイン、建築、写真集、ファッション関連が充実。古い書物もあり、本好きはのぞいてみる価値あり。数は少ないが手帳やノートなど文房具もある。

READER'S VOICE

ブラス・バサー・コンプレックスはアート＆デザインの玉手箱

ブギスから歩いて10分くらいのレトロなビル、ブラス・バサー・コンプレックスの中には、きれいな表紙の本や謎の中国語のCD、教会関係の店が何軒かあり、おもしろい。なかでも4階のウェン・アイ・ワズ・フォー（wheniwasfour 小时候、→P.274）は、かわいいイラストのグッズがたくさんあり、大人買いしたくなる。

（千葉県 コペラ '22）

● バリ・レーン Bali Lane

＊カフェや中東料理の店が多い

カフェやビストロなど洋食やスイーツの店が多く、おしゃれな店も登場。ライブが行われる「ブルー・ジャズ・カフェ」はローカルに人気。

歩道にテーブルが並び、夕刻からにぎわいを増す

アラブ・ストリートの北・東方面

近年、この界隈にもモダンな店が増えつつある。場所はノース・ブリッジ・ロードNorth Bridge Rd.からビクトリア・ストリートVictoria St.にかけて、モスク東側のアリワル・ストリートAliwal St.のあたりなど。洗練されたカフェやおしゃれホステルなどが目立つようになり、このエリアの魅力を増幅している。

また、アラブ・ストリートの北端にはマレーシアのジョホール・バル行きのバスターミナル（Queen St. Terminal、→P.356）があり、ひっきりなしにバスが発着している。

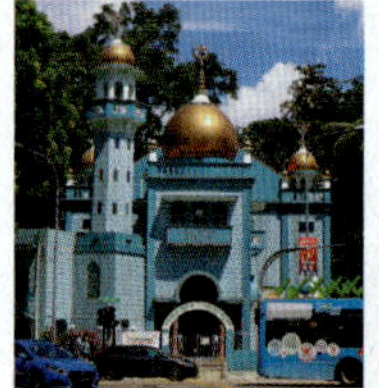
ビクトリア・ストリートとジャラン・サルタンの交差点にあるマラバー・モスク（MAP P.91-1C）は装飾タイルが美しい

リャン・シア・ストリートは食街

ブギス・ジャンクションのすぐ南側、ノース・ブリッジ・ロードNorth Bridge Rd.とビーチ・ロードBeach Rd.に挟まれた**リャン・シア・ストリートLiang Seah St.**（→MAP右下）はレストランが集まる通りだ。200m足らずの通りの両側にローカル食をはじめ、各種中国料理、ベトナム、タイ、西洋料理の店がズラリと並び、人気のデザート店やバー、パブまで顔を揃えている。この周辺は香辛料の効いた中国四川の火鍋料理店が多いのも特徴。

比較的中国系の店、鍋料理の店が多い

広東の甘味店も複数あり、これは「阿秋甜品」（→P.246）のスイーツ

※周辺図は MAP P.90～91

おもな見どころ Sightseeing Spot

イスラム教に触れてみる MAP P.91-1C

サルタン・モスク Sultan Mosque

★★★

威風堂々としたサルタン・モスク

ブッソーラ・ストリートの突き当たりに立つのがシンガポール最大最古のイスラム教寺院、サルタン・モスク(1928年建造)。狭い通りの多いこの一画で、ひときわ大きく、そして美しく見える。

ムスリムは、庭園内にある水場で全身を清めてから礼拝堂に入ることになっており、男性は1階の大ホール、女性は2階でお祈りをする。一般の見学者は靴を脱いでの見学となるが、1階大ホールの中に入ることはできない(周囲の廊下からの見学のみ)。なお、見学に際しては、必ず長ズボンを着用のこと。短パンなどで見学に行くと、緑色のイスラム服を貸してくれるが、数に限りがある。

凛とした空気が張り詰めたモスク内。旅行者も見学可能だが、服装には注意

1日5回の礼拝があり(→P.145欄外)、最も荘厳なのが金曜正午の礼拝。この礼拝時間帯はイスラム教徒以外の入場は禁止されている。

マレー系民族の歴史や文化がわかる MAP P.91-1C

マレー・ヘリテージ・センター Malay Heritage Centre

★★★

マレー系の歴史や文化を紹介する当地初の博物館。サルタン(領主)の旧居であった美しいイスタナ(宮殿)を改装して造られており、2012年に展示室と一部外装を一新して内容も充実した。2階では、シンガポールにおけるマレー系民族の歴史や、ここサルタン旧居を中心とするカンポン・グラム(→P.141欄外)の歴史を紹介。19世紀後半にメッカ巡礼の港町として栄えた当地の様子や生活用品、サルタンの装飾品などが興味深い。1階には印刷・出版物、音楽、映画など文化関連の展示室がある。

上/50年くらい前のマレーの婚礼衣装。女性のものはバジュクルンと呼ばれるタイプ　下/マレー系民族は周辺の島々に分布しており、海に関わる歴史や交易についても展示されている

サルタン・モスク
住3 Muscat St.
☎6293-4405
開見学可能時間10:00〜12:00、14:00〜16:00(金曜14:30〜)
休無休　料無料
行き方MRTブギス駅から徒歩約6分。
●礼拝時間
ファジル:5:15、ズフル:12:30、アスル:16:00、マグリブ:18:45、イシャー:20:00

ラマダン(断食の月)時のサルタン・モスク周辺は……

モスク前にはズラリと屋台が並び、アラブ・ストリートにはイルミネーションが付けられ、夜になるといっせいに輝き出す。ラマダン中は、モスクに近いイスラム料理店は日没後のみオープン。屋台も夕方からオープンし、サテーやローストチキン、クッキーなどの食べ物、衣類や日用雑貨が売られる。これらはラマダン明け、ハリ・ラヤ・プアサ(→P.336)の必需品だ。

ビンテージカメラズ・ミュージアム Vintage Camera's Museum
MAP P.91-1C
住8C & 8D Jalan Kledek
☎6291-2278　URL www.vintagecamerasmuseumsg.com　開10:30〜19:30　休無休　料$20(11歳以下$15)　行き方MRTブギス駅から徒歩約5分。

カメラの形の建物が目を引く。館内には1000台を超える年代物の希少なカメラを展示。絵の中に入り込んだ写真が撮れる「クリックアート・ミュージアム」を併設。

オーナーがコレクションしたカメラを展示

マレー・ヘリテージ・センター
住85 Sultan Gate
☎6391-0450
URL www.malayheritage.org.sg
開10:00〜18:00(最終入場17:30)
休月曜
料大人$6、子供(7〜12歳)、60歳以上$4
行き方MRTブギス駅から徒歩約12分。
●無料のガイドツアー
[英語]火〜金曜11:00、土曜14:00

サルタンが住んでいた当時と同様の黄色い外観。昔はこのすぐ前が河口だったという

ブギス・ストリート
営昼頃～23:00頃
行き方MRTブギス駅から徒歩約2分。

神様大集合！福禄寿四面佛 Fu Lu Shou Si Mian Fo Pte. Ltd.
MAP P.90-2B
住180 Bencoolen St., #01-11/12 The Bencoolen ☎6835-9632
営9:00～19:00 休無休
行き方MRTブギス駅、ローチョー駅から徒歩約6分。

観音堂（→P.147）近くのタイの仏具店。店先に四面仏や観音様、布袋様、ヒンドゥーの神様までズラリと並んでいる。通行中に手を合わせて拝む人も多く、御利益ありそう(!?)。

お釈迦様や孔子、斉天大聖（孫悟空）などの像が並ぶ

IT関連、ハイテク製品が揃うシム・リム・スクエア Sim Lim Square
MAP P.90-1A
住1 Rochor Canal Rd.
☎6332-5839 営店によって異なるが、だいたい10:00～21:00または21:30 行き方MRTブギス駅から徒歩約5分。

シンガポールの秋葉原と呼ばれている電脳ビル。1～6階に大小の店がぎっしり詰まっている。1階はカメラ、テレビなどが多いが、2階から上にコンピューター関連の店が増える。近年、店とのトラブルも報告されているので注意が必要（→P.379）。

ハジャ・ファティマ・モスク
住4001 Beach Rd.
開9:00～21:00
行き方MRTニコル・ハイウエイ駅から徒歩約3分。

スリ・クリシュナン寺院
住152 Waterloo St.
開6:30～12:30、17:30～22:00
休無休 行き方MRTベンクーレン駅から徒歩約5分、ブギス駅、ローチョー駅から徒歩約7分。

ヒンドゥー教徒ではない華人も線香を上げてお参りしていく

雑然としたアーケード街に東南アジアを実感！ MAP P.90-2B

ブギス・ストリート Bugis Street
★★

1970年代、ブギス・ストリートは風俗店の多い通りだった。しかし現在、かつてのいかがわしい雰囲気は一掃され、健全なアーケード街となっている。

アーケード内はファッション店やスナックの屋台が混在する

ビクトリア・ストリートとクイーン・ストリートに挟まれた部分がアーケード街で、中央付近にはティーン向けの小さなショップが集まったショッピングモールもあり、全店舗数は600余り。クイーン・ストリートと交差するあたりは、小規模な果物市場になっていて、季節の果物が威勢よく売り買いされる光景に出くわす。アーケードを出た西側は衣料品や雑貨、バッグなどを売る屋台が連なっている。なお、地元ではこのあたり一帯はブギス・ビレッジとも呼ばれている。

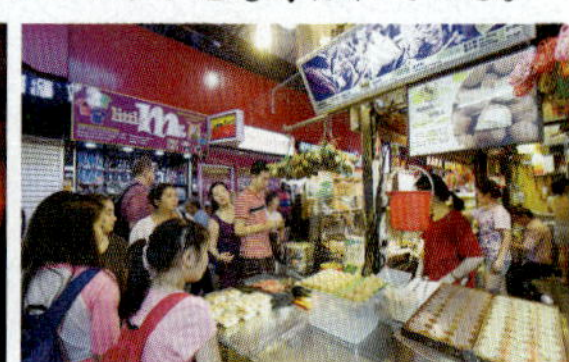
左／4つで$10の激安バッグ。シンガポールモチーフのバッグや小物を扱う店が主流　右／カヤジャム入りの焼き菓子「カヤ・ボール」やパンケーキなど、スイーツやスナックの店もある

ヨーロッパとの折衷様式のモスク MAP P.91-1D

ハジャ・ファティマ・モスク Hajjah Fatimah Mosque
★

1846年に建立されたこのモスクは、シンガポールの国定史跡に指定されている。英国人建築家ジョン・ターンブル・トムソン設計によるイスラム様式と西洋建築がミックスされたユニークで優雅なモスク。これを建造させたのはマラッカ出身の裕福なマレー女性、ハジャ・ファティマで、当時にしては珍しい女性実業家であり、ブギス族の王子と結婚した。彼らの娘は今も名を残すアラブ商人のアルサゴフ家に嫁ぎ、このエリアでの繁栄が続いたという。ハジャ・ファティマのお墓はこのモスク内にある。

西洋風の装飾も施されたユニークな造りの尖塔が特徴

入口上部の装飾に注目 MAP P.90-2A

スリ・クリシュナン寺院 Sri Krishnan Temple
★

観音堂（→P.147）のすぐ近くにあるこのヒンドゥー教寺院は、クリシュナ神を祀っている。入口の上部にはヒンドゥー教の七大神が勢揃い。サイドには神々の化身や動物神が色鮮やかだ。中国寺院とヒンドゥー教寺院が近接するという、まさにシンガポールを象徴するような光景に出合える。

人々の信心深さを思い知る

観音堂

★★　Kwan Yin Tang

MAP P.90-2A

ブギス・ビレッジ近くのウオーターールー・ストリート沿いにある観音堂は、御利益のある寺院とされており、線香と花を手に一心に祈る人々の姿が絶えない。参拝の仕方を簡単に記しておこう。

参拝と占い

①入口付近にある線香を取り、燈台で火をつける。線香は3本をまとめて線香台に立てる。堂内の観音様に向かって、次に外に向き直って天空に祈る。②堂内のカウンターで占い用の筮竹の入った筒と三日月形の木片（勝杯）を借りる（少額のお布施が必要）。③ひざまずき、住所、氏名のあとに神様にうかがいたいことを唱えながら、1本だけ筮竹が出てくるまで筒を振る。④1本出たらその筮竹の番号でよいのか神様にうかがいを立てる。1対の三日月形の木片を投げて表と裏が出ればOK。お礼を唱えて、その番号のおみくじをカウンターでもらう。表と裏が出なければその番号は違うということなので、最初からやりなおす。3回やってだめなら占う時期ではないということなので諦める。

観音堂
住178 Waterloo St.
開6:00〜18:30（毎月1日と15日は5:00〜19:00、祝日4:00〜19:00）
休無休　行き方MRTブギス駅、ローチョー駅、ベンクーレン駅から徒歩約7分。

上／老若男女が真剣に祈る姿が印象深い　下／寺院前にはお供え用の花や線香売りの露店が出る

Column

ラマダン（断食月）とハリ・ラヤ

イスラム暦の9月は断食月

シンガポールに住む日本人は、毎年「ラマダン」が来ると目を見張る。お手伝いさんや会社で働くマレー人たちが、1ヵ月間も昼ご飯を食べず、必死に空腹に耐えている様子を目のあたりにするからだ。

ラマダンというのは、アラビア語で「暑熱」を意味し、イスラム暦9月（ラマダン月）に使徒ムハンマド（マホメット）が初めて神の啓示を受けたことから、とりわけ神聖な月とされるようになったという。このラマダン月の第1日から30日間、世界中のムスリム（イスラム教徒）は斎戒沐浴して断食を行う。

もちろん、断食といっても1日中何も食べないのではない。夜明けから日没までの間、飲み食いを断つわけだ。厳格な信者は、この間ツバを飲みこむこともしないといわれる。また、すべてのムスリムが断食をしなければならないわけではなく、6歳以下の子供、高齢の老人、病人、妊婦は除外され、旅人や生理時の女性はその期間断食を停止し、後日その日数分を補充してもさしつかえないことになっている。

このラマダンの断食について、西洋人は「イスラムの奇習」と笑うようだが、初期のキリスト教ではイエス・キリストが荒野で40日間の断食を行ったことを記念して、日曜を除く6週間（36日間）を断食したといわれ、ムハンマドがこれを取り入れたらしい。

では、ラマダンに断食をする目的は何なのだろうか。これについては一般に、

(1)貧しい人への同情心を養う
(2)砂漠などで実際に飢渇に遭遇したときの訓練となる
(3)人間の最大の欲望である食欲にうち勝つことを通じて、自らの人間性を磨く

などが指摘されているが、本当のところは、強制的な断食によって信者個人に自分がイスラム教徒であることを自覚させながら、「共苦」による信者相互の連帯感と団結精神を培うことが一大目的のようだ。

断食明けの楽しいお祭り、ハリ・ラヤ・プアサ

さて、1ヵ月間に及ぶ苦しい断食が終わると、楽しいハリ・ラヤ・プアサ（断食明けの祝日。→P.336）がやってくる。ハリ・ラヤとはマレー語で「偉大なる日」の意味で、マレー人の家庭ではお正月のように盛大に祝う。

この日に備えて、家中の大掃除をし、カーテンを取り替え、たくさんのごちそうやお菓子を作る。友人や知人にカードを送り、晴れ着を新調し、自宅の戸口や窓に赤や青や黄色のランプをともす。最近は単なる色付き電球ではなく、光が点滅するネオンを付ける家も多く、ハリ・ラヤ前後の団地一帯は楽しげで浮き立った雰囲気に包まれる。

ハリ・ラヤの日、マレー人は一家全員で早起きし、水を浴びて身を清める。父親と息子たちはバジュクルンに身を包み、近くのモスクへ合同礼拝に赴く。彼らが帰宅すると、盛大な食事が始まる。午後からは親戚の家を回り、子供たちは「お年玉」をもらう。本当に楽しいお祝いが数日続くのだ。

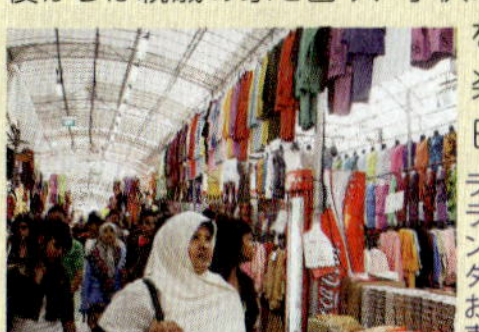

ラマダンに入ると、ゲイラン・セライ（写真）やカンポン・グラムにはラマダン用の屋台街ができる。おもに日没後の食べ物を売る屋台が多い

Map P.92-93

リトル・インディア

Little India

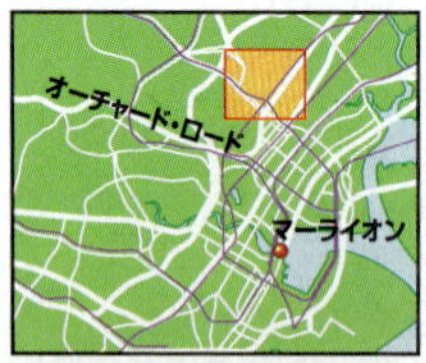

ACCESS

南側の見どころや店へはMRTリトル・インディア駅かローチョー駅、西側へはジャラン・ベサール駅、北側へはファーラー・パーク駅を利用。

街歩きプラン

1 テッカ・センター →P.148
徒歩約1分
2 リトル・インディア・アーケード →P.151
徒歩約5分
3 スリ・ヴィラマカリアマン寺院 →P.151
徒歩約10分
4 ムスタファ・センター →P.79

リトル・インディアのメインストリート、セラングーン・ロード

テッカ・センター
MAP P.92-3B 住Serangoon Rd. 営6:00頃～18:00頃(ホーカーズは22:00頃まで) 行き方MRTリトル・インディア駅から徒歩約3分。

READER'S VOICE

ロティ・プラタの店
テッカ・センター1階のホーカーズ内にある「アル・ラーマン・ロイヤル・プラタ」は、現地のインド人にも人気で、順番待ちの人で行列になる。30分くらい待ったが、焼きたてのロティ・プラタにピリ辛のカレーをつけて食べると秀逸だった。散策の際のおやつにおすすめ！
(埼玉県　Aloha Kenny)['22]

アル・ラーマン・ロイヤル・プラタ
Ar-Rahman Royal Prata
MAP P.92-3B
住Serangoon Rd., #01-248 Tekka Centre 営7:00～21:00 休無休
カード不可

ロティ・プラタは1枚$1～

インドの神様像や祭壇に供える花飾りの店。ディーパ・ヴァリの頃は一段と品数が増す

リトル・インディア駅を出ると、そこはインド系の人々が往来する場所。サリーを着た女性が横をすり抜けて行く。白いインド服に身を包んだ初老の男が路地から突然現れる。ジャスミンの花輪を持つ一団がヒンドゥー教寺院に吸い込まれ、その寺院の極彩色の神々が道行く人を見下ろす。通りを歩くと、インドの独特な音楽が聞こえ、店をのぞくと、色とりどりの香辛料が並ぶ。一瞬、自分がインドに来ているような錯覚にとらわれてしまう。

リトル・インディア――ダウンタウンの北東部、セラングーン・ロードを中心として広がるインド世界。古くは1820年代から、イギリスの植民地政策として、南インドから移住させられた人々が住み着いた街。インドの伝統・文化をかたくなに守り続けた彼らが造り上げた街だ。この街を訪れる誰もが、あたりにたちこめる香辛料の強烈な匂いに包まれ、一瞬のうちにインド世界へ迷い込むことだろう。

歩き方 Orientation

メインストリートのセラングーン・ロードを基本軸に、路地へ入り、再びセラングーン・ロードへ戻り、といった具合に歩こう

テッカ・センター(マーケット)からムスタファ・センター(S.C.)まで徒歩約15分。エアコンが効いたひと息つけるS.C.は、テッカ・プレイス(→P.149欄外)と、シティ・スクエア・モール(→P.266)。

最大規模のマーケット、テッカ・センター

ブキ・ティマ・ロードBukit Timah Rd.とセラングーン・ロードSerangoon Rd.がぶつかる交差点の北側にあるのが**テッカ・センターTekka Centre**だ。入ってすぐの所はホーカーズ（屋台食堂街）になっていて、その奥が通称K.K.マーケット（K.K.とはこのあたりの本来の地名カンダン・ケルバウKandang Kerbauに由来する略称)、生鮮食品の市場だ。

ランドマークとなっているテッカ・センター

このK.K.マーケットは新鮮な食材を扱っていること、品揃えが種類豊富なことで知られており、車で乗りつけて買い物する人も多い。中に入ってみると、果物、香辛料、ココナッツ、肉、魚、これらのにおいが入り混じり、その数の多さに圧倒される。しばらく見ていると、においにも慣れ、活気あるマーケットの売り買いの様子や珍しい食品に興味が湧いてくるだろう。おなかがすいたらホーカーズでインド料理やムスリムフードをつまんでみよう。2階は色鮮やかなサリーやパンジャビドレスの店が並び、生活雑貨や電化製品もある。

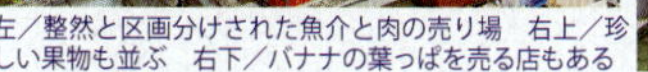

左／整然と区画分けされた魚介と肉の売り場　右上／珍しい果物も並ぶ　右下／バナナの葉っぱを売る店もある

リトル・インディア・アーケード周辺

セラングーン・ロード沿いにある、**リトル・インディア・アーケードLittle India Arcade**（→P.151）へ行ってみよう。アーケード内にはインド音楽のCDを売る店、アクセサリー店、テキスタイル店、エスニックウエアや雑貨の店などが入っている。

上／鮮やかなペイントでひときわ目立つリトル・インディア・アーケード　下／セラングーン・ロード沿いは商店やレストランが軒を連ねる

リトル・インディア・アーケード周辺は、庶民の生活に密着した場所。ヒンドゥー教のお供えに欠かせないジャスミンの花輪やサリーの店、食料品店、インド料理店などが軒を連ねている。

また、リトル・インディア・アーケードの北隣にはインディアン・ヘリテージ・センター（→P.152）、南隣には複合施設のテッカ・プレイス（→欄外）があり、このあたりをリトル・インディア観光の起点にするとよい。

次にリトル・インディアの注目のストリートを紹介しよう。

左／サリーやインド服の店もある　中／ヒンドゥー寺院の近くではお供え用の花売りが立つ　右／商売の神様、ガネーシャをあちこちで目にする

2階の衣類のコーナー。パンジャビドレスは＄15くらいから

リトル・インディア・アーケード
MAP P.92-3B
住48 Serangoon Rd.
行き方 MRTローチョー駅から徒歩約3分、リトル・インディア駅から徒歩約5分。

リトル・インディア・アーケードとインディアン・ヘリテージ・センターの間の道は歩行者専用道。道沿いにインド関連の店が並ぶ

セラングーン・ロード沿いには「金行」（ゴールドショップ）が多い

リトル・インディアの新顔
テッカ・プレイス
Tekka Place
MAP P.92-3B
住2 Serangoon Rd.
☎6718-4360
営店によって異なり、11:00頃～21:00頃　行き方 MRTローチョー駅から徒歩約3分、リトル・インディア駅から徒歩約5分。

リトル・インディアの玄関口に誕生した大型複合施設。2棟からなり、地下1階から地上2階がショッピングモールで、ショップやレストランなどがある。上階にはホテルが入居。ショップはインドのファッションやジュエリー、アート関連、美容サロンなど。地下1階にはスーパーのフェアプライスがある。

上／2020年にオープン　下／メインブロックの1階

日曜日はビッグ・インディア⁉

日曜日には、リトル・インディアに、大勢の人々が集まってくる。彼らはシンガポールへ出稼ぎにやってきたインド人やバングラデシュ人で、休日を友と語り合うために集まってくるという。昼から夕方にかけて、その数はどんどんふくれ上がる。

タン・テンニア氏の邸宅跡
Residence of Tan Teng Niah

MAP P.92-3B

タン氏は菓子製造業で財をなした中国人ビジネスマン。この邸宅は1900年建造で、このエリアに残る最古の中国人屋敷のひとつ。中国南部とヨーロッパの建築様式がミックスされている。

カラフルに彩色されたタン・テンニア氏の邸宅跡

ジャラン・ベサール
Jalan Besar

MAP P.93-3C、2D、1D

評判のよいホーカーやローカル食の店があることで知られるジャラン・ベサール。リトル・インディアの東側を走るこの通りには、点心、潮州粥、海南式カレーライスなどの食堂が連なっている。ホステルや中級ホテルも多い通りだ。特集記事→P.154。

ジャラン・ベサールの東エリアが熱い！

ジャラン・ベサールの1本東、ティアウィット・ロードTyrwhitt Rd.周辺に若者発信の店が出現。このあたりは20〜30年前までは五金（金属製品）の製作所や販売店、工具店が集まるエリアだった。現在ではその数は激減、代わって「チャイセンファット・ハードウエア」（→P.242）など話題のカフェやバーが次々出店し、注目が集まる。

カフェやホステルが並ぶティアウィット・ロード

●バッファロー・ロードはインドの食料品や衣料品街

テッカ・センターに接するバッファロー・ロードBuffalo Rd.沿いには、インド産の野菜や香辛料、日用雑貨の店、サリーやパンジャビドレスの店が並び、1日中にぎわっている。

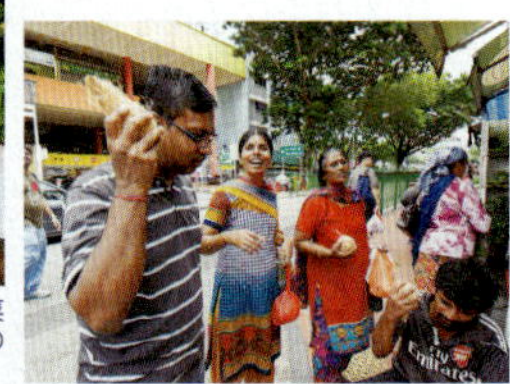

左／インド料理で使われる野菜が山積み。珍しい野菜もあり、インド料理の興味が深まる　右／ヤシの実の品定めをする買い物客

●インド・カルチャーが色濃いケルバウ・ロード

セラングーン・ロードの西側、ケルバウ・ロードKerbau Rd.に入ると、アートギャラリーやブティック、スパ、ダンス教室などがある。歩を進めると歴史のある建物「タン・テンニア氏の邸宅跡」（→P.150欄外）が見えてくる。

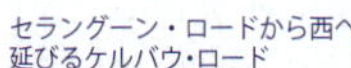

セラングーン・ロードから西へ延びるケルバウ・ロード

●レース・コース・ロードはレストラン街

リトル・インディア駅から北に延びるこの通り沿いには、レストランがズラリと並ぶ。ここ数年、新しい店が次々にオープンし、にぎわいを見せている。どこもインド料理だが、北から南、各地の料理が揃い、そのバリエーションは、ほかにはない魅力だ。老舗店から今風のモダンな店まである。

左／評判のよいインド料理店が多い　右／レース・コース・ロードの近くで営む、お菓子や雑貨など何でもありのジェネラルストア

●バックパッカーが行き交うダンロップ・ストリート

セラングーン・ロードの東側、ダンロップ・ストリートには、旅行者向けの店やサービスが多い。ホステルやミニホテル、カフェやバー、マッサージ店などが集まっている。

左／ホステルの増加にともない旅行者関連の店が増えている　右／旅行会社も数軒ある

メインストリートのセラングーン・ロードを北へ

改装されたショップハウスに入った商店が軒を並べている。金を売る「金行」やサリー屋、インドの流行歌をガンガン流すミュージックショップ、激安ショップなどが店開きをしている。

セラングーン・ロードを北へ約10分歩くと、右側の脇道シード・アルウィ・ロードSyed Alwi Rd.沿いに**ムスタファ・センター Mustafa Centre**（→P.79）が現れる。ムスタファ・センターはブランド化粧品からサリー、パソコンまで何でもありのメガショピングセンター。週末ともなると大勢の人でごった返す。おみやげ買いの場所として、観光客にも人気がある。

ムスタファ・センター
MAP P.93-2C
住145 Syed Alwi Rd.
☎6295-5855
営9:30～翌2:00 休無休
カード A D J M V
行き方 MRTファーラー・パーク駅から徒歩約3分。1階と地下1階に両替屋がある。

ムスタファ・センターの正面入口

ヒンドゥー寺院が点在し、お祈りの時間には大勢の信者が祈りを捧げる

おもな見どころ Sightseeing Spot

極彩色のゴープラム、強烈な女神の姿に圧倒される　MAP P.92-2B

スリ・ヴィラマカリアマン寺院 Sri Veeramakaliamman Temple

★★★

寺院内は厳かな雰囲気。真剣に祈る人々の姿が印象深い

テッカ・センター（→P.148）からセラングーン・ロードを北東へ3分ほど行くと、左側にヒンドゥー教寺院特有の、極彩色のゴープラム（塔門）が見えてくる。これがスリ・ヴィラマカリアマン寺院だ。この寺院はシヴァ神の妻で、殺戮と破壊の神、カーリーが祀られている。寺院

Column

リトル・インディア・アーケードでインドを体験

テッカ・センター（→P.148）の向かいにあるリトル・インディア・アーケードにはインドの手工芸品、アクセサリー、神様グッズ、テキスタイルやスパイス、インド音楽の店など、あらゆる種類の店が入っている。おみやげ探しにのぞいてみよう。

注目店

◆アーユルヴェディック Ayurvedic

小さな店舗にインド漢方の商品がぎっしり詰まっている。インドの生命科学、アーユルヴェーダに基づく漢方薬やハーブ入りの石鹸、シャンプー、ヘアオイルなど、見てみるだけでもおもしろい。

左のふたつはヘアオイル、中央は関節や筋肉痛用のオイル、右はヘナ染料

MAP 右図
住48 Serangoon Rd., #01-05 Little India Arcade
☎6297-5242 営9:00～21:00
休ディーパヴァリの祝日 カード不可

リトル・インディア・アーケード Little India Arcade
MAP P.92-3B 住48 Serangoon Rd. 行き方 MRTローチョー駅から徒歩約3分、リトル・インディア駅から徒歩約5分。

内にはカーリー女神やシヴァ神、ガネーシャなど多数の神像がひしめきあい､外にも小さな祠堂があるので寺院の周りを一周してみよう。

寺院内では、願い事のある信者が花や果物などの供物を捧げ、上半身裸の僧侶がどらをたたき、信者のために祈る。そんな光景が1日中続いている。

寺院外の西側には女神スリ・ペリヤッチの祠堂がある。王妃のおなかを裂き、内臓を食べる伝説の場面だという

左／中央祭壇に祀られたカーリー神　中／寺院の外、北西部に回ると屋根を飾る神々のなかに、どくろの首飾りをつけ赤い舌を出すカーリー神の姿がある　右／祭壇左側に立つ、踊るシヴァ神の像

ハイテクを駆使した体験型展示　MAP P.92-3B

インディアン・ヘリテージ・センター Indian Heritage Centre

★★

シンガポールにおけるインド人コミュニティの歴史がわかる博物館。まずはシンガポールに来たインド系移民がたどった歴史に関する約10分間の映像を見たあと、1～19世紀における南アジアと東南アジアの交易で流通した芸術作品、19～21世紀の移民流入の背景、移民たちのシンガポールでの生活、社会的役割、近年における活躍の5つのエリアに分かれた常設展を見て回ろう。iPadの3Dガイドやタッチパネル式のゲーム、変身写真、無料の英語ガイドツアーなど、年齢を問わず楽しめる趣向に満ちている。

左／インドの叙事詩『マハーバーラタ』に登場するAravanの木彫りの像　右／パキスタンのムルターンより寄贈されたモスクのファサード

美しいゴープラムや天井画を鑑賞しよう　MAP P.93-1C

スリ・スリニバサ・ペルマル寺院 Sri Srinivasa Perumal Temple

★★

セラングーン・ロード沿いにあるヒンドゥー教寺院。1855年に南インドからの移民によって建てられた。ヴィシュヌ神を祀る寺院で、極彩色の9層からなるゴープラムや塀の上には、ヴィシュヌ神の10の化身や、蛇神ナーガの上に座するシヴァ神などの彫刻がある。寺院内も色鮮やかな神像や宗教画でいっぱいだ。

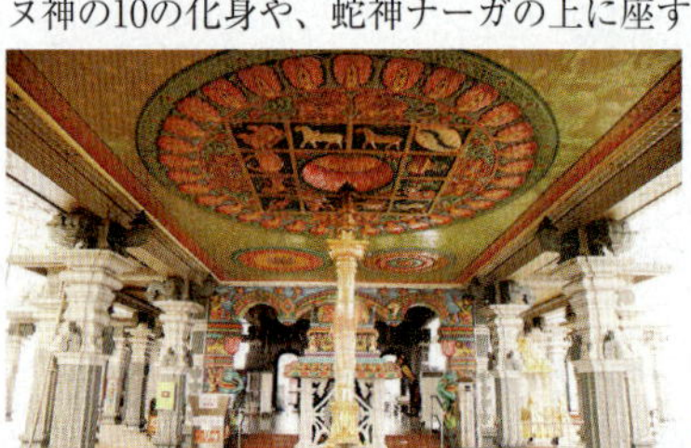

天井や壁に施された神々の彫刻や像は見応えがある。この寺院はヒンドゥー教寺院では古い部類

スリ・ヴィラマカリアマン寺院
住141 Serangoon Rd.
☎6293-4634
開5:30～12:00、16:00～21:00（金・土曜18:00～）
休無休　料無料
行き方MRTリトル・インディア駅から徒歩約5分。
※2022年10月現在、一部改装中。

寺院入口のゴープラム（塔門）はヒンドゥー教の神々や戦士、神聖な動物の像で埋め尽くされている

インディアン・ヘリテージ・センター
住5 Campbell Lane
☎6291-1601
URL www.indianheritage.org.sg
開10:00～18:00
休月曜　料大人$8、学生、60歳以上$5、6歳以下の子供は無料
行き方MRTローチョー駅から徒歩約3分、リトル・インディア駅から徒歩約5分。
●無料の館内ガイドツアー
[英語]火～金曜11:00、土・日曜、祝日14:00

外壁はインドの階段井戸にヒントを得た幾何学模様。L1がロビー、L2が特別展、L3～4が常設展

スリ・スリニバサ・ペルマル寺院
住397 Serangoon Rd.
☎6298-5771
開5:45～12:00、17:00～21:00
休無休　料無料
行き方MRTファーラー・パーク駅から徒歩約3分。

境内でお祈りの儀式が行われることもある

メインストリートのセラングーン・ロードを北へ
MAP P.93-1C

千燈寺院
★★
Temple of Thousand Lights

タイ仏教とシンガポールの中国仏教が調和した寺院で、正式名をシャカ・ムニ・ブッダガヤ寺院という。1927年、タイからの僧、ブティーサーサラ師によって建立された。寺院といっても、大きな堂がひとつあるだけだが、中には堂いっぱいに高さ15m、重さ350トンの極彩色の仏像が鎮座している。仏像の周りに、1080個もの法灯が巡らされていることから、千燈寺院の通称がついた。正面からじっくり仏像の姿を見ていると、心穏やかな気分になれるだろう。仏像の裏手に回ると、像の内部への入口がある。中へ入ると、小さいが極彩色の寝釈迦仏があり、仏陀の生涯が示されている。

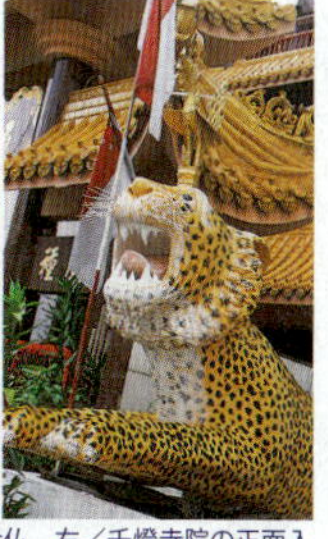
左／派手な彩色を施した大仏　右／千燈寺院の正面入口には大きなトラの像がある

中国色が色濃く残る
MAP P.93-1C

龍山寺
★
Leong San See

寺院内は線香の煙が絶えない

千燈寺院の斜め向かいにある龍山寺にも立ち寄ってみよう。ここは1917年中国からやってきた轉武大師が開いた道教の寺院で、奥の祭壇には釈迦牟尼仏と観音像が祀られている。屋根の上には繊細な龍の彫刻が施されている。

セラングーン・ロードを北上した所にある
MAP P.93-1D

スリ・バダパティラ・カリアマン寺院
★
Sri Vadapathira Kaliamman Temple

龍山寺のすぐ近くにある

1870年頃に建てられたヒンドゥー教寺院。本堂には守護神カーリーが祀られている。観光客はほとんど訪れない寺院で、ヒンドゥー教徒の厳粛な祈りの光景が印象的。ゴープラムや内部の神々の彫像が鮮やかで見事だ。

コーランが響く壮大なモスク
MAP P.93-3C

マスジッド・アブドゥル・ガフール
★★
Masjid Abdul Gafoor

壮麗な造りの規模の大きなモスク。ムーア式と南インド式が融合された建築、繊細な装飾などに注目したい。内部の見学は露出を抑えた服装で。

見学は靴を脱いで行う

千燈寺院
住366 Race Course Rd.
開8:00～16:30　休無休
料無料
行き方MRTファーラー・パーク駅から徒歩約5分。

堂内左側にはおみくじもある。自分の干支が書かれた位置から回転板を回し（男性は右に、女性は左に回す）、止まった位置の数字の運勢が書かれた紙をもらう。$0.5。

福建家庭料理の店
民衆菜館
Ming Chung Restaurant
MAP P.93-2D
住67 Maude Rd.
☎6296-3428　営12:00～22:00
休月曜、旧正月　カード不可
行き方MRTラベンダー駅から徒歩約10分、ファーラー・パーク駅から約15分。

1933年創業。中国福建省沿岸の莆田（プーティエン）出身の家族が営む、シンガポールでも珍しい興化（莆田の昔の名）料理の食堂。名物はロー・ミー（鹵面）。エビ、イカ、アサリ、豚肉、野菜、あげと具だくさんで、白濁とろみスープのこの地方独特の麺料理だ。フライド・ビーフン（炒米粉）もおいしい。小さな店だが、ほかにはない伝統料理が食べられる。

黒いスープのものとは違うタイプのロー・ミー（$5.5～）。海鮮と肉のうま味が浸み込んだ優しい味だ。後方はカイランとゆば炒め（$11）

龍山寺
住371 Race Course Rd.
開7:30～17:00（毎月1日と15日は7:00～17:30）　休無休
料無料
行き方MRTファーラー・パーク駅から徒歩約5分。

スリ・バダパティラ・カリアマン寺院
住555 Serangoon Rd.
☎6298-5053
開7:30～21:30　休無休
行き方MRTファーラー・パーク駅から徒歩約7分。

マスジッド・アブドゥル・ガフール
住45 Dunlop St.
開9:30～21:30　休無休
行き方MRTローチョー駅から徒歩約3分、ジャラン・ベサール駅から徒歩約4分。

老舗名店や美景が潜む **Jalan Besar**

ジャラン・ベサールをぶらぶら散策

マレー語で「大きな道(メインロード)」を意味するジャラン・ベサール。ブギスとリトル・インディアの間を南北に走る1.5kmほどの何ということのない通り。だけど町筋にローカル料理の名店があり、装飾の美しいショップハウスが数々ある。

駅のそばの美しい建物。1階に神仏用具店が入店

ジャラン・ベサールから西に延びるペタイン・ロードPetain Rd.のデコラティブなショップハウス

地下鉄のジャラン・ベサール駅前。正面のカラフルなシム・リム・タワーはこの通りのランドマーク

地元の人が通う食堂が多い

鮮やかな色合いのタイルで彩られている

中国風のモチーフも見られる

かつての華やぎに思いをはせて

20世紀の初め、ジャラン・ベサールの起点近くのカラン川は、シンガポール周辺の地域との交易港としてにぎわった。湿地の中の1本の道が本格的に整備されたのは1960年代。カラン川付近に製材所や工場、住宅が造られ、ジャラン・ベサール沿いに大規模な娯楽施設やスタジアムができ、コーヒーショップ（コピティアム）やホテル、露店市場も登場。

現在は食堂や電器・工具店、ホテルが立ち並び、中国やマレー、プラナカンの影響を受けた華やかなショップハウスに昔の面影がうかがえる。

通り沿いの名店

夜食にもいい！
正文志記豬什湯大王
Authentic Mun Chee Kee King of Pig's Organ Soup

住207 Jalan Besar
☎ 8678-0207
営 10:30〜翌5:00（ラストオーダー4:45）
休 旧正月
カード不可

豚肉のあらゆる部位が入ったスープが名物。内臓や肉団子、野菜や豆腐入りで、肉のうま味とコクがあふれんばかり。

真っ赤な看板が目を引く

夜遅くまで客足は絶えない

店頭の調理場で素材をゆがいて盛り付ける

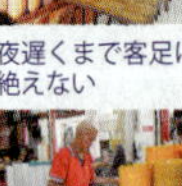

肉のうま味がしみ出しほんのり甘い豬什湯（$4〜）は、ご飯に合う

中華まん&ローカルコーヒー
振新园
Chin Sin Huan

住285 Jalan Besar
☎ 6906-4957　営 8:00〜18:00（土曜〜17:00）
休 日曜、祝日、旧正月
カード不可

人気の豬肉包（手前、$1.5）。アズキとハスの実あんに塩卵の黄身入りの鴛鴦包（後方）もおいしい

1960年代創業のコーヒーショップがルーツ。2代目が材料と手作りにこだわった包子（中華まん）で人気を得て、製法を受け継ぐ3代目がフレッシュな息吹を加えて店もおしゃれに。各種包子のほか、点心やトーストがあり、朝食やおやつによい。

深夜でもアツアツ点心
瑞春
Swee Choon

データ→P.211

夜より昼間のほうがすいている

点心がおいしいことで知られる有名店。行列必至の人気で、シンガポール中からお客が詰めかける。手作り点心、麺料理、炒飯など、夕方から翌朝まで熱烈営業。

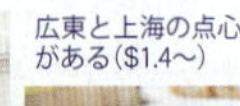

広東と上海の点心がある($1.4〜)

人気のカスタードあん入り紫イモボール

バリエ豊富なローカルデザート
ティエンワン(甜旺) Tian Wang

住145 Jalan Besar　☎ なし　営 17:00〜翌2:00（金曜〜翌3:00、土曜15:00〜翌3:00、日曜15:00〜）　休 月曜、旧正月　カード不可

左／マージャンパイの壁紙が目立つ　右／手前は人気のマンゴーポメロ・サゴ。チェンドル(後方左)、ヤム・ペースト(後方右)など$5.8〜6.8

深夜営業のデザート店。フルーツ満載の一碗からボボ・チャチャ（→P.62）やチェンドル、白玉団子のジンジャースープまで、伝統と創作系がミックス。すべて手作りされていて、おすすめはヤム・ペースト。

※掲載店のMAP P.93-2D、3C。行き方MRTジャラン・ベサール駅から徒歩3〜10分。

Map P.156

ホランド・ビレッジ
Holland Village

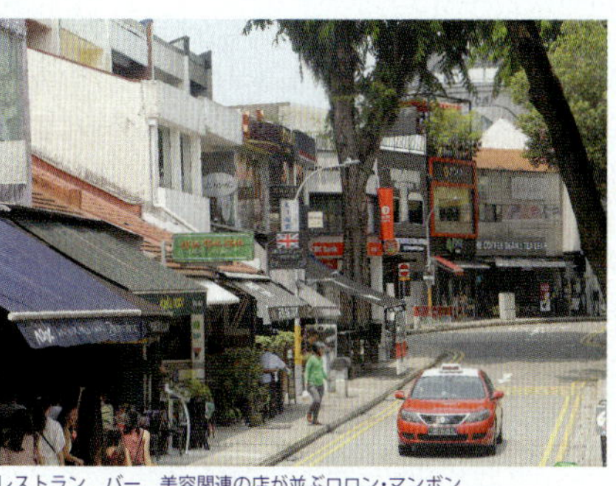
レストラン、バー、美容関連の店が並ぶロロン・マンボン

高級住宅街として知られるホランド・ビレッジには、アーティストや欧米人が多く住んでいる。そういった場所柄から高感度な人々が集まるバーやレストランが林立する一画が形成された。さらに欧米人好みのエスニック雑貨や家具の店が増え、ホランド・ロード・ショッピングセンターHolland Road Shopping Centreには、インテリア雑貨やファッション小物が揃っている。スパやネイルサロンなどの店舗も多く、のんびりと街歩きが楽しめるエリアである。

ホランド・ビレッジへはMRTでアクセスできる。

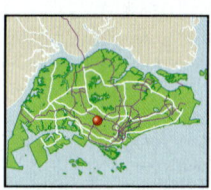

歩き方 Orientation

ホランド・ビレッジへは半日くらいの予定で出かけよう

散策ポイントはホランド・アベニューを中心とした徒歩約15分圏内。

ロロン・リプとロロン・マンボンはメインの通り

まずホランド・アベニューHolland Ave.の西側、**ロロン・リプLorong Liput、ロロン・マンボンLorong Mambong**を歩いてみよう。このふたつの通りが交わるあたりにはホランド・ピアッツァ（→欄外）がある。ロロン・マンボン沿いには各国料理のレストランやバーが並び、その南側のロロン・リプにはローカルな食堂や美容サロンが多い。ホランド・アベニュー沿いにはラッフルズ・ホランドV（→欄外）や**ホランド・ロード・ショッピングセンター**（→P.156）がある。

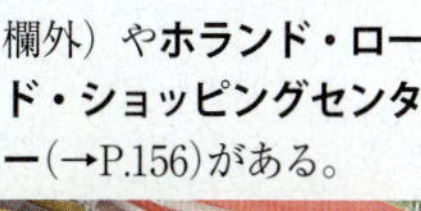

左／ロロン・マンボンは18:30以降歩行者天国になり、道路の中ほどまでテーブルが並び、にぎわう　右／エスニック系の料理が多い

ACCESS

MRTホランド・ビレッジ駅を利用。バスならオーチャード・ブルバードからNo.7、77、106で約10分。

街歩きプラン

1. ホランド・ロード・ショッピングセンター →P.156
   ↓ 徒歩約3分
2. ロロン・マンボン（レストラン・バー街）を散策 →P.155
   ↓ MRTで約10分
3. ティンブレ・プラス（ホーカー兼レストラン集合地）→P.157

医療施設と商業施設が合体
ラッフルズ・ホランドV
Raffles Holland V

MAP P.156 住118 Holland Ave. 営店によって異なるがだいたい10:00〜21:00 行き方MRTホランド・ビレッジ駅から徒歩約1分。

ラッフルズ・メディカル・グループの医療ビル。上階にクリニック、地下1階から3階は健康を意識したレストランやカフェ、ショップが入店している。

5階のラッフルズ・メディカルクリニックには日本人医師、スタッフが常勤。1階にはヘルシーカフェの「ホーコン」がある

ホランド・ピアッツァ
Holland Piazza

MAP P.156 住3 Lorong Liput 行き方MRTホランド・ビレッジ駅から徒歩約3分。

特異な形状のショッピングモール。地下1階から2階の3フロアあり、飲食関連がメイン。1階にオーガニック食品のスーパー、メキシコ料理のバーレストランがある。

地下1階はスナックやスイーツ店が入店

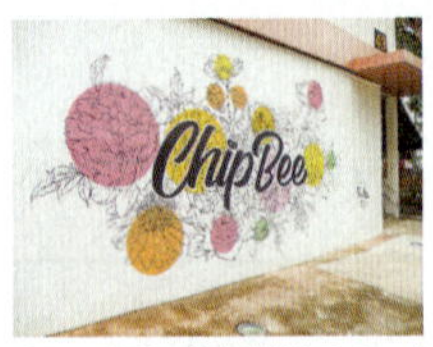

ChipBee
白亜の2階建て住宅が連なるチップビーガーデンズ

ハイセンスなチップビーガーデンズ

ホランド・アベニュー東側のジャラン・メラ・サガJalan Merah Saga沿いの建物がチップビーガーデンズ。1950年代にイギリス軍の住宅として建てられ、現在は各国料理店や人気ベーカリーカフェ、ブティックなどが入居している。

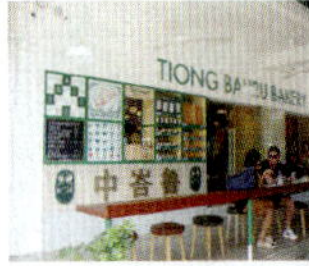

TIONG BAHRU BAKERY
パンやケーキが好評のカフェ「チョンバル・ベーカリー」

おもな見どころ Sightseeing Spot

エスニック雑貨の宝庫 MAP P.156

ホランド・ロード・ショッピングセンター Holland Road Shopping Centre

★★★

ホランド・ロード・ショッピングセンター
住211 Holland Ave.
営店によって異なるが、だいたい11:00〜19:00
行き方MRTホランド・ビレッジ駅から徒歩約2分。

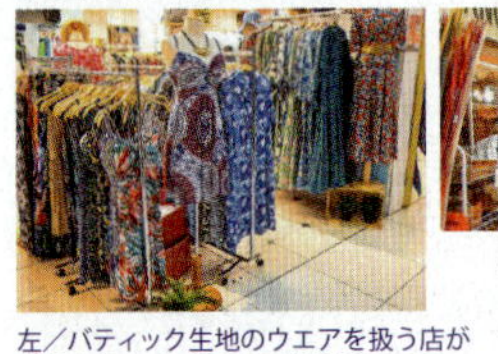

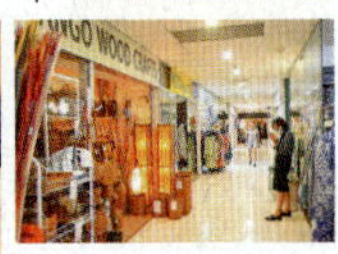

左／バティック生地のウエアを扱う店が複数ある　右／クラフト雑貨やエスニックなインテリア雑貨店をハシゴできる

1階はスーパーマーケットで2階から3階にかけてショップが入店。アジア全般のインテリアや雑貨をはじめ、エスニック系のウエアやサンダル、アクセサリーまで揃う。2・3階のエスニック&インテリア雑貨店「リムズ」は充実の品揃え。「インディペンデント・マーケット」（→P.283）はデザイン雑貨の宝庫。ネイルサロンも数多く、1階にはスーパーマーケットの「コールド・ストレージ」が入っている。

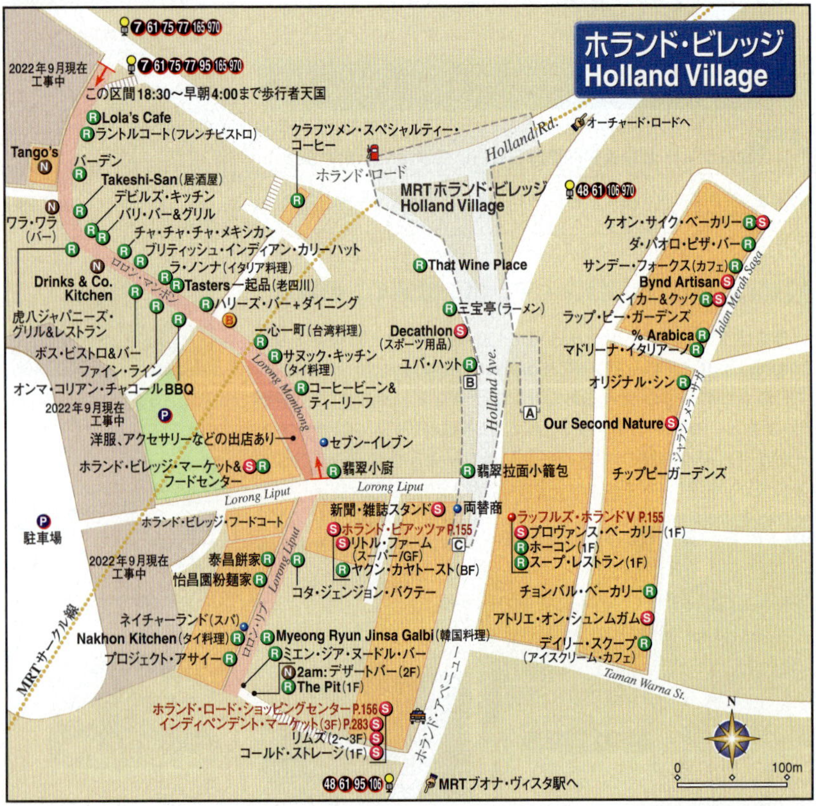

ホランド・ビレッジ Holland Village
7 61 75 77 165 970
7 61 75 77 95 165 970
2022年9月現在工事中
この区間18:30〜早朝4:00まで歩行者天国
Lola's Cafe
ラントルコート(フレンチビストロ)
Tango's
バーデン
Takeshi-San(居酒屋)
デビルズ・キッチン
バリ・バー&グリル
ワラ・ワラ(バー)
チャ・チャ・チャ・メキシカン
ブリティッシュ・インディアン・カリーハット
ラ・ノンナ(イタリア料理)
Drinks & Co. Kitchen
Tasters一起品(老四川)
ロロン・マンボン
ハリーズ・バー+ダイニング
虎八ジャパニーズ・グリル&レストラン
一心一町(台湾料理)
サヌック・キッチン(タイ料理)
ボス・ビストロ&バー
ファイン・ライン
オンマ・コリアン・チャコールBBQ
Lorong Mambong
コーヒービーン&ティーリーフ
2022年9月現在工事中
洋服、アクセサリーなどの出店あり
セブン-イレブン
ホランド・ビレッジ・マーケット&フードセンター
翡翠小廚
Lorong Liput
ホランド・ビレッジ・フードコート
駐車場
2022年9月現在工事中
泰昌餅家
怡昌園粉麺家
Lorong Liput
コタ・ジェンジョン・バクテー
ネイチャーランド(スパ)
Nakhon Kitchen(タイ料理)
プロジェクト・アサイー
ロロン・リプ
Myeong Ryun Jinsa Galbi(韓国料理)
ミエン・ジア・ヌードル・バー
2am:デザートバー(2F)
The Pit(1F)
ホランド・ロード・ショッピングセンター P.156
インディペンデント・マーケット(3F) P.283
リムズ(2〜3F)
コールド・ストレージ(1F)
48 61 95 106
MRTサークル線
MRTブオナ・ヴィスタ駅へ
クラフツメン・スペシャルティー・コーヒー
ホランド・ロード
Holland Rd.
オーチャード・ロードへ
MRTホランド・ビレッジ Holland Village
48 61 106 970
That Wine Place
三宝亭(ラーメン)
Decathlon(スポーツ用品)
ユバ・ハット
Holland Ave.
翡翠拉面小籠包
新聞・雑誌スタンド
両替商
ホランド・ピアッツァ P.155
リトル・ファーム(スーパー/GF)
ヤクン・カヤトースト(BF)
ラッフルズ・ホランドV P.155
プロヴァンス・ベーカリー(1F)
ホーコン(1F)
スープ・レストラン(1F)
ホランド・アベニュー
ケオン・サイク・ベーカリー
ダ・パオロ・ピザ・バー
サンデー・フォークス(カフェ)
Bynd Artisan
ベイカー&クック
ラップ・ピー・ガーデンズ
% Arabica
マドリーナ・イタリアーノ
Jalan Merah Saga
オリジナル・シン
Our Second Nature
ジャラン・メラ・サガ
チップビーガーデンズ
チョンバル・ベーカリー
アトリエ・オン・シュンムガム
デイリー・スクープ(アイスクリーム・カフェ)
Taman Warna St.
N
0 100m
※周辺図は MAP 折込表-2B

郊外の未来都市へ
ホランド・ビレッジ近辺の注目スポット

ホランド・ビレッジ南のブオナ・ヴィスタからワン・ノースにかけての一帯は
学術研究機関、IT企業が集まるニュータウンが形成されている。
駅前にあるユニークなショッピングセンターや屋台村にも注目。MRTサークル線で「未来都市」を巡ってみよう。

ブオナ・ヴィスタ駅の目の前
スター・ヴィスタ
The Star Vista

宇宙基地のような建物の中にショッピングモール「スター・ヴィスタ」がある。地下1階から2階の3フロアで、各国料理店を中心に展開。館内は川が流れるガーデンを配し、開放感たっぷり。チキンライスの「文東記」や漢方スープの「老火湯」といったローカル料理店のほか、日本食レストランも多い。

吹き抜けの広場ではライブや催し物が開かれる。店は約100軒入店

上／芝生の広場の先にある　下左／カジュアルなレストランやカフェ、フードコートもある　下右／地下1階には日本の食料品店「Jマート」がある。館内の店はおもに生活雑貨の店

MAP P.157　住1 Vista Exchange Green　☎6694-3111
URL thestarvista.sg
営店によって異なるが10:00～22:00
行き方MRTブオナ・ヴィスタ駅から徒歩約5分。

シーフード店「ダンシング・クラブ・シャック」のロブスターロール($24)はビールに合う

ライブのある屋台村
ティンブレ・プラス
timbre+

ワン・ノース駅前にある話題の新スポット。以前は普通のホーカーズだったが、コンテナやレトロバスにストリートアートを施したおしゃれな屋台村に生まれ変わった。昼間はローカルフード、18:00以降は世界料理にシフトチェンジ。料理もお酒にもこだわりあり！

左／新コンセプトのグルメ屋台村。ホーカーズ同様、セルフサービス。食器を返却口に返すと$1戻るシステム　右上／コンテナ利用の店は約20店。エスニックからローカル食までユニークな顔ぶれ　右中／倉庫風の館内はコンテナアートが随所に　右下／ライブは毎晩開催。日によって異なり19:30頃から閉店まで

左／派手なペイントが目を引く倉庫風スペース　中／ビールを買うとバケツに氷とプラコップを入れて渡される　右／ボトルショップでは150種以上のクラフトビール、世界各国のお酒を販売している

MAP P.157　住73A Ayer Rajah Crescent, JTC Launchpad @One North
☎9850-5819　URL timbreplus.sg　営7:00～24:00（ホーカーは昼過ぎか夕方で終了。レストラン＆バーは18:00頃～、金・土曜～翌1:00、日曜11:00～22:00）　休祝日　行き方MRTワン・ノース駅から徒歩約5分。

ワン・ノース駅直結
フュージョノポリス
Fusionopolis

研究機関やIT企業などが入るユニークな形状のビルは黒川紀章氏の設計。地下と低層階にレストランやショップがある。

MAP 折込表-2B、P.157
住1 Fusionopolis Place
行き方MRTワン・ノース駅から徒歩約1分。

ふたつのタワーに挟まれた球体はシアター

ヨーロッパの香り漂う丘陵地

タングリン・ビレッジ

左／緑に囲まれたガーデンカフェの「ピーエス・カフェ」 右上／天井の高い平屋の建物が連なる 下左／古い教会を改装したレストランもある 下右／目印となるデンプシー・ヒルの噴水。夜はライトアップされてきれい

兵舎がおしゃれスポットに

シンガポール・ボタニック・ガーデン(→P.124)のホランド・ロードを挟んだ南側の広大な緑地に、タングリン・ビレッジTanglin Villageがある。このあたりは、1800年代初頭には中国の潮州から来た人々が働くナツメグ農園だった。その後、英国統治時代に英軍のキャンプ地となり、兵舎が建設された。時代を経てその兵舎だった建物がショップやレストランに姿を変えた。

中心はデンプシー・ヒル

建物の集合地はデンプシー・エリア、ミンデン・エリア、ラーベン・エリアの3つに分かれている。店やレストランが集中しているのがデンプシー・エリアだ。なかでも8～11ブロックはデンプシー・ヒルと名づけられ、各国料理店が集まっている。ミュージアム・オブ・アイスクリーム(→P.159)の開業など、年々新しい店が進出しており、話題に事欠かない。

タングリン・ビレッジ／デンプシー・ヒル
Tanglin Village ／ Dempsey Hill

MAP 折込裏-1A URL www.dempseyhill.com 行き方 中心部からタクシーで約10分。オーチャード・ブルバードからNo.7、77、105、106、123、174、MRTアウトラム・パーク駅前からはNo.75のバスでデンプシークラブハウス前下車。敷地は広いので、タクシー利用の場合、目的の店やブロックを決めて行くか、デンプシー・ヒルの噴水前まで行って、散策するのがよい。

大人も子供もはじける
ミュージアム・オブ・アイスクリーム・シンガポール

タングリン・ビレッジの新スポット

Museum of Ice Cream Singapore

2021年、アメリカで人気の「ミュージアム・オブ・アイスクリーム」がタングリン・ビレッジの一角に進出。約5600㎡の広さのピンクをメインカラーにした館内は、遊んで学んで、アイスクリーム食べ放題。フォトジェニックスポットも多数。いざ館内をリポート！

入口でスタッフから館内の説明あり

バナナのトンネルは映え写真スポット

1「アイスクリームネーム」で変身!?

まずは自分に「アイスクリームネーム」をつけて、童心に返って思いっきり楽しもうという趣向。シールに書いて胸元に。

2 カリフォルニア・ドリーミン

Free ice cream

チョコとストロベリーアイスクリーム

アイスクリームに関するトリビアやゲームのある部屋を抜けると、ビーチをイメージした部屋に。最初のアイスクリームサービスがある。※館内のアイスクリームのサービスは自由に何個でも受け取れるというもの(無料)。時期によって内容が変わることも。

3 マグネットウォールで遊ぶ

壁一面に並ぶアルファベットのマグネットで、好きな言葉やメッセージを作って自撮りの背景に。

4 スクリームズ・ダイナー

ジュークボックスで曲をかけることもできる

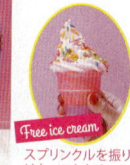

Free ice cream

スプリンクルを振りかけたソフトクリーム

ノスタルジックな食堂、アメリカンダイナーをテーマにした部屋。レトロなジュークボックスや公衆電話もある。

5 エアトランポリンに挑戦

思ったより弾力があって大人も楽しめる。ピンクカラーで気分も弾む。

6 ポトンアイスクリームの部屋

Free ice cream

プルッ・ヒタム(黒米のお汁粉、左)とグラメラカ・ココナッツミルクのポトンアイス

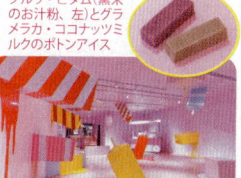

シンガポールの伝統的アイスの「ポトンPotong」は、ココナッツミルクやアズキ、ヤムイモを使った長方形のアイスキャンディ。そんな昔ながらのアイスをフィーチャー。

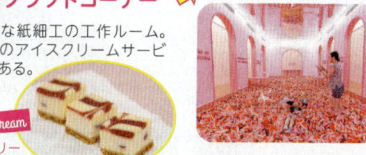

7 プレイスペース

バナナのブランコやユニコーンの滑り台がある遊び場。

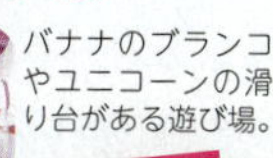

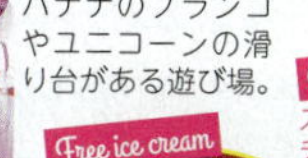

Free ice cream

アイスクリームサンド。左からピーナッツバター、タロミルクティー、ライチパンドン

8 クラフトコーナー

簡単な紙細工の工作ルーム。最後のアイスクリームサービスもある。

Free ice cream

ストロベリーチーズケーキ

9 スプリンクルプール

ミュージアムの目玉のアトラクションがここ。スプリンクル(トッピング用のお菓子)を模した物が大量に詰まった遊び場。写真撮影スポットとしても人気。

10 ショップから出口へ

ショップはアクセサリーやTシャツ、雑貨などの品揃え。

アルパカのぬいぐるみ($38)とピンバッジ($12)

目立つ外観。半屋外のカフェも併設

ミュージアム・オブ・アイスクリーム・シンガポール
Museum of Ice Cream Singapore

MAP P.158 住100 Loewen Rd., Dempsey URL www.museumoficecream.com/singapore 開月・水・土曜10:00～17:00、木・金・日曜10:00～21:00 休火曜 料月・水～金曜$36(18:00以降$46)、土・日曜、祝日$42(18:00以降$52) ※2歳以下無料。チケットはオンラインで要予約(館内でのチケット販売は行っていない)。※18:00以降は大人向けの企画も用意されている。行き方中心部からタクシーで約10分。またはNo.7、75、77、105、106、123、174のバスで「CSCデンプシークラブハウス」下車、徒歩約10分。

セントーサ島

Sentosa Island

街歩きプラン

❶イメージ・オブ・シンガポール・ライブとマダム・タッソー・シンガポール →P.163
↓徒歩約3分
❷スカイヘリックス・セントーサ →P.167
↓徒歩約10分
❸メガ・アドベンチャーパークのメガジップで滑空 →P.164
↓ビーチ・トラムか徒歩約8分
❹ウイングス・オブ・タイム →P.167

島の北側のリゾート・ワールド・セントーサの紹介記事は→P.30。P.160〜P.167の「セントーサ島」ではその他のレジャー＆アトラクション施設を紹介。

セントーサ島
●問い合わせ先
FREE 1800-736-8672
※緊急時はレインジャーステーション☎6279-1155〜6へ。
URL www.sentosa.com.sg
料 入島料$1　カード A J M V

セントーサ・センソリースケープの建設が進行中
2022年10月現在、以前セントーサ・マーライオンがあったあたり（インビア・ステーション近辺）からビーチ・ステーションにかけての一帯が工事中。セントーサ島の再開発の一環として、北側のリゾート・ワールド・セントーサと南側のビーチを結ぶリンクウエイ「セントーサ・センソリースケープSentosa Sensoryscape」の建設が進められている。眺めのよい遊歩道と多感覚体験型公園からなるエリアが、2023年末頃に完成予定。

海水浴やビーチバレー、ビーチバーでカクテルを楽しむなど、南国気分を満喫できるシロソ・ビーチ

1972年以来、シンガポール政府の観光政策で開発されてきた島、それがセントーサ島だ。豊かな自然に恵まれた島で、「セントーサ」という名前も、マレー語で「平和と静けさ」を意味している。

シンガポール本島から約600m、東西約4km、南北約1.5kmのこの島のあちらこちらに、各種レジャー施設やアトラクション、ホテルなどが配置されている。2002年から始まった再開発は、2010年にその集大成ともいえるリゾート・ワールド・セントーサ（→P.30）の開業を成し遂げ、その後も新アトラクションやスポットが次々生まれている。リゾート・ワールド・セントーサは島の北西部一帯に造られたアジア最大級の総合リゾート施設で、ユニバーサル・スタジオ・シンガポール（→P.34）もある。

島へのアクセスはセントーサ・エクスプレス（モノレール）がポピュラー。週末など混雑時はボードウオークを利用してもよい。

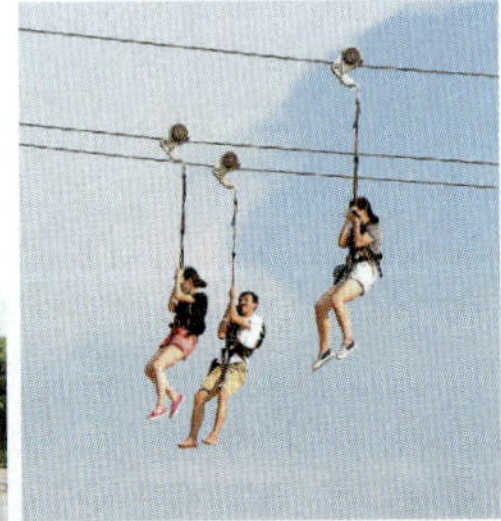
左／アクティビティやビーチバーが整備されたシロソ・ビーチ　右／ワイヤーにぶら下がってジャングルの上を降下するメガジップ（→P.164）

歩き方 Orientation

歩き方のヒント

セントーサ島の見どころはふたつに分けられる

1.島全体に展開する各種レジャー施設＆アトラクション
冒険・体験型アトラクションが多い。

2.島の北側のリゾート・ワールド・セントーサ（→P.30）
あらゆる施設を1カ所に集めたメガリゾート。

1日で両方少しずつ楽しむこともできる。見たい、体験したいものを決めて、両方回るか、ひとつに絞るか計画を立てて行こう。

島への行き方 Access

※リゾート・ワールド・セントーサへのアクセスに便利な交通機関はRWSをチェック。なお、リゾート・ワールド・セントーサへのアクセスの詳細は→P.30 Information内。

セントーサ・エクスプレス（モノレール） RWS

MRTハーバーフロント駅に直結するビボシティ（→P.266）の3階にあるビボシティ・ステーションと、セントーサ島南岸のビーチ・ステーションとを所要約8分で結ぶ。途中駅は2駅。リゾート・ワールド・セントーサの施設やアトラクションへ行くなら、ひとつ目のリゾート・ワールド・ステーション下車。島を縦断しているので島内移動にも使える。ただし、週末の夕方はたいへん混み合い行列ができるので、要注意。

ケーブルカー（マウント・フェーバーライン）

マウント・フェーバーのフェーバー・ピーク（→P.178欄外）からハーバーフロント・タワー2を経由してセントーサ島のセントーサ・ステーションを結んでいる。8人乗りのキャビンは海上を進み、360度の展望を楽しめる。

ケーブルカーでハーバーフロントからセントーサ島まで約10分

タクシー

中心部から所要約15分、料金は＄15～20。セントーサ島の入口付近のガントリー（料金所ゲート）を通過する際に、入島料が加算される（→欄外）。タクシーで来て帰りにセントーサ・エクスプレスを利用する場合は、その旨を駅のスタッフに告げればよい（帰りのセントーサ・エクスプレスの乗車券は不要）。島内には複数のタクシー乗り場があるが、車数が多いのはビーチ・ステーション前。

バ　ス RWS

ビボシティの前からハーバーフロント駅を経由し、リゾート・ワールド・セントーサを結ぶRWS8の巡回バスがある。運行時間は5:45～23:45。$1。所要約10分。

RWS8のバスは赤と白の車体。写真はビボシティ前の乗り場

セントーサ・ボードウオーク RWS

本島とセントーサ島を結ぶ全長約550mのボードウオーク。トラベレーター（動く歩道）と景色が楽しめる遊歩道の2段構造になっている。途中おみやげショップやレストランも設置。所要約10分。島の北側のリゾート・ワールド・セントーサを目指す際には便利だが、南側の施設へは入島後、島内の交通機関を使うことになる。

雨天や急ぐ場合はトラベレーターで、景色を楽しむなら遊歩道で

セントーサ・エクスプレス
営7:00～24:00。ビボシティ・ステーション、ビーチ・ステーションともに始発は7:00、終発は24:00。※2022年10月3日から2023年3月31日の期間は、祝日前日と祝日を除く月～木曜は22:00までの運行。5～8分間隔で運行　料$4（入島料を含み、1日乗り放題）

上／2両編成のモノレールはグリーンや赤のほか、モザイク柄などカラフル　下／土・日曜の夕方は駅の外まで行列ができる

ケーブルカー
乗車駅はマウント・フェーバーのフェーバー・ピーク（→P.178欄外）内と、中間のハーバーフロント・センター隣のハーバーフロント・タワー2（MAP P.94-1B）にある。
営8:45～20:30（最終乗車20:00）
休無休　料マウント・フェーバーライン往復のみ大人$33、子供（3～12歳、以下同）$22。スカイパス（マウント・フェーバーライン往復と、島内を横断するセントーサライン往復のセット券）大人$35、子供$25。セントーサライン往復のみ大人$15、子供$10
※セントーサラインはプラス$10で乗り放題になる。
問い合わせ先：マウント・フェーバー・レジャー・グループ
☎6361-0088
URL www.mountfaberleisure.com

タクシー
タクシーの入島料は時間帯によって細分化されている。平日は$2～5。金～日曜、祝日は$3～6。

セントーサ・ボードウオーク
MAP P.95-1C　開24時間、トラベレーター運行：7:00～24:00、チケットカウンター：9:00～22:00
セントーサ入島の際には島の入口にあるチケットカウンターでチケット（$1）を購入する。

島内の移動手段 Transportation

島内の移動はセントーサ・バス、ビーチ・トラム、セントーサ・エクスプレス(モノレール→P.161)を利用する。島内の交通の中心は、これら3交通が発着する南岸のビーチ・ステーションだ。また、割高だがケーブルカーのセントーサラインは移動手段にも利用できる。

セントーサ・バス

オレンジ色の車体のバス

ほぼすべてのアトラクションを結んで、A、B、Cの3路線が運行されている。

ビーチ・トラム

シロソ、パラワン、タンジョンの3つのビーチを結ぶ巡回トラム。北のシロソ・ビーチから、南のタンジョン・ビーチまで約25分。

ビーチ・トラム

ケーブルカー(セントーサライン)

島内を横断するケーブルカー路線は、上空からの遊覧アトラクションだが、移動にも使える。シロソ・ビーチから丘の上の移動に便利だ。駅は3つあり、真ん中のインビア・ルックアウト・ステーションで、「マウント・フェーバーライン」のセントーサ・ステーションへ徒歩約5分で乗り換え可能。

ケーブルカーは8人
り。比較的待ち時間
短くてスムーズに乗
できる

セントーサ・バス
●運行時間
セントーサ・バスA:
7:00〜翌0:10。15分間隔。
セントーサ・バスB:
7:00〜翌0:10。15分間隔。
セントーサ・バスC:
8:00〜22:00。15分間隔。

ビーチ・トラム
●運行時間
9:00〜22:00(土曜〜23:00)。約10分間隔で運行。

ケーブルカー(セントーサライン)
営8:45〜20:30(最終乗車20:00)
休無休 ※料金は→P.161欄外。
片道所要約10分。

セントーサラインのケーブルカーの駅は3つあり、それぞれ凝ったデザイン。写真はマーライオン・ステーション

お得なデイファンパス Day Fun Pass
アトラクションに乗ったり、飲食物と引き換えられるトークンをパス形式で販売。60トークン、90トークン、120トークンの3種類のパスがあり、それぞれ$60、$90、$120。通常$89のアイ・フライのダイブが85トークンで楽しめるなど、うまく使えばかなりお得に。ただし全アトラクションで利用できるわけではなく、返金不可などの条件もあるので、購入時に確認を。チケット売り場はビーチ・ステーションやケーブルカーのセントーサ・ステーションに設置。オンラインで買うとさらにお得。

ビーチ・ステーションにあるチケット売り場

おもな見どころ Sightseeing Spot

おもなアトラクションやアクティビティは、中央のインビア・ルックアウトと呼ばれる丘の上のエリア周辺と、南岸西部のシロソ・ビーチ周辺にある。

丘の上、インビア・ルックアウト周辺

高度を生かしたアクティビティのメガジップやリュージュが人気。屋内の展示・シアター型アトラクションが多い。

シンガポールの200年の歴史がわかる MAP P.94-2B

イメージ・オブ・シンガポール・ライブ
★★★ Images of Singapore LIVE

小さな漁村から奇跡の発展を遂げたシンガポールの歴史をたどるライブ・アトラクション。1819年のラッフルズ上陸、1941年の日本軍による空襲など、シンガポールの歴史における重要な7つの場面を、最新鋭の音響・映像システムと迫力あるスタントで再現。7つのシーンを徒歩で巡ったあとは、シンガポールの街並みが再現されたボートライドが待っている。

ロンドン発のろう人形館 MAP P.94-2B

マダム・タッソー・シンガポール
★★★ Madame Tussauds Singapore

「イメージ・オブ・シンガポール・ライブ」(→上記)と同じ建物内にある。映画スター、歌手、スポーツ選手、政治家などの精巧に作られたろう人形が8つのテーマゾーンに展示。60体を超えるろう人形のなかには、シンガポールの歌手や俳優の姿も。衣装や小道具が用意された撮影ポイントでは、設定場面の中でなりきり写真が撮れる。

さらに「マーベル4Dエクスペリエンス」やVRでレーシングカー走行を体験できるコーナーも加わった。前者は4Dの映像の中で、マーベル映画のヒーローたちとスリルを体感。

左／人気歌手が勢揃い。写真はマイケル・ジャクソンのコーナー　右／アジアで活躍するシンガポール出身の歌姫、ステファニー・スン

自然のなかのトレイルを歩いてリフレッシュ MAP P.94-1B

セントーサ・ネイチャー・ディスカバリー
★ Sentosa Nature Discovery

自然探索の施設。入口にはセントーサ島の自然についての展示室があり、生息する動物、鳥、昆虫、植物を生態とともに紹介。古木も多く、自然の豊かさがわかる。屋外にボードウオークの散策路、その先にはインビア山を巡るトレイルが整備されている。

イメージ・オブ・シンガポール・ライブ
URL www.madametussauds.com/Singapore
開10:00～18:00(最終入場17:00)
休無休　料マダム・タッソー・シンガポールと共通で大人$44、子供$32
行き方 ケーブルカーのセントーサ・ステーション下車、セントーサ・エクスプレスならインビア・ステーション下車。バスはAを利用。

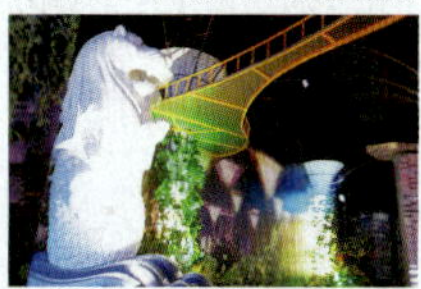

左／各場面にストーリーテラーが登場し、当時の空気をリアルに体感できる40分間となっている。写真©Madame Tussauds Singapore & Images of Singapore LIVE
右／約4分のボートライドは、マーライオンや寺院などの名所の模型の間を巡る

マダム・タッソー・シンガポール
URL 開 休 料 行き方 上記のイメージ・オブ・シンガポール・ライブと同じ。

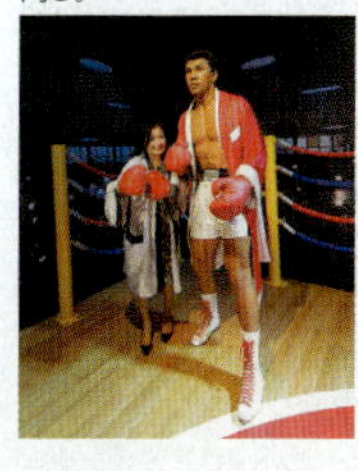

モハメド・アリとリングでツーショット

セントーサ・ネイチャー・ディスカバリー
開9:00～17:00　休無休　料無料
行き方 ケーブルカーのインビア・ルックアウト・ステーション下車、セントーサ・エクスプレスならインビア・ステーション下車。バスはAを利用。

案内板も設置されたボードウオーク

爽快感いっぱいのアトラクション　MAP P.94-2B

スカイライン・リュージュ・セントーサ Skyline Luge Sentosa

★★★

ゴーカートのような造りの小型そりで、650mのダウンヒルを一気に滑り下りる。これは東南アジア初といわれる乗り物で、ユニークなハンドル操作とブレーキシステムを駆使。終着点からはスカイライド（リフト）でスタート地点に戻れる。なお、スカイライドのみの利用も可能。

左／高台からビーチに向かって滑り降りるリュージュの乗り場とシロソ・ビーチ沿いの終着点を結ぶスカイライド。終着点にもチケットカウンターがあり、スカイライドで乗り場まで上ることもできる　右／

スカイライン・リュージュ・セントーサ
URL www.skylineluge.com
開 11:00〜19:30（金・土曜〜21:30）
休 無休
料 2回乗車券$30、4回乗車券$36（1回の乗車につきスカイライド片道券を含む）。スカイライドのみの利用は片道$11
行き方 ケーブルカーのインビア・ルックアウト・ステーション下車、セントーサ・エクスプレスならインビア・ステーション下車。バスはA、Bとも利用可。スカイライドの乗り場へはビーチ・ステーション下車。

大自然のなかでスリル満点の遊びを　MAP P.94-1B

メガ・アドベンチャーパーク Mega Adventure Park

★★★

ジャングルの丘に設置されたアスレチックパーク。高さ72mのインビアの高台とシロソ・ビーチ沖の小島までの約450m間にケーブルを設置し、滑車の付いたワイヤーにぶら下がって降下する「メガジップ」が、メインのアトラクション。最高時速50キロでジャングルの上を飛ぶように移動する。ほかに高所に張り巡らされたワイヤーの上を、安全確保しながら歩く「メガクライムMega Climb」、8mの高さまでジャンプできるバンジートランポリン「メガバウンスMega Bounce」など、ハラハラドキドキ体験が待っている。

森から海の上、そして小島へと約1分間のワイヤーアドベンチャーは爽快

メガ・アドベンチャーパーク
☎3163-6352
URL sg.megaadventure.com
開 11:00〜18:00　休 無休
料 メガジップ$66、メガクライム1コース$66、メガバウンス$20
※シロソ・ビーチにもチケットカウンターがあり、高台のパークまでバギー運行あり（メガジップ利用者は無料）。
行き方 ケーブルカーのインビア・ルックアウト・ステーション下車、セントーサ・エクスプレスならインビア・ステーション下車。バスはA、Bいずれも利用可。

上／メガ・アドベンチャーパークのチケット売り場　下／メガクライムは初心者コースを含む3コースある

予測不能な新感覚アトラクション　MAP P.94-2B

セントーサ・4Dアドベンチャーランド Sentosa 4D AdventureLand

★★

3つの4Dシアターと、シューティングゲームがセットで楽しめる体験型アトラクション。動く座席や最新技術を駆使した音響効果で異次元体験ができる「ジャーニー2」、4Dローラーコースターの「エクストリーム・ログライド」と「ホーンテッド・マインランド」、シューティングゲームの「デスペラードス」は、西部開拓時代に保安官の補佐官としてならず者を退治するというもの。

デスペラードスは所要約10分。子供に人気のゲームだ

セントーサ・4Dアドベンチャーランド
住 51B Imbia Rd.　☎6274-5355
URL 4dadventureland.com.sg
開 12:00〜19:00（最終入場18:00）
休 無休　料 大人$48.9、子供$35.9
※「デスペラードス」以外は身長110cm以上の制限あり。
行き方 ケーブルカーのインビア・ルックアウト・ステーション下車、セントーサ・エクスプレスならインビア・ステーション下車。バスはAを利用。

ビーチ周辺

島の南側には西からシロソ・ビーチ、パラワン・ビーチ、タンジョン・ビーチの3つのビーチがあり、波がほとんどないので、海遊びをするにはよい。自然のなかで楽しむアクティビティが充実。

アクティビティや飲食施設の充実したビーチ　MAP P.94-2A

シロソ・ビーチ Siloso Beach

★★

施設や店が多く、最もにぎわうのがシロソ・ビーチだ。正面には4つの人工の小島が浮かんでおり、ひとつの島までは木の橋が架かっている。

左／木道でつながる小島がメガジップ（→P.164）の終着点　右／波の穏やかな水辺で海水浴もできる

子供が遊べる施設が充実　MAP P.94-2B

パラワン・ビーチ Palawan Beach

★

ビーチバーやフードコート、ショップなどが並ぶ。名所はつり橋を渡った小島にある「アジア大陸最南端の地」。また、2020年には水上アクアパーク「ハイドロダッシュ」（→P.167）がオープン。海に浮かぶアスレチックで子供から大人までアイティブに楽しめる、注目のスポットだ。

シロソ・ビーチに誕生したウオータースポーツの拠点　MAP P.94-2B

オラ・ビーチクラブ Ola Beach Club

★★

ビーチクラブ、バーレストラン、イベントスペースを備えるオールラウンドの施設。ルーツはハワイのビーチクラブで、インテリアも飲食もハワイアンだ。ウオータースポーツは国内最大の充実度で、水圧を利用して空中を舞うハイドロスポーツも完備。水の噴出装置を装着して行うジェットブレードやジェットパックなど新感覚のスポーツをインストラクターに付いて体験できる。スタンドアップ・パドルボードやカヤックも人気。

砂浜のパラソルの下、トロピカルフードを試したり、プールで遊んだり、家族連れも楽しめるビーチクラブとなっている。

ハワイのクラフトビール（各$14）

左／足に噴出装置を付け、水上バイクからの水流で空中へ飛び上がるジェットブレード。初心者も練習の後、空中に立てるとのこと。上級者は空中ターンや宙返りもこなす。制限はないが16歳以上を推奨　右上／夕日の名所でもある　右下／湾内をカヤックで巡る

セントラル・ビーチ・バザール Central Beach Bazaar

MAP P.94-2B

セントーサ・エクスプレスのビーチ・ステーション近くに新設されたビーチエリアの核ともいえる場所。フードトラックやスナック店が並び、海上ではミュージカルファウンテン（噴水ショー）を開催。週末には広場でライブパフォーマンスが行われることも。

軽食やスナック店がある

シロソ・ビーチ

行き方 ビーチ・トラム、バスはA、Bいずれも利用可。ケーブルカーならシロソ・ポイント・ステーション下車。

パラワン・ビーチ

行き方 ビーチ・トラムを利用。

つり橋を渡った所にアジア大陸最南端の地の表示がある

タンジョン・ビーチ Tanjong Beach

MAP P.95右上図

行き方 ビーチ・トラムで終点下車。

観光客の少ない静かなビーチ。プール付きのバー、クラブ、レストランの複合スポット「タンジョン・ビーチクラブ」がある。

オラ・ビーチクラブ

住 46 Siloso Beach Walk
☎ 6265-5966（ウオータースポーツ）、8189-6601（ダイニング）
URL www.olabeachclub.com
開 10:00～21:00（金曜～22:00、土曜9:00～22:00、日曜9:00～、ウオータースポーツは9:00～19:00）
休 無休　料 ジェットブレード、ジェットパック各$168.3（45分、機材、講習料込み）、カヤック$18.75、バナナボート$20／1人。
カード A J M V　行き方 セントーサ・エクスプレスのビーチ・ステーションから徒歩約5分。ビーチ・トラムも利用可。

海に向かってバンジージャンプ！ MAP P.94-2A

スカイパーク・セントーサ・バイ・AJハケット

★★ Skypark Sentosa by AJ Hackett

バンジージャンプのパイオニア、AJハケット社がセントーサ島に地上50mのジャンプ台を作り上げた。アトラクションはバンジージャンプをはじめ、40mの高さから空中ブランコのように遊泳するジャイアント・スイングや、シースルー部分のあるスカイブリッジ歩行など。極めつけのスリル＆爽快感を味わえる。

施設内にはバーとプールを併設

左／ジャンプする前に英語で説明を受け、手首にカメラを装着。手首のカメラで撮影した映像を編集したデータは購入できる($109)
右／ジャイアント・スイングは3名まで一緒に体験できる

室内でスカイダイビング体験！ MAP P.94-2B

アイ・フライ

★★ i Fly

世界最大級のインドア・ダイビング施設。5階建ての建物内には、高さ約17m、幅約5mのガラス張りのトンネルがあり、その下から噴射される風に乗って、スカイダイビングのように宙を飛ぶ感覚を楽しめる。1時間の講習を受けたあと、フライトスーツに着替え、一人ひとり順番にトンネルに入ってダイブ(1ダイブ45秒)。インストラクターが付いてくれるので安心だ。慣れてくれば、空中でくるりと宙返りしたり、スーパーマンのように急上昇したりと夢のような体験ができる。見学だけでもOK。

トンネル内には最大風速150キロほどの風が吹き抜ける。見学は無料

戦争のむなしさを今に伝える MAP P.94-1A

シロソ砦

★★ Fort Siloso

1880年、シンガポール港の出入りを見張るために島の西端に築かれた砦。第2次世界大戦時、日本軍に対抗するイギリス軍が最後まで立てこもった場所としても知られている。小高い山の上にある砦へは、地上181m地点に設けられた遊歩道「シロソ砦スカイウオーク」を通ってアクセスしよう。山道を下りながら、当時の姿を残す大砲や地下トンネル、武器庫などが見学できる。

山の中腹にある「サレンダー・チェンバーズSurrender Chambers」では、1942年のイギリス軍の降伏文書調印式、そして1945年の日本軍の降伏文書調印式の様子がろう人形で再現されている。

1942年製の6インチ砲に砲弾を込める兵士は等身大。発射音とともに煙が噴き上がる

スカイパーク・セントーサ・バイ・AJハケット
住30 Siloso Beach Walk
☎6911-3070
URL skyparkglobal.com/sg-en/sentosa
開12:30～19:00(土・日曜11:30～)
休無休 料バンジージャンプ$89、ジャイアント・スイング$59、スカイブリッジ歩行$15
※アトラクションによって身長、体重制限あり。 カード M V
行き方セントーサ・エクスプレスのビーチ・ステーションから徒歩約5分。ビーチ・トラムも利用可。

各種自転車のレンタルを行うゴーグリーン@セントーサ Gogreen @ Sentosa
MAP P.94-2B
☎9825-4066 営10:00～19:30
料レンタサイクル1時間$15、2時間$21 カード J M V
行き方セントーサ・エクスプレスのビーチ・ステーションから徒歩約4分。

アイ・フライ
住43 Siloso Beach Walk, #01-01
☎6571-0000
URL www.iflysingapore.com
開9:00～22:00(水曜11:00～)
休無休
料1ダイブ$89、2ダイブ(45秒×2回)$119 カード A J M V
※7歳以上という制限あり。同意書記入が必要(18歳未満は親の同意が必要)。
※ダイブの時間の1時間30分前までに要予約。
行き方セントーサ・エクスプレスのビーチ・ステーションから徒歩約3分。

シロソ砦
開10:00～18:00(最終入場17:30)
休無休 料無料
行き方バスA、Bを利用。ケーブルカーならシロソ・ポイント・ステーション下車。
●サレンダー・チェンバーズ
開10:00～18:00(最終入場17:30)
料無料
●シロソ砦スカイウオーク
開9:00～22:00 料無料

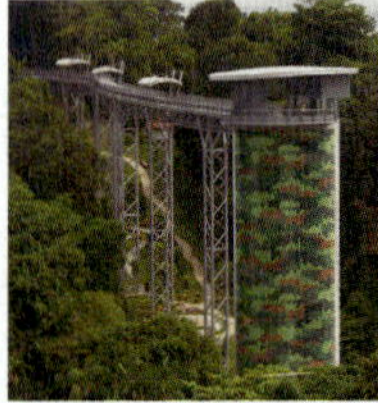

迷彩柄のエレベーターでスカイウオークへアクセスする

空に浮かぶ円盤から360度の絶景を堪能

MAP P.94-2B

スカイヘリックス・セントーサ

★★ SkyHelix Sentosa

シンガポールで最も高度が高い屋外パノラマライドが登場。インビア・ルックアウトの小高い丘の上に立つ高さ40mのらせん状の塔の中を、円盤のようなゴンドラが海抜79mまで360度回転しながらゆっくりと上昇する。ゴンドラには円卓を囲むように12のシートを設置。空中に足をぶら下げ、冷たいドリンクを片手にセントーサ島からケッペル島まで360度の絶景を見渡そう。

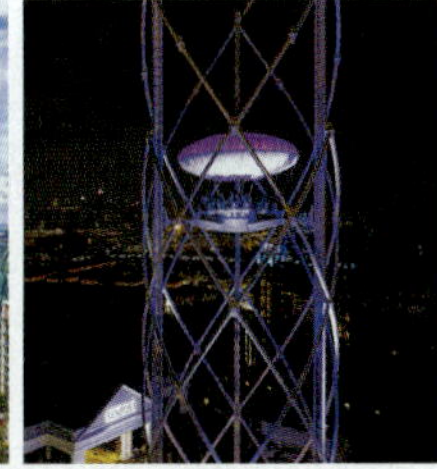

左／ゴンドラ中央にはガイド役のスタッフも搭乗。景観の案内をしてくれる　右／昼と夜ではまったく異なる景色が見られる

スカイヘリックス・セントーサ
住41 Imbiah Rd.　☎6361-0088
URL www.mountfaberleisure.com/attraction/skyhelix-sentosa
開10:00～21:30(最終乗車21:15)
休無休　料大人$18、子供（4～12歳）$15　※チケットはドリンク付き。事前にウェブサイトから予約が望ましい。
カード A J M V
※身長1.05m以上という制限あり。身長1.05～1.2m以下、または12歳以下は大人の同伴が必要。
行き方 ケーブルカーのセントーサ・ステーション下車、セントーサ・エクスプレスならインビア・ステーション下車。バスはAを利用。

子供も大人も楽しめるファミリー向けアトラクション

MAP P.95-2C

ハイドロダッシュ

★★ HydroDash

パラワン・ビーチの海上に浮かぶアスレチックの上で1年中思いっきり遊べる、水上アクアパーク。5～6歳を対象としたゾーン1と、7歳以上を対象としたゾーン2～4の計4つのゾーンに、ブリッジやハシゴ、トランポリン、スライダー、ブランコといったおよそ15のアトラクションを設置。チケット売り場から徒歩約2分の場所にシャワー＆ロッカー施設がある。

スイムベストの貸し出しはもちろん、ライフガードも常駐しているので安心して遊べる

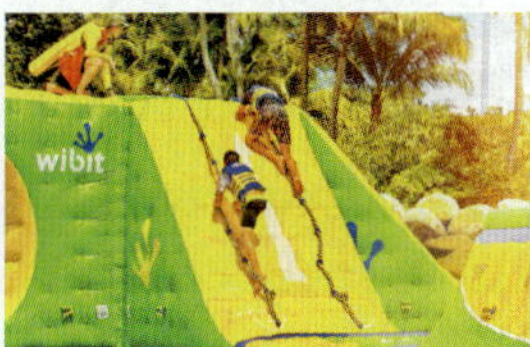

ロープを使ったクライミングなどができるアクションタワー

ハイドロダッシュ
住72 Palawan Beach　☎9783-7549　URL www.hydrodash.com.sg　開12:00～18:00(土・日曜、祝日10:00～19:00)　休無休　料5～6歳$13（大人1人の入場料を含む)、7歳以上$18※1時間の料金。
カード J M V
※ゾーン1は5～6歳、身長1m以下は大人の同伴が必要。ゾーン2～4は7歳以上、身長1.1m以上という制限あり。
行き方 セントーサ・エクスプレスのビーチ・ステーションから徒歩約5分。ビーチ・トラムも利用可。

海上を舞台にした多感覚ナイトショー

MAP P.94-2B

ウイングス・オブ・タイム

★★★ Wings of Time

2022年に最新技術で一部リニューアルした壮大なショーは、セントーサ島の夜の呼び物のひとつ。水のスクリーンへの映像、3Dプロジェクションマッピング、レーザー光線、噴水やウオータージェット、さらに迫力ある花火で魅せるスケールの大きなショーだ。少年と少女がシャーバズという巨大な鳥と一緒に、世界中の場所と時間を巡る冒険の旅をするというストーリー仕立ての展開。ショーは約20分間。

左／マヤ文明のピラミッド、シルクロード、産業革命、深海などがプロジェクションマッピングで映し出される
右／フィナーレは花火連射で歓声が

ウイングス・オブ・タイム
住50 Beach View　☎6361-0088
開19:40(金・土曜、祝日前日、祝日は19:40、20:40)　休無休
料$18(プレミアム席$23)
※会場近くのチケットブース(開月～金曜17:00～20:00、土・日曜、祝日前日、祝日10:00～21:00）でチケットを購入できる。現金不可。
※ウェブで事前購入が望ましい。
カード A J M V
行き方 セントーサ・エクスプレスのビーチ・ステーションから徒歩約3分。バスはA、Bいずれも利用可。ビーチ・トラムも利用可。
※ショー会場は開演15分前に開場。

イースト・コースト・パークと東部
East Coast Park & Eastern Suburb

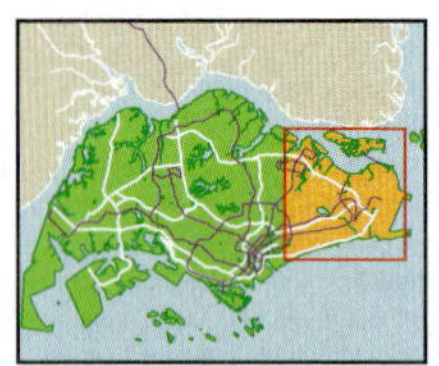

ACCESS

土・日曜、祝日ならMRTベドック駅からNo.401のバスを利用。10:00～20:00（土曜14:00～22:00）の間、16～17分間隔で運行。所要約10分。平日ならマリン・パレード・ロードMarine Parade Rd.のバス停までバスを使い、そこから歩くとよい。オーチャード・ロードからだとNo.16のバスが利用できる。所要約25分。マリン・パレード・ロードから海へは徒歩10～15分。

タクシーなら中心部から約20分。

街歩きプラン

❶ウビン島サイクリング →P.171～172

↓船着場から自転車で約30分

❷ウビン島チェク・ジャワ →P.172

↓船とタクシーで約40分

❸イースト・コースト・シーフードセンター →P.170

海沿いのイースト・コースト・パークウェイの横断は地下通路で。写真はパークランド・グリーン前の地下道入口

イースト・コースト・パークでの移動手段

イースト・コースト・パーク内の移動は、自転車がベスト。

土・日曜、祝日のみNo.401のバスがイースト・コースト・パーク・サービスロードを走っている。（→P.168アクセス）

砂浜では思いおもいに遊ぶ人の姿がある。海はすぐに深くなっているので、水遊びをする際は十分注意を

休日にはサイクリングやジョギング、散歩やバーベキューを楽しみに大勢の人がやってくる

シンガポール南東の海岸線沿いに8.5kmにも及ぶひょろ長い公園がある。ここがイースト・コースト・パーク、シンガポールの一大ビーチ&パークだ。園内には各種スポーツ&アクティビティ施設が点在し、サイクリングやローラーブレードでヤシの木々の間を走り抜ける光景は、どこかアメリカ西海岸を思わせる。土・日曜には地元の若者や家族連れが大勢やってくる。シンガポール在住の、海を愛する日本人の間でもなかなかの人気だ。園内の一角にあるシーフードセンター（→P.170囲み）は、シーフード専門店が集まるダイニングスポットで、夜ともなると潮風に吹かれながらおいしい料理に舌鼓を打つ人たちでにぎわっている。

また、カトン・エリアと呼ばれる一帯にはプラナカン文化が色濃く残っており、ローカル食の老舗や評判の店が集まっていることでも知られている（→P.173～177）。観光地化されたシティエリアを離れ、東海岸でのんびりと過ごす、そんな1日が旅の合間にあってもいいだろう。

歩き方 Orientation

海沿いでタクシーがひろえる場所をチェックしておこう

海沿いは幹線道路から離れているので、週末ならタクシーも通るが、平日は車通りが少なくなる。タクシーをひろいやすいのはマリーンコーブ、イースト・コースト・シーフードセンター前。

おもな見どころ Sightseeing Spot

スポーツ&アクティビティなら　MAP P.169

イースト・コースト・パーク ★★
East Coast Park

イースト・コースト・パークはシンガポール人にとってレクリエーションを楽しむ場所。最もポピュラーなのはサイクリングとローラーブレード。数ヵ所にレンタルショップがあり、週末は大勢の人が海沿いの専用コースを走っている。もちろん海水浴もでき、バーベキュー施設もあるので、バーベキューをしつつ海遊びというグループの姿も多い。パーク内の一部で再開発が進められている。

マリーンコーブ Marine Cove

週末はにぎわう

イースト・コースト・パークの中心的存在のマリーンコーブには、レストラン街と規模の大きな子供向けプレイグラウンドがある。レストランは5店あり、プラナカン料理やビリヤーニ専門の店なども入店。

隣接する規模の大きなプレイグラウンドには、最新式の電子遊具やアスレチック遊具が種類豊富に設置されている。目玉は3つの異なる滑り台やアスレチック器具が合体した高さ8mのプレイタワー。子供たちがのびのび遊べる絶好の遊び場だ。

プレイタワーを中心に3500m²の広さ。エリアによって遊具の対象年齢は異なる(2〜12歳)

マリーンコーブ
住1000 East Coast Parkway
行き方→P.168欄外アクセス。

ゴー・サイクリング Go Cycling
イースト・コースト・ロードのサイクリングコースにあるレンタサイクルショップ。レンタルする場合、$50のデポジットが必要。マリーナ・ベイやチャンギ国際空港など全12店舗ある。
MAP P.169 住1030 East Coast Parkway ☎9183-6964
URL gocycling.sg 開8:00〜22:00
休無休 料子供用$8、大人用$10、タンデムバイク$20
※すべて1時間単位の料金。

パークランド・グリーン Parkland Green

パーク内西側の一角にできた複合施設。東西に連なる建物にレストランを中心に11の店や施設が並ぶ。タイやメキシコ、トルコ料理などエスニック系のレストラン、ブルワリーバーなど、どこもオープンエアの席を備え開放感いっぱい。レーザータグ(サバイバルゲーム)場やヨガの施設もあり、芝生広場はスポーツを楽しむ人々が集う。

左/店の前に屋外席がズラリと並ぶ　右/店内に子供の遊び場があるビストロ

パークランド・グリーン
住920 East Coast Parkway
行き方→P.168欄外アクセス。マリン・パレード・ロード沿いのパークウェイ・パレード(S.C.)から徒歩約10分。

アロハ・シースポーツセンター Aloha Sea Sports Centre
ウインドサーフィンやスタンドアップパドルのボード、カヤックなどのレンタル、講習などを行っている。
MAP P.169 住1212 East Coast Parkway ☎6241-9212
URL www.alohaseasports.com
開10:00〜18:00(土・日曜、祝日9:00〜) 休無休 料1時間$30〜
カード A J M V
行き方→P.168欄外アクセス。

※周辺図はMAP 折込表-2C

水上レジャーとして人気のウェイクボード場

MAP P.169

シンガポール・ウェイクパーク Singapore Wake Park

★

スノーボードの水上版といえるウェイクボード。ここは人工池でケーブルに引っ張られる方法でウェイクボードが楽しめる、ケーブルウェイクボードの施設。レベルごとに3つのケーブルシステムを設置しており、初心者用の短い練習用コースもある。ボードやヘルメットなど装備一式レンタル可。カフェ&バーも備わる。

ケーブルで誘導され池を周回する。水面を滑るように進み、経験者はジャンプや回転などにも挑戦できる

未来感あふれる巨大ドーム

MAP 折込裏-1D

シンガポール・スポーツ・ハブ Singapore Sports Hub

★★

建設ラッシュのシンガポールで、またしてもアイコンになる巨大複合施設が誕生した。カラン川河口の35ヘクタールの敷地内はまるでひとつの町だ。中心となるナショナルスタジアムは世界最大の直径のドーム型。可動式の屋根で全天候に対応し、国際規模のスポーツ大会やイベントの舞台に。その周辺にコンサートも開かれる屋内競技場やプール、図書館、スポーツ・ミュージアム、さらにショッピングモールの「カラン・ウエイブ・モール」、レストラン、子供の水遊び場などがある。

太陽と海とたわむれる

MAP 折込表-2C、P.171

パシール・リス・パーク Pasir Ris Park

★★

規模ではイースト・コースト・パークに劣るが、サイクリングロードがありバーベキューができる緑豊かな公園。MRT東西線の東の終点、パシール・リス駅の近くにあり、対岸にはウビン島が見える。

シンガポール・ウェイクパーク
住1206A East Coast Parkway
☎6636-4266
URL www.singaporewakepark.com
開10:00～21:00（土・日曜、祝日9:00～20:00） 休無休
料1時間パス$40～（土・日曜$50～） カード A M V
行き方→P.168欄外アクセス。

シンガポール・スポーツ・ハブ
住1 Stadium Drive ☎6653-8900
URL www.sportshub.com.sg
行き方 MRTスタジアム駅から徒歩約1分、カラン駅から徒歩約10分。

●ビジターセンター
開10:00～20:00（土・日曜、祝日前日、祝日～21:00）

●湯の森温泉&スパ
Yunomori Japanese Onsen & Spa
スポーツ・ハブ内にあるスーパー銭湯スタイルの施設。11の温浴施設とマッサージ施設やカフェなどがある。
住1 Stadium Place, #02-17/18 Kallang Wave Mall ☎6386-4126
URL www.yunomorionsen.com/singapore/menu
営10:00～22:00 休無休
料入浴料大人$40.66、15歳以下、65歳以上$29.96
※料金表示は税込み額。

左／ナショナルスタジアムのドームは直径約310m、収容人数は約5万5000人 右／2014年に誕生したスポーツ・ハブ。その核となるのがスタイリッシュなデザインのナショナルスタジアム

Information

海辺の食スポット

◆イースト・コースト・シーフードセンター East Coast Seafood Centre

海沿いに立つ3棟の建物内に、海鮮料理店が5軒ある。どこも屋外席を配した大型店で、人気があるのは「ジャンボ・シーフード」、「ロングビーチUDMC」。

ジャンボ・シーフードの屋外席。ディナーは17:00開店

MAP P.169 住Blk. 1202 East Coast Parkway
行き方 中心部からタクシーで約20分。シーフードセンター入口にタクシー乗り場があるが、22:30以降はタクシーの数が少なくなるので、要注意。

◆イースト・コースト・ラグーン・フードビレッジ East Coast Lagoon Food Village

ヤシの木と海が見えるトロピカルなホーカーズ。イースト・コースト・パークの遊歩道から入れるので、休憩にも便利。

海を見ながら食事できるホーカーズ。サイクリング途中に立ち寄れる

MAP P.169 住1220 East Coast Parkway
行き方 中心部からタクシーで約20分。

海沿いに数軒のレストランやバーが点在。

東端には複合娯楽施設の「ダウンタウン・イースト」がある。ショッピングセンター、ホテル、ウオーターパーク、レストランなどがあり、週末は家族連れや若者でにぎわう。

子供用施設が充実のウオーターパーク MAP P.171

ワイルド・ワイルド・ウエット

★★ Wild Wild Wet

「ダウンタウン・イースト」という複合施設内にあるテーマパーク型プール。趣向を凝らしたアトラクションが充実しており、ひと味違ったプール遊びができる。335mの流れるプールや波のプール、実験室をテーマにした幼児用プール、ジャクージなどプールは全部で10種類。ウオータースライダーは1人用、2人用、6人用があり、18mの高さから垂直に落下し、高速で滑り下りる新型スライダー「トーピード」やハーフパイプ状のU型の斜面を滑走する「スライド・アップ」、丸いボートで滑り降りるウオータースライダーの「Ular-Lah」が人気。スライダーは年齢、身長制限がある。

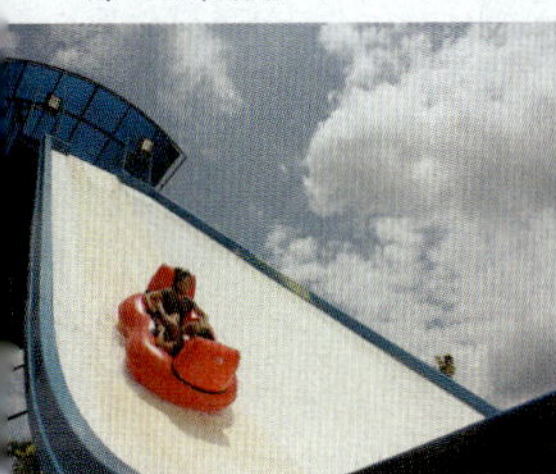
U型の斜面を降下と上昇を繰り返す「スライド・アップ」

シンガポール最後のカンポン(マレーの村)が残る MAP 折込表-1C、P.172

ウビン島

★★ Pulau Ubin (Ubin Island)

シンガポール東部、ジョホール海峡に浮かぶウビン島は、シンガポールで唯一開発の手が届いていない地域として知られており、熱帯雨林に覆われた島には珍しい植物やイノシシ、ジャコウネコなどの野生動物が生息する。約40年前には3500人いた島民の多くはシンガポール中心部に移り住み、今では100人以下に激減してしまった。島民の多くはレンタサイクル屋や食堂などの観光業に従事しているが、ケロンKelongと呼ばれる漁村やマレー系の人々の住むマレービレッジで昔ながらの生活を営んでいる人々もいる。

ウビン島を回るには自転車が最適だ。おもなサイクリングコースは舗装された緩やかな坂道で走りやすく、背の高いヤシの木やランブータン、バナナなど、熱帯特有の自然植物が連なる道を自転車で走るのは何とも気持ちがいい。

パシール・リス・パーク

住Pasir Ris Close
行き方MRTパシール・リス駅から徒歩約15分。または、同駅からNo.403のバスで約8分。

園内には貸自転車屋や乗馬のできる施設「ギャロップ・ステイブル」(URL www.gallopstable.com)などがある。

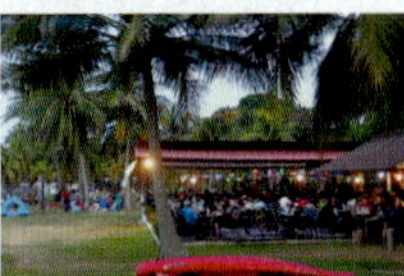
海辺に数軒レストランやバーがあり、夕暮れとともに席が埋まる。マリンスポーツのレンタル施設もある

ワイルド・ワイルド・ウエット

住1 Pasir Ris Close, Downtown East
☎6581-9128 URL www.wildwildwet.com 開12:00～18:00(土・日曜、祝日、小・中学校の休暇時期11:00～、最終入場17:00)
休火曜 料大人$26～、子供(3～12歳)$19～、3歳未満は無料
カード A D J M V
行き方MRTパシール・リス駅A出口からダウンタウン・イーストを往復する無料シャトルバスで約5分。毎日11:00～22:00の間、20分間隔で運行。公共バスなら同駅からNo.354を利用。徒歩なら駅から約10分。

チャンギ礼拝堂&博物館
Changi Chapel and Museum

MAP 折込表-2C
住1000 Upper Changi Rd. North
☎6242-6033 URL www.nhb.gov.sg/changichapelmuseum
開9:30～17:30 休月曜、祝日
料大人$8、学生、60歳以上$5

第2次世界大戦中の日本統治時代に日本軍の捕虜になった人々が収容された刑務所が博物館となっている。

●無料の館内ガイドツアー
[英語]第1・3金曜11:00

ウビン島

URL www.nparks.gov.sg/pulau-ubin
行き方ビクトリア・ストリート沿い(MRTブギス駅A出口前)からNo.2のバスを利用。もしくはMRTタンピネス駅からNo.29のバスを利用し、終点のチャンギ・ビレッジへ。ここから北へ徒歩約2分の所にチャンギ・ポイント・フェリーターミナル(道案内板あり)があり、そこから船で約10分でウビン島に到着する。船の運航時間は6:00～19:00で、9～12人集まり次第出航。片道$4(自転車を載せる場合は$6)。

ウビン島の船発着所

ヤシの木や南国フルーツなどが生い茂る道をサイクリング。自転車は左側通行

左／チェク・ジャワの展望タワーから望む島東部の森　右／チェク・ジャワ近くの道の脇にある高さ約35mのプライの木はヘリテージツリー

その昔、開拓移民が切り開いた複数の花崗岩の石切り場の跡が、今では湖となって点在し、景勝地となっている所もある。

また、マングローブ、海岸林、ラグーンなど異なる生態系が密集し、さまざまな植物や生物が生息する、島東部のチェク・ジャワも訪れてみたい。一般客にも公開されており、注目を集めている。

チェク・ジャワ
Chek Jawa Wetlands

マングローブ林の約500mのコースと、海岸沿いの森を囲む木道をたどる約600mのコースがある。両方をぐるりと回って1時間くらいだ。マングローブの湿地帯にはカニやトビハゼ、ムツゴロウが生息する。海岸コースでは季節にもよるが、干潮時にヒトデや貝類が見られることも。遊歩道脇には1930年代に建てられたチューダー様式の建物があり、ビジターセンターとして湿地帯の生物についての資料が展示されている。

海岸コースは海上に造られたボードウオークの上を歩く

左／湿地帯に群生するニッパヤシの果実。この中の半透明の実はスイーツのトッピングにもなる　中／片方のハサミが異様に大きいカニはシオマネキ　右／湿地帯では小さな生物が観察できる

ウビン島サイクリング

料レンタサイクル：1時間$4、1日$8〜（パスポートの提示が必要な店もある）。貸自転車屋は船発着所の周辺に集中している。

主要道路は舗装されているが、チェク・ジャワへの道は未舗装の箇所もある。特に砂利道の下りはスリップ事故が起きているので、要注意。また、出没するイノシシによる自転車事故も起きているので、注意が必要だ。

ウビン-HSBCボランティア・ハブ
Ubin-HSBC Volunteer Hub

MAP P.172
☎6542-4108
開9:00〜17:00　休無休

ナショナルパークの事務所がある。ウビン島の観光、自然について情報を得られる。

チェク・ジャワ

MAP P.172
☎6542-4108（ウビン島マネジメントオフィス）
開8:30〜18:00　休無休
行き方 船発着所から約3.3km。自転車で約30分、徒歩約50分。

READER'S VOICE

ウビン島でシーフード料理を堪能

ウビン島はサイクリングをしなければ、これといった見どころはないけれど、シーフードは安くておいしく、ボリューム満点。レンタサイクル屋のそばにある「チョン・リャン・ユエン」にはメニューもあって、注文しやすかった。おすすめは炒飯とエビのガーリック炒め（蒜头炸虾）、ペッパー・フラワー・クラブ（胡椒花蚧）。店の人も感じがよく、安心して立ち寄れる。

（神奈川県　井上綾乃）['22]

●**チョン・リャン・ユエン**
Cheong Lian Yuen
（瓊聯園餐室）
MAP P.172
住20 Pulau Ubin
☎6542-1147　営8:00〜19:00頃
休旧正月　カード不可

カトン

Katong

色鮮やかなプラナカンの家並みが見られるクーン・セン・ロード

イースト・コーストのカトンと呼ばれるエリア(→P.173欄外)は、マレーと中国、ヨーロッパの文化が融合したプラナカン文化が息づく数少ないエリアだ。このあたりは高級住宅街となっており、街の雰囲気も静かで落ち着いている。そんな街を歩けば、装飾の美しいプラナカン様式の家々が目を楽しませてくれる。花柄のタイルやパステルカラーの彩色、ステンドグラスなど優雅で繊細な文化の一端がうかがえる。

また、カトンは、プラナカン料理をはじめ、おいしいローカルフード店が集まっていることでも知られており、イースト・コースト・ロードEast Coast Rd.やジョー・チアット・ロードJoo Chiat Rd.沿いには老舗や名店が並んでいる。プラナカンの風情に浸りつつ、おいしいスナックや料理を食べ歩こう。伝統的な文化に触れられる貴重な体験となるだろう。

歩き方 Orientation

メインストリートのイースト・コースト・ロードから歩き始める

ジョー・チアット・ロードとの交差点に立つショッピングセンター「i12カトン」(→P.174)をランドマークにするといい。

イースト・コースト・ロード

イースト・コースト・ロードとジョー・チアット・ロードの交差点に立つ「i12カトン」(→P.174)

イースト・コースト・ロードとジョー・チアット・ロードの交差点近くにはプラナカン・グッズのおみやげ品が買える「キム・チュー・クエ・チャン」(→P.284)や「ルマー・ビビ」(→P.38)があるのでのぞいてみたい。さらに西へ行くとラクサ(→P.53)の店がある。カトンに来たら、ぜひ味わってみたい食べ物のひとつだ。この通り沿いにはマレー料理や中国各地の料理、スナック類の店が多く、近年カフェやケーキ店、エスニック系のレストランが次々に登場。ますます食の熱を帯び、注目を集めている。

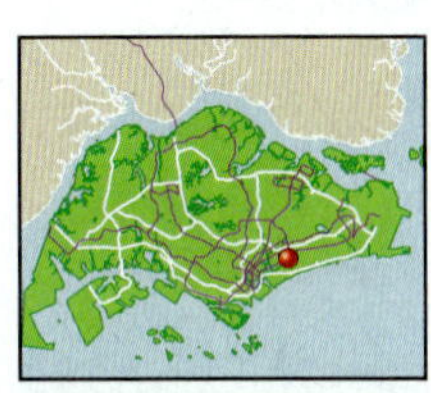

ACCESS

ビクトリア・ストリートのブギス・ジャンクション向かいを経由するNo.12、ブギス駅A出口前経由のNo.32、オーチャード・ロードやラッフルズ・ホテル前経由のNo.14のバスがイースト・コースト・ロードのバス停を通る。オーチャード・ロード経由のNo.16のバスはジョー・チアット・ロードのバス停を通る。

MRT利用ならパヤ・レバ駅からジョー・チアット・ロードの北端まで徒歩約10分。中心部からタクシー利用だと所要約20分。

街歩きプラン

1. イースト・コースト・ロード散策(ショップやレストラン巡り) →P.173

↓ 徒歩数分

2. ジョー・チアット・ロード散策 →P.174

↓ 徒歩約10分

3. クーン・セン・ロードのプラナカンの家並み →P.174

↓ 徒歩約10分

4. ゲイラン・セライ・マーケット →P.176

カトン・エリア

チャンギ・ロードChangi Rd.以南の、タンジョン・カトン・ロードTanjong Katong Rd.、ジョー・チアット・ロードJoo Chiat Rd.周辺とマウントバッテン・ロードMountbatten Rd.の高級住宅地エリアを指す。

MAP 折込表-2B、2C、3C

月曜は注意

このエリアの店は月曜休みのところが多いので気をつけよう。

イースト・コースト・ロード沿いのロキシー・スクエアの西隣に誕生したショッピングモール「フロウThe Flow」。2022年10月現在、デザート店やインド料理・日本料理のレストラン、家庭用品の店、ネイルサロンなどが入店

ジョー・チアット・ロード周辺

2021年頃からジョー・チアット・ロード沿いに次々とおしゃれなカフェやベーカリー、ショップが出現し、トレンドタウンに変貌した。装飾のきれいなショップハウスが多い通りでもあり、優雅でのんびりした街の雰囲気と旬の店が合わさり、ますます多くの人を引きつけている。

上／クーン・セン・ロードの装飾が美しい家並み　下／スペシャルティコーヒーのカフェ「Prairie by Craftsmen」は注目店

イースト・コースト・ロードとの交差点から通りを北へ歩くと5分ほどで、色鮮やかなプラナカンハウスが並ぶクーン・セン・ロードKoon Seng Rd.と交わる。右折して家並みを見物した後、テンベリン・ロードTembeling Rd.を通ってイースト・コースト・ロードに戻ってもいいし、ジョー・チアット・ロードを北上して、ゲイラン・セライ・マーケットを目指してもいい。

ジョー・チアット・ロードにはプラナカン料理や伝統スナックなどの老舗も多い。ぶらぶら歩いて新旧の発見を楽しもう。

おもな見どころ　Sightseeing Spot

ユニークな造りの美しい寺院　MAP P.177下図

スリ・センパガ・ヴィナヤガー寺院　Sri Senpaga Vinayagar Temple
★★

イースト・コースト・ロードからセイロン・ロードに入ってすぐの所にあるヒンドゥー寺院。ここはシヴァ神の子供で人間の体にゾウの頭をもつガネーシャ神が祀られている。1875年の創建、2003年に改築されており、彫像や宗教画もきれい。入口のゴープラム(塔門)は古代南インドのチョーラ王朝の伝統様式に則った壮大なもの。寺院内部の4本の花崗岩の支柱にも注目。各柱の4面に計8体のガネーシャの彫刻が施され、ほかに類を見ない形状だ。

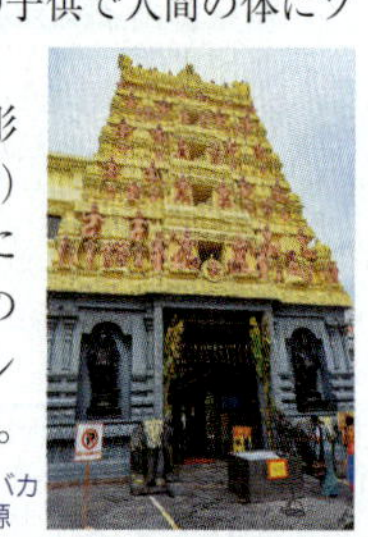

高さ約20mのゴープラムには約160の彫刻が施されている。チェンパカの木の下から本尊となるガネーシャ像が発見されたのが、寺院の起源

新コンセプトのS.C.に生まれ変わった　MAP P.177下図

i12カトン　i12 Katong
★★

イースト・コースト・ロードとジョー・チアット・ロードの交差点に立ち、カトン・エリア散策の起点になる。2022年にリニューアルを終え、ライフスタイルを提案するショッピングセンターに一新された。地下1階から地上4階まで5フロアに約120店。人気のカフェやスイーツ店を網羅しており、休憩にも使える。子供向けのショップや遊び場も充実。地下にスーパーマーケットやフードコート「マレーシア・ボレ！」がある。

地元の人々のニーズを満たすショッピングセンター。写真は2階のファッションや家庭用品、雑貨を集めたコーナー

ジョー・チアット・ロード
イースト・コースト・ロードとの交差点から北へ向かい、ゲイラン・ロードGeylang Rd.にぶつかる所まで徒歩で20～25分。
 P.177上図

木や籐製品の老舗（上）のショップハウスの外壁にはプラナカンモチーフの壁画が（下）

スリ・センパガ・ヴィナヤガー寺院
住19 Ceylon Rd.　☎6345-8176
開6:30～12:00、18:30～21:00
休無休
行き方→P.173欄外のアクセス。

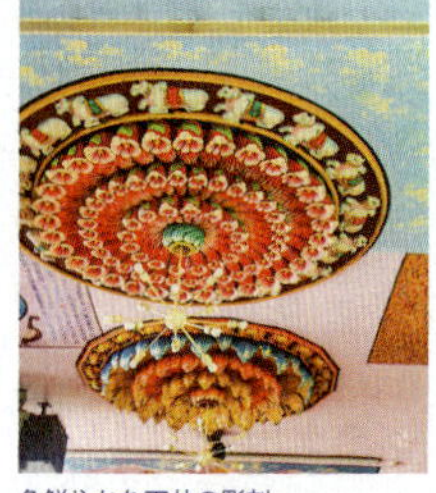

色鮮やかな天井の彫刻

ホーカーとバーがコラボしたアリババーAlibabar
MAP P.177上図、下図　住125 East Coast Rd.　☎6440-6147　営コピティアム：9:00～18:00、バー：18:00～23:30　休無休　カード J
行き方→P.173欄外のアクセス。
昼間はホーカーが集まるコピティアム、夜はビストロ・バーに変身する。コピティアムにはチャー・クエティヤオの「榮發」をはじめ、タイ料理やバーガー店など5店が入店。

大通りの交差点にあり、休憩にいい

i12カトン
住112 East Coast Rd.
☎6306-3272　営10:00～22:00
行き方→P.173欄外のアクセス。

Information

カトン散策で立ち寄りたい店

カトンには魅力ある個性派ショップや店がたくさんある。食べ歩きや買い物を楽しみながら、カトンを巡ってみよう。

カフェ＆スイーツ店

◆チン・ミー・チン・コンフェクショナリー Chin Mee Chin Confectionery (真美珍)

1925年創業のコピティアム(コーヒーショップ)が、一度閉店した後、改装とメニューの見直しを行い2021年に再オープンした。ショップハウスの店構え、ビンテージタイルの床、大理石の丸テーブルなどは、ノスタルジックな雰囲気のまま。塗装がきれいになり、新たにテラス席が加わった。素朴なカヤトーストやクリームホーン、カップケーキなど人気メニューは、ホーロー皿にのせてカフェ風に提供。かわいらしいペストリーとレトロなインテリアが映えるとあって大人気！

左／クリームホーン(手前、$2)とチョコレートカップケーキ($1.8)。ドリンクは大麦飲料のミロにミロのパウダーをトッピングしたアイス・マイロ・ダイナソー($3.4) 右／ローカル朝食のカヤトーストセット($4.9)。カヤトーストのパンはソフトバンズ(丸パン)を使用

左／ひときわ目立つ鮮やかな水色のショップハウス 右／午前中は順番待ちの行列ができるほど混む。午後遅い時間は人気の品は売り切れることもあるので注意

左／改装はされたが創業当時の風情を残す店内 右／スパイシーなエビ風味のラクサパン($2.5)。オタやランチョンミート入りのパンもある

MAP P.177下図 住204 East Coast Rd. ☎なし 営8:00～16:00(ラストオーダー15:30) 休月曜、旧正月 カード MV

◆ドナ・マニス Dona Manis

バナナパイがおいしいことで知られるローカルの洋風菓子店。香りや食感が異なるバナナを数種類使うバナナパイは、南国の風味いっぱい。

左／ショッピングセンター地下の小さな店 右／バナナの風味が濃厚なパイ($2.8)。遅い時間だと売り切れることも

MAP P.177下図 住865 Mountbatten Rd., #B1-93 Katong Shopping Centre ☎6440-7688 営10:00～16:30 休日・月曜 カード不可

◆ディー・バン D'Bun (利満)

肉まんが名物の中国菓子店。ゆで卵や鶏肉がぎっしり詰まった肉まん、大肉包($2.5)はボリューム満点で美味。タピオカケーキ、カヤタルト、パイナップルタルトなどもおいしい。

左／おみやげによいパイナップルタルトは2種類ある(各$26.8) 右／具だくさんの大肉包は食べ応えあり

MAP P.177上図
住358 Joo Chiat Rd. ☎6345-8220
営8:00～20:00 休旧正月4日間 カード不可

ジョー・チアット・ロードのライフスタイルショップ

チェックしたい店は、スペイン製のアイテムが揃う「ラ・ティエンダ」(→P.284)、インドのビンテージやアップサイクル家具、ウエアやバッグ、雑貨などを扱う「チゼル＆ログChisel & Log」(MAP P.177上図)など。しゃれた店の出店は2022年現在も進行中。

左／お宝探しが楽しめる「ラ・ティエンダ」 右／カラフルなクッションカバーや食器が目を引く「チゼル＆ログ」

Information

個性派ショップ

◆エンポリアム　The Emporium

シンガポールの女性デザイナー、シルビア・リムさんが立ち上げた店。ユニークなプリント柄の洋服は遊び心いっぱいで元気が出そう。靴やバッグ、雑貨などライフスタイル全般が揃う。

左／オリジナルブランドの「Triologie」のウエア　右／サンタグランド・ホテル・イースト・コーストの1階にある

MAP P.177下図　住171 East Coast Rd., #01-04　☎6241-8654
営11:00〜20:00　休旧正月　カード A M V

◆キャット・ソクラテス　Cat Socrates

猫好きの店主が開いた小粋なデザイングッズの店。看板猫のいる店内は、オリジナル商品から各国のえりすぐり品まで、思わず手に取りたくなるものが並んでいる。

MAP P.177上図　住448 Joo Chiat Rd.　☎6348-0863
営11:00〜20:00(月曜〜18:00、日曜、祝日〜19:00)
休旧正月　カード A M V　※チョンバル店→P.140、283。

左／キャット・ソクラテスはジョー・チアット・ロード沿い、見過ごしそうな小さな店　右／ローカルグルメの看板風マグネット

◆アル・バラカー　Al Barakah

インドネシアの漢方薬「ジャムー」や、ハーブ類を用いた美容用品、マレーシアやインドネシアの食品、お茶などの卸、小売りを行う店。シンガポール内に10店舗あり、ここがいちばん大きくて見やすい。

ハーブの美容用品が揃う

保湿効果の高いパパイヤのボディスクラブ

ハーブ配合の手作り石鹸

MAP P.177上図　住48 Joo Chiat Rd.　☎8798-7114
営9:00〜19:00　休ハリ・ラヤ・プアサの祝日、ハリ・ラヤ・ハジの祝日　カード不可

Column

ゲイラン「異国トリップ」

「Sajian Mak Dara」のナシ・レマ

マレー文化を体感

◆ゲイラン・セライ・マーケット

ゲイラン・セライはマレー系が集まる市場として地元では有名なところで、1階が市場、2階がホーカーセンターになっている。場内はマレー一色で、よそでは食べられないインドネシア料理の屋台などもある。おすすめはナシ・レマ(→P.60)がおいしい「Sajian Mak Dara」(住#02-108)。隣の「ゲイラン・セライ・チェンドル」(住#02-107)のチェンドルも人気。バティックや民族服を売る店、ジャムー(インドネシアの漢方薬、またそれを用いた美容用品)を売る店、そして食品売り場にはシンガポールでもなかなか見られない珍しい食材がズラリ。

左／規模の大きな市場。1階の食品売り場にはマレーやプラナカン料理で使われる野菜やハーブがある　右／2階のホーカーセンターはマレー系の料理が主流

◆ジョー・チアット・コンプレックス

マーケットの向かいには古いショッピングモール「ジョー・チアット・コンプレックス」があり、ここもマレー一色。マレー語専門の本屋、生地屋、マレードレスのブティック、アクセサリー屋にムスリム向け雑貨屋などがぎっしりと入居している。チャンギ・ロード沿いの1階にはジャムー専門店が多い。異国情緒あふれるマレーワールドを探検してみよう。　(丹保美紀)

左／ジョー・チアット・ロードとゲイラン・ロードの交差点に立つ
右／2階はマレーの民族服の店が並ぶ

ゲイラン・セライ・マーケット Geylang Serai Market
MAP P.177上図　住1 Geylang Serai
行き方 MRTパヤ・レバ駅から徒歩7〜8分。

ジョー・チアット・コンプレックス Joo Chiat Complex
MAP P.177上図　住1 Joo Chiat Rd.　行き方 同上。

上図

クーン・セン・ロード沿いには色彩や装飾の美しい家並みが連なる。この一帯のプラナカンの家々は1900～1940年頃に建てられたもの

イースト・コースト・ロードの南側のかわいい家並み

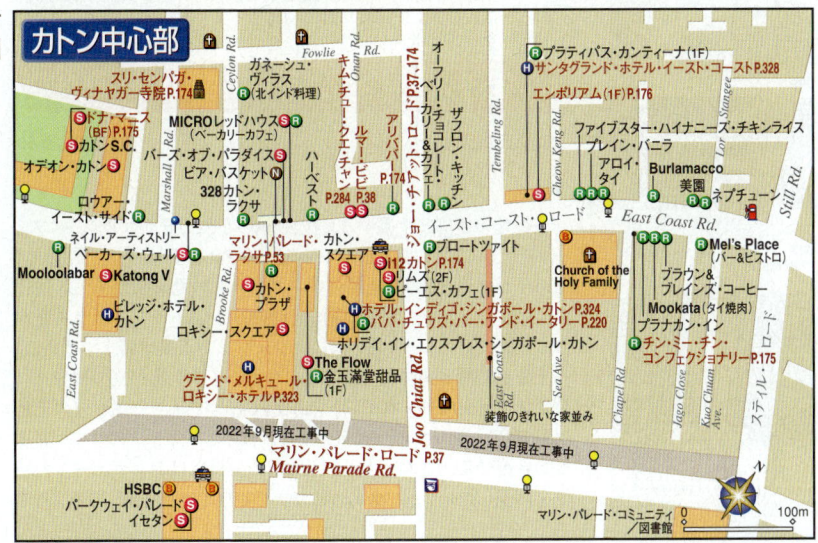

左／ノスタルジックな雰囲気のヘアサロン（Ceylon Rd.） 右／ジョー・チアット・ロードのホテルやブティックが並ぶ一角

下図

カトン中心部

Fowlie Rd.
Ceylon Rd.
Onan Rd.
スリ・センパガ・ヴィナヤガー寺院 P.174
ガネーシュ・ヴィラス(北インド料理)
キム・チュー・クエ・チャン P.284
ルマー・ビビ P.38
アリババー P.174
ジョー・チアット・ロード P.37,174
オーフリー・ベーカリー&チョコレート・カフェ
ザフロン・キッチン
Tembeling Rd.
プラティパス・カンティーナ(1F)
サンタグランド・ホテル・イースト・コースト P.328
エンポリアム(1F)P.176
Cheow Keng Rd.
Lor Stangee
ファイブスター・ハイナニーズ・チキンライス
プレイン・バニラ
アロイ・タイ
Burlamacco
美園
ネプチューン
Still Rd.
ドナ・マニス (BF)P.175
カトンS.C.
MICROレッドハウス(ベーカリーカフェ)
オデオン・カトン
バーズ・オブ・パラダイス
ビア・バスケット
328カトン・ラクサ
ハーベスト
Marshall Rd.
ロウアー・イースト・サイド
イースト・コースト・ロード
East Coast Rd.
ネイル・アーティストリー
ベーカーズ・ウェル
マリン・パレード・ラクサ P.53
カトン・スクエア
ブロートツァイト
Mel's Place(バー&ビストロ)
Mooloolabar
Katong V
i12カトン P.174
リムズ(2F)
ピーエス・カフェ(1F)
Church of the Holy Family
ブラウン&ブレインズ・コーヒー
ビレッジ・ホテル・カトン
Brooke Rd.
カトン・プラザ
ホテル・インディゴ・シンガポール・カトン P.324
ババ・チュウズ・バー・アンド・イータリー P.220
Mookata(タイ焼肉)
プラナカン・イン
ロキシー・スクエア
ホリデイ・イン・エクスプレス・シンガポール・カトン
チン・ミー・チン・コンフェクショナリー P.175
スティル・ロード
The Flow
金玉滿堂甜品(1F)
グランド・メルキュール・ロキシー・ホテル P.323
East Coast Rd.
Joo Chiat Rd.
East Coast Rd.
Sea Ave.
Chapel Rd.
Jago Close
Kuo Chuan Ave.
装飾のきれいな家並み
2022年9月現在工事中
マリン・パレード・ロード P.37
Mairne Parade Rd.
2022年9月現在工事中
HSBC
パークウェイ・パレード
イセタン
マリン・パレード・コミュニティ／図書館
0 100m

※周辺図は MAP P.169

シンガポール西部

West Coast

ACCESS

西部に向かうNo.10のバスは、サンテック・シティ前のニコル・ハイウエイ、クリフォード・ピア前、シェントン・ウェイ、ビボシティ前のバス停から乗車できる。

街歩きプラン

1. ハウ・パー・ヴィラ →P.180
   ↓タクシーで約15分
2. マウント・フェーバー →P.178
   ↓タクシーで約10分
3. ビボシティ →P.266

マウント・フェーバー

行き方 中心部からタクシーで約15分。MRTハーバーフロント駅下車、ハーバーフロント・タワー2からケーブルカーでも行ける。

フェーバー・ピーク
Faber Peak

MAP 折込裏-3A
住 109 Mount Faber Rd.
☎6377-9688
URL www.mountfaberleisure.com
行き方 マウント・フェーバーと同じ。

上／セントーサ島観光の起点でもあるフェーバー・ピーク　下／同建物内のレストラン「スパッド＆エプロン」は開放的

フェーバー・ポイントのマーライオン像。晴れると眺望がすばらしい

フェーバー・ピークからの眺望。緑の森とビボシティの向こうに、リゾート・ワールド・セントーサが見える

シンガポール中心部でのショッピング、食べ歩きが一段落したら、ぜひ郊外まで足を延ばしてみよう。中心部とはひと味もふた味も違った観光が楽しめる。

郊外を目指すときに足を向けたいのがシンガポール西部。そして西部へ行くなら、No.10の2階建てバスがおすすめだ。2階のいちばん前の席に陣取って、あたりの景色を眺めながらミニバス旅行のスタート。

バスは左側にシンガポール港、右側に住宅街を見ながら、西へ向けて走る。マウント・フェーバーとセントーサ島を結ぶケーブルカー、ハウ・パー・ヴィラと、次々にシンガポールの観光名所を通り抜ける。終点はシンガポール国立大学の南西に隣接するケント・リッジ・バスターミナル。おもしろそうだな、と思う所でバスを降り、あたりをブラブラしてまたバスに乗る。そんなふうに、シンガポール西部の観光をしてみるといいだろう。

歩き方のヒント

このエリアの見どころは点在

見どころ間がバス路線で結ばれていない所もあり、西部エリアに到着後はタクシー利用が便利。

おもな見どころ Sightseeing Spot

小高い丘の展望台　MAP 折込表-3B

マウント・フェーバー

★★★　Mt. Faber

市街地の西側に位置する海抜115mの小高い丘がマウント・フェーバーだ。ここには**フェーバー・ピークFaber Peak**(→P.178欄外)というセントーサ島とを結ぶケーブルカーの発着駅がある。建物内にはレストラン、みやげ物店があり、レストランのテラス席からは正面にセントーサ島、西にはジュロンの工業地帯まで望める。

そこから西方向へ数分上ると、マーライオン像が立つ展望ミニ公園、**フェーバー・ポイントFaber Point**がある。ここからの景色は360度のパノラマで、天気がよければインドネシアのリアウ諸島まで見渡せる。この公園への上り口の外壁にはシンガポールの歴史を再現したレリーフもあるので、ぐるりとひと回りしてみよう。

巨大ショッピングセンターがにぎわう MAP P.179

ハーバーフロント駅周辺
★ Around the Harbour Front Station

MRTハーバーフロント駅の真上にはショッピングセンター、ビボシティ（→P.266）があり、大勢の買い物客を引きつけている。また、駅周辺には、セントーサ島への交通機関の発着場所もある。駅のE出口に直結したビボシティの3階にはセントーサ・エクスプレス（モノレール→P.161）の駅がある。ビボシティの東隣には、ヘリテージトレイルとギャラリーがある「セント・ジェームス・パワーステーション」がある。

駅のB出口はハーバーフロント・センターとつながっている。このビル内にはシンガポール・クルーズセンター（→P.356）がある。西側にはセントーサ島へのケーブルカー駅があるハーバーフロント・タワー2、A出口を出るとハーバーフロント・バスターミナルがある。

※周辺図は MAP P.94〜95

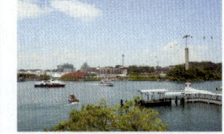

湾内にクルーズセンターがあり、インドネシア航路の船が行き交う

ハーバーフロント・センター
1〜2階はローカルファッションのショップ、カフェ、レストラン、両替商などが入ったショッピングセンター。3階はフードコートの「フード・ジャンクション」が入っている。

ガーデニングをテーマにした公園 MAP 折込表-3B

ホート・パーク
★★ Hort Park

ガーデニングと緑のあるライフスタイルを提案する公園。10ヘクタールの広大なエリアに、ガーデニングのテクニックやデザインの展示を中心に、20のテーマガーデン、娯楽施設、教育・研究施設などが設けられている。テーマガーデンは白や銀色の植物を集めたシルバーガーデン、空想の世界を植物で表現したファンタジーガーデン、種で作った作品が並ぶシードガーデン、ハーブガーデン、バタフライ（蝶）ガーデンなど。苗木や園芸用品の店やレストランもある。

約800本の樹木と4万本の低木が植えられている

樹木で作ったマーライオン

ホート・パーク
住33 Hyderabad Rd. off Alexandra Rd. ☎6471-5601
URL www.nparks.gov.sg/gardens-parks-and-nature/parks-and-nature-reserves/hortpark
開6:00〜23:00 休無休 料無料
行き方ノース・ブリッジ・ロードのブラス・バサー・コンプレックス向かいからNo.51、61のバスでアレクサンドラ・ロード下車(所要約25分)。中心部からタクシーで約20分。

アジアの歴史・文化・芸術関連の収集品は見応えあり MAP 折込表-2B

NUSミュージアム
★ NUS Museum

シンガポール国立大学（略称NUS）の敷地内にあるユニバーシティ・カルチュラル・センターUniversity Cultural Centreという建物内の博物館。3フロアからなる博物館には、中国陶器の歴史の変遷を扱った展示や、清代の中国絵画や書道作品の展示、マレーアートの歴史を紹介したり、ローカルアーティストのン・エン・テン氏の作品を集めたギャラリーなど、多岐にわたる展示内容で所蔵品も多数。また隣接のシアターでは、海外からの客演コンサートや演劇、学生らによる民族舞踊のパフォーマンスなどが行われる。チケットは市内SISTIC（→P.179欄外）にて販売。

LFには中国歴代の土器、陶器、磁器の展示があり、唐の三彩は見事。古代の銅鼓や銅鏡なども見られる

NUSミュージアム
住50 Kent Ridge Crescent, University Cultural Centre, National University of Singapore
☎6516-8817
URL museum.nus.edu.sg
開10:00〜18:00
休日曜、祝日 ※月曜は教育関係者の予約対応のみ。
料無料 行き方MRTクレメンティ駅前のバスターミナルからNo.96か183のバスで約10分。中心部からタクシーで約30分。

SISTIC
☎6348-5555(ホットライン)
URL www.sistic.com.sg

リー・コン・チアン自然史博物館

住2 Conservatory Drive, National University of Singapore
☎6601-3333
URL lkcnhm.nus.edu.sg
開10:00～18:00（最終入場16:30）
休月曜
料大人$21、学生、子供（3～12歳）$13　カードADMV
行き方MRTクレメンティ駅前のバスターミナルからNo.96のバスで約10分。中心部からタクシーで約30分。

ユニークなデザインの建物にも注目

1億5000万年前の恐竜の骨格展示が見もの　MAP 折込表-2B

リー・コン・チアン自然史博物館
Lee Kong Chian Natural History Museum
★★

シンガポール国立大学の敷地内にある博物館。1階には東南アジアの植物から昆虫、鳥、動物まであらゆる生物の標本を用いて、その多様性や進化の歴史を紹介。中2階には旧ラッフルズ博物館の動物に関する古い収集品、資料などが収蔵されている。

地球上の生命の歴史をたどり起源を探求するというテーマの最たる展示が、アメリカ・ワイオミング州で発掘された恐竜3体のほぼ完全な骨格化石だ。2体は頭がい骨も発見されており、たいへん希少だという。恐竜の骨格展示は1時間に2回、音響効果を交えてライトアップされる。

3体の恐竜の骨格が展示室中央に。約5分間のショーは雷雨や恐竜の鳴き声と照明で臨場感ある演出

Column

ハウ・パー・ヴィラのシュールな世界へ

モダンな建築物が建ち並ぶシンガポールで、その真逆をいく不思議議混沌の世界がここ。万能薬、タイガーバームでおなじみの胡兄弟が1937年に築いた庭園テーマパークだ。中国の道教の教えや神話・伝説などを極彩色の像とジオラマで表しており、その膨大な数とあやしげな様相に度肝を抜かれてしまう。日本語の説明をたよりに、不思議世界を巡ってみよう。

左／笑う仏陀の像
右上／中国民間伝説、八仙人が繰り出す海の龍宮戦。道徳観を表した展示が多い
右下／伝説『白蛇伝』の場面。白蛇の精が幽閉された夫を救い出す

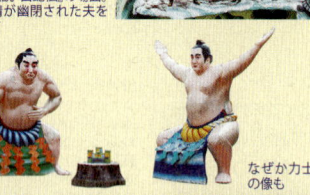

なぜか力士の像も

左／超シュールなカニ女!?
右／タイガーバームの広告効果を狙ったトラの像があちこちに

左／『西遊記』のエリア。三蔵法師襲撃をたくらむ妖女　右／謎の人魚像

入口の門。広大な敷地に1000以上の像と約150のジオラマがある

◆ヘルズ・ミュージアム　Hell's Museum

2021年の改修で3800m²を超える広さに拡張。新たに資料の展示や死後の世界についてのビデオ映像などが備わった。メインは「十殿閻羅（地獄の十王）」の展示室。

左上／地獄を司る10人の王の審判の場面　左下／地獄の責め苦のジオラマ　右／「十殿閻羅」の入口

ハウ・パー・ヴィラ　Haw Par Villa　虎豹別墅
MAP 折込表-3B　住262 Pasir Panjang Rd.　☎6773-0103
URL www.hawparvilla.sg　開9:00～20:00（最終入場19:30）
ヘルズ・ミュージアム　開10:00～18:00（最終入場17:00）
休祝日を除く月・火曜　料大人$18、7～12歳$10
行き方MRTハウ・パー・ヴィラ駅から徒歩約2分。

近未来的な建築と大自然が楽しめるトレイル

サザンリッジを歩いてみよう

サザンリッジはシンガポール南部の丘陵地帯に広がる自然公園を、遊歩道とユニークな橋で結んだ全長約9kmの散策コースだ。熱帯雨林の中に巡らされた遊歩道では森林浴、アートな橋では写真撮影や雄大な景色を楽しめる。

見どころのハイライトが集まるのが、ホート・パーク～マウント・フェーバーの約3kmの区間。ゆっくり歩いても2時間ほどだ。街観光の合間にミニハイキングを計画してみては。

生息する動物や鳥、植物の案内板が設置されている

週末は散歩やジョギングをする人が増える

アレクサンドラ・アーチ

葉っぱの形の橋、アレクサンドラ・アーチ

出発は東西どちら側からでもいいが、ここでは西側のホート・パーク(→P.179)からスタート。ホート・パークの東端、アレクサンドラ・ロードに架かるアレクサンドラ・アーチを渡って遊歩道へ。この橋はアーチが傾斜し床面が湾曲している。

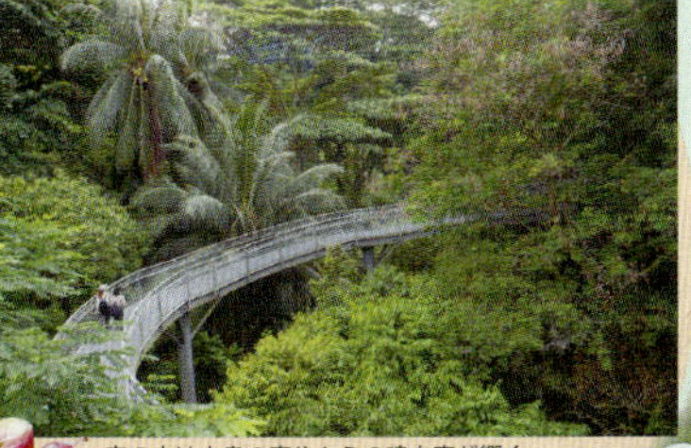
森の中は小鳥の声やセミの鳴き声が響く

ビワモドキの実

熱帯雨林をぬうフォレスト・ウオーク

地上3～18mに設けられたメタル製の遊歩道が約1.3km続く。木の上部が見渡せ、鳥やリスを目にすることも。

ヘンダーソン・ウェイブで絶景ウオッチ

フェーバー・ウオークから展望台へ

舗装道のマウント・フェーバー・ループ、または登山道を通ってマウント・フェーバーへ。途中マーライオン像が立つフェーバー・ポイント(展望台)にも立ち寄ろう。

マウント・フェーバーからはタクシーがひろえる。また、マウント・フェーバー・ロードから南に延びる林の中の道を15分ほど下ると、ハーバーフロント駅のあるビボシティにいたる。

絶景が望めるヘンダーソン・ウェイブ

森の中を抜け視界が開けた先に、驚きの光景が目に飛び込んでくる。生き物のように波打つ形状のヘンダーソン・ウェイブ。船の甲板用の木材を敷き詰めた長さ274m、高さ36mの歩道橋だ。市街地から海まで景色も最高。

シンガポールでいちばん高い歩道橋

360度の眺望が楽しめるフェーバー・ポイント

サザンリッジ The Southern Ridges
MAP 折込表-3B 住Henderson Rd.
URL www.nparks.gov.sg
行き方ホート・パークへは→P.179欄外

ジュロン

Jurong

ACCESS

MRTブーン・レイ駅の駅前がバスターミナルになっており、シンガポール・ディスカバリー・センターなどへSBSのバスが運行している。

街歩きプラン

工業団地が集まるジュロン・イースト。ベッドタウン化し、駅周辺にはウエストゲート、JEM、JCubeなどのショッピングセンターが肩を並べている

地価高騰で郊外にハイセンスな店が出店傾向にある。写真はアウトレットモールの「IMM」(→P.184)。中心部にある人気店のアウトレット店が多数入っている

シンガポーリアンがジュロンについて自慢する場所がある。シンガポールの工業化政策の尖兵として開発されたジュロン工業団地だ。工業団地としてのジュロンは、1968年、外国企業を大量に受け入れる場所として造られた。日本からもブリヂストン、IHI(旧・石川島播磨重工業)などが、開設当初からこの地に工場を設立している。今では、7000エーカーといわれる広大な敷地を埋め尽くすように、世界各国から多くの企業がここへ集まってきている。ジュロン・ヒルと呼ばれる小高い丘からこの工場団地を眺めると、無味乾燥な建物が連なり、一種異様な雰囲気をつくり出している。

一方で観光名所であるサイエンス・センター&オムニ・シアターやシンガポール・ディスカバリー・センターなどの展示施設が点在し、観光要素も併せもっている。

MRTジュロン・イースト駅、ブーン・レイ駅が観光の起点

見どころはMRT東西線沿線にある。主要駅はジュロン・イースト駅とブーン・レイ駅。両駅前にバスターミナルもある。

郊外の有名ガーデンは改装中
中国庭園　Chinese Garden

MAP P.183
住1 Chinese Garden Rd.

古代中国の仏塔や石橋、茶館を模した数々の建築物が風情をかもす庭園。MRTチャイニーズ・ガーデン駅から徒歩約3分の所にあり、市民に親しまれていたが、2019年から再開発の改装工事が始まり、隣にある日本庭園とともに2022年11月現在も、工事進行中で閉鎖されている。

おもな見どころ　Sightseeing Spot

ジュロンへ行ったら、ぜひ体験!!　MAP P.183

サイエンス・センター&オムニ・シアター
★★★　Science Centre & Omni Theatre

サイエンス・センターは科学を軸にさまざまな体験型施設を備えた大人から子供まで楽しめる場所だ。館内は航空、バイオ、人類と環境、バーチャルリアリティなど複数のセクションに分かれており、1000以上の展示がされている。自分で触って体験して楽しめるもので、ゲームや実験形式のコーナーも。時間を忘れて科学の世界にどっぷり浸れる。

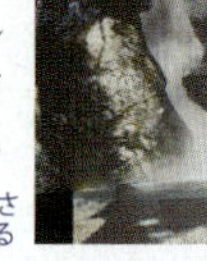

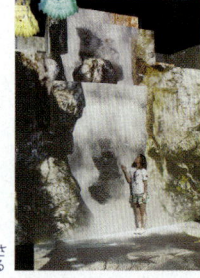

壁全面に古代の遺跡の映像が投影された部屋では、探険気分が味わえる

サイエンス・センター
住15 Science Centre Rd.
☎6425-2500
URL www.science.edu.sg
開10:00～17:00(最終入場16:15)
休月曜(祝日の場合は開館)、イベント開催日、保守作業の日
料大人$12、子供(3～12歳)$8
カード M V　行き方MRTジュロン・イースト駅から徒歩約10分。または同駅からNo.66か335のバスを利用。タクシーで市内から約30分。
●キッズ・ストップ
開10:00～13:00、14:00～17:00(最終入場はそれぞれ12:15、16:15)
休 カード サイエンス・センターと同じ　料大人$10、子供$20(土・日曜、祝日大人$13、子供$23)

左／展示は1～2階の2フロア。写真は二酸化炭素が及ぼす気候変動をゲームで学べる「クライメートマシン」 右／恐怖を科学するコーナーも人気

目玉ともいえるのが併設のオムニ・シアター。ここは東南アジア初の8Kの解像度の3Dドームシアター。高さ16m、幅23mの巨大ドームスクリーンで繰り広げられる大迫力の映像ショーは、時空を超えて別世界に入り込んだような感覚に。

敷地内には2～8歳の子供が対象の「キッズ・ストップ」もあり、多彩な知育遊具で遊べる科学館となっている。

オムニ・シアター
☎休カード サイエンス・センターと同じ 開10:00～18:00 ※最終上映は閉館1時間前。
●3Dデジタルショー
開上映時間は約40分間で、1時間間隔で上映 料大人、子供ともに$14～
※プログラムは数ヵ月ごとに変わる。

ハイテク・アトラクション満載のエデュテインメント施設 MAP P.183

シンガポール・ディスカバリー・センター

★★ Singapore Discovery Centre

ジュロンの西の外れ、シンガポール軍訓練施設(SAFTI)の一角にある巨大施設。シンガポールの歴史や発展、軍隊について、コンピューターを駆使したハイテク・アトラクションでわかりやすく紹介している。ここには、2D、3Dムービーの「アイワークス」、シートが動く4Dシアター「XDシアター」などの人気アトラクションに加え、展示コーナーやキッズ向けの体験アトラクションも設けてある。館内ギャラリーツアーや軍訓練施設内をバスで回るツアーなどのプログラムも充実している。隣に軍事博物館がある。

ドーム内部の360度の映像で、シンガポールの成り立ちについて学べる

シンガポール・ディスカバリー・センター
住510 Upper Jurong Rd.
☎6792-6188
URL www.sdc.com.sg
開12:00～19:00（土・日曜11:00～20:00。最終入場は閉館30分前）
休無休
料大人$10、子供$8、アイワークス（3Dムービー）：$7～9、XDシアター（4Dムービー）：$10
カード M V
行き方 MRTジョー・クーン駅から徒歩約10分。市内からタクシーで約30分。

※周辺図は MAP 折込表-2A～2B

Information

スノー・シティ　Snow City

子供たちが雪体験できる屋内施設で、ソリ遊びが可能。サイエンス・センターに隣接。

MAP P.183　住21 Jurong Town Hall Rd., Snow City Bldg.　☎6560-2306　URLwww.snowcity.com.sg　開10:00～17:00（土・日曜、祝日～18:00、最終入場は閉館の1時間前）　休月曜、保守作業の日　料大人、子供とも1時間$25

※事前予約が望ましい。防水パンツと手袋は有料レンタル。

行き方MRTジュロン・イースト駅から徒歩約10分。または同駅からNo.335のバスを利用。

ジュロン・イースト・スタジアム Jurong East Stadium

サッカー JリーグJ1所属('23シーズン)の「アルビレックス新潟」と同オーナーで、シンガポールプロリーグ所属チーム「アルビレックス新潟シンガポール」のホームスタジアムがジュロンにある。

MAP P.183　住21 Jurong East St.

URLwww.albirex.com.sg/ja

Column

駅周辺に大型ショッピングセンターが集結

ジュロン・イースト駅前には特徴のあるショッピングセンター（以下S.C.)が連なっている。駅直結のウエストゲートWestgateを起点に、JEM、IMMが連絡橋で結ばれ、S.C.回遊が楽しめる。

中心部のS.C.に引けを取らない店のセレクトを誇るウエストゲート。「クリスタル・ジェイド・ホンコン・キッチン」（→P.212)や「328カトン・ラクサ」、中国福建省の莆田の名物料理を出す「プーティエン」（→P.214)などレストランも注目店がめじろ押し。

左／ウエストゲートの館内は緑がいっぱい　右／子供用のアトラクション（汽車）が1階の通路を走る（ともにウエストゲート）

国内最大級のアウトレットモール「IMM」

ジュロン・イースト駅から連絡橋経由で約5分。カジュアルラインを中心にしたアウトレット店が大集合。人気店は「マイケル・コース」、「コーチ」、「チャールズ&キース」など。シーズン落ちの商品などが50～80%オフに。飲食店やスナックコーナーも圧巻のラインアップ。

左／有名ブランドのセレクトショップ　右／子供用品のアウトレット店もある

MAP P.183　**ウエストゲート** URLwww.westgate.com.sg

IMM URLwww.imm.sg

行き方MRTジュロン・イースト駅から徒歩1～5分。

大人の社会科見学　タイガービール工場ツアー

タイガービールの歴史は古く、1932年から現在まで90年余の長きにわたって愛され続けている。モンドセレクションなど国際的な賞を40回以上受賞し、世界60ヵ国以上で飲まれているアジアを代表する人気ビールだ。

そんなタイガービールの製造過程を学び、できたてのタイガービールが味わえる工場見学ツアーがある。

中心部から足を延ばしてビール工場へ

ツアーは45分の工場見学と、45分の試飲タイムで構成されている。工場見学ではブランドの成り立ちからおいしいビールができるまでの過程をガイドが案内してくれる。

お待ちかねの試飲タイムは、生タイガービールはもちろん、この工場で製造しているハイネケン、ギネス、アンカー、ABC、バロンズといった缶ビールの試飲もできるので、ビールの多彩な味を飲み比べる楽しみもある。

完成までには250以上の厳しい品質チェックが行われる

左／おいしいビールの入れ方をレクチャーしてくれる　中／工場敷地内のバーで試飲　右／オリジナルグッズも購入できる

アジア・パシフィック・ブルワリー　Asia Pacific Breweries

MAP 折込表-2A　住459 Jalan Ahmad Ibrahim　☎6861-6200　URLwww.tigerbrewerytour.com.sg　開ガイドツアーは13:00、15:00、17:00。金～日曜は14:00、16:00もある。※事前にウェブから要予約。入場には身分証明書（パスポートか免許証）が必要。　休祝日

料大人$23(土・日曜は$25)、18歳以下$15、6歳以下無料

カードMV　行き方MRTジョー・クーン駅からタクシーで約5分。中心部からなら約30分。

シンガポール北部・中部
North & Central Singapore

シンガポール動物園（→P.42）は北部の森の中にある

シンガポールの中部から北部にかけての地域は、都市国家シンガポールのイメージとはおよそかけ離れた熱帯の木々の生い茂る場所だ。

赤道にほど近いシンガポールは、もともとは数百万年もの歴史をもつ熱帯雨林だった。そのため、今でも郊外には、深く緑濃い自然が残っている。シンガポール動物園やナイトサファリは、そんな森の一部に造られたものだ。また、観光地以外にも、純粋に自然に親しめるよう整備されたスンゲイ・ブロウ自然公園やブキ・ティマ自然保護区もある。このあたりまでやってくると、ビルばかり見慣れた目には緑がまぶしく、ホッとひと息という気がする。

「緑」は人の心に安らぎを与える——そんな言葉を聞いたことがある。都市国家シンガポールに残されたオアシスまで足を延ばし、安らぎを与えてくれる「緑」をゆっくり楽しんでみたい。

帰りのバスをチェックしておこう

自然保護区などバスの本数が少ない所へは、到着時にだいたいの運行時間や終発を確認しておくと安心。

おもな見どころ Sightseeing Spot

森と湿地帯で鳥や小動物をウオッチング MAP 折込表-1A

スンゲイ・ブロウ自然公園 Sungei Buloh Wetland Reserve
★★

シンガポール最北部にある、ジョホール海峡に面した自然公園。87ヘクタールに及ぶ湿地帯では、171種類の鳥や数多くの植物が観察できる。マングローブの林を見て歩けるように造られたボードウオークや、ウミワシやサギなどの野鳥観察のための小屋もあり、誰でも手軽に自然を観察できる。主要トレイルはふたつあり（→P.190）、ともに1〜1.5時間ほど。コスタルトレイルはジョホール海峡の眺めも楽しめる。途中売店はないので、飲み物は持参しよう。

まずはウェットランドセンターでルートの確認や、ここで見られる鳥や動物に関する展示を見ておきたい。特に10〜4月にかけては渡り鳥が数多くやってくる時期なので、出かけるならその時期がベストだ。見つけやすい鳥はカワセミ、サギ、カモなど。また、同センターの一角では、スンゲイ・ブロウに関するビデオを上映しており、ネイチャー・ギャラリーには、動植物の生態の説明がイラストや模型で展示されている。

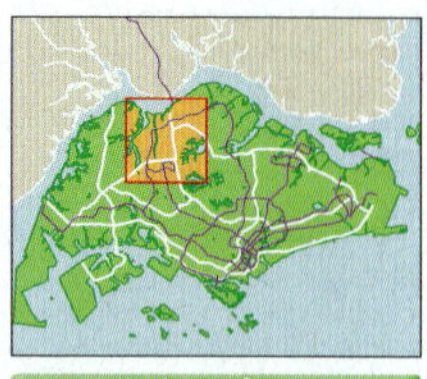

街歩きプラン

1. ブキ・ティマ自然保護区→P.186
   徒歩約5分
2. マレー鉄道の線路跡→P.186欄外
   徒歩約10分
3. ビューティ・ワールド・センター→P.188

クランジ戦没者記念碑 Kranji War Memorial
MAP 折込表-1B
行き方 ビクトリア・ストリート沿いのブギス・ジャンクション向かいを通るNo.960のバスで、所要約45分。クランジ戦没者記念碑向かいのバス停で下車。

第2次世界大戦で、シンガポール防衛のため命を落としたイギリス兵約4000名を祀った慰霊塔が印象的な共同墓地。大戦で亡くなった人々のほかに、イギリス人約2万4000名がこの地に眠っている。

スンゲイ・ブロウ自然公園
住 301 Neo Tiew Crescent
☎ 6794-1401
URL www.nparks.gov.sg/sbwr
開 7:00〜19:00 休 無休 料 無料
行き方 MRTウッドランズ、マルシリン、クランジ各駅前からNo.925のバス（約30分間隔）が公園近くを運行。平日はクランジ・リザブワー・カーパークBで下車し、徒歩数分で公園東端のビジターセンターへ。日曜、祝日は同バスが公園入口のウェットランドセンター前まで行くのでこちらで下車。また、クランジ駅前から「クランジファームシャトル」というシャトルバスが8:30〜17:45に7便運行（→P.190データ欄）。平日はクランジ駅からタクシー利用が便利。
●ビデオ上映（所要約10分）
毎日9:00、11:00、13:00、15:00。

入口にあるウェットランドセンター。インフォメーションデスク、ネイチャー・ギャラリー、奥にビデオ上映の建物がある

ブキ・ティマ自然保護区
住Hindhede Drv.
FREE1800-471 7300（ナショナルパーク事務所）
URLwww.nparks.gov.sg/gardens-parks-and-nature/parks-and-nature-reserves/bukit-timah-nature-reserve
開7:00〜19:00
休無休　料無料
行き方MRTビューティ・ワールド駅A出口から、アッパー・ブキ・ティマ・ロードを北へ進み、幹線道路のJalan Anak Bukitを横断してハインドヒード・ロードHindhede Rd.に入り、北東方向に直進。駅から徒歩約10分で保護区の入口へ。

山頂には休憩所がある

マレー鉄道の線路跡
2011年にシンガポール国内を走っていたマレー鉄道が廃止となり（国境のウッドランズが始発駅となった）、撤去された線路跡地の一部が遊歩道「レイル・コリドー」となっている。その中に線路や鉄橋が残されたポイントが数ヵ所あり（→P.188〜189）、ブキ・ティマ自然保護区の入口近くでも線路が見られる。熱帯雨林に囲まれたトレイルはサイクリングやジョギングの場に。
MAP折込表-2B、P.189

ブキ・ティマ自然保護区へ続くハインドヒード・ロードと交差する旧鉄橋にも数十m線路が残っている

日本人墓地公園
住825B Chuan Hoe Ave.
開7:00〜19:00
行き方中心部からタクシーで約20分。日曜、祝日以外ならサンテック・シティ・モール前のバス停からNo.70のバスで約40分。バス停「アフター・セラングーン・ノース・アベニュー1」下車、徒歩約10分。

船中で死去しこの地で荼毘に付された二葉亭四迷の碑は自然石を用いたもの

自然がいっぱいのシンガポール最高峰　MAP 折込表-2B

ブキ・ティマ自然保護区 ★★ Bukit Timah Nature Reserve

シンガポール中央部に広がる自然保護区。2016年に補強・改装工事を終え、新装となったビジターセンターが開かれ、4つのウオーキングトレイルが整備された。うち3つのトレイルが標高163mのシンガポール最高峰の頂上を通っている。頂上を目指すのが目的なら最短の「ルート1」をたどろう。頂上まで約1.1km、道路は整備されており、散歩やジョギングする人の姿も多い。

トレイルが巡る山中では熱帯雨林特有の樹木の様相が見られる。木々の葉は上層部（樹冠、キャノピーという）に固まっており、下層は低木やつる植物が茂り、何層にも多様な植物が混在。大木の根元には巨大な板状根も見られる。

山頂まではほぼ舗装されていて徒歩30分ほど。ケラと呼ばれるサルと出合うことも

トレイルの出発点から少し上り、分岐を西へ5分ほど行くとハインドヒード貯水池Hindhede Quarry（花崗岩の採石場跡）の展望スポットがある

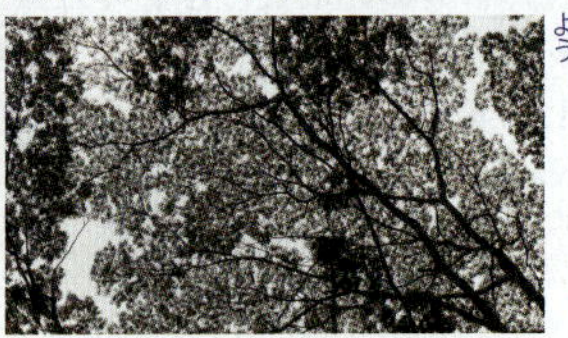
高木の樹冠はレース模様のよう

かつてシンガポールで亡くなった日本人をしのぶ　MAP 折込表-2B

日本人墓地公園 ★ The Japanese Cemetery Park

第2次世界大戦以前、シンガポールで亡くなった日本人を埋葬した、東南アジア最大の日本人墓地。1895年にできた墓地で、明治42年（1909年）、ロシアでの新聞社赴任からの帰途に亡くなった文豪、二葉亭四迷の碑や、第2次世界大戦の南方軍総司令官、寺内寿一元帥の墓などに交じり、この地で人知れず死んでいった、からゆきさんの墓も多数ある。葬られた人物像やシンガポールとの関わりが、説明板に細かく日本語で記載されていて、日本とシンガポールの関係史を垣間見るようで興味深い。

左／公園内は色とりどりの南国の花に彩られている　右／シンガポールと関わりの深い日本人の碑が刻まれている

Column

シンガポールで競馬を楽しむ

熱気と歓声に包まれたゴールの瞬間

シンガポールの競馬場は、全天候型のトラック、最新の設備とデザインを誇り、国際レースも行われている。レースの開催はシンガポール、マレーシアの3都市（クアラルンプール、ペナン、イポー）で交互に行われており、シンガポール開催は月に5～9回ある（原則として金・日曜、祝日）。このときは競馬場に大勢のファンが詰めかける。

シンガポールの競馬場

クランジにある競馬場「シンガポール・ターフクラブ」は、最新設備の競馬場で、広さ81.2ヘクタールの敷地内に、1周2000mの芝コース、3万人収容のスタンド、夜間レース設備などを備えている。

スタンドは4層からなり、一般客は1階のロウワー・グランドスタンドか2階のアッパー・グランドスタンドのどちらかを利用する（ともに$8。イージー・リンク・カード使用の場合$6）。旅行者なら＄30のチケットを買えば、3階のラウンジのハイビスカス・ルームに入ることもできる。なお、18歳未満は入場不可。男性は半ズボン、襟なしシャツ、ゴム草履やサンダルでの入場は断られるので注意したい。

左／旅行者も入れるハイビスカス・ルーム。隣にレストランがあり、利用できる
右／芝生の緑が美しい（パドック）

競馬開催日・期間

月によって開催日は異なるが、だいたい金曜と日曜、祝日（不定期）に開催。出走時間は開催日によって異なるので、ホームページで確認する。

シンガポール・ターフクラブ Singapore Turf Club
MAP 折込表-1B 住1 Turf Club Ave. ☎6879-1000
URL www.turfclub.com.sg 行き方 MRT利用ならクランジ駅下車。駅のすぐそばに競馬場のMRTプラザ入口がある。また、市中心部からタクシー利用だと所要20～25分、$20～25程度。

日曜日に出かけよう！　クス島、セント・ジョンズ島巡り

秋には巡礼者も訪れるクス島

クス島（Kusu　Island）は30分もあれば島内を一周できてしまうほどの小さな島だ。もともと「クス」とは「カメ」を意味する中国語。その昔、この沖で難破した中国人とマレー人をカメが助け、この島へ連れてきた。ふたりはカメに感謝して、この島にそれぞれ道教寺院とイスラム寺院を建てたという。これがクス島の由来であり、今でもその道教寺院はフェリーを降りてすぐ右側の橋を渡った所、イスラム寺院は島の中央部にある小高い丘を登り切った所に残っている。

クス島のビーチは家族連れに人気

また、クス島には白砂の美しいビーチがあり、遊泳も可能。島には一応、簡易更衣室やシャワー室もある。なお、レストランはないので、事前に飲み物や食べ物を用意してから出かけよう。

（2022年11月現在）

クス島＆セント・ジョンズ島フェリー時刻表

	A	B	C
月～金曜	9:00、10:00	10:45	12:30
	11:00、14:00	14:45	16:00
土・日曜、祝日	8:30、9:00	9:50	10:15
	10:00、11:00	11:50	12:15
	13:00	13:50	14:15
	15:00	15:50	16:15
	17:00	17:50	18:15

A：マリーナ・サウス・ピア発、B：セント・ジョンズ島発、C：クス島発

セント・ジョンズ島で熱帯の森を散策

セント・ジョンズ島（St. John's Island）は、かなり大きな島だ。森の中を歩くウオーキングトラックやキャンプ場もあり、学校の臨海学校にもよく利用されている。

シンガポール・アイランド・クルーズ・アンド・フェリー・サービス　Singapore Island Cruise and Ferry Services
MAP 折込裏-3D 住31 Marina Coastal Drv., #01-04　Marina South Pier ☎6534-9339 URL www.islandcruise.com.sg
料大人$15、子供（1～12歳）$12（入島料込み）
フェリー乗り場はMRTマリーナ・サウス・ピア駅のすぐそば（MAP 折込裏-3D）にある。
●フェリーの運航コース
フェリーはA（マリーナ・サウス・ピア）→B（セント・ジョンズ島）→C（クス島）→Aの順で運航。

緑が美しい郊外へ
ダウンタウン線に乗ってプチ旅行

MRTダウンタウン線の延伸で、アクセスがぐんと便利になったシンガポール中央部のブキ・ティマエリア。豊かな自然のなかに邸宅街やしゃれたレストラン、ローカル料理の名店があり、ひそかに注目の集まる場所だ。気になる駅で下車して、暮らす気分で散策してみよう。

住宅街にも出没するサル。餌やり厳禁！

Beauty World
ビューティ・ワールド駅

ローカルなショッピングセンターが集まる郊外の繁華街。ブキ・ティマ自然保護区への入口でもある。

ブキ・ティマ自然保護区へ続くハインドヒード・ロードと交差する旧鉄橋にも線路が残っている（MAP P.189）

見どころ サルや野鳥のいる

ブキ・ティマ自然保護区
Bukit Timah Nature Reserve

ビューティ・ワールド駅から徒歩約10分で自然保護区入口へ。シンガポール最高峰（標高163m）のブキ・ティマ・ヒルがあり、約30分で頂上制覇できる。DATA→P.186

左／左の建物はブキ・ティマ自然保護区のビジターセンター。その右側の道がハイキングロード　右／頂上から見晴らしは望めない

食 名店揃いのホーカーズ

ブキ・ティマ・フードセンター
Bukit Timah Food Centre

規模が大きく、評判のよい店が多い。P.54で紹介のキャロットケーキの「合衆菜頭粿」をはじめ、ダックライスの「捷記起骨鴨飯・麺」（#02-151）、ローストのチキンライス店「成興海南起骨雞飯」（#02-177）も人気店。

住51 Upper Bukit Timah Rd.
営店によって異なり、だいたい9:00～19:00
行き方MRT ビューティ・ワールド駅から徒歩約5分。

1階がマーケットでホーカーズは2階

左上・左下／「テリー・カトン・ラクサ」（#02-194）のラクサ（$3.5）もおすすめ　右／特に土・日曜は地元住民で混み合う

食&買い物 住人の憩いの場

ビューティ・ワールド・センター
Beauty World Centre 美世界中心

ビューティ・ワールド駅の真上にあるショッピングセンター。激安洋服店やマッサージ店などローカル度満点。屋上のホーカーズは名店が揃っている。

住144 Upper Bukit Timah Rd.
営だいたい 11:00 頃～20:00 頃
行き方MRT ビューティ・ワールド駅から徒歩約 1 分。

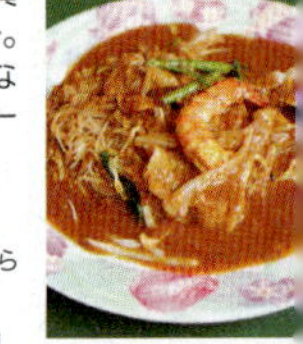

「錦利沙爹米粉」（#04-40）のサテービーフンは試す価値あり（ホーカーズ内）

「友朋拉面餃子館」（#04-23）の大人気の焼き餃子（$6～、ホーカーズ内）

左／地下から4階まである　右上／4階の屋上部分にあるホーカーズはおいしい店が多く、ぜひ試してみたい　右下／日用雑貨店の品揃えの豊富さに、ついのぞいてみたくなる

地下（スーパー）から地上4階まで5フロア

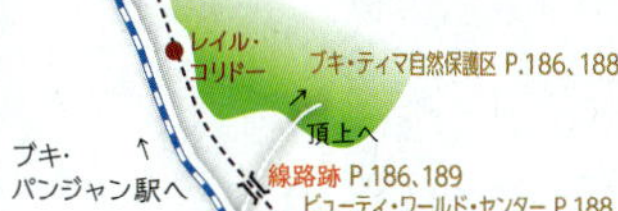

レイル・コリドー
ブキ・ティマ自然保護区 P.186、188
頂上へ
ブキ・パンジャン駅へ
線路跡 P.186、189
ビューティ・ワールド・センター P.188
ビューティ・ワールド駅
ブキ・ティマ・フードセンター P.188
ブキ・ティマ・トラス橋 P.189
旧競馬場
高速道路
ブキ・ティマ・プラザ
シックス・アベニュー駅
ブキ・ティマ・ロード
キング・アルバート・パーク駅
ブキ・ティマ鉄道駅 P.189
Sixth Ave.
タン・カー・キー駅
ボタニック・ガーデン駅
スティーブンス駅
シンガポール・ボタニック・ガーデン P.124
ニュートン駅
ニュートン・フードセンター P.236
→ブギス駅へ
リトル・インディア駅
ローチョー駅

シックス・アベニュー駅

幹線道路のブキ・ティマ・ロード

ブキ・ティマ鉄道駅

ボタニック・ガーデン、ブキ・ティマ・ゲート

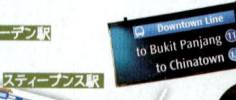

Downtown Line
to Bukit Panjang 11
to Chinatown 12

MRTダウンタウン線は縦横無尽に延びる！

2013年に中心部のみ営業開始したダウンタウン線が、2015年末に北西のブキ・パンジャンまで延伸したのに続き、2017年に東西をつなぐエキスポ～チャイナタウン駅間が開通した。

King Arbert Park
キング・アルバート・パーク駅

規模の大きなコンドミニアムや一軒家などが並ぶ高級住宅街。学校もある。

見どころ ホットな観光スポット

マレー鉄道のレイル・コリドー
Rail Corridor

2011年に廃止されたシンガポール国内のマレー鉄道路線。撤去された線路跡地24kmが、「レイル・コリドー（鉄道回廊）」として整備され、注目度がアップ。緑豊かなトレイルはウオーキングやサイクリングを楽しむ人の聖地に。そして改修を終え、2022年7月にブキ・ティマ鉄道駅が観光スポットとしてよみがえった。

1932年建設当時の趣を残すブキ・ティマ鉄道駅

見どころ 写真撮影ポイント

ブキ・ティマ・トラス橋
Bukit Timah Truss Bridge

ブキ・ティマ・ロードをまたぐマレー鉄道時代の鉄橋。レイル・コリドーの一部でもある長さ約45mの鉄橋は、写真撮影に訪れる人も多い。
行き方 MRT キング・アルバート・パーク駅から徒歩約5分。

2021年の改装で整備された

ハイカー（歩行者）やサイクリストも通行できる

カフェや庭園もお目見え
ブキ・ティマ鉄道駅が11年の時を経て再生！

レイル・コリドーのランドマークともいえるブキ・ティマ鉄道駅が、約2年の改修工事を終え一般公開された。駅舎が復元されただけでなく、コミュニティ・ノードと名づけられたエリアにカフェ、イベント用の芝生、庭園などが造られ、鉄道ファンはもとより週末は家族連れやカップルでにぎわっている。

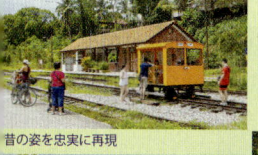

昔の姿を忠実に再現

れんがの駅舎は待合室と事務所、信号室からなる

草花、ハーブとスパイスの庭園がある

ブキ・ティマ鉄道駅
Bukit Timah Railway Station
URL www.nparks.gov.sg/railcorridor/visit-bukit-timah-railway-station 開24時間
料無料 行き方 MRT キング・アルバート・パーク駅から徒歩約5分。

ブキ・ティマ・トラス橋のそばに入口がある

遊び心いっぱいのカフェ「1932ストーリー」

れんが造りの鉄道職員宿舎を改装し、レトロな調度品や生活用具を配したおしゃれなカフェに。メニューはローカル料理と西洋料理のミックス。

レトロモダンな店内。中庭もある

1932ストーリー　1932 Story
住 1005 Bukit Timah Rd.
☎ 9427-7177
営 9:00～21:00 休無休

鉄道が開通した年号を冠したカフェ

チケット売り場を模したインテリア

※P.188～189の見どころや店の地図位置：MAP 折込表 -2B

スンゲイ・ブロウと農園ランチを楽しむ

大自然アドベンチャー

タイヨウチョウの仲間

スンゲイ・ブロウ自然公園を散策
Sungei Buloh Wetland Reserve

スンゲイ・ブロウ自然公園(→P.185)の周辺には農場、カエルや鯉などの養殖場が多数あり、見学可能なところやツアーもある。スンゲイ・ブロウ自然公園を巡ったあとは、「ボリウッド・ベジーズ」へ。菜園を見物して、採れたてハーブやスパイスを使った料理を味わう半日ワイルド観光。どんな野生生物に出合えるかはお楽しみ！

どのトレイルも数百mごとに観察や休憩の小屋がある

観光客のティッシュを奪い逃走するサル

水辺に集まるサギなど（渡り鳥トレイル）

湿地にはジャイアントマッドスキッパー（トビハゼの一種）がいる

オオトカゲも生息

沿岸トレイルは対岸のジョホール・バルが目の前に見える

スンゲイ・ブロウ自然公園のトレイル紹介

散策道や木道が整備されており、主要コースは、以下のふたつ。

- **マイグラトリーバード・トレイル(渡り鳥トレイル)**：川辺や湿地帯エリアを巡る。サギやイソシギなどの渡り鳥、広大な湿地帯の光景が見もの。約2km。約1時間。
- **コスタルトレイル(沿岸トレイル)**：ジョホール海峡沿いの往復コース。カワセミやタイヨウチョウなどの小鳥観察。海峡の眺めがよい。片道1.3km。往復約1.5時間。

※小鳥は早朝から午前中に多く見られる。マングローブ林は、満潮時は湿地の生物の観察はできないので注意。DATA→P.185

ボリウッド・ベジーズを訪ねる
Bollywood Veggies

スンゲイ・ブロウ自然公園からシャトルバス(→下記)で約10分。農園&レストランのボリウッド・ベジーズを訪ねてみよう。陽気でパワフルな名物主人のアイビーさんがカンポン(村)の暮らしを体験してほしいと創業。所有する7つの農場で採れた野菜やハーブ、スパイス、果実を使った料理を振る舞っている。レストラン前の菜園も見て回れる。

村の家屋を再現したシンプルな店

ウォリアーズ・プラター($20～)。モリンガの天ぷらやタピオカチップスなどの盛り合わせ。おすすめはチキンカレーや手作りヤシ砂糖を使ったデザートなど

オタ・オムレツ

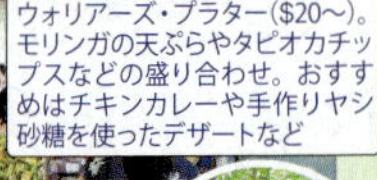

インド系シンガポーリアンのアイビーさん

ハーブや果実などが植えられている。写真はターメリック

バナナは20種類以上あり、カレーやケーキなどに使われる

菜園に植えられたバタフライピー。花はお菓子の色づけなどに使用する

MAP 折込表-1A 住100 Neo Tiew Rd. ☎6898-5001
URL bollywoodveggies.com.sg 営8:00～16:00（土・日曜、祝日7:00～） 休月～水曜 カード不可 行き方クランジ駅前のバス停から「クランジファームシャトル」というシャトルバスが循環運行している。スンゲイ・ブロウ自然公園、ボリウッド・ベジーズなど複数の農場、フロッグファーム間を運行。クランジ駅発8:30、9:30、11:00、13:00、14:30、16:00、17:45の7便あり、$5 URL www.wtstravel.com.sg/kranji-farms-shuttle ※クランジ駅からタクシー利用で約15分。

街の風景も違って見える!?

ユニークな乗り物ツアーが続々登場!

シンガポールの観光ツアーといえば、バスツアーやリバークルーズがメインだった。ところがこの数年、魅力的な乗り物を使ったツアーが登場している。見た目がかわいいベスパのサイドカーツアーや、セグウェイでシンガポールの絶景エリアを走行するツアーが、シンガポールの新しい体験観光を提案。どちらも特色のある地区を巡るコースを掲げており、街散策も同時に楽しめる。

注目されること間違いなし

シンガポール・サイドカー

Singapore Sidecars

1965年製造のビンテージのベスパを復元したスクーターのサイドカーに乗って街を巡るツアー。2018年にスタートし、年々注目度を上げている。目線が低くなるので、見える景色も変わり、エンジン音を体に感じながら風を切って進むと気分が上がる。

コースは1時間から3時間のものが設定されており、アラブ・ストリート界隈(カンポン・グラム)とシティ・ホール周辺を巡るものや、プラナカンの家並みがきれいなカトン地区を巡るツアーが人気。夜のツアーもあり、時間帯やコースはアレンジしてもらえる。予約はホームページから行う。

アラブ・ストリート周辺コースは壁画のあるショップハウス街のハジ・レーンを通り抜ける

シンガポール・サイドカー

住非公開　☎9620-0166　URL www.sideways.sg
ツアー開催時間:9:00～23:00(日によって異なるので要確認)
休 無休　料1時間につき$180～　カード MV
※10歳以上参加可能。電話かホームページから要予約。

サイドカーは狭そうに見えるが、乗り心地は悪くない

ベスパはイタリアのスクーター。このツアーはシンガポール政府観光局が支援している

運転はできないが、ベスパと記念撮影は可能

ベテランドライバーが案内してくれる

カランのシンガポール・スポーツ・ハブ内のカラン・ウエイブ・モール2階のツアー事務所がツアー発着点になる

マリーナ・バラージからの絶景に見とれる

まず操縦方法のレクチャーを受け、練習する

操縦するのが楽しい!

オーライド・シンガポール・ミニセグウェイ・ツアー

O-Ride Singapore Mini Segway Tours

セグウェイは重心移動で走行する電動立ち乗り二輪車。初心者でも5～10分くらい練習すればコツがつかめる。5年以上のガイド経験のある男性が主催するオーライドは、アトラクション的要素もあって行動派の旅行者の興味を引いている。

何より魅力なのはシンガポールのスカイラインを眺められるマリーナ沿いの走行コース。カランを出発し、ガーデンズ・バイ・ザ・ベイ、マリーナベイ・サンズ、エスプラネード・シアターを通る湾沿いの絶景遊歩道を走る。

オーライド・シンガポール・ミニセグウェイ・ツアー

MAP 折込裏-1D　住1 Stadium Place, #02-19 Kallang Wave Mall　☎6900-4383　URL www.oridesg.com
営18:30～22:00(土・日曜10:00～)　休 無休
料1時間ツアー:$30～、2時間ツアー:$99～
カード AMV　行き方MRTスタジアム駅から徒歩約5分。
※ひとりからツアー催行。前日までに要予約。

ガーデンズ・バイ・ザ・ベイを走り抜ける

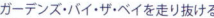

シンガポールから ショートトリップ

シンガポールは周りをマレーシア、インドネシアに囲まれており、それらの国々との往来も非常に盛んだ。特にマレーシアのジョホール・バル(通称JB)とは国境の土堤、コーズウェイによって結ばれており、毎日国境を越えて通勤している人も多い。またインドネシアのビンタン島やバタム島も高速船でわずか約1時間という距離にあるため、週末などシンガポールから家族連れ、若者たちがマリンアクティビティを楽しむために訪れている。

しかし、一見、似たような生活風土に見えるこれらの町や島でも、こぎれいで統制のとれたシンガポール社会に慣れた旅人には、何かが違う世界なのだ。ここに生きる人々、国の体制、宗教、言葉……。国境を越える、ただそれだけのことで違った世界が現れる。

シンガポール旅行の旅程に、隣国マレーシア、インドネシアへのショートトリップを組み込んでみてはどうだろう。

Map P.194

マレーシアへの旅 Trip to Malaysia

ジョホール・バル Johor Bahru

ヒンドゥーやイスラム、道教などの宗教施設が点在していて、さまざまな民族が暮らす町だとよくわかる

シンガポールからコーズウェイを越えてマレーシアへ入ると、突然イスラム世界へ来たと実感する。サロン（マレーシアの民族衣装）をまとった女性が行き交い、町のそこかしこにイスラム様式の建物が見える。聞こえてくる物売りの声、バスや車の喧騒。わずか1km余り手前とはまったく違った光景が目の前に展開する。シンガポールから日帰り観光が十分できる町なので、早起きし、国境を越え、丸1日かけてマレー世界を体感してみよう。

両替と物価

駅ビルのJBセントラル内に両替商が数多くある。マレーシア・リンギットからシンガポール・ドルへの両替も可能。マレーシアの物価はシンガポールに比べて安い。ミネラルウオーター（500mℓ）RM2～、食堂のカレーRM15～。予算を考えて両替しよう。

市内のタクシー

基本的にはメーター制だが、メーターでなく料金交渉となる場合もある。乗車時に確認を。

トラベルメモ

査証(ビザ)：日本人は90日以内の観光の場合不要。ただし残存有効期間が入国時6ヵ月以上あり、未使用査証欄が2ページ以上あるパスポートを所持していること、マレーシアを出る航空券を所持していること。

通貨：マレーシア・リンギット(RM)とマレーシア・セント(M¢)。2023年1月30日現在、RM1≒¥30.5

税金：サービス税6%

税関：酒類1本(1ℓ)まで無税。たばこは紙巻き200本または葉巻50本、パイプたばこ225gまで無税。1万USドル相当以上の現金持ち込みは申告が必要。麻薬類の持ち込みは極刑。

言葉：公用語はマレー語。英語も比較的よく通じる。

時差：日本との時差は1時間。日本が正午12:00のとき、マレーシアは午前11:00。これはシンガポールと同じ。

国際電話の国番号：60 ※シンガポールからかける場合は（02）＋市外局番＋相手先電話番号でかけられる（→P.374）。

ジョホール・バルのエリアコード：07

歩き方 Orientation

シンガポールに比べたら小さな町だが、観光地は中心部から少し離れている。ほとんどの観光地は、コーズウェイの西側、ジョホール海峡沿いにある。時間に余裕があるなら、町の雰囲気を味わってみるとよい。繁華街はイミグレーションビル周辺の一帯だ。

JBセントラル駅。手前はタクシースタンド

ジャラン・ウォン・ア・フック沿いにはショッピングセンターやホテルが林立

メインストリートのジャラン・ウォン・ア・フックJalan Wong Ah Fookの西側、ジャラン・ドービーJalan Dhobyの周辺には、生活感のある古い店舗が多い。歴史を感じさせるたたずまいのインド系、中国系の食堂や店などが並び、このあたりで腹ごしらえするのもいい。

繁華街には、さまざまな人種や宗教が混在していて、興味深い。ヒンドゥー教寺院とシーク教寺院、中国寺院が隣り合うように存在しており、ミックスカルチャーを目の当たりにするだろう。

町の中心部にあるショッピングセンター、**シティ・スクエアCity Square**には、ファッションを中心にレストランやカフェなど最新の店が入っており、若者や家族連れでにぎわっている。

おもな見どころ Sightseeing Spot

イスラム建築の粋を集めた MAP P.194

アブ・バカール・モスク Abu Bakar Mosque
★★★

サルタン王宮の裏手、小高い丘の上に立つ壮麗なモスク。1892年から1900年にかけて、時のサルタン（州の君主）、アブ・バカールによって建てられた。クリームイエローの壁が、周りの緑、空の青に映える。モスクの建築様式もどことなく繊細で、女性的な雰囲気がある。ジョホールの人々は、このモスクを「マレーシアでいちばん美しいモスク」とたたえているが、その姿には、なるほどとうなずかされる。2000人は入れるという広い礼拝堂には、祈りを捧げる信者の姿が絶えない。夕方、ジョホール海峡に沈む夕日と礼拝堂から聞こえてくるコーランの音調が、旅の情緒をかきたてる。

左／2019年に改装を終えて、一段と美しい姿に
右／内部も繊細で優美

サルや鳥の種類の多さはなかなか見事 MAP P.194

ジョホール動物園 Johor Zoo
★

アブ・バカール・モスクと向かい合っているのがジョホール動物園。園内ではマレーシア固有の動物のマレーバクやマレーグマな

ACCESS

シンガポールからはバス、鉄道で行ける（バス、タクシー→P.356〜357、鉄道→P.355）。バスを利用した場合は、イミグレーションビルで入国審査を受け、市内に出るなら、JBセントラル（JB Sentral）方面という案内表示に従って長い通路を進む。JBセントラルは鉄道のJBセントラル駅の駅ビルで、マレーシア観光局や両替商が入っている。シティ・スクエアと陸橋でつながっており、そのまま進むとシティ・スクエアのL3に出る。

バス終点のラーキン・バスターミナルまで行く場合は、入国審査後、1階のバス乗り場から乗ってきたのと同じバス会社のバスで向かう。

シンガポールへ帰る場合も同様にこのビルで出国審査を受け、1階のバスターミナルからシンガポール行きのバスに乗る（入出国詳細は→P.349）。

シティ・スクエア
MAP P.194
住106-108 Jalan Wong Ah Fook
☎(60)7-226-3668
営10:00〜22:00　休無休

人気ファッション店が入店するショッピングセンター。L6にはフードコートがある。L3の「ペナン・ロード・フェイマス・テオチュウ・チェンドル」はファストフード形式のペナン料理店。

週末はにぎわう。館内のカフェは街歩きの休憩によい

アブ・バカール・モスク
住Jalan Gertak Merah
開9:00〜17:00
休金曜12:00〜15:00　料無料
行き方中心部からタクシーで約10分。

入場時は、男性は長ズボン、女性は長袖長ズボンまたはロングスカート、スカーフの着用が必要。

READER'S VOICE
日本人狙いの詐欺に注意！

親日を装い話しかけてきた小柄なおじさんに誘われ、タクシーで観光案内をしてもらったところ、最後に2万円を払うように言われた。口論になったが結局半額くらいを支払う羽目に。タクシーに乗るまでに気づけばよかったと反省。この手の誘いには絶対にのらないように。
（兵庫県　匿名希望）['22]
※ジョホール・バルはトラブルの報告が多いので、十分注意を（トラブル例→P.379）。

ツーリズム・ジョホール Tourism Johor

MAP P.194 住L3-24, JOTIC Bldg., 2 Jalan Ayer Molek
☎(60)7-224-9960、(60)7-224-1432 URL www.tourismjohor.my
開8:00～17:00（木曜～15:30）
休金・土曜、祝日
　ジョホール州の観光案内所。市内地図や各種観光資料あり。

ジョホール動物園

住Jalan Gertak Merah
☎（60）7-223-0404 開8:30～18:00 休無休 料大人RM2、子供（2～12歳）RM1 行き方中心部から徒歩約25分、タクシーで約5分。※2022年12月現在、休業中。

アルルミグ・スリ・ラジャカリアマン・グラス・テンプル

住Jalan Tun Abdul Razak 1/1, Wadi Hana 開7:30～12:00、18:30～22:00 料RM10（12歳以下RM5） 行き方中心部から徒歩約15分、タクシーなら約5分。

どが見もの。世界各地のおなじみの動物たちも熱帯の太陽の下でのんびり過ごしていて、のどかでゆるい雰囲気が魅力。入口を入ってすぐの右側一画には、世界各地のサルが集められている。サルと並んでオウムやエミュー、カソワリィなど、鳥類のコレクションもこの動物園の自慢だ。

左／マレーグマの親子がじゃれあう姿がほほ笑ましい　中／バナナを買ってラクダに餌やりもできる　右／園内の池でボート遊びも

光り輝くヒンドゥー教寺院 MAP P.194

アルルミグ・スリ・ラジャカリアマン・グラス・テンプル ★★ Arulmigu Sri Rajakaliamman Glass Temple

　1922年の創建時は質素な寺院だったが、2009年に寺院内部に色とりどりのガラスをモザイクのようにちりばめて、きらびやかに改装された。以来観光名所としてその名を知られる。カーリー神、ガネーシャなどの神像が祀られており、祭壇脇にはキリストや仏陀、マザー・テレサなどの像もある。

左／ゴープラム（塔門）をもつヒンドゥー教寺院　右／天井も壁面も柱もガラスアートで飾られている。訪れる観光客も多い

マレーシアの伝統文化に触れられる MAP P.194参照

カンポン・モハマド・アミン マレー文化村 ★★ Kampung Mohd. Amin Malay Cultural Village

街の中心部から西へ車で約15分の所に、マレーシアの伝統文化と暮らしを紹介する施設がある。ここは経営者の自宅、農園を開放しているもので、熱帯植物が咲き乱れる庭園にはマンゴスチン、ドリアン、パパイヤ、シナモン、クローブなどの木々も植えられている。竹製の民族楽器「アンクロン」の演奏や民族舞踊の披露があり、バティックの染色体験や、スズの製造工程の見学なども可能。自家農園で収穫したカカオを使用したココアクッキーやコーヒーを販売するショップもある。

カンポン・モハマド・アミン マレー文化村
住27 Jalan Mohd. Amin
☎(60)7-222-6089
開9:00～16:00（日曜、祝日～13:00） 休無休 料無料
カード J M V 行き方 中心部からタクシーで約15分。

左上／アンクロンや木琴の演奏。民族舞踊も披露される　右上／入口の表示は「Causeway Holidays」となっている。日本語のできるスタッフがいる　下／バティックの染色はRM20

Column

ジャラン・ドービー周辺をぶらぶら歩く

左／新旧の店が次々入れ替わる　右／ジャラン・タン・ヒョック・ニーの入口

ジャラン・ウォン・ア・フックの南西側の一帯は古い商店が残る昔ながらの商業エリア。ジャラン・トラスには生地屋、インド服の仕立て屋、金物屋、両替商などが並ぶ。この通りと交差するジャラン・ドービーとジャラン・タン・ヒョック・ニーは、おしゃれな店が軒を連ねるカフェ通りとなっている。こだわりコーヒーやココナッツアイス店、ファッション店に交じって昔ながらのパン屋や仕立屋も混在。新旧が交わる通りを散策してみよう。

おすすめ食堂&店

◆イッ・ルー・カフェ IT Roo Cafe

名物のチキンチョップは揚げたチキンにマッシュルームソースかブラックペッパーかを選べる（RM18）。マレー料理、中国料理のメニューもある。

軟らかくてボリューム満点のチキンチョップ

住17Jalan Dhoby
☎(60)7-222-7780 営12:00～20:30 休祝日 カード 不可

◆協裕麵包西果廠 Hiap Joo Bakery&Biscuit Factory

焼き上がりは11:00頃

炭火のかまどで焼く昔ながらのパン屋。あんパン（4個RM5）、バナナケーキのほか、オタオタ（→P.61）入りのパンもある。

住13 Jalan Tan Hiok Nee
☎(60)7-223-1703 営7:30～16:30 休日曜 カード 不可

◆リプレースメント・ロッジ&キッチン The Replacement-Lodge & Kitchen

昔の建物を改装したナチュラルなカフェ。朝食メニューを終日提供し、豆からこだわったコーヒーやコールドプレスジュースも好評。

住33-34 Jalan Dhoby
☎(60)12-547-7885 営10:00～18:00
休無休 カード 不可

フレンチトーストRM24.9

◆ジョホール・バル・チャイニーズ・ヘリテージ・ミュージアム Johor bahru Chinese Heritage Museum（新山華族歴史文物館）

中国移民の歴史とその暮らしを写真や当時の生活用品などを用いて展示。開拓時代のプランテーション、中国人が始めた商売の様子もわかる。

2～4階が展示フロア

住42 Jalan Ibrahim ☎なし 開9:00～17:00 休月曜
料大人RM6、子供、55歳以上RM3 カード 不可

※紹介の4店 MAP 下図

Map P.200

インドネシアへの旅 Trip to Indonesia

ビンタン島 Pulau Bintan

左／ホテル前は白砂の美しいビーチが広がる　右／リゾート感満点のクリスタル・ラグーン(→P.197)

シンガポール東部、タナ・メラ・フェリーターミナル(TMFT)から高速船で約50分のビンタン島に、アジア有数のリゾートがある。ビンタン島自体、シンガポール本島よりも大きな島なのだが、その北部一帯を「ビンタン・アイランド・リゾート」として開発。マリンアクティビティ施設、高級リゾートホテル、ゴルフ場などが造られている。ビンタン島で海や自然を満喫し、シンガポールでショッピングや食事を楽しむというビーチ&シティリゾートの旅も人気だ。

ACCESS

タナ・メラ・フェリーターミナル(TMFT)から、ビンタン島リゾート・フェリーターミナル(Bandar Bentan Telani Ferry Terminal、略してBBT)へ高速船が運航。片道所要約50分。フェリー内は1階がエコノミー、2階がエメラルドクラスの席。エメラルドクラスは専用のVIPラウンジ内で出国審査を受けられる。

TMFT⟷BBT高速船料金

●片道運賃
大人$58、子供$53

●往復ともに指定されたピーク日以外の往復運賃
大人$92、子供$80

●往復ともにピーク日の往復運賃
大人$102、子供$90

以上はエコノミーの料金。エメラルドクラスはプラス大人$27、子供$23（片道）。チケットは直接フェリーターミナルで購入できるが、オンライン予約のほうが確実。

☎6542-4369
URL www.brf.com.sg

フェリー時刻表

●TMFT発
[月〜木曜]11:10
[金〜日曜、祝日] 9:10、11:10、14:00

※TMFTへは、市内からタクシーで約20分、$20〜25。MRTベドック駅、またはタナ・メラ駅からバスNo.35（約15分間隔で運行）でも行ける。

●BBT発(インドネシア時間)
[月〜木曜]14:05
[金〜日曜、祝日] 11:05、14:05、16:05

ビンタン・リゾート
URL www.bintan-resorts.com

査証（ビザ）：2022年11月現在、インドネシアへの日本人の入国はビザが必要。入国時点で6ヵ月以上の残存有効期間があるパスポートを所持しており、出国交通手段の証明（帰りのチケット）があれば、インドネシア到着後に空港などでビザ・オン・アライバル(VOA)を取得できる。料金は30日以内の滞在ならRp.50万。到着前にオンラインでVOAを申請・取得できるe-VOAも運用されている。また、検疫・コロナ対策に関して、「Peduli Lindungi」アプリのダウンロードと、英文のワクチン接種証明（2回以上）が必要。

通貨：通貨単位はルピア(Rp.)。2023年1月30日現在Rp.1000≒8.6円。2014年7月1日から外貨での料金表示、支払い・受け取りが禁止されているため、ルピアへの両替が必要。

税金：10%（ただし、ホテルでは別途サービス料10%がかかる）

税関：酒類1ℓまで無税。たばこは紙巻き200本または葉巻25本（あるいは100g）まで無税。麻薬類の持ち込みは極刑。

言葉：公用語はインドネシア語。観光客相手の場所では英語も比較的よく通じる。

時差：ここで紹介するビンタン島、バタム島の場合、日本との時差は2時間。日本が正午12:00のとき、インドネシアは午前10:00。つまりシンガポールとも1時間の時差があることになり、シンガポールはこのとき午前11:00となる。

国際電話の国番号:62

ビンタン島の概要

島内に公共交通機関はなく、フェリーターミナルからホテルやビーチへは、ホテルのバスや車が無料送迎を行っている。ゆえに、ビンタン島へは事前にホテル予約、あるいは1日ツアーの予約が必要だ。島内の移動は、シャトルバスやタクシー、ホテルの車をチャーターする。

治安について

2022年11月現在パプア州プンチャック、ジャヤ県およびミミカ県、中部スラウェシ州ポソ県に「不要不急の渡航は止めてください」、ビンタン島を含むその他の地域に対して「十分注意してください」とする危険情報が発出されている。旅行計画を立てる際には、以下の諸機関から治安関連の最新情報を入手すること。

外務省
URL www.mofa.go.jp/mofaj

海外安全ホームページ
URL www.anzen.mofa.go.jp

外務省領事サービスセンター
☎ (03)3580-3311

おもな見どころ Sightseeing Spot

南国ムードたっぷりのラグーンで1日遊べる MAP P.200右図

トレジャーベイ・ビンタン
★★★ Treasure Bay Bintan

ビンタン島リゾート・フェリーターミナルから車で約3分の場所にある、敷地面積338ヘクタールを誇る総合リゾート施設。東南アジア最大級の塩水プール「クリスタル・ラグーン」、ふたつのグランピングホテル（→P.205）を有するリゾートエリア「チル・コーブ」がオープンしており、今後70種類以上の海の生物と泳げる「マリン・ディスカバリー・パーク」、タイのリトリート・リゾート「チバソム」がインドネシアで初めてオープンする予定。クリスタル・ラグーンではカヤックやジェットブレード、スタンドアップパドルボード（SUP）など、最新マリンアクティビティに気軽にトライできるため、シンガポールからの日帰り旅行でビンタン島を訪れるなら、ここを目指すとよい。スパやレストランもある。

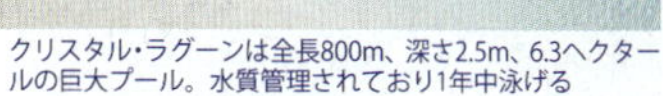

クリスタル・ラグーンは全長800m、深さ2.5m、6.3ヘクタールの巨大プール。水質管理されており1年中泳げる

ウエイクボードは1ライドから可能。初心者にはインストラクターがアドバイスしてくれる

インスタ映え写真が撮れる絶景スポット MAP P.200左図

テラガ・ビル&グルン・パシール・ブスン
★★ Telaga Biru & Gurun Pasir Busung

フェリーターミナルから車で約40分ほど南下したブソン・エリアにある、まるで砂漠とオアシスのような写真が撮れると話題の名所。グルン・パシール・ブスンはかつての鉱山。でこぼこの岩肌がまるで白い砂丘のよう。ここから少し歩くとクリスタルブルーの湖、テラガ・ビルが姿を現す。かつての鉱山の跡地に残ったクレーターに雨水が溜まって、幻想的な湖を形成したとされる。まるで青いインクを垂らしたような澄んだブルーが観光客を魅了している。

左／テラガ・ビルとはインドネシア語で青い湖の意味。竹でできた橋やブランコなど撮影スポットが用意されている　右／グルン・パシール・ブスンは、砂の採取が禁止されて以来、手つかずで残されていた場所。昼頃は観光客でいっぱいになる

島巡りプラン

1. マングローブ・ディスカバリー・ツアー →P.199

↓ タクシー約15分

2. ケロン・レストラン →P.198

↓ タクシー約15分

3. トレジャーベイ・ビンタン →P.197

↓ 徒歩約15分

4. ドゥロス・フォス・ザ・シップ・ホテル →P.200

トレジャーベイ・ビンタン

住Jalan Raja Haji
☎(62)770-691682
URL treasurebaybintan.com
開9:00～18:00
休無休　料大人Rp.12万、子供Rp.9万
カード A J M V

●カヤック
60分Rp.42万
●パドルボード
30分Rp.25万
●ジェットスキー
30分Rp.28万
●ウエイクボード
30分Rp.28万

プラザ・ラゴイ
Plaza Lagoi

MAP P.200右図
営10:00頃～22:00頃

リゾート開発が進むラゴイ・エリアの中心にある、観光客のためのショッピングビレッジ。海鮮や中国料理のレストラン、みやげ物店の「ビンタン・リゾート・スーベニア」、スパ、コンビニ、両替所など約20店が入店。

上／2階建ての建物が噴水のある広場を取り囲む　下／旅行会社もあり、自転車やバイクをレンタルできる

テラガ・ビル&グルン・パシール・ブスン

住Raya Busung
URL gurunpasirbintan.com
料大人Rp.2万5000、4歳以下無料
※ツアー（→P.199のタンジュン・ウバン・ツアー）か、ホテルで車をチャーターして訪れよう。

エコファームを併設したサファリ　MAP P.200右図

サファリ・ラゴイ・ビンタン　Safari Lagoi Bintan

★★

サファリ・ラゴイ・ビンタン
住Baru City, Teluk Sebong
☎(62) 823-8663-9665(携帯)
開8:00～16:30　休無休
料大人Rp.12万、子供Rp.6万

はいつくばってトウモロコシを食べるオランウータン

手作り感満載のローカルなサファリパーク。ゾウ、オランウータン、コモドドラゴン、シカ、ラクダ、クマなど約200種類の動物がおり、1時間ほどで見て回れる。動物たちとの距離が近く、素の表情を間近で見られるのが楽しい。

左／ゾウは7頭おり、有料でゾウ乗り体験ができる　右／くつろぐ2頭のベンガルトラがほほ笑ましい

Information

レストラン、バー、スパ

レストラン、バー

◆ケロン・シーフード・レストラン Kelong Seafood Restaurant

ケロン(漁や養殖のために海中に造られた高床式建築物)を模した規模の大きなレストラン。生けすで養殖している魚介を調理してくれる。ビンタン島有数のサンセットスポットとしても人気。週末は要予約。

海に浮かぶ感覚のバー、カリプソを併設している

MAP P.200右図　住Jalan Panglima Pantar, Lagoi
☎(62) 770-692505
営16:30～22:30（金～日曜は11:30～）　休無休
カード A D J M V

◆フック・オン!!!　Hook On!!!

トレジャーベイ・ビンタン内にあるレストラン&バー。海鮮メニューが豊富で、魚介の調理法を選んでオーダーできる。エビは2～3人前Rp.16万、カニは100g/Rp.5万。※2022年11月現在、臨時休業中。

カジュアルな雰囲気で屋外席もある

MAP P.200右図
住Cill Cove@Treasure Bay Bintan
☎(62) 822-8516-1313(携帯)　営11:00～21:00
休無休
カード M V

◆カンポン・ケロン・シーフード・レストラン Kampoeng Kelong Seafood Restaurant

マングローブ・ディスカバリー・ツアーのボート発着所から、セボン川をボートで約3分遡った場所にあるケロン式のローカルレストラン。エビ料理Rp.12万～。Rp.80万以上の食事でホテルまで送迎無料。

MAP P.200右図　住Jalan Langsat-Sungai Kecil, Desa Subung Lagoi, Teluk Sebong　☎(62) 823-8456-7777(携帯)
営10:00～22:00　休無休　カード M V

スパ

◆クラブメッド・スパ　Club Med Spa

クラブメッド(→P.203)内にあるガーデン・スパ。南国ムード満点のガーデンを通って向かう南シナ海を望む個室は、まさに水辺のパラダイス。各種マッサージが組み込まれたパッケージがおすすめ。

MAP P.200右図　住Club Med Bintan Indonesia, Site A11 Lagoi
☎(62) 770-692801　E-mail cmb@asmaralifestyle.com
営9:00～22:00　休無休　料トロピカル・ジャワ・ルルール150分Rp.168万、トラディショナル・マッサージ60分Rp.84万　カード M V　※要予約。

◆アロマ・リバー・スパ　Aroma River Spa

リゾートエリアから車で約50分のムティアラ・ビーチにあるスパ。ここは手つかずの自然が残り、リゾートエリアとは違うインドネシアの原風景に出合える。リゾートエリアの各ホテルからの送迎、スパ75分、ランチ、ビーチアクティビティが含まれたデイトリップコースはRp.75万。

MAP P.200左図　住Mutiara Beach, Trikora
☎(62) 821-7121-1988(携帯)　URL www.mutiarabintan.com
営10:00～18:00　休無休　料トラディショナル・ボディマッサージ60分Rp.32万、アロマ・フット・リフレクソロジー45分Rp.24万　カード M V　※要予約。

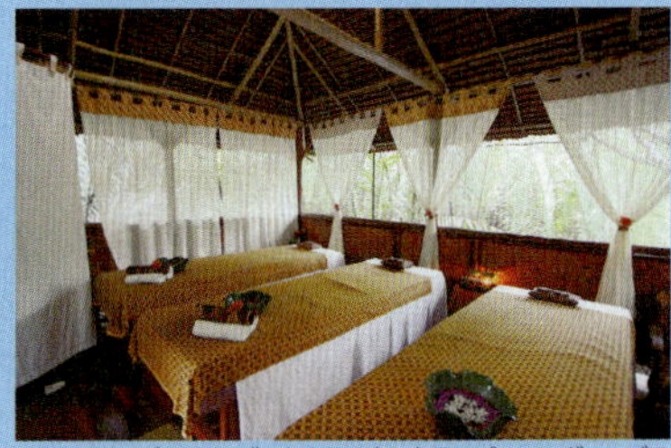

ムティアラ・ビーチ・リゾートホテル内にあるスパ。マングローブの森の中に立つコテージでゆったりとマッサージが受けられる

Information

ツアー、アトラクション、シャトルバス・サービス

オプショナルツアー

◆マングローブ・ディスカバリー・ツアー Mangrove Discovery Tour

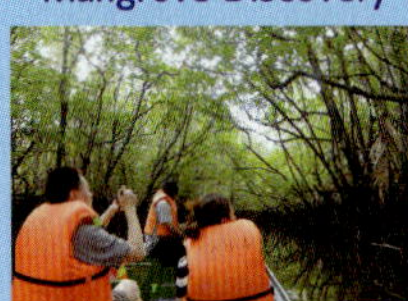
マングローブの森を奥へと進む

日本人に人気の高いアドベンチャーツアー。フェリーターミナル南側のセボン川をボートで遡り、マングローブの森の生態系を観察するというもの。時間帯によってサルやカワウソ、オオトカゲ、蛇などが見られる。夜のツアーではホタルが幻想的な光景をつくり出す。日本語ガイドもいる。

開9:00、10:30、13:00、15:00、19:00の1日5回。所要1～1.5時間。料大人Rp.38万、子供Rp.25万

◆シージプシー・ツアー Trail of The Sea Gypsies

漁場を移動しながら、船で生活していた人々が、現在も水際に建てた杭上家屋で暮らす

島の北東部にあるビンタン島最大の水上生活をしていた人々のコミュニティを訪れ、彼らの暮らしを見学。その後聖母マリア像や、昔ながらの造船所を見学し、ランチには青い海を見ながら本格的なピザ窯で焼き上げたピザを食べるコース。

地元であつい信仰を集めている聖母マリア像

開9:00～15:00。最少催行人数は2名。料大人Rp.65万、子供Rp.55万

◆ビンタン南部ヘリテージ・ツアー South Bintan Heritage Tour

サルタン・モスク

五百羅漢像がある寺を訪れたあと、島の中心都市のタンジュン・ピナンの西の海上に浮かぶペニェンガット島を訪ねる。ここはサルタンが統治していた場所で歴史的遺跡も残る。その後、中国人移民の多いセンガラン村へ。

開9:00～17:00。最少催行人数は2名。料大人Rp.85万、子供Rp.70万

◆タンジュン・ウバン・ツアー Tanjung Uban Tour

ツアーでは民族舞踊が見られることも

島の北西部、ビンタン第2の町、タンジュン・ウバンを訪ねる。テラガ・ビル&グルン・パシール・ブスン(→P.197)で写真撮影後は、16mの関羽像や中国寺院などに立ち寄る。

開9:00、15:00の1日2回。所要3時間。最少催行人数2名。料大人Rp.50万、子供Rp.40万

◆そのほかのツアー

美しいビンタン山

タンジュン・ピナン・ショッピング・ツアー、サファリ・ラゴイ・エコファーム・ツアー、ビンタン山(標高340m)トレッキング・ツアー、スノーケリングツアーなどがある。

※子供料金は3～12歳(2歳以下は基本的に無料)。

●ツアー主催会社

BRCツアーズ BRC Tours (P.T. Bintan Resort Cakrawala)

住Blk. A, Unit 01-08, Plaza Lagoi
☎(62)770-692917、692918
URL bintanresortstour.com
E-mail brctours@bintan-resorts.com
カード A J M V (各ホテルで申し込む場合のみ使用可能)

プラザ・ラゴイ(→P.197欄外)にオフィス(営7:00～21:30)がある。各ホテルでも申し込み可能。

また、インドレント(→下記)というおもに車のチャーターを行う旅行会社も一部のツアーを組んでいる。フェリーターミナル内、プラザ・ラゴイににオフィスがある。各ホテルでも申し込み可。

アトラクション

◆四輪バギー(ATV)

スリル満点のバギーライド

トレジャーベイ・ビンタン(→P.197)とビンタン・ラグーン・リゾート(→P.204)でATVのコースを設けている。バギーは1人乗りと2人乗りがあり、1時間Rp.180万。

◆セグウェイ

トレジャーベイ・ビンタン(→P.197)のクリスタル・ラグーンの周囲を、電動立ち乗り二輪車のセグウェイでぐるりと一周できる。1周Rp.12万。

シャトルバス・サービス

ホテル間を結ぶ無料のシャトルバスが4ルートある。運行時間とルートは以下のウェブで確認できる。

URL www.bintan-resorts.com/plan/getting-around-bintan

タクシー

リゾートエリア内をタクシーが走っている。料金は距離によって決まっており、フェリーターミナル～ラゴイベイ・エリアまでRp.13万、ビンタン・ラグーン周辺までRp.19万など。タクシーはホテルのフロントで呼んでもらえる。

●問い合わせ先

インドレント Indorent ☎(62)770-691931

シンガポールからフェリーで約50分

南国リゾート、ビンタン島の贅沢な休日

シンガポールのタナ・メラ・フェリーターミナル（TMFT）から、高速フェリーで約50分の場所にあるインドネシア領ビンタン島。島の北部一帯がアジア有数のリゾート地となっている。各種リゾート施設の数はそれほど多くはないが、タイプの違うリゾートホテルが揃っている。何よりバリ島やプーケット島ほどの開発にはいたっていないので、ゆったりとしたナチュラル感いっぱいのムードに浸れる。さらにリゾートエリア内には高床式建築のケロン・レストランやショッピングビレッジもあり、各種ツアーも行われている。リゾートだけでなく、大自然のすばらしさを体感できる、そんなビンタン島の魅力を心ゆくまで味わいたい。

話題のホテルにステイ

ドゥロス・フォス号は1914年に就航し、かつて「世界最古の現役海洋客船」としてギネス記録になった歴史ある客船。客船としての役目を終えた後、シンガポール人の作家、エリック・ソウ氏が購入したドゥロス・フォス号が、2019年ビンタン島でホテルに生まれ変わった。オリジナルの造りを生かしながらも、ラグジュアリーを演出した、とっておきの空間に身を置いてみたい。レストランやバー、スパは宿泊客以外も利用可能。

1

2

3

4

5

1.1.5ヘクタールのいかりの形の人工島を造り、船を引き揚げている　2.客室は、「キャビン」と称され、全室バルコニー付き　3.オーナーのエリック氏。社会貢献のためにシップ・ホテルを造ることを決めたそう　4.今後はエンジンルームなどを見学できるスタディツアーを行う予定　5.夕日がきれいなインフィニティプールのほか、スパやレストランも完備

ドゥロス・フォス・ザ・シップ・ホテル
Doulos Phos The Ship Hotel

MAP 下右図　住Jalan Kota Kapur
☎(62)770-691401　FAXなし
URL www.doulosphos.com
E-mail info@doulosphos.com
料Rp.250万～1500万　税サ21%
カード A J M V　全104室

左図

右図

ケロン・レストランで新鮮なシーフードを味わう

海や川に突き出した高床式の建物がケロン・レストランだ（→P.198）。ケロンとはマレーやインドネシアの言葉で、海の中に生けすを造り、そこで魚介類を養殖する高床式の建物を意味する。新鮮なシーフードをおなかいっぱい味わおう。

1.ボートでアクセスするカンポン・ケロン・シーフード・レストラン（→P.198） 2・3.シーフードのほかにも本格的なインドネシア料理をぜひ味わいたい。写真はナシ・ゴレンとフレッシュジュース

オプショナルツアーでビンタン島の自然と文化に触れる

大自然の生態系の神秘に触れられる、マングローブ・ディスカバリー・ツアー（→P.199）は、マングローブの果たす役割を学びつつ、そこに生息する動植物を観察する。シージプシー・ツアーでは海の民の生活に触れ、ビンタン島東海岸の手つかずの海を満喫できる。

シージプシー・ツアーで立ち寄るトリコラ・ビーチでは島民があたたかい笑顔で迎えてくれる

癒やしのひとときに身を委ねる

リゾートホテル内にある趣向を凝らしたスパやサロンで、リュクスなスパ体験ができる。ちょっと変わったスパを味わうなら、マングローブ林の中にあるケロン式のアロマ・リバー・スパ（→P.198）がおすすめ。

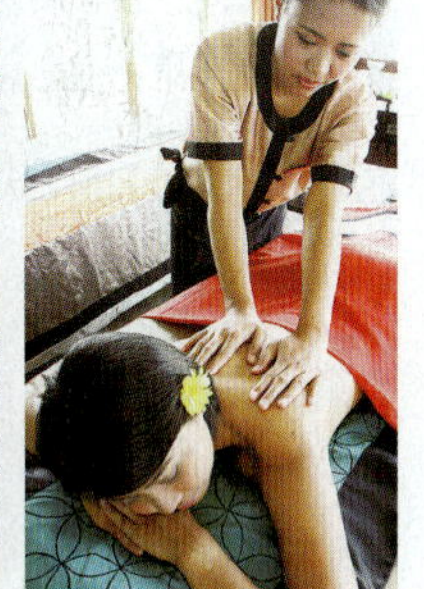

バンヤン・ツリー・ビンタンのスパ専用ヴィラ「スパ・パビリオン」。バンヤン・ツリーのオリジナルプロダクツを使用したトリートメントを受けられる

アンサナ・ビンタンの海の見えるヴィラタイプのスパルーム

ゴルフを楽しむ

景観も楽しめるリア・ビンタン・ゴルフクラブのコース

ビンタン島には、バンヤン・ツリー・ビンタン（→P.202）、ビンタン・ラグーン・リゾート（→P.204）、そしてリア・ビンタン・ゴルフクラブにチャンピオンシップ・ゴルフコースがあり、ビジターでもプレイできる。どのコースも海沿いに広がる美しい景観が自慢で、フェアウエイの広い典型的なリゾートコースだ。シンガポールから日帰りや1泊でゴルフを楽しめるお得なパッケージもある。

リア・ビンタン・ゴルフクラブ Ria Bintan Golf Club

MAP P.200右図　住 Jalan Perigi Raja, Lagoi Bintan Resorts　☎ (62) 770-692842　FAX (62) 770-692837　URL www.riabintan.com
営 7:00〜18:00　休 無休　料 シンガポールからの往復フェリー代、送迎、ホテル宿泊料がセットになったデイトリップ・パッケージRp.372万7500〜　カード A J M V

おみやげグッズは…

バティック生地のリバーシブルの帽子Rp.9万（ビンタン・リゾート・スーベニア）

バティックを縫い合わせたクッション（アンサナ・ビンタン）

繊細なビーズ刺繍を施したバッグ（ビンタン・リゾート・スーベニア）

パティックのポーチ（Rp.6万5000）はおみやげの定番（ビンタン・リゾート・スーベニア）

ビンタン島南部のタンジュン・ピナン製のコーヒー

華やかなハンドプリントのワンピースRp.40万（ビンタン・リゾート・スーベニア）

ビンタン島のホテル

極上のリゾートライフを過ごせる

バンヤン・ツリー・ビンタン

Banyan Tree Bintan

緑濃い熱帯の木々が生い茂る斜面に、64 棟の独立したヴィラが点在する大人のリゾート。アジアンテイストをふんだんに盛り込んだヴィラ内は、優雅でロマンティックな雰囲気。6 つのタイプのヴィラがあり、最も狭いシービューヴィラでも 142㎡という広さを誇る。テラスにはジャクージやプールがあり、自分流にくつろぎの時間がもてる。敷地内にはふたつのプール、3 つのレストラン、独立したスパ・パビリオンを完備。日本人スタッフ駐在。

上／全ヴィラに専用プールが付き、ヴィラからの眺めもすばらしい　下／ヴィラ内は天蓋ベッドと大きなソファがありオリエンタルな雰囲気。写真はシービューヴィラ

MAP P.200右図
ビンタン島
住 Laguna Bintan Resorts, Jalan Teluk Berembang
☎ (62) 770-693100
FAX (62) 770-693200
URL www.banyantree.com/indonesia/bintan
E-mail bintan@banyantree.com
料 プール ヴィラ US$825〜1095（料金はすべてUSドル表示）　税サ 21%
カード A D J M V
全64ユニット

ナチュラルヒーリングのスパが自慢

アンサナ・ビンタン

Angsana Bintan

バンヤン・ツリー・ビンタンと同経営。目の前には美しいビーチが孤を描き、すべての客室から海が眺められる。最新マシンを備えたジム、ビリヤードなどが楽しめるレクリエーションラウンジ、ビーチレストランなどを配置。日本人客も多く、カップルにもファミリーにもおすすめ。海が見えるヴィラタイプのスパルームなど本格的な施設をもつ「アンサナ・スパ」も好評だ。海に面した「マリンセンター」では、ウインドサーフィンやカヤックなど各種マリンスポーツが楽しめる。※ 2022 年 11 月現在、臨時休業中。

左／南国ムードのプールの向こうにはプライベートビーチが広がる　右／暖色で統一されたデラックス・ダブルルーム

MAP P.200右図
ビンタン島
住 Laguna Bintan Resorts, Jalan Teluk Berembang
☎ (62) 770-693111
FAX (62) 770-693222
URL www.angsana.com/indonesia/bintan
E-mail reservations-bintan@angsana.com
料 US$120〜185／スイートUS$240〜325（料金はすべてUSドル表示）
税サ 21%
カード A D J M V
全106室

アパートメントスタイルのポップなホテル

カッシア・ビンタン

Cassia Bintan

アパートメントスタイルを売りにするこのホテルは、全室キッチン＆調理道具を完備しており、ファミリーやグループ旅行に最適。全 14 カテゴリーの客室があり、さまざまなニーズに対応している。ロビーには小さなマーケットがあり、食材を購入できるほか、レストランがひとつある。リクエストすれば、同グループのホテルであるバンヤン・ツリーやアンサナ・ビンタンにバギーで送迎してもらえるのもうれしいポイント。

左／プールとプライベートビーチがあり、リゾート感も満点　右／オーシャンビュー・アパートメントルーム。客室のカテゴリーごとに違う動物がモチーフになっている

MAP P.200右図
ビンタン島
住 Jalan Teluk Berembang
☎ (62) 770-693111
FAX (62) 770-692958
URL cassia.com
E-mail reservations-bintan@cassia.com
料 Rp.150万〜260万
税サ 21%
カード A J M V
全179室

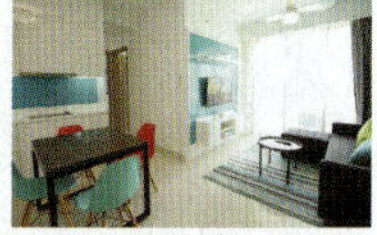

キッチンとリビングルームとは別に寝室が設けられている

Hotel

ニルワナ・ガーデン地区最大のホテル
ニルワナ・リゾートホテル Nirwana Resort Hotel

ビンタン島唯一のビストロ「ディノ・ビストロ」では、夜はバンド演奏があり、プールサイドレストランでは、週末にカルチャーショーやライブが催される。マリンアクティビティはすぐ近くのニルワナ・ビーチ・クラブで可能。このビーチ・クラブには50棟のシャレータイプの宿泊施設「マヤンサリ・ビーチリゾート」が、ホテル隣接地には同系列の「バンユー・ビル・ヴィラ」がある。

ニルワナ・スイートにはジャクージも完備されている

MAP P.200右図
ビンタン島
住 Jalan Panglima Pantar, Lagoi
☎ (62) 770-692505
FAX (62) 770-692550
URL www.nirwanagardens.com
E-mail info@nirwanagardens.com
料 ガーデンビュー$120.71／シービュー$156.22／スイート$262.73／バンユー・ビル・ヴィラ$270.79～／ニルワナ・ビーチ・クラブのカバナ$61.34～
税サ 21%　カード A D J M V
全245室、シャレー50棟

民族調のバンガローでトロピカル気分
マヤンサリ・ビーチリゾート Mayang Sari Beach Resort

ニルワナ・リゾートホテルと同系列。茅葺き屋根の伝統的スタイルのバンガローが50棟あり、全室バルコニー付き。海が目の前という絶好のロケーションで、週末はシンガポーリアンで予約がいっぱいになることも。プールはニルワナ・リゾートホテルのものが使える。ぜひ利用したいのが、「クダトン・トロピカル・スパ」。インドネシア伝統のハーブやスパイスをミックスしたマッサージが受けられる。

左／敷地内はトロピカルムードいっぱい　右／木を多用したナチュラルな室内は天井が高く快適

MAP P.200右図
ビンタン島
住 Jalan Panglima Pantar, Lagoi
☎ (62) 770-692505
FAX (62) 770-692550
URL www.nirwanagardens.com
料 ガーデンビュー・シャレー$149.12～／シービュー・シャレー$177.52～
税サ 21%　カード A D J M V
全50棟

贅沢な滞在を約束してくれる
インドラ・マヤ・プール・ヴィラ Indra Maya Pool Villa

見晴らしのいい丘の上にゆったりとしたスペースを確保したヴィラが点在する。バリスタイルを取り入れた造りのヴィラには、ふたつのベッドルームに3つのバスルーム、リビングにキッチンまで付いており、テラスにはプライベートプールが水をたたえている。広さの違う3タイプのヴィラがあり、4～9人まで宿泊可能なので、家族連れにおすすめ。移動用にバギーを貸してくれる。ニルワナ・リゾートホテル、マヤンサリ・ビーチリゾート、バンユー・ビル・ヴィラと同経営でニルワナ・ガーデンズと総称されており、この中の施設が利用可能。

MAP P.200右図
ビンタン島
住 ☎ FAX URL カード マヤンサリ・ビーチリゾートと同一
料 $1000～2700
税サ 21%　全14棟

左／アジアンテイストのベッドルーム　右／リクエストすればプールサイドでバーベキューもできる

アクティビティ施設の充実度はビンタン島有数
クラブメッド・ビンタン インドネシア Club Med Bintan Indonesia

いつも何かしらアトラクションが行われているクラブメッド。休日をアクティブに過ごしたいという人には最適だ。陸上のアクティビティではテニス、空中ブランコ、アーチェリーなどが、海上ではスノーケリング、ウインドサーフィン、セーリングなどが無料で楽しめる。滞在中の食事やバーでの飲み物、チップまですべてが宿泊費に含まれるオールインクルーシブスタイルなので優雅気ままに過ごせる。日本人スタッフ駐在。クラブメッド・スパ(→P.198)も自慢の施設。

メインプールではさまざまなアトラクションが行われる

MAP P.200右図
ビンタン島
住 Lot A11 Jalan Perigi Raya
☎ (62) 770-692801
FAX (62) 770-692826
URL www.clubmed.com
日本の予約先 クラブメッド・バカンスダイヤル 無料 0088-217008
料 5万7000円～※会員制のため、宿泊料金とは別に入会金、年会費が必要。東京からの航空券込みのツアーもある。
カード A D J M V　全295室

ファミリー滞在に適したホテル

ビンタン・ラグーン・リゾート Bintan Lagoon Resort

300 ヘクタールという巨大な敷地に、ホテル棟、バンガロー＆ヴィラ、ふたつの大きなプール、ジム、スパ、12 のレストラン、ふたつのゴルフコースを完備。マリンアクティビティも豊富で、ビンタン島ではここでしか体験できないものも多い。プライベートビーチの隣、ホテル棟からわずか徒歩約 5 分の場所に、シンガポール～ビンタン・ラグーン・リゾート間を運航するプライベートフェリーターミナルがある。※ 2022 年 11 月現在、臨時休業中。

左／客室はオリエンタルモダンな印象で、全室バルコニー付き　右／プールはふたつあり、プールバーやトロピカルガーデンが配されている

MAP P.200右図
ビンタン島
住 Jalan Indera Segara Site A2, Lagoi
☎ (62) 770-691388
FAX (62) 770-691300
URL www.bintanlagoon.com
E-mail reservations@bintanlagoon.com
料 ガーデンビュー$113.08～／シービュー$127.32～／スイート$167.52～／ヴィラ$360.17～　税サ 21%
カード ADJMV
全413室、57棟

コロニアルな5つ星リゾート

サンチャヤ・ビンタン The Sanchaya Bintan

近年開発が進むラゴイベイ・エリアのビーチサイドに位置する。コロニアル建築の香り漂うエグゼクティブな客室と、タイの伝統建築やシンガポールの英国時代の官舎「ブラック＆ホワイト」を模したヴィラタイプの客室がある。ゆっくり楽しむ大人のリゾートをテーマに、あえてビーチアクティビティ・プログラムは行わず、プライベートビーチと 50 m のプールで贅沢なくつろぎの時間が過ごせる。

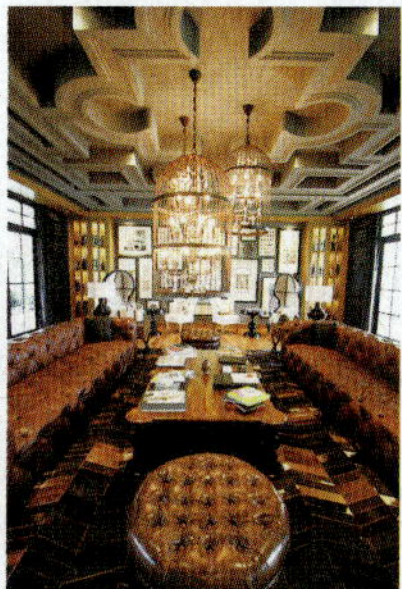

左／グレートハウス・ジュニアスイートの客室。随所に東南アジアのエッセンスを感じる　右／チーズとワインを供するサロン&ライブラリーやシーシャが楽しめるバー、レストランもある

MAP P.200右図
ビンタン島
住 Jalan Gurindam Duabelas, Plot 5, Lagoi Bay
☎ (62) 770-692200
FAX (62) 770-692900
URL www.thesanchaya.com
E-mail reservations@thesanchaya.com
料 Rp.675万～
税サ 21%
カード AMV
全30室

屋上プールからのサンセットは格別！

グランド・ラゴイ・ホテル・バイ・ニルワナ・ガーデンズ Grand Lagoi Hotel by Nirwana Gardens

ビーチには面していないが、徒歩約 3 分でビーチにアクセスでき、ラゴイベイ・エリアのどの施設にも歩いて行ける好立地。ビンタン島のリゾートエリアにしてはリーズナブルな料金設定もうれしい。海を見下ろす屋上のインフィニティプールは、必ず利用したい施設。ほかにスパ、レストラン、ツアーデスク、キッズクラブがあり、ニルワナ・リゾートホテル（→ P.203）へも無料のバスを運行している。

上／プールからは海とラゴイベイ・エリアが見える。プールバーあり
下／バルコニー付きのデラックスルーム。客室のカテゴリーは4つで、スイートルームはバスタブ付き

MAP P.200右図
ビンタン島
住 Grand Lagoi, Jalan Gurindam Duabelas, Plot 27 & 29, Lagoi Bay
☎ (62) 770-692988
FAX (62) 770-692980
URL www.grandlagoihotel.com
E-mail reservationlagoi@nirwanagardens.com
料 Rp.163万～185万（週末はRp.182万～202万5000）
税サ 21%
カード ADJMV
全195室

✦Hotel Guide✦

静かな時間が流れる大人の隠れ家
ホリデイ・ヴィラ・パンタイ・インダー Holiday Villa Pantai Indah

ラゴイベイの東側にある、ヴィラのみの高級リゾート。リゾート内は南国らしい素朴さとラグジュアリーな雰囲気を兼ね備えた雰囲気。ウオータースポーツでアクティブにというより、のんびり静かに過ごしたい人向き。三角屋根のバリ様式のヴィラは、すべて専用プール付きで、プライベートな時間をゆっくり過ごすことができる。レストランから望む美しいサンセットも自慢。

ガゼボ付きのプライベートプール

MAP P.200右図
ビンタン島
住 Jalan Gurindam Duabelas, Lagoi Bay
☎ (62) 770-692909
FAX (62) 770-692908
URL www.pantaiindahlagoibintan.com
E-mail reservation@pantaiindahlagoibintan.com
料 Rp.600万～800万
税サ 21%
カード MV
全99ヴィラ

上／客室は白を基調としたインテリアでまとめられている　下／2ベッドヴィラのリビングルーム。奥にキッチンとバーカウンターがある

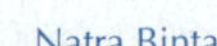

話題の「グランピング」が楽しめる
ナトラ・ビンタン Natra Bintan

フェリーターミナルから車で約3分のクリスタル・ラグーン（→P.197）のほとりに立つ話題のリゾート。ここでは「ラグジュアリーなキャンプ（＝グランピング）」をテーマに、客室のすべてがサーカスのテントのような三角屋根の独立したテント形式となっている。テント内はシャワー、トイレ、エアコン、冷蔵庫、テレビなど設備も充実し、屋外にジャクージが付いたテントもある。目の前のクリスタル・ラグーンでアクティビティに興じ、スパで癒やされたあとは庭でバーベキューと、贅沢なキャンプを体験できる。

MAP P.200右図
ビンタン島
住 Treasure Bay Bintan, Jalan Raya Haji
☎ (62) 770-692252
☎ (62) 770-692961
URL www.marriott.com/tnjtx
E-mail natra.reservation@tributeportfolio.com
料 Rp.190万～350万
税サ 21%
カード MV
全100室

上／各テント前のパティオではBBQを楽しむこともできる
下／最大4名まで滞在可能。かばんを模した冷蔵庫やセーフティボックスがおもしろい、ラグーンビュー・テント

砂漠をテーマにしたグランピング・リゾート
ジ・アンモン・リゾート・ビンタン The ANMON Resort Bintan

ナトラ・ビンタン（→上記）に隣接する約2ヘクタールの敷地に、円錐型のティピーテントが100棟立つ最新リゾートがオープン。テントの内装にもネイティブアメリカンスタイルを取り入れ、バスルームやパティオを完備。ベッドの上には天窓があり、星空を見ながら眠りにつくことができるなど、遊び心も味わいも満点。カジュアルにグランピングを楽しめる注目のホテルだ。

MAP P.200右図
ビンタン島
住 Jalan Raja Haji KM 01 No.88 Kawasan Pariwisata
☎ (62) 770-691266
FAX なし
URL theanmon.com
E-mail iwanttostay@theanmon.com
料 Rp.130万～220万
税サ 21%
カード JMV
全100室

上／テント内にはドライヤー、セーフティボックス、ミニバー、湯沸かしポットがある　下左／ティピーテントが並ぶ光景は圧巻。クリスタル・ラグーンへも歩いて行ける　下右／全テントにバスルーム付き。洗面台はふたつあり、使い勝手がよい

バタム島 Pulau Batam

左／タナ・メラとノングサプラを結ぶフェリー　右／パーム・スプリングス・ゴルフ＆ビーチ・リゾート。海を望む眺めのよいゴルフ場

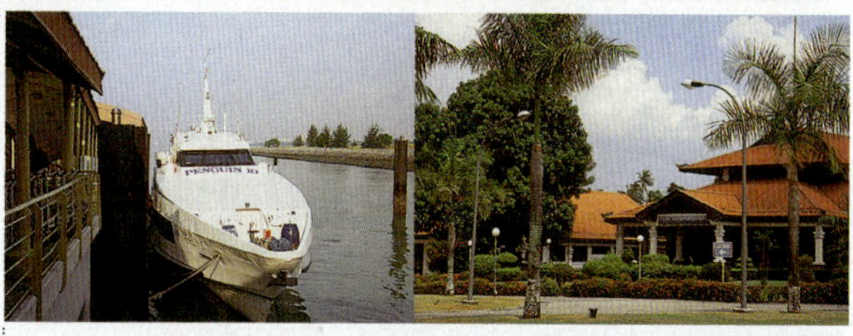

ACCESS

シンガポールからバタム島へはバタム・ファストなど4社が7ルートでフェリーを運航している。バタム・ファストの運航スケジュールは、ハーバーフロントの国際旅客ターミナルからバタム・センターへは1日11便、所要約1時間、セクパンへは1日7便、所要約45分。タナ・メラ・フェリーターミナルからノングサプラへは1日3便、所要約30分、バタム・センターへは1日4便、所要約1時間。チケットは往復で$79～81。バタム島は入国ビザが必要(詳細は→P.196)。

バタム島行きフェリー問い合わせ先:バタム・ファスト

Batam Fast　☎6270-2228

URL www.batamfast.com

パーム・スプリングス・ゴルフ＆カントリークラブ
Palm Springs Golf & Country Club

MAP 右図

住 Jalan Hang Lekiu, Nongsa, Batam

☎(62)778-761222

FAX (62)778-761223

URL www.palmspringsgolf.co

料 平日$105、週末$125～162

シンガポールから南へ約20km、高速船で約1時間のインドネシア領の島。シンガポールからマリンスポーツを楽しむために、またゴルフも安くプレイできるとあって、在住日本人も多く訪れる。島の中心となる町はナゴヤNagoya（正式名称はルブッ・バジャLubut Baja）で、リゾートホテルが多く観光客に人気があるのはノングサNongsaだ。移動手段はタクシーが基本だが、ほとんどのタクシーはペイントもメーターもない普通の車。料金設定はあるものの、なかには法外な高額料金を要求してくるドライバーもいるので、ホテルに泊まるならホテルでタクシーを手配してもらったほうがよい。

Information

ノングサのホテル

◆バタム・ビュー・ビーチ・リゾート
Batam View Beach Resort

丘の上にある5階建てオーシャンビューのメインビルと、よりプライベート感を味わえる海沿いのキッチン付きヴィラがある。ダイビングをはじめ多種多様なマリンアクティビティや、スパ、テニスコート、ディスコ、ビリヤードなどの施設、レストランも充実。グループやファミリーの利用も多い。

緑に囲まれた大きなプールがある

MAP 上図　住 Jalan Hang Lekiu, Nongsa, Batam
☎(62)778-761740　FAX (62)778-761747
URL www.batamview.com　料 $150～270／ヴィラ$310～480　税サ 21%　カード A J M V　全197室
行き方 ノングサプラのフェリーターミナルからタクシーで約5分。

◆トゥリ・ビーチ・リゾート
Turi Beach Resort

浜辺へ続く斜面にバリ風のコテージが並ぶ。フロント、プール、レストランなども自然に溶け込むように配置され、優雅なステイを満喫できる。各種マリンアクティビティも楽しめ、リゾート内にはスパ、ジャクージなどもある。

コテージ内のベッドは天蓋付きで癒やされる

MAP 上図　住 Jalan Hang Lekiu, Nongsa, Batam
☎(62)778-761080　FAX (62)778-761279
URL www.turibeach.com　E-mail reservations@turibeach.com　料 $150～／スイート$247～　税サ 21%　カード M V
全134室　行き方 ノングサプラのフェリーターミナルからタクシーで約5分。

ホータス(→P.239)

Variety of Gourmet

食のバラエティ

世界中の料理が食べられるのがシンガポールの食の魅力だ。中国系、マレー系、インド系の料理、そして自国で進化したローカル料理の数々。日本では味わえない料理もたくさんあり、西欧料理のレベルも驚くほど高い。シンガポールのグルメを思う存分楽しもう！

中国料理

シンガポール最多人口を占める中国系の料理だけあって、その種類も多彩を極めている。

広東料理

「食在広州（食は広州にあり）」という言葉があるほどで、中国料理のなかでも誰もがウマイと言うのが広東料理。豊かな食材に恵まれており、鶏、鴨、豚をはじめ、蛇、カエルなども使う。海鮮料理も多い。素材の鮮度と持ち味を生かす味つけは、日本人の口にもよく合う。調理法も変化に富んでおり、広東料理のレストランではたいてい、ランチタイムに飲茶をやっている。

ランチタイムには点心も味わいたい

潮州料理

潮州は中国広東省の東の外れ、韓江の下流域。温暖な気候、肥沃な土地に恵まれ、料理の素材もとても豊富な所だ。特に海産物を使った料理がおいしく、コールドクラブ（凍蟹）やダックのたれ煮込みが有名だ。味つけはあっさり味が多い。食前食後の工夫茶も潮州料理ならではのもの。これは、おちょこくらいの大きさの茶器で飲む烏龍茶で、食前に飲むと胃を刺激して食欲をそそり、食後に飲むと口をさっぱりさせ消化を助ける効果がある。

福建料理

中国南東部、台湾海峡を挟んでちょうど台湾と向かい合っているのが福建省だ。エビやカニ、ナマコなどを多く使い、その味は潮州料理によく似ている。スープ焼きそばが有名で、特に通称フライド・ホッケン・ミーと呼ばれるエビ入りの焼きそばは、シンガポールの定番料理となっている。

四川料理

中国内陸部、長江（揚子江）上流の肥沃な盆地で発達した料理。香辛料を豊富に使い、かなり辛めの料理になっている。材料には、野菜、川魚、保存食品が多く使われ、ほかにはない独特の調理法をもつ。麻婆豆腐、エビのチリソースあえなど、おなじみの料理も多い。

上海料理

上海料理は長江下流域の代表料理だ。甘辛味の濃い味つけで、ご飯によく合うのが特徴。また、有名な紹興酒は上海近郊、紹興で造られる老酒の逸品だ。

北京料理

中国北部、黄河流域を代表するのが北京料理。もともとは北京の宮廷で食べられていた料理で、モンゴル族や満州族が持ち込んだ料理と、揚州料理、山東料理がミックスして発達したものだ。肉料理が多く、北京ダックや餃子などが代表メニュー。濃厚で油っこく、味噌を使う料理が多い。

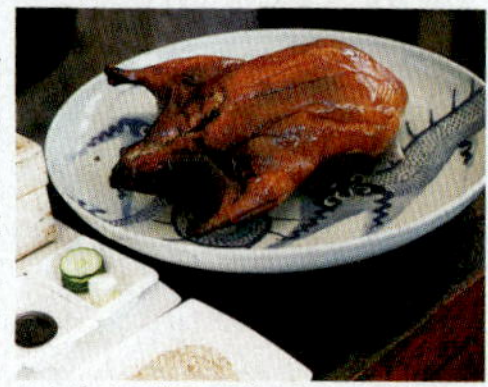

北京ダックは半羽から注文できる店もある

マレー料理

ココナッツミルクとチリをふんだんに使うのがマレー料理だ。サテー（肉の串焼き）やナシ・ゴレン（焼き飯）、ミー・ゴレン（焼きそば）が代表的なメニュー。詳細は→ P.68。

プラナカン料理

中国大陸から移住してきた人々とマレー人の婚姻により生まれた融合料理。多くのスパイスやココナッツミルク、ブラウンシュガーを使った手の込んだ料理だ。マレーシアのマラッカやペナンにも見られる。→ P.69。

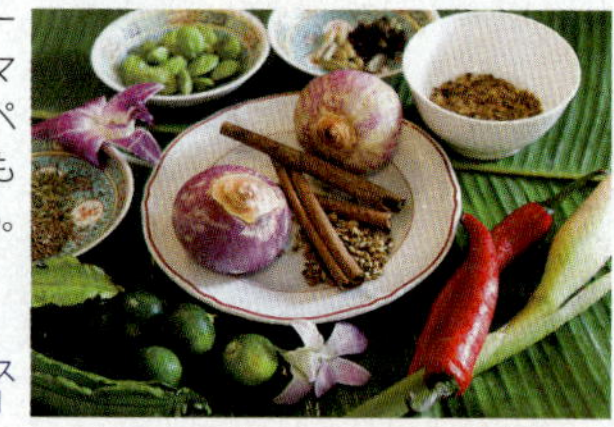

香味野菜やスパイスを多用

インド料理

インド料理の特徴は、マサラと呼ばれるスパイスを使用すること。マサラとは、おもに植物の実・種・葉・根から作られたさまざまな香辛料のことで、これを店や家庭でオリジナルに配合して、食べ物に香りや味をつけるのだ。インド料理には、正式には 15 以上の伝統的料理法があるといわれているが、大別すれば、これらは北インド料理と南インド料理に分けられる。

タンドール（焼き窯）で焼く料理は北インドの名物

北インド料理

ガンジス川流域の料理で、パンジャーブ料理、ムガール料理、カシミール料理などがある。とろみのあるこってりしたカレーが多く、具はチキンやマトンなど肉類がメイン。ナンやチャパティと一緒に食べる。また、インドの宮廷料理タンドーリチキン（ヨーグルトに漬けた若鶏の蒸し焼き）も、北インド料理を代表するごちそうだ。

バナナの葉を皿替わりにして食べる南インドのカレー

南インド料理

シンガポールにおけるインド系の最大多数を占めるタミール人の料理がその代表格。カレーはさらっとしていて辛くて酸味もある。エビやイカなど魚介や野菜をよく使い、ライスとともに食べるのが主流。北インド料理とはスパイスの種類と使い方が異なる。

左／フィッシュヘッドカレーももとをたどれば南インド料理
右／インド料理にはミルクたっぷりのチャイがおすすめ

※P.210からのレストランガイドで紹介する店（ホーカーズやフードコート、ローカルな店を除く）では、税・サービス料として、通常17%が料金に加算される。チップは原則として必要ないが、よいサービスを受けたときはおつりの小銭の一部を置いていくのが一般的。

シンガポールグルメQ & A

Q：料理に添えられる調味料は何？

A： よく出てくるのは醤油にチリを入れたもの、酢漬けのチリ、オキアミを発酵させた辛味だれのサンバル・ブラチャン、甘めの濃厚醤油のダークソース（ブラックソース）など。料理とのマッチングはお好みで。迷ったらスタッフに聞こう。

左からチリ入り醤油、辛味ペーストのサンバル、チリ入りダークソース

Q：突き出しのピーナッツやお手拭きは無料サービス？

A： これらはすべて有料で、食べたり使ったりしたら、請求額に加算されるので注意。不要なら最初に言って下げてもらう。請求書が来たらチェックしよう。

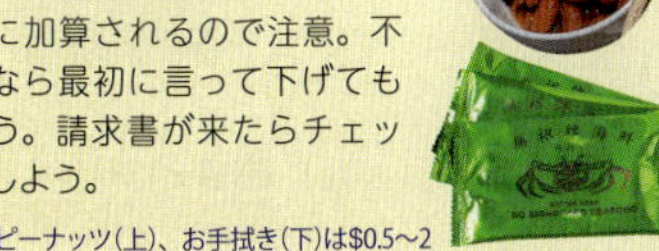
ピーナッツ（上）、お手拭き（下）は$0.5～2

Q：お勘定はどこでするの？

A： 日本と違って、レストランでは着席したまま自分のテーブルで行う。スタッフに「Check, please!」と言えば、請求書を持ってきてくれる。ただし、ローカルなレストランや食堂では計算書が机の上に置かれるので、それをキャッシャーへ持っていって支払う。

Q：レストランでチップは必要？

A： レストランやバーでは、請求額に10%のサービス料が加算される。請求書を見てサービス料が含まれていれば、それ以上支払う必要はない。よいサービスを受けた場合は、お礼の気持ちを込めて小銭のおつりをチップとして残すのが一般的。ホーカーズやフードコート、食堂ではチップ不要。

Q：レストランやホーカーズのWi-Fi事情は？

A： カフェやファストフード店、ショッピングセンター内のレストランではほぼ接続可能。ホーカーズは不可。通信会社提供の登録利用する「Wireless @ SG」（→P.340）が使えるレストラやカフェは限られている。

カフェは無料Wi-Fiを提供している店が多い

Q：予約はしたほうがいい？

A： シンガポールは「予約」が浸透しており、人気店は予約を入れたほうがよい。特に週末は混み合うので、下記の会話を参考に電話、またはメールで予約を入れたい。ハードルが高ければ、ホテルのコンシェルジュに頼んでもよい。

★予約で使う英会話例

予約者　：Can I have a table tonight?
今夜予約したいのですが？
レストラン：Yes, what time?
はい、何時ですか？
予約者　：At seven o'clock.
7時です。
レストラン：How many people?
何名様ですか？
予約者　：Four people, please.
4人です。
レストラン：May I have your name?
お名前を？
予約者　：My name is ～.
～です。

中国料理

広東料理の巧手が振る舞う絶品中華 （華廳）

ホア・ティン Hua Ting Restaurant

気品をまとう洗練された雰囲気のホテルレストラン。長年指揮を執るラップファイ料理長が得意とするのは、広東伝統料理にユニークな素材を合わせる手法。細かい手順を経てテーブルに運ばれる料理は、見た目も味わいもサプライズがいっぱい。熟成10年のプーアル茶でスモークして香りづけした北京ダックや、鶏肉をアワビとともに蒸し焼きにした鮑魚富貴鶏髀が、看板を張る。セットメニュー（ひとり用$118～）のほか、上質の中国茶とのペアリングメニューも提供。

鶏モモ肉をアワビ、キクラゲ、漢方ハーブとともにハスの葉包み焼きにした鮑魚富貴鶏髀（手前、$32）。鶏形のパンに詰めた趣向が楽しい

MAP P.84-2B
オーチャード・ロード周辺

住442 Orchard Rd., 2F Orchard Hotel ☎6739-6666
営11:30～14:30（土・日曜、祝日前日、祝日11:00～）、18:00～22:30（ラストオーダー22:00）
休無休 カード ADJMV
行き方 MRTオーチャード駅から徒歩約8分。
※予約をしたほうがよい。

茶葉でスモークされた北京ダック（陳年普洱薫片皮鴨、1羽$88）

伝統と洗練を調和させた中国料理 （李白餐館）

リーバイ・カントニーズ・レストラン Li Bai Cantonese Restaurant

クラシカルで優雅な雰囲気のなかで、本格派の料理を堪能できる。香港出身のシェフが広東伝統の料理に工夫を凝らした創作料理を生み出している。その味は繊細で上品。少人数なら量が少なめも選べる。北京や四川料理もあり、おすすめはロースト類、海鮮麻婆豆腐（シーフード入りマーボー豆腐、$26～）、魚のすり身で作った麺を上質のスープで炒めた高湯蝦球悶魚茸麺（$36～）など。広東伝統のスープや卵白とカニ肉、貝柱のチャーハンも人気。ランチタイムは点心もある。

左／手前は蜜汁麥冬焗爐魚（ハチミツ風味のタラのオーブン焼き、$22）、後方右は乾坤牛柳（フィレステーキとエノキの肉巻き、$22） 右／翡翠のテーブルウエアが豪華

MAP P.85-1D
オーチャード・ロード周辺

住39 Scotts Rd., Lower Lobby, Sheraton Towers Singapore
☎6839-5623 営11:30～14:30（日曜10:30～）、18:30～22:00（ラストオーダーは閉店30分前） 休無休
カード ADJMV 行き方 MRTニュートン駅から徒歩約5分。
※週末は要予約、ランチタイムも予約が望ましい。

緑のなかのエレガントなレストラン

ミンジャン・アット・デンプシー Min Jiang at Dempsey

自然豊かなデンプシー・ヒル（→P.158）のイギリス統治時代の兵舎を改装。木や籐を多用し、窓の外の緑と調和する和みの空間で味わえるのは、広東や四川料理にシェフの創作を加えた繊細で上品な料理の数々。見た目が美しいだけでなく、口に運べば驚きと感動が広がる。看板料理の北京ダックは、皮は砂糖をつけて、薄切りにした肉はピリ辛白菜、酢漬けのダイコン、おろしニンニクとともにクレープで巻いて食べ、残った肉は炒め物やスープにと、さまざまな味わいが楽しめる。

上／手前は創作点心盛り合わせ（先选点心拼盘、$38）、右は手作り豆腐とカニ肉野菜あんを合わせた翡翠蟹肉什菇豆腐（$28）、左はロブスター入りあえ麺の龙虾捞面（$118）

MAP P.158
郊外のエリア

住7A & 7B Dempsey Rd.
☎6774-0122 営11:30～14:30、18:30～22:30（点心はランチタイムのみ、ラストオーダー22:00） 休無休
カード ADJMV 行き方 中心部からタクシーで約15分。

左／北京ダックの古法木材烤北京鴨（1羽$128）。ピリ辛の野菜、酢漬けダイコンと合わせて食べるのもおいしい 右／グッドウッド・パーク・ホテル（→P.307）が運営する店

体に優しい家庭料理でほっこり (三盅兩件)

スープ・レストラン

Soup Restaurant

あっさりとした食事をというときには、ここでご飯とスープ、おかずを食べるのがいい。看板メニューの三水姜茸鶏（ジンジャーチキン、$25.9～）は、かつて広東省三水からの出稼ぎ女性たちが、正月のごちそうとして食べた伝説の料理。店名にもなっている薬膳スープはメニューの効能書きを参考にオーダーしたい。サツマイモの葉のサンバルソース炒め（アー・コン・ファンシュー・リーブス）、手作り揚げ豆腐のホームタウン・トーフ（$12.9）、ジンジャーフライド・ライス（$14.9）などがおすすめ。

左／手前が蒸し鶏にショウガソースをつけレタスで巻いて食べる三水姜茸鶏。後方左のトマトチリソースの豆腐蝦は中国饅頭（パン）と一緒に食べてもいい　右／ココナッツの殻に入った烏骨鶏のダブルボイルスープ、原只椰子炖烏鶏湯（$14.9）は美容によい

MAP P.85-3D

オーチャード・ロード周辺

住290 Orchard Rd., #B1-07 Paragon　☎6333-6228
営11:30～22:00（ラストオーダー21:30）　休旧正月1日
カード A J M V　行き方 MRTオーチャード駅から徒歩約5分。
［他店舗］住3 Temasek Blvd., #B1-127 Suntec City Mall
☎6333-9886

いつも大にぎわいの点心食堂

瑞春

Swee Choon

1962年創業。点心が安くておいしい、終夜営業という利点もあって、連日大盛況。香港をはじめ上海の点心や料理、手打ち麺がメニューに並ぶ。すべて手作りで、点心は注文を受けてから蒸すのがこだわり。塩漬け卵の黄身を使ったとろとろのカスタードあんが流れ出す蒸しまんじゅうや、ショーロンポー、ポルトガル式エッグタルトが人気だ。点心や炒め物（ディナーのみ）に麺料理を合わせて注文したい。平日の昼が比較的すいている。

塩漬け卵の黄身入りカスタードあんが流れ出す紫イモボール（紫蕃薯流沙球）はいち押し点心

左／カスタードあん入りまんじゅう（奶黄流沙包、手前）、極細麺を豚肉やネギとともに成形して揚げたミースア・クエ（招牌面線粿、後方右）など点心は1皿$1.4～4.8　右／エアコン完備の屋内と半屋外のスペースがある

MAP P.93-2C

リトル・インディア

住183,185,187,189,191,193 Jalan Besar
☎6225-7788
営11:00～15:00（土・日曜、祝日～16:00）、18:00～翌4:00（ラストオーダーは閉店30分前）
休火曜（祝日の場合は営業）、旧正月　カード 不可
行き方 MRTジャラン・ベサール駅から徒歩約5分。

四川料理がベースのフュージョン

バーズ・オブ・ア・フェザー

Birds of a Feather

お酒とともにゆったりくつろげるバーダイニング。植物やモダンアートが随所に飾られた店内は都会のオアシスのよう。四川料理と西洋の食材や調理法を合わせたユニークなメニューが楽しい。餃子はセージ（ハーブ）のフォームとカボチャのピューレ、レーズンで彩られ、味わったことのない新感覚の料理に変身。日本のお茶漬けスタイルで味わう「バラマンディ（魚）・チャヅケ」は酸味の効いた四川風スープとしっとりした魚が奥深いうま味を生み、あとを引く一品。

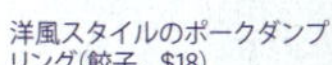

洋風スタイルのポークダンプリング（餃子、$18）

左／手前が四川のピクルスを使ったスープをかけて味わうバラマンディ・チャヅケ（$34）。後方右はトウガラシと合わせた鶏肉のから揚げ（Find the Chicken in the Chillies、$19）　右／テーブルによって異なる椅子が配されている

MAP P.89-2C

チャイナタウン

住115 Amoy St.
☎9755-7115　営12:00～15:00、18:00～23:00（金・土曜～24:00、日曜～22:00）
休旧正月　カード A M V
行き方 MRTテロック・アヤ駅から徒歩約3分。

繊細で斬新な中国料理をカクテルと楽しむ
モット32シンガポール Mott 32 Singapore

香港を拠点に世界各地に展開するモダンチャイニーズレストラン。ニューヨークのチャイナタウンの核となった中国の食料品店の所在地にちなんで名づけられた「Mott 32」は、伝統と革新を組み合わせた料理や点心で注目を集めている。さらに見逃せないのがアジアの食材や文化から着想した特製カクテルの数々。東西融合をテーマにした店内で、非日常のひとときを。

心躍るドラマチックなインテリア ©Mott 32

MAP P.96-2B マリーナ・エリア

住10 Bay Front Ave., B1-42-44 The Shoppes at Marina Bay Sands ☎6688-9922 営11:30〜14:15※(土・日曜、祝日15:00〜17:00はアフタヌーンティータイム)、17:00〜21:30※(※の時間は最終入店時間) 休無休 カード A J M V 行き方 MRTベイフロント駅から徒歩約3分。※予約をしたほうがよい。

看板メニューのアップルウッドで焼き上げる北京ダック($128、要予約)©Mott 32

香港のローカル料理が食べられる (翡翠港式小厨)
クリスタル・ジェイド・ホンコン・キッチン Crystal Jade Hong Kong Kitchen

髙島屋 S.C. の地下 2 階という便利なロケーション。「クリスタル・ジェイド」グループのなかで、キッチンと名がつくこの店はカジュアルな広東料理店だ。点心や麺、ロースト類、お粥、デザートと幅広いメニューが勢揃い。味は本格派で、調理技術が問われるチャーハンもふんわりパラリとした自信作。ロースト類も外せない。点心は終日楽しめ、$5.8 〜。デザートにはマンゴープリンを。

手前は焼鴨三拼 (ダックを含むロースト3種盛り合わせ、$26.8)。後方左は鮮虾雲呑撈面(エビワンタンのせあえ麺、$10.3)

MAP P.85-3D オーチャード・ロード周辺

住391 Orchard Rd., #B2-38 Singapore Takashimaya S.C. ☎6238-1411 営11:00〜22:00(土・日曜、祝日10:30〜。ラストオーダー21:30) 休旧正月2日間 カード A J M V 行き方 MRTオーチャード駅から徒歩約5分。
[他店舗] 住3 Temasek Blvd., #B1-112 Suntec City Mall ☎6884-5172

濃厚なカニみそ風味の黄金スープに感動 (金匙小厨)
ゴールデン・スプーン De Golden Spoon

天然の肉厚なスリランカ・マッドクラブで作るチリ・クラブやブラックペッパー・クラブ、ソルテッドエッグ・クラブ、潮州のコールド・クラブなどのカニ料理が自慢だが、ぜひ名物のビーフン・クラブを試してほしい。直径 30cm以上の大きな器で供されるビーフン・クラブ (時価) は、カニみそのうま味たっぷりのスープと、つるんとしたのど越しのビーフンが相性抜群。ほかでは出合えない贅沢な味わいを楽しもう。

手前は1kgのカニを使ったビーフン・クラブ($75)。カニの爪を食べつつ麺をすすろう。後方右のコーヒーリブ($15)や、後方左のマテ貝($12)もおすすめ

MAP P.140 郊外のエリア

住62 Seng Poh Lane, #01-11 ☎6536-2218 営11:00〜14:30、17:00〜22:30(ラストオーダーは閉店15分前) 休旧正月1日 カード A J M V 行き方 MRTチョンバル駅から徒歩約12分。※予約をしたほうがよい。

ローカルな雰囲気のレストラン

名物はペーパーチキンだけではない (喜臨門大飯店)
ヒルマン・レストラン Hillman Restaurant

シンガポールの名物料理のひとつ、ペーパーチキンで有名な老舗。これは醤油、ゴマ油、中国酒などを混ぜたソースに 6 時間マリネした鶏モモ肉を特殊な紙に包んで揚げた料理。丸鶏のローストをもとに、食べやすく骨を取ってカットし、うま味を閉じ込めるため紙に包むことを思いついたという。八珍一品煲 ($22 〜) をはじめ、土鍋煮込みや、スペアリブとリンゴのスープ、苹果排骨湯 ($8) などの料理も美味。

紙袋を開くと染み出した肉汁とうま味があふれ出すペーパーチキン(脱骨紙包鶏、5個$12.5。手前)。中央左は双喜豆腐、右はフカヒレ入りスクランブルエッグの炒桂花翅

MAP P.93-2D リトル・インディア

住135 Kitchener Rd. ☎6221-5073 営11:45〜14:30、17:45〜22:30(ラストオーダーは閉店15分前) 休旧正月4日間 カード A J M V 行き方 MRTファーラー・パーク駅から徒歩約3分。※予約をしたほうがよい。

ショップハウスの2フロアが店舗に

ごちそう広東料理が勢揃い　(香宮)

シャン・パレス Shang Palace

店内は、花のモチーフが散りばめられ、中国庭園を思わせる華やかな雰囲気。豚ロースのチャーシュウ（$48）や薬膳スープなど伝統料理をはじめ、世界の食材を取り入れ、香港人シェフのインスピレーションが光る創作メニューも看板料理に掲げている。カニの肉詰め甲羅揚げ（$38）、海鮮とチャーシュウの特製炒飯（$52）、点心（ランチのみ）もおすすめ。日本語がメニューに併記されているのでわかりやすい。

MAP P.84-1B　オーチャード・ロード周辺

住22 Orange Grove Rd., Lobby Level, Shangri-La Hotel Singapore
☎6213-4398　営12:00～14:30（土・日曜、祝日11:00～12:30、13:00～15:00）、18:00～22:00（ラストオーダー21:30）　休無休　カード A D J M V　行き方 MRTオーチャード駅からタクシーで約5分。

スペアリブの香酢ソース煮（稲草骨、手前）とロブスターとツバメの巣、カニのソースあえ（珊瑚乳燕龍虾球、後方右）は創作メニュー

食べるのが惜しくなる動物形点心　(東海潮州酒家)

イースト・オーシャン East Ocean Teochew Restaurant

香港人が経営する人気店。点心はランチタイムのみで、土曜はトレイに数種類の点心をのせて給仕たちがテーブルを回る。約30種類ある点心（$4.8～9.8）は味もよく、潮州蒸粉粿（エビ、肉、ピーナッツ入りの餃子）、芋絲炸春巻（ヤムイモ入り春巻）などが自慢の点心。目にも楽しい、動物をかたどった創作点心も人気を集めている。潮州料理の鹵水鵝片（ダックのたれ煮、$22）や、カキ入りのさらっとした潮州粥、方魚蠔仔粥（$9.5）もおいしい。

MAP P.85-3D　オーチャード・ロード周辺

住391 Orchard Rd., #05-08/09 Singapore Takashimaya S.C.
☎6235-9088　営11:30～15:00（土・日曜、祝日10:00～）、18:00～21:00（金・土曜～21:30。ラストオーダーは閉店30分前）　休旧正月2日間
カード A J M V
行き方 MRTオーチャード駅から徒歩約5分。

左／手前は冷やした蒸し蟹の凍花蟹、後方右のローストポーク（脆皮焼腩仔）も美味　右／クマやミツバチなどの動物点心（$7.2）は9種類ある。メニューは3ヵ月ごとに更新

美味なる中国各地の名物料理が大集合　(絲綢之路)

シルクロード Silk Road Restaurant

四川や北京、瀋陽、陝西、蘭州など、特色のある中国各地料理を、美食の道「シルクロード」に見立てて紹介する。盛りつけは洗練されているが、味は本格的で四川の料理は刺激的で奥深い辛さ。麻婆豆腐（$18）や干煸四季豆、川式辣子鶏（$22）などの四川料理やハネ付き焼き餃子の瀋陽冰花煎餃（$16）が人気。ほんのり甘くて体によい八宝茶とともに味わいたい。

MAP P.88-3B　チャイナタウン

住165 Tanjong Pagar Rd., 2F Amara Singapore
☎6879-2626　営12:00～14:30、18:30～21:30
休月曜　カード A J M V
行き方 MRTタンジョン・パガー駅から徒歩約5分。

左／手前はしびれる辛さがあとを引く麻婆豆腐、後方左は魚香茄子（ナスのスパイシーとろみ炒め）、奥はゆで豚とキュウリをクレープに巻きニンニクソースにつけて食べる架子白肉　右／手打ち拉麺を用いた料理もおすすめ

本格的な四川料理が味わえる

四川豆花飯荘 Si Chuan Dou Hua Restaurant

成都出身のシェフが四川から取り寄せた香辛料を用いて、四川料理の神髄を忠実に再現。深みのあるしびれる辛さの麻婆豆腐（$20～）、辛さ控えめの四川担担面（$8）はぜひ注文したい。回鍋肉（四川風ホイコーロウ）や青椒肉絲（肉とピーマンの細切り炒め）はご飯とともに。デザートには自家製豆腐を用いた枸杞甜豆腐（クコの実入りおぼろ豆腐）を。

MAP P.91-2D　アラブ・ストリート周辺

住7500 Beach Rd., Level 1 Parkroyal on Beach Road　☎3138-6711
営11:30～14:30、ハイティー14:30～18:00、18:30～22:30（ラストオーダーは閉店30分前）
休無休　カード A D J M V
行き方 MRTブギス駅、ニコル・ハイウエイ駅から徒歩約8分。
※予約をしたほうがよい。
［他店舗］住80 Raffles Place, #60-01 UOB Plaza 1

左／ティーマスターが長い管のポットからお湯を注ぐ八宝茶　右／手前が四川担担面、中央左が回鍋肉

珍しいヘンホア料理に舌鼓　(莆田)

プーティエン　PUTIEN

シンガポールには中国福建省の莆田市（旧名興化<ヘンホア>）の出身者も少なくない。この地方の料理はシンプルで素材の味を生かした調理法が特徴だ。同店はスタッフの大半が莆田出身者で、食材も現地から空輸しているほどのこだわりぶり。なかでもシルクのような繊細な食感の興化ビーフンと、太麺に海鮮のとろりとしたスープがからまる福建紅菇海鮮鹵面は二大看板メニュー。ぜひトライしたい。

MAP P.95-1C
郊外のエリア

住1 Harbour Front Walk, #02-131/132 VivoCity
☎6376-9358 営11:30〜15:00、17:30〜22:00（ラストオーダーは閉店30分前）
休無休　カード J M V
行き方 MRTハーバーフロント駅から徒歩約4分。
［本店］住127 Kitchener Rd.
☎6295-6358

興化炒米粉（興化ビーフン炒め、$12.8〜。手前右）は干しエビ、アサリ、海苔など約10種類の具入り。手前左が大白菜炖軟豆腐（$22.8〜）

皮から手作りの名物餃子は日本人に大人気

京華小吃　Jing Hua Xiao Chi

「ここの餃子がいちばん」というファンも多い有名餃子店。創業以来20年以上守り続ける製法で作る北京風の餃子や点心、手打ち麺などを求めて客足が絶えない。海鮮のうま味たっぷりのあんをモチモチの皮で包み込み、カリッと焼き上げた三鮮鍋貼（海鮮焼き餃子、10個$10）は絶品。小籠湯包（ショーロンポー、7個$9）やアズキあん入りパンケーキ（$11.5）もおすすめ。

左／皮の両端を閉じずにあんを包む三鮮鍋貼。右は炸醬面（ひき肉味噌のせ麺、$5.8）。蒸し餃子もある　右／席数は多くないので、早めに訪れたい

MAP P.88-2B
チャイナタウン

住21/23 Neil Rd.
☎6221-3060
営11:30〜15:00、17:30〜21:30
休旧正月　カード M V
行き方 MRTマックスウェル駅から徒歩約2分。

屋台気分で楽しめる中国東北料理

東方美食　Oriental Chinese Restaurant

中国の東北地方の料理店が増えており、人気も注目も上昇中。なかでも連日連夜大にぎわいなのが「東方美食」。名物は羊や鶏肉、牛肉などの串焼き。クミン、トウガラシ、花椒などのスパイスをたっぷりまぶした串焼き（1本$1〜）はビールによく合う。餃子も人気で水餃子（$6）がおすすめ。回鍋肉（ホイコーロー）や古老肉（酢豚）などもある。値段も安く、終夜営業。食堂感覚で気兼ねなく楽しめる。

MAP P.88-1B
チャイナタウン

住193/195 New Bridge Rd.
☎8811-2000
営11:00〜翌6:00
休無休
カード M V
行き方 MRTチャイナタウン駅から徒歩約3分。

上／ピリリと辛くてスパイスが食欲を刺激する串焼きは羊肉がおすすめ　下／東北料理のほか四川料理もある。店先の歩道にテーブル席が並ぶ

土鍋煮込みとお粥の店

長城粥品中心　Tiong Shian Porridge Centre

50年以上もチャイナタウンの一角で営業する老舗で、根強い人気を誇っている。だしの効いたとろとろのお粥とカエルの土鍋煮込みが看板料理だ。土鍋料理は魚やエビなどもあるが、ほとんどの人がカエルを注文する。カエルのモモ肉は鶏肉に似ていて意外なほど淡泊。たっぷりのショウガとネギとともに甘辛い醤油味で煮込まれた姜葱田鶏がおすすめ。お粥は鶏肉や魚入りなど約10種類あり、濃い味つけの土鍋煮込みに合う。

左／姜葱田鶏（$9〜）のカエルのモモ肉はプリッとした食感。野菜や豆腐などのサイドメニューあり　右／ホーカータイプの店。夜は活気づく

MAP P.88-2A
チャイナタウン

住265 New Bridge Rd.
☎6222-3911　営8:00〜翌4:00　休旧正月1週間
カード 不可
行き方 MRTチャイナタウン駅から徒歩約5分。

ローカル料理・プラナカン料理

街の喧騒とともに屋外で食べる絶品シーフード (無招牌海鮮)
ノーサインボード・シーフード No Signboard Seafood

屋台からスタートしたこの店は、看板のないまま評判を呼び、現在の名前にいたった。通りに面した大きな敷地にズラリとテーブルが並び、アジアの雰囲気満点。特に有名なのは、この店オリジナルのホワイト・ペッパー・クラブ。カニのうま味がたっぷりとソースに生かされた濃厚なチリ・クラブ（ともに $80/kg）も絶品。白灼象拔蚌（巨大ミル貝の刺身＆しゃぶしゃぶ、$200/kg)、咸蛋龍蝦（ロブスターの塩卵揚げ、$130/kg）など豪華料理もおすすめだが、素朴な馬来炒麵（ミーゴレン、$10～）も格別な味だ。

チリ・クラブ（手前）とホワイト・ペッパー・クラブ（後方右）、どちらもおすすめ。後方左は咸蛋龍蝦

MAP 折込表-2B
郊外のエリア

住414 Geylang Rd.
☎6842-3415
営11:00～23:00
休旧正月4日間
カード M V
行き方 MRTアルジュニード駅から徒歩約10分。中心部からタクシーで約15分。

エアコンの効いた屋内席もあるが、広々とした屋外席が人気

しっとりジューシーなチキンライスが評判 (話匣子咖啡座)
チャターボックス Chatterbox

1971年、当時屋台や食堂の食べ物だったチキンライスを、レストランで初めて提供したのがこの店。以来愛され続ける伝説的なチキンライス（$25）は、たれに漬け込んでゆでたしっとりやわらかな鶏肉とスープとの相性が抜群。ほかにも厳選素材を用いた極上のローカルフードが顔を揃える。米麵の焼き麵、ビーフ・ホーファンやホッケンスタイル・バクテー（各$25）もおいしく、食後には自家製のココナッツ・アイスクリームを試してみたい。

手前が看板料理のマンダリン・チキンライス、後方は魚介たっぷりのシーフード・ホッケン・ミー（$25）、奥はロブスター・ラクサ（$36）

MAP P.85-3D
オーチャード・ロード周辺

住333 Orchard Rd., #05-03 Hilton Singapore Orchard
☎6831-6291
営11:30～16:30、17:30～22:30（ラストオーダー21:45。金～日曜、祝日前日～23:00、ラストオーダー22:30） 休無休
カード A D J M V
行き方 MRTサマセット駅から徒歩約6分。※要予約。

オーチャードの中心部に位置するヒルトン・シンガポール・オーチャード（→P.309）5階にある

ローカルフードの穴場レストラン
ホワイトローズ・カフェ White Rose Cafe

「シンガポールのローカルフードといえばこの店」という在住日本人ファンも多い人気店。ホーカーズに比べると値段は高めだが、上品でマイルドにアレンジされた料理は、素材、味つけ、ボリュームともに◎。食べに行く価値のある絶品庶民派メニューが揃う。おすすめは海南チキンライス（$22）とフライド・ホッケン・ミー（$20）。毎日12:00～14:30にフィッシュヘッド・カレーを含むアラカルト・ビュッフェランチがある（大人$36、5～11歳$18、2人以上）。

手前が昔ながらの丸盆で出される海南チキンライス。中央右のニョニャラクサ（$20）もおすすめ。左はバニラアイスがのった特製アイス・カチャン（$9）

MAP P.85-2D
オーチャード・ロード周辺

住21 Mount Elizabeth Rd., Upper Lobby Floor, York Hotel Singapore
☎6737-0511 営7:00～23:00（ラストオーダー22:30）
休無休 カード A D J M V
行き方 MRTオーチャード駅から徒歩約10分。

ホテル1階にある店内はゆったりとしたテーブルの配置

古き時代のレシピを守るヘリテージ店

スプリング・コート　（詠春園）　Spring Court

創業は1929年。当初は創業者の故郷の中国広東の料理がメインだったが、中国各地の料理を取り入れ伝統ローカル料理の店としてチャイナタウンに根を下ろす。古い時代のレシピを大事にし、素材選びから手間のかかる下ごしらえや調理法を踏襲。多くのファンを虜にしている。ぜひ試したいのは中国とローカルの手法をミックスしたポピア（薄餅、$7.8）。16～18種の具材の味と食感が楽しめる春巻きだ。土鍋で調理するチリ・クラブ、ハスの葉包みの蒸しご飯、エビ入りホーファンなどもおすすめ。

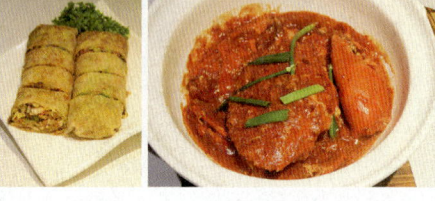

左／野菜や魚介、豚肉などをチリやエビ発酵調味料、ハーブなどで味をつけ手作りの皮で巻いたポピア　右／甘味と酸味が調和したソースが決め手のチリ・クラブ（$70～80/1kg）

MAP P.88-1B
チャイナタウン

住52-56 Upper Cross St.
☎6449-5030
営11:00～15:00、18:00～22:30（ラストオーダーは閉店30分前）　休旧正月1日
カード A J M V
行き方 MRTチャイナタウン駅から徒歩約3分。
※予約をしたほうがよい。

ショップハウスの4フロアを有し、約200席

本格ペナン料理が食べられる貴重な店

ペナン・プレイス　Penang Place

ペナン出身のオーナーが本場のペナン料理の数々をビュッフェ形式で提供。ラクサやロジャ（→P.61）といったローカル食も、シンガポールのものとは異なる独特の味わいがある。おすすめはペナン名物の焼きそば、チャー・クエティヤオ。シンガポール式と違って黒糖醤油を使用していないので、食べやすい。魚介のだしをベースにタマリンドの酸味とチリの効いた甘酸っぱいスープのアッサム・ラクサや、エビスープ麺（ペナン・ホッケン・ミー）もぜひ試したい。

左／フレッシュココナッツミルクを使ったチェンドルもおいしい　右／麺類はその場で調理してくれる

エビの濃厚だしのペナン・ホッケン・ミー（手前）、アッサム・ラクサ（後方右）とチャー・クエティヤオ（奥）

MAP P.81-1D
マリーナ・エリア

住3 Temasek Blvd., #02-314～316 Suntec City Mall, West Wing　☎6467-7003
営11:30～15:00、18:00～21:00（ラストオーダーは14:30、20:45）※土・日曜、祝日の15:00～16:00はアラカルト料理のみで営業。　休旧正月3日間　料ビュッフェ：月～金曜$36.9（$18.5）、土・日曜、祝日$39.9（$19.9）※ランチ、ディナー同料金、（　）内は5～10歳の料金。
カード M V
行き方 MRTエスプラネード駅から徒歩約5分。

珍しいユーラシアン料理が味わえる

クエンティンズ・ユーラシアン・レストラン　Quentin's The Eurasian Restaurant

500年の昔の大航海時代、ヨーロッパ人が持ち込んだ食文化とマレーやインドの料理が混ざり合い生まれたのがユーラシアン料理。代々伝わる貴重なレシピも残っている。ユーラシアンの家系のクエンティンさんいち押しは、チキンやポークソーセージなど具だくさんのデバルカリー。ただ辛いだけでない複雑な味わいだ。マスタードシードとターメリックでオクラを炒めたFretu Bendiもおいしい。スパイスやハーブの種類と使い方が独特の料理の数々に新境地が開ける。

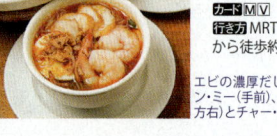

MAP P.177上図
郊外のエリア

住139 Ceylon Rd., 1F Eurasian Community House
☎6348-0327
営11:30～14:30（土・日曜11:30～14:30、14:30～17:00〈ドリンクのみ〉）、17:30～21:30（ラストオーダーは閉店30分前）
休月曜　カード A M V
行き方 MRTパヤ・レバ駅からタクシーで約10分、中心部からなら20～25分。

左／ユーラシアン・コミュニティ・ハウスの1階、屋内と半屋外の席がある　右／日本では味わえない料理の数々。手前がチキンデバルカリー（$21.8）、後方左がオクラのFretu Bendi（$8.8）、後方右はエビのココナッツ&ハーブのカレー、Cambrang Bostador（$20.8）

伝統的プラナカン料理からオリジナル料理まで

チリ・パディ Chilli Padi Nonya Restaurant

1997年のオープン以来、数々の賞を受賞してきた有名店。手間を惜しまずに作る伝統的な料理はもちろん、オリジナルメニューも好評。プラナカン料理の傑作といわれるアヤム・ブアクルア（→P.69、$16.8～）、エビやカニ肉を加えた肉団子入りスープのバクワン・ケペティン（→P.69、$14.8～）、プラナカン風フィッシュヘッド・カレーも人気だが、この店オリジナルのキャベッジ・ロール（オタオタ〈→P.61〉入りロールキャベツ、1ロール$5.8）はソースの味が絶妙で、プラナカン料理の底力を感じさせる逸品だ。

手前左がキャベッジ・ロール、手前中央はゆば肉巻きのンゴー・ヒャン

MAP P.177上図
郊外のエリア
住11 Joo Chiat Place, #01-03
☎6275-1002 営11:30～14:30、17:30～22:00（ラストオーダー21:30） 休旧正月2日間 カードAMV
行き方チャイナタウンのユー・トン・セン・ストリートやシティ・ホールのビクトリア・ストリートからNo.33のバスで約20分。またはMRTパヤ・レバ駅からタクシーで約5分、中心部からなら約20分。※予約をしたほうがよい。

地元客でにぎわうローカル料理ビュッフェ

スパイシーズ・カフェ Spices Cafe

「シンガポール・フレーバー・ビュッフェ・ランチ」には、プラナカン、中国、インド、マレー料理といった多様なスパイスを使用するメニューが30品ほど並ぶ。なかでも常時10種類以上を揃えるプラナカン料理は本格的。ニョニャ・ラクサやアヤム・ブアクルア（→P.69）、イカの墨煮のソトン・ヒタムなどが人気メニュー。10種類以上のラインアップのニョニャ・クエ（お菓子）も魅力。

手前中央は酸味の効いた魚カレー、手前右がソトン・ヒタム

クエ・パイティやポピアの調理実演。ランチは早めに訪れたい

MAP P.86-2B
オーチャード・ロード周辺
住100 Orchard Rd., L3 Concorde Hotel Singapore
☎6734-0393、6733-8855
営6:00～23:00（ランチビュッフェは12:00～14:30、ラストオーダー14:15） 休無休
料ランチビュッフェ：大人$45～、4～10歳$25～、55歳以上$33～ カードMV
行き方MRTサマセット駅から徒歩約7分。

Column

チリ・クラブ誕生の逸話

チリ・クラブは多くのレストランがそれぞれ工夫を加え、しのぎを削る一大名物料理。チリ・クラブを最初に作った一家が営む店があると聞き、訪ねてみた。イースト・コースト・パークの駐車場6/Fにある「ローランド・レストラン」。店主のローランドさんがチリ・クラブ誕生の秘話を熱く語ってくれた。

ローランドさんの両親の若かりし1950年頃の話。夫のリムさんはよくイースト・コーストの海でカニを取ってきて潮州風に蒸して食べていたが、単調な味に飽きて妻のチャー・ヤムティンさんに違う調理法を望んだ。早速チャーさんはトマトソースで炒めてみる。甘過ぎたのでチリを加えるなど試行錯誤を重ね、リムさんが「おいしい！」と認める味にいたり、近所の人にも振る舞った。このカニ料理が評判になり、1956年海岸近くで簡素な小屋の食堂を始め、のちに「パームビーチ」と名づけたレストランに昇格。

左／メニューには中国料理が並ぶ。写真はビールに合うカリカリの小イカ　右／店主のローランドさん（左）と息子のジャスティンさん

左／チリ・クラブは時価で、だいたい$83/1kg
右／駐車場ビルの外壁に店主の顔のネオンサインが輝く

店は繁盛したが、1985年に家族でニュージーランドに移住することになり、店を売却。その後シンガポールに戻って来た一家の息子ローランドさんが、母の味を受け継ぐレストランを2000年に開業し、現在は40年前の常連客も再び足を運ぶ人気店になり地元に根づいている。

夫のために考えた愛妻料理。そのチリ・クラブの味はというと、トマトソースの甘味とピリッと刺激的なチリが溶け合った飾り気のないうまさ。その昔、ヤシの木の下で皆を笑顔に変えたカニ料理に思いをはせて、味わってみたい。

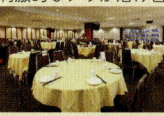

店内はシンプル

ローランド・レストラン Roland Restaurant

MAP P.169 住Block 89, Marine Parade Central, # 06-750
☎6440-8205 営11:30～14:30（日曜、祝日11:00～14:45）、18:00～22:00（ラストオーダー：ランチは閉店30分前、ディナーは21:45） 休旧正月1日 カードMV 行き方中心部からタクシーで約20分。※週末は予約をしたほうがよい。

本格料理とインテリアでプラナカン文化を堪能

トゥルーブルー・キュイジーヌ True Blue Cuisine

扉を開くとプラナカンのお屋敷そのままの造りと内装が目の前に。調度品や生活の品々が醸し出すプラナカンの世界観と本格的な料理の両方を楽しめる。プラナカンのオーナー一家のレシピをもとにした料理は、ていねいに作られた逸品。なかでも外せないのがアヤム・ブアクルア（→ P.69、$30）。複雑な煮込まれたソースが味わい深く、ブアクルア（ナッツ）の中身をソースと一緒にご飯につけて食べるのがおすすめ。定番料理のほかにも、魚のカレーやエビのサンバル炒めなどもおいしい。

左／デザートのチェンドル(中央)、マンゴーピューレ(後方左)、オンデ・オンデ(後方右)　右／手前がアヤム・ブアクルア。野菜炒めのチャプチャイ(後方左、$20)、ビーフ・レンダン(後方右、$25)は人気定番メニュー

MAP P.80-1A

シティ・ホール周辺

住47/49 Armenian St.
☎6440-0449　営11:30～14:30、17:30～21:30（ラストオーダーは閉店30分前）
休日曜　カード A D J M V
行き方 MRTシティ・ホール駅、ブラス・バサー駅から徒歩約8分。※予約をしたほうがよい。

中央の吹き抜けから差し込む光が店内を包む

1995年創業の老舗人気店

ブルージンジャー The Blue Ginger

創業以来約30年にわたって、揺るぎない人気を誇るプラナカン料理の名店。伝統のなかに洗練されたうま味が引き立つ料理の数々が、安定の評価を生み、地元客も観光客も引きつけている。比較的マイルドな味つけなのでプラナカン初心者にもおすすめ。エビを香味野菜と大豆ペーストのソースでリッチな味わいに仕上げたウダン・ニョニャやクワイの食感が楽しいンゴー・ヒャン（豚ひき肉のゆば包み揚げ）はぜひ試したい。ココナッツミルクをふんだんに使ったデザートにもトライ。

左／手前はチェンドル、後方はタピオカ、シーココナッツ入りグラメラカ(ともに$5.5)
右／酸味が効いたニョニャ・フィッシュヘッドカレー(手前、$36)、ンゴー・ヒャン(後方左、$16)、ウダン・ニョニャ(奥、$28)

MAP P.88-3B

チャイナタウン

住97 Tanjong Pagar Rd.
☎6222-3928
営12:00～14:15（ラストオーダー）、18:30～21:45（ラストオーダー）　休旧正月3日間
カード A J M V
行き方 MRTタンジョン・パガー駅から徒歩約5分。※ディナーは要予約。

ショップハウスの2フロアを占める店内にはアートやプラナカンのインテリアが随所に

気分が上がる「ハレの日」レストラン

ナショナル・キッチン・バイ・バイオレット・ウン National Kitchen by Violet Oon

ナショナル・ギャラリー・シンガポール（→ P.108）2階にある、料理研究家バイオレット・ウンさんの店。バイオレットさんは歌手、フードライターを経て料理研究家の道を歩んだ料理界の著名人。ルーツであるプラナカン料理と創作を加えたシンガポール料理がメニューに並ぶ。ラクサのパスタ版ともいえるドライラクサをはじめ、フィッシュヘッド・カレーやチリ・クラブもひと工夫されている。多様な文化が交錯するシンガポールそのものを体感できるレストランだ。

プラナカンタイルやアンティークの調度品、シャンデリアで飾られた店内

手前はドライ・ミー・シャム、後方右は甘辛スパイスソースのマリネサラダ、ロジャ($7)、奥はパイナップルケーキ($15)

MAP P.80-2B

シティ・ホール周辺

住1 St. Andrews Rd., #02-01 National Gallery Shingapore (City Hall Wing)　☎9834-9935　営12:00～15:00、15:00～17:00（アフタヌーンティー）、18:00～22:30（ラストオーダー14:30、21:30）
休無休　カード A J M V
行き方 MRTシティ・ホール駅から徒歩約7分。※要予約。
［系列店］バイオレット・ウン・シンガポール・アット・アイオン・オーチャード　住2 Orchard Turn, #03-28/29 ION Orchard　☎9834-9935

独自のセンスで洗練のプラナカン料理を創作

キャンドルナッツ　Candlenut

料理の質と行き届いたサービスで人気を集める実力派。手間を惜しまず、クリエイティブな手法をも取り入れ、伝統プラナカン料理に磨きをかけた。おすすめは、ブアクルア（チキンのブラックナッツ煮込み、→P.69）やビーフ・リブ・レンダン（牛肉のココナッツミルク煮）など。辛さ抑えめでまろやかなうま味の料理の数々は、ワインにも合う。

歴史的建造物内のドラマチックな内装の店

ビーフ・レンダン（手前、$48）は口の中でほろりとほどける軟らかさ。後方はココナッツミルクとタマリンドが効いたカニカレー（$48）

MAP P.158 郊外のエリア
住Block 17A, Dempsey Rd.
FREE1800-304-2288
☎6486-1051
営12:00～15:00、18:00～22:00（最終入店は閉店30分前） 休旧正月
カードAJMV 行き方中心部からタクシーで約15分。
※予約をしたほうがよい。

プラナカンのひとり用セットがある

ティンカット・ペラマカン　Tingkat PeraMakan

女性オーナーシェフが仕切る定評のある店。プラナカンの真髄である家庭料理の文化を大事に、心を込めて作ることをモットーとしていて、どの料理も優しい味だ。旅行者にもうれしいのが、いろいろな料理を一度に味わえるセットメニューが豊富なこと。メインと2種類のサイドディッシュ、デザートとドリンクをそれぞれ選んで $13.2 ～。ココナッツソースのチキン「アヤム・クレオ」やビーフ・レンダンがおすすめ。

アヤム・ブアクルア（→P.69）とチャプチャイ（野菜炒め）、ニョニャ豆腐のセット（$16.2）

MAP P.92-1B リトル・インディア
住119 Owen Rd.
☎6291-3474 営11:30～21:00 休月曜 カード不可
行き方MRTファーラー・パーク駅から徒歩約5分。

ポップでカジュアルな店

変幻自在のベジタリアン料理

ホールアース　Whole Earth

動物性の食材は一切使用せず、素材の力を巧みに引き出したヘルシーでおいしい料理でファンを増やしている。プラナカンとタイ料理がメインというのも魅力的。手作りのサンバル（辛味調味料）でオクラやナスを炒めたサンバル・キング、シイタケをプラナカンのハーブ類でマリネしたペナン・レンダンは食欲をそそる看板料理。大豆を肉のように仕立てたタイ風スイート＆サワー炒めも、驚きの食感だ。

手前はタイ・スイート＆サワー・デライト（$19）、後方左がペナン・レンダン（$23）、後方右がサンバル・キング（$19）

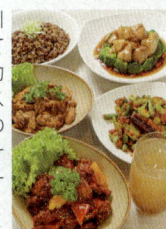

MAP P.88-3B チャイナタウン
住76 Peck Seah St.
☎6221-6583 営11:30～15:00、17:30～22:00（ラストオーダーは14:30、21:00）
休無休 カードAMV
行き方MRTタンジョン・パガー駅から徒歩約3分。※予約をしたほうがよい。

2003年から続く実績をもつ実力店

辛さは若干マイルド、中国式フィッシュヘッド・カレー　（海洋咖喱魚頭）

オーシャン・カレー・フィッシュヘッド　Ocean Curry Fish Head

フィッシュヘッド・カレーはオリジナルの南インドのものが有名だが、中国系の人々がアレンジをした土鍋で煮込む魚カレーも人気だ。インドのものと比べると若干酸味が少なくとろみがある。ココナッツミルクやスパイスのコクが濃厚で、最初は辛味が、そして甘酸っぱいうま味、また辛味が……と、味の連鎖が止まらない。魚の部位や大きさが選べ、ひとりなら切り身（$10）が適量。

左／オクラやトマト、パイナップルなどが入ったフィッシュヘッド・カレー（2～3人前、$28） 右／カウンターに並ぶ料理（$4～）は指さし注文OK

MAP P.89-2C チャイナタウン
住181 Telok Ayer St.
☎6324-9226
営10:30～15:00、17:00～20:30（土曜10:30～15:00）
休日曜、祝日、旧正月8～9日間 カード不可
行き方MRTテロック・アヤ駅から徒歩約5分。

Column

見て、食べて、心躍るレストラン

ひねりの効いた料理、凝ったインテリアなどエンターテインメントの要素がちりばめられたレストランで、ワクワクの食体験を楽しもう。

ベリーが効いたオリジナルカクテル、ババ・スリング($20)

洗練のローカル＆プラナカン料理

ババ・チュウズ・バー・アンド・イータリー

プラナカンをテーマにした「ホテル・インディゴ・シンガポール・カトン」(→P.324)内にあるスタイリッシュな店。1928年に建てられた警察署の建物を用い、プラナカンタイルやクラシック家具が居心地のよい空間を演出。メニューは創作ローカル料理と西洋料理で構成されていて、カクテルやビールにも合う。おすすめはプラナカン料理の前菜、クエ・パイティ、メインはコピ風味のほろ苦いソースをからめたコピCスペアリブ。デザートは麺スタイルの緑のゼリーやポップコーンの入った斬新なチェンドルで締めたい。

手前がクリスピーな揚げパンをのせコーヒーソースをからめたコピCスペアリブ($26～)。後方左はオタ(魚のすり身をココナッツミルクやハーブとともに練って蒸したもの)やエビペーストの揚げパン包み($16)、奥が甘酸っぱいタルトのクエ・パイティ($12)

チェンドル(Our Style Chendol、$11)はアズキムース、麺の形状のパンダンゼリー、グラメラカ、ポップコーン入りのかき氷。ココナッツクリームをかけて食べる

左／プラナカン風の装飾タイルが粋なバーカウンター　右／レトロでモダンな雰囲気。店名はこの地の名士で慈善家の名前にちなんでつけられた

ババ・チュウズ・バー・アンド・イータリー
Baba Chews Bar and Eatery
MAP P.177下図　住 86 East Coast Rd., 1F Hotel Indigo Singapore Katong　☎6723-2025　営11:00～22:30　休無休　カード A D J M V　行き方 中心部からタクシーで約20分。

24時間営業の海南料理食堂

ハイナン・ストーリー(海南寶)

海南島からの移民が根付かせた海南料理の数々に、モダンなひねりを加えてメニュー化。あらゆる人やシーンで楽しんでほしいとの願いから、メニューは100を優に超える。看板料理のハイナンカレー、ハイナンチキンライスをはじめ、ラクサやサテー、お粥に西洋料理、スイスロールやエッグタルト、ハイティーセットやキッズメニューetc.。香港の茶餐廳(ローカル食堂)を思わせるラインアップだ。リーズナブルな価格で24時間気軽に使えるのが魅力。

店の奥にチャイニーズ・オペラのステージをイメージしたオブジェがあり、映え写真が撮れる

店内はレトロかわいいインテリア。雰囲気と食のバリエーションを楽しみたい店

新聞スタイルのメニュー

新聞紙を模したペーパーにのせて供するハイナニーズカレーライス(手前、$10.8)が看板料理。奥右は老舗「ウィーナムキー」のチキンライス($7.1、10:00～21:30の限定メニュー)

コーヒーカップのランプシェード

店自慢のコピ(ローカルコーヒー、$1.9～)

ハイナン・ストーリー(海南寶) The Hainan Story
MAP P.91-1C　住 500 Jalan Sultan, #01-09 Hotel Boss　☎6291-1969　営24時間　休無休　カード A J M V　行き方 MRTジャラン・ベサール駅、ラベンダー駅、ニコル・ハイウエイ駅から徒歩10～12分。

マレー・インドネシア料理

ココナッツの限りない魅力を発信！

ココナッツ・クラブ The Coconut Club

東南アジアの料理の決め手ともいえるココナッツミルクの品質を徹底的に追求。素材のココナッツを産地から直接買い付け、独自のプレスマシンで抽出したシルキーで風味豊かなココナッツミルクを、贅沢に用いた料理やデザートを提供。看板メニューはココナッツミルクで炊いたご飯にスパイスたっぷりのチキンフライやイカン・ビリス（小魚）を盛りつけたナシ・レマ（アヤム・ゴレン・ベレンパ・プレート）。ココナッツミルクの鮮度が際立つクエ（餅菓子）やチェンドルも格別。

左／クエ・サンプラー（手前、$16）、チェンドル（後方左、$7）、ココナッツ・シェイク（後方右）などデザート各種　右／ナシ・レマ（手前、$18.8）は、1階はランチとディナー、2階はランチにのみ提供。後方左は炭火でグリルしたオタ（オタオタ、→P.61）

MAP P.91-2C
アラブ・ストリート周辺

住269 Beach Rd.　☎6635-2999　営1階：11:00～22:30（金・土曜は8:30～11:00に朝食営業）、2階：11:00～15:00、18:00～22:30（1、2階ともラストオーダー21:30）　休月曜
カード A M V　行き方 MRTブギス駅、ニコル・ハイウエイ駅から徒歩8～10分。※2階は要予約。

1階は予約不要のオープンなスペース

スパイス使いに長けたインドネシア料理店

チュミ・バリ Cumi Bali

気軽に本格料理が楽しめるとあって地元人気が高い。化学調味料は使用せず、オイルや砂糖も最小限にとどめ、8～28種のスパイスを巧みに調合して深い味わいを生み出している。看板料理の「チュミ・バリ」（イカの炭火焼き）は、厳選されたイカが肉厚でジューシー。店名に掲げるのも納得のおいしさだ。アヤム・サテ・マドゥラは、甘口のたれがからまる大ぶりの特製チキンサテー。手作りのサンバル・ブラチャン（発酵ピリ辛調味料）で味の変化が楽しめる。

デザートのチェンドル（右）とブルッ・ヒタム（黒米とココナッツミルクのスイーツ）

MAP P.97下図
チャイナタウン

住50 Tras St.　☎6220-6619
営11:30～14:30、18:00～21:30（ラストオーダーは閉店30分前）　休無休
カード A M V　行き方 MRTタンジョン・パガー駅から徒歩約5分。

左／手前がチュミ・バリ（$36）、後方左はアヤム・サテ・マドゥラ（$20）、後方右はアヤム・ゴレン（フライドチキン、$28）。奥はターメリックライスのナシ・クニット
右／インドネシアの手工芸品が飾られた家庭的な店

スマトラ島の西部、パダン料理が味わえる

ランデブー・レストラン（福樂居） Rendezvous Restaurant

西スマトラの美食、パダン料理の名店。トウガラシを使った激辛料理が多いが、ココナッツミルクで煮込んだコクとうま味たっぷりの辛くない料理もある。前身であるカフェから約90年の歴史をもつこの店には、本物の味を求めてインドネシアやマレー系の人が多く訪れる。ガラスケースに並ぶ約20種類の料理から指さし注文するシステムで、おすすめはトウガラシ、トマト、ニンニクなどのペーストとエビをあえたプロウン・サンバル（$6）や、ココナッツミルクと香辛料で牛肉を煮込んだビーフ・レンダン（$4.9）。

左／手前左がプロウン・サンバル。スープやサラダもある。大人数で行って分け合うのがよい
右／食べたいものを指さして注文しよう。料理はS・M・Lの3サイズあり、1皿$3.8～14.7

MAP P.80-3A
クラーク・キー周辺

住6 Eu Tong Sen St., #02-72～75/77/92 Clarke Quay Central　☎6339-7508
営11:00～21:00
休旧正月4～5日間、ハリ・ラヤ・プアサの祝日2日間
カード A M V
行き方 MRTクラーク・キー駅から徒歩約3分。

激辛だけどクセになる、マレー料理がズラリ

ハジャ・マイムナー Hjh Maimunah

「カンポン・クイジーン Kampong Cuisine」とうたったマレーの田舎料理を提供する、気軽な雰囲気の食堂。ガラスケースには常時50種類以上のおかずが並び、食欲をそそる。野菜料理は1人前$1.5～、肉・魚料理は$2.5～で、ワンプレートにするか小皿におかずを別盛りかはお好みで。クリスピーな揚げ卵豆腐 Tofu Telur Jalarta（$6）はぜひ味わってほしい名物メニュー。

中央はマナガツオの姿焼き（時価）。ビーフ・レンダン（$4～）や牛肉とモツの煮込みSambal Goreng Pengantin（$2.5）もおすすめ。注文は指さしでOK

MAP P.91-1C
アラブ・ストリート周辺
住11 Jalan Pisang
☎6297-4294
営7:00～20:00
休日曜、ハリ・ラヤ・プアサの祝日、ハリ・ラヤ・ハジの祝日　カード A M V
行き方 MRTブギス駅から徒歩約10分。

アレンジしていない本物の味

ミナン Rumah Makan Minang

味のよさと安さで人気のナシ・パダン（パダン地方の料理）食堂。スマトラ島パダンの伝統の味を守り、毎日20種類以上のおかずが用意される。おかずを3品ほどのせたぶっかけご飯は$5～7。ミー・ゴレン、ミー・ロブス（→P.60）などの麺類やデザートのブルッ・ヒタム（黒米のお汁粉、$2）、アボカドジュースなどのドリンク類も揃い、地元の常連客でにぎわっている。

中央はイカン・バカール（醤油ソースがけの焼き魚）、手前右はサユール・ロデ（野菜のココナッツカレー）、中央奥はタウフー・テロー（豆腐の揚げ物）。料理は1人前$3.5～6

MAP P.91-1C
アラブ・ストリート周辺
住18/18A Kandahar St.
☎6294-4805　営9:00～19:00　休ハリ・ラヤ・プアサの祝日、ハリ・ラヤ・ハジの祝日　カード J　行き方 MRTブギス駅から徒歩約10分。

1階はオープンエアの席。ガラスケースに並ぶ料理を指さし注文可

老舗インドネシア料理店

タンブア・マス Tambuah Mas

辛いけど甘い、ピーナッツソースとスパイスが効いたインドネシア料理も味わってみたい。タングリンS.C. 4階の奥にあるこの店では、伝統に忠実な濃厚な味のメニューが揃っている。牛肉のココナッツジュース煮込みのビーフ・レンダンやサテー付きの特製ナシ・ゴレン（$16）などが人気。酸味の効いた辛いスープで魚の頭を煮込んだケパラ・イカン（$37～）や揚げ魚のイカン・ニラ・ゴレン（$30～）が自慢料理だ。

タイの一種の魚の頭をタマリンドやスパイス類で煮込んだケパラ・イカン

おすすめデザート3品。手前はココナッツミルクベースのアイス・テラー、後方右がチェンドル・カチャン、後方左がアボカドシェイク（各$6～）

MAP P.84-2B
オーチャード・ロード周辺
住19 Tanglin Rd., #04-10/13 Tanglin S.C.　☎6733-3333
営11:00～22:00　休旧正月3日間、ハリ・ラヤ・プアサの祝日　カード A D J M V
行き方 MRTオーチャード駅、オーチャード・ブルバード駅から徒歩約10分。［他店舗］住290 Orchard Rd., #B1-44 Paragon　☎6733-2220

ひとりでも手軽に食事できるナシ・パダン

ワルン・ナシール Warung M. Nasir

カウンターに並ぶ15種類くらいの料理から選んでオーダーするインドネシア料理店。店内はジャズが流れ、インテリアもおしゃれ。ビーフ・レンダン（牛肉のココナッツミルク煮）やアヤム・グライ（チキンのココナッツミルクカレー）、テロン・ブラード（揚げナスのチリあえ）などが人気料理だ。肉または魚料理に野菜のおかず2種、それにご飯で$7～。ひとりなら料理とご飯をワンプレートで、ふたり以上なら各料理を小皿に盛ってもらうこともできる。

左／手前左がテロン・ブラード。後方右はデザートのブルッ・ヒタム（黒米のお汁粉、$2.5）　右／絵画が飾られた店内

MAP P.86-3B
オーチャード・ロード周辺
住69 Killiney Rd.
☎6734-6228　営10:00～21:30
休無休　カード 不可
行き方 MRTサマセット駅から徒歩約4分。

インド料理

気軽さと本格的な味わいが評判に
ジャギーズ
Jaggi's

本場の北インド料理が味わえると、地元のインド人客に支持される繁盛店。ガラスケースに並ぶ10種類ほどのカレーのなかから指さし注文するスタイル。店内の窯で焼き上げるナンやタンドーリ類が自慢。もちろんカレーも本格派で、豊かな風味が口いっぱいに広がるバターチキンカレー（$8.5）は人気の逸品。ホウレンソウとカッテージチーズのカレー、パラクパニールや、豆とバターのカレー、ダル・マカニなどベジタリアンメニューもある。

チャパティも人気

MAP P.92-2B
リトル・インディア
住36 Race Course Rd.
☎6296-6141
営11:00～22:30
休無休
カード A M V
行き方 MRTリトル・インディア駅から徒歩約3分。

左／手前左はヨーグルトやスパイスに漬け込んで焼き上げたチキンティッカ$7　右／ガラスケースにはタンドーリ類も並ぶ

フィッシュヘッド・カレーの大御所
バナナリーフ・アポロ
The Banana Leaf Apolo

シンガポール名物のひとつ、フィッシュヘッド・カレーが評判の南インド料理店。席に着くと、バナナの大きな葉の上に、ライスやカレーが盛られる。フィッシュヘッド・カレーはSサイズ（$28.8）で2人前。軟らかく煮込んだ白身の魚に、20種類以上のスパイスが溶け合った奥深い辛さのスープが絶妙にからみ合う。メニューもあるが、オープンキッチンになっているカウンターに料理が並べてあり、そこで注文することもできる。

オープンキッチンに並ぶ各種カレーは好みでオーダー。チキンマサラがおすすめ

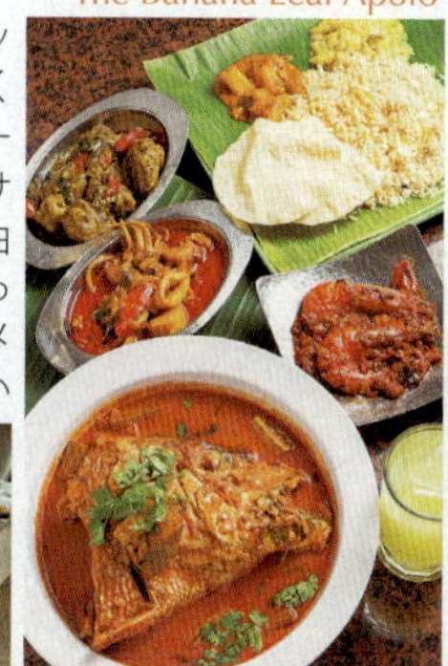

MAP P.92-2B
リトル・インディア
住54 Race Course Rd.
☎6293-8682
営10:30～22:30　休無休
カード A D J M V
行き方 MRTリトル・インディア駅から徒歩約4分。
［支店］住48 Serangoon Rd., #01-32 Little India Arcade
☎6297-1595

左／手前がフィッシュヘッド・カレー。小皿はエビ、イカ、マトンのカレー。右奥は基本のご飯セットで、白いご飯かサフランライスを選べる　右／食事どきは連日大にぎわい

フィッシュヘッド・カレーの生みの親
ムトゥース・カリー
Muthu's Curry

モダンで落ち着いた雰囲気、サービスもよく、ゆったりと食事が楽しめる。創業以来の味のクオリティがしっかり維持され、値段も良心的。名物のフィッシュヘッド・カレー（$26～）は、酸味が効いたさらっとしたスープソースで辛さがあとからやってくる。マサラ・プロウン（2尾$16）など魚介を多用した南インド料理のほかに、北インドの料理もあり、タンドーリ・チキン（$17）もおすすめ。料理全般において辛さは比較的マイルド。

多種類のスパイスが混ざったスープソースの中にオクラやパイナップルが入ったフィッシュヘッド・カレー。魚はタイやスズキの仲間を用いる

MAP P.92-2B
リトル・インディア
住138 Race Course Rd., #01-01　☎6392-1722
営10:30～22:30
休無休　カード A D J M V
行き方 MRTリトル・インディア駅から徒歩約6分。

約350席の広くて明るい店内

ヒップでエキサイティングなインド料理店

アッダ ADDA

伝統的な北インド料理に各国料理の手法でひねりを加えたクリエイティブな料理と、斬新なプレゼンテーションで五感を刺激するインド料理を体験。ユニークな料理のなかでも、外せないのがバターチキン・ポットパイ。外側のパイ生地を切り取るとバターとクリームがスパイスと溶け合った芳醇なカレーの香りに食欲倍増。ビリヤーニやチキンティッカ、マサラサワークリームをトッピングしたデシ・タコスもおすすめ。平日はランチセット($18)もある。

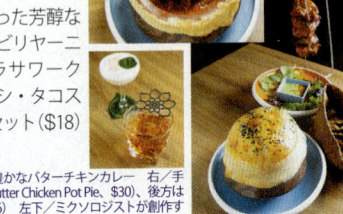

左上／パイ生地の中はまろやかで風味豊かなバターチキンカレー　右／手前がバターチキン・ポットパイ(Mural's Butter Chicken Pot Pie、$30)、後方は鶏肉をローストしたチキンティッカ($26)　左下／ミクソロジストが創作するカクテル(各$28)

MAP P.91-2C
アラブ・ストリート周辺

住7500E Beach Rd., #01-201 Diners Club Bldg.
☎8922-3679
営12:00～15:00（ラストオーダー14:30)、18:00～22:30(ラストオーダー22:00)
休無休　カード A M V
行き方 MRTブギス駅、ニコル・ハイウエイ駅から徒歩8～10分。※予約をしたほうがよい。

モダンでシックな店内

知られざるインド料理との出合い

スパイス・ジャンクション Spice Junction

ここではほかのインド料理店とは違ったテイストの料理、南インドの海に面したケララ、ゴアの料理が味わえる。ケララはアーユルヴェーダ発祥といわれる地であり、スパイスの宝庫。15～20種類のスパイスを巧みに調合、さらに自然のカロテンやビタミン豊富なヘルシー料理がたくさんある。また、魚介を多用し、ケララはキリスト教徒が多いという土地柄、牛肉を用いた料理があるのも特徴。クリスピーなプラタや米粉のクレープのアッパムとともに、珍しいインド料理を食したい。

左／右はスパイスでマリネしたマナガツオを揚げたポンフレットフライ($6.9/100g)。左はマトン・ココナッツ・フライ($14.4)、後方左はケララ・フライド・プロウン($14.2)　右／自家製のアイスクリーム、マンゴークルフィーもおすすめ

MAP P.92-2B
リトル・インディア

住126 Race Course Rd.
☎6341-7980
営11:00～15:00(土・日曜、祝日～16:00)、18:00～22:00
休無休　カード A J M V
行き方 MRTリトル・インディア駅から徒歩約6分。
※週末は予約をしたほうがよい。

ナシ・ビリヤーニの名店

イスラミック・レストラン Islamic Restaurant

1921年創業の歴史あるイスラム料理店。初期のシンガポール移民で財をなしたアラブ人のアルサゴフ家の料理人を務めた人が、この店を始めて今は3代目。当時の味を受け継いだ"元祖"ナシ・ビリヤーニが名物料理だ。チキンやマトン、魚と種類があるが、いち押しはしっとりと軟らかく煮込まれたチキンのビリヤーニ（$11)。ここにしかないというクリスピーな揚げパンケーキ、ロティ・マリアムやムルタバ（→P.59）も試したい。北インドのカレーも各種ある。

左／南インドのイスラム料理がメイン。手前がチキン・ビリヤーニ、後方は左からチキン・ティッカ($8)、マトン・マイソール(マトンのコショウ炒め、$7～)、ブリンジャル・パチャディ(ナスの甘酸っぱいソースあえ、$5～)　右／アラビックなインテリアの店内

MAP P.91-1C
アラブ・ストリート周辺

住745 North Bridge Rd., #01-01　☎6298-7563
営10:00～22:00（金曜10:00～13:00、14:00～22:00)
休ハリ・ラヤ・ハジの祝日2日間　カード A J M V
行き方 MRTブギス駅から徒歩約10分。
※週末は予約をしたほうがよい。

インドの街角の味に出合える

マドラス・ニュー・ウッドランズ Madras New Woodlands

マドラスという地名が冠せられているとおり、南インド料理中心のベジタリアンレストラン。チーズやオニオン入りなど、全13種類ある南インド版クレープのドーサ（$3.4～）はカレーとともに。カレーの盛り合わせであるV.I.P.ターリー（$12）は、ダール（スパイシーな豆煮込み）やラッサム（酸味の強いスープ）、マサラカレー、ビリヤーニ（インド風炊き込みご飯）など多様な味が一度に楽しめてお得。サモサやマンゴーラッシーもおいしい。

MAP P.92-3B
リトル・インディア

住12-14 Upper Dickson Rd.
☎6297-1594　営9:00～22:30
休無休　カード不可
行き方MRTリトル・インディア駅から徒歩約5分。

左／カリッと軽い食感のペーパードーサ　右／VIPターリーはボリューム満点。中央の揚げパンはプーリー

南インドではコーヒーがポピュラー。高い位置から注いで空気を含ませると柔らかい風味に

ベジタリアンのスナック専門店

ムルガン・イドリ・ショップ Murugan Idli Shop

イドリとは米粉で作った蒸しパン。この店は南インドで展開するチェーン店で、ほわほわのイドリが人気を博している。名物のイドリ以外のおすすめは、たっぷりの赤タマネギを加えた、お好み焼きのようなオニオン・ウッタパムで、米粉のつぶつぶ感と甘いタマネギが絶妙。米と豆を発酵させた生地を薄く焼いたドーサも数種類あり、バター・ドーサも試してみたい。チャイではなくコーヒーで締めるのが南インド流で、砂糖を自分で加えて飲むコーヒーは濃厚で美味。

MAP P.93-2C
リトル・インディア

住76 Syed Alwi Rd.
☎6298-0858
営9:00～23:00
休無休
カード不可
行き方MRTファーラー・パーク駅から徒歩約5分。

左／ミルクたっぷりのコーヒーはスパイシーな料理に合う　右／中央の白いパンがイドリ（1個$2.6）で、4種類のチャツネが付く。左がオニオン・ウッタパム（$5.35）、手前はマサラ・ドーサ

イスラム風お好み焼きはいかが

シンガポール・ザム・ザム Singapore Zam Zam Restaurant

サルタン・モスクの向かい、ノース・ブリッジ・ロードに面したイスラム料理店。ここの名物は、ムルタバ（薄く延ばした生地の中に具を挟んで鉄板で焼いたもの）だ。店頭では小麦粉を油と水でこね、あっという間に薄く延ばしてしまう職人技が見られる。ムルタバの具はマトン、チキン、牛肉、サーディン（イワシ）、鹿肉の5種類からチョイス。サイズは6種類あり、$6～20。一緒に出されるカレーをつけて食べる。そのほか、各種カレーやビリヤーニもある。

MAP P.91-1C
アラブ・ストリート周辺

住697-699 North Bridge Rd.　☎6298-6320、6296-7790　営7:00～23:00
休ハリ・ラヤ・プアサの祝日、ハリ・ラヤ・ハジの祝日
カード不可
行き方MRTブギス駅から徒歩約6分。

左／手前がマトン、後方がチキンのムルタバ。香辛料が効いたムルタバは甘いミルクティーと一緒に　右／店頭で生地から作り、大きな鉄板で焼いている

フランス料理

オーセンティックな伝統料理にこだわる
ブラッスリー・ガヴロッシュ　Brasserie Gavroche

扉を開けた瞬間、パリの街角に迷い込んだような気分にしてくれる。レトロな床タイルとクラシックなライト、吹き抜けの天井から差し込む光が優しい。正統派フレンチの数々がメニューに並び、なかには100年以上前のレシピの料理もあるとのこと。パリの料理をメインに南フランス、アルザス地方など各地の名物料理を集めているので、いながらにしてフランスの食の旅が楽しめる。シェフのファミリーレシピのオニオンスープ（$21）はぜひオーダーしたい。

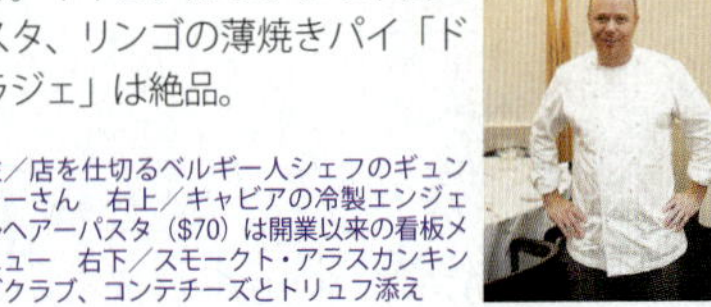

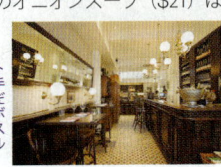

左／バーエリアの奥にレストランスペースがある　右／手前がポークと野菜を煮込んだポトフ、後方左が人気のアボカドとエビのカクテルソースサラダ（$30）、奥左はエスカルゴ（$35/12個）

MAP P.97下図
チャイナタウン

住66 Tras St.　☎6225-8266
営11:30～14:30、18:30～22:00（金・土曜18:00～）
休金・土曜、祝日のランチ、日曜　カード A J M V
行き方 MRTタンジョン・パガー駅から徒歩約7分。
※土曜夜は要予約。

ショップハウスがおしゃれに変身

こだわりシェフの技ありフレンチ
ギュンターズ　Gunther's

ヨーロッパから届く新鮮な季節の食材をふんだんに使い、ミシュラン3つ星レストランで経験を積んだシェフのギュンターさんが腕を振るう。300種を有するワインとともに、モダンなフランス料理に舌鼓。ヨーロッパの一流店の味わいとスマートなサービスで、地元のエグゼクティブたちの評価も高い。おすすめ料理をセレクトしたランチコース（$80）、4コースのディナー（$195～）がある。キャビアたっぷりの冷製パスタ、リンゴの薄焼きパイ「ドラジェ」は絶品。

左／店を仕切るベルギー人シェフのギュンターさん　右上／キャビアの冷製エンジェルヘアーパスタ（$70）は開業以来の看板メニュー　右下／スモークト・アラスカンキングクラブ、コンテチーズとトリュフ添え

MAP P.90-3B
シティ・ホール周辺

住36 Purvis St., #01-03
☎6338-8955
営12:00～14:30、18:30～22:30
休土曜のランチ、日曜
カード A D J M V
行き方 MRTシティ・ホール駅から徒歩約10分。※要予約。

店内はベルギーの古い邸宅をイメージしたアール・ヌーボー調のデザイン

リーズナブルなワインリストが話題に！
ジネット・レストラン&ワインバー　Ginett Restaurant & Wine Bar

ブギスのホテルGシンガポール（→P.326）の1階にあるフレンチレストラン。ブラッスリーのような店で、手頃な料金のワインとコスパのよい料理で連日活況を呈している。約100種にも上るワインはフランスの提携ワイナリーから直輸入しており、グラスで$8～16で提供。料理は熟成肉の炭火ステーキをはじめ、チーズや生ハムの盛り合わせ、ビーフ・タルタルなどが人気。平日のランチセットは$18～。曜日ごとのワインや料理の割引、無料サービスなどのプロモーションもチェックしたい。

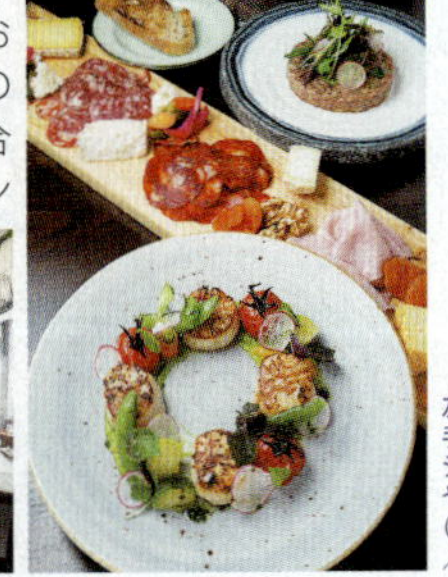

MAP P.90-2A
ブギス周辺

住200 Middle Rd., 1F Hotel G Singapore　☎6809-7989
営12:00～24:00（ラストオーダー22:30）　休月曜
カード A J M V
行き方 MRTベンクーレン駅から徒歩約3分、ブラス・バサー駅、ブギス駅から徒歩約5分。
※木・金曜の夜は要予約。

左／開放感のある大きな店　中／手前はホタテのソテーのラ・サン・ジャッカル（$36）。木の板にチーズやハムなどが並ぶ「1メートルボード」（中央、$58）は店のスペシャル　右／オーストラリア産熟成肉のグリル

イタリア料理

心地よいリゾートの風が吹き抜ける

ウオーターフォール・リストランテ・イタリアーノ Waterfall Ristorante Italiano

シャングリ・ラ ホテル シンガポール（→ P.308）内のイタリア料理店。南国植物が生い茂るプール脇にあり、コロニアル調のインテリアの店内奥からは滝が望める。ゆったりくつろげるアットホームな雰囲気のなかで南イタリアの料理を満喫。メニューはわかりやすく、奇をてらわず伝統料理をシェアできるポーションで提供。何を頼んでもハズレがなく、安定したおいしさだ。3コースのランチセット（$43）や4コースのディナーセット（$68）もある。

うま味が詰まったトマトソースのシーフードパスタ、リングイネ・アッロスコーリオ（手前、$35）はシェフのおすすめ。後方右はパルマハムとモッツァレラチーズのピザ（$32）

MAP P.84-1B
オーチャード・ロード周辺

住22 Orange Grove Rd., L1, Garden Wing, Shangri-La Hotel Singapore
☎6213-4398　営12:00～14:30、18:00～22:00　休無休
カード ADJMV
行き方 MRTオーチャード駅からタクシーで約5分。
※予約をしたほうがよい。

シックで落ち着いたインテリアの屋内と屋外のテラス席がある。夜はロマンティック

あたたかみのある店内はまるでシェフの邸宅

ノーメニュー No Menu

シンガポールで20年以上のシェフ歴を誇るオズワルドさんが家族で営むこの店は、連日満席のにぎわいぶり。シェフの故郷、イタリア北西部の山岳地帯、ピエモンテをイメージしてメニューや内装が施されている。イタリアから取り寄せた鮮度のよい食材にこだわった料理は、妥協のない本場の味だ。ブッラータチーズを使ったラビオリや生ハムと盛り合わせた前菜、3時間煮込むサフランリゾットがおすすめ。その日の最良の素材で作るシェフおまかせコース「ノーメニュー」も注文可能。

左／手前はブッラータチーズのラビオリ（$39）、後方左はオッソブーコ（牛すね肉の煮込み、$52）とサフランリゾット。チョコとヘーゼルナッツを混ぜたスイーツ「ジャンドゥーヤ」はピエモンテ発祥（後方右）　右／絨毯が敷かれ書棚が置かれたアットホームな店内

MAP P.89-2C
チャイナタウン

住23 Boon Tat St.
☎6224-0091
営11:30～15:00、18:00～23:00（ラストオーダーは14:00、21:15）
休土曜のランチ、日曜、祝日、旧正月　カード AJMV
行き方 MRTテロック・アヤ駅から徒歩約3分、またはラッフルズ・プレイス駅から徒歩約8分。※早めに要予約。

街角の食堂のような気軽さのリストランテ

エトナ Etna

南イタリアの食材をふんだんに使った本格料理を気取らず味わえる。魚介からチーズ、オリーブオイル、トマトなど厳選素材を、女性シェフの繊細な手法で伝統的な南イタリアの味に仕上げている。おすすめはパスタとピザ。特にピザは絶品で、シチリア島のトマトにブッラータチーズを合わせた「ブッラータ」（$32）、モッツァレラとポルチーニ茸、ピスタチオの香りが溶け合った「エトナ」（$26）が店のいち押し。食後にはピスタチオペーストが入ったティラミスを。

ピザの「エトナ」（後方）はトマトソースを使わない軽めのホワイトピザ。手前は看板スイーツのティラミス（$14）。スパークリングワインからデザートワインまでグラスワインの種類も豊富

MAP P.88-3B
チャイナタウン

住49-50 Duxton Rd.
☎6220-5513
営12:00～14:30、18:00～22:30
休無休　カード AJMV
行き方 MRTタンジョン・パガー駅から徒歩約8分。
※金・土曜は予約をしたほうがよい。

店内にはシチリアのタイル画や陶器などが飾られている

コスパ抜群！のご機嫌イタリアン
ルカ
Lukā

カジュアルに料理とお酒が楽しめる人気店。日本人オーナーシェフがこだわるのは、ナポリ式ピザと、炭火で焼く肉料理。自慢の薪窯で焼くピザは生地がもっちりふわふわ、プロシュート（生ハム）とブッラータチーズのトッピング（$28）がいち押しだ。ステーキは日本の和牛トモサンカクが $38/100g とお値打ち価格で提供。火～土曜のランチタイムには通常より割安のプロモーションメニューも。

左／ナポリの職人が造った特注の窯でピザを焼く　右／手前がプロシュートとルッコラ、ブッラータチーズのピザ、中央は和牛のランプステーキ、奥は前菜盛り合わせ

MAP P.88-2B
チャイナタウン
住18 Tanjong Pagar Rd.
☎ 6221-3988
営12:00～14:30、17:30～22:30(ラストオーダー21:45)
休月曜、旧正月
カード A D J M V
行き方 MRTマックスウェル駅から徒歩約3分。

シチリアの海と太陽の恵みいっぱい
ガットパルド・リストランテ・ディマーレ
Gattopardo Ristorante Di Mare

シチリア島出身のシェフが得意とするのはシーフードを使った料理。世界中の産地から取り寄せた季節の魚介を、シチリア料理の手法でリゾット、パスタに調理する。おすすめは土鍋で煮込んだシーフードシチュー（Zuppa di Pesce、$39）。辛味の効いたソースが決め手のロブスターパスタはちょっと豪華な一品。イタリアワインのストックも数多く、料理に合わせてオーダーしたい。火～土曜のランチタイムにはセットメニュー（$58 ～）もある。

右手前のロブスターのタリアテッレはシェフ、リノさん（写真左）のおすすめ料理

MAP P.97下図
チャイナタウン
住36 Tras St.　☎9325-8843
営12:00～14:30（最終入店13:30）、18:00～22:30（最終入店20:30）　休日・月曜
カード A D J M V　行き方 MRTタンジョン・パガー駅から徒歩約8分。※金・土曜は予約をしたほうがよい。

ショップハウス内の洗練された店

その他の西欧料理

本場のタパス料理とワインを堪能
タパス24
Tapas 24

バルセロナの有名店「タパス 24」のミシュラン 1 つ星を獲得したシェフがプロデュースし、弟子のシェフが指揮を執るスペイン料理店。食材から調味料までスペインから調達し、ワインも 90% がスペイン産。種類豊富な創作タパスをメインに、現地の味をダイナミックに再現している。タパスを前菜に、メインはシーフードのパエリアをサングリアとともに味わうのがおすすめ。活気あふれる店内もよいが、川に面したテラス席は、シンガポールらしい雰囲気満点。

左／人気のタパス2品。スペインの生ハム、ハモン・デ・ベジョータ・イベリコ(左、$24)とイベリコハム、モッツァレラ、黒トリュフのビキニ・サンドイッチ（右、$18）　右／シーフードのパエリア($40)。ドリンクは赤ワインとスパークリングのサングリア($19～)

MAP P.82-2B
クラーク・キー周辺
住60 Robertson Quay, #01-04 The Quayside　☎6513-6810　営12:00～24:00（月～水曜は17:00～。ラストオーダー：料理22:00、ドリンク23:00）　休月曜
カード A M V　行き方 MRTフォート・カニング駅から徒歩約8分、クラーク・キー駅から徒歩約10分。※予約をしたほうがよい。

上／店内は赤やコバルトブルーなどビビッドな配色　下／シンガポール川に面したテラス席

ギリシアのスピリッツと活気あふれる

バカラキ・グリーク・タヴェルナ Bakalaki Greek Taverna

ヘルシーなギリシア料理は、シンガポールで注目の的。とりわけ人気が高いのがこの店だ。白を基調にしたナチュラルな内装。自家製のオリーブオイルをたっぷり用い、素材の味をシンプルに引き出した料理を味わえる。グリルして食べるハルミチーズやタラモサラタ（魚卵のスプレッド）、新鮮な魚介のグリルなどが代表的。ワインやアニス風味のリキュール「ウーゾ」が、料理を引き立ててくれる。

MAP P.82-2B

クラーク・キー周辺

住 38A Martin Rd., #01-01
☎ 6836-3688
営 11:30～24:00（ラストオーダー22:00） 休 無休
カード A M V
行き方 MRTフォート・カニング駅から徒歩約10分、クラーク・キー駅から徒歩約15分。
※予約をしたほうがよい。

左／グリークサラダ（手前、$22.9）と歯応えのある鶏肉のような食感のハルミチーズ（後方右、$17.9）
右／豪快なシーフードミックスグリル（$133.9）

新進気鋭のモダンスペイン料理

オリビア・レストラン&ラウンジ Olivia Restaurant & Lounge

ショップハウスを改装した店内は、オープンキッチンを中心にカウンター席やガーデン風のエリア、スタイリッシュなテーブル席を配置。おしゃれ過ぎず肩ひじ張らずに楽しめる雰囲気だ。スペインのカタルーニャ料理を軸に、メニューは前菜のタパス、シェフの創作料理、伝統を重んじたメイン料理で構成されている。店のおすすめはロブスター・アボカドロール（$46）、イカ墨ご飯のブラックライス・ウィズ・カラビネーロス（$56）。

手前は見た目も美しいロブスター・アボカドロール、後方はマグロのほほ肉のグリル

MAP P.97下図

チャイナタウン

住 55 Keong Saik Rd., #01-03
☎ 6221-0522
営 12:00～14:00（金・土曜～14:30）、18:00～22:30
休 日・月曜、旧正月1日
カード M V 行き方 MRTマックスウェル駅、アウトラム・パーク駅から徒歩約5分。

クリーミーホームメイドチーズケーキ（$15）は人気デザート

ロンドンの著名シェフの店

ブレッドストリート・キッチン Bread Street Kitchen

ミシュランの星を複数もつイギリス人シェフ、ゴードン・ラムゼイ氏の店。ロンドン店の雰囲気に忠実ながらも、カジュアルで小粋にデザインされている。看板メニューは衣とディップにこだわったフィッシュ・アンド・チップスと、アップルピューレをかけたポークベリー（ともに $36）。スイーツも美味。伝統に根ざしたオリジナルカクテルも飲める。月～金曜のランチセットは $40～。

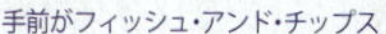

手前がフィッシュ・アンド・チップス

MAP P.96-2B

マリーナ・エリア

住 10 Bay Front Ave., L1-81 The Shoppes at Marina Bay Sands
☎ 6688-5665
営 12:00～21:30（木～土曜は～22:30）
休 無休
カード A J M V
行き方 MRTベイフロント駅から徒歩約3分。
※ディナーは要予約。

ビール好きはたまらないドイツレストラン

パウラナー・ブロイハウス Paulaner Bräuhaus

ミュンヘンのビール醸造所が経営するビアレストラン。開業以来約 30 年、料理の味のよさに定評がある。メニューにはバイエルン地方の料理が並び、名物のクリスピー・ポークナックル（豚のヒザ肉のグリル）は、外はパリパリなのに中はしっとりと軟らかい絶妙の焼き加減。5 種類のソーセージの盛り合わせは、ビールと相性抜群。できたてのビール（$14～/300mℓ）とともに楽しもう。

ボリューム満点のクリスピー・ポークナックル（手前）。後方左はハムやチーズなどを盛ったブルーマスター・プラター

店内中央に五月祭のメイポールが立つ

MAP P.81-2D

マリーナ・エリア

住 9 Raffles Blvd., #01-01 Millenia Walk
☎ 6592-7912、6883-2572
営 18:00～23:00（土・日曜11:00～15:00、18:00～23:00。 バーは11:00～24:00〈金・土曜、祝日前日11:00～翌1:00〉）
休 旧正月1～2日間
カード A D J M V
行き方 MRTエスプラネード駅、またはプロムナード駅から徒歩約5分。

日本の味が恋しくなったら駆け込みたい

地元で大人気の日本食の店4選

新たなそばの魅力を発信

ヘルシー蕎麦「粋」

Healthy Soba IKI

「健康的な食事」をテーマに、店内で作る十割そばを提供。メニューを見て、ユニークな具材のそばが並んでいることにびっくり。オーナーの野口さんに聞けば、シンガポールの人たちにもっと日本の味を知ってほしいと、具材や食べ方を工夫。そばの可能性を日々追求しているのだそう。例えば感染症に打ち勝つ応援食として納豆やオクラ、キムチを合わせた「免疫力アップ蕎麦」、食欲のないときでもつるつるいける「レモン蕎麦」、意外に相性のよい「うなぎとろろ蕎麦」など。そばの風味が損なわれることのない絶妙のハーモニーだ。サービス料・消費税込みの料金設定もうれしい。

のど越しのよいそばは具材との相性抜群。レモン蕎麦はレモンをつぶして果汁をつゆに混ぜ合わせて食べるのがおすすめ

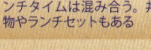

オーナーの野口さん(右)とスタッフ

バランスのよい具材の組み合わせの免疫力アップ蕎麦(手前、$17)と鶏の胸肉の細切りとオクラをトッピングしたさわやかなレモン蕎麦($14)

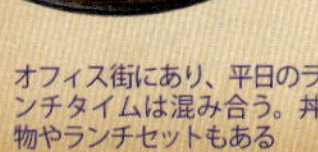

オフィス街にあり、平日のランチタイムは混み合う。丼物やランチセットもある

MAP P.89-1D 住1 Raffles Place, #04-47 One Raffles Place Shopping Mall ☎6438-6022 営11:00～21:00 休日曜、祝日 カード不可 行き方MRTラッフルズ・プレイス駅から徒歩約3分。

シンガポールで生まれた絶品鶏ガラスープ

壱鵠堂

ICHIKOKUDO

サルタン・モスク(→P.145)そばにオープンしたラーメン店は、多国籍の人々で盛況だ。多様な民族の人々が一緒に食事を楽しんでほしいと願って、「ハラル認証」※を受けた食品・調味料を使用。食材制限があるなか、創意工夫を重ねて生み出したのが鶏ガラベースのスープ。新鮮な鶏ガラと野菜をじっくり煮込み、コクとうま味のある芳醇なスープに仕上げている。返し(たれ)にはカツオやサバ、昆布などを使い、風味も豊か。看板メニューは醤油ラーメンの「壱鵠堂ラーメン」で、オリジナル、クリア、特濃の3種類のスープバリエーションがある。北海道の食材を多用しているのも店の特色だ。丼物からデザートまでメニューは豊富。

2階は掘りごたつ式の席もあり、くつろげる

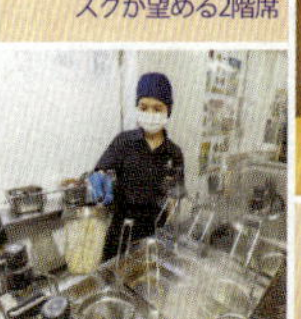

こだわりのスープは店で毎日6～7時間煮込んで作られる

窓からサルタン・モスクが望める2階席

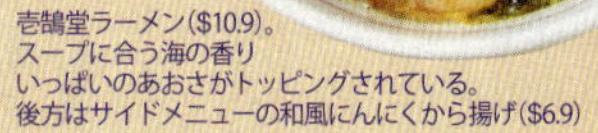

壱鵠堂ラーメン($10.9)。スープに合う海の香りいっぱいのあおさがトッピングされている。後方はサイドメニューの和風にんにくから揚げ($6.9)

MAP P.142 住45 Bussorah St. ☎なし 営11:00～22:00(ラストオーダーは21:30) 休無休 カード A J M V 行き方MRTブギス駅から徒歩約8分。[他店舗]住313 Orchard Rd., #B3-35/36 313 @ somerset

※ハラル食品とはイスラム教の教えにおいて食べることを許された食品。おもに禁じられているのは豚肉やアルコール類。

日本食ブームに沸くシンガポール。技術と経験をもとに、
地元風の工夫を凝らしたメニューで、シンガポーリアンを虜にしている和食の人気店に注目だ。
おいしいうえにお財布にも優しいとあって、旅行者にとっても魅力的！

天丼

たれと衣にこだわった
ボリューム満点の天丼

天丼琥珀
Tendon KOHAKU

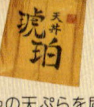

食材のうま味を丼の中に閉じ込めた美しい琥珀色の天ぷらを届けたいという思いを込めて命名。シンガポールに天丼ブームを巻き起こし、日本や世界各地にも展開。新発想の天丼と称される理由は、衣、たれ、盛りつけにある。独自のブレンドの粉と油を用いて香ばしく揚げた衣はガリッと小気味よい食感。たれはさっぱりとしたオリジナル、絶妙な辛さのスパイシーだれ、しびれる辛さのマーラーだれと3種類から選べる。エビを立たせた盛りつけもインパクト大。天ぷらはエビ、イカ、鶏の胸肉、カボチャ、シイタケなど8種類。このボリュームで$15.8（単品）はお得感あり。

エビやサヤインゲンの天ぷらが直立した姿が写真映えすると好評

左／店内はシンプル。国内に4店舗を有する　右／ショッピングセンター「クラーク・キー・セントラル」の地下1階にあり、旅行者も利用しやすい

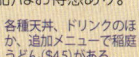

各種天丼、ドリンクのほか、追加メニューで稲庭うどん（$4.5）がある

揚げたてが供される天丼。写真は茶碗蒸しと味噌汁、漬物付きの琥珀天丼セット（$18.8）。ご飯も白米、十六穀米から選べる

MAP P.80-3A　住6 Eu Tong Sen St., #B1-52, 53 Clarke Quay Central
☎6226-1710　営11:30～15:30、17:00～21:30　休無休
カード A D M V　行き方 MRTクラーク・キー駅から徒歩約2分。

海鮮丼

カジュアルに楽しめるお値打ち海鮮丼

テッペイ・ジャパニーズ・レストラン
Teppei Japanese Restaurant

ランチタイムは店頭に行列ができる人気店。お目当ては新鮮な魚介がもりだくさんの海鮮丼。メインのメニューが海鮮丼で、サーモン以外の魚介、米、ワサビ、ネギなど、ほぼすべての素材を日本から取り寄せるというこだわりぶりだ。マグロ、サーモン、メカジキ、ツブ貝などをたれとあえてあり、甘味のあるたれと魚介のうま味が相乗効果を生んでいる。A4ランクの和牛を使った和牛丼も人気メニューで、$22とリーズナブルなことにも注目だ。夜は予約のみで、おまかせコースを提供。

手前が海鮮丼（バラ、$15.1）、後方がA4和牛丼（$22）

オーナーシェフの山下哲平さん

A4和牛丼はうま味だれをもみ込んで火を通し、温泉卵、フライドガーリックオニオンをトッピング

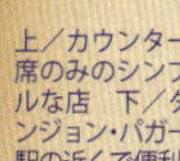

上／カウンター席のみのシンプルな店　下／タンジョン・パガー駅の近くで便利

揚げたてサクサクの大エビの天ぷら（$8）もおすすめ

MAP P.97下図　住1 Tras Link, #01-18 Orchid Hotel　☎6222-7363　営11:45～14:30（土曜、祝日12:00～）※ディナー（18:30～22:30）はコースメニューのみで要予約　休日曜
カード J M V　行き方 MRTタンジョン・パガー駅から徒歩約3分。

エスニック料理・その他の料理

メキシコの街角の食堂スタイルの店

パピス・タコス

Papi's Tacos

パピの愛称で親しまれるシェフ兼ビジネスパートナーのマウリシオさんが、故郷の町のタコスや郷土料理を供する。サルサやソース、ドリンクにいたるまで現地の味を再現するこだわりぶりで、中米を旅した気分に浸れる。ディップソースのサルサやワカモレが絶品で、おつまみのチップスもついつい進んでしまう。タコスのほか、ケサディーヤ（チーズを挟んで焼いたトルティーヤ）もシェフのおすすめ。ビールのお供にはフライド・スパイシー・メキシカン・ウイングを。

左／カラフルで派手な装飾がムードを盛り上げる　右／手前はローストポーク、赤タマネギ、パイナップルのタコス「アル・パストール」、後方左は魚のフライのタコス「クリスピー・ペスカード」（ともに$15）。後方右のケサディーヤはキノコ入り($14)

MAP P.88-2B
チャイナタウン

住 33 Tanjong Pagar Rd., #01-01　☎9127-4922
営12:00〜14:30（土・日曜11:00〜）、17:00〜22:00（金・土曜〜23:00）
休月・火曜のランチ、1/1
カード A M V
行き方 MRTマックスウェル駅から徒歩約5分、タンジョン・パガー駅から徒歩約8分。
※予約をしたほうがよい。
［他店舗］
住 39 Seah St., #01-01
☎6258-0701

左からタマリンドドリンク、ライスミルクにバニラ、シナモンを加えたオルチャータ、ウオーターメロン・タジン、イチゴのフローズンマルガリータ($9〜17)

タイの宮廷料理が味わえる

タンイン・レストラン

Thanying Restaurant

アマラ・シンガポール（→P.313）の2階にあるタイの宮廷料理を得意とするレストラン。タイ王室の料理人から学んだシェフが腕を振るう料理は、骨や種、筋などをきれいに取り除いて食べやすく調理され、洗練された味わい。クリアなスープのトムヤムクン（$12）はここのスペシャルで、辛味と酸味がまろやかに調和した逸品だ。香りのよい黒オリーブ入りフライドライスやグリーンカレーも美味。

左／ココナッツミルクとスパイスの効いたカニカレー（プータレー・パッポン・カリー、$35）　右／手前のチキンのグリーンカレー（$18）はエイのフライとともに。後方はエビ入り米麺炒めのパッタイ・クン・ソッド($20)

MAP P.88-3B
チャイナタウン

住 165 Tanjong Pagar Rd., 2F Amara Singapore　☎6222-4688　営11:00〜15:00、18:30〜23:00（ラストオーダーは14:30、21:30）
休旧正月1日　カード A J M V
行き方 MRTタンジョン・パガー駅から徒歩約5分。

ベトナムの名物ストリートフード

ナムナム・ヌードル・バー

NamNam Noodle Bar

ベトナムの二大ローカルフードのフォー（米麺）とバインミー（バゲットサンド）をフィーチャーし、洗練された味とバリエーションで一躍人気店に。多種類のスパイスや野菜、牛骨などをじっくり煮込んだフォーのスープは、しっかり味がついていておいしい。北部のフォーのほか、各地の名物麺が揃っており、どれも特色があって試したくなる。

手前はナムナム・シグネチャー・バインミー($11.9)、後方左はレモングラスジンジャー・アイスティー

北部名物、そうめんのような米麺のブンチャー・ハノイ。甘酸っぱいたれにつけて食べる(手前、$13.9〜)

MAP P.85-2C
オーチャード・ロード周辺

住 501 Orchard Rd., #B2-02 Wheelock Place
☎6735-1488　営10:00〜22:00（ラストオーダー21:30）
休 年によって旧正月
カード A M V
行き方 MRTオーチャード駅から徒歩約3分。
［他店舗］住 252 North Bridge Rd., #B1-47 Raffles City
☎6336-0500

ホーカーズ・フードコート

中国系の人気店が集合！ ホーカー初心者にもおすすめ
マックスウェル・フードセンター Maxwell Food Centre

MAP P.88-2B
チャイナタウン

住 1 Kadayanallur St.
営早い店は7:00頃～、遅い店は10:00頃～。閉店は昼過ぎに閉まる店と18:00～22:00の間に閉まる店がある
行き方 MRTマックスウェル駅から徒歩約1分。

チャイナタウンにある王道ホーカーズ。中国各地の料理やスナックの店がメインで、わざわざ食べに行く価値のあるおいしい店が多い。比較的きれいで造りもシンプル、旅行者も利用しやすい。

約100軒が整然と並ぶ。新店が続々登場

おすすめ店

天天海南雞飯 (No.10、11)

チキンライスは$5～。15:00頃は比較的客足が引く

チキンライスの有名店（→P.50。昼どきは行列必至。3軒隣の「阿仔海南鷄飯」(No.7 営11:00～19:00）は天天海南雞飯で調理人を務めた人が独立して始めた店で、こちらもおすすめ。

洪家福州蠔餅 (No.5)

数少ないオイスターケーキ（小ぶりのカキ入り揚げパン）の名店。
営11:00～18:00 休旧正月

左・右／オイスターケーキは揚げたてがおいしい。円錐形で中にカキや豚ひき肉が詰まっている($2)

同心居 (No.92)

老舗の手作り餃子店。蒸しと揚げたものがあり、前者がおすすめ。
営11:30～20:00
休月曜、旧正月

揚げ餃子の三鮮鍋貼（8個$4.8）

ミスター・アッパム Mr. Appam(No.99)

アッパムは発酵させた米粉を特製鍋で焼く南インドの定番朝食。この店はチーズやパンダン、アイスクリームなど種類豊富な創作アッパムで人気。
営8:00～20:00 休火曜

エッグアッパム（$2.8）。外側カリッ、中央部はしっとり。ほのかな酸味がある

ディープな食とツウ好みの店が集まる
アモイ・ストリート・フードセンター Amoy Street Food Centre

MAP P.89-2C
チャイナタウン

住 7 Maxwell Rd.
営店によって異なるが、早い店は8:00頃～、多くは11:00頃～17:00頃
休店によって異なるが土・日曜、祝日は休む店もある
行き方 MRTテロック・アヤ駅、マックスウェル駅から徒歩約5分、タンジョン・パガー駅から徒歩約7分。

周辺オフィスの勤め人御用達。12:00頃～13:30頃はたいへん混み合い、人気店は行列ができる。中国系の老舗や名店、昔ながらのローカル食に交じって、洋食やパスタ、本格的なタイ料理などもあり、地元に根差した実用的ホーカーズだ。観光客は少なく、ランチタイムは席取り合戦も熾烈で熱気が渦巻く。

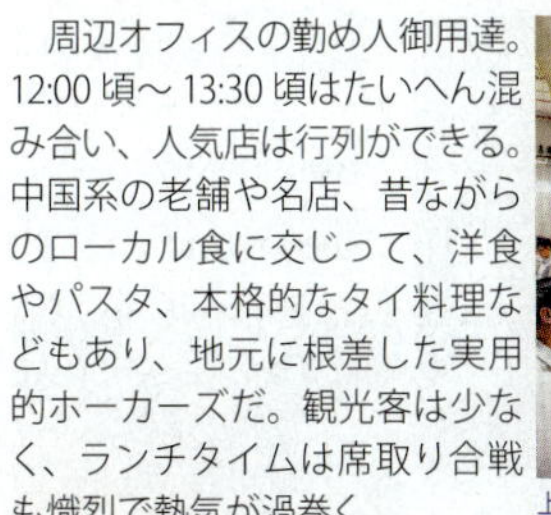
上／1～2階の2フロアある。2022年のミシュランガイドのビブグルマンにここから4店選出された
下／1階の奥に中国チックな壁画がある

おすすめ店

炒粿條 (1F、No.01-01)

約50年の歴史あるチャー・クエティヤオの店。味がよく具だくさん。営9:30～14:30 休日曜

黒糖醤油の甘さは控えめで食べやすい（$4～）

J2クリスピー・カリーパフ (1F、No.01-21)

皮が薄くてサクサク、ポテトがホクホクのカリーパフが人気。サーディンやヤムペーストのパフもあり（$1.8～2）。営8:00～15:00 休日曜、祝日

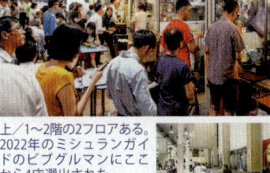

上・下／次々手作りされており、できたてが食べられる

カヤトーストや黒ゴマトーストなども好評

咖啡快座 (Coffee Break 2F、No.02-78)

ホーカーのドリンク店のニューウエイブ。1935年創業の伝統的なコピ（コーヒー）とトーストの店だが、シーソルトキャラメルやミント、スパイス入りのコーヒーや紅茶などフレーバーが豊富。営7:30～14:30 休土・日曜、祝日

昔ながらのロー・ミー

源春馳名鹵麺 (2F、No.02-79/80)

ロー・ミーの名店。とろとろあんにニンニクの効いた麺のファンは多い。
営7:30～14:30（売り切れた時点で閉店）休木・金曜

昼食どきは行列

北から南までインド料理が勢揃い
テッカ・センター
Tekka Centre

MAP P.92-3B
リトル・インディア

住 Blk. 665 Buffalo Rd.　営早い店は7:00頃～、遅い店は10:00頃～。夕方に閉まる店と21:00頃まで営業する店がある　行き方 MRTリトル・インディア駅から徒歩約3分。

シンガポールの台所といわれるマーケットに隣接したホーカーズ。場所柄、北インド料理やマレーフードが充実しており、中国系の料理やスイーツもある。食事どきは混み合い、スパイスの香りと活気に満ちる。

インド人やマレー人客が多い

おすすめ店

ラサ・ラジャ・ボジュン
Rasa Raja Bojun (No.01-280)

スリランカ料理店。インド料理よりマイルドなカレーや煮込みなどが試せる。営9:00～17:00　休月曜、一部の祝日

チキンやマトン、魚のカレーセットがある。写真は魚カレー（$5.5～6.5）

アル・ラーマン・ロイヤル・プラタ
(Ar-Rahman Royal Prata No.01-248)

ロティ・プラタの店。外はカリッと中はふんわり焼き上げている。営7:00～22:00　休無休

上／オリジナルのロティ・プラタは$1。チョコバナナやハニーなどスイーツ系もあり　下／オーダーを受けて次々鉄板で焼かれる

アラーディンズ・ビリヤーニ
(Allauddin's Briyani　No.01-232)

インドの炊き込みご飯、ビリヤーニの店。軟らかく煮込まれたチキンがカレーソースとよくマッチしている。マイルドで食べやすい。営9:00～19:00　休無休

上／ほろほろほぐれる鶏肉がのったビリヤーニ（$5.5）。マトンもある　下／内外メディアで紹介され外国人客も多い

歴史を刻む名物フードセンター
ラオ・パ・サ・フェスティバル・マーケット
Lau Pa Sat Festival Market

MAP P.89-2C、2D
シェントン・ウェイ

住 18 Raffles Quay
☎6220-2138
営店によって異なるが、だいたい11:00頃～21:00、22:00頃。
行き方 MRTラッフルズ・プレイス駅、ダウンタウン駅から徒歩約5分。

時計塔を有する八角形のビクトリア様式の建物内にある。前身は1838年建造の海沿いにあった「テロック・アヤ市場」。移転や改装を経て1970年代初めにホーカーを集めたフードセンターとなり、国指定の歴史建造物にも認定された。建物内部のエレガントな意匠にも注目したい。

館内は広く、席数も多い

店はモダンな造りですべての店に写真付きメニューが張り出されているので、旅行者にもわかりやすい。料理のバリエーションがとにかく多くて、まさに食のお祭り。ローカル料理はもちろん、ベトナム、韓国、トルコ、日本など各国料理が揃っている。

特色のある食品やお菓子の販売コーナーと名物料理やスイーツのイートインスペースを有する「フード・フォークス」というフードホールが館内に誕生した

サテー・ストリート Satay Street

ラオ・パ・サの建物の南側、ブーン・タット・ストリートは夕方以降、「サテー・ストリート」となり、にぎわいを見せる。15軒ほど並ぶ屋台はすべてサテーの店。炒め物や麺料理なども注文を取りに来るので、サテー以外の料理も食べられる。
営19:00～翌3:00（土・日曜、祝日15:00～）

炭火で焼く屋台から漂うにおいが食欲を刺激する

左／ビルの谷間の屋台街。毎晩遅くまでにぎわう　右／チキン、マトン、ビーフのサテーは1本$0.8～（最低20本くらいから販売）

中国各地の食が集結
チャイナタウン・コンプレックス Chinatown Complex

チャイナタウンの核となる市場がチャイナタウン・コンプレックス。その2階にあるフードセンターは規模が大きく、約150軒くらいの店が入店している。内部は赤、青、黄、緑の4色でエリア分けされているので、壁や椅子の色で位置や居場所を確認するとよい。場所柄、中国料理がメインで、広東、上海、福建、潮州などの料理やスナックが充実。チャー・クエティヤオやラクサ、ナシ・レマの店、デザートや豆乳、漢方茶の店もある。

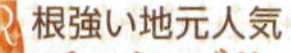
ローカル色が濃厚。さまざまな中国系の食べ物が揃っていて圧巻だ

MAP P.88-2B
チャイナタウン
住 Blk. 335 Smith St.
営 店によって異なる。早い店は8:00頃～、遅い店は昼過ぎ～。閉店は18:00～22:00の間
行き方 MRTチャイナタウン駅から徒歩約4分。

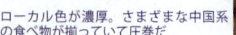

土鍋で炊き上げるクレイポットライスの店「联合本記煲飯」(#02-199/198)。広東の伝統スタイルを守る数少ない店

根強い地元人気
チョンバル・マーケット・アンド・フードセンター Tiong Bahru Market and Food Centre

住宅街の真ん中にある地元密着型のホーカーズ。中国系の店が多く、老舗名店も潜む。なかでも「中峇魯海南起骨雞飯」(#02-82)のチキンライス、「鴻興炒蘇東蝦麵」(#02-01)のフライド・ホッケン・ミー、「鹵麵178」(#02-23)のロー・ミーが有名。細かく刻んだ野菜をトッピングした米の蒸し物のスナック「水粿(シュイクエ)」のおいしい店もある。行列ができている店をハシゴしてみるのもいいだろう。

MAP P.82-3A、P.140
郊外のエリア
住 30 Seng Poh Rd.
営 早い店は6:00頃～、遅い店は10:00頃～。夕方に閉まる店と21:00頃に閉まる店がある
行き方 MRTチョンバル駅から徒歩約10分。

左／市場の2階にある明るくきれいなホーカーズ　中／サメのフライがのったロー・ミーが食べられる「鹵麵178」　右／「中峇魯海南起骨雞飯」の白鶏飯(チキンライス)

水粿の店は数軒あり、写真は人気店「楗柏水粿」(#02-05)の水粿

中国系の老舗が集まる
ホン・リム・フードセンター Hong Lim Food Centre

公営団地(HDB)の1～2階にあるディープ度の高いホーカーズ。お客はほぼ地元客。きれいとは言い難く雑然とした雰囲気だが、食通の評価は高く、中国系のうまいものが潜んでいる。おすすめは「ヘンキー・カリーチキン・ビーフン・ミー興記咖喱雞米粉麵」(#01-58。→P.54)、チャー・クエティヤオの「欧南園炒粿條麵」(#02-17)。「亞九香菇肉脞麵」(#02-42)の麺と豚ひき肉、シイタケなどを黒酢とチリソースであえたバッチョー・ミーもおいしい。12:00頃～14:00頃は混雑し、人気店は15:00前に閉店することが多いので、昼前に行くのがおすすめ。日曜、祝日は休みの店が多い。

できたてのチャー・クエティヤオ

MAP P.88-1B
チャイナタウン
住 Blk. 531A Upper Cross St.
営 早い店は7:00頃～、遅い店は10:00頃～。閉店は昼過ぎ、または18:00～20:00頃
休 日曜、祝日は休む店が多い
行き方 MRTチャイナタウン駅から徒歩約3分。

左／1978年建造の老舗ホーカーズ
右／「亞九香菇肉脞麵」のバッチョー・ミー

遠出しても行列覚悟で行く価値あり！

オールドエアポート・ロード・フードセンター

Old Airport Road Food Centre

MAP 折込表-2B
郊外のエリア

住 Blk. 51 Old Airport Rd.
営 店によって異なるが、だいたい11:00頃～22:00頃
行き方 MRTマウントバッテン駅から徒歩約5分。オーチャード・ロードからNo.16のバス、シティ・ホールのビクトリア・ストリートからNo.33のバスで約30分。

中国系の名店が多数入っていることで有名な歴史のあるホーカーズ。人気店は行列ができているのでひとめでわかる。なかでもフライド・ホッケン・ミーの「南星福建炒蝦面」（→ P.52）、ロー・ミーの「チョンバル・ロー・ミー」（→ P.55）、ロジャ（→ P.61）の「トア・パヨ・ロジャ」（#01-108）、ワンタン・ミーの「華記」（#01-02）がおすすめ。地元の人が愛する味に出合える。食事どきは人気店の順番待ちが 30 分以上になることもあるので、時間帯をずらして行くとよい。

左／アパートの1階にある　中左／チリ・クラブ（$35/1kg）を出す店も　中右・右／トア・パヨ・ロジャは番号札をもらって、その番号が表示されたら注文する。ロジャは$5～

大勢でワイワイ楽しみたい

ニュートン・フードセンター

Newton Food Centre

MAP 折込裏-1B
郊外のエリア

住 Clemenceau Ave.
営 店によって異なる。開店は昼前か夕方のところが多く、閉店は深夜。24時間営業の店もある
行き方 MRTニュートン駅から徒歩約3分。

約 80 軒の店が広場を取り囲み屋台感覚満点。観光客に人気のホーカーズだ。ロブスターやカニなどの海鮮料理が多いことと、キンキンに冷えたビールが飲めるのがここのポイント。クラフトビール店もあり、海鮮バーベキューやローカルフードをつまみにビール！というのがおすすめ。

「興蘿卜糕」（No.28）は行列必至のキャロット・ケーキ店。自家製の大根餅を使用し、エビも入っている。

1971年創業のホーカーズ。屋外と屋根のある半屋外の席がある

左／キャロット・ケーキはブラックとホワイトがあり、塩味のホワイトがおすすめ（$4～）　右／興蘿卜糕の営業は18:00～23:00

タップから注いでくれるクラフトビール店（No.71）。ピルスナーやエール、スタウトなど1パイント$10

ペナンやプラナカン料理が食べられる穴場フードコート

タングス・マーケット

Tangs Market

MAP P.85-2C
オーチャード・ロード周辺

住 310 Orchard Rd., B1F Tangs
☎ 6737-5500
営 10:30～21:30（日曜、祝日11:00～20:30）
休 無休　カード 不可
行き方 MRTオーチャード駅から徒歩約3分。

オーチャードにあるデパート「タングス」（→ P.260）の地下 1 階にある。店舗数は 14 と規模は小さいが、インテリアが凝っていておしゃれ。プラナカン陶器やタイルのカラフルなインテリアが楽しい気分にしてくれる。ここではマレーシアのローカルフードが充実しており、ペナンのチャー・クエティヤオやクランのバクテー、クレイポットチキンライスなど、シンガポールとはひと味違った料理に注目。出入口脇にあるフルーツスタンド「SF」では、種類豊富なカットフルーツを手軽に食べられる。

ビビッドカラーのプラナカングッズやモチーフが散りばめられたポップでかわいいフードコート

左上／ペナンチェンドル（$2.5）も人気　左下／老舗名店「髙記 Koo Kee」のヨンタオフー（→P.59）と卵麺のセットはヘルシー（$7.5）　右／マレーシアのクランのバクテー（$6）は漢方ハーブ入りの黒いスープ

見て食べて楽しい！　おしゃれフードコート　（大食代）

フード・リパブリック

Food Republic

テーマフードコートとして新境地を開いたのがここ。約1000席、25以上のストール（店）とミニレストランを有する規模の大きな313・アット・サマセット店をはじめ、国内に11店舗、さらにアジア各国にも進出している。店舗ごとに異なるテーマのデザインを施し、名店や特色のある店をセレクト。どこもノスタルジックな屋台街の雰囲気を演出している。

MAP P.86-2A、P.85-2C
オーチャード・ロード周辺

［313・アット・サマセット店］
住313 Orchard Rd., Level 5 313@somerset
☎6509-6643　営10:00～22:00　休無休
行き方 MRTサマセット駅から徒歩約3分。
［ショー・ハウス店］
住350 Orchard Rd., #B1-02 Shaw House　☎6235-0995
営10:00～22:00　休無休
行き方 MRTオーチャード駅から徒歩約3分。

左上・左下／内装にリサイクル素材を使い、ポップでかわいいイラストを施したショー・ハウス店
右／313・アット・サマセット店。手前は人気の「泰豐」（→P.52）のフライド・ホッケン・ミー（$6～10）

えりすぐりの美食＆旬の店揃い　（食代館）

フード・オペラ

Food Opera

アイオン・オーチャード（→ P.257）の地下4階にあるおしゃれなフードコート。インテリアは1900年代のコロニアル風にリメイク。27の店とミニレストランで構成された館内で、こだわりのあるユニークな食巡りが楽しめる。注目店は中国福建省の莆田（プーティエン）の名物を出す「プーティエン・キッチン」、フィッシュボール・ヌードルの「立興潮州魚圓面」（→ P.54）、香港のロースト店「カムズ・ロースト・エクスプレス」（→ P.73）など。

MAP P.85-3C
オーチャード・ロード周辺

住2 Orchard Turn, #B4-03/04 ION Orchard　☎6509-9198
営10:00～20:00　休無休
行き方 MRTオーチャード駅から徒歩約3分。

「アイ・フィッシュ・スープ」のシーフード・ビーフンは魚介と野菜のさっぱりとした1品（$8.8）

左／手前のアボカド・グラメラカをはじめ、スイカジュース、マンゴー・ヤクルト（各$5）などドリンクも種類豊富　中／中国系の料理が選べるエコノミーライスの店　右／フード・オペラはフード・リパブリックの系列店。内装はクラシック・モダン

エスニック料理が充実の高級フードコート

ラサプラ・マスターズ

Rasapura Masters

ショップス・アット・マリーナベイ・サンズ（→ P.25）内にある約960席を有する大規模施設。通常のフードコートに比べて値段は張るが、受賞歴のあるシェフが腕を振るう店もあり、歴史と人気に裏打ちされたローカル食の精鋭約30店が集合。注目店は、「源記港式焼腊」の香港式ローストミート、「聚宝軒マーラー・ホットポット」の中国四川料理、「ファットファット」のBBQチキンウイング。

MAP P.96-2B
マリーナ・エリア

住 2 Bayfront Ave., #B2-50 The Shoppes at Marina Bay Sands　☎6506-0161
営多くの店が10:00～22:00（金・土曜、祝日前日～23:00）、ドリンク店は8:00～、一部の店は24時間営業　休無休
行き方 MRTベイフロント駅から徒歩約3分。

左／中央にある点心の店も人気
中／朝食から、スナック、デザートまで幅広いセレクション
右／源記港式焼腊のローストダックと野菜、ワンタンスープ、ご飯のセット（$14.8）

Column

新たに登場したフードコートに注目！

間違いなし！の名店6店を集めた
◆ホーカーズ・ストリート　Hawker's Street

おいしいローカルフードの店は遠方や行きにくい場所にあることが多く、そんな名店を1ヵ所に集めたのがここ「ホーカーズ・ストリート」。アイオン・オーチャード地下4階の一角にあり、ラインアップは炒飯、フライド・ホッケン・ミー、海南カレーライス、バッチョー・ミー（肉脞面、→P.58）、ライスクレープ(腸粉)など。

ふんわり、パラリの食感がいいエビのせ卵炒飯

上／席数は50くらい。混むので食事時間を外して訪れたい
下／手前は「南星福建炒虾面」のフライド・ホッケン・ミー（$6.8～）、後方左は「キング・オブ・フライドライス」のエビのせ卵炒飯($7.5)、後方右は「シェフ・ウェイHKチョンファン」のチャーシュウ入り腸粉($4.8)

MAP P.85-3C　住 2 Orchard Turn, #B4-66 ION Orchard
営 店によって異なるが、開店は10:00～11:00の間、閉店は21:00または21:30　休 無休　カード MV　行き方 MRTオーチャード駅から徒歩約3分。

マレーシアのローカルフードが勢揃い
◆マレーシア・ボレ！　Malaysia Boleh！

マレーシアの屋台料理の有名店が集結しており、シンガポールとはひと味違う料理やスイーツが楽しめる。ネオンサインがきらめき、1960年代を彷彿させるインテリアに気分が上がる。約20店あるなかで、おすすめはペナンのプロウン・ヌードル、クレイポットチキンライス、クランのバクテー、ペナンのチェンドルなど。

ネオンのオブジェや提灯など遊び心満点

檳城（ペナン）勇記のチャー・クエティヤオ($5.5)

掲載のブギス・ジャンクション店をはじめ、国内6ヵ所にある

MAP P.90-2B　住 200 Victoria St., #03-30 Bugis Junction
営 10:00～22:00　休 無休　カード 不可　行き方 MRTブギス駅から徒歩約3分。

Information

ホーカーズに特化した飲食店の情報サイト「JointHawker」

「JointHawker」のトップページ。英語と日本語の2ヵ国語対応

シンガポールの庶民の味であるローカルフードが食べられるホーカーズ。2020年12月にはその文化がユネスコ無形文化遺産に登録されたことで、さらに幅広く知られるようになった食の形態。そんなホーカーズに着目したサイトが「JointHawker（ジョイントホーカー）」。1万を超える飲食店が登録されており（うちホーカーズ系の飲食店は8000店舗ほど掲載）、利用者は店名や料理のジャンル、場所や利用シーンで行きたい店を探すことができる。無料会員登録すれば気になる店をクリップできる「行った／行きたい」機能が利用できるほか、店の評価やコメントなどの記録を付けることも可能に。

URL www.jointhawker.com/ja/

シンガポールならではの多彩な地元メシを発掘できる情報がたっぷり！

アフタヌーンティー

ラッフルズ・ホテルで贅沢な午後時間

グランドロビー The Grand Lobby

不動の人気を誇る「ラッフルズ・シンガポール」（→ P.298）のロビーで供されるアフタヌーンティー。ビクトリア様式の柱、クラシカルなシャンデリア、天窓から差し込む柔らかい光に包まれた歴史を刻むロビーで楽しむお茶は、シンガポールのよい思い出になるはず。3段トレイに盛られたスイーツ類は、ていねいに手作りされた逸品。カレーやイカ墨を練り込んだパンを用いたフィンガーサンドもおいしい。サーブされるお茶は、フランスの老舗ブランド「マリアージュフレール」の茶葉を使用。

アフタヌーンティーセットは3段トレイとスコーンの皿、マリアージュフレールのお茶かオリジナルブレンドコーヒー付き。これにシャンパンを付けることもできる（プラス$30～）

MAP P.81-1C
シティ・ホール周辺

住1 Beach Rd., Grand Lobby, Raffles Singapore
☎6412-1816 営13:00～17:00(金～日曜12:00～18:00)
休無休 料$80
カード A D J M V
行き方 MRTシティ・ホール駅、エスプラネード駅から徒歩約5分。※要予約。

ホテルのメインエントランスを入った所がグランドロビー

「カンポン・グラム」をイメージしたローカル色満載のティーセット

アレー・オン・25 Alley on 25

アンダーズ・シンガポール（→ P.315）25階のレストランでは、近隣の歴史エリア「カンポン・グラム」（アラブ系の人々が交易に訪れていたマレー人の村があった場所）にちなんだアフタヌーンティーを行っている。ショップハウスを模した扉付きのスタンドには、海南チキンのライスコロッケ、サンバル・プロウンのサンドイッチ、チキンサテーのミニバーガーといったローカルフレーバーの創作スナック類が。7種のスパイス入りのスコーンをはじめ、スイーツも盛りだくさん。

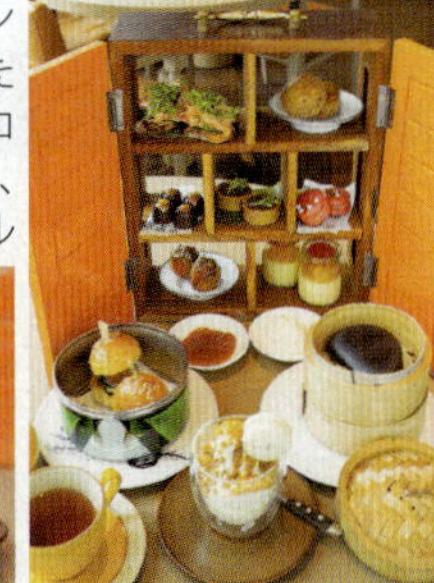

左／シナモン・ソフトクリームも付いていて満足感あり　右／多様な料理や味を織り交ぜた「カンポン・グラム・アフタヌーンティーセット」（写真は2人前）

MAP P.91-2C
ブギス周辺

住 5 Fraser St., Level 25 Andaz Singapore ☎6408-1288
営アフタヌーンティー15:00～17:00
休無休 料$55
カード A M V ※現金不可。
行き方 MRTブギス駅から徒歩約3分。※予約をしたほうがよい。

バリエーション豊富な料理を提供するオールデイダイニング

緑と光に包まれてリフレッシュ！

ホータス Hortus

ガーデンズ・バイ・ザ・ベイのフラワードーム（→ P.29）内にある地中海料理店。植物に囲まれた癒やしの空間で、優雅なアフタヌーンティーが満喫できる。美しいビンテージのお皿を用いた3段トレイのセットは、ハートを射抜かれるかわいらしさ。カレーエッグサンドイッチ、モロッコ風牛肉とラム肉のパイ包みといったセイボリーから、チョコレートヘーゼルナッツムースやマンゴーパッションフルーツシューなどのスイーツまで、目と舌で堪能しよう。

左／23～25℃に温度調整されたドーム内にある　右／各5種のセイボリーとスイーツに彩られたアフタヌーンティーセット。プラス$40でおかわり自由のスパークリングワインが付く

MAP 折込裏-3D、P.26
マリーナ・エリア

住18 Marina Gardens Drive, #01-09 Flower Dome, Gardens by the Bay
☎6702-0158 営アフタヌーンティー水～日曜15:00～17:00 休月・火曜 料$58
カード A J M V 行き方 MRTベイフロント駅から徒歩約8分。予約者にはタクシー乗降所近くのゴールデンガーデン前からバギーでの送迎サービスあり。※要予約。

フラワードームの北西側にあるレストラン入口。隣接のレストラン「marguerite」の看板が目印

趣向を凝らした季節ごとのセットが楽しめる
マーマレード・パントリー The Marmalade Pantry

1999年の創業以来、スイーツがおいしいことで知られるビストロ。アフタヌーンティーはクリスマスやイースター、ナショナルデーなど行事のテーマに合わせた内容のティーセットを創作。例えば8～10月の期間は、ナショナルデーを意識したローカルテイストのノスタルジア・アフタヌーンティーを催行。味と内容のわりにリーズナブルで、コスパも上々。

左／オアシア・ホテル・ダウンタウン（→P.329）の1階にある　右／ヤム・タルト、パンダン・グラメラカ・ティーケーキなどが並ぶノスタルジア・アフタヌーンティー

MAP P.88-3B
チャイナタウン
住 100 Peck Seah St., #01-01 Oasia Hotel Downtown ☎6385-0741 営アフタヌーンティー15:00～18:00 休無休 料2人用$78 ※その時期のティーセットによって値段は変わる。 カード A M V 行き方 MRTタンジョン・パガー駅から徒歩約2分。
※要予約。
［他店舗］住2 Orchard Turn, #04-11A ION Orchard ☎6734-2700

シャングリ・ラ ホテルのロビーでカラフルなティーセットを
ロビーラウンジ The Lobby Lounge

シャングリ・ラ ホテル シンガポール（→P.308）1階ロビーラウンジのアフタヌーンティーは、アジアン＆ローカルテイスト。3段トレイの下段にはオタ・ムース・タルトや干しエビのサンバル入りツナサンド、中段はプラナカンの伝統菓子が彩り、上段はグラメラカケーキやレッド・ベルベットケーキなどのスイーツが。ローカルコーヒーの「コピ」やミルクティーの「テ・タリ」と一緒に味わえる。

高い位置から注ぎ、紅茶とコンデンスミルクを攪拌させる「テ・タリ」

窓からプールとガーデンが望める

MAP P.84-1B
オーチャード・ロード周辺
住22 Orange Grove Rd., Lobby Level Shangri-La Hotel, Singapore ☎6213-4398 営アフタヌーンティー15:00～17:00（ラストオーダー16:30） 休無休 料2人用$88 カード A D J M V 行き方 MRTオーチャード駅からタクシーで約5分。※週末は予約をしたほうがよい。

カナッペが種類豊富
レスプレッソ L'Espresso

シンガポールを代表するコロニアルホテルのひとつ、グッドウッド・パーク・ホテル（→P.307）1階にあるオープンキッチンスタイルのアフタヌーン・ハイティービュッフェ。目の前のキッチンで作ったできたてが並び、その数は常時40～50種類。点心やミートローフなどの軽食や、人気のスコーン、プディング、チョコレートケーキ、クレーム・ブリュレなどバラエティ豊か。屋外のプールサイド席もある。

左／南国フルーツも充実。メニューは半年ごとに変わる　右／風が心地よいプールサイドのテラス席

MAP P.85-1D
オーチャード・ロード周辺
住22 Scotts Rd., 1F Goodwood Park Hotel ☎6730-1743 営アフタヌーン・ハイティービュッフェ12:00～14:30、15:00～17:30（土・日曜、祝日11:00～13:00、13:30～15:30、16:00～18:00） 休無休 料大人$65（金～日曜は$68）、子供（6～11歳）$39.8（金～日曜は$40.8）、5歳以下は無料 カード A D J M V 行き方 MRTオーチャード駅から徒歩約8分。
※予約をしたほうがよい。

お値打ちのフレンチ風ティーセット
ブラッセリー・レサヴール Brasserie Les Saveurs

セント レジス シンガポール（→P.307）の風格あるフレンチレストラン。創業者のアスターファミリーが愛したアフタヌーンティーには格別のこだわりがあり、セット内容が盛りだくさん。サンドイッチとキッシュのトレイと、日替わりのポットパイがサーブされ、ケーキやスコーンはビュッフェテーブルからチョイスする。スコーンやジャムの種類も豊富。

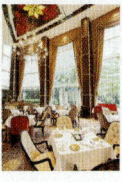

左・右／大きな窓から緑が美しいガーデンとプールが眺められる。インテリアは華やかでエレガント

MAP P.84-2A
オーチャード・ロード周辺
住 29 Tanglin Rd., Lobby Level The St. Regis Singapore ☎6506-6860 営アフタヌーンティー15:00～17:00（日曜16:00～18:00） 休無休 料大人$52（土・日曜は$59）、子供（4～12歳）$26（土・日曜は$28） カード A D J M V 行き方 MRTオーチャード・ブルバード駅から徒歩約5分。
※平日は前日までに、金・土曜は1週間前までに要予約。

カフェ

モロッコの伝説のコーヒールーム海外1号店
バシャコーヒー Bacha Coffee

MAP P.85-3C
オーチャード・ロード周辺

住 2 Orchard Turn, #01-15/16 ION Orchard
☎6363-1910
営9:30～22:00（ラストオーダー21:45） 休無休
カード A J M V 行き方 MRTオーチャード駅から徒歩約3分。
※祝日、祝日前日を除く月～金曜の9:30～12:00、18:00～21:00のみ予約可能。
［他店舗］ 住 391 Orchard Rd., B1F & B2F Takashimaya Department Store（B1Fはブティック、コーヒーバー、B2Fはブティック、テイクアウト）

繊細で美しいモザイクや市松模様、鮮やかなインディゴブルーとサフランカラーの調度品やインテリア、200を超えるコーヒーのコレクションで、一躍人気店に。ルーツは1910年建造のモロッコ・マラケシュの「ダール・エル・バシャ宮殿」。コーヒーを囲んで文化人や政治家が集う社交場の役割を果たした宮殿の精神と文化を復活させたのがバシャコーヒーだ。この伝説のコーヒールームの海外初出店がここ。

アラビカ種100%の豆のみを扱い、その種類に合わせて少量ずつ手作業で焙煎。保存温度にもこだわった高品質のコーヒーがラインアップ。アラビアンポットで提供される個性豊かなアロマと味わいを楽しみたい。特製のスイーツやモロッコ伝統料理とも相性抜群。

ストロベリー、ライム、バジルのタルトレット（$12）

左／アイリッシュコーヒーカクテル（左、$19～）とファインブレンドのアイスコーヒー（右、$11～）
右／コーヒーは1ポット（約3杯分）$11～。手前の料理はモロカンケフタ（牛肉のミートボール、$36）

上／「ダール・エル・バシャ宮殿」から着想を得たインテリア　下／コーヒー＆チョコ、カヤジャムなどのフィリング入りクロワッサン

シンガポール最高峰の「コピ」に感動！
シンガポールコーヒー Singapore Coffee

MAP P.81-1C
シティ・ホール周辺

住 328 North Bridge Rd., #01-13 Raffles Singapore Arcade ☎8878-7093
営9:00～18:00 休無休
カード A D J M V 行き方 MRTシティ・ホール駅、エスプラネード駅から徒歩約5分。

ラッフルズ・シンガポール（→P.298）1階に誕生した注目カフェ。天井にうちわ状のファンが並ぶモダンコロニアル調の店内で、アジア全域から厳選したコーヒー豆を独自の手法でブレンドし焙煎したプレミアムコーヒーが味わえる。

コーヒーメニューはアラビカ種をエスプレッソマシンで抽出したラテやフラットホワイトなどの本格コーヒーと、ロブスタ種をブレンドしバターや砂糖をまとわせて焙煎した「コピ」の2種類。ここではぜひ、香りのよさとまろやかさが広がるコピやコピ・シェイクを試したい。スイーツをはじめ、朝食やランチも提供。

上／月～金曜の10:00以降のメニュー、ハム＆エッグクロワッサン（$20）　右上／左はコピ・オー（砂糖入りコピ、$9）。後方のコピ・シェイク（$9）はエバミルクとコンデンスミルクを合わせたスイーツ感覚の飲み物。手前はパンダンカヤ・シグネチャー・ロール（$15）　右下／コピはオーダーごとにじょうろのような形のポットを使って入れる

カラフルなテーブルや椅子が映える明るい店内

シンガポールを代表する一大ブランド
TWGティー・ガーデン・アット・マリーナベイ・サンズ
TWG Tea Garden at Marina Bay Sands

シンガポール発のお茶ブランド「TWG」は2022年11月現在、シンガポール内に13店舗を構える有名店。ショップス・アット・マリーナベイ・サンズ内には2ヵ所あり、この店は水の上に据えられたガーデンのようなロケーションだ。世界各国の800種以上の茶葉とフルーツや花、スパイスをブレンドした独自のお茶メニューが豊富にラインアップ。ブレンドティー（$11〜）は、同店の茶葉をしのばせたスイーツとともに味わいたい。いち押しはカスタードが上品なケーキ、シンガポールサプライズ。

MAP P.96-2B
マリーナ・エリア

住2 Bayfront Ave., B2-65/68A The Shoppes at Marina Bay Sands ☎6565-1837 営日〜木曜10:00〜21:30、金・土曜、祝日前日10:00〜22:30 休無休 カードAJMV 行き方MRTベイフロント駅から徒歩約3分。［他店舗］住2 Bayfront Ave., B1-122/125 The Shoppes at Marina Bay Sands ☎6535-1837、住2 Orchard Turn, #02-21 ION Orchard ☎6735-1837

左上／開放感あふれる吹き抜けに位置する　左下／シンガポールサプライズ（$12.5）は、クリームとイチゴのコンフィチュールが入ったケーキ　右／14:00〜18:00にはティータイムセット（$22〜）がある

ランチにおすすめのミュージアムカフェ
フード・フォー・ソート
Food For Thought

シンガポール国立博物館（→P.107）の1階にあるヘルシーなカフェ。クラシカルな造りと雰囲気のなかで、食事や休憩ができる。料理もおいしいので、博物館鑑賞の際だけでなく、周辺散策でも立ち寄りたい。アジアのテイストを加えたビストロ料理を中心に、潮州粥プラターやサテビーフ・ライスボウルなどのローカルフードもある。フィッシュ＆チップスやソフトシェル・チリ・クラブ・リングイネ（$24）が人気。キッズメニューも用意されている。

ローズバンドン・アイスクリーム・リプル（ローズシロップミルク、$5、左）とライチ・レモングラス・クーラー（$7）はスペシャルドリンク

MAP P.80-1A
シティ・ホール周辺

住93 Stamford Rd., #01-04/05 National Museum of Singapore ☎6338-9887 営10:00〜18:00（土・日曜、祝日〜19:00。ラストオーダーは閉店30分前） 休無休 カードAMV 行き方MRTブラス・バサー駅、ベンクーレン駅から徒歩約4分。

左／蒸籠にお粥の付け合わせを盛りつけた潮州粥プラター（手前$15）。後方はサテビーフ・ライスボウル（$18）　右／博物館のオープンスペースにもテーブル席が並ぶ

コーヒーブームの火付け役　（再成發五金）
チャイセンファット・ハードウエア
Chye Seng Huat Hardware

コーヒー豆や器具の販売から講座まで、コーヒー文化を発信する話題のカフェ。農家や生産処理まで特定したシングルオリジンの豆を自家焙煎し、バリスタが1杯1杯ていねいに入れるコーヒーは、シンガポーリアンの心をつかみ、連日大盛況。シンプルなコーヒーメニュー（$3.8〜）に加え、フードメニューやケーキもある。以前は金属製品（五金）の製作店だったショップハウスの原形を残しつつ、おしゃれカフェに変身させたセンスも見どころ。

左／左からコーヒーチェリーティー、ブラックコールドブルー（$7.5）、ホワイトコールドブルー（$8.5）。ブラックは酸味あり　右／手前はキヌアのサラダにオヒョウという白身魚のフライをのせたもの（$22）、後方左はアズキ入りの抹茶スイスロール（$4.8）

MAP P.93-2D
リトル・インディア

住150 Tyrwhitt Rd. ☎6396-0609 営8:30〜22:00（金曜7:00〜、土・日曜8:00〜） 休月曜、旧正月1〜2日間 カードAMV 行き方MRTラベンダー駅から徒歩約10分、またはファーラー・パーク駅から徒歩約15分。

シングルオリジンの豆をていねいにハンドドリップする

緑いっぱいのオアシスカフェ
ピーエス・カフェ PS. Cafe

市内各所に店舗をもつ人気カフェ。ラッフルズ・シティ 3F の店は自然光がふんだんに降り注ぎ、緑あふれる庭園のよう。買い物の休憩、食事にぴったりだ。軽食から本格的なメイン料理、アルコール類、スイーツとメニューは万能。軽食ならノルウェージャン・スモークサーモンサンド（$25.5）、メイン料理ではバターミルク・フライドチキン（$27）がおすすめ。看板スイーツのダブルチョコレート・ブラックアウト・ケーキ（$18）は迫力満点。

左／手前はチーズフレークをかけたトリュフ風味ポテトフライ($16)、後方左はコーヒーソースのスポンジプリン（$15)、後方右はミントとレモングラスのドリンク(Infusions、$7)　右／天井が高く開放感がある

MAP P.80-1B
シティ・ホール周辺

住252 North Bridge Rd., #03-37 Raffles City
☎6708-9288、8858-8728
営 11:30～22:00（ラストオーダー21:00）　休 無休
カード A J M V　行き方 MRT シティ・ホール駅から徒歩約5分、エスプラネード駅から徒歩約6分。
［他店舗］住290 Orchard Rd., #03-41/42/K4 Paragon
☎6708-9288

3Fのフロア中央に広々と展開

プラナカンスイーツやクエを手軽に試せる
ハリアンズ・ニョニャ・テーブル HarriAnns Nonya Table

「ハリアンズ」のルーツは 1940 年代に始めた中華おこわの人気屋台。やがてチョンバル・マーケット（→ P.235）でクエ（餅菓子）をメインにした店を始め、現在はカフェスタイルの店も4店舗営む。ニョニャラクサやカリーチキンなど料理メニューは絞られるが、パンダンカヤ・ケーキやオンデ・ケーキなどのスイーツや種類豊富なクエが勢揃い。3世代にわたって受け継がれたレシピをもとに、毎日新鮮な素材を用いて手作りするのがモットー。店内はプラナカンハウスのペイントが華やか。

左／オンデ・ケーキ（手前）とパンダンカヤ・ケーキ(各$7.5)。飲み物はグラメラカ・コピがおすすめ　右／手前はニョニャラクサ($9.5)、後方のニョニャカリーチキン（$10.8）はバタフライピーで色づけしたライスとともに

MAP P.81-1D
マリーナ・エリア

住3 Temasek Blvd., #01-416A Suntec City, Tower 5
☎6264-1900　営8:30～20:00(金・土曜～21:00)
休 無休　カード A M V
行き方 MRTエスプラネード駅から徒歩約5分。［他店舗］住230 Victoria St., #01-01A Bugis Junction Towers

色鮮やかな壁の絵が印象的な店。席数は約100席

アフリカのサファリをイメージしたカフェ
チョンバル・ベーカリー・サファリ Tiong Bahru Bakery Safari

緑あふれるデンプシー地区にサファリテントが登場。民族調の布地をインテリアに用いた木造の建物内は、ロッジのような雰囲気。人気ベーカリー店が新たに開いたのは、サファリをテーマにしたカフェだ。メニューはクロワッサンやペストリー、サンドイッチ、ケーキやドリンク。鮮やかなピンクカラーのビートルート・ローゼル・ラテ、サワードウ・ワッフルなど、この店限定のメニューもある。鳥の声や自然の風が心地よいので、朝食に訪れるのもよい。

南国植物が生い茂る庭園に立つ

MAP P.158
郊外のエリア

住130E Minden Rd.
☎6877-4876　営8:00～18:00(ラストオーダー17:30)
休12/25、旧正月
カード A J M V　※現金不可。
行き方 中心部からタクシーで約10分。［他店舗］チョンバル・ベーカリー→P.140

左／手前はエッグマヨ＆スモークトサーモン・パン・フイユテ($11)。後方右はパッションフルーツとココナッツ風味のエキゾチック・チーズケーキ、後方左がビートルート・ローゼル・ラテ　右／テント内は開放感があり、リラックスできる

昔ながらのコーヒーショップ

コピティアムでお茶タイム

Kopitiam

人々に愛され続けるコピティアム。地域の中心的存在で、食文化も生まれた。常連さんに交じってテーブルを囲んでみて。

メニュー

カヤトースト

卵とココナッツミルク、砂糖を煮詰めて作ったカヤジャム※とバターを挟んだトーストサンド。これにコピ(コーヒー)と半熟卵を合わせて定番の朝食セットになる。

※カヤジャム：香り付けにパンダンリーフを加えた緑色のものと、リーフを入れず煮詰めた砂糖を用いる茶色のタイプがある。

ヤクン・カヤトーストのセット($4.8)。半熟卵はダークソースとコショウをかけて混ぜ合わせ、そのままでもパンにつけて食べてもいい

コピティアムってどんな店？

伝統的なドリンクと朝食の店。屋台から始まった店もあり、店の造りはシンプル。トースト類、カリーチキンやミー・シャム(麺料理)など料理も出す店も。

キリニー・コピティアム(→下記)をはじめ、現代版コピティアムはシンプルな食堂といった感じ

コピティアムの原形はこんな店

開放的な店の造りで、通常店子としてローカルフード店が同居していた。店子の店が増え、フードセンターやホーカーズと呼ばれる店に進化していった。

もともとのコピティアムの姿を保持する協勝隆(→P.245)

初心者向け！ 有名店はこの2店

ヤクン・カヤトースト
Ya Kun Kaya Toast 亞坤咖椰烤面包

1944年創業の老舗。国内に50店舗以上、海外にも進出している。カヤトーストは、パン生地にココアパウダーを練り込んだほんのり甘いパンを使うのが特徴。本店では創業時のままの炭火焼きするトーストが味わえる。

炭火で焼いたパンはクリスピーで香ばしい

カヤジャム付きフレンチトースト($2.6)もある

カヤジャムはパンダンリーフ入りで甘さ抑えめ($6.8)。賞味期限は開封後約1ヵ月

食堂風の店。屋外にも席がある

MAP P.89-1C 住18 China St., #01-01 Far East Square ☎6438-3638 営7:30～16:30(土・日曜～15:00) 休祝日、旧正月 カード J M V 行き方 MRTテロック・アヤ駅から徒歩約3分。

キリニー・コピティアム
Killiney Kopitiam

1919年創業の伝統的スタイルの店。支店は多数あるが、キリニー・ロードの本店で食べたい。厨房で作られるカヤジャムは、カスタードクリームのように濃厚で、地元ファンが多い。フランスパンのカヤサンドもある。

甘酸っぱくて辛いビーフン料理のミー・シャム($5.5)

カヤトースト1枚$2.2。カヤジャムは緑のタイプ

観光客も相席で

カヤジャムは着色料も保存料も無添加

MAP P.86-3B 住67 Killiney Rd. ☎6734-9648、6734-3910 営6:00～22:00(火・日曜、祝日～18:00) 休旧正月3～5日間 カード 不可 行き方 MRTサマセット駅から徒歩約7分。

飲み物のバリエーション

※飲み物はどれも$1前後。

コピ Kopi
砂糖、コンデンスミルク入りコーヒー

コピ・オー Kopi O
砂糖のみ入ったコーヒー。砂糖、ミルクなしのコーヒーはコピ・オー・コソン

コピ・シー Kopi C
砂糖とエバミルク入りで、コピよりあっさり

テー Teh
砂糖、コンデンスミルク入りの紅茶

こだわりの豆と器具

コーヒー豆はインドネシア産のロブスタ種が多い。輸送中に香りが損なわれないように砂糖やバター（マーガリン）でコーティングしている。焙煎は深煎り、香ばしく濃厚なのがローカルコーヒーの特徴

抽出したコーヒーをじょうろのような形のポットに移して漉してからカップに注ぐ

英国の影響を受けた花柄のカップがポピュラー

リピーターにおすすめ！ 常連が集う名店2店

喜園咖啡店
YY Kafei Dian

海南系の料理店が集まる一画に2004年から続く家族経営の店。ここの海南系のカヤトーストは、厚切りパンと茶色のカヤジャムの組み合わせ。カヤジャムがとても滑らかで甘過ぎずおいしい。ふわふわの自家製パンと名コンビだ。海南名物のチキンライスやポークチョップもおすすめ（朝食メニュー→P.72）。

飲み物を入れていく手際にも注目

店は比較的広いが、朝と昼の食事どきは混み合う

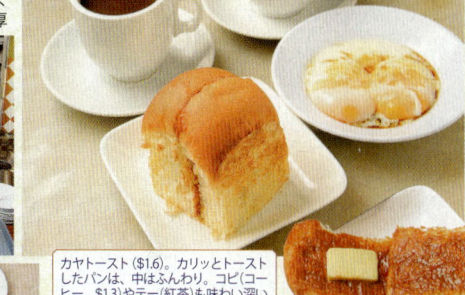

カヤトースト（$1.6）。カリッとトーストしたパンは、中はふんわり。コピ（コーヒー、$1.3）やテー（紅茶）も味わい深い

海南チキンライス$4.5。ほかにも中国料理のメニューが豊富

カヤジャムはまろやかでコクがある

MAP P.81-1C 住37 Beach Rd., #01-01 ☎6336-8813 営7:30～19:00（土・日曜、祝日8:00～。ラストオーダーは閉店30分前） 休旧正月 カード不可 行き方MRTシティ・ホール駅、エスプラネード駅から徒歩約6分。

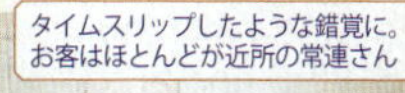

タイムスリップしたような錯覚に。お客はほとんどが近所の常連さん

協勝隆
Heap Seng Leong Coffeeshop

モダンなフランチャイズ化のコピティアムが主流になるなか、創業時（1974年）のままの姿で静かに営業を続けるコピティアムがある。パジャマ姿のおじいさんが入れるコピがなかなかの味で、注目したいのがバターコピ（コピ・グ・ヨウ）。コピにバターをのせたもので、まろやかな味がコーヒーの風味を引き立てる。上質のバターを使っているところに店の気概が感じられる。

ランニングシャツにパジャマのズボン姿のおじいさんが名物店主。現在は息子さんとともに切り盛りする

団地の1階にある。新しいものが次々登場するシンガポールで貴重な店

バターはシンガポールで100年以上続くSCSブランドを使用

カヤトースト（$1.2）は素朴

バターコピ（$1.2）は一瞬ギョッとするが、飲んでみるといける！

MAP P.91-1D 住10 North Bridge Rd., #01-5109 ☎6292-2368 営7:00～21:00 休旧正月 カード不可 行き方MRTラベンダー駅から徒歩約7分。

広東や香港
スタイルの甘味が人気！
中国系
スイーツ

ナチュラルでシンプルな店

ここ数年、広東や香港のスイーツ店が増え、中国伝統スイーツがブームの兆し。体に優しい素材やフルーツを多用し、癒やし系ともいえるスイーツが多いのが特色。

メニューの木札もインテリア

女性はもちろん、老若男女が次々やってくる

100種以上揃えた圧巻のメニュー

金玉滿堂甜品

Jin Yu Man Tang Dessert Shop

香港スタイルのスイーツを中心に中国広東伝統の甘味を網羅。新鮮素材にこだわった種類豊富なメニュー、カフェ風の造りで人気急上昇。いち押しは広東順徳の名物、ミルクプリン。各テーブルで凝固させるジンジャー入りプリンのパフォーマンスに興味津々。

招牌姜撞奶（ジンジャーミルクプリン）

凝固作用を用いてその場で固めるプリン。すりおろした生のショウガに70℃の牛乳を注ぐ

↓

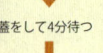

蓋をして4分待つ

↓

牛乳の温度と割合がうまく固めるポイントとか。できあがりはふるふるの食感でショウガがピリリと効いている

1号店はカトンにあり、このチャイナタウン店は2022年にオープン

遊び心たっぷりの店内

手前は人気の楊枝甘露（マンゴーポメロ・サゴ、$5.2）、中央左が順徳双皮奶（ミルクプリン、$3.6）。牛乳を固めて蒸した餅状の牛奶方块（ミルクブリックス、奥）とそれを揚げた炸牛奶（ディープフライドミルク、中央右）もおすすめ品

MAP P.97上図　住 291 South Bridge Rd.　☎6223-2665　営 11:30～22:30　休 月曜　カード A M V　行き方 MRTマックスウェル駅から徒歩約1分。［他店舗］住 66 East Coast Rd., #01-03 The Flow　☎6214-3380

広東スタイルの甘味

阿秋甜品

Ah Chew Desserts

中国広東の伝統甘味をメインに創意工夫を加えたオリジナルのスイーツも出す人気店。厳選した素材をアジア各国から取り寄せ、時間と手間を惜しまず作り上げた甘味は根強い人気。

レトロモダンなインテリア。店は夕方18:00頃が最も混む

手前は黒糯米粥（ココナッツミルク入り黒もち米のお汁粉、$3.5～）、中央左は仙草加雜果（ミックスフルーツ入り仙草ゼリー、$5.4）、中央右は鮮奶炖蛋（ミルク入り卵プリン、$3.5）

MAP P.90-2B　住 1 Liang Seah St., #01-10/11 Liang Seah Place　☎6339-8198　営 12:30～24:00（金曜～翌1:00、土曜13:30～翌1:00、日曜、祝日13:30～24:00）　休 旧正月5日間　カード 不可　行き方 MRTブギス駅から徒歩約5分。

スノーアイスが人気

味香園 Mei Heong Yuen

生磨花生糊（ピーナッツ汁粉）は濃厚でおいしい

香港で食べ歩きをして味の研究をしたという芝麻糊（黒ゴマの汁粉）、生磨核桃糊（クルミ汁粉）などの広東式デザートと、フルーツを凍らせて薄く削った濃厚なかき氷「スノーアイス」やチェンドルなどの冷たいスイーツが楽しめる。

チョコレート・スノーアイス$6.5。チョコレート風味の甘い氷の上からさらにチョコレートソースをかけた甘党におすすめの一品

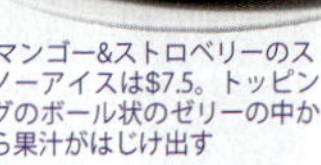

マンゴー&ストロベリーのスノーアイスは$7.5。トッピングのボール状のゼリーの中から果汁がはじけ出す

MAP P.88-1B　住 63-67 Temple St.　☎6221-1156　営 12:00～22:00　休 月曜（祝日の場合は翌日）、旧正月3日間　カード 不可　行き方 MRTチャイナタウン駅から徒歩約3分。［他店舗］住 16 Liang Seah St.　☎6377-8227

南国の恵み
いっぱいの名菓
老舗の
逸品菓子

おみやげ買いにも食べ歩きにもおすすめのローカル菓子店を3店ご紹介。

グラメラカの芳醇な香りとココナッツミルクのコクが溶け合ったニョニャ・クエ($1.75〜2.2)。手前左はクエ・ダダ(ココナッツフレークのクレープ巻き)、手前中央はクリーミーなグラメラカとココナッツミルク味のクエ・チェンドル。後方のふたつはそれぞれピーナッツあんと緑豆あんの餅、アンクー・クエ

人気の「オンデ・オンデ」は中にグラメラカが入ったパンダン風味の餅団子。まぶしてあるのはココナッツフレーク

ハリアンズ・ニョニャ・テーブルの
ニョニャ・クエ

1940年代の屋台営業をルーツに、80年代から2代目がニョニャ（プラナカン）クエの販売を始め、カフェスタイルの店にまで発展。毎日新鮮な素材で手作りするという姿勢、クエのレシピは代々受け継がれてきた。人工の着色料や保存料は使用せず、パンダンリーフから搾ったパンダンジュースやグラメラカ（ブラウンシュガー）、ココナッツをふんだんに使ったクエは、多くのファンの心をつかんでいる。

ハリアンズ・ニョニャ・テーブル
HarriAnns Nonya Table
詳細データ→P.243

店内は鮮やかな色彩のプラナカンハウスが描かれている

もち米を使ったクエ・サラやサゴ(タピオカ)を使ったクエ・サゴなど6種類のミニサイズのサンプラーセット(ミニアソーテッドクエ、$4.4)

パイナップルジャムがタルトの中に入った球状、タルトの上にのった昔のスタイル、2タイプのパイナップルタルト（各$26.9）

サンテック・シティ1階にある。店頭がショップで奥がカフェ

エル・イー・カフェの
パイナップルタルト

豆乳タルトは甘さ控えめで、外皮はしっとり(8個入り$11)

たっぷりのジャムが詰まったパイナップルタルト(10個入り$13.5〜)

70年以上の歴史と伝統をもつ、シンガポールで最も古いパティスリーのひとつ。小さな菓子店は、職人が手仕事で作る洋風菓子が放つ甘いバターの香りに包まれている。

ここの名物は「ゴールドボール」という別名をもつパイナップルタルト。薄いタルト生地にぎっしりと新鮮なパイナップルジャムが詰まっていて、まさに黄金の名にふさわしい。ほかにもハスの実やゴマなど8種類のあんが楽しめるムーンパイや、とろけるような舌触りの豆乳タルト、ちょっぴりビターなコーヒークッキーなど、おみやげにもホテルでのおやつにもぴったりのスイーツが勢揃い。

アズキやゴマ、タロイモなどのあん入りムーンパイ($16)

エル・イー・カフェ　LE Cafe
MAP P.92-3A　住31/33 Mackenzie Rd., #01-01　☎6337-2417　営10:30〜18:45（日曜、祝日〜16:30）　休無休　カード不可　行き方MRTリトル・インディア駅から徒歩約3分。
［支店］MAP P.93-3C　住Blk. 637, Veerasamy Rd., #01-111　☎6294-8813　営13:30〜16:30

東興の
エッグタルト

東興は1930年代にチャイナタウンのスミス・ストリートに創業した老舗。創業当時シンガポールではまだ少なかった広東菓子の専門店だ。今でも家族で菓子作りから経営を切り盛りしている。一番人気はエッグタルト。この店独特のひし形をしており、サクッとした生地に、できあいのカスタードクリームではなく本物の卵液を流し込んで焼き上げたもの。生地はパイを作る要領でラードを練り込み、それを型の中に薄く伸ばす。この製法がほかとは違うおいしさの秘密だ。チャーシュウパイやカヤジャムなどのほか、季節限定の月餅も販売。

東興　Tong Heng
MAP P.88-2B　住285 South Bridge Rd.　☎6223-3649　営9:00〜19:00　休旧正月4日間　カード不可　行き方MRTマックスウェル駅から徒歩約2分。

中秋名月の季節限定の月餅も数種類ある。日持ちするのでおみやげにもおすすめ

1日4000個も出るというエッグタルト。生地の型入れからすべて手作業で作られている

手前のエッグタルトはサクサクの皮に濃厚な卵風味のクリームがたまらない(1個$2.2)。後方はチャーシュウパイとチキンカリーパフ

カクテル・イリュージョン！

スモーク&ミラーズ

Smoke & Mirrors

ナショナル・ギャラリー・シンガポールのルーフトップにある先端をゆくバー。金融街からマリーナ・エリアの夜景の新スポットとしても注目。ここではアート作品とも呼べるカクテルの数々を試したい。自らを「シェフ」にたとえるバーテンダーの面々が研鑽を積み、ストーリー性のあるカクテルを創作。例えば映画『キャスト・アウェイ』にインスパイアされた手紙を詰めた小瓶のカクテル「スモーク・アップ」、日本庭園を表現したカクテルなど、見て驚きが、飲むとさらなる感動が広がる。

左／テラスと室内は仕切りがなくパノラマが眼前に　右／無人島に漂着した主人公から連想した「スモーク・アップ」はスモーキーなテキーラカクテル（左）。右はグラスの内側にチョコでペイントしたシャンパンカクテル（カクテルは$25〜）

MAP P.80-2B

シティ・ホール周辺

住1 St. Andrew's Rd., #06-01 National Gallery Singapore ☎9380-6313 営18:00〜24:00（木〜土曜は〜翌1:00、日曜17:00〜） 休無休 カード A D J M V 行き方 MRTシティ・ホール駅から徒歩約5分。※ドレスコードがあり、ビーチサンダルでは入場不可。

造園家の名を冠した緑茶のアロマが香る「ナカジマズ・ダンス」は扇子の飾り付き

光の海に浮かぶスカイオアシス

セラヴィ

Cé La Vi

最もホットで注目を集めるスポットがここ。マリーナベイ・サンズ（→P.22）の展望デッキ「スカイパーク」の真上、プールに隣接する複合エンターテインメント施設だ。スカイバー、レストラン、クラブラウンジなどのエリアに分かれており、気分や時間帯によって楽しみ方もさまざま。ファミリーならレストランで優雅なランチもいい。絶景を楽しむベストタイムは日没から夜のとばりが下りる頃。クラブラウンジでは17:00からDJが登場する。

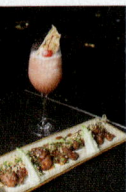

左／手前は韓国風フライドチキン（$25）。カクテルは$25　右／夜景の特等席、スカイデッキ。デッキはスタンディングスタイル

MAP P.96-2B

マリーナ・エリア

住1 Bayfront Ave., L57 Sands SkyPark, Tower 3, Marina Bay Sands ☎6508-2188 営レストラン12:00〜15:00、17:30〜23:00、スカイバー17:00〜翌1:00、クラブラウンジ18:00〜翌1:00（水・金・土曜18:00〜翌4:00、木曜18:00〜翌3:00） 休無休 料クラブラウンジのみ水曜（男性のみ）、金・土曜は$38のカバーチャージあり（1ドリンク付き） カード A J M V 行き方 MRTベイフロント駅から徒歩約3分。※22:00以降ドレスコードあり（タンクトップ、ビーチサンダル、短パンは入店不可）。

高層階のブルワリーで爽快ビールタイム

レベル33

Level 33

できたてのクラフトビールを飲みながらマリーナ・ベイを一望できるビアダイニング。マリーナ・ベイ・ファイナンシャル・センターのタワー1の専用エレベーターで33階まで昇ると12個のビアタンクがお出迎え。ラガー、ペールエール、スタウト、ポーター、ウィート・ビール、季節のビールの6種類を醸造しており、300mℓのグラスが$9.9〜（20:00以降は$12.9〜）。ビアモヒートやビアカクテルも揃い、各ビールに合う料理も本格的でおいしい。

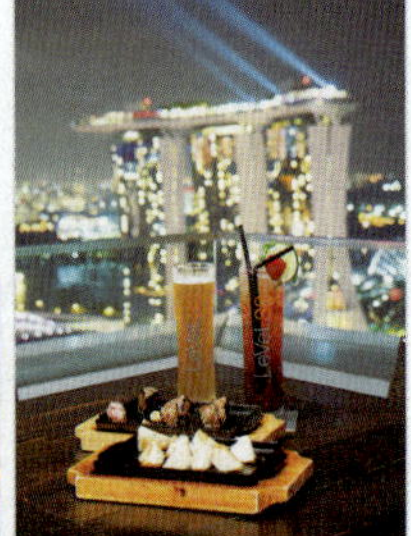

左／ビア・テイスティング・パドル（$23.9）で飲み比べてみるのもいい　中／屋外の席からはマリーナ・ベイをぐるりと見渡せる　右／左は一番人気のブロンドラガー、右はイチゴが入ったビアモヒート（$23）。手前のフィッシュ＆チップスは根強い人気

MAP P.96-2A

マリーナ・エリア

住8 Marina Blvd., #33-01 Marina Bay Financial Centre, Tower 1 ☎6834-3133 営12:00〜24:00 休無休 カード A D J M V 行き方 MRTラッフルズ・プレイス駅、またはマリーナ・ベイ駅から徒歩約8分。※屋外の席は予約したほうがよい。ドレスコードはスマートカジュアル。

息をのむマリーナ・ベイの感動パノラマ

ヴュー VUE

マリーナに面した高層ビルの最上階に位置するダイニングとオープンエアのバー。眼下にマリーナ・ベイ、目を転じると高層ビル群から歴史遺産まで見事な夜景は、シンガポールの旅の思い出に刻まれるはず。落ち着いた大人のムードのバーは、ワインリストが充実していて、イタリアのワインをベースにしたカクテル「スプリッツ」も豊富。一方、アーチ状の屋根が印象的なダイニングは、モダンヨーロピアン料理が高評価。ディナーを楽しむのもよい。

左／眼下にマーライオンも　右／左はクラフトジンを使った「ガーデン・オブ・エデン」、中央は緑茶の風味をつけたラムベースの「ジャパニーズ・セーラー」（各$26）。19:30までのハッピーアワーはカクテルが割安に

MAP P.96-2A
マリーナ・エリア

住50 Collyer Quay, Level 19 OUE Bayfront
☎8879-0923　営12:00～15:00、17:30～23:00（バーは17:00～24:00）　休日曜、旧正月1日　カード A J M V
行き方 MRTラッフルズ・プレイス駅から徒歩約5分。※ダイニングは予約をしたほうがよい。ダイニングは13歳以上、バーは18歳以上利用可。ドレスコードあり（短パン、ビーチサンダルは入店不可）。

テラス席のあるバー。バーのみの利用も可能

リラックス気分でくつろげるガーデンバー

ランタン Lantern

フラトン・ベイ・ホテル・シンガポール（→P.314）屋上のプールと緑豊かなガーデンに囲まれたバー。マリーナ・ベイがぐるりと見渡せる絶好の立地だ。ミクソロジストが作るフレッシュな果物をふんだんに使ったカクテルもここの自慢。ドラゴンフルーツとパッションフルーツ、ピーチなどを使ったオリジナルのシンガポール・スリングも人気。スタッフのサービスも行き届いており、水～土曜は専属のDJがプレーし、雰囲気を盛り上げる。

左／正面にマリーナベイ・サンズの夜景が輝く。ランタンという店名は近くのクリフォード・ピアにあった灯台から着想　右／左は人気のインペリアル・ベリー・モヒート（$28）。中央は赤い灯台をイメージしたスイカとキュウリ、テキーラを合わせたレッド・ランタン

MAP P.89-1D
シェントン・ウェイ

住80 Collyer Quay, Rooftop The Fullerton Bay Hotel Singapore　☎6597-5299
営17:00～翌1:00（ラストオーダー23:15。金・土曜、祝日前日～翌1:00、ラストオーダー翌0:15、フードは23:45）
休日・月曜　カード A D J M V
行き方 MRTラッフルズ・プレイス駅から徒歩約5分。

右はトリュフフライを添えたバターポーチド・ロブスターロール（$42）、左はミニ和牛ビーフスライダー

360度のシティビューが思いのまま

ミスター・ストーク Mr. Stork

アンダーズ・シンガポール（→P.315）のルーフトップ・バーは、地元人気が高い。緑をふんだんに配したスペースにコウノトリ（ストーク）の巣に見立てたティピーハットが点在し、リラックスできる開放感が人気の理由だ。さらに独創的なカクテルやクラフトビールのラインアップも魅力的。アンダーズとシンガポールのクラフトビールの会社がコラボしたエールやピルスナーも飲める。サンセットもすばらしいので、夕刻から訪れたい。

左／アラブ・ストリート界隈からマリーナ・エリアまで、レアな夜景が広がる　右／コウノトリがすむ楽園をイメージしたバー。ティピーハット（テント）席は有料

MAP P.91-2C
ブギス周辺

住5 Fraser St., Level 39 Andaz Singapore　☎6408-1288、9008-7707　営17:00～24:00（金曜、祝日前日～翌1:00、土曜15:00～翌1:00、日曜15:00～24:00。最終入店21:30（土・日曜は21:45）
休無休
カード A J M V ※現金不可。
行き方 MRTブギス駅から徒歩約3分。

ミクソロジストがフルーツやハーブ、スパイスを用いてカクテルを創作。カクテルは$22～

ジンを極めた洗練のカクテル

アトラス Atlas

1920年代のパリをイメージした壮麗なアール・デコ調のインテリア。真っ赤な絨毯のフロアの正面に1000本以上のジンが収まったジンタワーがそびえる店は、非日常の空間。インテリアだけでなく、ジンベースのカクテルのおいしさも感動的だ。ストックしている世界中のジンから最上のカクテルを調合し、フレッシュで香り高い1杯を届ける。試したいのはマティーニとジントニカ（ジントニック）。イタリア人シェフが作る料理も本格的で、ランチやアフタヌーンティーのセットもある。

左／左のアトラス・マティーニ（$25）はレモンの香りがさわやか。右のジントニカ($22)は日本のクラフトジンにユズトニックを配合　右／中央にそびえるのがジンタワー

MAP P.91-2C
ブギス周辺

住600 North Bridge Rd., 1F, Parkview Square ☎6396-4466 営12:00〜24:00（金・土曜〜翌2:00） 休日・月曜、一部の祝日、旧正月
カード A M V
行き方 MRTブギス駅から徒歩約3分。※17:00以降はドレスコードがあり、タンクトップやビーチサンダル不可。

ジンを知り尽くしたバーテンダーのシムさん

熟成カクテルが楽しめるアメリカンバー

マンハッタン Manhattan

コンラッド・シンガポール・オーチャード（→P.309）内のバーは、1920年代のニューヨークをイメージして造られている。大理石のテーブルに重厚な革張りのソファ、舞台のようにせり上がったバーカウンター。さらに目を見張るのは、店内にウイスキーやジン、ウオッカ、ブランデーなどの樽が並ぶ貯蔵庫があること。ここで熟成させた約100種類のオリジナル酒をもとに作ったクラシックカクテルは、上品な香りと奥深い味わいの1杯に。バーテンダーの腕も一流。

左／黄金時代のニューヨークを再現した店内　右／左はチェリーブランデーベースのマンハッタン（$28)、中央はジンとカンパリ、ベルモットを合わせたソレラ・エイジド・ネグローニ（$28）

MAP P.84-2A
オーチャード・ロード周辺

住1 Cuscaden Rd., Level 2, Conrad Singapore Orchard ☎6725-3377 営17:00〜24:00（金・土曜〜翌1:00、日曜のカクテルブランチ12:00〜15:00） 休月・火曜
カード A D J M V
行き方 MRTオーチャード・ブルバード駅から徒歩約2分。

不純物を取り除いた純水で作った氷を使用する

クラフトビールもハイボールもタップからグラスへ

ギルド The Guild

香港最大のクラフトビール会社「ヤングマスター」が経営するバー。同社のビールを中心に各国のクラフトビール、創作料理を提供している。ユニークなのは、20以上あるタップ（サーバーの注ぎ口）は、生ビールのほか、あらかじめブレンドされたジントニックやハイボールにも対応していること。ビールはレギュラー以外随時変わるので、スタッフに好みを伝えておすすめを聞いてみよう。タップドリンクのほかオリジナルカクテルもある。ローカルの素材や手法を用いた料理もおいしく、女性客も多い。

左／タップからジントニックを注ぐ　右／生ビールは200ml/$10〜。右からピルスナー、オーク材のスモーキーな香りをつけたライ・オン・ウッド、ジントニック

MAP P.97下図
チャイナタウン

住55 Keong Saik Rd., #01-01 ☎9042-3900 営日・月曜16:00〜22:30（ラストオーダー21:45）、火〜土曜16:00〜23:30（ラストオーダー22:30） 休無休
カード A M V 行き方 MRTマックスウェル駅から徒歩約5分、アウトラム・パーク駅から徒歩約6分。

手前はスモーク・シーバス、後方左はデザートのパンダンココナッツ・プディング。奥はジンやウイスキーを用いたカクテル

お酒のツウも女性グループも楽しめる
ギブソン Gibson

カクテルの世界大会にシンガポール代表として出場経験のある日本人バーテンダー、江口氏が仕切るバー。すべて素材から手作りすることにこだわる姿勢が、繊細で美しいカクテルを生み出している。店名にもなっているギブソン（オニオンを飾りつけたマティーニ）がいちばんの人気。吟醸酒を用いたり、飾りには酢漬けのタマネギとショウガ、燻製のウズラ卵を添えるなど独創的なアイデアにあふれている。

MAP P.88-2A チャイナタウン
住2F, 20 Bukit Pasoh Rd.
☎9114-8385
営18:00～24:00（金・土曜～翌2:00） 休火曜、一部の祝日、12/31、1/1 カード A J M V
行き方 MRTアウトラム・パーク駅から徒歩約3分。
※週末は要予約。平日も予約が望ましい。

カクテルはすべて$25。手前がビーチサイド・ボードウオーク。ボトルに入ったカクテルをスイカのシャーベットにかけて味わうスイーツのようなカクテル

古色漂うショップハウスのバー
ナンバー・ファイブ No.5

1910年代に建てられたプラナカン様式のショップハウスを改造したバー。1991年開業というシンガポールでは老舗のバーで、おつまみのピーナッツの殻は床に捨てるという昔ながらのスタイルを踏襲している。ヨーロピアンスタイルのウッディな店内は、中国風の古い鏡や透かし彫りなどの装飾品で飾られ、新旧東西が混在する独特の趣がある。全23種類あるマティーニグラスを傾けながら、常連客とワイワイ飲むのもまた一興。

左／常連客が多い　右／手前はモヒート。後方はマティーニで左がピーチーサプライズ、右がライチマティーニ（カクテルは$20～）

MAP P.86-2A、2B オーチャード・ロード周辺
住5 Emerald Hill Rd.
☎6732-0818 営12:00～翌2:00（金・土曜、祝日前日～翌3:00、日曜、祝日14:00～）
休無休 カード A J M V
行き方 MRTサマセット駅から徒歩約3分。

プラナカン様式の建物をうまく生かした店。屋外席もある

Column

古くて新しい映画館「プロジェクター」

前身は1973年創業のゴールデンシアター。当時シンガポール最大規模を誇った映画館の一部を改装し、アートハウス系の映画館として復活。映画を介してさまざまなイベントを企画し、新たなスタイルの娯楽を発信している。

ノスタルジックでポップな館内

5階のロビーカフェと3つの上映ルームからなる。いちばん広い240席の「グリーンルーム」は創業時の面影を残し、せり上がる急勾配の客席が目を引く。上映作品は、芸術映画、時代を超えた海外の名画、社会問題をテーマにしたもの、カルト映画などで、ときには日本の映画もかかる。

もうひとつの特徴的な「レッドルーム」は、床に腰を下ろして鑑賞できるスペースを併せもつ多目的ホールだ。映画とダンスやライブ音楽をコラボしたパフォーマンスも開催。「ブルールーム」は小規模でおもに試写会用。上映スケジュールはウェブでチェックしよう。

上／昔のままの座席を使用するグリーンルーム　下／ステージとクッション席、椅子席があるレッドルーム

カフェ脇のらせん階段。カフェの隅には昔の映写機も保管されている　駐車場へつながる通路と階段の壁にもポップなイラストが

カフェやバーとしても使える

ロビーには「インターミッション・バー」があり、クラフトビールやカクテル、こだわりのコーヒーやホットドッグ、ピザなどが楽しめる。

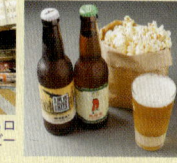

左／昔の映画館の遺物が残るロビーにあるバー　右／クラフトビールは$15

プロジェクター　The Projector
MAP P.91-2D 住6001 Beach Rd., Level 5, Golden Mile Tower
☎非公開 URL theprojector.sg 営チケット売り場16:00～20:30（土・日曜、祝日13:00～）、カフェ＆バー16:00～22:30（土・日曜、祝日13:00～） 休旧正月 料映画やイベントによって異なるが、映画はだいたい$13 カード M V
行き方 MRTニコル・ハイウエイ駅から徒歩約5分。

シンガポール スイーツ&パン最前線

シンガポールのスイーツ最旬トレンドは「パン」。街なかやショッピングセンターにはおしゃれなベーカリーカフェやブーランジェリーを名乗る店が急増。シンガポール発のドーナツやアイスクリーム、各国の名物パンなど、話題のおやつ大集合!!

チャンピオン・ボーローバンのパン、フレンチ・コールド・タルト、香港式ミルクティー

ローカルのドーナツ店

シティ・ドーナツ
City Donut

店の奥にイートインスペースあり

ここのドーナツは甘さ抑えめ、ふんわり軽い口当たりで、複数ぺろりといけちゃう。注目は地元フレーバーのドーナツ。パンダン・カヤや黒米のお汁粉「プルッ・ヒタム」風味、ヤムイモのドーナツなど、リピートしたくなるラインアップ($2 ～ 3.8)。

パンダンを使ったドーナツにカヤ(ココナッツミルクと砂糖から作ったペースト)のクリーム入り

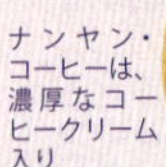
ナンヤン・コーヒーは、濃厚なコーヒークリーム入り

おすすめのヤム・オーニー。フィリングの滑らかで濃厚なヤムイモペーストがおいしい

MAP P.89-2C 住 2 McCallum St. ☎ 6223-1425 営9:00～18:00 休日曜 カード A J M V 行き方 MRTテロック・アヤ駅から徒歩約5分。［他店舗］住391 Orchard Rd., B2F Takashimaya Department Store

香港の名物パンとミルクティーの店

チャンピオン・ボーローバン
Champion Bolo Bun

「パイナップルパン」とも呼ばれる香港の食堂やパン屋でおなじみのボーローバン。パン生地の上にクッキー生地をのせて焼いており、ふんわりサクサクの食感が人気。専門店のこの店は、15分ごとに焼き上がる焼きたてを提供するのがウリ。

ショップハウス内のおしゃれな店

ボーローバンはしっとりもっちり、クッキー部分はとてもクリスピー($4.5)。バター入りもある

2階がカフェスペースになっている

MAP P.97下図 住 92 Tanjong Pagar Rd. ☎なし 営11:00～19:00(土・日曜8:30～) 休水曜 カード A M V 行き方 MRTタンジョン・パガー駅から徒歩約6分。

スウェーデンの伝統パン「セムラ」

コンディトリ・アーティザン・ベイクス
Konditori Artisan Bakes

スウェーデン人が経営するヨーロピアンベーカリー。バラエティ豊かなデニッシュやクロワッサンが人気だが、試したいのはセムラ(Semla)。スウェーデンに春を呼ぶ国民的スイーツで、カルダモンを練り込んだパンの中にアーモンドペースト、トップにクリームをのせたボリューミーなパン。

行列の絶えない人気店

独特の風味のセムラ($7.5)。イートインスペースはないが、通り沿いにベンチあり

ケーキはレモンメレンゲタルト(左列)がおすすめ

MAP P.142 住 33-34 Bussorah St. ☎ 6209-8580 営10:00～18:00(売り切れた時点で終了) 休無休 カード M V 行き方 MRTブギス駅から徒歩約8分。

東ヨーロッパのパンと濃厚ヨーグルト

ユーゴスラビア・ベーカリー&カフェ
Yugoslavia Bakery&Cafe

あまりなじみのない東欧の伝統的なパンがズラリ。試してみると風味豊かでおいしく、パン好きにおすすめ。ブレク(Burek)はパイ生地に牛肉やホウレンソウ、フェタチーズなどがぎっしり詰まっていて食べ応えあり。ケーキなど菓子類も並ぶ。

カフェ併設でコーヒーなどのドリンクも提供

手前はもっちり食感のミルクロールパン、キフラ(Kifla)。フィリングはカスタードやチョコなど。後方がホウレンソウとチーズのブレク($2.2～3.9)。ドロッと濃厚なヨーグルトは$3.4

MAP P.264 住1 Raffles Link, #B1-13 CityLink Mall ☎9028-4524 営9:00～21:00 休無休 カード M V 行き方 MRTエスプラネード駅から徒歩約3分、シティ・ホール駅から徒歩約7分。

南国ならではのナチュラル・ジェラート

バーズ・オブ・パラダイス
Birds of Paradise

果物や植物、ハーブ、スパイスを用いて手作りするジェラートは、濃厚なのに軽やかな味わい。タイムを練り込んでやはり手作業で作られたコーンで食べるのがおすすめ。

緑いっぱいでガーデンのよう

ジェラートのブティック

食材まるごとのジェラートです

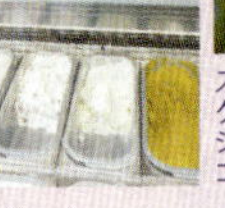

ストロベリーバジルとレモングラスジンジャーのダブル。シングルは$5、ダブルは$8。コーンはプラス$1

MAP P.142 住 263 Beach Rd. ☎ 9820-5763 営12:00～22:00 休月曜 カード A J M V ※現金不可。行き方 MRTブギス駅、ニコル・ハイウエイ駅から徒歩約10分。［他店舗］住 63 East Coast Rd., #01-05 ☎ 9678-6092

エリア別
ショッピングガイド
Shopping Guide

ジャマール・カズラ・アロマティックス(→P.280)

Singapore Shopping
シンガポール ショッピング事情

シンガポールモチーフのアイテムにも注目したい

ショッピングの魅力

東南アジアのハブ的存在のシンガポール。中国、タイ、インドネシア、ベトナムなどからシルクやバティック、イカット（絣織り）などの布地をはじめ、手工芸品、お茶、漢方薬や香辛料、食料品などが多種類集まってくる。これらのなかには、日本ではなかなか手に入らない物もある。最近では、アート系雑貨やステーショナリー、レトロな生活雑貨などが人気を博し、街中にこれらの店が増えているので要チェックだ。

また、プラナカン文化（→ P.36）が生んだ優美な食器やビーズサンダルもシンガポールならではのおみやげだ。

プラナカンカラーの花の絵はがき

バーゲンを狙おう

シンガポールには2度の大きなバーゲンシーズンがある。まず1～2月の旧正月前（毎年多少時期が変わるので出発前に観光局などでチェックする）。この時期にはチャイニーズ・ニューイヤー・セールが行われる。ただし、旧正月の2日間は休みになる店が多いので注意（2024年の旧正月は2月10日～11日）。

次が6月初旬～8月初旬の約2ヵ月間（年によって多少ずれることがある）。こちらはシンガポール政府観光局主導で行われるグレート・シンガポール・セールと呼ばれるバーゲンだ。このふたつの時期は小売店はもちろん、デパートや一流ブランドブティックまでもがバーゲンを行う。なかには50～80%割引になる物もあるので、ブランドショッピングを考えている人は、この時期を狙おう。ただし、人気の商品はすぐに売り切れになってしまうことが多い。

最近の流行グッズの傾向

ここ数年、デザイナーが創作するアート感覚のグッズやユニークな生活雑貨が人気だ。「シンガポール雑貨」というジャンルでくくれそうなほど充実し、種類もさまざま。ライフスタイルを反映するかのように、インテリア、テーブルウエアから衣類、アクセサリーにまで及んでいる。

ローカルのみならず、香港や日本のデザイナーの商品も人気。そんな商品を扱う店は以下のとおり。

- デザイン・オーチャード（→ P.269）
- メリッサ（→ P.271）
- スーパーママ、ミュージアム・ストア（→ P.273）
- ギャラリーストア・バイ・ABRY（→ P.273）
- ウェン・アイ・ワズ・フォー（→ P.274）
- キャット・ソクラテス（→ P.283）

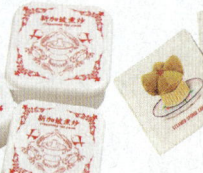

「新加坡煮炒」のイラスト入りタッパー。「煮炒」は中国家庭料理のホーカー（屋台）のこと

中国やプラナカンの伝統菓子を描いた布コースター（→P.283、キャット・ソクラテス）

レトロ風の雑貨を扱う店も増え、20～30年前の文房具も再来

カラフルなプラナカンの陶器は実用性もあっておすすめ（→P.38、ルマー・ビビ）

チャイナタウンの歴史ある建物をデザインしたクッションカバー

Column

シンガポールの消費税、GSTの払い戻し方

シンガポールでは、ほとんどの商品やレストラン、ホテルで8%の消費税(Goods & Service Tax:GST)を加算している。ただし、旅行者(居住者は除く)は、加盟店での商品購入額が$100を超える場合、または同日の領収書を最高3枚まで加算して$100を超える場合、購入した商品について課された8%のGSTの払い戻しを受けることができる(レストランでの飲食代やホテルでの宿泊代など、シンガポール国内で消費されるものはGSTの払い戻し不可)。旅行者払戻制度(Tourist Refund Scheme)の加盟店には、「Tax Free Shopping(免税ショッピング)」のロゴかマークが掲示されている。購入した商品が免税の対象となるかどうかは、販売店で要確認。

なお、シンガポールでは**eTRS(電子認証システムによる旅行者払戻制度)**が導入されており、電子的にGST(消費税)の払い戻し手続きが行われているので、紙面の免税書類を作成する必要がない。

GST還付の条件

- ▶16歳以上であること。
- ▶シンガポール国民、または永住権保持者ではないこと。
- ▶過去6ヵ月間にシンガポールで就労していないこと。
- ▶過去2年間のシンガポールでの滞在日数が365日以下であること。
- ▶シンガポールから出国する航空機または船舶の乗務員ではないこと。
- ▶チャンギ国際空港、セレター空港から出国すること。船での出国やマレーシア陸路出国の場合は還付不可。
- ▶商品購入日から2ヵ月以内に免税手続きを行うこと。
- ▶GSTの返金手続きを終えたら、購入した商品とともに12時間以内に出国すること。

免税手続きの場所

下記の場所に設置されたGSTリファンド・カウンター内のeTRSセルフサービス・キオスクで行う。

チャンギ国際空港 MAP P.350～352

チェックインホール(出国審査の手前)、出発乗り継ぎラウンジ(出国審査のあと)

eTRS(電子認証システムによる旅行者払戻制度)の仕組み

eTRSを使った免税手続きの方法は下記の2通り。

1.トークンとして使用するクレジットカードまたはデビットカードを1枚用意する。eTRS加盟店で買い物をする際は常にそのカードとパスポートを提示して、カードに購入履歴を記録していく。空港で免税手続きを行う際、eTRSセルフサービス・キオスクでトークン(カード)を読み込ませると、すべての購入履歴がリストアップされるので、キオスクのガイドに従って免税手続きを行う。

トークンとして使用するクレジットカードやデビットカードを、買い物の支払いに使用する必要はない。現金または別のカードで支払うことも可能。

2.クレジットカードまたはデビットカードを所持していない場合、またはカードをトークンとして使用したくない場合は、買い物のたびに、店頭でeTRSチケット(免税書類)を発行してもらう。空港で免税手続きを行う際、eTRSセルフサービス・キオスクで eTRSチケットを1枚ずつ読み込ませ、その後、キオスクのガイドに従って免税手続きを行う。

免税手続きの3ステップ

1.空港で

購入品を機内預けの手荷物としてチェックインする場合:必ずスーツケースを預ける前に、出発チェックインホール(出国審査の手前)にあるGSTリファンド・カウンター内のeTRSセルフサービス・キオスクで、免税手続きを済ませる。購入品を預けてしまうと免税手続きができなくなる。

購入品を手荷物として持ち込む場合:チェックイン後に、GSTリファンド・カウンターのeTRSセルフサービス・キオスクで免税手続きを行う。

2.eTRSセルフサービス・キオスクで

eTRS用のトークンとして使用したクレジットカード(またはデビットカード)とパスポートを読み込ませると、すべての購入履歴がリストアップされる。eTRSチケットの場合は、eTRSチケットを1枚ずつスキャンし、購入履歴を呼び出す。すべての購入履歴が呼び出されたら、eTRSキオスクのガイドに従って、免税手続きを行う。

途中、払戻金の受け取り方法を尋ねられる。チャンギ国際空港から出国する場合は、現金またはクレジットカードへの返金のいずれかを選ぶ。セレター空港から出国する場合は、クレジットカードへの返金または銀行小切手のいずれかを選ぶ。

免税手続きを完了すると最後に「Approved(承認)」または「Not Approved(非承認)」と書かれた受付通知票(Notification Slip)が発行される。「Not Approved(非承認)」となった場合は、税関で購入品の検査を受ける。

3.払戻金の受け取り

現金での払い戻しを選択した場合:出国乗り継ぎラウンジ(出国審査の後)にあるセントラル・リファンド・カウンター(Central Refund Counter)で受付通知票を提示すると払い戻してくれる。

クレジットカードへの返金を選択した場合:免税手続きを完了したあと10日以内に、指定のクレジットカードに入金される。

銀行小切手による払い戻しを選択した場合:受取人の氏名、郵送宛先の住所を受付通知票に記入し、指定のボックスに投函すると指定の住所宛てに14日後に発送される。

ショッピングセンター・百貨店

シンガポールショッピングの目玉
シンガポール高島屋S.C. Singapore Takashimaya S.C.

オーチャードのシンボル的存在、ニー・アン・シティの中にあり、中央棟を中心に高島屋百貨店と専門店街に分かれている。

高島屋百貨店

2階にある広大な婦人靴売り場はぜひチェックしたい。1年を通して幅広いラインアップのサンダルが揃うのが魅力。さらに3階の女性用水着のコーナーと一新された4階のスポーツ用品売り場にも注目。水着は現地調達したいときに便利。スポーツ用品売り場では、シューズを試し履きしてランニングマシーンで試走して選ぶこともできる。地下2階と地下1階には人気の「バシャコーヒー」(→P.241)があり、地下1階のコーヒーバーは休憩にもぴったり。地下2階の食料品売り場は、おみやげ探しや食べ歩きも楽しめる。

3階のカスタマーサービスセンターではGST(消費税)還付手続きを行っている。

ウエアやシューズが充実のスポーツ用品売り場

左/サンダルからフォーマルシューズまで見応えのある靴売り場
中/スペインの「RIA」のサンダルは親子ペアで揃う(各$129)
右/レディスの水着コーナー(3階)

MAP P.85-3D
オーチャード・ロード周辺

住391 Orchard Rd., Ngee Ann City ☎6738-1111
URL www.takashimaya.com.sg
営10:00~21:30(一部のレストランは22:00、23:00まで営業)
休高島屋百貨店は旧正月ほか不定休。※変更になる場合がある。専門店街は店によって異なる カード百貨店はADJMV 行き方MRTオーチャード駅から徒歩約5分。※2階にタクシー乗り場あり。

リニューアルされた地下1階。スターバックスも入店している

「バシャコーヒー」は、パッケージもおしゃれでおみやげにGood

専門店街

1階はルイ・ヴィトンやシャネル、フェンディなどの高級ブティックがゆったりしたスペースで展開。なかでもシャネルとルイ・ヴィトンは2フロアを擁する広さだ。注目店はアクティブウエアの「Kydra」、旅行など持ち運びにも便利なフラットシューズの「アナザーソール」。台湾生まれのパイナップルケーキの店「微熱山丘 SunnyHills」(地下2階)もある。4階には紀伊國屋書店(→P.270)やレストランが入っている。

「アナザーソール」はシンガポールのブランド。革が柔らかく、疲れにくい機能的なシューズ。キュートなデザインもある(各$139.9)

高島屋ショッピングセンター

- 高島屋百貨店
- 専門店街
- i インフォメーション
- R レストラン、カフェ
- S ショップ
- エスカレーター
- エレベーター
- トイレ

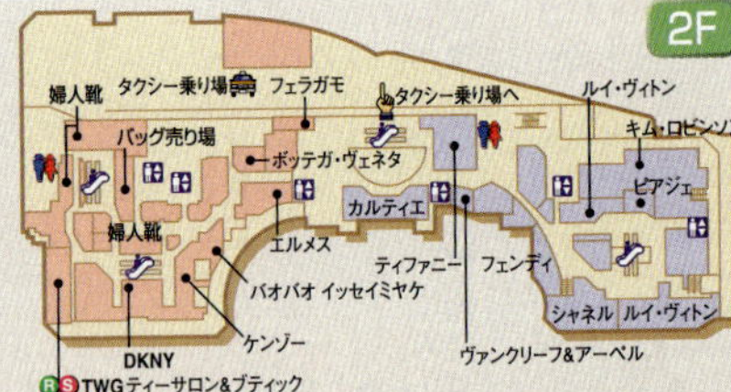

地下1階

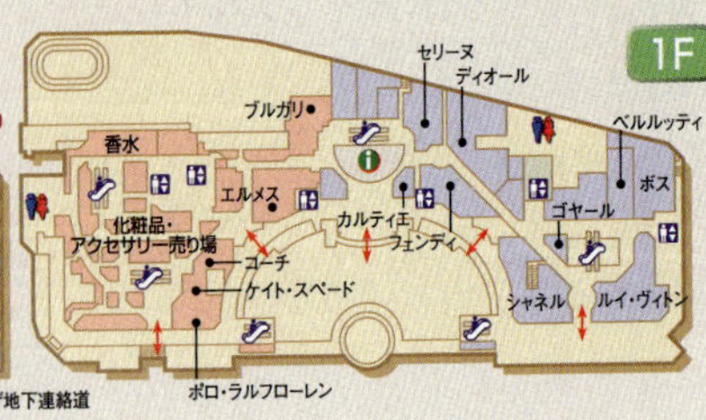

オーチャードのランドマークとなるS.C.
アイオン・オーチャード ION Orchard

オーチャード駅の真上に位置する巨大S.C.。L1〜L4の地上部分は高級感あふれるブランド店街、B1〜B4にはトレンドを意識した手頃な価格帯の店が入店。B1の「イングッド・カンパニー」(→P.268)は仕事にも遊びにも重宝する地元ファッションブランド。B2には規模の大きな「H&M」、「ザラ」、日本未上陸のL3の「アンドアザーストーリーズ」も要チェック。L3の「バイオレット・ウン・シンガポール」(創作プラナカン料理)やL2の「TWGティーサロン&ブティック」、L1の「バシャコーヒー」(→P.241)は注目度の高い人気店。気軽な食事なら、ローカル食のテーマパークのような「フード・オペラ」(B4、→P.237)へ。

MAP P.85-3C
オーチャード・ロード周辺
住2 Orchard Turn
☎6238-8228 URL www.ionorchard.com 営10:00〜22:00 行き方MRTオーチャード駅から徒歩約2分。B2でMRTオーチャード駅と直結。ウィーロック・プレイスにつながる地下通路がB1にある。

左／1階吹き抜けの中央にインフォメーションカウンターがある
中／入口付近にはルイ・ヴィトン、ティファニー、カルティエなど堂々のラインアップ
右／海外コスメのセレクトショップ「セフォラ」も規模が大きい

流行のショップ、レストランがめじろ押し
ウィスマ・アトリア Wisma Atria

地下1階から地上3階まで、中央の吹き抜けを囲むように店が並ぶ。ファッションの店、特にカジュアル系のブティックが多く、女性客に支持されている。地下1階にはカラフルなプリント柄ウエアの「フューチャーステイト」や、オンでもオフでも活躍してくれるファッションの「プレイドレス」など。さらに同フロアには「プリティ・フィット」(→P.272)、「チャールズ&キース」(→P.271)、「Pazzion」といったシンガポール発レディスシューズの店も集まる。4階にあるフードコートの「フード・リパブリック」(→P.237)は、旅行者にもおすすめ。

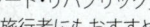

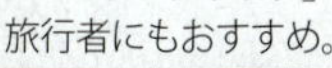

MAP P.85-3C
オーチャード・ロード周辺
住435 Orchard Rd.
☎6235-2103
URL www.wismaonline.com
営店により異なるが、だいたい10:00〜22:00 行き方MRTオーチャード駅から徒歩約3分。

左／地下1階はオーチャード駅、高島屋S.C.につながっている。また、同フロアには話題のスイーツやスナック店が多数ある　中／キュートなサンダルが人気の「プリティ・フィット」　右／ガラスの壁面が近未来的な外観

高感度でハイセンスなショップが集合
マンダリン・ギャラリー Mandarin Gallery

ヒルトン・シンガポール・オーチャード(→P.309)に隣接するモール。L1からL4に約100店あり、センスのよい店が多い。L1〜L2はインターナショナルブランド、L3にはエッジの効いたカジュアルブランド、L4はレストランが充実。特にスイーツやカフェ、雑貨の店に注目したい。チーズ&ワインバーやデリもある「プロビドール」、L4の「アーティスティック」は買い物途中に立ち寄ってみたいカフェ。雑貨店はL4の「メリッサ」(→P.271)、バッグ&アクセサリー店「クインテセンシャル」(→P.270、L2)など。

左／「プロビドール」併設のベーカリーでは、ケーキやジャムも販売
右／オーチャード・ロードに面してマイケル・コース、マックスマーラなどのブランド店が並ぶ

MAP P.86-2A
オーチャード・ロード周辺
住333A Orchard Rd.
☎6831-6363
URL mandaringallery.com.sg/home
営店によって異なるが、だいたい11:00〜21:00
行き方MRTサマセット駅から徒歩約5分。

ランジェリーや美容用品の「ヴィクトリアズ・シークレット」がL1〜L2の2フロアに入店

ブランドブティックをはじめ旬の店をセレクト

パラゴン Paragon

MAP P.85-3D
オーチャード・ロード周辺

住290 Orchard Rd.
☎6738-5535
URL www.paragon.com.sg
営店により異なるが、だいたい10:00～21:00
行き方 MRTオーチャード駅から徒歩約5分。

有名ブランドショップの充実度が高いパラゴン。メインの建物とその西側に増設された部分があり、規模の大きなグッチ、プラダをはじめ、フェラガモ、ミュウミュウと人気どころを網羅している。5階には子供服のブランド店が多く、スパやネイルサロンもある。2階の「ポール」や3階の「ピーエス・カフェ」(→P.243)、5階の「ベイカーズ・ブルー・カフェ」は休憩によい。地下には薬膳スープで知られる「スープ・レストラン」(→P.211)、インドネシア料理の「タンブア・マス」(→P.222)、シンガポールのローカル料理店「コロニアルクラブ・シグネチャーズ」などが並ぶレストラン街がある。

西側の棟の各階にオープンスペースのカフェがある

左／オーチャード・ロード沿いに有名ブランド店がズラリ　右／食事メニューも充実の「ピーエス・カフェ」

雑貨ハンティングならこのモールへ

タングリン・モール Tanglin Mall

MAP P.84-2A

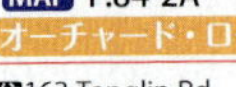

住163 Tanglin Rd.
☎6736-4922
URL www.tanglinmall.com.sg
営10:00～22:00
行き方 MRTオーチャード・ブルバード駅から徒歩約3分。

欧米人向けの店が多く、客層も国際的。地下1階から地上3階まで、おしゃれな雑貨や子供服の店が多いのが特徴だ。ビストロを併設したインテリア雑貨店「ハウス・オブ・アンリ」(2階、3階)は注目店。リゾートウエアの「シモーネ・イラニ」(2階)、バリ島で作られたエスニックな夏服が揃う「ホワイト・ジンジャー」(3階)、シルクウエアとインテリア雑貨の「シルク・ウォーク」も要チェックだ。ギリシア・地中海料理の「Pano Kato Grill, Pizza & Deli」(2階)はトロピカルでスタイリッシュな人気店。

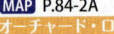

左／正面がフランスの老舗ブーランジェリー「ポール」。地下にはスーパーやフードコートがある　右／規模は小さいが注目店多数

子供用品が充実

フォーラム・ザ・ショッピング・モール Forum The Shopping Mall

MAP P.84-2B
オーチャード・ロード周辺

住583 Orchard Rd.
☎6732-2469
URL forumtheshoppingmall.com.sg
営店により異なるが、だいたい10:00～20:30
行き方 MRTオーチャード駅から徒歩約7分。

ゲス・キッズ、DKNYキッズなどの子供服から子供用美容室まで、子供に関するショップが大集合。2階のセレクトショップ「kids 21」では、輸入物のしゃれた子供服が揃う。絵本と文具や小物雑貨の「ブックス・アホイ!」(2階)ものぞいてみたい。子供の遊具設備も整い、3階は「トイザらス」がワンフロアを占める。2階はネイルサロンや美容関連の店が多い。また、日本食のレストランや居酒屋も1階や地下1階に複数入店。

左／地下1階から地上3階に60余りの店舗と飲食店が入店する小規模なモール　右／子供の遊び場も備わり、親子連れで訪れる買い物客が多い

トップ人気店を集めたパワフルS.C.

313・アット・サマセット

313@somerset

サマセット駅メイン出入口とB2で直結しており、駅を起点にした人の流れを独占、オーチャードの新たな核となっている。注目すべきはファストファッションの充実度。大規模な「ザラ」(B1～L2)をはじめ、「マンゴ」(L2)、「コットン・オン」(B2)が出店。L4にはストリートファッションが揃う「ウェルブレッド」、L2には現地の女性に大人気の「ラブボニート」(→P.272)がある。

L4の「オンマ・スプーン」は韓国かき氷スイーツ店。L5には「フード・リパブリック」(→P.237)があり、B3のレストラン＆フード街にも旬の店が集まる。

MAP P.86-2A
オーチャード・ロード周辺

住313 Orchard Rd.
☎6496-9313
URL www.313somerset.com.sg
営店によって異なるが、だいたい10:00～22:00
行き方 MRTサマセット駅から徒歩約1分。

左／さまざまなVRゲームが楽しめるスポット「ニューワールドカーニバル」がL3にある　右／カラフルなパッケージが目を引くオーストラリア発のティーブランド「T2 tea」(L1)

地下3階～地上5階の8フロアに約180の店がある

トレンド先駆け店を集めた個性派S.C.

オーチャードゲイトウェイ

Orchardgateway

オーチャード・ロードの両サイドをブリッジで結ぶショッピングセンター。B2からL4までの6フロアが映像やアート作品で彩られている。各フロアでオーチャード・セントラル、L1で313・アット・サマセットとつながっており、地下でMRTサマセット駅と連結。ネイティブ・アメリカンの手工芸品も豊富な本革製品の専門店「310ウッドランド」(L4)や手作り石鹸の店「ソープ・ミニストリー」(L3)など、個性的な店が多い。L3～L4には「ライブラリー・アット・オーチャード」(→P.122欄外)がある。

MAP P.86-2A
オーチャード・ロード周辺

住277 Orchard Rd.
☎6513-4633
URL www.orchardgateway.sg
営10:30～22:30
行き方 MRTサマセット駅から徒歩約1分。

左／ワークショップも行う石鹸専門店「ソープ・ミニストリー」(L3)　右／L1の通路はファッションショーのランウェイをイメージ

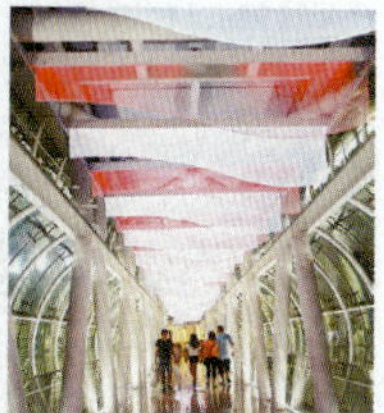

連結ブリッジはライトアップされる。ブリッジの先はスポーツ用品店

アートと融合したS.C.

オーチャード・セントラル

Orchard Central

ユニークな造りや眺望を楽しみつつ買い物ができる。B2からL2まで随所にアート作品を配し、フロアごとに違ったデザインで展開。外壁に取り付けた3階分を一気に昇るスーパーエスカレーター、最上階のL11～L12には緑や水辺を配したルーフガーデンを造るなど、アイデア満載だ。カニを豪快に食べられる「ダンシング・クラブ」(L7)や、ミルクレープが有名な「レディM」(L2)など旬の飲食店も多い。B1～B2に日本の「ドンドンドンキ」(→P.122欄外)が大々的に展開。

MAP P.86-2B
オーチャード・ロード周辺

住181 Orchard Rd.　☎6238-1051　URL www.fareastmalls.com.sg/orchard-central
営11:00～22:00(レストランは～22:30)
行き方 MRTサマセット駅から徒歩約3分。

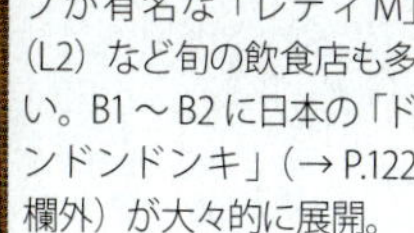

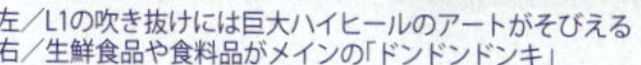

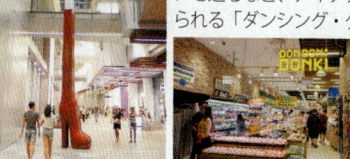

左／L1の吹き抜けには巨大ハイヒールのアートがそびえる
右／生鮮食品や食料品がメインの「ドンドンドンキ」

L11～L12にはレストランが7店あり、L11のルーフガーデンには草間彌生氏のアート作品を展示

S ハイセンスな品揃えの老舗デパート
タングス
Tangs

創業は1932年、根強い人気を誇るオーチャードの大御所だ。注目は地下1階にあるギフト・ショップ（→P.271）。ローカルデザイナー作の雑貨やさまざまなフードみやげが集められており、おみやげ探しに立ち寄ってみたい。同フロアのフードコート「タングス・マーケット」（→P.236）は、マレーシアのローカルフードが充実。2階はしゃれたファッションや雑貨がコーナー展開していて、レディスファッションの「イングッド・カンパニー」（→P.268）が広いスペースをもつ。4階にはランコムやイソップのフェイシャルサロンやスパがある。

MAP P.85-2C
オーチャード・ロード周辺
住310 Orchard Rd.
☎6737-5500
URL www.tangs.com
営11:00〜21:00 休無休
行き方 MRTオーチャード駅から徒歩約3分。

左／2階のキッズコーナーは見やすく、楽しそうなレイアウト　右／デザイン雑貨、手工芸品、アクセサリー、フードみやげが集合するタングス・ギフト・ショップ

S 日本の百貨店感覚で買い物しやすい
イセタン・スコッツ
Isetan Scotts

オーチャード・ロードとスコッツ・ロードの交差点にある。地下1階から地上4階にファッションから家庭用品、スポーツ用品までコンパクトにまとまっていて、買い物しやすい。おみやげ探しに役立つ、シンガポールのデザイングッズを集めたコーナー（2階）と、地下1階のスーパーマーケット（→P.77）は見逃せない。どちらもセンスが光る商品セレクトで、効率よくおみやげのまとめ買いができる。3階のメンズストリートファッションのコーナーも充実。ゴルフ用品などのスポーツ商品にも力を入れている。1階カスタマーサービスでは、免税手続きなどの日本語対応が可能。

MAP P.85-2C
オーチャード・ロード周辺
住350 Orchard Rd., Shaw House
☎6733-1111
URL www.isetan.com.sg
営10:00〜21:00 休旧正月1日 カード A D J M V
行き方 MRTオーチャード駅から徒歩約5分。

シンガポールのアイコン・名物をあしらった雑貨やスキンケア用品を集めたコーナー（2階）

左上・左下／2階の雑貨コーナーの人気商品。上はショッピングバッグ（各$57）、下は九谷焼とコラボしたマーライオンの小皿（$20）　中／1階は10以上のコスメブランドが並ぶ　右／ストリートファッションを中心に最新トレンドを揃えたメンズコーナー「iEdit」

※記載情報は2023年1月時点のもの。最新情報は店頭で確認ください。

Column
若者カルチャーを発信するファーイースト・プラザ

流行に敏感な若者たちでにぎわうショッピングセンター（S.C.）がここ。ウエア、靴、バッグ、雑貨、レストラン、カフェ、マッサージ、ビューティサロン、テーラー、両替などの小さな店が6フロアにギュッと詰まっている。大型S.C.ではお目にかかれない掘り出し物を発見できるかも。

左／週末はティーンエイジャーでにぎわう　右／ファッション店がメイン

◆雑貨店　The Corner Shop
世界中のデザイナーやオリジナルブランドの雑貨、洋服を販売するショップ。おもしろ雑貨も多く、雑貨好きは必見。

住#03-16 Far East Plaza　☎6235-7614
営12:00〜20:00 休旧正月4日間 カード M V

ファーイースト・プラザ　Far East Plaza
MAP P.85-2C 住14 Scotts Rd. ☎6734-2325
営店により異なるが、だいたい11:00〜21:00
行き方 MRTオーチャード駅から徒歩約6分。

拡張されて注目度アップ

プラザ・シンガプーラ Plaza Singapura

MAP P.87-2C
オーチャード・ロード周辺

住68 Orchard Rd.
☎6631-9931
URL www.capitaland.com/sg/malls/plazasingapura/en/stores.html
営店によって異なるが、だいたい10:00～22:00
行き方 MRTドービー・ゴート駅から徒歩約3分。

本館と隣のオフィスビル「アトリウム@オーチャード」の新館からなる。ドービー・ゴート駅の真上ということもあり、さらなるにぎわいを見せている。新館の1階にはキールズやロクシタン、イニスフリーなど自然派コスメ店がズラリ。本館は地下2階から7階まであり、5階には$2ショップの「ダイソー」や手芸用品の「スポットライト」がある。行列ができる香港の飲茶店「ティムホーワン（添好運）」（1階）、休憩によいカフェ「アーティスティック・デパティオ」（3階）をはじめ、日本食も充実。

左／本館は吹き抜けを囲む造り。地下にはアジアのスナック類やファストフード店が多数ある　右／新館は1階、3階、4階というフロア構成。写真は入口付近のスキンケア＆化粧品店の並び

スキンケアやフードのオリジナル商品は要チェック！

マークス&スペンサー Marks & Spencer

MAP P.85-2C
オーチャード・ロード周辺

住501 Orchard Rd., #01-01 Wheelock Place
☎6733-8122
URL www.marksandspencer.com/sg　営10:00～22:00（金曜～22:30、土・日曜9:00～）
休無休　カード A D J M V
行き方 MRTオーチャード駅から徒歩約3分。
［他店舗］住252 North Bridge Rd., #B1-44E Raffles City
☎6267-0079
住290 Orchard Rd., #03-35/40A Paragon　☎6732-9732
住68 Orchard Rd., #03-13/14/33 Plaza Singapura
☎6835-9552

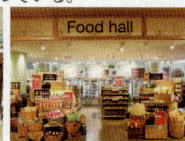

シンガポールに8店舗を展開する英国系デパート。ウィーロック・プレイス1階の店はいち早く新商品が入荷するシンガポール旗艦店だ。レディス&メンズファッション、コスメ、ホームウエア、食料品と幅広い品揃え。ウエアはベーシックなデザインが多く、大きなサイズもある。下着も種類、サイズともに豊富。おみやげにおすすめなのは、パッケージのセンスもよいバス用品やスキンケアグッズ。ベーカリー併設の食料品売り場では、グルテンフリーの食品も扱っている。

左／入口付近にあるレディスファッションのコーナー　中／花やハーブ、ロイヤルゼリーを使った自然派ケア用品が人気　右／イギリスの食品を中心にワインや焼きたてパンまである食料品売り場

おしゃれカフェが続々登場

ミレニア・ウオーク Millenia Walk

MAP P.81-2D
マリーナ・エリア

住9 Raffles Blvd.
☎6883-1122
URL www.milleniawalk.com
営店により異なるが、だいたい10:00～21:00
行き方 MRTプロムナード駅から徒歩約2分。

2フロア吹き抜けの通路に沿ってショップが並ぶ。1階はアクセサリーの「アレキサンドリア・メゾン」、ビンテージウエアの「デジャブ・ビンテージ」などがある。日本の「明治屋」、札幌から出店の「プルマンベーカリー」は人気店。コーヒーがおいしい「キース」、「Joe & Dough」などカフェも高レベル。2階にはラーメンや北海道カレー、豚カツなどの日本料理店8軒が連なる「ジャパンストリート」がある。

明治屋（スーパー）は1～2階の2フロアで展開。1階にはカフェ、カレーやラーメンの店があり飲食もできる

左／カラフルなペイントの吹き抜けが華やいだ気分にしてくれる　右／コーヒーがおいしく使い勝手のよいカフェ「キース」

S ハイエンドからローカルまで揃ったメガS.C.

サンテック・シティ・モール Suntec City Mall

MAP P.81-1D
マリーナ・エリア

住 3 Temasek Blvd.
☎ 6266-1502
URL sunteccity.com.sg
営 店により異なるが、だいたい11:00〜21:30
行き方 タワー5、1の近くへはMRTエスプラネード駅下車（徒歩5〜8分）、タワー3、4、2の近くへはMRTプロムナード駅下車（徒歩約3〜5分）。

シンガポール国際会議場・展示会場、サンテックタワー1〜5の下層部分にある巨大ショッピングセンター。

タワー5、タワー1と2、タワー3と4にそれぞれ隣接する3つのエリアに約350店舗。端から端まで歩くと10分以上かかる広さなので、目的を決めて訪れたい。

アトラクション的見どころをチェック

5つのオフィスタワーに囲まれた中央部にある噴水「ファウンテン・オブ・ウエルス」は、よい「気」があふれる願掛けスポットとして有名（詳細→P.115）。水に触って願い事をしたり、記念写真を撮ったりできる。地下1階には噴水を囲んで各国料理店が集合している。

3階のスカイガーデンには開放感いっぱいのテラス席を設けたレストランやバーが約10店ある。

吹き抜けがあるタワー1とタワー2のエリア

おすすめショップ&レストラン

内外の人気ブランドをおさえており、1階はスポーツ用品やシューズの店が充実。オーストラリア生まれのお茶専門店「T2 tea」ものぞいてみたい。2階には「ハンズ」、「ドンドンドンキ」が、地下1階にはスーパーの「ジャイアント・ハイパーマーケット」（→P.78）もある。

ダイニング施設もバラエティ豊富で、地下のフードコート「フード・リパブリック」（→P.237）や、タワー1の3階の日本食レストランが連なる「ジャパン・フード・ストリート」がある。ローカル料理を手軽にというときは1階の「ハリアンズ・ニョニャ・テーブル」（→P.243）や「オールド・チャンキー」がおすすめ。

タワー1の3階の「ジャパン・フード・ストリート」。寿司、うなぎ、天丼、お好み焼きなど6店がラインアップ

シンプルなカジュアルウエアが揃う「プレイドレス」

生鮮食品からおもちゃまで何でもありの「ドンドンドンキ」。ハンバーグ店「TOMI」や居酒屋「ドリンクドランクドンキ」も併設

タワー1〜5が取り囲む中央に世界最大の噴水がある。夜はライトアップされる

注目度の高い複合S.C.

マリーナ・スクエア

Marina Square

3つのホテルを含む複合ビルに、人気の高いショップやレストラン約300店が入店。イベント広場、ボウリング場、映画館も加わり、複合的な娯楽施設といった様相だ。2階はザラをはじめ、ザラの姉妹ブランド「マッシモ・ドゥッティ」や「ブリティッシュインディア」（→ P.275）といったファッションの店が中心。2～3階に展開するギフトとライフスタイルの大規模店「タートル」ものぞいてみたい。インテリア用品、文房具、ぬいぐるみ、コスメ、アクセサリーと多種多様な品揃えが楽しい。

左／カジュアルなリゾートウエアの店「アイランド・ショップ」（2階）　右／2～3階は催事場を中心に十文字に売り場通路が延びる

MAP P.81-2D マリーナ・エリア
住6 Raffles Blvd.
☎6339-8787
URL www.marinasquare.com.sg
営店によって異なるが、だいたい10:00～22:00
行き方 MRTエスプラネード駅から徒歩約5分。

歴史遺産からなる複合施設

キャピトル・シンガポール

Capitol Singapore

1904年建造のスタンフォード･ハウス、1930年代初頭に完成したキャピトル･シアターとキャピトル･ビルの3つの保存建造物と新設のビルを統合した施設。キャピトル・ケンピンスキー・ホテル・シンガポール（→ P.300）、キャピトル・シアター、ショッピングモールで構成され、上階は高級アパートメントだ。

ホテルに隣接する「アーケード@キャピトル・ケンピンスキー」は世界中の料理が楽しめる飲食街。ショップはジュエリーや時計店、ライフスタイルショップ、美容サロンがメイン。新しいビルの1階には台湾の有名ブーランジェリー「ウー・パオ・チュン・ベーカリー」がある。

地下2階でシティ・ホール駅に直結している。

左／アトリウムのあるレストラン街「アーケード@キャピトル・ケンピンスキー」。写真はカニ料理店「ホーリークラブ」　右／コロニアルな歴史建築物の原形をとどめている

MAP P.80-1B シティ・ホール周辺
住13 Stamford Rd.
☎6973-2608
URL capitolsingapore.com
営10:30～22:30
行き方 MRTシティ・ホール駅から徒歩約2分。

エッジの効いた遊び心満載のS.C.

フナン

Funan

前身の電気製品やパソコン店中心のコンセプトを引き継ぎ、進化を遂げて2019年に登場したショッピングセンター。最新の電気製品を扱う店、ファッションやアクセサリーの店、レストランなど軟硬合わせた店がラインアップ。画期的なのは、館内1階は朝の時間帯のみ自転車で通行可能なこと。さらに地下2階から地上2階の吹き抜け部分に設置されたクライミングウオールも目を引く。

2階にあるシンガポールのファッションブランド「Beyond the Vines」や「ラブボニート」（→ P.272）は人気店。同フロアの「Think」は、輸入物の文房具が充実の品揃え。7階（屋上）には屋上農園で育てた野菜や自家農場の野菜を用いるレストラン「NOKA」がある。

左／赤いライン上は、スポーツサイクルで通勤する人の利便性から7:00～10:00の間、自転車を降りて「押し歩き」で通行可　右／ライティングやミラーを多用した近未来的なデザイン。地下2階から7階まであり、見応え十分

MAP P.80-2B シティ・ホール周辺
住107 North Bridge Rd.
URL www.capitaland.com/sg/malls/funan/en.html
営店によって異なるが、だいたい10:00～22:00
行き方 MRTシティ・ホール駅から徒歩約3分。

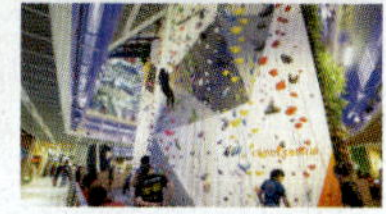

上／天井から足が突き出た巨大像がある文房具店「Think」　下／「クライム・セントラル」が運営するクライミングウオール

駅や観光地を地下でつなぐモール
シティリンク・モール CityLink Mall

シティ・ホール駅とエスプラネード駅をつなぐ地下のショッピングモール。途中にエスプラネード・シアターズ・オン・ザ・ベイ方面の出口、エスプラネード駅からはマリーナ・スクエアやサンテック・シティへも通路が延びる、地下大動脈だ。端から端まで約 15 分の通路に旬の店が 60 以上並んでいる。レディスシューズの「チャールズ＆キース」（→ P.271）や「プリティ・フィット」（→ P.272）、ユニークなパンに出合える「ユーゴスラビア・ベーカリー＆カフェ」（→ P.252）もチェックしたい。

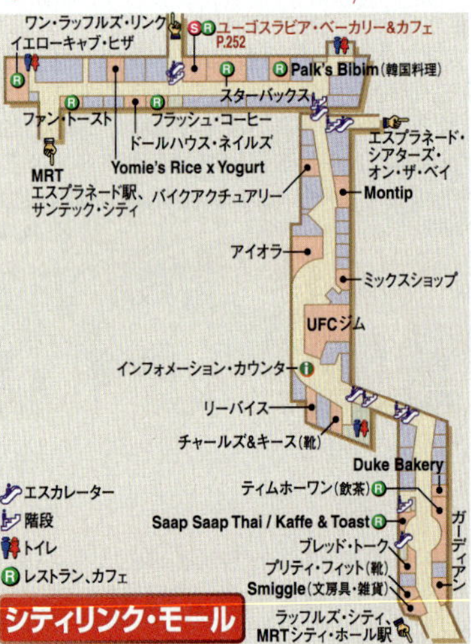

MAP P.81-2C
シティ・ホール周辺

住 1 Raffles Link
☎ 6339-9913
URL citylink.com.sg
営 店によって異なるが、だいたい10:00～22:00
行き方 MRTシティ・ホール駅から徒歩約1分、エスプラネード駅から徒歩約5分。

上／「チャールズ＆キース」は規模の大きな人気店　下／シティリンク・モールは、シティ・ホールからマリーナ・エリアへの移動に便利な地下街だ

流行のツボをおさえた人気S.C.
ラッフルズ・シティ Raffles City

1～2 階はウエアや靴、アクセサリーなどの人気ブランドがめじろ押し。1 階にヨガをはじめ、アスレチックウエアの「ルルレモン」、コスメのセレクトショップ「セフォラ」が新たに登場した。3 階のナチュラル志向のカフェ「ピーエス・カフェ」（→ P.243）は、休憩によい。同フロアにはモダンなフードコートもある。地下 1 階は迷路のような造りのフロア。スナックやスイーツの店がたくさんあり、食べ歩きをしてみたくなる。パリのブーランジェリーと提携した「チョンバル・ベーカリー」（→ P.140）も人気店。

MAP P.80-1B
シティ・ホール周辺

住 252 North Bridge Rd.
☎ 6318-0238
URL www.capitaland.com/sg/malls/rafflescity/en.html
営 店によって異なるが、だいたい10:00～22:00
行き方 MRTシティ・ホール駅から徒歩約2分、エスプラネード駅から徒歩約3分。

天井から光が差し込む明るい館内。3階にある「ピーエス・カフェ」は開放感いっぱい。このS.C.はシティ・ホール駅真上にあり、地下2階のリンクウエイでエスプラネード駅にもつながっている

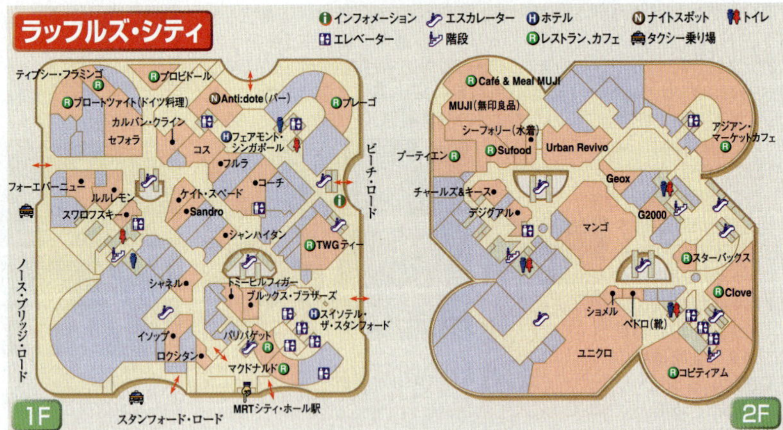

日本の原宿をコンセプトにした
クラーク・キー・セントラル Clarke Quay Central

クラーク・キーの対岸、シンガポール川に面したビルの地下1階から4階。東側（ユー・トン・セン・ストリート側）「イエローゾーン」、隣接する西側「ブルーゾーン」の2エリアある。ファッションがメインで約280店が集合。2階は「ルミネ・シンガポール」がスペースを占める。また、日本関連の店が多く、「まる玉らーめん」（3階）や「山頭火」（2階）、「天丼琥珀」（→P.231）をはじめ、日本食レストランが充実。地下にはフードホールも備えた「ドンドンドンキ」もある。

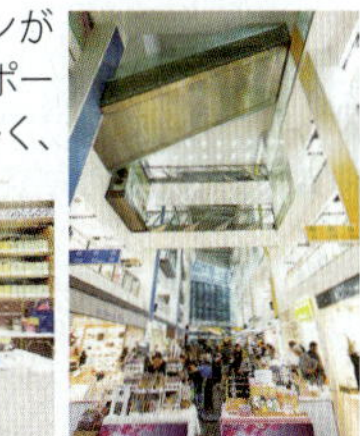

左／「オールド・センチョーン」（→P.276）のローカル風味のクッキーはおみやげに人気　右／写真はイエローゾーン。ブルーゾーンの地下でクラーク・キー駅と直結している

MAP P.83-2D
クラーク・キー周辺

住6 Eu Tong Sen St.
☎6532-9922
URL www.fareastmalls.com.sg/clarke-quay-central
営11:00頃～22:00頃（レストランは～22:30または23:00）
行き方 MRTクラーク・キー駅から徒歩約2分。

大改装を終えて見どころ満載のS.C.に変身
グレート・ワールド Great World

以前はグレート・ワールド・シティと呼ばれていたが、グレート・ワールド駅の開業と地域の再開発に備え、大々的に改装。2020年に洗練されたショッピングセンターに生まれ変わった。トレンドを意識した店やレストランが約220店。充実のファッション店のほか、雑貨の「リムズ」（2階、→P.274）、「ペーパーマーケット」（1階）など。子供用品の店も揃っており、子供の遊び場とビストロを合体させた「アマゾニア」（3階）や2階屋外にプレイグラウンドも完備。地下2階にスーパー「明治屋」もある。

創作点心の「ブラックソサエティ・ディムサム・キッチン」、インド料理の「ザフラン・キッチン」（ともに1階）など飲食店もユニークなセレクション。

MAP P.82-1A
クラーク・キー周辺

住1 Kim Seng Promenade
☎6737-3855　URL shop.greatworld.com.sg　営店により異なるが、だいたい10:00～22:00　行き方 MRTグレート・ワールド駅から徒歩約1分。

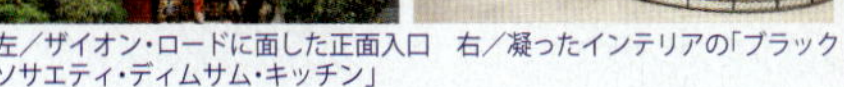

左／ザイオン・ロードに面した正面入口　右／凝ったインテリアの「ブラックソサエティ・ディムサム・キッチン」

地下2階から地上3階の5フロア。アトリウムに設けたポッド状のスペースにも店がある

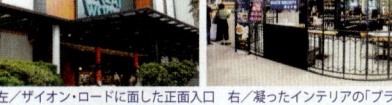

遊び感いっぱいのテーマパークのようなS.C.
ブギス・ジャンクション Bugis Junction

デパートのBHG、ファッション&フード専門店街、ホテルのインターコンチネンタル・シンガポールで構成されている。ブギス駅に直結しており、アクセスも便利。

ガラス張りの天井をもつ通りに沿って並ぶ、プラナカンのショップハウスを模した造りの専門店街には100余りの店がある。1～3階には人気のファッション店が並び、2階にはアジア各国レストランが勢揃い。3階にはフードコートの「マレーシア・ボレ！」（→P.238）があり、地下は食べ歩きスナックやカジュアルレストランが充実している。4階は映画館。

MAP P.90-2B
ブギス周辺

住200 Victoria St.
☎6631-9931
URL www.capitaland.com/sg/malls/bugisjunction/en.html
営店によって異なるが、だいたい10:00～22:00
行き方 MRTブギス駅から徒歩約2分。

左／通路中央の露店で小物やアクセサリーを販売　中／通路沿いにショップハウスが並ぶ造り　右／マレーシアの屋台街の雰囲気を再現した「マレーシア・ボレ！」

日系のショップが数多く入店
ブギス・プラス
Bugis+

L1 ～ L5 まで 5 フロアあり、吹き抜けを取り囲むように店を配置。規模が大きいのは 2 フロアを占める「ユニクロ」、L1 のスペイン発のカジュアルブランド「プル・アンド・ベア」や「エディターズ・マーケット」(→ P.269) など。コスメショップ「ソウル・ボーテ」(L3) では、韓国の幅広いブランドの商品を揃えている。

また、日本食の店が多く、L4 に日本のラーメン店 6 店が入った「らーめんチャンピオン」、L1 には「CoCo 壱番屋」と「やよい軒」がある。

MAP P.90-2B
ブギス周辺

住201 Victoria St.
☎6631-9931 URL www.capitaland.com/sg/malls/bugisplus/en.html 営店により異なるが、だいたい10:00～22:00 行き方 MRTブギス駅から徒歩約4分。

左／ファストファッションが充実　右／外観はオブジェのような造形

チャイナタウンのランドマーク的なS.C.
チャイナタウン・ポイント
(唐城坊)
Chinatown Point

地下 2 階から地上 3 階まで吹き抜けを囲むように店が並ぶ。ショップはカジュアル系のファッション店が中心。約 80 年の歴史がある「泰茂棧」(1 階) では、潮州の伝統菓子を販売。スーパーマーケットの「NTUC フェアプライス」(地下 1 階) や「ダイソー」(地下 2 階) もある。レストランや食べ物系の店が多く、バクテーの名店「松發肉骨茶」(1 階、→ P.51) やタイのストリートフード店「Kra Pow」(2 階)、スノーアイスで有名な「味香園」(地下 2 階、→ P.246) などが人気店。

MAP P.88-1B
チャイナタウン

住133 New Bridge Rd.
☎6702-0114
URL chinatownpoint.com.sg
営店によって異なるが、だいたい10:00～22:00
行き方 MRTチャイナタウン駅から徒歩約1分。

自然光が降り注ぐ中央の広場では催し物が行われる。2～3階には旅行会社が多い

駅直結で旅行者も利用しやすいS.C.
シティ・スクエア・モール
City Square Mall

ファーラー・パーク駅に直結しており、散策途中に立ち寄るのに便利。ここは省エネ、CO2 排出削減など環境保護をコンセプトにした造りになっている。B2 から L5 に約 200 店､規模が大きいのは百貨店の「メトロ」。ファッションは定番の人気店が揃っている。おすすめはプラナカンのショップハウスを模したフードコートの「フード・リパブリック」(→ P.237、L4)。同フロアには「ダイソー」が広々と展開。L5 は映画館がある。

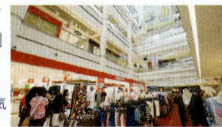

MAP P.93-1C
リトル・インディア

住180 Kitchener Rd.
☎6595-6595 URL www.citysquaremall.com.sg
営10:00～22:00 休無休
行き方 MRTファーラー・パーク駅から徒歩約1分。

左／ビジュアルが楽しい「フード・リパブリック」　右／地元で人気の店がラインアップ

グルメ関連の店が充実の国内最大級のS.C.
ビボシティ
VivoCity

セントーサ島を目の前に望むシーサイドに立ち、ショップやダイニングのほかに人工ビーチ、映画館、子供の遊び場などが備わる。波をイメージした設計は日本人建築家によるもので、地下 2 階 (地下 1 階は駐車場)、地上 1 ～ 3 階の 4 フロアで構成。注目したいのは巨大スーパーマーケット「フェアプライス・エクストラ」(→ P.75)。館内には手頃で味のよいレストランが多い。地下 2 階でハーバーフロント駅と直結、3 階にセントーサ・エクスプレスの駅がある。

MAP P.95-1C
郊外のエリア

住1 Harbour Front Walk
☎6377-6870
URL www.vivocity.com.sg
営10:00～22:00
行き方 MRTハーバーフロント駅から徒歩約2分。

左／モールの天井は波形のシェイプ　右／3階中央部は人工ビーチのあるスカイパークになっていて水遊びができる

シンガポールの中の異国

エスニックなショッピングセンター

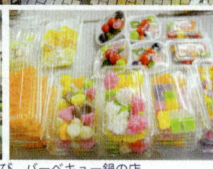

アジアの人々が大勢暮らし、その国に特化したショッピングセンターがある。アジアの言葉が飛び交い、珍しい商品、独特のにおいであふれ返っている。シンガポールに居ながらにしてディープな世界をのぞいてみよう。

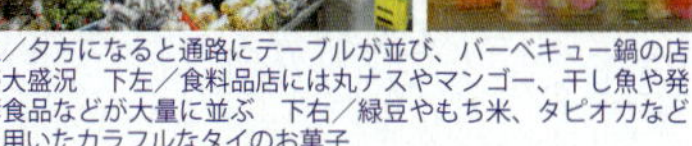

上／夕方になると通路にテーブルが並び、バーベキュー鍋の店が大盛況　下左／食料品店には丸ナスやマンゴー、干し魚や発酵食品などが大量に並ぶ　下右／緑豆やもち米、タピオカなどを用いたカラフルなタイのお菓子

別名「リトル・タイ」 ゴールデン・マイル・コンプレックス Golden Mile Complex

濃密な空気が漂う館内はタイそのもの。食料品や日用品店、お菓子やお供え物の出店、美容サロンにカラオケ店、食堂などタイ人御用達の店がズラリ。

MAP折込裏 -1D、P.91-1D 住5001 Beach Rd. 営店によって異なるが、11:00 頃～21:00 頃 行き方MRT ニコル・ハイウエイ駅から徒歩約 10 分。

館内はスパイスや食べ物が混じり合った東南アジアのにおいに満ちている

Information

1973 年建造の複合施設。タイからのバスの発着所であったことから、旅行会社や両替商、タイ人の需要を満たす店がどんどん増えた。現在もタイやマレーシア行きの長距離バスの会社や乗り場がある（→ P.357）。

1階には長距離バスを運行する旅行会社が並ぶ

安くてうまいレストラン ディアンディン・レラック Diandin Leluk

レストラン形式で観光客も入りやすい。おすすめは卵包みの焼き麺、オムレツパッタイやスパイスが効いたトムヤムスープ。

MAP折込裏 -1D 住#01-67/68/69 Golden Mile Complex ☎6293-5101 営10:30 ～ 22:30 休 無休 カード J M V

左／外国人観光客の姿も　中／看板メニューのオムレツパッタイ（$8）　右／辛いがうま味たっぷりのトムヤムスープ（$12～）

民族料理が有名なショッピングセンター

ラッキー・プラザ Lucky Plaza

3～4階にフィリピンの食料品や雑貨店、レストランやカフェ多数

MAP P.85-2D 住304 Orchard Rd. 営 店によって異なるが 11:00 頃～ 21:00 頃 行き方MRT オーチャード駅から徒歩約 5 分。

フィリピン料理店 イナサル Inasal

看板料理はチキンやポークベリー、魚のグリル焼きで、タマリンドスープの「シニガン」は家庭の味。

バナナを春巻きの皮で巻き、砂糖をまぶして揚げたおやつの「トゥロン」

住#04-49/51 Lucky Plaza ☎6733-2752 営10:30 ～ 20:30 休 無休 カード 不可

店頭でパンやスイーツを販売

魚や野菜など具だくさんの酸っぱいスープ「シニガン」。味噌入りが店のおすすめ（2～3人用$15）

ペニンシュラ・プラザ Peninsula Plaza

ミャンマー製品全般を揃えたミニマート

MAP P.80-2B 住111 North Bridge Rd. 営 店によって異なるが 11:00 頃～21:00 頃 行き方MRT シティ・ホール駅から徒歩約 3 分。

ミャンマー料理店 インレー・ミャンマー Inle Myanmar

中国やインド、タイの影響を受けたミャンマー料理は独特。スパイスは少なめで油多めのカレー風煮込み料理がメイン。

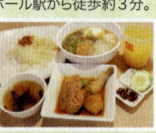

手前中央はチキンカレー（$9.5～）。後方中央のモヒンガー（$9）は魚のだしスープ仕立ての代表的麺料理

地下にある

住#B1-07 Peninsula Plaza ☎6333-5438 営11:00 ～ 22:00 休 無休 カード A J M V

ミャンマービールもある

エリア別ショップガイド

S 着やすくてセンスもよい高機能ウエア
イングッド・カンパニー In Good Company

現地の働く女性の支持を集める、勢いのあるシンガポールブランド。10年前にレーベルを立ち上げ、ライフスタイル全般、さらにメンズやキッズへと商品の幅を広げている。ウエアのデザインはシンプルでミニマル。アクセント的に凝ったあしらいを施しているところがおしゃれ。生地のクオリティや縫製の仕上げの美しさにこだわり、流行に左右されない服作りを心がけている。個性的なアクセサリーや香水、インテリア小物などもあり、マリーナベイ・サンズ店は子供服も扱う。

左／アースカラーのウエアが並ぶ広い店内　右／ストレッチコットンや麻など着心地のよい素材使い。写真は袖を折り返すと雰囲気が変わるコットンのロングブラウス($179)

MAP P.85-3C
オーチャード・ロード周辺

住2 Orchard Turn, #B1-06, ION Orchard ☎6509-4786
営10:00～21:30 休無休
カード A J M V 行き方 MRTオーチャード駅から徒歩約3分。

ロボットをイメージしたアート感覚のネックレス($99)

S エスニック雑貨もリゾートウエアも魅力的
パーム・プレス The Palm Press

ウィーロック・プレイス地下１階にオープンに展開するショップ。ところ狭しと並ぶ雑貨は、籐や天然木、ビーズなどを用いたインドネシア製のインテリア雑貨や、シンガポールの名所やアイコンを織り交ぜたコースターやティータオルなど。民族調のアクセアリーは手頃な値段。バティック地やアニマルプリントのウエアはデザイン性が高く、アクセサリーともども滞在中に活躍しそう。竹の繊維から作られたウエアは着心地もよく、幅広い層に人気の商品。

左／ゾウのキャンドルホルダー(各$15)
右／お宝探しが楽しめる

MAP P.85-2C
オーチャード・ロード周辺

住501 Orchard Rd., #B1-02 Wheelock Place ☎8022-1877
営11:00～20:00 休無休
カード A M V 行き方 MRTオーチャード駅から徒歩約2分。

デザインはシンガポール人で、インドネシアで作製。左のバティックのトップスは$98

S お手軽価格のキュートなアクセサリー
ハンナ・リー Hanna Lee

ロンドン発のアクセサリーショップ。天然石やビーズを組み合わせたおしゃれなアクセサリーは、高級ブランドの装いにもカジュアルウエアにも合う優れ物。奮発しなくても手の届く価格帯なのもうれしいところ。オリジナルのほかセレクトアイテムが並び、巻き方次第でブレスレットにもネックレスにもなるビーズアクセサリーが人気商品だ。カラフルな色味の半貴石やスターリングシルバー、クリスタルなどを用いたほかにはないデザインが見つかる。

左／何重にも巻けばブレスレットに、一重にすればネックレスになる（$79）　右／繊細な作りのガーリーなネックレス（$49）と房飾りのピアス（$59）

MAP P.84-2A
オーチャード・ロード周辺

住163 Tanglin Rd., #02-01 Tanglin Mall
☎6737-0698
営10:00～19:00（日曜11:00～）
休旧正月1日
カード A M V
行き方 MRTオーチャード・ブルバード駅から徒歩約3分。

日本人在住者にも人気の店

シンガポールのスターブランドが集結

デザイン・オーチャード Design Orchard

オーチャード・ロードの一角に新進気鋭のデザイナーの作品販売とクリエイティブな才能育成を目的として誕生した。最新トレンドをいち早くキャッチできるスポットとして注目の的。ウエアやアクセサリーをはじめ、インテリアや小物雑貨、コスメとスキンケア用品、食品、子供服やビーチウエアまで、バラエティ豊かな商品が集まっている。

バティック素材のウエアやハイセンスな雑貨は観光客にも人気。おみやげによいのは、プラナカンのモチーフをデザインした小物類、健康を意識する「インディアン・スパイスボックス」のスパイスキットなど。値段は高めだが、品質、デザインともに申し分のない商品が手に入る。

「Anmako Singapore」のインドネシアバティックのワンピース($169)

MAP P.86-2A
オーチャード・ロード周辺

住250 Orchard Rd., #01-01
☎6513-1743
営10:30～21:30 休旧正月
カード A M V
行き方 MRTサマセット駅から徒歩約6分。

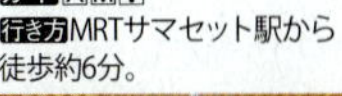

広いスペースにブランドごとに商品展開

プラナカンタイル柄のコースター6枚セット($70)

「インディアン・スパイスボックス」のオーガニックのクミンシードやターメリックなど。各$6.5

地球にも体にも優しい自然成分のパウダーシャンプー。髪質ごとに4種類あり小ボトルは$15.9

カフェ併設のファッション&ライフスタイルショップ

エディターズ・マーケット The Editor's Market

質のよいベーシックウエアで働く女性たちの支持を集め、急成長。国内4店舗をはじめ、アジア各国に進出するシンガポールブランドだ。国内最大規模の髙島屋S.C.内の店は、広いスペースに洋服からキッチン用品や食器まで揃えている。流行に左右されることなく長年愛用してほしいという願いで作られたウエアは、着回しが効き重宝する。手頃な値段設定も魅力。

もうひとつの特徴は店内にオリジナルのカフェを設けていること。スペシャリティコーヒーと本格的な料理を提供しており、買い物ついでではなく、ここを目指して来る客もいるほど。オーチャード散策の休憩どころにリストアップしたい。

左のデニムスカート、右のサンドレスともに$49

MAP P.85-3D
オーチャード・ロード周辺

住391 Orchard Rd., #B1-16～24 Takashimaya S.C.
☎6219-3879
営10:30～20:00 休無休
カード M V 行き方 MRTオーチャード駅から徒歩約5分。
[他店舗] 住201 Victoria St., #01-04 Bugis+

ナチュラルカラーのコットンや麻素材のウエアが中心。ワンピースは$50～、トップスは$30くらいから

左／ウエストギャザーのワンピース($59)は街でもリゾートでも使える
右／食器はシンガポールと海外のものをセレクト

上／併設の「Cafe Found」はミニマルなカフェ　左／シングルオリジンのコーヒー（手前）と抹茶ラテ(後方右、$6)、アールグレーオレンジ(奥、$6.5)

S バルセロナの街から飛び出した個性派ウエア

デジグアル

Desigual

スペイン語で「ほかとは違う」という名をもつスペインブランド。1984年の立ち上げ以来、ファストファッションとは一線を画した独創的なデザインと、XS～XLという幅広いサイズ展開で、世界中に約200の店舗をもつ人気ブランドに。「人生を楽しく彩る」というコンセプトのもと、オリエンタルな刺繍やサイケな花柄、パッチワークが絶妙に混ざり合い、一着一着がアート作品のよう。

MAP P.86-2B オーチャード・ロード周辺

住181 Orchard Rd., #01-11/12/13/14 Orchard Central
☎6509-9805
営11:00～21:00
休無休 カード A J M V
行き方 MRTサマセット駅から徒歩約3分。
[他店舗] 住252 North Bridge Rd., #02-09/10 Raffles City
☎6337-0445

左／旅行に便利なミニサイズのバッグ（$84） 右／裏地付きワンピース($164)

S エキゾチックで個性的な手作りバッグ

クインテセンシャル

Quintessential

ビビッドカラーの大胆なデザインのバッグにひかれて店内をのぞくと、着物の帯を用いたユニークな商品に遭遇。店主はシンガポール人の女性デザイナーで、商品の8割はオリジナル、残りの2割はアジア各国からセレクトした物だという。ビーズやスパンコール、革や籐など、その素材使いと独創性が際立つデザインが特徴。南国フルーツや花、鳥などの絵柄のビーズ刺繍バッグやコインケースはおみやげに要チェック。

MAP P.86-2A オーチャード・ロード周辺

住333A Orchard Rd., #02-20 Mandarin Gallery
☎6738-4811
営12:30～18:30（土曜13:00～17:00）
休日・水曜、旧正月2～3日間
カード A J M V
行き方 MRTサマセット駅から徒歩約5分。

左／とても軽い本革バッグ（各$189） 右／色使いもデザインも遊び心満点のビーズ刺繍のクラッチバッグ(各$169)はハンドメイド。アクセサリーも置いている

S モダンチャイナの定番

シャンハイタン

（上海灘）
Shanghai Tang

チャイナテイストにビビッドカラーの配色が映える香港の世界的ブランド。雑貨やホームウエア、メンズにキッズ用品と、幅広く展開しており、どの商品も凝ったデザインと高品質が魅力。特にウエア類が充実しており、伝統的な柄やモチーフにモード感のあるデザインを施したチャイナドレスは一見の価値あり。バッグも人気商品。食卓を華やかにするチャイナシックなテーブルウエアやジュエリーボックス、ルームフレグランスなどはおみやげにいい。

MAP P.85-3D オーチャード・ロード周辺

住391 Orchard Rd., #03-05/06 Singapore Takashimaya S.C.
☎6737-3537 営10:00～21:30 休旧正月2日間
カード A D J M V
行き方 MRTオーチャード駅から徒歩約5分。
[他店舗] 住252 North Bridge Rd., #01-27A/28 Raffles City S.C. ☎6338-6628

シンガポールに3店舗あり、ここは最大の面積を誇るフラッグシップストア

S 東南アジア最大級のフロア面積を誇る

紀伊國屋書店

Books Kinokuniya

広い売り場には日本語、英語、中国語を中心として、あらゆるジャンルの本が揃っている。日本語の書籍や雑誌も充実。新刊本や雑誌は日本とのタイムラグもほぼなしで入荷する。もうひとつのおすすめはコミックコーナー。日本の漫画は日本語、中国語、英語で読むことができ、アメコミのコレクションは通をうならせるほど。シンガポールの文化や歴史、料理の本もあり、長居してしまいそう。

シンガポールの料理本や写真集、絵本なども要チェック

MAP P.85-3D オーチャード・ロード周辺

住391 Orchard Rd., #04-20/20A/20B/20C/21 Takashimaya S.C.
☎6737-5021
営10:00～21:30（土曜～22:00）
休旧正月2日間
カード A D J M V
行き方 MRTオーチャード駅から徒歩約5分。
[他店舗]
住200 Victoria St., #03-09 Bugis Junction ☎6339-1790

✦Shopping Guide✦

シンガポール感いっぱいのオリジナルみやげ

メリッサ
Melissa

アジアの手工芸品を用いた独自の"シンガポールみやげ"が種類豊富に並ぶ。日本人オーナーのこだわりとアイデアで、おしゃれでかわいい商品が次々生まれている。マーライオンのグッズはバリエーション豊富な人気商品。プラナカンをモチーフにしたグッズも人気が高く、天然成分配合のハンドクリームや石鹸、アロマバームなどの美容アイテムもラインアップ。パイナップルクッキーやローカルコーヒーなど、フードみやげもアイデア満載で、見ているだけで楽しくなる。

巾着袋に入ったコーヒーバッグのコピはおみやげに好評(2パック入りで$5)

左／アタという植物で編んだコースター(2枚セット$6)　右／6種類から2種類を選べるプラナカンタイル柄の小皿(2枚セット$25)

名所や名物が網羅された「シンガポールABCかるた」は大人も遊べる（自動音声のQRコード付き、$20）

MAP P.86-2A
オーチャード・ロード周辺
住333A Orchard Rd., #04-29/30 Mandarin Gallery
☎6333-8355
営11:00〜19:00　休月曜、旧正月5日間　カード A J M V
行き方 MRTサマセット駅から徒歩約6分。

おみやげ探しの穴場

タングス・ギフト・ショップ
Tangs Gift Shop

オーチャードのタングス（→ P.260）地下1階に設けられたおみやげコーナー。シンガポールのアイコン雑貨をはじめ、バティックやビーズ細工などの手工芸品、地元デザイナー作のアクセサリー、お菓子や人気メーカーの調味料まであり、おみやげを一気に調達できる。プラナカンの縁起のよいモチーフをデザインした漆器の小物入れやコースターは、部屋を明るく華やいだ空気に変えてくれる。パステルカラーのプラナカン陶器も置いている。

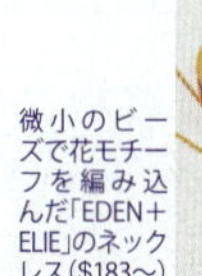

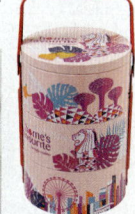

微小のビーズで花モチーフを編み込んだ「EDEN＋ELIE」のネックレス($183〜)

左／ローカルフードの絵柄が楽しいプラスチック皿（小$13.9〜）　中／ランチボックス入りクッキーはチリ・クラブ、ラクサ、チキンライスの3種類の風味（$26.8）　右／インスタント麺や調味料、お菓子と幅広い品揃えの食品みやげコーナー

MAP P.85-2C
オーチャード・ロード周辺
住310 Orchard Rd., B1F Tangs　☎6737-5500
営11:00〜21:00
休無休
カード A D J M V
行き方 MRTオーチャード駅から徒歩約3分。

エッジの効いたおしゃれ靴

チャールズ&キース
Charles & Keith

1996年に創業し、今や世界各国でショップ展開するシンガポールブランド。リーズナブルな価格で、トレンドを取り入れた都会的なデザインが多くの女性に支持されている。オリジナルレーベルと高級感のあるシグネチャーレーベルの2ラインがあり、幅広い年齢層とシーンに対応しているのも強み。ビビッドカラーのサンダルやフラットシューズ、おしゃれなウエッジソールやブーツまで揃う。サンダルは$45〜、パンプスは$50〜。バッグも手頃な価格で使いやすそうなものがあるので要チェック。

左／トレンドを取り入れながらも、オーソドックスで飽きの来ないデザイン　右／足首で結ぶスタイルのレースアップサンダル($53.9)

MAP P.85-3C
オーチャード・ロード周辺
住2 Orchard Turn, #B3-58 ION Orchard
☎6238-1840
営10:00〜22:00
休無休　カード A D J M V
行き方 MRTオーチャード駅から徒歩約3分。
［他店舗］住313 Orchard Rd., #02-46/47/48/49 313@somerset　☎6509-5040

国内に23店舗をもつ、シンガポールを代表するブランド

リーズナブルでトレンド感たっぷり
プリティ・フィット　Pretty Fit

サンダルを中心に、キュートでファッショナブルな靴が人気のショップ。毎月20～30足の新作が並ぶ店内は、いつも若い女性客であふれている。ディテールや素材に凝ったデザインが多く、リゾートからオフィス仕様まで幅広いタイプが揃う。気軽に履けるカラフルなサンダルやフラットシューズは、種類が多くておすすめ。$59.9～89.9と手頃な価格帯も人気の理由。旅行中に活躍してくれるアイテムも見つかる。

左／ラインストーンがきらめくトングサンダル（$63.9）　中／折りたためるポケッタブルシューズ（$59.9）は旅行に重宝　右／サンダル、ヒール、スニーカーまで豊富な品揃え

MAP P.85-3C
オーチャード・ロード周辺
住435 Orchard Rd., #B1-30/31 Wisma Atria
☎6732-5997　営10:30～21:30（金・土曜～22:00）
休旧正月2日間
カードAJMV
行き方MRTオーチャード駅から徒歩約3分。
［他店舗］ 住1 Raffles Link, #B1-44/46 CityLink Mall
☎6238-0474

メンズシューズやバッグもある

シンガポールの新進気鋭ブランド
ラブボニート　Love, Bonito

ネット通販からシンガポール女性の支持を集め、店舗展開を始めた後はアジア各国にまでその勢いを広めている。人気の秘密は、シンプルで着やすいこと。素材使いやカッティングのセンスがよく、何気ないおしゃれ感を醸し出している。ドレッシーなものからカジュアルまで多彩なラインアップで、幅広い年齢層に対応していることも特徴。トップスは$35くらいから、ワンピースも$50前後からと、比較的リーズナブルな価格にも購買欲をくすぐられる。

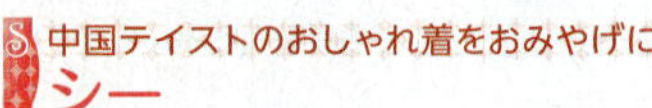

左／新ショッピングセンターの「フナン」2階の店（写真）と313・アット・サマセット内にある　中／サラッと肌触りのよいワンピースは$49.9、ジャケットは$51.9　右／流行を取り入れたシンプルでナチュラルカラーのオフィスウエアがメイン

MAP P.80-2B
シティ・ホール周辺
住107 North Bridge Rd., #02-09 Funan　☎なし
営11:00～22:00　休無休
カードAJMV
行き方MRTシティ・ホール駅から徒歩約5分。
［他店舗］住313 Orchard Rd., #02-16/21 313@somerset

中国テイストのおしゃれ着をおみやげに
シー　(喜) Xi

チャイニーズ・アート・コレクターのオーナーが開いたローカルブランド。オリジナルデザインの商品は中国の伝統物を題材にセンスよくアレンジされている。縁起のいいダブルハピネスをモチーフにしたTシャツ、刺繍を施したデニム、チャイナドレス風ワンピースやブラウスなどアイテムも種類豊富。人気のデザインTシャツは$60くらいからあり、タイプが揃っているのでおみやげにもよい。

左／香港製刺繍スリッパもある（$59～）　中／プリント柄からシンプルなものまでTシャツは種類豊富　右／デニム地に金魚の刺繍のワンピース（$179）

MAP P.80-1B
シティ・ホール周辺
住252 North Bridge Rd., #03-33A Raffles City
☎6338-1383　営11:00～21:00
休旧正月2～3日間
カードAMV
行き方MRTシティ・ホール駅から徒歩約5分。
［他店舗］住333A Orchard Rd., #03-06 Mandarin Gallery　☎6333-8220

チャイナボタンがアクセントのトップスは上質のコットン素材を使用（各$69）

シンガポールの代表的なデザイン雑貨が集結

スーパーママ、ミュージアム・ストア Supermama, The Museum Store

シンガポール国立博物館（→ P.107）内のミュージアムショップは、すてきなおみやげの宝庫。有田焼とシンガポールのデザイナーがコラボする「スーパーママ」の絵皿と、シンガポールの特色満載のデザイングッズがズラリと並んでいる。

スーパーママの代表作は、シンガポールのアイコンが描かれた有田焼のお皿。日本の職人とシンガポールのデザイナーが見事なチームプレイで生み出す「シンガポールブルー」の絵皿は、年々バリエーションを増やし、今やおみやげの定番商品に。さらに文化や暮らし、名所をあしらった文具や雑貨、博物館の展示品をモチーフにしたグッズも見逃せない。

シンガポールのアイコンがびっしりの絵皿「One Singapore」($84)。絵柄は毎年変わる

MAP P.80-1A
シティ・ホール周辺
住93 Stamford Rd., National Museum of Singapore ☎9615-7473 営10:00～19:00 休無休
カード A D J M V
行き方 MRTブラス・バサー駅から徒歩約4分。
［他店舗］住1 Empress Place, Asian Civilisations Museum

上／シンガポールの魅力が詰まったショップ　下／シンガポールの名所や建築物をデザインしたノートやファイル

博物館の展示品「ファーカーコレクション」のコースター(各$10)

左／シンガポールデザインのマグカップ（各$15）　右／チキンライスの「チャターボックス」（→P.215）創業50年を記念して作られたスーパーママのボーンチャイナ(3枚セット$28)

センスが光るアイテムに出合える

ギャラリーストア・バイ・ABRY The Gallery Store by ABRY

ナショナル・ギャラリー・シンガポール（→ P.108）内のショップ。展示作品のなかから主要アーティストにフォーカスしたコーナーを中心に、地元デザイナーの雑貨やウエアを揃えている。作品を題材にしたＴシャツやポストカードは、アートなおみやげにもギャラリー鑑賞の記念にもよい。

売れ筋商品は、ショップハウスやプラナカンタイルをプリントし、樹脂加工を施したトレイやコースター。ギフトにぴったりの逸品だ。「イエニドローズ＆フレンズ」（→ P.283）のかわいいイラストのティータオルもおみやげに人気。絵本が充実したブックコーナーもある。

MAP P.80-2B
シティ・ホール周辺
住1 St. Andrew's Rd., City Hall Wing, Level 1 National Gallery Singapore ☎8869-6970 営10:00～19:00 休無休 カード A J M V
行き方 MRTシティ・ホール駅から徒歩約5分。

上／メインエントランス近くの開放的な店　下／主要アーティストのひとり、Chua Mia Teeのコーナー

上／写真を使ってデザインされたプラナカンタイル柄のトレイ（$125）　下／シンガポール製の「ビーントゥバー」の手作りチョコ(各$14.8)

上・下／地元イラストレーターが手がける「イエニドローズ＆フレンズ」のグッズ。ナショナル・ギャラリーやショップハウスを描いたポストカード(上、1枚$3.9)とティータオル($25.9)

ノスタルジックなシンガポール雑貨 （小时候）

ウェン・アイ・ワズ・フォー wheniwasfour

今やポピュラーになったシンガポールの文化や食のデザイン雑貨。その先駆けとなったブランドがここ。約15年前にデザイナーの女性3人で立ち上げて、現在はチームで運営、独自の店をもつまでに。シンガポーリアンの子供時代の記憶をグッズに投影すべく、ほんわかとしたユーモアあふれるタッチの商品を次々製作。日常のたわいないことからインスピレーションを受け、細部にまでこだわったグッズには、シンガポール愛が詰まっている。ホーカーズのテイクアウト用ビニール袋入りコーヒーを模したバッグやシングリッシュをユーモアたっぷりに表現するなど、アイデアが秀逸。とりわけローカルフードをモチーフにしたものはおみやげに人気を博している。

MAP P.90-3B
シティ・ホール周辺

住231 Bain St., #04-41 Bras Basah Complex ☎なし
営12:00～19:00（土曜12:30～18:30）
休日曜、祝日、旧正月
カード不可
行き方MRTブラス・バサー駅から徒歩約7分、シティ・ホール駅から徒歩約8分。

手作り感満載のショップ

左／昔ながらのキャンディ「ホワイト・ラビット」をかたどったドアマット（$17.9） 右／人気の大麦飲料「MILO（現地名マイロ）」の巨大ぬいぐるみ（$26.9）

上／クッションカバーは各$28 下／左はマーライオンがデザインされたパスポート風ノート（各$5.9）、右はチキンライスとシングリッシュの絵柄が楽しいソックス（各$12.9）、後方は大ぶりのホーローマグ（各$17.9）

アジア雑貨の品揃えは随一

リムズ Lims

1959年の創業以来、アジア各国の家具、工芸品を扱う大手ショップ。最初に開いたホランド・ロード・ショッピングセンター内の店を軸に、4店舗を展開。エスニック雑貨店としては国内最大級の品揃えを誇り、ここマリーナ・スクエア店も、インド、インドネシア、ラオス、タイ、ベトナムなどでセレクトされたインテリア用品や小物雑貨がところ狭しと並ぶ。

シンガポールのプラナカン陶器のレプリカやタイのお香といったおなじみのおみやげから、ハンドペイントのバティックやラオスの竹製フードカバーといった民芸品まで、味わい深いアイテムがざくざく。宝探し感覚でのぞいてみたい。

MAP P.81-2D
マリーナ・エリア

住6 Raffles Blvd., #02-23/24 & 324/325 Marina Square
☎6837-0028 営11:00～21:00 休旧正月2日間
カードAJMV
行き方MRTエスプラネード駅から徒歩約6分。
［他店舗］住211 Holland Ave., #02-02/#03-12 Holland Road Shopping Centre
☎6467-1300

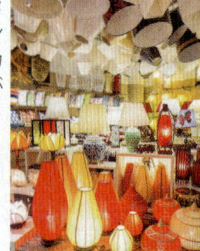

マリーナ・スクエアに2店舗あり、Shop23/24のほうがおみやげ向きの物が揃う

ベトナム製のカゴバッグ（$11.9）

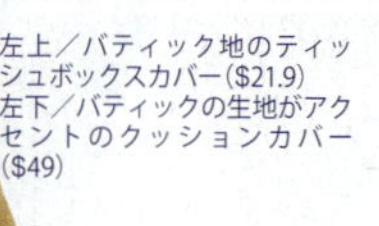

ランプやランタンなども種類豊富に揃う

刺繍がかわいいベトナムの民族調巾着バッグ

左上／バティック地のティッシュボックスカバー（$21.9）
左下／バティックの生地がアクセントのクッションカバー（$49）

ナチュラルでおしゃれなエスニック服

ブリティッシュインディア BritishIndia

エスニックなフレーバーをまとう上質のウエアで、アジア各国に 40 店舗以上を展開するマレーシアのブランド。シンガポールにはマリーナ・スクエアにあり、根強い人気を保持している。シックなエスニック調の「クラシック」、旅行に適した「トラベラー」、手刺繍製品の「ピュア」、カジュアルでナチュラルな「アドベンチャー」などラインも豊富だ。シンプルなデザインと体になじむ着心地が、広い年齢層に人気。普段着からリゾート着、大人カジュアルまで活躍の場面も多彩。メンズウエアも充実している。

左／ビーズ刺繍のエスニックブラウスは$150くらいから　右／刺繍がゴージャスなトップス($379～)

MAP P.81-2D
マリーナ・エリア
住6 Raffles Blvd., #02-209/210 Marina Square
☎6837-0980
営11:00～21:00　休無休
カード A J M V
行き方 MRTエスプラネード駅から徒歩約5分。

広い店内にはアースカラーを基調としたウエアが、ラインごとにレイアウトされている

シンガポールメイドの自然派ケア用品

ハイシス Hysses

化学薬品は一切使用せず天然成分と品質にこだわったケア用品を製造販売。ヨーロッパやアジア各国の厳選素材を用い、アジアの香りを大事にした商品のなかでも、マッサージオイルやボディローション、バス用品が人気だ。レモングラスやジンジャー、ペパーミント、ラベンダー、ヒノキなど効能が異なるアロマを配合しており、肌質に合った物をスタッフに聞きつつ選びたい。アロマディフューザーやキャンドルなども充実している。

左／100%ナチュラルのエッセンシャルオイル。10mℓ のボトルで$25.9～　中／乾燥肌には保湿力の高いボディオイルがおすすめ(小$15.9～)　右／主要なショッピングセンター内に14店ある

MAP P.81-2D
マリーナ・エリア
住6 Raffles Blvd., #02-211 Marina Square
☎6338-8977
営11:00～21:30　休旧正月1日
カード A M V
行き方 MRTエスプラネード駅から徒歩約6分。
[他店舗]
住2 Orchard Turn, #B3-48 ION Orchard　☎6884-6001

クッキーでシンガポールのフードカルチャーを体感！

クッキー・ミュージアム The Cookie Museum

チキンライスやラクサ、パンダンにドリアンまで、シンガポール名物を再現したスペシャルなクッキーがズラリと並ぶ専門店。一番人気はカニがまるごとのったチリ・クラブクッキー。卵を使用せず、手作りでていねいに作られたクッキーは、サックサクの歯触りとスパイスの風味があと引く味わい。3～4ヵ月ごとに新商品が登場し、常時 15～25 種類。ローカルフレーバー以外にフルーツやナッツのクッキーもおいしい。試食してお気に入りを見つけよう。

左／チリ・クラブクッキーは24枚入りで$40　右／チキンライスの味わいを再現したクッキー($40)もおみやげに人気。割れやすいので手荷物で持ち帰りたい。賞味期限は2～3ヵ月

MAP P.81-1D
マリーナ・エリア
住3 Temasek Blvd., #01-313 Suntec City Mall
☎6749-7496
営11:00～21:00　休無休
カード A J M V
行き方 MRTエスプラネード駅から徒歩約5分。

2022年11月に移転し新装開業したサンテック・シティ・モール内の店

中国菓子店のローカルフレーバーのクッキー　（老成昌）

オールド・センチョーン　Old Seng Choong

1965年に創業し約30年間、人々に親しまれたセンチョーン菓子店の2代目が、先代の伝統を受け継ぎ新たに立ち上げたブランドが「オールド・センチョーン」。ペストリーシェフとして腕を磨いた2代目のダニエルさんが店の目玉に据えたのは、フレンチの技術を生かしたローカル風味のクッキーだ。バクテーやサテー、ラクサ風味のセイボリークッキーはスパイスがアクセントとなりユニークな味に。おすすめはグラメラカ（ヤシ砂糖）とパンダンココナッツ。プラナカンモチーフの缶もしゃれている。

MAP P.80-3A
クラーク・キー周辺

住6 Eu Tong Sen St., #01-48 Clarke Quay Central
☎6224-0915
営12:00～20:00
休旧正月2日間　カード J M V
行き方 MRTクラーク・キー駅から徒歩約3分。
［他店舗］住2 Bayfront Ave., #01-72 The Shoppes at Marina Bay Sands
☎6688-7341

左／クッキーは全12種類あり、1缶$19.8～　中／バター風味と地元の味がミックスしたクッキーがズラリ。バターケーキや季節のお菓子もある　右／試食ができる

ネイティブアメリカンのジュエリーが豊富

クンスト　Kunst

クラーク・キー・セントラル（→P.265）にあるこだわりのショップ。ドイツとシンガポールを行き来するオーナーが選ぶネイティブアメリカンのズーニー族のアクセサリーは、非常に珍しい品揃えを誇る。ブローチ、バングル、ペンダントなど、トルコ石やアカサンゴを用いたカラフルで独特な色の組み合わせが魅力的。これだけのコレクションはシンガポールでもここだけ。手頃な価格のシルバーリングも見逃せない。

MAP P.80-3A
クラーク・キー周辺

住6 Eu Tong Sen St., #01-42 Clarke Quay Central
☎6534-8482　営11:30～20:00　休旧正月2日間
カード A D J M V
行き方 MRTクラーク・キー駅から徒歩約3分。

左／ヘアピン($19～)やバレッタなどヘアアクセサリーもある　右／ズーニー族手作りの精緻なアクセサリー。手前のブレスレットは$125～、指輪は$65～160くらい

手頃な値段のものもあり、左のブレスレットは$32～、ネックレスは$95～

センスのよいアジアの手工芸品に出合える

珍藝閣　Zhen Gallery LLP

約100年前の建物を改装した店内はオリエンタルカラーの雑貨や家具がところ狭しと並んでいる。カラフルな色と素材使いが斬新なベトナム漆や繊細なタッチのミャンマーの漆製品が充実。インドネシアのバティックアートも種類豊富。ジャワ島中部が発祥で300年くらいの歴史があるというバティックマスクから、バングルやうちわなどの小物まで、興味深い品揃えだ。チャイナタウン散策の際に立ち寄ってみたい。

MAP P.88-1B
チャイナタウン

住1 Trengganu St.
☎6222-2718
営10:00～21:00
休旧正月3日間
カード A J M V
行き方 MRTチャイナタウン駅から徒歩約3分。

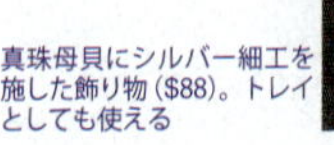

真珠母貝にシルバー細工を施した飾り物($88)。トレイとしても使える

左上／ベトナム、インドネシア、ミャンマーの漆製品がメイン。中国の布小物もある　左下／ぬくもりのあるミャンマーの漆の小物入れ($40～)　右／マーライオンの石鹸とタオルのギフトセットは根強い人気商品(各$7)

中国みやげなら何でも揃う

裕華國貨 Yue Hwa Chinese Products

MAP P.88-1B
チャイナタウン

住70 Eu Tong Sen St.
☎6538-4222
営11:00～21:00（土曜～22:00）
休旧正月
カードAMV
行き方MRTチャイナタウン駅から徒歩約2分。

中国系デパートのなかでは規模が大きく、おみやげ品が揃っているのが裕華だ。2020年に大規模な改装工事を終え、整然と洗練された内装に一新された。1階は漢方の薬材や薬全般、フカヒレやツバメの巣などの高級乾物、2階はファッション、家庭用品、3階は中国の手工芸品や宝飾品、チャイナドレス、楽器もある。4階はスーパー形式の食品売り場。5階は家具、6階は中国料理のレストランとなっている。

チェックしたいのは、2階のおみやげによいシルクの小物雑貨や刺繍スリッパのコーナー。3階の食品売り場は中国をはじめ、アジア各国の調味料や乾麺、お菓子や酒類など、多種多様な品揃えが圧巻。中国各地の珍しい食品に興味を引かれる。お茶のコーナーも必見。リーズナブルな量り売りのお茶から高価な雲南産プーアルの餅茶まで充実の品揃えだ。

1階の薬売り場。タイガーバームの製品、万能オイルなど種類豊富

上／XO醤やエビの発酵ソースなどが並ぶ4階食品売り場　下／シルクドレスは伝統的なものからモダンなデザインまである（3階）

上／香港製の刺繍スリッパ（左、$18）とルームシューズ（右、$39）　下／刺繍チャームがかわいいメガネケース（下、$31）と携帯用のジュエリーポーチ（$10）

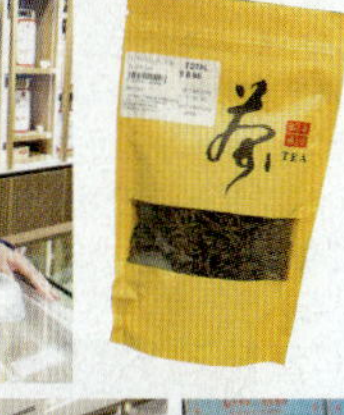

左下／拡張されたお茶売り場（4階）　左上／迷ったときは、スタッフがアドバイスしてくれる　右上／量り売りは100gから可能　右下／パッケージがレトロでかわいい武夷岩茶。1回用のパック6包入りで$15

信頼を集める老舗の漢方薬店

余仁生 Eu Yan Sang

MAP P.97上図
チャイナタウン

住26 Upper Cross St.
☎6223-6333　営10:00～19:00　休日曜、旧正月
カードAMV
行き方MRTチャイナタウン駅から徒歩約3分。
［他店舗］
住290 Orchard Rd., #B1-16/17 Paragon　☎6836-3565

1879年創業の規模の大きな漢方薬店。マレーシア、香港にも店舗をもち、シンガポール内には約44店舗を有する。漢方医が常駐し、簡単な生薬（漢方薬材）を処方してもらうこともできる。隣にあるクリニックには英語のできるスタッフがいるので、旅行者でも漢方医の問診を受けて生薬を調合してもらったり、針灸や刮痧（ガッサ）を受けることが可能。手軽なものを望む人には錠剤や丸薬のパッケージがおすすめ。滋養が高く美肌効果があるというツバメの巣のドリンクや、排毒作用のあるカメゼリーも種類豊富に揃っている。漢方を用いたスキンケア、バス用品のZingブランドの商品もある。

左／効能別の漢方スープの素は$6.9～　中左／コラーゲン入りのツバメの巣ドリンク（1缶$8.5）　中右／薬材の調合をするスタッフ　右／店内は薬材が入った引き出しがズラリと並ぶ

アンティークからみやげ品までプラナカンタイルの宝庫

アスター・バイ・キーラ Aster by Kyra

プラナカンハウスを彩る陶製タイルの収集家、ビクター・リムさんのギャラリー兼ショップ。プラナカンタイルのルーツは19世紀イギリスで量産された彩色タイルの「マジョリカタイル」。ヨーロッパのタイル製造減少で日本でも「和製マジョリカタイル」が作られ、それらがシンガポールにも輸出され家々の装飾に盛んに使用されたという。ビクターさんは再開発で取り壊された家屋から集めたタイルを修復し展示するとともに、自社工場で作った複製タイルを販売している。タイルをモチーフにしたおみやげ品も並ぶ。

19世紀に流行したアール・ヌーボー調の花柄が多い。アンティーク物は日本、イギリス、ベルギーやドイツ製があり$28〜。手前左と中央の複製品は$7〜

MAP P.97上図
チャイナタウン

住37 Pagoda St.
☎6684-8600
営12:00〜18:00
休旧正月1週間 カード J M V
行き方 MRTチャイナタウン駅から徒歩約3分。

左／ビクターさんのアンティークタイルのコレクションは約3万点にも及ぶ　右／約100年前の日本製タイル。浮き彫りされているのはヒンドゥーの神「ガネーシャ」で、インド向けに作られたもの

便利な特製ブレンドスパイスをゲット！

アンソニー・ザ・スパイス・メーカー Anthony The Spice Maker

1986年創業のスパイス専門店。オーナーのアンソニーさんが伝統的な家庭の味を追求し研鑽を重ね、シンガポール料理のブレンド済みスパイスを考案。すべて無添加、ホールから粉状にひき、手作業でブレンドしたもの。いち押しのカレーパウダーを使えば、シンガポールのカレーが自宅で再現できる。日本語で書かれたレシピもあるので参考に。肉や魚のグリル料理が風味よく仕上がるスモーキーペッパーもおすすめ。マサラ・チャイ用のスパイスや飲み物に使えるゴールデン・ターメリックも人気商品。

左／左が看板商品のカレーパウダー・シンガプーラ($13)、右はニョニャ・チキン・カレー用のブレンドスパイス($10.9)　右／スパイスを究めたアンソニーさん

MAP P.97下図
チャイナタウン

住333 Kreta Ayer Rd., #01-25
☎9117-7573　営10:00〜16:00　休日曜、祝日　カード A J M V　行き方 MRTマックスウェル駅から徒歩約3分。
[他店舗]
住335 Smith St., #B1-169 Chinatown Complex　☎同上(→P.132)

肉料理に合うスモーキーペッパー(左)はエキゾチックな香り。右は鶏肉などにマリネして使うゴールデン・サテー(各$8.3)

プラナカンのお宝が潜む骨董店

グアン・アンティーク (源古物店) Guan Antique

プラナカンのコミュニティがあったチャイナタウンのブレア・ロード(→P.136)近くにあるこの店は、プラナカンのアンティーク品を豊富にストックする貴重な店。100年以上前の陶器やケバヤ(衣装)、サンダル、宝飾品から装飾タイルにいたるまで華麗な文化の名残が店の奥に詰まっている。プラナカンに限らず、往時の洋風陶器やランプ、家具などもあり、時間が止まったような店内は、プラナカンや骨董好きには、たまらない空間だ。

上／創業約30年の店　下左・中・右／約100〜120年前の清代のプラナカン陶器($150〜)。富と繁栄を表す鳳凰や牡丹が描かれた鮮やかな右の絵皿は、60〜80年前のもの

MAP 折込裏-3B
チャイナタウン

住31 Kampong Bahru Rd.
☎6226-2281
営11:00〜19:00(日曜、祝日14:00〜)
休旧正月　カード不可
行き方 MRTアウトラム・パーク駅から徒歩約10分。

プラナカンの正装用のイヤリング

レトロなパッケージの中国茶をおみやげに

白新春茶荘 Pek Sin Choon Pte. Ltd.

1925年創業の中国茶葉の卸と小売りを営む店。中国福建省や台湾、インドネシアなどの茶葉を独自にブレンドした銘柄が、創業時と変わらないレトロなパッケージで販売されている。どれも伝統に則ったやや濃いめのお茶を置いており、おすすめは香りのよい安溪佛手神（$49.8）やまろやかな風味の不知香（$10.5）。また、この店は多くのバクテー店に中国茶を卸していて、業務用の小さい包みのお茶が50包入った缶入りの商品もある。

MAP P.88-1B
チャイナタウン

住36 Mosque St.
☎6323-3238
営8:30～18:30
休日曜、祝日、旧正月
カード不可
行き方MRTチャイナタウン駅から徒歩約5分。

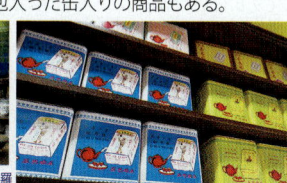

左／150g入りの紙包装のお茶。左が不知香、右は羅漢果入りで体によい武夷鉄羅漢　右／2代目店主のケンリーさん

左／棚にはパッケージ買いしたくなる絵柄の缶入り茶がズラリと並ぶ　右／歴史遺産ともいえる老舗の中国茶店

誰かに贈りたくなるアイテムがいっぱい

エッセンシャル・エクストラ Essential Extra

ダウンタウン・ギャラリー（→P.129）内にある小さな雑貨店。シンガポールの若手デザイナーのバッグやポストカードをはじめ、香港や台湾、タイなどから仕入れた約20ブランドのデザイングッズを販売しており、個性的な掘り出し物が見つかる。なかでも、シンガポーリアンの女性オーナー自身の名を冠したアクセサリーブランド「WoonHung」は要チェック。ウッドビーズを使ったハンドメイドの優しい風合いのアクセサリーは街でもリゾートでも活躍してくれそう。

MAP P.89-3C
シェントン・ウェイ

住6A Shenton Way, #01-39/40 Downtown Gallery
☎なし
営10:00～18:30（土曜～16:30）
休日曜、祝日
カードAMV
行き方MRTタンジョン・パガー駅から徒歩約6分。

左／「Little Oh!」の動物シリーズのピアス（各$32）　右／「WoonHung」のネックレスはフィリピンのセブ島で自然素材のみを使って手作りされる

ポップアップストアのような開放的な店舗

エスニックファッションをトータルコーデ

ユートピア Utopia

インドネシアのバティック地やカラフルなエスニックプリントの生地を、自在に組み合わせたオリジナルウエアがズラリと並ぶ。アジアの文化と伝統を大事に、着やすさと流行を取り入れたウエアは次々新作が登場。チャイナドレスやプラナカンの伝統衣装をアレンジしたものもある。子供服も揃っており、親子でお揃いも楽しめる。エスニックファッションに合うアクセサリーもチェックしたい。

MAP P.142
アラブ・ストリート周辺

住47 Haji Lane
☎6297-6681　営11:00～20:00（金・土曜～21:00）
休無休　カードADJMV
行き方MRTブギス駅から徒歩約8分。
［他店舗］住176 Orchard Rd., #02-08 The Centrepoint

左／存在感のあるビーズのアクセサリー。ネックレス$38、イヤリング$29.9～　中左／スパンコール刺繍が施されたチャイナドレス（$218）　中右／ブロックプリントのサンドレス（$148）　右／試着も可能

アラビアン・パフューム専門店
ジャマール・カズラ・アロマティックス Jamal Kazura Aromatics

植物性でノンアルコールのムスリム用の香水とエッセンシャルオイルを扱う1933年開業の老舗。ブッソーラ・ストリートに2店舗あり、39番地の店が若干広く落ち着いて買い物ができる。店内には約200種類の製品が並び、いちばん小さな6mℓ入りのボトルで$12～。アルコールを使用しないため香りが長続きする香水は、体につけるほか、コットンにひと吹きしてルームフレグランスとして使ってもいい。手作りのエジプト製ガラスの香水瓶（$12～50）と合わせて手に入れたい。

金属の飾りや人造宝石をちりばめたゴージャスな香水瓶（各$30）

MAP P.142
アラブ・ストリート周辺
住39 Bussorah St. ☎6295-1948 営9:30～18:00（金曜9:30～13:00、14:00～18:00） 休ハリ・ラヤ・プアサの祝日2日間、ハリ・ラヤ・ハジの祝日2日間 カード A M V 行き方 MRTブギス駅から徒歩約10分。
[他店舗] 住21 Bussorah St. ☎6293-3320

左／香水瓶はサイズも形も種類豊富。アラビアンランプや動物の形のものもある　右／多種類の香水と香水瓶が並ぶ店内

カスタムメイドのビーチサンダル店
フィックル・ストア Fickle Store

おしゃれストリート、ハジ・レーンにあるショップ。各パーツを選んで、自分好みのビーチサンダルを作るという、わくわくする趣向が話題を呼んでいる。サンダル自体が軽くて履き心地がよいのも人気の秘密。まずベースとなるソールと鼻緒を選び、200種以上もあるアクセサリーパーツから飾りをチョイス。マーライオンの飾りもある。さらにリボンやベルトをつけると足首を固定でき、ファッション性もアップ。待つこと数分で、オリジナルのサンダルが完成。

アクセサリーは大きさもタイプもさまざま

MAP P.142
アラブ・ストリート周辺
住42 Haji Lane
☎6291-0733
営11:00～19:00
休無休 カード A M V
行き方 MRTブギス駅から徒歩約8分。

左／ベースとなるサンダルは$25
中／パーツの選び方次第で普段使いのものからおしゃれサンダルまで自在に。アクセサリー類は$2.9～9.9、リボンやベルトは$19.9～
右／各国の観光客に人気の店

インテリアからシンガポール雑貨までバラエティ豊か
ヒュッゲ Hygge

にぎわうハジ・レーン界隈で、ひときわ客足が絶えない人気店。デンマーク語で「居心地のよい空間」を意味する店名どおり、心がほっこりするような雑貨やアクセサリー、ウエアがセレクトされている。タイ、インドネシア、日本や韓国をはじめ世界各国から集めた品々と、シンガポールデザイナーが手がける雑貨があり、かわいらしいものが多い。シンガポールアイコンのプレートやトートバッグはおみやげに人気。

左／奥行のある店
右／ローカルフードや街のアイコンが描かれたメラミンのプレート（各$19.9）

MAP P.142
アラブ・ストリート周辺
住672 North Bridge Rd. ☎8163-1893 営11:30～19:30（月・火曜～17:00）
休不定休 カード A J M V
行き方 MRTブギス駅から徒歩約7分。

シンガポール名物のイラストが楽しいトートバッグ（$25.9）

✦Shopping Guide✦

S おしゃれなマレー服のブティック
オヴァ
Ova

イスラム教徒が多いマレーの民族服は、体がすっぽり隠れるゆったりしたデザインが特徴。マレーの人々の伝統や生活に根差した独特のスタイルという印象だが、この店のマレー服は女性デザイナーによるモダンなデザインが魅力。マレーブラウス（$49～79）はジーンズにもマッチし、ゆったりとしたシルエットで着やすく、外国人にも人気だそう。

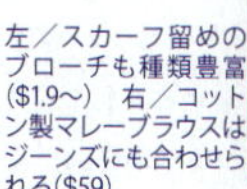

左／スカーフ留めのブローチも種類豊富($1.9～)　右／コットン製マレーブラウスはジーンズにも合わせられる($59)

MAP P.91-1C
アラブ・ストリート周辺

住727 North Bridge Rd.
☎6291-2136
営11:00～18:00（日曜12:00～17:00）
休ハリ・ラヤ・プアサの祝日1週間、ハリ・ラヤ・ハジの祝日3日間　カード不可
行き方MRTブギス駅から徒歩約8分。

左／ひざ丈のトップスにロングスカートの組み合わせのバジュクロン　右／商品はほとんどが一点物

S バティック製品を探すなら必見
トッコー・アルジュニード
Toko Aljunied

現在ではアラブ・ストリートのほとんどの店がインド人経営でアラブ人の店は数少ないが、そのうちの１軒であるトッコー・アルジュニードは老舗のバティック専門店だ。インドネシアやマレーシア各地のバティックを多数取り揃えている。特におみやげにいいランチョンマット、ナプキンセット、ハンカチなど小物類（$3～）が充実している。パイナップルの繊維を用いたパイナップルシルク製の高級品もある。

MAP P.142
アラブ・ストリート周辺

住91 Arab St.　☎6294-6897
営10:30～18:00（日曜11:30～17:00）　休ハリ・ラヤ・プアサの祝日1日、ハリ・ラヤ・ハジの祝日1日　カードAMV
行き方MRTブギス駅から徒歩約7分。

左／キュートなバティックの巾着袋は小サイズ$6～　中／伝統柄を染め付けたテーブルランナー（$18～）　右／バティックの男性用シャツや民族衣装のケバヤもある

S バティック地の洋服が種類豊富
バシャラヒル・ブラザーズ
Basharahil Bros.

アラブ・ストリートにあるバティック専門店。ここはインドネシア製の花を描いたバティックがきれいで、種類も数多く揃えている。柄のデザインもしゃれたものが多く、メガマンドンと呼ばれる雲をモチーフにした模様は珍しいタイプ。それらの生地を使ったシャツ（男性物もあり）やサロン、巻きスカートもある。生地は2.5m $20～、手描きのものは$50～。テーブルクロスや小物類もある。

MAP P.142
アラブ・ストリート周辺

住101 Arab St.
☎6296-0432、6293-6569
営10:30～18:00（日曜11:00～17:00）　休1/1、8/9、一部のイスラムの祝日　カードAMV
行き方MRTブギス駅から徒歩約7分。

左／バティックシルクのスカーフ$160　中上／壁一面にバティック製品が　中下／バティック生地は模様が細かいほど高級。左のフラワーバティックは繊細で色もきれい（$350）　右／店頭には小物雑貨が並ぶ

インドの文化が香る伝統工芸品

セレブレーション・オブ・アーツ Celebration of Arts

隣接して2店舗を構える規模の大きな店。みやげ物中心の店と、大型の美術工芸品やアンティーク雑貨を中心に扱う店が並ぶ。前者はラクダの革を用いたサンダル（$38～）やミラーワークのタペストリーなど、インドを中心にパキスタン、タイ、ベトナムなどから多彩なエスニック雑貨を仕入れている。もう一方は、ブロンズや石製のヒンドゥーの神々、数十年前の手工芸品やファブリック製品といった珍しい品々が並ぶ。

MAP P.92-3B、P.151
リトル・インディア
住48 Serangoon Rd., #01-71/72 Little India Arcade
☎6392-0769
営9:00～21:00
休ディーパヴァリの祝日3日間
カード A J M V
行き方 MRTローチョー駅から徒歩約3分、リトル・インディア駅から徒歩約5分。

左／インドのグジャラート州のミラーワーク刺繍のバッグ$148
中／パキスタン製のラクダ革シューズは$28～38
右／インドのクラフト雑貨がところ狭しと並ぶ

現地インド人御用達のインド服飾店

ナリ Nalli

リトル・インディアには数多くのサリーやパンジャビドレスの店があるが、ここは種類とデザインすべてにおいておすすめの店。パンジャビドレスはゆったりとした上衣とパンツ、スカーフが1セットのインドの民族衣装。ここの商品はオーソドックスなものが多いが、品があり素材もよい。女性用のクルティー（トップス）はジーンズにも合う。男性の民族衣装のクルターパジャマやナイトウエアまであり、アクセサリー類も豊富。

MAP P.92-3B
リトル・インディア
住10 Buffalo Rd.
☎6299-3949
営10:00～21:30
休ディーパヴァリの祝日
カード A D M V
行き方 MRTリトル・インディア駅から徒歩約3分。

左／南インド製をはじめ、北インドの製品もある。パンジャビドレスは$59～、サリーは$12～　右／種類豊富なクルティーは$14～

Column

キッチン用品店でお宝探し

小さな台所用品店の狭い店内には、おもしろい商品がズラリ。中国料理やインド料理に必要な道具はもちろん、オーナーはインドネシアゆかりの人なので、インドネシア菓子を作る道具やロンボク島の竹籠なども揃っている。ココナッツ製のスプーンやビニールカゴなど、ちょっとしゃれた雑貨も見つかる店だ。

左・中／ビニールカゴは丈夫で実用性あり（各$11.8）　右上／レトロなホーローポット（$13.9）　右下／コピティアムのカップ&ソーサーもある（$3.3）

左／豊富な品揃え　右／ココナッツ製スプーン&フォークは$9.8～

◆ニューパサールバル・エンタープライズ New Pasar Baru Enterprises

MAP P.92-3B　住68 Buffalo Rd.　☎6296-5389　営9:00～19:00（日曜、祝日～17:00）　休旧正月2日間　カード不可　行き方MRTリトル・インディア駅から徒歩約1分。

シンガポールの暮らしやシーンを生活グッズに写し込む

イエニドローズ&フレンズ Yenidraws & Friends

シンガポールの女性イラストレーターが描く色鮮やかでかわいいタッチの絵柄が人気を集め、2022年3月にショップを開業。プラナカンのショップハウスやお菓子、ノスタルジックな暮らしや街のワンシーン、トロピカルな植物などを題材に、キッチンウエアやバッグなどを制作。多くが実用品で、生活に取り入れると気分が明るく華やぐような品々だ。インドのハンドプリントのウエアや、エスニックなアクセサリーも扱っている。

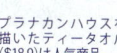

プラナカンハウスを描いたティータオル($18.9)は人気商品

MAP P.140
郊外のエリア

住 Blk.55 Tiong Bahru Rd., #01-53　☎なし
営 10:00～17:00　休 月・火曜
カード A J M V
行き方 MRTチョンバル駅から徒歩約10分。

左／手前はキャンバス地のサイフ($9.9)、後方左はショップハウス柄のコースター（各$9.9）、右はチリクラブの絵のバンブー製プレート（2枚$22.9）　右／イラストレーターのイエニさんの魅力が詰まったショップ

心くすぐる雑貨が詰まったおもちゃ箱

キャット・ソクラテス Cat Socrates

店の顔ともいえるアイドル猫がいる雑貨店。2019年7月にチョンバルに移転し、商品がさらに充実。シンガポールの物を中心に中国、韓国などからセレクトしたグッズが並ぶ。猫好きのオーナーだけあって、猫関連や動物をデザインしたものが多い。プラナカンタイルや家並みをプリントしたオリジナル商品にも注目。シンガポール製のスパイス入りのチョコレートやローカルデザイナーのアクセサリーなどもある。店はチョンバルのほか、カトンにもあり、散策途中に買い物を楽しもう。

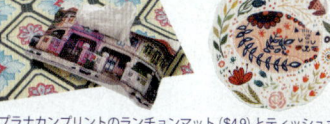

左／プラナカンプリントのランチョンマット($4.9)とティッシュボックスカバー($9.9)は店のオリジナル　中／動物イラストのお皿($32)は部屋のインテリアに　右／シンガポールのアイコン・キーホルダー(各$13.9)

MAP 折込裏-3A（P.140）
郊外のエリア

住 78 Yong Siak St., #01-04
☎ 6333-0870　営 10:00～19:00（月曜、祝日～18:00、金・土曜～20:00、日曜9:00～18:00）　休 旧正月2～3日間
カード A M V　行き方 MRTチョンバル駅から徒歩約8分。
［他店舗］住 448 Joo Chiat Rd.
☎ 6348-0863

看板猫のチェスナット

シンガポールらしさ満点のおみやげグッズがザクザク

インディペンデント・マーケット Independent Market

大小さまざまなシンガポールのデザイン雑貨がぎっしり詰まった店内は、奥に進むとクッションカバーやテーブルクロスなどのホームウエアが山積みされていて、雑貨のワンダーランドの様相。オーナーがシンガポールアーティスト支援を掲げており、彼らの作品やイラストを用いたグッズも数多く並んでいる。特にリー・シンリー（Lee Xin Li）が描くフードシリーズや街の風景のイラストは味わい深くておすすめ。ポストカードやジクソーパズルなどになっている。

Ah Guoのかわいらしい水彩画をプリントしたトートバッグ($35)

MAP P.156
郊外のエリア

住 211 Holland Ave., #03-01 Holland Road Shopping Centre　☎なし　営 10:30～19:00　休 12/25、旧正月
カード A J M V　行き方 MRTホランド・ビレッジ駅から徒歩約3分。

左上／本やノート、ブローチやコースターなどが混在するディスプレイ　左下／ホランド・ビレッジ（上）とカヤトーストの名店図鑑のようなポストカード（リー・シンリー作品、各$4.9）　右／あらゆるタイプのデザイングッズがあふれる宝箱のような店

伝統服からおしゃれウエアまで揃うインド発の店
ファブインディア Fabindia

約150のインド国内の店をはじめ、各国に店舗展開する有名ブランド。伝統的な素材やデザインをベースに手作りのナチュラルなアイテムを打ち出している。描画や染め、織りや刺繍まですべて手作業にこだわったウエアやスカーフ、クッションカバーなどは、どれも味のある風合い。レディスのブラウスで$50くらいから。メンズ用品も豊富に扱っている。エスニックな装いに興味があれば、のぞいてみる価値ありだ。

左／奥行きのある広い店内にレディス、メンズともに充実
右／シルクオーガンジーの製品は$89〜

MAP P.95-1C
郊外のエリア

住1 Harbour Front Walk, #01-141 VivoCity
☎6376-9355
営11:00〜21:30 休無休
カード A J M V
行き方 MRTハーバーフロント駅から徒歩約3分。

ウエア以外にも雑貨やホームウエア、食器など幅広い品揃え

1945年の創業以来、プラナカン文化を発信
キム・チュー・クエ・チャン（金珠肉粽） Kim Choo Kueh Chang

プラナカン・ファミリーが経営するニョニャちまきの専門店。ちょっと甘めのニョニャちまき、カヤジャムをつけて食べるデザートタイプ、中華風ちまきなど数種類あるほか、ニョニャ菓子も豊富にある。ここでは併設するプラナカングッズのショップものぞいてみたい。カラフルでかわいい陶器や小物類はおみやげにぴったり。プラナカンの衣料品やアクセサリーも興味深い。刺繍の作業が見られることもある。

ビーズ刺繍をあしらった革製品は$38〜

MAP P.177下図
郊外のエリア

住109A/111 East Coast Rd.
☎6741-2125
営9:00〜21:00
休旧正月1日
カード J M V
行き方 中心部からタクシーで約20分。

左／ニョニャ陶器は種類豊富に揃う。手前のカムチェンと呼ばれる器は蓋付きで使い道は工夫次第（$22〜）
右／1階にお菓子や食料品、陶器や雑貨、2階にウエアや小物類が並ぶ

暮らしに彩りを与えてくれるすてきなセレクトショップ
ラ・ティエンダ La Tienda

オーナーのスペイン人女性がセレクトした品々はクオリティもセンスもよく、思わず手に取りたくなる。スペインをはじめヨーロッパやアジア各国から仕入れたものもあり、バラエティ豊か。主力はオリジナルブランドの「Nodums Barcelona」の食器やハウスウエア、バッグ、小物雑貨。ジュート素材のバッグ、インドのブロックプリントのコースターやナプキン、テーブルマットなどが人気商品。しゃれたおみやげや自宅使いのお気に入りが見つかるはず。

左／ジュート（麻の一種）のバッグは$55
右上／インドのテーブルマットやナプキン、コースターは要チェック（$14〜16）
右下／蛇革のカードケース（各$30）

MAP P.177上図
郊外のエリア

住370 Joo Chiat Rd.
☎9774-0688 営10:30〜18:30（日曜11:00〜17:00）
休無休 カード A D J M V
行き方 中心部からタクシーで約20分。

カトン地区のショップハウス内にある

フルーツ天国を満喫しよう

FRUITS PARADISE

日本では高価なトロピカルフルーツが近隣諸国から集まるシンガポールは夢のフルーツ天国だ。の高級フルーツたちが日本の市価の10分の1程度で味わえるのだから、ろいろトライしない手はない。スーパーマーケットでは無理だが、果物屋ならたいてい試食もOKなので、れこれ食べてお気に入りを見つけよう。

市場や屋台街などの果物屋をのぞいてみよう

ランブータン RAMBUTAN

毛むくじゃらの皮をむくと、ライチーのような白い実がある。ライチーほどジューシーさはないが、甘くて弾力性の強い実が好きな人も多い。月と12月の2回のシーズンがあり、原産はマレーシアといわれるが現在は東南アジア一帯などに広く分布している。外殻に細い毛が無数に生えているものが主流だが、毛ではなくトゲトゲになっているものもある。

表面に毛があるもの(左)とトゲトゲになっているもの(右)

ドゥクー DUKU

薄い外皮の下には半透明の白い実が入っている。実は房に分かれ、食感はブドウに似ており、ほんのりとした甘味が楽しめる。ドゥクー・ランサーと呼ばれるものはやや風味が異なり、形も小さめ。タイ、マレーシアなど東南アジアに分布し、特にシンガポールから近いマレーシアのククップ付近のものが有名。8～9月が旬。

意外にジューシーなドゥクー

マンゴー MANGO

タイ、フィリピンなど季節によって各国産が現れるが、いちばんおいしいといわれるのはインド産（リトル・インディアの店にあり）。写真のものはインドネシアのハルマニスという品種でシーズンは8～10月頃。表面は緑色のままだが、茶色いシミが表皮に出れば熟れている証拠。ジューシーで甘味が強いのにほどよい酸味があり、特にマンゴープリンには最適。

左／緑色のマンゴー、ハルマニス　右／重さを量っているのがインドのマンゴー。大ぶりなのが特徴

スターフルーツ STARFRUIT

横からスライスすると切り口が星の形に似ていることから名づけられた果物。さっぱりとしていてみずみずしく、甘く熟したものならそのまま食べるのもいいし、ジュースタンドでジュースにしてもらうのもよい。

マンゴスチン MANGOSTEEN

「果物の女王」と呼ばれるこの果物、ごつい外殻とは裏腹に中には白くて桃のように柔らかな実が入っている。ジューシーで、ほんのりと甘酸っぱい上品な味が特徴。外殻は厚みがあるが、柔らかいので手で開くことができる（両手の親指の付け根のあたりで挟んで持ち、手をそれぞれ逆方向にひねるようにしてつぶすとむける）。産地によって微妙に時期がずれるが、それぞれ年に2回シーズンがある。

上品な味わいのマンゴスチン

パパイヤ PAPAYA

ローカル物として一般に安く出回っている大きなものは、見た目は悪くても熟れていればジューシーで味もなかなか。ただ大き過ぎるので食べるのが大変だ。上質のものとして人気のあるのは小ぶりのハワイ産で、上品な甘さがいい。スライスしたり、縦半分に割った実をスプーンですくって食べるのが一般的で、牛乳や豆乳と合わせてジュースにするのも人気。

パパイヤは1年中ある

パイナップル PINEAPPLE

マレーシア産は酸っぱいだけで、果物としてそのまま食べるにはあまりおすすめできないが、タイ産があればぜひトライ。まるでシロップ漬けのように甘くてジューシーな味わいは日本ではなかなか食べられない。

ロンガン RONGAN

干したものが漢方薬としても用いられるロンガンは中国語で「龍眼」と書く。実はライチーに似ていて、ジューシーで甘い。中国華南が原産といわれるが、東南アジアやインドにも分布する。種類も豊富で、福建省を産地とするのが最高といわれる。

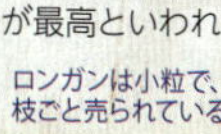

ロンガンは小粒で、枝ごと売られている

チェンパダック CEMPADAK

目にしみるような臭いがつんと鼻をつく果物で、その悪臭ぶりはドリアンをしのぐかも。中には世界最大の果物、ジャックフルーツに似た房に分かれた実がぎっしりと入っている。しっかりとした食感とほどよい甘味がおいしい果物で、ジャックフルーツよりも独特の風味がある。これもドリアン同様、ホテルには持ち帰らず、店先で食べるようにしたい。

臭いはすごいが美味

ジャンブー JAMBU

東南アジアに広く分布する果物。マレーシアやインドネシア産はあまり甘味がなく、酸味が強いものはサラダなどに用いられるくらいだが、タイ産は甘くてジューシーで、のどの渇きを潤すには最高。食感はシャキシャキとしていて、さっぱりとした甘さがいい。

リトル・インディアには普通のバナナに交じってオレンジ色のバナナも売られている

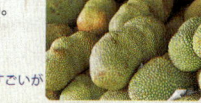

一度は食べたい ドリアン DURIAN

ドリアンはその場で食べるのがベスト

選んだ物を割ってもらって、入念にチェックするシンガポール人

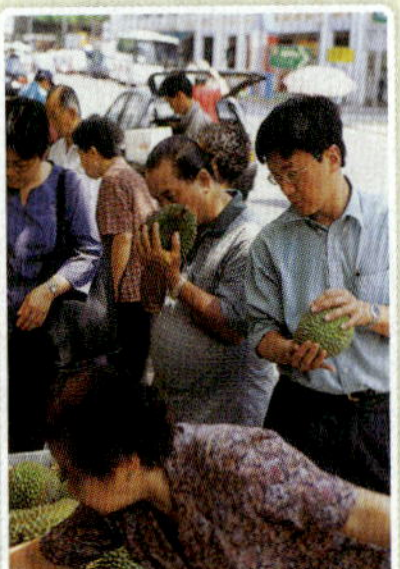
香りのよいものがおいしいとされる。上下でなく、側面のにおいをかぐとよい

日本のバラエティ番組では罰ゲームに使われるというドリアン。確かにドリアンの悪臭はそのおいしさを知らない外国人にとっては生ゴミのような臭さがある。しかもその悪臭は非常にパワフルで、どんなに何重にもラップや袋で包んでも、しばらくすると臭いが外に沁み出してくる。だが、一度ドリアンの魅力にとりつかれてしまうと、そんな臭いが気にならなくなるという実に不思議な果物だ。

おいしいドリアンと出合うために

ドリアンは現地の発音ではデューリェンという。おいしいものはまったりと濃厚なカスタードクリームにリキュールか何かを加えたような味わいがあり、ケーキ好きの甘党ならはまる確率は大きい。ドリアンはシンガポールならスーパーでもパック詰めで売られているが、おいしいものを味わいたいならドリアン専門店に行こう。自分で選べるようになるには年季が必要で、店員に選んでもらうか、勇気を出してシンガポール人客に協力してもらう手もある。彼らは外国人がドリアンを食べるのがうれしいのできっと協力してくれるはずだ。値段もさまざまに分かれているが、安いのはとりあえず避けて、中レベルのドリアンから試してみよう。できるだけお腹をすかせて大人数で行き、いろいろなグレードのドリアンを試食するのがおすすめ。ドリアンは非常に高カロリーで血糖値が上がりやすいため、ドリアンを食べたあとにはアルコールは控えたほうがよい。

ドリアンの種類

濃い黄色の果肉が特徴のマウンテン・キャット（猫山皇）

ドリアンのシーズンはまちまちで天候によって左右されるが、マレーシアではだいたい6月頃と11月頃の年2回。今は栽培もされており、産地もさまざまなので、シンガポールにいればほぼ1年中どこかしらのドリアンが食べられるようになった。銘柄もあり、別名サルタン・ドリアンという“D24”やそれよりも上質とされる“XO”などがもてはやされてきたが、ここ数年の改良の結果、今は“マウンテン・キャット（猫山王）”というのが注目株だ。甘さの中にも心地よい苦味があり、種も小さくて肉厚だ。最近は天候不順や中国の需要拡大で値上がりしており、1kg$20以上、ときには$30以上の値段がつくこともある。

注意点 ●できるだけ地元客が集まっている店を選び、必ず価格が明記されているものを買うこと。
●買い手は好きなものを選んで、割って中を見せてもらうことができる。熟していなかったり、虫がいた場合は返せるが、開けてもらったらそれを買わなければならない。

Column

ゲイランでフルーツ三昧

ゲイラン地区のシムズ・アベニュー Sims Ave.（MRTアルジュニード駅付近。MAP 折込表-2B）には、果物屋が並ぶエリアがある。1年中さまざまなフルーツがところ狭しと並んでいる。深夜まで営業している店が多く、夜遅くまで果物を求める客足が絶えない。地元の人たちは断りもせずに果物を試食しているが、店員は何も言わない。マンゴーなども頼めばどんどんカットして試食させてくれるので、自分の嗜好に合うものを選んで買うことができる。

通称ドリアン・ストリート。年2回のシーズンにはものすごい量のドリアンが並ぶ

ここはドリアン・ストリートとしても有名で、ドリアンの季節になると、ドリアン目当ての客が夜な夜な集まり、用意されたテーブルに座って仲間でわいわいとドリアン三昧を楽しむ光景が見られる。

また市内中心部ならブギス・ストリートの裏にも果物屋やドリアン専門店が集まっているが、観光客の多いエリアなのでぼられないように注意。

行き方 MRTアルジュニード駅から徒歩約5分。中心部からタクシーで約10分。

スタイル別

リラクセーションガイド

Relaxation Guide

エフ・イー・ザ・ネイル・ラウンジ(→P.294)

オーチャードの一等地にある規模の大きなマッサージ店
ネイチャーランド Natureland

地元人気が高く、2022年現在、国内に10店舗を展開。オーチャードのリアット・タワー店は最大規模を誇り、高級感のあるオリエンタルなムードで観光客の利用も多い。衛生面、サービス、技術の3点を徹底して追い求める姿勢が好評を博している。メニューは足マッサージとボディマッサージで、足をメインに頭、首、肩、背中のコンビネーション「5 in 1 テラピー」がリラックス効果が高く、おすすめ。各人のコリや疲れている箇所を見極め、ほぐしてくれる。深夜まで営業しているのも、旅行者にとってうれしいところ。

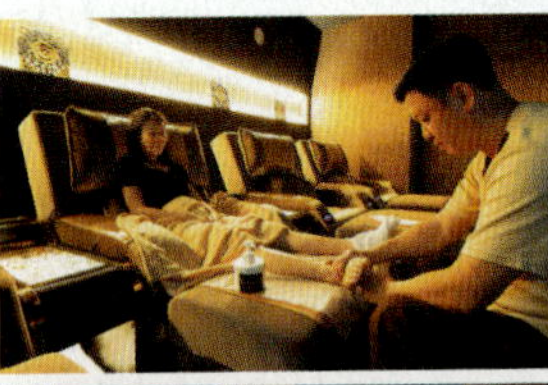

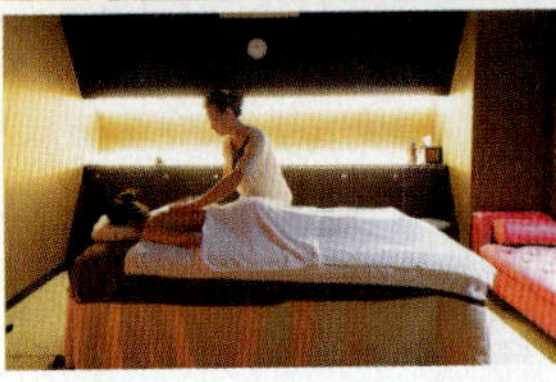

MAP P.85-2C
オーチャード・ロード周辺

住541 Orchard Rd., #02-01 & 03-01 Liat Towers
☎6767-6780
営9:00～翌2:00（最終予約翌1:00） 休無休
料足マッサージ30分$38～、5 in 1テラピー60分$64、ボディマッサージ60分$72
カードAMV
行き方MRTオーチャード駅から徒歩約5分。
※予約をしたほうがよい。金～日曜は数日前までに要予約。

上／2フロアあり、足マッサージのチェアは約30台完備。テラピストは熟練者を揃え、お客のリクエストに合った力加減でもみほぐす　下／ボディはオイルマッサージのほか中国式の推拿（すいな）がある

緑に癒やされる都会のサンクチュアリ
アラムサ・ザ・ガーデン・スパ Aramsa The Garden Spa

中心部から少し離れたビシャン・パーク2にある本格ガーデン・スパ。敷地内の5つの庭園には約2000種の花々や植物が生い茂り、南国ムードを盛り上げる。庭園内をぬうように設けられたスパルームの数は13室と多くはないが、すべて小さな庭付きのスイートルームとなっている。人気メニューは東西のマッサージ技術を駆使した「アラムサ・タッチ」や、カスタマイズしたアロマオイルで筋肉の緊張をほぐす「アロマ・リッチ」など。敷地内にはヘルシーな食や飲み物を提供するカフェとレストランも設置。

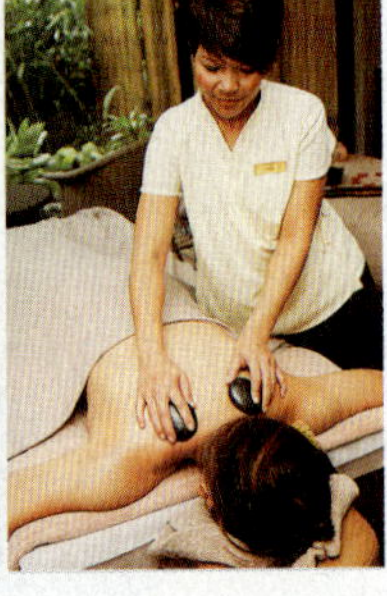

MAP 折込表-2B
郊外のエリア

住Bishan Park 2, 1384 Ang Mo Kio Ave. 1
☎6456-6556
URLaramsaspas.com
営10:00～21:00（木～土曜は～22:00） 休旧正月
料アラムサ・タッチ60分$148～、アロマ・リッチ60分$180～
カードAJMV
行き方中心部からタクシーで約20分。MRTアン・モ・キオ駅前のバスターミナルからNo.133、136のバスで約10分。
※前日までに要予約。

左／各施術室の窓から緑のガーデンが望める　右／デトックス効果もあるホットストーン・マッサージ（サーマル・アース）

都会のオアシスのような複合サロン
ウオーキング・オン・サンシャイン Walking on Sunshine

韓国から進出を果たした新コンセプトの店。植物で埋め尽くされたフラワーガーデンのような広い店内はヘアサロン、ネイルサロン、カフェの3セクションで構成されている。仕切りのないオープンスペースになっているので、ネイルやペディキュアをしたあと、ランチやお茶も楽しめる。スカルプトリートメントやヘアタトゥーも行っており、ネイルサロンのメニューも最新技術を取り入れている。オーチャードのショッピングセンター内にあり、気軽に利用できる。

上／緑に包まれた店内　下／ネイルのセクション。手や足のスクラブや角質取りなどのトリートメントメニューもある。男性も利用可

MAP P.86-2B
オーチャード・ロード周辺

住181 Orchard Rd., #03-07 Orchard Central
☎8877-8800 営10:00～20:00（土曜10:30～。最終予約19:30。カフェ9:00～22:00）
休12/25、1/1 料クラシックネイル$45、ヘアスパ・スカルプトリートメント$140
カードAMV 行き方MRTサマセット駅から徒歩約5分。
※予約をしたほうがよい。

カフェではパンケーキや、サンドイッチ、パスタなどを提供

デイスパ、サロン

日本の技術を駆使した極楽クリームバス

リリー・ヘッド＆ヘアスパ・シンガポール Lily Head & Hair Spa Singapore

ダウンタウン・ギャラリー内にあるヘッドスパ専門の店。インドネシア伝統のトリートメントであるクリームバスに、日本人スパニストがさらに磨きをかけたこまやかな施術が評判を呼び、人気店に。通常クリームバスは座って行うが、ここはシャンプーチェアに寝た状態でより深いリラクセーションへ導く。シャンプーをした後、クリームをつけて美容成分を浸透させ、頭皮をほぐすようにマッサージ。うとうとしてしまう心地よさで、髪がつやつや、頭もすっきり、疲れも取れる。ハチミツとハチミツ由来のケア製品を用いるヘッドスパもある。

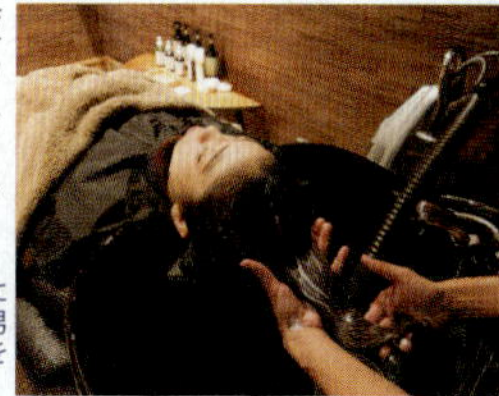

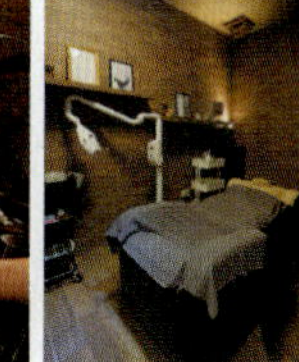

左／クリームの成分を髪と地肌に浸透させせるようにマッサージ。男性も利用可　右／プライベートを重視したシックなサロン

MAP P.89-3C
シェントン・ウェイ

住6A Shenton Way, #03-16 Downtown Gallery
☎6222-7551　営9:00～20:00（土・日曜、一部の祝日10:00～18:00。最終予約は閉店1時間前）　休無休　料クリームバス45分$90、ロウ・ハニー・ヘッドスパ60分$130、デトックス・ヘッドマッサージ（男性のみ）30分$50　カードAJMV　行き方MRTタンジョン・パガー駅から徒歩約7分。
※予約をしたほうがよい。

ヘアサロンを併設している

健康ランドのような大型施設

ジー・スパ g.spa

以前はスポーツ施設だった建物内にある総合健康施設。男性・女性用に分かれてジャクージ、サウナ、マッサージルーム、休憩室などが備わっている。マッサージは体の奥からデトックスを促すディープティシュー・マッサージをはじめ、背中と肩、足裏など各種ある。料金は飲食代込みの施設使用料を基本にオプションでマッサージやトリートメント料を設定。ゆっくりするなら施設使用料と60分のマッサージがセットになったパッケージを。深夜発の帰国便の際に、空港へ向かう途中で利用するのもよい。

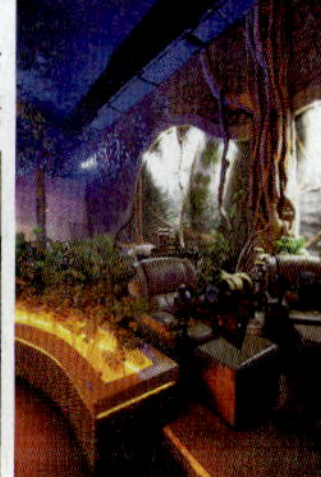

左／女性用のジャクージ。男性用のほうが規模が大きい　右／モニター付きのチェアが並ぶリラクセーションラウンジ。食事の提供は12:00～22:30

MAP 折込表-2B
郊外のエリア

住102 Guillemard Rd., #02-02
☎6280-8988
URL www.gspa.com.sg
営24時間
休旧正月2～3日間
料施設使用料（飲食代込み）$70、全身マッサージ60分のパッケージ$163～
カードAJMV　行き方中心部からタクシーで約20分。
※施設使用は予約不要。トリートメントは要予約。

入口は2階にある。滞在の時間制限はない

ホテル・スパ

マリーナベイ・サンズ55階の絶景スパ

バンヤン・ツリー・スパ・マリーナベイ・サンズ Banyan Tree Spa Marina Bay Sands

アジアの高級リゾート＆スパの代名詞であるバンヤン・ツリーがマリーナベイ・サンズにある。世界におよそ30のホテル、60以上のスパをもつバンヤン・ツリーの集大成ともいえるこのスパでは、静謐な空間と55階からの絶景、そしてタイ、スウェディッシュ、バリニーズなど多様なトリートメントメニューがリラクセーションへ導いてくれる。シンガポールの国花、ランのスクラブが組み込まれたハーモニー・バンヤンはここでしか体験できないスペシャルメニュー。

広々としたカップルルームは、2面がガラスで眺めもすばらしい

MAP P.96-2B
マリーナ・エリア

住10 Bayfront Ave., Tower 1, Level 55 Marina Bay Sands
☎6688-8825　URL www.banyantree.com/spa-wellbeing　営10:00～23:00（金・土曜～翌1:00、最終予約23:00）　休無休　料シグネチャー・マスターテラピスト・エクスペリエンス90分$427.25、バリニーズ・マッサージ60分$297.78、ヘッド＆ショルダー・リリーバー30分$194.21　カードADJMV
行き方MRTベイフロント駅から徒歩約5分。※平日は前日、週末は2日前までに要予約。

左／木や花がデザインテーマで、受付の壁の「命の木」のアートが印象的　右／シャンプーやスキンケア用品も買える

「気」の流れを改善し内側から美しく

チー・ザ・スパ CHI, The Spa

「チー」とは「気」。中国思想や漢方医学でいう生命のエネルギーのこと。体の内部の気の流れが滞ると不調を来すと考えられている。ここでは熟練テラピストが、気の流れをよくするケアを各自の体調に即して行っている。マッサージ法は中国をはじめアジア各地の伝統技法をミックス。おすすめはココナッツの成分やオイル、フレッシュジンジャー、レモングラスなどを用いたトリートメントの数々。ヒマラヤのホットソルトストーンを用いるマッサージは緊張を解きほぐし、不眠症によい。

左／ナチュラルなインテリアのレセプション。スパは男性も利用可能　中／室内にはお香が香る　右／イギリス製のオーガニックのケア用品を使用。左はスクラブに使うヒマラヤ産ピンクソルト

MAP P.84-1B
オーチャード・ロード周辺

住22 Orange Grove Rd., Level 1, Garden Wing, Shangri-La Hotel Singapore ☎6213-4818
URL www.shangri-la.com/singapore 営10:00～20:00
休無休 料ディープティシュー・マッサージ、シグネチャー・エイジアンブレンド・マッサージともに60分$170～
カード ADJMV
行き方 MRTオーチャード駅からタクシーで約5分。
※2日前までに要予約。

技術の高さに定評のある

ザ・スパ The Spa

マンダリン・オリエンタル・シンガポール（→P.302）5階にあるこのスパは、優雅な雰囲気のなか、五感を通して隅々まで癒やしてくれる。すべて人の手による巧みな施術は、このスパオリジナルのもの。タイやバリ、中国、インドなどアジアのマッサージのよいところを取り入れた独自の手法で行われる「オリエンタル・エッセンス」がおすすめだ。キャビアのケア製品で行うフェイシャルや竹の抽出物を用いるバンブーボディスクラブといったメニューもある。

英国のアロマセラピーアソシエイツのアイテムも販売

MAP P.81-2D
マリーナ・エリア

住5 Raffles Ave., 5F Mandarin Oriental Singapore
☎6885-3533
URL www.mandarinoriental.com/en/singapore/marina-bay
営10:00～19:00 休無休
料オリエンタル・エッセンス90分$270、オリエンタル・チー60分$220
カード ADJMV
行き方 MRTプロムナード駅から徒歩約7分。
※平日は2～3日前、週末は1週間前までに要予約。

上／全6室のスパルームは雲をモチーフにデザインされている　下／アロマテラピー・マッサージは個人に合わせたカスタムオイルを使用

セレブがお忍びで立ち寄るリュクスなスパ

ルメードゥ・スパ Remède Spa

東西の伝統療法を取り入れた施術や、最新のスパ設備を用いたユニークなテラピーが揃う。中東のカッサという手袋と、オリーブとユーカリのソープを使うスクラブや、ヒスイを用いる全身マッサージなどがある。また、足専門医バスティン・ゴンザレスによるペディマニキュアスタジオも併設。自然派のオリジナル製品と卓越した技術によるトリートメント、医学的な足マッサージを施すバスティン・ペディキュアは、驚くほどソフトな素足と宝石のように光る爪にしてくれる。男性も施術可能。

左／バスティン・ペディマニキュアスタジオ。フランス人の足専門医が常駐する　右／ジェット水流のハイドロ・マッサージプール

MAP P.84-2A
オーチャード・ロード周辺

住29 Tanglin Rd., 2F The St. Regis Singapore
☎6506-6896
URL www.remedespasingapore.com
営10:00～19:00
休無休
料ウオームジェイドストーン・マッサージ90分$310、リラクシング・マッサージ30分$108～、バスティンズ・ペディキュア60分$200
カード ADJMV
行き方 MRTオーチャード・ブルバード駅から徒歩約5分。
※2～3日前までに要予約。

茶葉を使ったプロダクツで磨きをかける

ヘブンリー・スパ・バイ・ウェスティン Heavenly Spa by Westin

ウェスティン・シンガポール（→ P.304）の 35 階にあるスパは、設備のよさとスパプロダクツで注目を集めている。女性用、男性用に分かれたホワールプール（ジャクージ）やアロマテラピースチームサウナ、ラウンジがあり、トリートメントの前後に使える。試したいのはヘブンリー・マッサージやエイジリバース・フェイシャル。シンガポールではここのみが使用するフランスの「テマエ」の製品は、抗酸化作用や鎮静作用のある 4 種の茶葉エキスを配合。肌に活力と輝きを与えてくれる。

左／雄大な景色が望めるホワールプール　右／クローゼットやシャワールームの付いたトリートメントルーム

MAP P.96-3A
マリーナ・エリア

住12 marina View, Asia Square Tower 2, Level 35 The Westin Singapore
☎6922-6977
営10:30〜20:00
休無休
料ヘブンリー・マッサージ60分$160〜、エイジリバース・フェイシャル90分$250
カードADJMV
行き方MRTダウンタウン駅から徒歩約8分。
※2〜3日前までに要予約。

各国のトリートメントを体験

セント・グレゴリー・スパ St. Gregory Spa

世界中に支店をもつスパ業界のパイオニアは、高級ホテル内にあり安心で腕も確か。インドのアーユルヴェーダ、中国のスイナやカッサ（刮痧）、カッピング、インドネシアのバリニーズ・マッサージなどホテルのスパではなかなか体験できない多国籍なメニューから、熟練のアロマ・マッサージ、「Thalion」や「Elemis」など高品質なプロダクツを使用するフェイシャルまで、幅広いトリートメントで癒やしてくれる。利用客は誰でもホテルのプールが無料で使えるのもうれしいポイント。

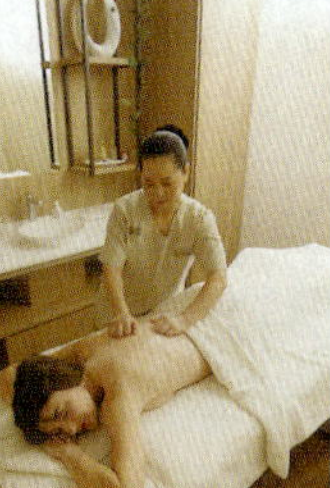

左／自然素材を使ったトリートメントもある　右／老廃物を流し、血流をよくするバリニーズ・マッサージがおすすめ。トリートメントルームは全8室

MAP P.91-2D
アラブ・ストリート周辺

住7500 Beach Rd., Level 4 Parkroyal on Beach Road
☎6505-5755
URL www.panpacific.com/en/hotels-and-resorts/pr-beach-road/facilities/st-gregory.html
営11:00〜20:00（土・日曜、祝日10:00〜）　休無休
料インドネシアン・バリニーズ・マッサージ60分$160、トラディショナル・チャイニーズ・スイナ・マッサージ60分$180、シロダーラ45分$140
カードAJMV
行き方MRTブギス駅、ニコル・ハイウエイ駅から徒歩約8分。

インドのヘアテラピーはまどろみの心地よさ

ルピニス Rupini's

古代インドの伝統療法に起源をもつヘアテラピー「シルピニ」を体験できるスパ。ココナッツオイルやヘナなど約 20 種類のスパイスやオイルを配合して作った特製のオイルを少量ずつ頭のてっぺんから流し、もみ込んでいく。髪や頭皮の不純物を取り去り、滋養を与えるとともに、脳に回る血の巡りを整えたり、心を落ち着かせる効果もある。1 本の糸で眉毛を抜いて形を整えるアイブローも人気メニュー。

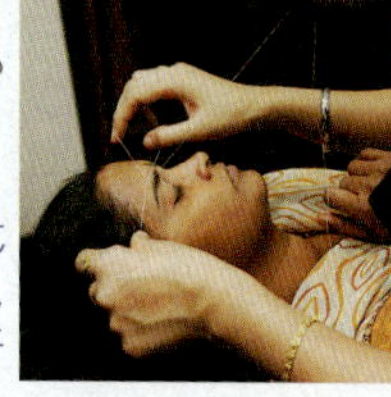

左／糸を巧みに使って眉毛を整えるアイブロー　中／最初にオイルを浸み込ませたクジャクの羽で、おでこから頭皮をなぞり、リラックス効果を高める　右／シルピニに使用するオイルやスパイス各種

MAP P.92-3B
リトル・インディア

住24/26 Buffalo Rd., 2F
☎6291-6789
営10:00〜19:00　休日曜、祝日　料シルピニ90分$99、ヘナ・ハーバル・ヘアケア$50〜、アイブロー$10
カードMV
行き方MRTリトル・インディア駅から徒歩約3分。
※ヘナ、オイルマッサージのメニューは要予約。

インディアン・トリートメント店

インドの本格的なアーユルヴェーダを体験

アーユシュ・アーユルヴェディック Ayush Ayurvedic

インド古来の伝統医学、アーユルヴェーダはサンスクリット語で「生命の科学」。生命と自然のバランスを整えることによって心身の健康が得られるという理論に基づいたケアを行う。ここはインドでアーユルヴェーダ医学を学んだドクターが駐在し、インド医学の診療所のような場所。まず、カウンセリングで各自の体のタイプを割り出し、それに合ったオイルを決め、ケアの方法もアドバイスしてくれる。施術は全身のオイルマッサージのアビヤンガ、不眠症や精神疲労、頭痛などによいシロダーラ、ヘッドマッサージのシロアビヤンガなど。

左／規模は小さく施術室は4室なので、早めに予約を　中／インドの伝統薬も販売している　右／温めたオイルを時間をかけて額に垂らしていくシロダーラ。深いリラックスへと導かれる

MAP P.92-2B
リトル・インディア

住146 Race Course Rd.
☎6398-0415
URL www.ayurvedasg.com
営9:00～22:00（最終予約21:00）休ディーパヴァリの祝日2日間　料アビヤンガ・マッサージ60分$64.2、シロダーラ60分$85.6
カード A M V
行き方 MRTファーラー・パーク駅から徒歩約5分。
※2～3日前までに要予約。

インドのボディペイント、ヘナ・タトゥに挑戦

セルヴィズ Selvi's

インドやイスラム世界における古来からの慣習、ヘナ・タトゥを体験できる店。オリジナルを含め、200以上のデザインが描けるという女性オーナーの描く模様は繊細で美しい。ヘナ・タトゥとはヘナという植物から作られるヘナ染料のペーストを使って、手足に花や幾何学模様の絵柄をつけるというもの。ペーストが乾燥するまで約20分間。乾燥し、肌が染まったら1週間から10日くらいで自然に色が消えていく。1本の糸で顔のうぶ毛を絡め取るスレッディングや頭皮のオイルマッサージができるサロンを併設。

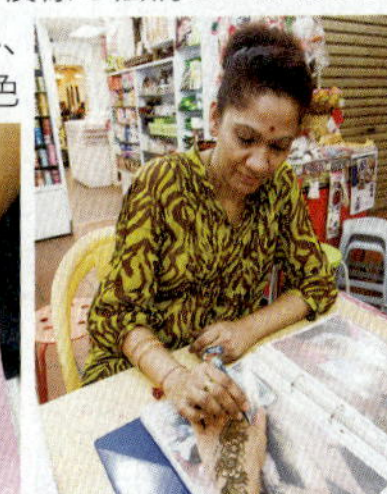

左／左は数分で仕上がるシンプルなデザイン（$5）、右の複雑なデザインは$15　右／店頭にヘナペイントのコーナーがある。ヘナ・タトゥは慶事に欠かせないインドの伝統的おしゃれ。ヘナには皮膚や髪の毛を保護する成分が入っている

MAP P.151
リトル・インディア

住48 Serangoon Rd., #01-17 Little India Arcade
☎6970-5975　営9:30～20:45（日曜～18:00）休無休
料ヘナ・タトゥ片手$5～、ホットオイルマッサージ$35～、アイブロー$6～
カード 不可
行き方 MRTローチョー駅から徒歩約3分、リトル・インディア駅から徒歩約5分。
※敏感肌の人は施術前に必ず相談・確認を。

足・全身マッサージ店

約30年の実績を誇る大手スパチェーン

ケンコー・ウエルネス・スパ・アンド・リフレクソロジー Kenko Wellness Spa and Reflexology

1991年の創業以来、マッサージの技術が高いことで定評のあるケンコー・ウエルネス。市内に6店舗あり、ここマリーナ・スクエア店は設備、メニューともに充実している。マッサージは中国式をベースにした独自の手法。体のエネルギーをバランスよく保って老廃物を取り除いてくれる。足マッサージと手・肩のマッサージのセットがおすすめだ。全身マッサージは深層部までほぐす指圧マッサージのほか、リンパ・デトックス・マッサージもある。岩盤浴の設備も完備。

左／ウエイティングスペースもきれい。買い物途中に立ち寄れる便利な立地　右／肩や頭の部分マッサージは20分コースから

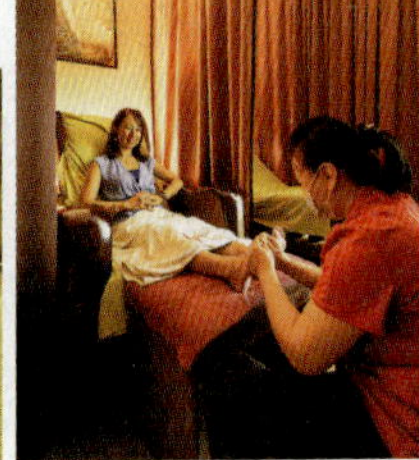

足マッサージ用のチェアは全6席

MAP P.81-2D
マリーナ・エリア

住6 Raffles Blvd., #02-167/168 Marina Square
☎6988-3636
営10:00～20:00（最終予約・受付は閉店1時間前）
休旧正月1日
料足マッサージ40分$59、足・手・肩のマッサージ60分$89、全身マッサージ60分$120　カード A D M V
行き方 MRTエスプラネード駅から徒歩約5分。※グループの場合は要予約。
［他店舗］
住19 Tanglin Rd., #01-01 Tanglin Shopping Centre
☎6734-9909

ヒマラヤ産岩塩を使ったスクラブが好評

フットワークス Footworks

足マッサージの前にフットバスやスクラブを行うコースがあり、スクラブコースがおすすめ。ヒマラヤのピンクソルト（岩塩）を用いるスクラブは、古い角質をきれいに落とし、驚くほど足がつるつるに。血行もよくなるためマッサージの効果が高まるという。マッサージはていねいかつ的確に足ツボを刺激。コースには腕、肩、背中のマッサージも付き、全身をほぐしてくれる。

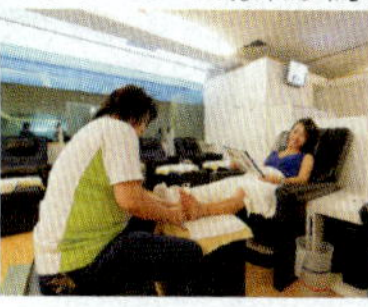

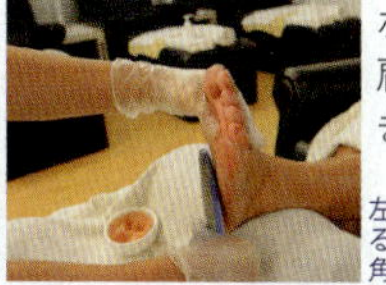

左／マッサージの強弱は調整してくれる　右／約10分スクラブすると、古い角質が取れ皮膚も柔らかくなる

MAP P.85-2C
オーチャード・ロード周辺
住360 Orchard Rd., #01-04/05/06 International Bldg.
☎6737-3555　営10:00〜22:00　休旧正月3日間
料足マッサージ30分$42.8、フットバス付き足・腕・肩・背中のマッサージ45分$64.2〜、岩塩フットバス＆スクラブ付き足マッサージ50分$80.25〜　カード A D J M V
行き方 MRTオーチャード駅から徒歩約5分。
※要予約（当日でも可能）。

きめ細かいサービスで日本人に人気

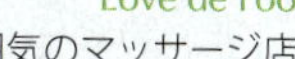

ラブ・デ・フット Love de Foot

オーチャードにある小さいが静かで落ち着いた雰囲気のマッサージ店。最初に各人の体調などをチェックし、つらい箇所を重点的にマッサージしてくれる。中国伝統のリフレクソロジーで血液の循環をよくし、体調改善を促す。衛生面にも気配りされていて、ポンプ式容器のマッサージオイルを使用。足と頭や肩、背中などの部位を組み合わせたマッサージ（$80〜）がおすすめ。

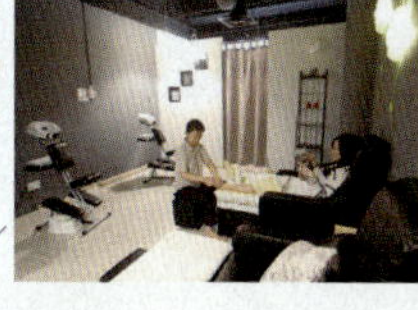

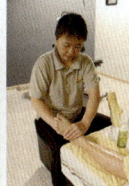

左／心地よい空間造りに徹している　右／片言の日本語でコミュニケーション可能

MAP P.84-2B
オーチャード・ロード周辺
住402 Orchard Rd., #05-29 Delfi Orchard　☎6235-5012
営10:30〜19:00（最終予約18:15）
休月曜、旧暦12/31、旧正月2日間
料足マッサージ30分$38、40分$48、60分$68、肩＆背中マッサージ30分$45〜
カード 不可
行き方 MRTオーチャード駅から徒歩約10分。
※事前に要予約。

豪華設備が自慢

グリーンアップル・スパ（青苹果按摩屋） Green Apple Spa

サルタン・モスク（→P.145）のすぐ北側にあり、アラブ・ストリート散策の際に便利なロケーション。足マッサージ用のリクライニングチェアが並ぶ部屋の壁一面に映画が放映されていて、利用客はヘッドフォンを付けて映画を見ながらマッサージを受けられる。足マッサージは中国式のツボ押し。フットスパ10分、頭と肩のマッサージ10分、足マッサージ60分のパッケージメニューが人気。

大きめのチェアを設置。2階は全身マッサージ用の部屋がある

MAP P.91-1C
アラブ・ストリート周辺
住765 North Bridge Rd.
☎6299-1555
営12:00〜翌4:00　休無休
料足マッサージ30分$32、足と頭・肩のマッサージ60分$54、全身マッサージ60分$59　カード J M V
行き方 MRTブギス駅から徒歩約10分。
［系列店］Imperial Apple Spa
住171 Tras St., #01-179 Union Bldg.　☎6225-1555

Column

ローカルな足マッサージ店

足マッサージ店はあちこちに増えており、ローカルな店はチャイナタウンのピープルズ・パーク・コンプレックス（MAP P.88-1A・1B）、ピープルズ・パーク・センター（MAP P.88-1B）内に数多く見られる。特にピープルズ・パーク・コンプレックスの3階には45分$20前後の手頃な料金の店が何軒もある。飛び込みでも利用できる気軽さはあるが、雰囲気は簡素で、リラクセーションスポットというより、マッサージ店そのもの。現地ではマッサージはある程度の刺激があってこそ効くとされており、技術的なことは別にしてこの手の店のマッサージは、マッサージに慣れていない日本人には刺激が強いこともある。ローカルな店がすべてそうというわけではないし、個人によって好みも感じ方も違ってくるので（ある人にはイタ気持ちいいが、ある人には痛くてたまらなかったということもある）一概には言えないが、痛いのが嫌な人は、あらかじめその旨を伝えておくといい。

ネイルケア

ネイルサロン

現地OLに人気のサロン

エフ・イー・ザ・ネイル・ラウンジ Fe the Nail Lounge

ラッフルズ・シティの地下２階という便利なロケーション、手軽さと技術の確かさから地元客が次々にやってくる。爪や甘皮もきれいに整えてくれるクラシック・マニキュア、フットバス、足裏のスクラブも付いたクラシック・ペディキュアが人気メニュー。ジェルネイルやエイジングケア、保湿効果のあるトリートメントが組み込まれたシグネチャー・スパも行っている。男性や子供も施術可能。

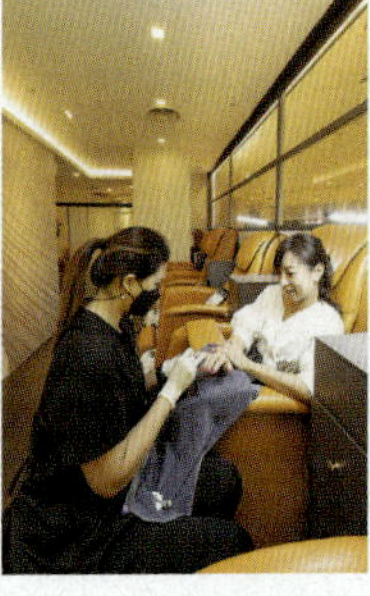

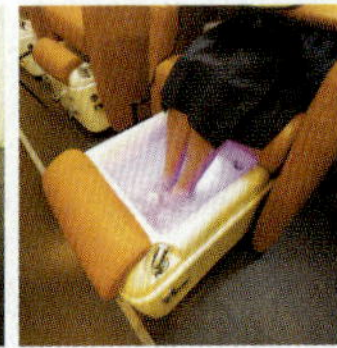

MAP P.80-1B
シティ・ホール周辺

住252 North Bridge Rd., #B2-18/19 Raffles City
☎6337-7596
URL fethenaillounge.simplybook.asia 営10:00〜20:00（日曜〜19:00）
休12/25、旧正月 料エクスプレスマニキュア$18、クラシック・マニキュア$35、クラシック・ペディキュア$45
カードＡＪＭＶ
行き方MRTシティ・ホール駅から徒歩約3分。
※2〜3日までに要予約。

左／マッサージチェアを使用しており、ネイル施術中にもみほぐされ、気分もリラックス　中／フットバスはシーソルト入りで、ミントの香りがさわやか　右／ネイルカラーはアメリカのOPIや日本や韓国の製品を使用

ナチュラルカラーのおしゃれな隠れ家サロン

マニキュリオス Manicurious

カフェの店内を通り抜け、奥の扉を開けると小さなネイルサロンが出現する。開業して約10年、常連客はもとより旅行者も訪れる人気サロンに。甘皮のカットなど細部までていねいに行い、仕上がりがきれいと技術に定評がある。ビンテージ風のチェアでペディキュアとマニキュアの同時施術も可能。美しさに磨きをかけるなら、ネイルマスクやスクラブ、マニキュアがセットになったハンド・スパ（$45）を試したい。

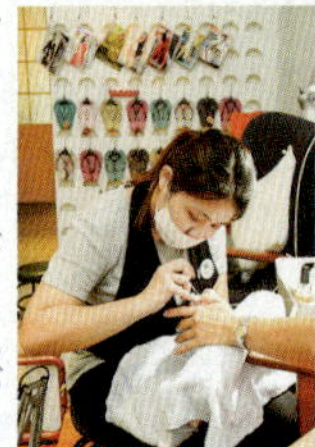

左／その人に合ったネイルアートをアドバイスしてくれる
右／4席あるペディキュア用チェアはゆったりくつろげる。こぢんまりとした店なので、予約をしたほうがよい

MAP P.81-1C
シティ・ホール周辺

住41 Beach Rd.
☎6333-9096 営11:00〜21:00（日曜〜20:00）
休旧正月 料エクスプレスマニキュア$18、エクスプレスペディキュア$20、クラシックマニキュア$30
カードＡＤＪＭＶ 行き方MRTシティ・ホール駅、エスプラネード駅から徒歩約7分。
※予約をしたほうがよい。

カフェの入口。この店の奥にマニキュリオスがある

プライベート感のある小さなサロン

ネイル・ソーシャル The Nail Social

派手なペインティングとしゃれたブティックが並ぶことで、注目を集めるハジ・レーンのショップハウス内にある。自然光が差し込み、木の床や窓枠、しゃれたインテリアが心地よいリラックス空間を生み出している。施術チェアは３台と小規模ゆえ、落ち着いてゆったりできる。ここは環境や社会問題に取り込む女性が始めた店で、恵まれない女性の雇用、エコやサスティナビリティに尽力。ネイル用品は動物実験を行わず、毒性のないものを使用している。

左／チェアにタブレット端末が付いていて、施術中に映画や音楽が楽しめる
右／キューティクルケア、マッサージを含むシグネチャーマニキュアがおすすめ

MAP P.142
アラブ・ストリート周辺

住42A Haji Lane, 2F
☎6717-3221 営10:00〜20:00（日曜〜16:00）
休月曜、12/25、12/26、旧正月4日間 料シグネチャーマニキュア$35、ペディキュア$45 カードＭＶ
行き方MRTブギス駅から徒歩約7分。※2〜3日前までに予約をしたほうがよい。

体に優しいマニキュアを使用

グレード別

ホテルガイド

Hotel Guide

パークロイヤル・コレクション・マリーナベイ、シンガポール(→P.303)

✦Hotel Guide✦

シンガポールのホテル事情

最新ホテル事情

●国際会議や見本市の時期は要注意

観光ばかりではなく、多くの国際会議が開かれるシンガポール。それだけにホテルの客室稼働率は1年を通じて高く、巨大会議場のあるサンテック・シティ周辺の高級ホテルやオーチャード・ロード周辺のホテルは、季節を問わず満室になることが多くなっている。

ほかのエリアのホテルについても、大規模な国際会議や見本市が開催されると、その前後はホテルの予約が難しくなる。また、そういった時期にはホテルの一時的便乗値上げも多いので要注意。

ちなみに毎年9月に行われるF1グランプリ（→P.338）の期間中は、レースサーキットがおかれるマリーナ周辺のホテルは軒並み満室状態。特にF1グランプリの期間中やシンガポール・エア・ショー、コミュニケイシアなどの大型見本市や国際会議に旅行日程が重ならないよう、政府観光局のサイトなどでイベント・スケジュールの事前チェックが必要だ。

●ホステルやカプセルホテルが急増

近年モダンなホステルが続々と誕生している。ドミトリータイプが主流だが、よりプライベートを重視したカプセルタイプのホステルも増加。Wi-Fiや充電ポート、ロッカーなどを整えたり、ランドリーやキッチンなど設備面も力を入れている。多いエリアはチャイナタウン、リトル・インディア、アラブ・ストリート界隈、ジャラン・ベサール（→P.154）周辺。

●タイプ別の料金の目安

気になる料金だが、ラッフルズ・シンガポール、リッツ・カールトン・ミレニア・シンガポールなどの最高級ホテルで、ツイン1泊$500〜1000、ヒルトンやマンダリンなどの高級ホテルで$350〜500、ヨークやビレッジ・ホテル・アルバート・コートなどの中級ホテルで$200〜350、YMCA、ベンクーレンといったエコノミーホテルでも$150〜200する。デザインホテルや客室数の少ないブティックホテルは$200〜600と幅がある。

もっと安いところとなると、ドミトリーがメインのホステルやゲストハウスになり、相場は、ツイン$70〜100、ドミトリー$20〜となっている。安宿の個室は窓なしで狭い部屋も珍しくない。

2022年オープンのキン・カプセルホテル(→P.331)。個室感覚のカプセルは、男性・女性各専用と男女ミックスのエリアに分かれている(1泊$70〜)

上／シンガポール伝統文化を色濃く反映させるホテルが増えた。写真は「プラナカン」をテーマにしたホテル・インディゴ・シンガポール・カトン（→P.324）のラウンジ　下／リゾートホテルはセントーサ島に多い。写真のハードロックホテル・シンガポール(→P.319)のプールには砂浜もある

●ホテルのインターネット・電話について

ほとんどのホテルで無料のWi-Fi（インターネットの無線LAN接続）環境を整えている。安宿やホステルでもWi-Fi接続が可能。

市内電話は、ほとんどのホテルが外線用のダイヤル"9"のあとに相手の番号をダイヤルするようになっている。また、国際ダイレクト通話（IDD）も可能な場合が多い。

最近では各部屋に国際電話もかけられるスマートフォン（使用料は無料）を配備するホテルが増えている。

中級〜高級ホテルで無料スマートフォンのサービスを採用している。無料でかけられる国際電話の規定は各ホテルで異なるが、日本への電話も無料というところもある

ホテルの予約方法

中級以上のホテルは、大部分が日本に予約事務所をもっている（各ホテル紹介記事データ欄にその電話番号を記している）。この予約事務所を通す場合は原則として正規料金での宿泊となる。ただし主要ホテルの正規料金は、決して安くはない。そこで割引料金で予約する方法をいくつか紹介しよう。

●インターネットのホテル予約サイトを利用する

シンガポールの高級ホテルから格安ホテルまで主要ホテルが、大手ホテル予約サイトで割引料金で手配できる。ネット割引料金やキャンペーン料金など、マメにチェックしているとかなり安い料金が出ていることも。最低価格を保証している予約サイトもある。同じホテルでも、サイトによって多少料金に差があるので、いろいろなサイトを比較するのが賢い利用法。

おもなホテル予約サイト

◉エクスペディア
☎(03)6362-8013
URL www.expedia.co.jp

◉ Booking.com
URL www.booking.com

◉ホテリスタ
URL hotelista.jp

◉ジェイエッチシー（JHC）
☎(03)6758-7195
URL hotel.jhc.jp

◉地球の歩き方
URL hotels.arukikata.com

●正規の割引を利用する

次に日本の予約事務所を通しての割引。原則正規料金のみしか扱っていないが、シーズン、宿泊数などの条件によっては割引料金を出していることもある。積極的には教えてくれないので、問い合わせの際に「割引料金があったら教えてください」とひとこと付け加えること。ただし、いつも割引があるとは限らない。

また、各ホテルのウェブサイトにアクセスするのもひとつの方法だ。時期によっては、ホテルが設定するプロモーションに当たる場合もあり、ホテル予約サイトの料金よりもお得なレートで泊まれることもある。

大手のホテルではまずないが、中級以下のホテルの場合、オンライン予約フォームから予約してもなかなか予約確認書（コンファーム）が届かない場合もある。返事が来ない場合は、フォームではなく、オフィスに直接eメールで問い合わせをしたほうがよい。

ショップハウスを改装したファッショナブルなホステルが急増中

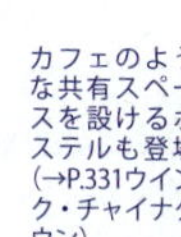

カフェのような共有スペースを設けるホステルも登場（→P.331ウインク・チャイナタウン）

●その他の割引

主要旅行会社では、航空券を購入した客に、自社の団体用に仕入れたホテルを安く提供してくれることもある。航空券を予約したときに、ホテルを安く取ってもらえないかどうか尋ねてみるのもいい。

●クレジットカード会社のホテル予約サービスを利用する

クレジットカード会社のホテル予約サービスを利用するのも手だ。海外のホテルを割引料金で手配する会員向けサービスを行っていることがあるからだ。自分が会員になっているカード会社に、そうしたサービスがあるかどうか問い合わせてみよう。

※宿泊料金には通常、8%の消費税（GST）、10%のサービス料（合計18%）が加算される。
※P.298からのホテル紹介記事のなかで記載したホテル料金は、2022年12月現在のものです。
※特に断りのない場合は、1部屋はシングル、ダブル、ツインとも同一料金です。同一料金でない場合は下記のように宿泊料金の前にアルファベットを付加しました。
Ⓢ：シングル料金／Ⓦ：ダブル料金／
Ⓣ：ツイン料金／Ⓓ：ドミトリー料金
※いずれも1室当たり（Ⓓは1ベッド当たり）の料金です。

Information

サービスアパートメントの検索サイト

長期滞在向けのサービスアパートメント探しに参考になるサイトは以下のもの。安ホテルは大手予約サイトにも紹介されている。

◆シンガポールサービスアパートメント協会
The Serviced Apartments Association
URL www.servicedapartments.org.sg
物件リストから予約も可能。

◆シンガポール・エクスパッツ
Singapore Expats
URL www.singaporeexpats.com
サービスアパートメントのリストがある。

古典と洗練を調和させた名門ホテル

ラッフルズ・シンガポール

Raffles Singapore

マハラジャスタイルのドアマンが迎えてくれる

左／優美なホテルファサード
右／3階にプールとジムがある

1887年の創業以来、グランドホテルとして世界に名をはせてきたラッフルズ・シンガポール。かのシンガポール・スリングを生み出し、サマセット・モームやチャップリンに愛された伝説のホテルだ。

2019年まで2年半に及んだ改装工事を経て、コロニアル様式の格調は損なわれることなく、現代のエネルギーが注がれ、洗練の極みへと進化を遂げた。熱帯の緑が生い茂る敷地内に立つ白亜の美しさ、華やかで気品あふれるダイニングの数々は、世界中の旅行者を魅了してやまない。

ラッフルズ・シンガポール
MAP P.81-1C　住1 Beach Rd.　☎6337-1886
FAX (65)6339-7650　URL www.raffles.jp/singapore
E-mail singapore@raffles.com　料$839〜
税サ 18%　カード ADJMV　全115スイート
設備 プール、スパ、ジム、レストラン&バー×9、ショッピングアーケード
行き方 MRTシティ・ホール駅、エスプラネード駅から徒歩約5分。

ティフィンルーム　Tiffin Room
住Grand Lobby　☎6412-1816　営7:00〜10:30、12:00〜14:00、18:30〜21:30　休無休　カード同上

グランドロビー　The Grand Lobby →P.239

ロングバー　Long Bar
住#02-01, 2F Raffles Arcade　☎6412-1816
営12:00〜ラストオーダー22:45　休無休
カード同上

ラッフルズ・ブティック　Raffles Boutique
→P.105欄外

重厚ななかにスタイリッシュなデザインが加味されたロビー。レセプションデスクはなく、チェックイン・アウトは客室で行う

ロマンあふれる

スイートルーム

全室スイートの客室は改装によって増設。約4mの天井に設えたファン、磨き抜かれたチーク材の床など創業時の面影をとどめつつ、最新技術を投入。12室あるパーソナリティースイートは、滞在した著名人の名がつけられ、それぞれゆかりの品が飾られている。

左／緑豊かな庭園に面したベランダ付き　中／一新されたバスルーム。アメニティ類も豪華　右／伝統とモダンが合わさり、風雅な空気を醸すコートヤードスイート。きめ細かいバトラーサービスが行き届いている

魅力を増したダイニング

ふたりの名匠アラン・デュカス、アンヌ・ソフィー・ピックがそれぞれ指揮をとる新レストラン「BBRバイ アラン・デュカス」と「ラ ダム ドゥ ピック」が話題の的。シンガポールらしさでおすすめなのは、北インド料理の「ティフィンルーム」、アフタヌーンティーが楽しめる「グランドロビー」、シンガポール・スリングが有名な「ロングバー」。

グランドロビー

壮麗なロビーで味わうアフタヌーンティー。3段トレイのセットは飲み物付きで$80～

ティフィンルーム

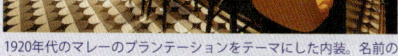

シェフのクルディープさん

左／ディナーは好みのカレーをインドの弁当箱仕立てで供する「メラ・ダッバー」($72～)がおすすめ。ランチはビュッフェとセット料理のターリーがある　右／創業時の風情を残す店内

ロングバー

1920年代のマレーのプランテーションをテーマにした内装。名前の由来となった長い木製のバーカウンターも再現されている

この店発祥のシンガポール・スリング($32～37)。無料のおつまみのピーナッツの殻は床に落とすのがここの流儀

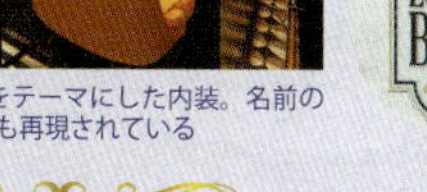

逸品が揃うラッフルズ・ブティック

ホテルオリジナルのグルメみやげをはじめ、小粋な雑貨からファッションまで充実の品揃え。新たに登場したのは種類豊富なフレーバーティー。店内にはヒストリーギャラリー、ケーキやコーヒーの販売コーナーもある。

南国ムードの広い店内。ガラスケースには創業当時のホテルグッズなどが展示されている

❶チリ・クラブ・ソース$15.9　❷左・中央はアフタヌーンティー、マンゴーティーのティーバッグ($29～)、右はシンガポール・スリングの風味を付けた茶葉($34)　❸ドアマンとシンガポール・スリングのキーホルダー(各$16.9)　❹ロングバーのおつまみのピーナッツ。麻袋入りで$18

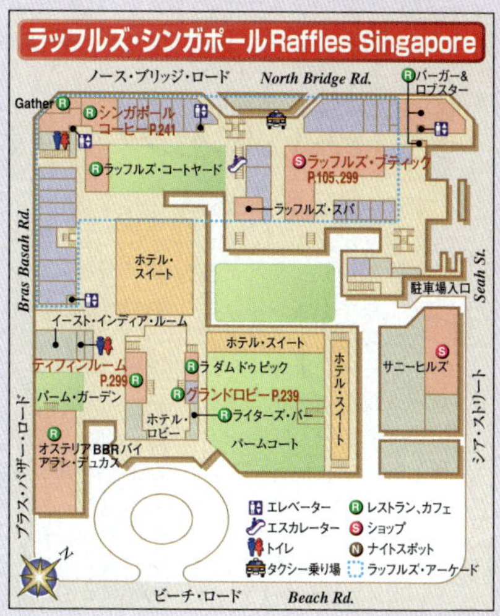

高級ホテル

市内で群を抜く高層ホテル
スイソテル・ザ・スタンフォード Swissôtel The Stamford

東南アジア最高層ホテルのひとつで、息をのむようなパノラマビューが自慢。世界レベルのホスピタリティも高く評価されている。シンガポールの中心部という絶好のロケーションで、シティ・ホール駅、エスプラネード駅、ラッフルズ・シティ（→P.264）に直結し、食事、ショッピング、エンターテインメント、ビジネスに非常に便利。12のレストランやバー、スイミングプール、スパなどの施設は、姉妹施設のフェアモント・シンガポールからもアクセスできる。業界初のアクアポニックス農場があり、育てた野菜や魚がホテル内の飲食店で振る舞われる。

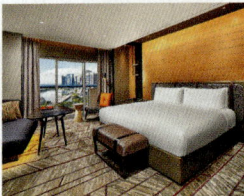

上／シティ・ホールのランドマーク的存在　下／全室バルコニー付き。写真はキングプレミアルーム

MAP P.81-1C
シティ・ホール周辺

住 2 Stamford Rd.
☎6338-8585
FAX (65) 6338-2862
URL www.swissotel-singapore-stamford.com
E-mail singapore-stamford@swissotel.com
料ⓈⓌ$449～　税サ18%
カード ADJMV
全1252室
設備 プール、テニスコート、フィットネスセンター、スパ、ヘアサロン、レストラン&バー×12、ショッピングセンター
行き方 MRTシティ・ホール駅から徒歩約3分。

スタイリッシュな都会派ホテル
フェアモント・シンガポール Fairmont Singapore

シンガポールらしい豊かな文化体験を誇る5つ星ホテル。館内は上品で落ち着いた雰囲気で、すべての客室にバルコニーが付いているので開放感もある。ふたつの主要MRT駅や、ラッフルズ・シティと直結していて便利。姉妹施設であるスイソテル・ザ・スタンフォードと共有する12のレストラン&バーでは、ホテル内のアクアポニックス農場で育てた野菜や魚を提供。アジア最大規模を誇るスパ「ウィロー・ストリーム・スパ」、屋外プール、最先端のイベントスペースなど設備も整う。

MAP P.81-1C
シティ・ホール周辺

住 80 Bras Basah Rd.
☎6339-7777
FAX (65) 6337-1554
URL www.fairmont-singapore.com
E-mail singapore@fairmont.com
料ⓈⓉ$479～
税サ18%
カード ADJMV
全778室
設備 スイソテル・ザ・スタンフォードと共有
行き方 MRTシティ・ホール駅から徒歩約3分。

上／優雅なホテルステイを満喫できる　下／ビジネス客を意識した造りのプレミアルーム。シックな雰囲気のインテリア

中心部に誕生したクラシックモダンなホテル
キャピトル・ケンピンスキー・ホテル・シンガポール The Capitol Kempinski Hotel Singapore

MRTシティ・ホール駅前のキャピトル・シンガポール（→P.263）内にある。歴史遺産のキャピトル・ビルとスタンフォード・ハウスの原形を残して修復し、静かで落ち着いた滞在ができる隠れ家のようなホテルに生まれ変わった。上質な木のぬくもりとシックな色調、研ぎ澄まされた意匠で別世界へといざなう。飲食施設が充実しているのも自慢で、館内のメインダイニングのほか、アーケード@キャピトル・ケンピンスキー内にもドイツ料理やイタリア料理など7軒のレストランを設けている。

MAP P.80-1B
シティ・ホール周辺

住 15 Stamford Rd.
☎6368-8888　FAX (65) 6384-1929
URL www.kempinski.com/en/the-capitol-singapore
E-mail reservationssingapore@kempinski.com　料ⓈⓌ$450～／スイート$680～
税サ18%　カード AJMV　全155室　設備 プール、フィットネスセンター、スパ、レストラン&バー×10、ブティック
行き方 MRTシティ・ホール駅から徒歩約3分。

左上／ブラウンとバニラカラーの色調の客室。全室バスタブ付き。写真はグランドデラックスルームの寝室　左下／スタンフォード・ハウスは1904年に創建された歴史建造物　右／アットホームなホテルのロビー

クラシカルとモダンが交錯する
JWマリオット・ホテル・シンガポール・サウスビーチ JW Marriott Hotel Singapore South Beach

シティ・ホール駅の真上に誕生したタワー内にあるJWマリオットは、最新鋭の設備とアートを凝らしたデザインホテルだ。敷地内にある1930年代の歴史遺産（軍の施設）は宴会場やバーに姿を変え、新旧が交錯するシンガポールの魅力を映し出している。ハイライトは18階の「Flow18」。360度のダイナミックな展望が楽しめるスペースに浮遊感のあるプールやジム、テーブル席を配置したリラックスエリアだ。予約時に希望すれば女性向けのアメニティが充実したレディスルームも用意される。

MAP P.81-1C
シティ・ホール周辺

住30 Beach Rd. ☎6818-1888
FAX(65)6822-2621
URL jwmarriottsingapore.com
E-mail jw.sinjw.contactus@marriott.com
料Ⓢ Ⓦ Ⓣ $700～／スイート$950～ 税サ18%
カード A D J M V 全634室
設備プール、フィットネスセンター、スパ、レストラン&バー×5
行き方MRTエスプラネード駅から徒歩約3分、シティ・ホール駅から徒歩約5分。

観光にもビジネスにも便利な立地

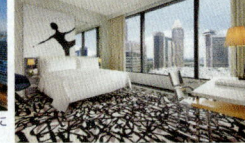

左／クラブプレミアルーム
右／風景の中に溶け込んだプール。夜景もすばらしい

アートに囲まれて優雅なステイを満喫
ナウミ・ホテル・シンガポール Naumi Hotel Singapore

ツタが這い、グラフィティアートが描かれたスタイリッシュな外観が目を引く、5つ星ブティックホテル。ココ・シャネルやポップアートの巨匠アンディ・ウォーホルをフィーチャーした客室など、ユニークな世界観が広がっている。客室のミニバーやスナック類は無料。屋上には街を一望できるインフィニティプールがあり、都会のど真ん中にありながらリゾート気分を味わえる。

MAP P.81-1C
シティ・ホール周辺

住41 Seah St. ☎6403-6000
FAX(65)6333-0053
URL naumihotels.com/singapore E-mail aide@naumihotels.com 料Ⓦ$350（朝食付き） 税サ18%
カード A D J M V 全73室
設備プール、バー、フィットネスセンター、レストラン
行き方MRTシティ・ホール駅、またはエスプラネード駅から徒歩約6分。

屋上のインフィニティプールにはバーも併設

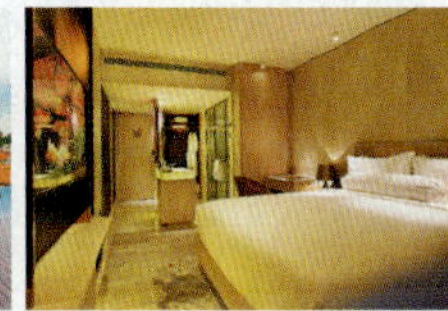

ハビタットルーム。ベッドやリネンにも心配りが行き届く

シャープな輝きを放つ大型ホテル
カールトン・ホテル・シンガポール Carlton Hotel Singapore

どこへ行くにも便利なロケーションに立つ規模の大きなホテル。客室はモダンで都会的。ビジネス客の利用が多く、人間工学に基づいた椅子や可動式の机など機能性にも配慮されている。2階には本格広東料理の「ワーロック・カントニーズ・レストラン」、1階には寿司店「シンジ・バイ・カネサダ」がある。

プレミアルームは赤のインテリアが効いたシックモダンなデザイン（プレミアウイング）

MAP P.80-1B
シティ・ホール周辺

住76 Bras Basah Rd.
☎6338-8333 FAX(65)6339-6866
URL www.carltonhotel.sg
E-mail mail@carltonhotel.sg
料Ⓢ Ⓦ Ⓣ $260～750／スイート$520～3800 税サ18%
カード A D J M V 全940室
設備プール、フィットネスセンター、スパ、ビジネスセンター、レストラン&バー×4
行き方MRTシティ・ホール駅から徒歩約7分。

リニューアル工事を経て生まれ変わった
グランド・パーク・シティ・ホール Grand Park City Hall

2017年に改装を終え、客室やレストランは、新旧の調和を表現し、気品が漂うデザインに一新された。予約後、専用アプリをダウンロードすればスマホがモバイルキーになり、ホテルの外から電子機器のコントロールなどが可能になる最新鋭のシステムを投入。モダンヨーロッパ料理のレストラン「テーブルスケープ」（L3）は注目店。

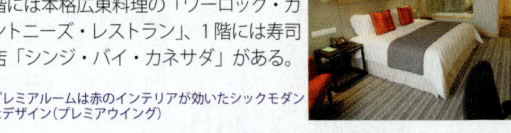

プラナカンタイル、シーリングファン、モノクロ写真などレトロなアクセントが効いた客室

MAP P.80-2B
シティ・ホール周辺

住10 Coleman St. ☎6336-3456
FAX(65)6339-9311
URL www.parkhotelgroup.com/en/cityhall E-mail Info.gpch@parkhotelgroup.com 料Ⓢ Ⓦ $250～／スイート$500～ 税サ18%
カード A D J M V 全343室
設備プール、フィットネスセンター、レストラン&バー×2 行き方MRTシティ・ホール駅から徒歩約6分。

静謐な時間を過ごせる歴史遺産ホテル
ホテル・フォート・カニング Hotel Fort Canning

フォート・カニング・パーク内にある、1926年建造の英国軍の司令本部だった建物を用いたホテル。コロニアル様式の壮麗な建物を舞台に、洗練されたアート家具やインテリアを配したブティックホテルとなっている。天井の高い客室内にはオープンコンセプトのバスルーム、豊かな緑を望むバルコニーが備わり、ロマンティックで安らぎの空間を生み出している。森に囲まれたふたつのプールや、西洋料理のエッセンスを加味したアジア料理や本格ピザが楽しめる「ザ・サロン」などホテルステイを楽しめる施設も整っている。

左／バルコニーにバスルームを配したデラックスルーム。ガーデン付きの部屋もある　中／屋外プールはミネラルウオーターを使用　右／歴史をたたえる外観。窓や柱の位置は建造当時のまま

MAP P.80-1A
シティ・ホール周辺
住11 Canning Walk
☎6559-6770
FAX(65)6338-8915
URL www.hfcsingapore.com
E-mail contact@hfcsingapore.com
料ⓈⓌⓉ$305～／スイート$485　税サ18%
カード ADJMV　全86室
設備プール、フィットネスセンター、スパ、レストラン&ラウンジ×2　行き方MRTドービー・ゴート駅、ブラス・バサー駅から徒歩約10分。

アートも楽しめるラグジュアリーホテル
リッツ・カールトン・ミレニア・シンガポール The Ritz-Carlton, Millenia Singapore

マリーナ・エリアの高級ホテルのなかでも、ワンランク上の贅沢さが味わえるのがリッツ・カールトン。館内には絵画やアートオブジェが展示されており、これら芸術作品を見て回るアートツアーも行っている。ホスピタリティあふれるサービスが定評で、日本語のホテル案内のほか、日本人専用のチェックインデスクも設けられている。客室は木を多用し、ナチュラルな雰囲気。大きな窓からすばらしいパノラマが望める。「チフリー・ラウンジ」のハイティーも人気。

上／マリーナ・ベイ側の客室のバスルームは窓付き　下／広いスペースを確保したデラックスルーム。眺めを楽しめるようにベッドが配置されている

MAP P.81-2D
マリーナ・エリア
住7 Raffles Ave.
☎6337-8888
FAX(65)6338-0001
URL www.ritzcarlton.com/singapore
E-mail rc.sinrz.reservations@ritzcarlton.com
料ⓈⓌⓉ $1164.24～／スイート$1520.64～　税サ込み
カード ADJMV
全608室
設備プール、フィットネスセンター、スパ、ビジネスセンター、レストラン&バー×4、ギフトショップ
行き方MRTプロムナード駅から徒歩約5分。

伝統とホスピタリティを大事にする
マンダリン・オリエンタル・シンガポール Mandarin Oriental, Singapore

1987年創業以来、数々の賞を受賞してきたシンガポールを代表する高級ホテル。海に面した扇形の構造で、海側の部屋からはマリーナ・ベイの迫力ある眺めをひとり占め。重厚感のあるロビーに足を踏み入れると、優雅であたたかい空気に満ちた別世界。客室は「オリエンタル」をコンセプトにアジアンテイストのインテリアを配し、居心地のよさを追求している。中国料理の「チェリーガーデン」、プールサイドのイタリア料理の「ドルチェ・ヴィータ」などレストランも名店揃いだ。5階のスパ「ザ・スパ」(→P.290)もエレガント。日本人スタッフ駐在。

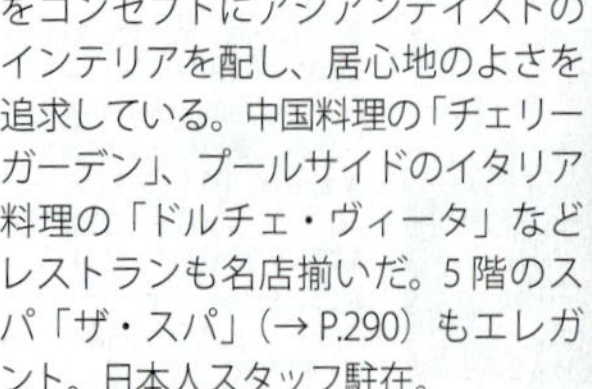

MAP P.81-2D
マリーナ・エリア
住5 Raffles Ave., Marina Square
☎6338-0066　FAX(65)6339-9537
URL www.mandarinoriental.com/singapore　E-mail mosin-reservations@mohg.com
料ⓈⓌⓉ $670～／スイート$930～　税サ18%
カード ADJMV　全527室
設備プール、フィットネスセンター、スパ、ビジネスセンター、レストラン&バー×7
行き方MRTプロムナード駅から徒歩約7分。

上左／プールはリゾート感があり、開放感に浸れる　上右／壮麗なアトリウムの天井から柔らかい光が差し込む　下／人気のプレミアハーバールーム。窓からはマリーナ・ベイの全景が見渡せる

屋内に巨大ガーデンをもつエコフレンドリーなホテル

パークロイヤル・コレクション・マリーナベイ、シンガポール
Parkroyal Collection Marina Bay, Singapore

旧マリーナ・マンダリンホテルを改装し、2020年に新たなホテルとしてスタートを切った。サステナビリティを重視したエコの取り組みが革新的。

まず目を引くのが、21階の高さのアトリウムとそこに広がる緑豊かなガーデン。シンガポール初の「ガーデン・イン・ホテル」をうたい、近未来の都市を思わせる空間だ。「ポートマンズ・バー」の鳥の巣をイメージしたパビリオンでお酒やアフタヌーンティーを楽しんでみたい。もうひとつの特色が4階にある農園。60種以上の野菜やハーブを栽培し、ホテルのレストランやバー、スパに供給されている。

全室バルコニー付きの客室は、木目を生かしたシックなデザイン。スパや会議室、イベントスペースなどの設備も充実し、ビジネスと観光両方のニーズを満たしている。

60種以上、2400本以上の植物が植えられたガーデン。鳥の巣状のパビリオンはバーの一部

左／レストラン「ペパーミント」の屋外にある150㎡のアーバンファーム（農園） 中／5階の屋外プールは夜になると水中に1380個のLEDライトが星のように輝く 右／ベーシックなクラスのアーバンデラックスルーム。95%の客室がバスタブ付き

MAP P.81-2D
マリーナ・エリア

住6 Raffles Blvd.
☎6845-1000 FAXなし
URL www.panpacific.com/en/hotels-and-resorts/pr-collection-marina-bay.html
E-mail enquiry.prsmb@parkroyalcollection.com
料Ⓦ Ⓣ$350～／スイート$650～ 税サ18%
カード A D J M V 全583室
設備 プール、フィットネスセンター、スパ、レストラン＆バー×6、会議室、イベントスペース
行き方 MRTエスプラネード駅から徒歩約8分。

4階のレセプションとホテルのシンボルであるアトリウム。ロビーはマリーナ・スクエア（→P.263）に直結している

ドラマチックなロビーが印象的

パン・パシフィック・シンガポール
Pan Pacific Singapore

足を踏み入れると、まずロビーの斬新さに驚く。22mの長いカウンターをもつバー「アトリウム」がロビーを貫き、シェードで飾られたテーブル席が南国情緒を演出。客室はハイテクを駆使し、機能性に富む。約7割がビジネス客で、エグゼクティブフロアの客室数、施設も充実。4階のホスピタリティラウンジは、早い時間にチェックインした際やチェックアウト後などに荷物を預けたり休憩したりできる。レストランは3階に広東料理の「ハイティエンロウ」、インド料理の「ラン・マハール」、4階に高級和食の「欅」などがある。

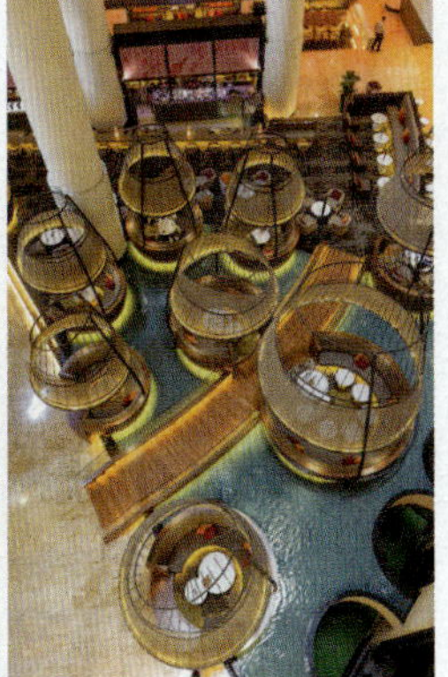

左／バルコニー付きのデラックスルーム 右／水辺に浮かぶように配置された「アトリウム・バー・アンド・グリル」（2022年11月現在改装中）

MAP P.81-2D
マリーナ・エリア

住7 Raffles Blvd., Marina Square ☎6336-8111
FAX (65)6339-1861
URL www.panpacific.com/ja/hotels-and-resorts/pp-marina.html
E-mail enquiry.ppsin@panpacific.com 料ⓌⓉ$300～／スイート$500～ 税サ18%
カード A D J M V 全769室
設備 プール、フィットネスセンター、スパ、ビジネスセンター、レストラン＆バー×7
行き方 MRTエスプラネード駅、またはプロムナード駅から徒歩約8分。

客室からはマリーナ・エリア、シェントン・ウェイのビル群が望める

館内にアート作品が飾られた
コンラッド・センテニアル・シンガポール Conrad Centennial Singapore

エレガントな高級感あふれるホテル。ホスピタリティを重視し、禁煙フロアや身障者用客室、ペットと一緒に泊まれるサービス、15種類の枕のメニューを用意するなど、ゲストのさまざまな要望に対応している。ホテルマスコットのテディベアのプレゼント、靴磨きの無料サービスも実施。ビジネス客の利用が多く、550人収容可能の会議・宴会場を備え、エグゼクティブラウンジのサービスも充実。「ゴールデン・ピオニー」では本格的な広東料理が味わえる。

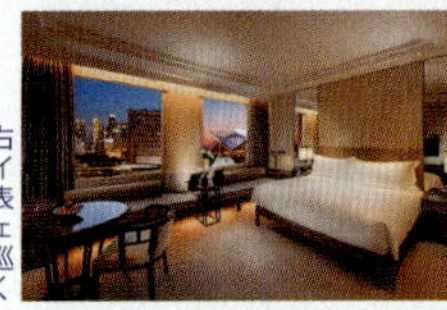

左／写真はデラックスルーム　右／天井の高いロビー。金色のライトは雨のしずくが落ちるさまを表しており、下に置かれたオブジェはその雨を受けて幸運を館内に巡らせるという風水の教えに基づく

MAP P.81-1D
マリーナ・エリア

住2 Temasek Blvd.
☎6334-8888
FAX(65)6339-2854
URL www.conradsingapore.com
E-mail conrad_singapore@conradhotels.com
料ⓈⓌⓉ $370～／スイート $570～　税サ18%
カード ADJMV　全512室
設備プール、フィットネスセンター、スパ、ビジネスセンター、レストラン&バー×4、ギフトショップ
行き方 MRTプロムナード駅から徒歩約7分。

ラスベガス・サンズ系列のホテル
マリーナベイ・サンズ Marina Bay Sands

いまやシンガポールのアイコン的存在になったホテル。強烈なインパクトの建築デザインは、ボストンの著名建築家モシェ・サフディによるもの。会議展示場、ショッピングモール、カジノやシアターとともに構成される複合施設の中のホテルだ。3つのタワーで構成され、南側のタワー1にあるメインロビーは、国際色豊かな華やぎに満ちている。随所にアート作品や植物が配置され、建物と見事に調和。客室はモダンでシンプル、眺めがいいのは言うまでもない。下層階のショッピングモールや57階のルーフトッププールなど、ホテル内で十二分に楽しめる施設が揃っている。

上／開放感のあるアトリウム構造のタワー1メインロビー　下／デラックスルーム。明るい茶系のモダンなインテリア。タワー1と2にはバスタブ付きの客室があるので、予約の際に希望を

MAP P.96-2B
マリーナ・エリア

住10 Bayfront Ave.
☎6688-8888　FAXなし
URL jp.marinabaysands.com
E-mail inquiries@marinabaysands.com
料ⓈⓌ $600～
税サ18%
カード ADJMV
全2200室
設備プール、フィットネスセンター、スパ、ビジネスセンター、レストラン&バー×8（ショッピングモールやカジノにダイニング施設多数）
行き方 MRTベイフロント駅から徒歩約3分。

大人の休日を満喫できる高層ホテル
ウェスティン・シンガポール The Westin Singapore

再開発が進むマリーナ・サウスに誕生。オフィスビルの32階から46階がホテルになっており、隣接するチャイナタウンの街並み、マリーナ・ベイから外海まで見渡せる眺めは申し分ない。最低でも40m^{2}の広さを誇る客室には特注のヘブンリーベッドをしつらえ、快適さを追求。35階のインフィニティプールは夜景もすばらしい。ニューヨークスタイルのバー「クック&ブリュー」では100種を超えるビールと厳選ワインをストック。種類豊富な料理がライブキッチンとビュッフェで楽しめる「シーズナルテイスト」も自慢のダイニング。

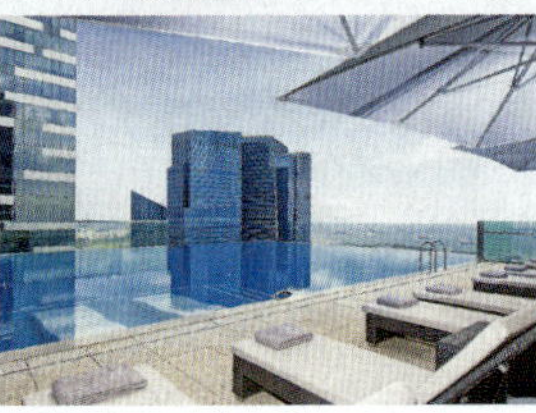

上／エグゼクティブフロアのデラックスルーム。客室や館内はシックで都会的なインテリア　下／海に溶け込むプールの向こうに絶景が広がる

MAP P.96-3A
マリーナ・エリア

住12 Marina View, Asia Square Tower 2　☎6922-6888
FAX(65)6922-6899
URL www.thewestinsingapore.com
E-mail westin.singapore@westin.com
料ⓈⓌⓉ $450～／スイート $750～
税サ18%　カード ADJMV
全305室　設備プール、フィットネスセンター、スパ、ビジネスセンター、レストラン&バー×3　行き方 MRTダウンタウン駅から徒歩約6分。

シンガポール屈指のアーバンリゾートホテル
パラドックス・シンガポール・マーチャント・コート・アット・クラーク・キー
Paradox Singapore Merchant Court at Clarke Quay

天井の高いロビーは開放感があり、プラナカン様式のインテリアや美術品が目を楽しませてくれる。プールの広さが自慢で、しかもメインプールには子供用のウオータースライダーも付いている。２フロアあるフィットネスジムも自慢の施設。また、ローカルフードが充実した「エレンボロウ・マーケット・カフェ」では、朝食、ランチ、ハイティー、ディナービュッフェが好評。プラナカンを含むローカル料理に気軽にトライできる。目の前はクラーク・キーで、駅にも近くて便利。

左／ロビーにある「クロスロード・バー」は重厚な趣　右／広いプールエリアにはウオータースライダーも備わる

MAP P.83-2D
クラーク・キー周辺
住20 Merchant Rd.
☎6337-2288
FAX (65) 6438-1887
URL www.paradoxhotels.com/singapore
E-mail info@paradoxsingapore.com
料Ⓢ Ⓦ Ⓣ$280～／ファミリールーム$315～
税サ18%
カード A D J M V
全476室
設備プール、フィットネスセンター、スパ、ビジネスセンター、レストラン＆バー×3、ギフトショップ
行き方MRTクラーク・キー駅から徒歩約３分。

リバー沿いに立つラグジュアリーホテル
インターコンチネンタル・シンガポール・ロバートソン・キー
InterContinental Singapore Robertson Quay

館内は黒や茶系で統一されたシックで洗練されたインテリア。サービスもスマートでくつろぎの宿泊を約束してくれる。ビジネスの利用客が多いが、静かなロケーションを望む旅行者にも好評だ。客室はモダンでコンパクト。若干広さに乏しいが、設備は万全でアメニティも高級感がある。ダイニング施設は、イタリアンレストランやデリ、バーなど。無料のレンタサイクルも用意。

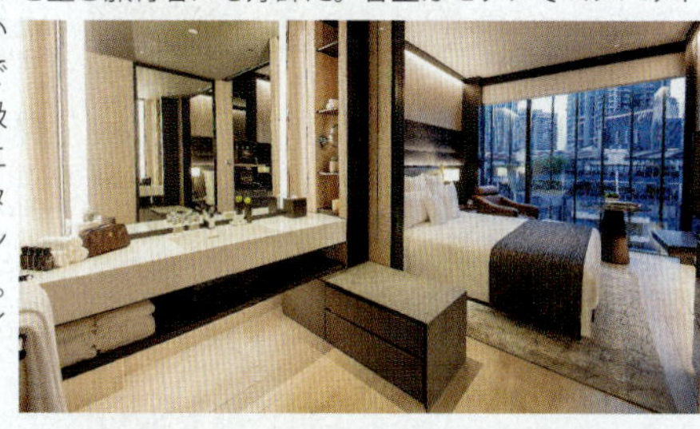

キングベッド・クラシックルーム。ダブルのほかツインの客室もある。スイート以外はバスタブはなくシャワーのみ

MAP P.82-2B
クラーク・キー周辺
住1 Nanson Rd.
☎6826-5000
FAXなし
URL robertsonquay.intercontinental.com
E-mail info.sinic@ihg.com
料Ⓢ Ⓦ $350～530／Ⓣ $400～530／スイート $580～1450
税サ18%
カード A D J M V　全225室
設備プール、フィットネスセンター、レストラン＆バー×5
行き方MRTハブロック駅から徒歩約7分、フォート・カニング駅から徒歩約9分。

日本人ビジネス客の利用が多い
グランド・コプソーン・ウオーターフロント Grand Copthorne Waterfront

シンガポール川に面して立ち、喧騒とは無縁のリラックスムード。モノトーンで都会的なインテリアの客室からは、シンガポール川沿いの美しい風景が望める。屋外のプール、フィットネスセンター、テニスコートとスポーツ施設も充実。ホテルに隣接する川沿いの遊歩道は散歩やジョギングにぴったり。アメニティを客室へ運ぶデリ・ロボットや、レストランでオムレツを作るロボットを導入するなど目新しい試みにも注目が集まる。2022年にホテルの真向かいにMRTハブロック駅が開業し、交通の便が格段によくなった。

左上／客室からはクラーク・キーからマリーナ・エリアまで眺望が広がる　左下／ビジネス客の利用が多いクラブ・デラックスルーム　右／吹き抜けのロビーにはレストランやバーがある

MAP P.82-2A
クラーク・キー周辺
住392 Havelock Rd.
☎6733-0880　FAX (65) 6737-8880　URL www.millenniumhotels.com/en/singapore/grand-copthorne-waterfront
E-mail enquiry.gcw@millenniumhotels.com　料Ⓢ Ⓦ Ⓣ $500～／スイート $800～
税サ18%　カード A D J M V
全574室　設備プール、テニスコート、フィットネスセンター、レストラン＆バー×4
行き方MRTハブロック駅から徒歩約3分。

クラーク・キーに立つクラシックモダンなホテル

リバーサイド・ホテル・ロバートソン・キー Riverside Hotel Robertson Quay

クラーク・キーとロバートソン・キーの間の一角という、観光、食事、買い物などの要望を満たしてくれる立地。コロニアル調のモチーフとモダンなデザインが調和し、明るくおしゃれな雰囲気を醸し出している。客室からの眺望もすばらしい。ツインベッドルームや3人まで滞在できるスイートルームなど6つのカテゴリーの客室がある。緑のガーデンにはスパもあり、ビジネスファシリティも充実している。主要MRT駅やオーチャード・ロードへの無料シャトルバスが運行。

シックな内装のデラックスルーム。眺めもよい

MAP P.83-2C
クラーク・キー周辺

住 1 Unity St. ☎6593-8888 FAX (65) 6593-8899 URL www.discoverasr.com/en/others/singapore/riverside-hotel-robertson-quay E-mail frontoffice.rhrq@the-ascott.com 料 Ⓢ Ⓦ Ⓣ $330～／スイート $550～ 税サ 18% カード A J M V 全336室 設備 プール、フィットネスセンター、ビジネスセンター、会議室 行き方 MRTフォート・カニング駅から徒歩約5分。

緑いっぱいの立地、窓の外の大きな滝が印象的

フラマ・リバーフロント Furama RiverFront

緑に囲まれたリゾート的雰囲気をもつトロピカルウイングと、ビジネス機能が充実したタワーブロックの2棟からなる。海底や城の壁画が楽しいテーマルームは、子供向けの備品を揃えたユニークな客室。レストラン内に子供の遊び場を備えるなどファミリー対応にも力を入れている。伝統的スマトラ・インドネシア料理のレストラン「キンタマーニ」、夜にはライブも催される「ウオーターフォール・ラウンジ」などがある。

トロピカルウイングのデラックスルーム。窓はウッドブラインドを使用

MAP P.82-3B
クラーク・キー周辺

住 405 Havelock Rd. ☎6333-8898 FAX (65) 6733-1588 URL www.furama.com/riverfront E-mail riverfront@furama.com 料 Ⓢ Ⓦ Ⓣ $450～／スイート $1250 税サ 18% カード A D J M V 全615室 設備 プール、フィットネスセンター、ビジネスセンター、レストラン&バー×3 行き方 MRTハブロック駅から徒歩約5分。

堂々としたたたずまいのアトリウム型ホテル

ホリデイ・イン・シンガポール・アトリウム Holiday Inn Singapore Atrium

ハブロック・ロードとアウトラム・ロード交差点に立ち、全面黒ガラス張りの外観がひときわ目立つ27階建てのホテル。中央に大きな吹き抜けがあり、それを囲むように客室が環状に並ぶ。客室は落ち着いたトーンで統一されており、シンプルな造りだが、室内設備、アメニティは充実している。レストランはローカルビュッフェが楽しめる「アトリウム・レストラン」やレベルの高い広東料理、飲茶が定評の「シン・キュイジーン」、「アトリウムバー317」がある。

27階までのアトリウムはホテルの自慢

MAP P.82-2A
クラーク・キー周辺

住 317 Outram Rd. ☎6733-0188 FAX (65) 6733-0188 URL singaporeatrium.holidayinn.com E-mail hiatrium@ihg.com 料 Ⓢ Ⓦ Ⓣ $250～／スイート $340～ 税サ 18% カード A M V 全512室 設備 プール、フィットネスセンター、ビジネスセンター、レストラン&バー×3、ギフトショップ 行き方 MRTハブロック駅から徒歩約2分。

ビジネス客向けの設備が整った

コプソーン・キングス・ホテル・オン・ハブロック Copthorne King's Hotel on Havelock

ビジネス客の長期滞在者に人気のホテル。コインランドリー、ゴルフレンジ、サウナなどの施設も充実している。デラックスルームのあるタワー側とバルコニー付きのプレミアムルーム側に分かれており、客室は落ち着いた色調で居住性を重視している。レストランは、本格的な四川料理が味わえる「ティエン・コート」、ペナン料理のビュッフェが有名な「プリンセス・テラス・オーセンティック・ペナンフード」などがある。

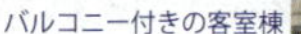
バルコニー付きの客室棟

MAP P.82-2B、3B
クラーク・キー周辺

住 403 Havelock Rd. ☎6733-0011 FAX (65) 6732-5764 URL www.millenniumhotels.com/en/singapore/copthorne-kings-hotel E-mail rooms.cks@millenniumhotels.com 料 Ⓢ Ⓦ Ⓣ $400／スイート $800 税サ 18% カード A D J M V 全311室 設備 プール、ビジネスセンター、レストラン&バー×3 行き方 MRTハブロック駅から徒歩約5分。

歴史を秘めたヘリテージホテル
グッドウッド・パーク・ホテル Goodwood Park Hotel

ラッフルズ・ホテルと並ぶ代表的コロニアルホテル。この建物は1900年、ドイツ人の社交クラブとして建てられ、その後コルカタ（カルカッタ）の貿易商、マナッセ兄弟が買い取り、1929年、結婚式場やダンスホールを併設するホテルとなった。以来、優雅で美しいたたずまいは、多くの旅行者をひきつけている。

客室はとんがり屋根をもつタワーウイング、バリをイメージしたガーデンプールを囲むように立つロビーウイング、静かな小プールの前に立つメイフェアウイングに分かれている。なかでもガーデンプールに面したプールサイド・スイートは人気が高い。ダイニング施設も充実している。

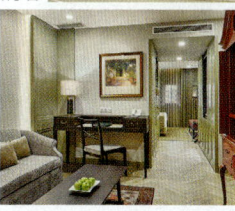

MAP P.85-1D
オーチャード・ロード周辺
住22 Scotts Rd.
☎6737-7411
FAX(65)6732-8558
URL www.goodwoodparkhotel.com
E-mail enquiries@goodwoodparkhotel.com
料ⓈⓌⓉ＄300〜／スイート＄450〜 税サ18%
カードADJMV 全233室
設備プール、フィットネスセンター、スパ、ビジネスセンター、レストラン&バー×6、ケーキ・ペストリーショップ
行き方MRTオーチャード駅から徒歩約8分。

上／6ヘクタールの広い敷地を有し、整備されたガーデンの中に立つ建物は120年の歴史を刻んでいる　下／独立したリビングルームがあるヘリテージルーム

伝統のもてなしとモダンな感覚が調和
セント レジス シンガポール The St. Regis Singapore

ニューヨークで創業した名門ホテル、セントレジス。古き時代の魅力と上質のホスピタリティを提供するというコンセプトを受け継ぎ、ここシンガポールでもラグジュアリーできめ細かなサービスを提供している。館内には貴重な芸術品が飾られ、どの施設やダイニングもエレガントでおしゃれ。全室に24時間態勢のバトラーサービスを付けているのも、わが家のようにもてなすというモットーゆえだ。ブラッディ・マリーを生んだセントレジスならではのカクテル「チリ・パディ・マリー」を、「アスターバー」で楽しむのもいい。

左／ピカソの版画「Toro」シリーズが迎える格調高い「アスターバー」　右／上質な家具やジム・トンプソンのシルク使いがひときわ洗練されたエグゼクティブデラックスルームの室内

MAP P.84-2A
オーチャード・ロード周辺
住29 Tanglin Rd.
☎6506-6888
FAX(65)6506-6788
URL www.stregissingapore.com
E-mail stregis.singapore@stregis.com
料Ⓦ$900〜／Ⓣ$940〜／スイート$1200〜 税サ18%
カードADJMV 全299室
設備プール、フィットネスセンター、スパ、ビジネスセンター、テニスコート、レストラン&バー×6
行き方MRTオーチャード・ブルバード駅から徒歩約5分。

ラグジュアリーな大人のホテル
フォーシーズンズ・ホテル・シンガポール Four Seasons Hotel Singapore

重厚なインテリアが配された館内にはシックで上品な雰囲気が漂う。バトラーサービスをはじめ、バスローブの代わりに浴衣をリクエストできたり、ロビー横のリビングルームで早朝にモーニングコーヒーとパンをサービスするなど、きめ細かな配慮が行き届く。アースカラーで統一された客室は天井や窓が広く、バスルームにはダブルシンクとバスタブ、独立シャワーを完備。薪オーブンで焼き上げるステーキやシーフード料理の「ワン・ナインティ・レストラン」や広東料理の「ジア・ナン・チュン（江南春）」など名店が揃う。日本人スタッフ駐在。

上／リゾート気分を味わえる屋外プールやスパもある
下／広々としたデラックスルーム

MAP P.84-2B
オーチャード・ロード周辺
住190 Orchard Blvd.
☎6734-1110
FAX(65)6733-0682
URL www.fourseasons.com/singapore
E-mail reservations.sin@fourseasons.com
料ⓈⓌⓉ＄400〜／スイート＄650〜 税サ18%
カードADJMV 全259室
設備プール、テニスコート、フィットネスセンター、スパ、ビジネスセンター、レストラン&バー×4、ギフトショップ
行き方MRTオーチャード駅から徒歩約10分。

都会のリゾートを満喫
グランド・ハイアット・シンガポール Grand Hyatt Singapore

スコッツ・ロードに面したシンガポールを代表するホテル。美しく洗練されたロビーと、そこから優雅に弧を描く階段に続くメザニン・フロア（中2階）は、日本人空間デザイナーの手によるものだ。客室は、スイートルーム仕様のグランドウイングと、パステル調の色使いの部屋にテラスが付いたテラスウイングに分かれている。プールサイドにはバリニーズガーデンが緑をたたえ、その向かいには「ダマイ・スパ」がある。2021年10月より2年間のリノベーションに入っており、2023年4月頃にテラスウイングが、2023年後半にグランドウイングが再オープン予定。

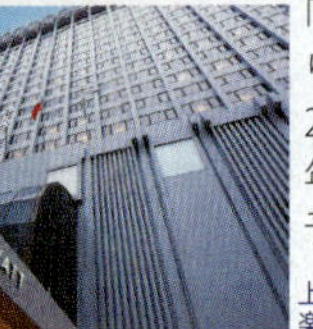

上／「ストレイツ・キッチン」はローカルフードのビュッフェが楽しめる人気のレストラン　下／2022年11月現在、全館休業中

MAP P.85-2C
オーチャード・ロード周辺
住10 Scotts Rd.
☎6738-1234
FAX (65) 6732-1696
URL singapore.grand.hyatt.com
E-mail singapore.grand@hyatt.com
料ⓈⓌⓉ＄700～／スイート＄1500～
税サ18%　カード ADJMV
全699室
設備プール、テニスコート、フィットネスセンター、スパ、ビジネスセンター、レストラン＆バー×8、ショッピングアーケード
行き方 MRTオーチャード駅から徒歩約5分。

閑静な高台に立つ世界クラスの名ホテル
シャングリ・ラ ホテル シンガポール Shangri-La Hotel, Singapore

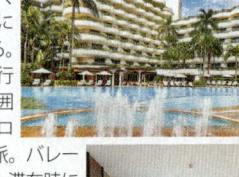

創業約50年の風格を感じる館内は、タワーウイング、ガーデンウイング、バレーウイングの性格の異なる3棟に分かれ、希望に応じた滞在ができる。タワーウイングは2017年に改装を行い、モダンに一新。中庭やプールを囲むように立つガーデンウイングはトロピカルな雰囲気が味わえるリゾート派。バレーウイングは、各国VIPもシンガポール滞在時に指名するというエグゼクティブタイプ。ロビーラウンジではホーカー（屋台）料理やローカル料理をサーブしており、好評を博している。

改装されたタワーウイングの客室。この棟には新たに子供用設備が充実のファミリールーム5室が設けられた

MAP P.84-1B
オーチャード・ロード周辺
住22 Orange Grove Rd.
☎6737-3644
FAX (65) 6737-3257
URL www.shangri-la.com/jp/singapore/shangrila
E-mail singapore@shangri-la.com
料ⓈⓌⓉ＄475～／スイート＄550～　税サ18%
カード ADJMV　全792室
設備プール、テニスコート、フィットネスセンター、スパ、ビジネスセンター、レストラン＆バー×8　行き方 MRTオーチャード駅からタクシーで約5分。徒歩で約15分。

上／緑あふれる屋外プールはリゾート感いっぱい。子供用のプレイプールもある

こまやかなサービスが好評
シェラトン・タワーズ・シンガポール Sheraton Towers Singapore

スコッツ・ロードの北側、ニュートン駅近くの静かな環境に立つ。世界各地にあるシェラトンのビジネス客用のフロア、タワーウイングのサービスを全宿泊客に提供するというコンセプトから、全室でバトラーサービスを行っている。客室の窓は出窓風になっており、落ち着いたグレー、茶系で統一。質のよいアメニティを揃えている。また、世界の都市名がついたスイート23室は、その都市にちなんだインテリアと調度品がしつらえられている。広東料理の老舗「リーバイ・カントニーズ・レストラン」(→P.210) は、宿泊せずとも利用したい上質なレストランだ。

左／屋外プールやフィットネスセンター、サウナなども完備　右／客室にはアート作品が飾られ気品が漂う

MAP P.85-1D
オーチャード・ロード周辺
住39 Scotts Rd.
☎6737-6888
FAX (65) 6735-0352
URL www.sheratontowerssingapore.com
E-mail sheraton.singapore@sheratonsingapore.com
料ⓈⓌⓉ＄350～／スイート＄680～　税サ込み
カード ADJMV　全420室
設備プール、フィットネスセンター、スパ、ビジネスセンター、レストラン＆バー×4
行き方 MRTニュートン駅から徒歩約5分。

オーチャード・ロードの新たなランドマーク
ヒルトン・シンガポール・オーチャード Hilton Singapore Orchard

オーチャード・ロード西側にあった老舗のヒルトンホテルが、オーチャード・ロード中心部に場所を移し「ヒルトン・シンガポール・オーチャード」として再スタート。レセプションのある5階には、チキンライスで有名な「チャターボックス」（→ P.215）やバー、屋外プールがある。ロビーフロアから連絡通路を経て、ショッピングモール「マンダリン・ギャラリー」（→ P.257）に行け、買い物に食事にと便利。ミシュラン2つ星を獲得した「四川飯店」が35階にあり、こちらも人気。

上／客室からはオーチャード・ロードのきらめく夜景が一望できる　下／シックな色調でまとめられたキングプレミアムルーム

MAP P.85-3D
オーチャード・ロード周辺
住333 Orchard Rd.
☎6737-4411　FAX (65) 6732-2361　URL www.hiltonsingaporeorchard.com
E-mail hiltonsingaporeorchard.info@hilton.com
料ⓈⓌⓉ$519～／スイート$829～　税サ18%
カード ADJMV　全1080室
設備 プール、テニスコート、フィットネスセンター、ビジネスセンター、レストラン&バー×5、ショッピングモール　行き方 MRTサマセット駅から徒歩約5分。

オーチャード・ロードのシンボル的存在
シンガポール・マリオット・タンプラザ・ホテル Singapore Marriott Tang Plaza Hotel

オーチャード・ロードとスコッツ・ロードが交差する角に位置し、緑色の中国風瓦屋根の独特な外観が目を引く。MRTオーチャード駅の真上にそびえ立つホテルは、イセタンや高島屋と地下道でつながっており、立地のよさは抜群。上質な雰囲気とサービスに定評があり、喫煙ルームと禁煙ルーム、身障者用のハンディキャップルームが完備されるなど、さまざまなニーズに対応するこまやかな配慮が感じられる。また、3階にある「ワンハオ」はフュージョンタッチの広東料理が好評。

上／客室からプールへアクセスできるプールテラスルームは、リゾート感を満喫できる　下／5階にあるプール

MAP P.85-2C
オーチャード・ロード周辺
住320 Orchard Rd.
☎6735-5800
FAX (65) 6735-9800
URL www.marriott.com/sindt
E-mail mhrs.sindt.reservations@marriotthotels.com
料ⓈⓌⓉ$380／スイート$600　税サ18%
カード ADJMV　全388室
設備 プール、フィットネスセンター、スパ、ビジネスセンター、レストラン&バー×5
行き方 MRTオーチャード駅から徒歩約2分。

国内2軒目のコンラッド・ホテルが登場
コンラッド・シンガポール・オーチャード Conrad Singapore Orchard

旧リージェント・シンガポールが、2023年1月よりコンラッド・シンガポール・オーチャードに名称変更。それにともなう改装工事のため、全客室を2024年上半期までクローズ中。改装期間中も広東料理の「サマー・パレス」、ランチビュッフェが人気のイタリアン「バジリコ」、バー「マンハッタン」（→ P.250）など全10軒の飲食施設はオープンしている。「ティー・ラウンジ」でのアフタヌーンティーも優雅な雰囲気でおすすめ。

プレミアムルーム。シックで落ち着いた雰囲気で広さも十分

吹き抜けのアトリウムを囲むように客室を配置。アトリウム中央にエレベータータワーがある

MAP P.84-2A
オーチャード・ロード周辺
住1 Cuscaden Rd.　☎6733-8888　FAX (65) 6732-8838
URL conradsingaporeorchard.com.sg
E-mail conrad_singapore_orchard@conradhotels.com
料ⓈⓉ$245～／スイート$405～　税サ18%
カード ADJMV　全440室
設備 プール、フィットネスセンター、レストラン&バー×10、ショッピングアーケード
行き方 MRTオーチャード・ブルバード駅から徒歩約2分。

ヒップなデザインが話題
ロイヤル・プラザ・オン・スコッツ・シンガポール Royal Plaza on Scotts Singapore

ドラマチックなロビーから客室のシャワーにいたるまで心憎いデザインや趣向が施されている。メインの客層はビジネス客だが、ロケーションもよく、魅力的なダイニングを備えているので女性客にも好評だ。また、ミニバーの飲み物は無料。1階のレストラン「カルーセル」は国内でベストビュッフェレストランに選ばれた実績ある店。世界の料理が楽しめる。

客室は全室禁煙。写真はデラックスルーム

MAP P.85-2C
オーチャード・ロード周辺

住25 Scotts Rd.
☎6737-7966
FAX(65)6737-6646
URL www.royalplaza.com.sg
E-mail royal@royalplaza.com.sg
料ⓈⓌⓉ＄530／スイート＄980　税サ18%
カード AJMV　全511室
設備 プール、フィットネスセンター、レストラン
行き方 MRTオーチャード駅から徒歩約6分。

居心地のよさとホスピタリティを追求
ジェン・シンガポール・タングリン・バイ・シャングリ・ラ JEN Singapore Tanglin by Shangri-La

木目を生かした茶系の客室は落ち着きと機能性を備える。コンセントやUSBポートもあらゆるタイプに対応し、無料で使えるWi-Fiは各室独立したアクセスポイントをもつ。ソフト面でも、もてなしの心配りが随所に感じられる。4階のプールサイドの「アー・ホイズ・キッチン」は人気店。プラナカン料理やローカル料理の「J65」（1階）は新登場のレストラン。

木のフローリングが気持ちよい。ヘッドボードの上にはアートが施されている

MAP P.84-2A
オーチャード・ロード周辺

住1A Cuscaden Rd.　☎6738-2222　FAX(65)6831-4314
URL www.shangri-la.com/en/hotels/jen/singapore/tanglin
E-mail singaporetanglin@hoteljen.com　料ⓈⓉ$290／Ⓦ$310／スイート$580　税サ18%　カード ADJMV　全565室　設備 プール、フィットネスセンター、スパ、ビジネスセンター、レストラン＆バー×4
行き方 MRTオーチャード・ブルバード駅から徒歩約1分。

ハイレベルなダイニングに注目
オーチャード・ホテル Orchard Hotel

オーチャード・ロードに面したオーチャードウイングと、その裏手に立つワンランク上のクレイモアウイングのふたつの客室棟からなる。クレイモアウイングは、部屋が広く、バスルームもバスタブとシャワーブースが別にある。禁煙ルームも設けており、広いプール、フィットネスセンター、サウナのほかにスパのトリートメントもある。シンガポール屈指の広東料理店の「ホア・ティン」（→P.210）、プラナカン料理がビュッフェに並ぶ「オーチャード・カフェ」など、注目ダイニングが多い。

モダンなインテリアのクレイモアウイング、デラックスルーム

MAP P.84-2B
オーチャード・ロード周辺

住442 Orchard Rd.
☎6734-7766　FAX(65)6733-5482
URL www.millenniumhotels.com/en/singapore/orchard-hotel-singapore
E-mail Enquiry.OHS@millenniumhotels.com　料ⓈⓌ＄199～／スイート＄369～
税サ18%　カード ADJMV
全656室　設備 プール、フィットネスセンター、レストラン＆バー×3、ショッピングアーケード　行き方 MRTオーチャード駅から徒歩約10分。

リブランドして2022年に新装開業
ヴォコ・オーチャード・シンガポール、アンIHGホテル Voco Orchard Singapore, an IHG Hotel

オーチャードの中心部に位置する高級ホテル。ショッピングや食事、街歩きに便利で観光に絶好の立地。人間工学に基づいてデザインされたデスクや機能性の高いチェアをしつらえるなど細かな配慮がなされ、ビジネス客の利用も多い。何より注目点は評価の高いレストランが揃っていること。モダンヨーロッパ料理の「イギーズ」（3階）、在住日本人にも人気のイタリアン「イル・チェーロ」（24階）、チーズケーキが有名なショップ「D9ケーカリー」（1階）など堂々のラインアップ。

リビングと寝室に分かれるワンベッドルームスイート

MAP P.84-2B
オーチャード・ロード周辺

住581 Orchard Rd.
☎6737-2233　FAXなし
URL www.ihg.com/voco/hotels/jp/ja/singapore/sinor/hoteldetail　E-mail sinor.resvn@ihg.com　料ⓈⓌⓉ$350～／スイート$570～　税サ18%
カード AMV　全423室
設備 プール、フィットネスセンター、レストラン＆バー×3、会議・イベントスペース
行き方 MRTオーチャード駅から徒歩約6分。

✦Hotel Guide✦

おしゃれで機能性の高いエコホテル

ジェン・シンガポール・オーチャードゲイトウェイ・バイ・シャングリ・ラ

JEN Singapore Orchardgateway by Shangri-La

ロビーは10階、11～20階までが客室で、屋上に眺めがすばらしいインフィニティプールを設置。デザイン性の高いインテリアやアイデアあふれる趣向でゲストを迎える。室内や館内のモニターであらゆる情報がチェック可能。トイレは洗浄機能付き。ミニバーはないが、14階以上の各フロアに自動販売機を完備。手荷物運搬用のトロリー貸し出しやレンタサイクルのサービスもある。

上／モニター画面でフロントからのメッセージや請求金額などがチェックできる
下／スーペリアルーム。シティビューの部屋はオーチャード・ロードが望める

MAP P.86-2A
オーチャード・ロード周辺

住277 Orchard Rd., #10-01
☎6708-8888 FAX (65) 6831-4332 URL www.shangri-la.com/en/hotels/jen/singapore/orchardgateway
E-mail singaporeorchardgateway@hoteljen.com
料ⓈⓌⓉ$290～490
税サ18% カード A J M V
全499室 設備プール、フィットネスセンター、ビジネスセンター、レストラン&バー×4
行き方 MRTサマセット駅から徒歩約3分。

アットホームなサービスを提供

コンコルド・ホテル・シンガポール Concorde Hotel Singapore

オーチャード・ロードの東側という立地のよさ、きめ細かなサービス、落ち着いた雰囲気が自慢のホテル。客室はゆったりとしたスペースを確保。オーチャードの繁華街に隣接しているのに、静かな環境というのも魅力だ。プラナカン料理が豊富な「スパイシーズ・カフェ」（→P.217）や「ロビー・ラウンジ」のほか、L1にはフードコートも入店している。

エグゼクティブフロアの客室はビジネス客の利用が多い

MAP P.86-2B
オーチャード・ロード周辺

住100 Orchard Rd.
☎6733-8855
FAX (65) 6732-7886
URL singapore.concordehotelsresorts.com
E-mail singapore@concorde.net
料ⓈⓌⓉ $538～／スイート $678～ 税サ18%
カード A D J M V 全407室
設備プール、フィットネスセンター、ビジネスセンター、レストラン&バー×4、ショッピングセンター 行き方 MRTサマセット駅から徒歩約7分。

のんびりリラックスした滞在に最適

ホリデイ・イン・シンガポール・オーチャード・シティセンター

Holiday Inn Singapore Orchard City Centre

オーチャード・ロードから1本北側に入った静かな立地。暖色系で統一された客室はシンプルながらも、DVDプレーヤーやiPodドックなどの設備が整い、アイロンやワークデスクなども設置。ビジネス客の利用が多いのもうなずける。ツインにはダブルベッドがふたつ並ぶ広さや、ルーフトップの屋外プールがホテルの自慢だ。北インド料理の「タンドール」やロビーラウンジ&バーがある。

広々としたプレミアツインルーム

MAP P.86-2B
オーチャード・ロード周辺

住11 Cavenagh Rd.
☎6733-8333 FAX (65) 6734-4593
URL www.holidayinn.com/hotels/us/en/singapore/sinpv/hoteldetail
E-mail info.hisinorchard@ihg.com
料ⓈⓌⓉ $288～368／スイート$388～468 税サ18%
カード A D J M V 全324室
設備プール、フィットネスセンター、スパ、ビジネスセンター、レストラン&バー×3
行き方 MRTサマセット駅から徒歩約8分。

クラシカルな外観が目を引く

ランデブー・ホテル・シンガポール・アット・ブラス・バサー

Rendezvous Hotel Singapore at Bras Basah

昔からある3階建てショップハウスの外観をそのまま残してロビーやレストランなどを配し、その裏手に14階建ての客室棟が立っている。モダンななかにも歴史が息づいており優雅な雰囲気。ロビーの一角には図書館風にデザインしたラウンジ「ザ・ライブラリー」があり、「ストレイツ・カフェ」のローカル料理のビュッフェも人気。

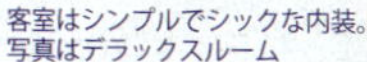

客室はシンプルでシックな内装。写真はデラックスルーム

MAP P.87-3D
オーチャード・ロード周辺

住9 Bras Basah Rd.
☎6336-0220
FAX (65) 6335-1888
URL rendezvoushotels.com
E-mail info.rhs@fareast.com.sg
料ⓈⓉ $320～／スイート$445～ 税サ18%
カード A D J M V 全298室
設備プール、フィットネスセンター、レストラン&バー×3
行き方 MRTドービー・ゴート駅、またはブラス・バサー駅から徒歩約5分。

設備の整った家族向けホテル
オーチャード・ランデブー・ホテル
Orchard Rendezvous Hotel

近くにシンガポール・ボタニック・ガーデンがあること、昔はプランテーションがあった場所であることから、随所に南国植物を配置。客室はヨーロッパ風のデザインで、茶系の落ち着いた雰囲気。多種類のファミリールームがあることにも注目したい。ホテル直営ではないが、1階に日本料理やメキシコ料理など8軒のレストランが入居していて食の選択肢も豊富。

左／3ベッドのファミリールーム
右／ガーデンも楽しめるプール

MAP P.84-2B
オーチャード・ロード周辺

住1 Tanglin Rd.
☎6737-1133
FAX(65)6733-0242
URL rendezvoushotels.com
E-mail info.orh@fareast.com.sg
料Ⓢ Ⓦ $380～／ファミリールーム（トリプル）$530～／スイート$600～ 税サ18%
カード A J M V 全388室
設備プール、フィットネスセンター、ビジネスセンター、レストラン＆バー×9、ショッピングアーケード
行き方MRTオーチャード駅から徒歩約10分。

スタイリッシュな庭園ホテル
パークロイヤル・コレクション・ピッカリング Parkroyal Collection Pickering

「ガーデン・シティ・シンガポール」にふさわしい緑に包まれたホテル。庭園とハイテクが融合した3つのタワービルがチャイナタウンの一角にそびえ立つ。特徴的な波打つような曲線デザインはバリ島の棚田をイメージしたもの。1万5000㎡にも及ぶ庭や壁面に南国植物を植え込み、滝やインフィニティプール、4フロアに300mのガーデンウオーク（遊歩道）を設置。エコにも配慮しており、太陽光発電を実践。客室も最大限に自然光を取り入れ、アースカラーでセンスよくデザインされている。

左／棚田をイメージした波状の曲線デザインが随所に　右／3つのホテルタワーをつなぐように庭園が巡る。ユニークな造りが各国の旅行客の注目の的

MAP P.88-1B
チャイナタウン

住3 Upper Pickering St.
☎6809-8888
FAX(65)6809-8889
URL www.panpacific.com/pickering
E-mail enquiry.prsps@parkroyalcollection.com
料Ⓢ Ⓦ Ⓣ $500～／スイート$660～ 税サ18%
カード A D J M V 全367室
設備プール、フィットネスセンター、スパ、ビジネスセンター、レストラン＆バー
行き方MRTチャイナタウン駅から徒歩約5分。

伝統文化を反映したサービスや体験が充実
クランホテル・シンガポール The Clan Hotel Singapore

2021年に開業したラグジュアリーホテル。歴史地区とビジネス街の交差する位置にあり、伝統文化を映し出す趣向が凝らされている。ロビーでティーマスターが入れる中国茶のウエルカムティーに始まり、ユニークなツアーや料理教室も開催。客室はシックなトーンで洗練のデザイン。30階に眺めのよいスカイプール、4階に植物やソファ席を配したテラスがある。ひねりを効かせた中国料理を提供する「チン・レストラン＆バー」（4～5階）は話題の店。

左／街並みに浮かぶようにデザインされたスカイプール
右上／写真のプレミアルームとグランドプレミアルームの宿泊客には「クランキーパー」というパーソナルなサービスが用意されている
右下／ロビーの一角で中国茶が振る舞われる

MAP P.89-2C
チャイナタウン

住10 Cross St. ☎6228-6388
FAX(65)6228-6387 URL www.theclanhotel.com.sg
E-mail info.tch@fareast.com.sg
料Ⓢ$350～476／Ⓦ$350～508／Ⓣ$350 税サ込み
カード A D J M V 全324室
設備プール、フィットネスセンター、スパ、レストラン＆バー 行き方MRTテロック・アヤ駅から徒歩約1分。

フランス発のラグジュアリーホテル

ソフィテル・シンガポール・シティセンター Sofitel Singapore City Centre

タンジョン・パガー駅の真上に立つタワービル「グオコタワー」内にあり、便利な立地。洗練されたエレガントな雰囲気の館内は、伝統的なフランス庭園とシンガポールをイメージした植物モチーフのインテリアが散りばめられている。シックな華やぎのある客室は38m²以上の広さ。メインダイニングの「ラシーヌ」はフランス料理をメインに中国料理も提供。ロビーラウンジの「1864」は、夜はカクテルバーになる。

左／メインダイニングの「ラシーヌ」は広いスペースを有し、オープンキッチンでできたてを振る舞う　右／観光はもちろんビジネス対応も万全のホテル。客室は上品で落ち着いた雰囲気

MAP P.88-3B
チャイナタウン
住9 Wallich St. ☎6428-5000
FAX (65) 6428-5001
URL www.sofitel-singapore-citycentre.com
E-mail HA152@sofitel.com
料ⓈⓌⓉ$296～／スイート$504～ 税サ18%
カード ADJMV 全223室
設備プール、フィットネスセンター、会議室、レストラン＆バー×3
行き方MRTタンジョン・パガー駅から徒歩約3分。

シックでセンスのよいデザイン

アマラ・シンガポール Amara Singapore

タンジョン・パガー駅に近い繁華街にある。レストランやスナック店が充実したショッピングセンター「100AM」に直結していて、便利なロケーションだ。全体がシックなダークブラウンとベージュで統一され、都会的なデザイン。部屋はナチュラルウッドとダークウッドが混じり合い、落ち着いた雰囲気が漂う。各階にアイスボックスが設置されているのも、うれしいサービスだ。ローカル料理の「カフェ・オリエンタル」、タイ宮廷料理が味わえる「タンイン・レストラン」(→P.232)、中国料理の「シルクロード」(→P.213) など、ダイニングも充実。

左／デラックスルームはやや狭いが、アメニティやアイロンなど設備は充実　右／南国植物に囲まれたプール

MAP P.88-3B
チャイナタウン
住165 Tanjong Pagar Rd.
☎6879-2555
FAX (65) 6224-3910
URL singapore.amarahotels.com
E-mail singapore@amarahotels.com
料ⓈⓌⓉ$300～380／スイート$530～
税サ18%
カード ADJMV
全392室
設備プール、フィットネスセンター、ビジネスセンター、レストラン＆バー×10、ショッピングセンター
行き方MRTタンジョン・パガー駅から徒歩約5分。

スタイリッシュな都会派ホテル

エム・ホテル・シンガポール・シティセンター M Hotel Singapore City Centre

シェントン・ウェイの金融街へアクセス抜群の、洗練された4つ星ホテル。広々とした客室は機能的にまとめられ、全室ワークデスクや無料のWi-Fi設備など、ビジネスユースにも対応。観光客の利用も多く、フロントデスクでは椅子に座ってチェックインができ、宿泊者と同じ目線で対応するなど、あたたかみのあるサービスを提供している。インターナショナルビュッフェが楽しめる「ザ・ビュッフェ」、ローカル料理がおいしい「カフェ2000」、ライブやDJプレーが楽しめる「ジェイ・バー」などレストランのレベルも高い。

上／11階には最新機器を備えたジムとアウトドアプール、スパ「ハッチ」がある　下／デラックスルームには大きなワークデスクやリラックスチェアがあり、ビジネス利用に対応

MAP 折込裏-3B
チャイナタウン
住81 Anson Rd.
☎6224-1133
FAX (65) 6222-0749
URL m-hotel.com
E-mail Enquiry.MHS@millenniumhotels.com
料ⓈⓌ$243～270／スイート$558 税サ18%
カード ADJMV 全415室
設備プール、フィットネスセンター、スパ、ビジネスセンター、レストラン＆バー×3
行き方MRTタンジョン・パガー駅から徒歩約8分。

エレガントな中洋折衷のブティックホテル
ダクストン・リザーブ・シンガポール、オートグラフ・コレクション
Duxton Reserve Singapore, Autograph Collection

ボンドガールからデザイナーに転身したアヌースカ・ヘンペル氏が内装を手がけ、19世紀に建てられたショップハウスが、中国やアジアの要素を取り入れたスタイリッシュなデザインホテルへと生まれ変わった。黒とゴールドのロビーに足を踏み入れると別世界の空間が始まる。シンプルなモノトーンの「ショップハウスルーム」から四柱式ベッドや中国風の調度品で演出した「オピウムルーム」まで全49室。1階の「イエローポット」はモダンチャイニーズレストラン、「アヌースカズ・バー」ではユニークなオリジナルカクテルを提供。

MAP P.88-3B
チャイナタウン

住83 Duxton Rd. ☎6914-1428 FAXなし URLwww.marriott.com/en-us/hotels/sinad-duxton-reserve-singapore-autograph-collection E-mail reservations@duxtonreserve.com 料Ⓢ Ⓦ$500～／スイート$825～ 税サ18% カードA D J M V 全49室 設備レストラン&バー×2 行き方MRTマックスウェル駅から徒歩約5分。

左／オリエンタルムードのオピウムルーム　右／歴史とモダンが調和した優雅なホテル

歴史的要所に立つヘリテージホテル
フラトン・ホテル・シンガポール The Fullerton Hotel Singapore

1928年の創設以来、役所、郵便局と変遷を経てきた建物を保存する約束で、内部のみ改装して造られたのがフラトン・ホテル・シンガポール。当時の構造を90%残したうえで、優雅で贅沢な演出がなされている。部屋によってマーライオンや、シンガポール川沿いの風景など、すばらしい眺めが広がる。ローカル&各国料理の「タウン・レストラン」、アフタヌーンティーが楽しめる「コートヤード」、中国料理の「ジェイド」などレストランもハイレベル。歴史を紹介するヘリテージ・ギャラリーものぞいてみたい。日本人スタッフ駐在。

上／シンガポール川に面して造られた開放感いっぱいのプール

下／自然のカラーがくつろぎ感を生む客室。いびつな形状は昔の造りを生かしているから。この部屋はキールーム

MAP P.80-3B（P.89-1D）
シェントン・ウェイ

住1 Fullerton Square
☎6733-8388
FAX(65)6735-8388
URLwww.fullertonhotels.com/fullerton-hotel-singapore
E-mail tfs.info@fullertonhotels.com
料Ⓢ Ⓦ Ⓣ $560～／スイート$820～ 税サ18%
カードA D J M V 全400室
設備プール、フィットネスセンター、スパ、レストラン&バー×4、ショップ
行き方MRTラッフルズ・プレイス駅から徒歩約5分。

ウオーターフロントのラグジュアリーホテル
フラトン・ベイ・ホテル・シンガポール The Fullerton Bay Hotel Singapore

以前、国際航路が発着していたクリフォード桟橋の歴史ある建物がホテルエントランス。海上にガラスの箱が浮かんだような外観、内部は中心部の空洞部分を取り囲んで客室が並ぶ斬新な造りだ。ガラスやミラー、シャンデリアなどきらめく素材を多用したゴージャスな雰囲気。全室エスプレッソマシン、モルトン・ブラウン社のバスアメニティを完備、バスローブの生地にまでこだわる気遣いだ。ラウンジの「ランディング・ポイント」はアフタヌーンティーで、ルーフトップのプールサイドにあるバー「ランタン」（→P.249）は絶景で有名。

左／高い天井のシャンデリアから光が降り注ぐロビー　右／客室のインテリアはシック&ゴージャス。写真はクリフォード・スイート

MAP P.89-1D
シェントン・ウェイ

住80 Collyer Quay
☎6333-8388
FAX(65)6386-8388
URL www.fullertonhotels.com/fullerton-bay-hotel-singapore
E-mail fbh.info@fullertonhotels.com
料Ⓢ Ⓦ Ⓣ$550～／スイート$1580～ 税サ18%
カードA D J M V 全100室
設備プール、フィットネスセンター、レストラン&バー×3
行き方MRTラッフルズ・プレイス駅から徒歩約5分。

ホテルの枠を超越したエキサイティングなデザイン！

ホテル・テレグラフ、シンガポール Hotel Telegraph, Singapore

1927 年建造の建築遺産を舞台に、洗練とモダンを融合させたドラマチックな宿泊体験のできるホテルを創造。フランス人の著名デザイナー、うちひとりはシャネルやフェンディのデザインを手がけるカール・ラガーフェルドが務めている。オリジナルの建物部分を生かしたヘリテージウイングと、遊び心いっぱいのヒップウイングからなり、ライティングからクローゼット、アメニティボックスにいたるまでアート作品のようなデザインだ。高層ビル群の夜景が美しい「1927 ルーフトップバー」、美食とワインが楽しめる「ダイニングルーム」などがある。

上／フレンチの枠とシンガポールのアイコン的モチーフをミックスさせたCozyルーム　下／ロビーの調度品やインテリアもアートの領域

MAP P.89-2C
シェントン・ウェイ

住35 Robinson Rd.
☎6701-6800
FAX (65)6822-8375
URL thehoteltelegraph.com
E-mail reservations@thehoteltelegraph.com
料ⓈⓌⓉ$350～520／スイート$650～1000　税サ18%
カード ADJMV　全134室
設備 プール、フィットネスセンター、レストラン&バー×3
行き方 MRTラッフルズ・プレイス駅から徒歩約8分。

プラナカン風インテリアがおしゃれな

インターコンチネンタル・シンガポール InterContinental Singapore

ブギス・ジャンクションの一角にあり、建物正面はショップハウスを模した印象的な造り。ロビーやラウンジには、プラナカンの優美なモチーフがおしゃれにデザインされている。客室は伝統と豪華さを併せもち、なかでもヘリテージウイングの客室はプラナカンのショップハウスのたたずまいを色濃くフィーチャー。レストランは、広東料理の「マンフー・ユアン」、イタリア料理の「Luce By Davide Giacomelli」など。

左／客室は華やかな織物を用いたインテリアが彩りを添えていて、旅行客にもビジネス客にも好評
右／優雅なロビー・ラウンジでアフタヌーンティーもできる

MAP P.90-2B
ブギス周辺

住80 Middle Rd.
☎6338-7600
FAX (65)6338-7366
URL singapore.intercontinental.com
E-mail sinhb-resvn@ihg.com
料ⓈⓌⓉ$550～／スイート$700～　税サ18%
カード ADJMV
全403室
設備 プール、フィットネスセンター、サウナ、ビジネスセンター、レストラン&バー×4
行き方 MRTブギス駅から徒歩約3分。

楽しみ満載のアーバンホテル

アンダーズ・シンガポール Andaz Singapore

ブギス駅真上のデュオ・タワー上層部にあるハイアットグループのホテル。レセプションは 25 階。近隣の文化やライフスタイルがいたるところに反映されている。例えば客室やレストランは、カンポン・グラムのショップハウスの造りや色を取り入れたデザインになっている。25 階にある 5 つのレストランがオープンに展開するグルメストリート「アレー・オン・25」(→ P.239) では活気あふれる食体験を。ルーフトップバーは 360 度のすばらしい眺めを満喫できるスポット。客室はゲストの使い勝手を考えた配慮が行き届いている。

上／館内、客室ともにナチュラルトーン。写真はキングビュールーム。ミニバー内のドリンクはすべて無料　下／39階のルーフトップバー「ミスター・ストーク」(→P.249) はオフィスワーカーに人気

MAP P.91-2C
ブギス周辺

住5 Fraser St.　☎6408-1234
FAX (65)6821-1310
URL www.hyatt.com/en-US/hotel/singapore/andaz-singapore/sinaz
E-mail singapore@andaz.com
料ⓈⓌⓉ$420～／スイート$770～　税サ 18%　カード AJMV　全342室　設備 プール、フィットネスセンター、レストラン&バー×5　行き方 MRTブギス駅から徒歩約3分。

ビューが自慢のプール

ビジネス客向けの設備やサービスが充実
ワン・ファーラー・ホテル One Farrer Hotel

ファーラー・パーク駅の目の前に立地。3つのカテゴリーで構成されており、低層階から順に、標準クラスの「アーバンホテル」、長期滞在者用の「ロフト・アパートメント」、高級仕様の「スカイラインホテル&スカイヴィラ」となる。ビジネストラベル向けのホテルだが、駅やムスタファ・センターに近いので観光にも便利。派手さはないが、静かでゆったり過ごせる。館内にはオーナー所有のアート作品が説明板とともに多数飾られているので鑑賞してみたい。最上階には完全個室のプライベートダイニング「ネスト」がある。

左／部屋は落ち着いたトーンで、全室ミニバーは無料。写真はスカイラインホテルの客室　右／6階にあるプールは全長50m。後方の建物11階から上がホテルで、下の階はメディカルセンターになっている

MAP P.93-1C
リトル・インディア

住1 Farrer Park Station Rd.
☎6363-0101
FAX(65)6705-7856
URL www.onefarrer.com
E-mail enquiry@onefarrer.com
料ⓈⓌ$250～／スイート$500～　税サ18%
カード ADJMV
全249室(うちヴィラは6室)
設備プール、フィットネスセンター、スパ、レストラン&バー×2、ケーキ・菓子店
行き方MRTファーラー・パーク駅から徒歩約4分。

森の中にあるブティックホテル
ヴィラ・サマディ・シンガポール Villa Samadhi Singapore

日常と隔絶された森の中にあるブラック＆ホワイトのヴィラ。創建時の1880年代は船舶商人の邸宅、1920年代にはイギリス軍の兵舎という歴史を経て、2017年にホテルとして再生された。熱帯雨林に囲まれ、ビンテージ家具やアジアの手工芸品をしつらえたヴィラは、心も体も癒やされる大人のリゾート。滞在型の旅を楽しむのもいいだろう。ホテルが経営するタイ料理店「タマリンド・ヒル」が徒歩数分の一軒家にあり、こちらもすてき。MRTハーバーフロント駅から西へ車で約10分。

左／2階のライブラリー。コロニアル建築とアンティークの調度品が見事に調和している
右／4本柱のベッドがある「ラックス・クリブ」

MAP 折込表-3B
郊外のエリア

住20 Labrador Villa Rd.
☎6274-5674
FAX(65)6276-0968
URL www.villasamadhi.com.sg
E-mail reservations@villasamadhi.com.sg　料$395～605／スイート$990　税サ込み
カード ADJMV　全20室
設備レストラン、ラウンジ
行き方空港からタクシーで約30分。最寄りのMRT駅はラブラドール・パーク駅(徒歩約10分)。※12歳以下は宿泊不可。

歴史ある建物を用いたホテル

滑走路を望むおしゃれなホテル
クラウン・プラザ・チャンギ・エアポート Crowne Plaza Changi Airport

空港のターミナル3に直結したスタイリッシュなホテル。モダンかつリゾートを意識したデザインは、見事なまでにおしゃれ。プールサイドをはじめ、いたるところに熱帯植物を配し、水の流れや自然の風を有効に利用している。最小でも36㎡という広さの客室は滑走路を望むランウエイビューとプールビューがある。細部までデザインにこだわっているのはもちろん、文房具やバスアメニティなど備品も充実。オープンキッチンのあるアジア＆西洋料理レストラン「アズール」、スパなどの施設を備える。

上／プールはトロピカルガーデン風
下／プレミアルーム

MAP 折込表-2C
郊外のエリア

住75 Airport Blvd.
☎6823-5300
FAX(65)6823-5301
URL changiairport.crowneplaza.com
E-mail SINCP@ihg.com
料ⓈⓌⓉ$240／スイート$460　税サ18%
カード ADJMV　全563室
設備プール、フィットネスセンター、スパ、ビジネスセンター、会議室、レストラン&バー
行き方空港ターミナル3から徒歩数分。

ファミリーに人気の本格ビーチリゾート

シャングリ・ラ ラサセントーサ、シンガポール Shangri-La Rasa Sentosa, Singapore

プールを取り囲む11階建ての建物が大きく弧を描き、絵はがきのようなシロソ・ビーチの眺めを満喫できる。大部分の客室がシービューで、全室バルコニー付き。ファミリールームもある。アジアの伝統的なマッサージを行う「チー・ザ・スパ」、水遊びスペース併設の子供用プールといった施設にも注目。マリンスポーツの手配も可能だ。4つのユニークなレストランとバーを集めた「ダイン・オン・スリー」では各国グルメを楽しめる。

左／白木とモスグリーンのインテリアがフレッシュ。写真はデラックス・シービュールーム
右／ヤシの木に囲まれたリゾートホテル

MAP P.94-1A
セントーサ島
住101 Siloso Rd., Sentosa
☎6275-0100
FAX(65)6275-0355
URL www.shangri-la.com/singapore/rasasentosaresort
E-mail sen@shangri-la.com
料ⓈⓌⓉ$360～／スイート$1050～(朝食付き)
税サ18%　カード ADJMV
全454室
設備プール、フィットネスセンター、スパ、マッサージルーム、ビジネスセンター、レストラン＆バー×6、ギフトショップ
行き方ハーバーフロントのビボシティから無料シャトルバスが運行。

伝統と最新デザイン、大自然が調和したリゾート

カペラ・シンガポール Capella Singapore

カペラ・シンガポールは、世界各国の著名アーティストたちの「仕事」が結集した壮大な規模のリゾートだ。1880年代に英国軍が使用していたコロニアルの建物を復元してメイン棟とし、その背後に曲線を描くスタイリッシュな客室棟、さらに熱帯植物が茂る敷地内にはヴィラもある。ロビーは邸宅のような調度品と雰囲気でゲストを迎えてくれる。客室は全室シービュー。プールを望む「ボブズ・バー」は、ロマンティックな空間。「シェフズ・テーブル」のアフタヌーンティーもおすすめだ。月の満ち欠けに同調したテラピーを行う「アウリガ・スパ」も注目施設。

上／セントーサの自然のなかにあるユニークなデザインのホテル。プールは3つある　下／客室棟のプレミアルーム。ベッドから海が望める

MAP P.95-2C
セントーサ島
住1 The Knolls, Sentosa
☎6377-8888
FAX(65)6337-3455
URL capellahotels.com/jp/capella-singapore
E-mail gr.singapore@capellahotels.com
料ⓈⓌ$1050／スイート$1800　税サ18%
カード ADJMV
全112室(うちヴィラは38棟)
設備プール、スパ、ビジネスセンター、会議室、レストラン＆バー×4
行き方中心部からタクシーで約15分。

トロピカルガーデンの中の高級リゾート

ソフィテル・シンガポール・セントーサ・リゾート＆スパ Sofitel Singapore Sentosa Resort & Spa

セントーサ島中央の高台、木々が生い茂る自然のなかの広大な敷地にゆったりと施設が配置されている。ロビーやラウンジはスタイリッシュで自然のモチーフとも調和している。客室は、アジア原産の素材で作られた調度品があたたかな雰囲気を醸し出している。また、ガーデン・ヴィラは、家族連れに最適。通常4人利用のところ、最大6人まで泊まれる。

海を一望する屋外席を配した各国料理レストラン「Kwee Zeen」はサンセットもひときわ美しい。ガーデンの中の「ソフィテル・スパ」も人気だ。

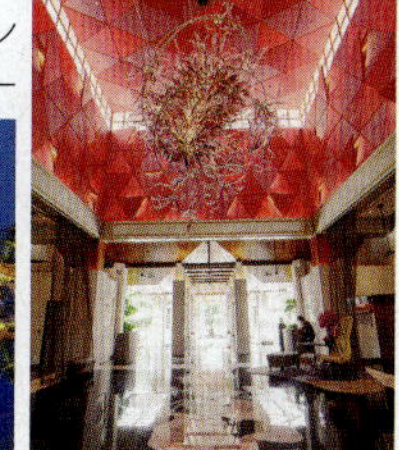

左／ヤシの木に囲まれた長さ33mの大きなプール
右／南国の花の香りが漂う開放感あふれるロビー

MAP P.95-2C
セントーサ島
住2 Bukit Manis Rd., Sentosa
☎6708-8310
FAXなし
URL www.sofitel-singapore-sentosa.com
E-mail h9474@sofitel.com
料ⓈⓌ$550／スイート$850～／ガーデン・ヴィラ$2500～　税サ18%
カード ADJMV
全215室(うちヴィラは4棟)
設備プール、フィットネスセンター、テニスコート、スパ、ビジネスセンター、レストラン＆バー×4
行き方MRTハーバーフロント駅D出口から無料シャトルバスが運行。

アートギャラリーに足を踏み入れよう
ホテル・マイケル Hotel Michael

アメリカのデザイナーで建築家のマイケル・グレイヴスがデザインした5つ星のデザインホテル。デザインで多用されているのが円柱やブロックの組み合わせ。メープルハニーのような明るい色の木を用い、客室自体をアートそのものに仕上げている。食器やライト、椅子などすべてが作品だ。モザイクタイルで描かれたバスルームもすばらしい。2022年11月にオープンした「ソイ・ソーシャル」では、タイの異なる4地域の伝統的な味をモダンに仕上げたタイ料理が味わえる。

キングサイズベッドが置かれたデラックスルーム。細部まで、こだわりが感じられる

MAP P.94-2B
セントーサ島
住8 Sentosa Gateway, Resorts World Sentosa ☎なし
URL www.rwsentosa.com/en/hotels/hotel-michael
E-mail enquiries@RWSentosa.com 料Ⓦ Ⓣ$700／スイート$3300 税サ18%
カード A J M V
全470室
設備プール、フィットネスセンター、ビジネスセンター、ショップ、レストラン＆バー
行き方セントーサ・エクスプレスのリゾート・ワールド・ステーションから徒歩約5分。

大自然が織りなす絶景に滞在
エクアリアス・ホテル Equarius Hotel

全室に備わるバルコニーからは熱帯雨林の森かオーシャンが望め、喧騒を離れて静かに過ごしたい人におすすめ。客室は51㎡という満足のいく広さを確保し、ファミリーでの滞在にも適している。茶色、ベージュ、白といったナチュラルカラーと自然のモチーフを多用した内装やインテリアも落ち着ける。リゾート・ワールド・セントーサ内のホテルや施設を結ぶ無料シャトルバスを運行。

デラックスルームは屋外スペースもあり、部屋にいながら自然との一体感を味わえる

MAP P.94-1B
セントーサ島
住8 Sentosa Gateway, Resorts World Sentosa ☎なし
URL www.rwsentosa.com/en/hotels/equarius-hotel
E-mail enquiries@RWSentosa.com 料ⓌⓉ$1000／スイート$2700 税サ18%
カード A J M V 全183室
設備プール、フィットネスセンター、ビジネスセンター、レストラン＆バー
行き方セントーサ・エクスプレスのリゾート・ワールド・ステーションから徒歩約15分。

日本人建築家デザインのおしゃれなリゾート
アマラ・サンクチュアリー・リゾート・セントーサ Amara Sanctuary Resort Sentosa

広大な敷地に客室棟、ヴィラが点在し、南国の花と緑、水が癒やし空間を提供してくれる。こげ茶を基調にコロニアル様式とモダンをミックスしたデザインは、シャープなのにぬくもりがある。森に水が流れ込むようなルーフトッププールをはじめ、計3つのプール、本格的なスパ施設などで、贅沢な時間を過ごしたい。自然に包まれたレストラン「シャッターズ」とバーの「ティア・バー」がある

左／ヴィラはプール付き
右／ナチュラルかつモダンなロビー

MAP P.95-2C
セントーサ島
住1 Larkhill Rd., Sentosa
☎6825-3888 FAX(65)6825-3878
URL sentosa.amarahotels.com
E-mail sentosa@amarasanctuary.com 料Ⓢ Ⓦ Ⓣ$300～400／スイート$560～800／ヴィラⓈⓉ$1000～1200
税サ18% カード A D J M V
全140室（うちヴィラは10棟）
設備プール、テニスコート、フィットネスセンター、スパ、レストラン＆バー×2 行き方ハーバーフロントのビボシティから無料シャトルバスが運行。

ニューヨーク発のブティックホテル
Wシンガポール・セントーサ・コーブ W Singapore-Sentosa Cove

セントーサ島東部の高級住宅街、セントーサ・コーブに位置する。スタイリッシュなデザインやエンターテインメントに力を入れるなど、Wブランドの魅力を存分に発揮し、エキサイティングな滞在を約束。カップルやビジネス客の利用も多い。ここでの滞在はホテル施設を満喫したい。プールにはミストファンが付いたプライベートカバナやバーが設置され、スパもおしゃれ。市内やセントーサ島内への無料シャトルバスがあるが、便利とは言い難い。

規模の大きなプールはリゾート感いっぱい。後方はセントーサ・コーブのハーバー

MAP P.95右上図
セントーサ島
住21 Ocean Way, Sentosa
☎6808-7288 FAX(65)6808-7289
URL www.wsingaporesentosacove.com
E-mail whateverwhenever.singapore@whotels.com
料ⓈⓌⓉ$420／スイート$670
税サ18% カード A D J M V
全240室 設備プール、フィットネスセンター、スパ、レストラン＆バー×4
行き方中心部からタクシーで約30分。

シック&ゴージャス。ロックスター気分で宿泊

ハードロックホテル・シンガポール Hard Rock Hotel Singapore

世界各地で展開するロックをテーマにしたホテル。エネルギッシュ、グラマラス、ラグジュアリーな雰囲気が組み合わさった館内で刺激的な滞在が楽しめる。ロビーや各所にスターの愛用品が飾られ、客室は凝ったインテリア。いちばんの魅力は砂浜のある広大なプールエリアで、施設内でアウトドアなリゾートライフを満喫できる。オリジナルグッズを販売する「ロック・ショップ」やライブパフォーマンスもある「ロック・バー」にも立ち寄ってみたい。

左／紫、黒、オレンジがテーマカラー。ギターのアートやギターピックのカーペットなどのインタリアが独特だ　右／リゾート気分満点のプール。プールバーでは水中のスツールでロック風のカクテルを　

MAP P.94-1B
セントーサ島

住8 Sentosa Gateway, Resorts World Sentosa　☎なし
URL www.rwsentosa.com/en/hotels/hard-rock-hotel-singapore
E-mail enquiries@RWSentosa.com
料ⓌⓉ$900／スイート$1600
税サ18%
カード A J M V　全364室
設備 プール、フィットネスセンター、ビジネスセンター、ショップ、レストラン&バー
行き方 セントーサ・エクスプレスのリゾート・ワールド・ステーションから徒歩約5分。

2階建てのタウンハウスから水中の世界が望める

エクアリアス・オーシャン・スイート Equarius Ocean Suites

リゾート・ワールド・セントーサで最もユニークな宿泊施設のひとつ。豪華な2階建てのタウンハウスのように設計されており、5つ星の快適さとパーソナライズされたバトラーサービスを提供。上の階には屋外の中庭とジャクージに通じるオープンリビングエリアがある。下の階にはバスタブを完備した寝室があり、プライベートな空間から4万匹以上の海洋生物が優雅に泳ぐ水中を眺めることができる。

上／1階は窓からシー・アクアリウム(→P.32)の水中が望める　下／2階はリビングルームと屋外パティオがある

MAP P.94-1B
セントーサ島

住8 Sentosa Gateway, Resorts World Sentosa　☎なし
URL www.rwsentosa.com/en/hotels/ocean-suite
E-mail enquiries@RWSentosa.com
料スイート$4400　税サ18%
カード A J M V　全11室
設備 プール、フィットネスセンター、ビジネスセンター、レストラン&バー
行き方 セントーサ・エクスプレスのリゾート・ワールド・ステーションから徒歩15〜20分。

中級ホテル

歴史遺産を活用した前衛的デザインホテル

ウエアハウス・ホテル The Warehouse Hotel

1895年建造の三角屋根が連なる独特の建物。ここは沖合に停泊する大型船の積荷を小船で運んで陸揚げした倉庫だった。アヘンの売買や密造酒製造など悪の温床となったが、1986年からはクラブとして利用されていた。そんな歴史と現代をデザイン技術で結びつけてホテルとして再生された。当時の建築を部分的に残すロビーや客室は、各時代を象徴する意匠が施され、シックでおしゃれ。1階のレストラン「Pó」の独創的なローカル料理は宿泊せずとも試してみたい。

左／オリジナルの造りや建材を残す客室は渋いトーン
右／倉庫だった時代を彷彿させるロビー。荷揚げ用の道具などがインテリアに

MAP P.82-2B
クラーク・キー周辺

住320 Havelock Rd.
☎6828-0000　FAX (65) 6828-0001
URL www.thewarehousehotel.com
E-mail reservations@thewarehousehotel.com
料ⓈⓌ$350〜／ロフトタイプ$330〜／スイート$725〜
税サ18%　カード A J M V
全37室　設備 プール、レストラン、バー　行き方 MRTハブロック駅から徒歩約5分。

川沿いの三角屋根の倉庫が時代を経て再生した

上層階からの眺めのよさは随一
ペニンシュラ・エクセルシオール・ホテル
Peninsula. Excelsior Hotel

MRT 駅に近く、買い物、グルメ、娯楽、ビジネスとあらゆるニーズに応える立地のよさが自慢。ペニンシュラとエクセルシオールの 2 棟のタワーからなる規模の大きなホテルだ。客室はどちらのタワーも同じ。19 ～ 22 階のクラブフロア宿泊者が朝食やカクテルなどを無料で楽しめるスカイラウンジは、シティ・ホールからマリーナまで絶景が望める。下層階にはローカル向けのショッピングアーケードがある。

茶系の落ち着いた雰囲気のデラックスルーム

MAP P.80-2B シティ・ホール周辺
住5 Coleman St.
☎6337-2200 FAX(65)6339-3847
URL www.peninsulaexcelsior.com.sg E-mail enquiries@ytchotels.com.sg
料Ⓢ$500～／ⓌⓉ$530～／スイート$1200～ 税サ18%
カード ADJMV 全600室
設備プール×2、フィットネスセンター、ビジネスセンター、レストラン&ラウンジ×4、ショッピングアーケード
行き方MRTシティ・ホール駅から徒歩約6分。

女子旅によいブティックホテル
ホテル・ヌーヴェ・ヘリテージ
Hotel NuVe Heritage

約 100 年の歴史ある建物を、西洋とローカルをミックスしたインテリアで飾り、エレガントな空間にリニューアル。古い建物の天井や壁、木の床としゃれた家具が調和している。エスプレッソマシンのカプセルやミニバー、Wi-Fi、朝食は無料、レセプションの脇でドリンクや菓子類のサービスもある。スイートの客室にはバルコニー付きのタイプも。入口を入るとカフェがあり、奥にレセプションがある。

中国風のモチーフを取り入れたデラックスルーム。客室はすべてダブルベッド

MAP P.81-1C シティ・ホール周辺
住13 Purvis St.
☎6250-4024
FAX(65)6250-4016
URL hotelnuveheritage.com
E-mail contact@hotelnuveheritage.com
料ⓈⓌ$160～180 税サ10%
カード AMV 全19室
設備カフェレストラン
行き方MRTシティ・ホール駅、またはエスプラネード駅から徒歩約6分。

ロフトタイプのデザイナーズホテル
スタジオ・エム・ホテル
Studio M Hotel

仕事と遊びを両方楽しむというコンセプトで、イタリア人アーティストがデザイン。全室リビングとベッドルームが 2 フロアに分かれたロフトタイプというのもその一貫だ。MP3 プレーヤーのドッキングステーション設置など、ハード面も最新。2 階のプール周辺にオアシスをイメージしたガーデンテラスを設け、朝食をサーブ。1 階の「Memo」は昼間はセルフサービスのデリ、夜はバーとして営業。

エグゼクティブ・ロフト・ルーム

MAP P.82-2B クラーク・キー周辺
住3 Nanson Rd.
☎6808-8888
FAX(65)6808-8899
URL www.millenniumhotels.com/en/singapore/studio-m-hotel E-mail Reservations.SMH@millenniumhotels.com
料ⓈⓌⓉ$475 税サ18%
カード ADJMV 全360室
設備プール、フィットネスセンター、レストラン&バー
行き方MRTフォート・カニング駅から徒歩約8分。

グッドウッド・グループの中級ホテル
ヨーク・ホテル・シンガポール
York Hotel Singapore

グッドウッド・パーク・ホテル（→ P.307）と同系列のホテル。客室はアネックス・ブロックとタワー・ブロックに分かれており、後者は全室バスタブ付きのエグゼクティブルームになっている。そのほかプールサイドにはよりプライベートなカバナルームが 8 室ある。ツインルームが多いので日本人にも好評。レストラン「ホワイトローズ・カフェ」（→ P.215）はローカルフードがおいしい。

中庭に屋外プールがある

MAP P.85-2D オーチャード・ロード周辺
住21 Mount Elizabeth Rd.
☎6737-0511 FAX(65)6732-1217
URL www.yorkhotel.com.sg
E-mail enquiry@yorkhotel.com.sg
料Ⓢ $320～／ⓌⓉ $350～／ファミリールーム$600～／スイート$1000～
税サ18% カード AJMV
全407室 設備プール、フィットネスセンター、ビジネスセンター、レストラン&バー×2
行き方MRTオーチャード駅から徒歩約10分。

オールインクルーシブの料金を打ち出したホテル

クインシー・ホテル・シンガポール Quincy Hotel Singapore

モダンでヒップなデザインのブティックホテル。オーチャード近くの閑静な高台という立地がよいこと、軽食、カクテル、ミニバー、ランドリー（2泊以上）、Wi-Fiなどが宿泊料金に含まれていることがセールスポイント。インフィニティプールやサウナなど設備も充実。キングサイズベッドの部屋が多いがツインの部屋もある。全室禁煙。

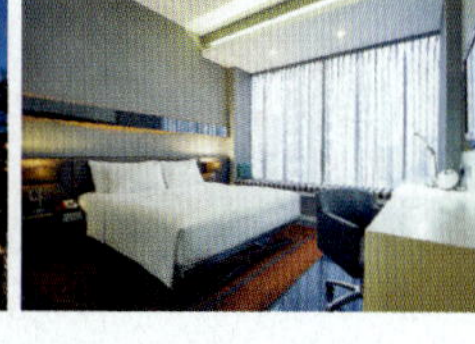

左／モダンな外観　右／デラックスルーム。エスプレッソマシンやアイロンがあり、バスタブも完備

MAP P.85-2D
オーチャード・ロード周辺
住22 Mount Elizabeth Rd.
☎6738-5888
FAXなし
URL quincy.com.sg
E-mail info.tqh@fareast.com.sg
料ⓈⓌⓉ$400～　税サ18%
カード ADJMV
全108室
設備プール、フィットネスセンター、サウナ、レストラン
行き方MRTオーチャード駅から徒歩約12分。

グラマラスなブティックホテル

スカーレット The Scarlet

クラシカルモダンなブティックホテル。外観も内装もエレガントな雰囲気が漂い、非日常的でドラマチックな空間を演出している。ホテル内の家具、調度品はすべてオリジナルのカスタムメイド。テーマ、カラーの異なる5つのスイートルームにはそれぞれ名前がつけられており、家具、ファブリックからアメニティにいたるまで各部屋のテーマに沿った趣向が凝らされている。

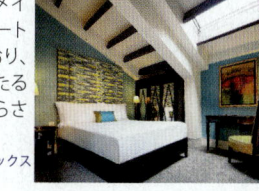

コンパクトにまとまったデラックスルーム。全室ミニバーは無料

MAP P.88-2B、P.134
チャイナタウン
住33 Erskine Rd.
☎6511-3333　FAX(65)6511-3303
URL thescarletsingapore.com
E-mail reservations@thescarlethotels.com
料ⓈⓌ $240～380／スイート$780～1180　税サ18%
カード ADJMV　全80室
設備フィットネスセンター、屋外ジャクージ、レストラン&バー×4
行き方MRTマックスウェル駅から徒歩約2分。

充実した設備が人気

パークロイヤル・オン・ビーチ・ロード Parkroyal on Beach Road

ビーチ・ロード沿いに立つホテル。「セント・グレゴリー・スパ」（→P.291）ではインドネシアスタイルのトリートメントが充実。L4のプールはバリ風の趣。規模が大きく広々としており、眺望もよい。本格的な四川料理店「四川豆花飯荘」（→P.213）には「天府茶藝館」というティーハウスもある。最新機器を備えたジムでは、パーソナルトレーニングを受けることもできる。

デラックスルーム。白木を多用し、すがすがしい

MAP P.91-2D
アラブ・ストリート周辺
住7500 Beach Rd.
☎6505-5666　FAX(65)6296-3600
URL www.panpacific.com/en/hotels-and-resorts/pr-beach-road.html
E-mail enquiry.prsin@parkroyalhotels.com　料ⓈⓌⓉ$450～／スイート$580～　税サ18%
カード ADJMV　全346室
設備プール、フィットネスセンター、スパ、ビジネスセンター、レストラン&バー×5
行き方MRTブギス駅、ニコル・ハイウエイ駅から徒歩約8分。

交通の要に位置し観光に便利

ホテル・グランド・パシフィック Hotel Grand Pacific

日本人客の利用が多いホテル。周辺には観光スポットや繁華街があり、最寄りのブラス・バサー駅のほか、シティ・ホール駅、ブギス駅にも徒歩約8分という便利さが魅力。全館禁煙で客室は木の風合いをデザインに生かし、落ち着いた雰囲気が漂う。ミニバーの水やソフトドリンクは無料。館内にコインランドリーが設置されている。1階の「サンズ・カフェ」のペナン料理のビュッフェも好評。

プレミアルーム。ビジネステーブルが置かれ、アイロンも完備

MAP P.90-3A
ブギス周辺
住101 Victoria St.
☎6336-0811　FAX(65)6334-0630
URL www.hotelgrandpacific.com.sg
E-mail reservations@hotelgrandpacific.com.sg
料ⓈⓌⓉ $300～／スイート$680　税サ18%
カード ADJMV
全240室　設備プール、フィットネスセンター、コインランドリー、レストラン
行き方MRTブラス・バサー駅から徒歩約3分。

モスクの近くに立つ規模の大きなホテル
ビレッジ・ホテル・ブギス Village Hotel Bugis

サルタン・モスクやブギス駅まで歩いて約3分、周辺は異国情緒あふれるエリア。ビジネスにも観光にも便利な立地だ。部屋は落ち着いた色調でまとめられており、エレガントな雰囲気。テレビ、ミニバー、ドライヤーなどが揃っている。レストランは、3階のロビーフロアにあるローカルフードの「ロイヤル・パーム」と5階のインターナショナル料理を供する「ランドマーク」がある。

キングサイズのベッドを配したデラックスルーム

MAP P.91-1C
アラブ・ストリート周辺

住390 Victoria St. ☎6297-2828 FAX(65)6295-4332 URL www.villagehotels.asia/bugis E-mail info.vhb@fareast.com.sg 料ⓈⓌⓉ$200～／スイート$450～ 税サ18% カードADJMV 全393室 設備プール、フィットネスセンター、レストラン＆バー×2、ショッピングアーケード 行き方MRTブギス駅から徒歩約3分。

快適にアジアン・エキゾチックを楽しむ
ビレッジ・ホテル・アルバート・コート Village Hotel Albert Court

MRTリトル・インディア駅にもブギス駅にも徒歩10分圏内という便利な立地。ホテル周辺は比較的静かなローカルエリアで落ち着いた滞在ができる。ショップハウス風のホテルに足を踏み入れるとたちまち重厚な空気が別世界へといざなう。客室は清潔に保たれ広さも十分。「アルバート・カフェ」や、ジャクージもある。

客室は全室バスタブ付き。写真はデラックスルーム。ショップハウス風の客室棟と、増築された客室棟がある

MAP P.92-3B
リトル・インディア

住180 Albert St. ☎6339-3939 FAX(65)6339-3253 URL www.villagehotels.asia/albertcourt E-mail info.vhac@fareast.com.sg 料ⓈⓌⓉ$200～ 税サ18% カードADJMV 全210室 設備フィットネスセンター、レストラン、ギフトショップ 行き方MRTローチョー駅から徒歩約5分、リトル・インディア駅から徒歩約6分。

リトル・インディア散策に便利
パークロイヤル・オン・キッチナー・ロード Parkroyal on Kitchener Road

MRT駅に近いロケーションと設備のよさが人気のホテルだ。全館モダンな造りで、客室は全室バスタブ付きで明るく機能的。ファミリー客対応にも力を入れている。このクラスのホテルでスパとプールを備えているのも高評価ポイント。長期滞在者が多く、ランドリールーム（有料）も設置されている。ムスタファ・センター（→P.79）に隣接していて、買い物も便利。

キングサイズベッドとシングルベッドを配したデラックストリプルルーム

MAP P.93-2C
リトル・インディア

住181 Kitchener Rd. ☎6428-3000 FAX(65)6297-2827 URL www.panpacific.com/en/hotels-and-resorts/pr-kitchener.html E-mail enquiry.prskt@parkroyalhotels.com 料ⓈⓌⓉ$350／スイート$560 税サ18% カードADJMV 全542室 設備プール、フィットネスセンター、スパ、レストラン＆バー×2、ショッピングアーケード 行き方MRTファーラー・パーク駅から徒歩約5分。

「パリの芸術サロン」がコンセプトのブティックホテル
バガボンド・クラブ ア・トリビュート・ポートフォリオホテル・シンガポール The Vagabond Club, A Tribute Portfolio Hotel, Singapore

1950年建造のアール・デコ調のコロニアルな建物内に2016年開業。フランス人インテリアデザイナーのジャック・ガルシアがデザインを手がけたユニークなホテルだ。赤とゴールドの色彩が圧倒的なロビーはレストラン＆バー、そして自主映画やジャズの演奏などが催されるスペースでもある。7つのタイプがある客室はおしゃれシック。調度品はもとよりリネン類まで上質なものを備えている。

左／バーと合体したホテルロビー。真鍮製のサイがコンシェルジュデスクになっている　右／テラス付きクラシックルーム

MAP P.93-3D
リトル・インディア

住39 Syed Alwi Rd. ☎6291-6677 FAX(65)6291-2823 URL www.hotelvagabondsingapore.com E-mail reservations@hotelvagabondsingapore.com 料ⓈⓌ$305～ 税サ18% カードAJMV 全41室 設備バーレストラン 行き方MRTラベンダー駅から徒歩約10分。

ユニークなデザインが楽しい
ディーホテル・シンガポール D'Hotel Singapore

金属板で覆われた円形の建物は、それ自体がアートのよう。館内もコンテンポラリーモダンなデザインが施されたブティックホテルだ。客室はポップな雰囲気からシックな趣まで、7つのカテゴリーがある。各部屋に空気清浄システムやすべての形状のコンセントを設置。屋上のバーラウンジからはパノラマビューを楽しめる。チョンバル・エリア（→P.140）にあり、街歩きを堪能したい人にもおすすめ。

穴の開いた金属板外壁が印象的。バルコニー付きの部屋もある

MAP P.82-3A
郊外のエリア
住231 Outram Rd.
☎6595-1388 FAX (65) 6595-1399 URL www.discoverasr.com/en/others/singapore/dhotel-singapore E-mail enquiry.singapore@the-ascott.com
料Ⓢ Ⓦ$218～271／Ⓣ$218～251／スイート$268～295（朝食付き） 税サ18%
カード A D J M V 全41室
設備フィットネスセンター、バー＆ラウンジ
行き方MRTアウトラム・パーク駅から徒歩約12分。

歴史的な建築物を用いたブティックホテル
リンク・ホテル （華星酒店） Link Hotel

1930年代に建てられたアパートがオリジナルの建物。チョンバル・ロードを挟んでロータスとオーチャードと名づけたブロックが渡り廊下で結ばれているのが、ホテル名の「リンク」の由来。客室は中国、マレー、インド、モダンをテーマにした4つのタイプがあり、アート作品やインテリア小物を用いた凝った造りだ。ルーフトップバー、クラフトビールのバー「キャンジョブ・タップルーム」、「南洋老咖啡」など飲食施設も充実。

マレータイプのエグゼクティブ・デラックスルーム

MAP P.82-3A
郊外のエリア
住50 Tiong Bahru Rd.
☎6622-8585
FAX (65) 6622-8558
URL linkhotel.com.sg
E-mail info@linkhotel.com.sg
料Ⓢ Ⓦ $280～460／スイート$600～ 税サ18%
カード A D J M V 全288室
設備フィットネスセンター、スパ、ビジネスセンター、レストラン＆バー×6
行き方MRTアウトラム・パーク駅から徒歩約12分。

ラマダホテルがシンガポールに初進出
ラマダ・バイ・ウィンダム・シンガポール・アット・ジョンシャンパーク Ramada by Wyndham Singapore at Zhongshan Park

バレスティア・ロードの近くにある4つ星ホテル。シックな雰囲気の客室はすべて同サイズで同料金、ベッド数のみ異なる。30mの屋外プールや海鮮料理を供するレストラン「ニュー・ウビン・シーフード」、ロビーと直結のショッピングセンター「ジョンシャン・モール」など施設も充実。中山公園を挟んで立つ同系列の「デイズ・ホテル」はラマダより少しカジュアル。

ショップハウスの写真、木や竹のインテリアなど趣のあるデザインの客室。バスタブ、40インチのテレビ、iPodプレーヤー、ミニバーなどを揃えている

MAP 折込表-2B
郊外のエリア
住16 Ah Hood Rd.
☎6808-6838
FAX (65) 6808-6839
URL www.ramadasingapore.com
E-mail info@ramadasingapore.com
料Ⓢ Ⓦ Ⓣ$190～（朝食付き）
税サ18% カード A J M V
全382室 設備プール、フィットネスセンター、ビジネスセンター、レストラン&バー×2、ショッピングモール
行き方中心部からタクシーで約15分。

シンガポール東部にあり、カトンに近い
グランド・メルキュール・ロキシー・ホテル Grand Mercure Roxy Hotel

空港と中心部の中間、イースト・コーストに位置する規模の大きなホテル。日本人ビジネス客が多く、日本人向けのサービスも浸透している。チェックイン時に渡される館内案内が日本語でわかりやすく書かれているのもそのひとつ。

ショッピングセンター「ロキシー・スクエア」に隣接していて便利。空港～ホテル間の巡回をはじめ、オーチャード行きの無料シャトルバスを運行している。

客室はタイの重厚な家具調度品が置かれダークブラウンで統一

MAP P.177下図
郊外のエリア
住50 East Coast Rd., Roxy Square
☎6344-8000
FAX (65) 6344-8010
URL grandmercureroxy.com.sg
E-mail H3610-FO16@accor.com
料Ⓢ Ⓦ Ⓣ $137～／スイート$221～ 税サ18%
カード A D J M V 全576室
設備プール、フィットネスセンター、レストラン&バー×4、ショッピングアーケード
行き方中心部からタクシーで約20分。

「プラナカン」がテーマのおしゃれなホテル

ホテル・インディゴ・シンガポール・カトン Hotel Indigo Singapore Katong

カトンの繁華街にあり、プラナカン文化に触れ、カトン散策を楽しむには最適の立地と雰囲気だ。館内随所にプラナカンのタイルやバティック、陶器などがデザインされており、客室は遊び心あふれる趣向に満ちている。昔のゲームボードを用いたテーブル、ミシンをシンクに変身させたり、キュートなアメニティなど、女性の心をくすぐるデザインや備品の数々だ。

もうひとつの魅力は16階のルーフトッププールからの眺め。眼下に広がるカトンエリアのパノラマは圧巻だ。前身の警察署の趣を残す「ババ・チュウズ・バー・アンド・イータリー」(→P.220)を併設しており、創作系のプラナカン料理が味わえる。

左／客室は3タイプある。壁一面に描かれた近隣の風景画が印象的　右／客室にはミシン台を改造したシンク、レトロな備品と楽しい趣向がいっぱい

MAP P.177下図
郊外のエリア

住86 East Coast Rd., #01-01 Katong Square
☎6723-7001 FAX(65)6723-7002
URL www.hotelindigo.com/singapore
E-mail info.sinki@ihg.com
料ⓈⓌⓉ$300〜 税サ18%
カード ADJMV 全131室
設備 フィットネスセンター、プール、レストラン&バー、ビジネスセンター
行き方 中心部からタクシーで約20分。

プールからは赤茶色の屋根瓦の家並みが連なる風景が広がる。このホテルはレストラン街の「カトン・スクエア」、同系列の「ホリデイ・イン・エクスプレス・シンガポール・カトン」に隣接している

エコノミー & ミニホテル

好立地、充実設備でお得感あり！

ホリデイ・イン・エクスプレス・シンガポール・クラーク・キー Holiday Inn Express Singapore Clarke Quay

クラーク・キーの近くに立つ大型ホテル。全室スタンダードで、ツインとシングルのベッドタイプでカテゴライズ。Wi-Fiと朝食は無料で、客室はシンプルながら、床から天井まで届く大きな窓が開放感を与えている。屋上にある長さ40mのインフィニティプールは自慢の設備。1階には250席を有する朝食ビュッフェレストランがある。ビジネス客の利用が多いが、観光にも便利なロケーションだ。

左／長さ40mのプールはガラス張り　右／客室は天井が高い造り。全室禁煙

MAP P.83-2C
クラーク・キー周辺

住2 Magazine Rd.
☎6589-8000
FAX なし
URL www.holidayinnexpress.com/clarkequay
E-mail info.sincq@ihg.com
料ⓈⓌⓉ$230〜 税サ18%
カード ADJMV 全442室
設備 プール、フィットネスセンター、朝食専用レストラン、カフェ&バー
行き方 MRTクラーク・キー駅から徒歩約5分。

余計な飾りをそぎ落とし実用本位に徹する

YMCAアット・ワン・オーチャード YMCA @ One Orchard

国立博物館の向かいに位置し、ロケーションのよさが魅力の1984年から続く老舗ホテル。客室は広くはないが明るく清潔で、バス、トイレ、エアコン、薄型テレビ、湯沸かしポットなど設備は整っている。屋上の25mプール、ローカル料理のカフェ、アウトドアテラスなど館内設備も充実。ロビーにパソコンがあるほか、Wi-Fiも可能。

左／客室はシンプル。写真はスーペリアルーム　右／屋上のプールは眺めがよい

MAP P.87-3D
オーチャード・ロード周辺

住1 Orchard Rd.
☎6336-6000
FAX(65)6337-3140
URL www.ymcaih.com.sg
E-mail booking@ymca.org.sg
料ⓈⓉ$130〜／ファミリールーム$240〜／スイート$300 税サ18%
カード AJMV 全110室
設備 プール、フィットネスセンター、ビジネスセンター、ツアーデスク、カフェ
行き方 MRTドービー・ゴート駅から徒歩約4分。

女性ひとりでも安心
YWCAフォート・カニング YWCA Fort Canning

MRT ドービー・ゴート駅へも近く、オーチャードのショッピングエリアへも歩いて行ける距離。また、シンガポール国立博物館やアート・ミュージアムなどの見どころも近くにあり、正面にはフォート・カニング・パークがある。

客室には電話やテレビ、エアコン、シャワーが備わる。ホテル内にはカフェやプール、コインランドリーなどの設備もある。

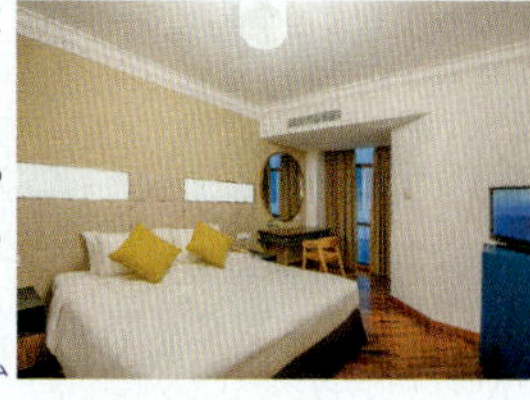
シンプルな内装のエグゼクティブルーム

MAP P.87-3C オーチャード・ロード周辺
住6 Fort Canning Rd.
☎6338-4222
FAX(65)6337-1163
URL www.ywcafortcanning.org.sg E-mail ywcafortcanning@ywca.org.sg
料ⓈⓌⓉ＄238〜263（朝食付き） 税サ18%
カード AMV 全175室
設備プール、カフェ、コインランドリー、ショップ
行き方MRTドービー・ゴート駅から徒歩約5分。

凝ったデザインに注目
ホテル1929 Hotel1929

1929 年建造のショップハウスを改装したブティックホテル。レトロとモダンの融合をうたい、32 の客室すべてに異なるビンテージチェアを置くなど、遊び心あふれる趣向が随所に凝らされている。カプセルホテルほどのこぢんまりとした客室だが、白を基調にした清潔でかわいい雰囲気に統一されており、女性ひとり旅にもおすすめだ。1 階に創作料理を出す「1929 @ Keong Saik」がある。周辺には飲食店が多く、チャイナタウン観光にも便利な立地だ。

スーペリアダブルルーム。ドライヤー、湯沸かしポット、iPodドック、傘などアメニティが充実

MAP P.88-2A チャイナタウン
住50 Keong Saik Rd.
☎6226-8929
FAXなし
URL www.1929hotel.com
E-mail enquiry@1929hotel.com
料ⓈⓌ＄120〜／スイート＄200〜 税サ17.7%
カード MV
全33室 設備レストラン
行き方MRTマックスウェル駅から徒歩約5分、アウトラム・パーク駅から徒歩約7分。

プラナカンスタイルのミニホテル
ジ・イン・アット・テンプル・ストリート The Inn at Temple Street

ローカル向けの店や観光客向けのみやげ物店が多く並ぶ、チャイナタウンのトレンガヌ・ストリート近くにあるミニホテル。プラナカンスタイルと木目調で統一されたインテリアは、ほかのホテルとはひと味違う風格を見せている。客室はエアコン、テレビ、セーフティボックス完備、冷蔵庫、コーヒー＆ティーセットのサービスもあるなど、設備は充実している。

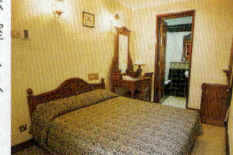

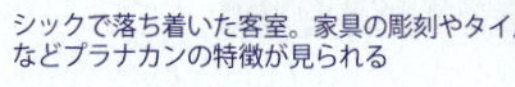
シックで落ち着いた客室。家具の彫刻やタイルなどプラナカンの特徴が見られる

MAP P.88-1B チャイナタウン
住36 Temple St.
☎6221-5333
FAX(65)6225-5391
URL www.theinn.com.sg
E-mail rsvn.room@theinn.com.sg
料Ⓢ＄110〜／ⓌⓉ＄120〜／ファミリールーム＄168〜248 税サ18%
カード ADJMV 全41室
行き方MRTチャイナタウン駅から徒歩約4分。

便利な立地のエコノミーホテル
ホテル・カルモ・チャイナタウン Hotel Calmo Chinatown

19 世紀後半にシンガポールで最も人気のあった広東オペラ劇場「梨春院」を改装したミニホテル。チャイナタウンの中心部にあり、ビジネス、観光ともに便利。「Calm & Peace」をコンセプトにシンプルで落ち着けるインテリアで統一されている。客室はシングルから 4 人部屋まであり、総じてコンパクト。窓のない部屋、バルコニー付きなど造りはさまざま。

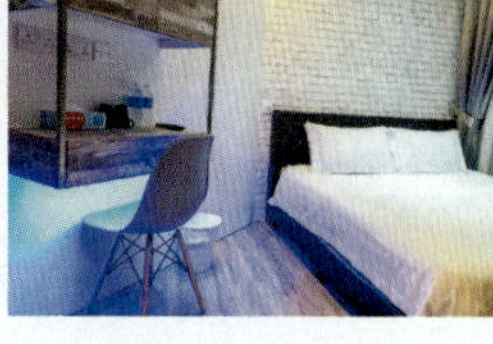
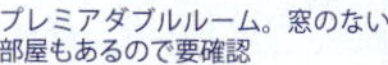
プレミアダブルルーム。窓のない部屋もあるので要確認

MAP P.97上図 チャイナタウン
住25 Trengganu St.
☎6223-2553 FAXなし
URL hotelcalmo.co/hotel-calmo-chinatown
E-mail cs@hotelcalmo.co
料Ⓢ$60〜／ⓌⓉ$75〜／3人部屋$85〜／4人部屋$180〜
税サ込み
カード MV 全80室
行き方MRTチャイナタウン駅から徒歩約5分。

クラシックモダンのすてきなインテリア

ジェイリーン1918・ホテル　Jayleen 1918 Hotel

1918年建造のコロニアル調のショップハウスがホテルに。白を基調にアンティーク風のライトや刺繍を施したベッドリネンなどチャーミングな内装だ。ドライヤーやセーフティボックスなど備品も整い、ペットボトルの飲料水は無料提供。シングルからツイン、3人用、ファミリールーム（4人用）まで、さまざまな客室が用意されているのも特徴だ。クラーク・キーまで徒歩約5分のロケーション。

左／ツインのスタンダードルーム。床は木のフローリング
右／クラシックなファサードの6階建て

MAP P.80-3A
クラーク・キー周辺

住42 Carpenter St.　☎6535-3316、6227-1973　FAXなし
URL www.jayleen1918.com.sg
E-mail rooms@jayleen1918.com.sg
料ⓈⓌ$140（窓なし）、$160～180（窓あり）／Ⓣ$160～180／3人部屋$210～264／4人部屋$210～240／ファミリールーム$230～300（朝食付き）　税サ8%
カード AMV　全40室
設備 レストラン（朝食のみ）
行き方 MRTクラーク・キー駅から徒歩約5分。

遊び心を刺激するライフスタイルホテル

ホテルG シンガポール　Hotel G Singapore

おもに若者がターゲットの非日常感を打ち出したホテル。エッジの効いたデザインの客室はギャラリー風、かつ機能性は高い。ベーシックなクラスは狭いぶんレイアウトが工夫されている。セーフティボックス、ドライヤー、バスアメニティは揃っているが、一部の部屋のみ冷蔵庫付きで、共用のウオーターディスペンサーを利用。1階の「ジネット・レストラン&ワインバー」（→P.226）は、活気に満ちた人気店だ。

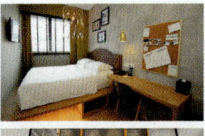

上／客室は3カテゴリーあり、写真は中間クラスの部屋

フランスのワイナリーと提携している「ジネット・レストラン＆ワインバー」

MAP P.90-2A
ブギス周辺

住200 Middle Rd.
☎6809-7988　FAXなし
URL www.hotels-g.com/singapore
E-mail res@hotelgsingapore.com
料ⓈⓌ$135～／スイート$200～　税サ18%
カード AJMV　全308室
設備 フィットネスジム、レストラン×2　行き方 MRTベンクーレン駅から徒歩約3分、ローチョー駅から徒歩約5分。

カンポン・グラムの歴史を物語る　（蘇丹酒店）

サルタン　The Sultan

中国とマレーの装飾とヨーロッパの要素がミックスされたショップハウスを再現したブティックホテル。その歴史は19世紀に遡り、当時の伝統的な9つのショップハウスとコーランの印刷所だった建物を修復保存する目的でホテル計画が進められた。もとの建物の姿に忠実に改装されているので、部屋によって造りが異なる。1階にレストラン「ワン・ボウル」がある。

1階にリビング、2階にベッドルームがあるサルタン・ロフト

MAP P.91-1D
アラブ・ストリート周辺

住101 Jalan Sultan, #01-01
☎6723-7101
FAX (65)6723-7110
URL www.thesultan.com.sg
E-mail info@thesultan.com.sg
料Ⓢ$140～／ⓌⓉ$165～／スイート$220～　税サ込み
カード ADMV
全60室
設備 レストラン
行き方 MRTニコル・ハイウエイ駅から徒歩約10分。

シンプル、クオリティ、料金にこだわる

イビス・シンガポール・オン・ベンクーレン　Ibis Singapore on Bencoolen

世界規模のホテルグループが、ブギスエリアに建てたスタイリッシュなエコノミーホテル。538の客室すべてが、同じデザインで同サイズ、同料金。細部にいたるまでデザインや質にこだわっているのが特徴だ。ランドリールーム、無料インターネットキオスクが設置されている。ブギス駅に近く、観光やショッピングにも便利。

左／1階のレストラン「テイスト」はローカル料理や各国料理を提供　右／客室はスペースをうまく活用し、備品も完備。バスルームはシャワーのみ

MAP P.90-2A
ブギス周辺

住170 Bencoolen St.
☎6593-2888　FAX (65)6593-2889
URL all.accor.com/hotel/6657/index.en.shtml
E-mail h6657@accor.com
料ⓈⓌⓉ$186～
税サ18%　カード ADJMV
全538室　設備 ランドリールーム、インターネットキオスク、会議室、レストラン&バー×2　行き方 MRTブギス駅、ベンクーレン駅、ローチョー駅から徒歩約5分。

居心地のよいミニホテル　（日晶酒店）

サマー・ビュー・ホテル　Summer View Hotel

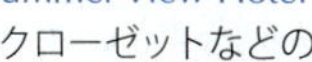

館内は白木を多用したシンプルな内装で統一。机やクローゼットなどの配置も工夫され、すっきりとまとまっている。セーフティボックスや湯沸かしポットなど基本的な設備も揃う。ブギスの繁華街や MRT の駅に徒歩 5 分圏内、目の前にバス停もあるロケーションが魅力だ。1 階に朝食とランチビュッフェを供する「フォレジ・カフェ」がある。

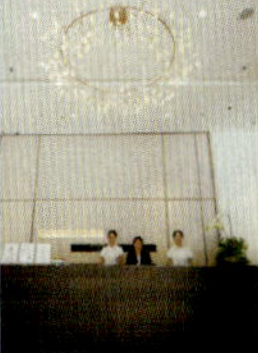

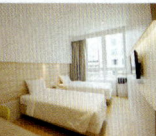

左／白を基調にした明るい客室。ほとんどの部屋はシャワーのみ　右／ロビーもシンプル＆クリーン

MAP P.90-2A
ブギス周辺

住 173 Bencoolen St.
☎ 6338-1122
FAX (65) 6336-6346
URL www.summerviewhotel.com.sg　E-mail reservation@summerviewhotel.com.sg
料 ⓈⓌⓉ $ 150〜200
税サ 18%　カード ADJMV
全86室
設備 レストラン
行き方 MRTブギス駅、ベンクーレン駅、ローチョー駅から徒歩約5分。

1968年創業の老舗ホテル

ホテル・ベンクーレン　Hotel Bencoolen

MRT 駅にも近く、アジアやオーストラリアをはじめ、日本人旅行者の利用も多い。クイーンサイズやキングサイズの 1 ベッドルームから 3 ベッドルームまでさまざまなタイプの部屋があり、ファミリー客にも人気だ。2 階にはジャクージ付きスパプールがあるほか、ミーティングルームも備わる。朝食時間のみ 1 階にオープンテラス式のカフェを設置し、朝食ビュッフェを提供。

左／シンプルな内装のデラックスルーム
右／2階のスパプール

MAP P.90-2A
ブギス周辺

住 47 Bencoolen St.
☎ 6336-0822
FAX (65) 6336-2250
URL www.hotelbencoolen.com
E-mail onlinereservation@hotelbencoolen.com
料 ⓈⓌⓉ $ 150〜180／ファミリールーム $ 260(朝食付き)
税サ 18%　カード JMV
全84室　設備 スパプール、ミーティングルーム
行き方 MRTベンクーレン駅から徒歩約1分。

ブギス駅近くのモダン＆シンプルなホテル

ライオンピーク・ホテル・ブギス　Lion Peak Hotel Bugis

これといった特徴はないが、MRT の駅やレストラン街に近く便利なロケーションだ。日本のビジネスホテルのようにコンパクトにまとまった客室は、スタンダードとデラックスのふたつのカテゴリーがある。デラックスの部屋には窓があり、飲料水のサービスも。全室に湯沸かしポット、ドライヤーが備わり、Wi-Fi も可能。1 泊ごとに $50 のデポジットが必要で、ルームクリーニングは 3 日に 1 回のみ。

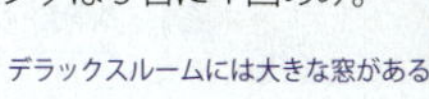

デラックスルームには大きな窓がある

MAP P.91-3C
ブギス周辺

住 103 Beach Rd.
☎ 6333-9928
FAX (65) 6333-9971
URL marrisonhotel.zoombookdirect.com
料 ⓈⓌⓉ $145、185
税サ 込み
カード JMV
全96室
行き方 MRTブギス駅から徒歩約5分。

ブギスの南寄りにあるミニホテル

ホテル・カルモ・ブギス　Hotel Calmo Bugis

MRT ブギス駅へは徒歩圏内で、ショッピングエリアに近い好立地。1 階入口のエレベーターで 2 階のレセプションへ。館内はミニマルでスタイリッシュなインテリアでまとめられている。客室はクリーンで広さも十分。基本的な設備のほかデスクもありビジネス利用にもおすすめ。3 人部屋やファミリールームもある。

左／仕事や休憩ができる共用スペース　右／リャン・シア・ストリート(→P.144)に面している

MAP P.90-3B
ブギス周辺

住 95 Beach Rd.
☎ 6677-2869　FAX なし
URL hotelcalmo.co/hotel-calmo-bugis
E-mail cs@hotelcalmo.co
料 ⓈⓌ $150〜／ファミリールーム $200〜
税サ 込み
カード MV　全33室
設備 ランドリールーム
行き方 MRTブギス駅から徒歩約7分。

ローカルの活気あふれる

東南亞大酒店

South East Asia Hotel

MRT ブギス駅の近く、ウオータールー・ストリート沿いに立つミニホテル。隣には中国寺院の観音堂やヒンドゥー寺院のスリ・クリシュナン寺院が並んで立っており、ローカル色の濃いエリアだ。客室は全室エアコン、テレビ、シャワー、トイレ付き。1階にはベジタリアン中国レストラン「東南亞観音素食館」がある。ブギス・ストリートやブギス・ジャンクションが近く、ショッピングも便利。

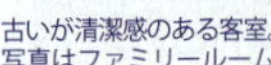

古いが清潔感のある客室。写真はファミリールーム

MAP P.90-2B
ブギス周辺

住190 Waterloo St.
☎6338-2394
FAX(65)6338-3480
URL www.seahotel.com.sg
E-mail seahotel@singnet.com.sg
料ⓈⓌ＄100／3人部屋＄130／ファミリールーム（4人部屋）＄160
税サ込み
カード不可　全51室
設備レストラン
行き方 MRTブギス駅から徒歩約5分。

リトル・インディアの快適なミニホテル

ペラ・ホテル

Perak Hotel

ショップハウスを改造したミニホテル。リトル・インディアの見どころはもちろん徒歩圏内、ブギス界隈へも徒歩で行けるという立地。客室はエアコン、テレビ、電話、トイレ、シャワー、セーフティボックス完備と、このクラスのホテルとしては整っている。ただし、昔の建物を改造しているため、部屋はあまり広くはない。なお、スタンダードルームには窓がない部屋もあるので、予約時に確認を。ロビー脇には自然光の差し込むカフェを併設しており、朝食はここで取る。

ホテル内の造りはしゃれている。欧米人長期滞在者の利用も多い

MAP P.92-3B
リトル・インディア

住12 Perak Rd.　☎6299-7733
FAX(65)6392-0919
URL theperakhotel.com
E-mail jiawen@theperakhotel.com
料ⓈⓌ＄176～／3人部屋＄250～／4人部屋$298～（朝食付き）　税サ込み
カードAMV　全34室
設備カフェ
行き方 MRTローチョー駅から徒歩約2分、リトル・インディア駅から徒歩約8分。

プラナカン文化をテーマにしたブティックホテル

サンタグランド・ホテル・イースト・コースト

Santa Grand Hotel East Coast

カトンエリアの中心部に位置し、プラナカンの文化散策やローカルグルメを食べ歩きたい人には絶好のロケーションだ。2階建てショップハウスを改装し、背後に6階建てのビルを増設。客室はプラナカンのインテリアやアートを飾ったタイプやエレガントタイプなど4つのデザインがある。屋上にプール、1階にバーを兼ねた「プラティパス・カンティーナ」を設置。

プラナカン風のインテリアの客室

MAP P.177下図
郊外のエリア

住171 East Coast Rd.
☎6344-6866
FAX(65)6344-1811
URL www.santagrand.sg
E-mail reservation@santa.com.sg　料ⓈⓌⓉ$280～／ファミリールーム$450～（朝食付き）　税サ18%
カードAJMV　全73室
設備プール、レストラン＆バー、ビジネスセンター
行き方中心部からタクシーで約20分。

長期滞在者に人気

メトロポリタンYMCAシンガポール

（新加坡美京華大酒店）
Metropolitan YMCA Singapore

緑の多い高級住宅街、スティーブンス・ロード沿いに立つメトロポリタンYMCAシンガポールが運営する宿泊施設。スタンダードルームは窓がないが、全室エアコン、テレビ、冷蔵庫、電話など設備は整っており、家族用の4人部屋が多いのもポイント。また、プール、ジム、レストランなど館内施設も充実。さらにキッチン付きのサービスアパートメントも隣接しており、長期滞在者向けのマンスリーレートも提示している。

オーチャード・ロード界隈からなら、No.105、132、190のバスを利用するとよい。

モダンなインテリアのデラックスルーム。バスルームはシャワーのみ

MAP 折込表-2B
郊外のエリア

住60 Stevens Rd.
☎6839-8333
FAX(65)6235-5528
URL www.mymca.org.sg
E-mail askmore@mymca.org.sg　料ⓈⓌⓉ＄170／スイート＄220（朝食付き）
税サ18%　カードADJMV
全98室　設備プール、ジム、ビジネスセンター、レストラン、コインランドリー
行き方 MRTスティーブンス駅から徒歩約8分。

その他のホテル・ホステル

カールトン・シティ・ホテル・シンガポール Carlton City Hotel Singapore

スタイリッシュな4つ星ホテル。ビジネス利用客が多く、客室は機能的かつシンプルにまとめられている。屋外プールや4軒の飲食施設があり、スーパーやホーカーズにも近い。

MAP P.88-3B 住 1 Gopeng St. ☎6632-8888 FAX (65)6632-8800
URL carltoncity.sg E-mail enquiry@carltoncity.sg 料 ⓈⓌⓉ$440～／スイート$690～ 税サ 18% カード ADJMV 全386室
行き方 MRTタンジョン・パガー駅から徒歩約2分。

オアシア・ホテル・ダウンタウン Oasia Hotel Downtown

赤いアルミメッシュと植物に覆われた奇抜な外観が目を引く27階建てのホテル。ふたつの屋外プール、カフェレストラン「マーマレード・パントリー」(→P.240)など3つのレストランがある。

MAP P.88-3B 住 100 Peck Seah St. ☎6812-6900 FAX (65)6818-3399
URL www.oasiahotels.com/en/singapore/hotels/oasia-hotel-downtown
E-mail reseasy@fareast.com.sg 料 ⓈⓌⓉ$350～／スイート$550～
税サ 18% カード ADJMV 全314室
行き方 MRTタンジョン・パガー駅から徒歩約2分。

ホテル・ミラマー・シンガポール Hotel Miramar Singapore

客室は豪華さはないが、シックなデザイン。四川料理の「桃苑」、ビュッフェレストラン「ファーンツリー・カフェ」、最上階の29階に「グラフィティ・スカイバー」などがある。

MAP P.82-2B 住 401 Havelock Rd. ☎6733-0222 FAX (65)6733-4027
URL www.miramar.com.sg E-mail enquiry@miramar.com.sg
料 ⓈⓌⓉ$220～／スイート$550～ 税サ 18% カード ADJMV
全342室 行き方 MRTハブロック駅から徒歩約5分。

フラマ・シティ・センター Furama City Centre

チャイナタウンやクラーク・キーへのアクセスに便利な立地。客室は落ち着いた雰囲気。プール、ジム、ロビーに「ティファニー・カフェ&レストラン」がある。

MAP P.88-1B 住 60 Eu Tong Sen St. ☎6533-3888 FAX (65)6534-1489
URL www.furama.com/citycentre E-mail citycentre@furama.com
料 ⓈⓌ $275～／スイート$430 税サ 込み カード ADJMV
全445室 行き方 MRTチャイナタウン駅から徒歩約4分。

30ベンクーレン 30 Bencoolen

ブギスのミニマルなホテル。最新技術を使ったサービスやセキュリティを提供。家族客にも対応した客室を備え、ビジネス客にも便利な立地。コインランドリー、レストラン&バーあり。

MAP P.90-2A 住 30 Bencoolen St. ☎6337-2882 FAX (65) 6338-2880
URL www.30bencoolen.com.sg E-mail reservations@30bencoolen.com.sg
料 Ⓦ$140～／Ⓣ$127.5～／3人部屋$195.5～／ファミリールーム$297.5～／スイート$212.5～ 税サ 18% カード AJMV 全131室
行き方 MRTベンクーレン駅から徒歩約2分。

ケオン・サイク・ホテル The Keong Saik Hotel

改装を経て再オープン。歴史のあるショップハウス内にあり、オリジナルを生かした趣ある造り。湯沸かしポット、コーヒー&お茶セット、冷蔵庫などを完備。窓なしの部屋は割安。

MAP P.88-2A 住 69 Keong Saik Rd. ☎6223-0660 FAX (65)6225-0660
URL www.keongsaikhotel.com.sg/about%20us.html
E-mail reservations@keongsaikhotel.com.sg 料 Ⓢ$125～170／Ⓦ$135～180／Ⓣ$145／3人部屋$205 税サ 込み カード AMV 全25室
行き方 MRTマックスウェル駅、アウトラム・パーク駅から徒歩約6分。

ホテル・ソロハ Hotel Soloha

「アーバン・シック・ジャングル」をテーマにした館内は、アニマルペイントが施されたフォトジェニックな空間。お酒が飲めるバーレセプションや、屋外バスタブ付きの客室など遊び心たっぷり。

MAP P.97下図 住 12 Teck Lim Rd. ☎6222-8881 FAX なし
URL solohahotels.com E-mail bryan.chua@solohahotels.com
料 ⓈⓌⓉ$185～／スイート$315～／ファミリールーム$365～ 税サ 18%
カード AMV 全45室 行き方 MRTマックスウェル駅から徒歩約5分、アウトラム・パーク駅から徒歩約7分。

ロバートソン・キー・ホテル Robertson Quay Hotel

円筒形のユニークな外観。部屋は狭いがテレビ、セーフティボックス、コーヒーメーカーなど設備は整う。インターネット設備も完備。クラーク・キーに近い。

MAP P.83-2C 住 15 Merbau Rd. ☎6735-3333 FAX (65) 6738-1515
URL www.robertsonquayhotel.com.sg
E-mail sales@robertsonquayhotel.com.sg
料 ⓈⓌ$200～400 税サ 18% カード ADJMV 全160室
行き方 MRTフォート・カニング駅から徒歩約6分。

メルキュール・シンガポール・ブギス・ホテル Mercure Singapore Bugis Hotel

ホテルから徒歩圏内にMRTの駅が3つある、便利な立地。オンライン新聞(無料)や、10ヵ国への無料国際電話が可能なスマートフォンを客室に設置するなど、各種サービスも充実。

MAP P.90-2A 住 122 Middle Rd. ☎6521-6088 FAX (65)6822-8901
URL www.mercure-singapore-bugis.com E-mail HA0D7-RE@accor.com
料 ⓈⓌⓉ$220～ 税サ 18% カード ADJMV 全395室
行き方 MRTベンクーレン駅から徒歩約3分、ブギス駅から徒歩約5分、ローチョー駅から徒歩約7分。

ホテル81・ディクソン Hotel 81 Dickson

国内に20軒以上ある人気のエコノミーホテル。全室シャワー、トイレ、テレビ、湯沸かしポット付き。ダブル、ツイン、トリプル、ファミリールームがあり、窓なしの部屋もある。

MAP P.93-3C 住3 Dickson Rd. ☎6392-8181 FAXなし
URLwww.hotel81.com.sg/hotel81-dickson.shtml
E-maildk-res@hotel81.com.sg 料ⓈⓌ$76～／Ⓣ$84～／3人部屋$144～／ファミリールーム$169～ 税サ18% カードADJMV 全196室
行き方MRTジャラン・ベサール駅から徒歩約1分。

グレート・マドラス The Great Madras

リトル・インディアにあるミニホテル。バス・トイレ共用のドミトリータイプから、バルコニー付きの部屋までタイプはさまざま。小さな屋外プールやカフェもある。

MAP P.92-3B 住28 Madras St. ☎6988-2364 FAXなし
URLhotelcalmo.co/the-great-madras E-mailcs@hotelcalmo.co
料ⓈⓌ$80～／スイート$130～／Ⓓ$60～ 税サ18%
カードMV 全35室 行き方MRTローチョー駅から徒歩約3分、ジャラン・ベサール駅から徒歩約5分。

ロイヤル・インディア・ホテル Royal India Hotel

3階建てのミニホテル。エアコン、テレビ、電話、シャワー、トイレ付き。1階はインド料理やローカルフード中心のレストランになっていて、ホテルの周りはいつもにぎわっている。

MAP P.93-2C 住88 Syed Alwi Rd., #01-02
☎6297-7488 FAX(65)6296-7833
URLwww.royalindiahotel.com E-mailsales@royalindiahotel.com
料ⓈⓌⓉ$80～／ファミリールーム(3人用)$150 税サ込み
カードADJMV 全43室 行き方MRTファーラー・パーク駅から徒歩約6分。

ペンタ・ホテル(平達酒店) Penta Hotel

ファーラー・パーク駅の近くにある3階建てのホテル。部屋は狭いが、明るい。大部分の部屋に窓はある(1階の部屋のみ窓なし)。セラングーン・ロードの西側にあり、比較的静か。

MAP P.93-2C 住33 Birch Rd. ☎6299-6311 FAX(65)6299-9539
URL www.pentahotel.com.sg E-mail booking@pentahotel.com.sg
料Ⓢ$85／Ⓦ$100(窓なし)、$110(窓あり)／Ⓣ$125～／ファミリールーム$145～160 税サ込み カードADJMV 全48室
行き方MRTファーラー・パーク駅から徒歩約1分。

ヴイ・ホテル・ラベンダー V Hotel Lavender

MRTラベンダー駅に直結する大型ホテル。ゴールデン・マイル・コンプレックス(→P.267、357)にも近いのでマレーシアへのバス旅にも便利。同系列のヴイ・ホテル・ベンクーレンがブギスにある。

MAP 折込裏-1D 住70 Jellicoe Rd.
☎6345-2233 FAX(65)6298-9228
URLvhotel.sg/v-hotel-lavender.shtml E-mailcontact@vhotel.sg
料ⓈⓌⓉ$160～190 税サ18% カードADJMV 全888室
行き方MRTラベンダー駅から徒歩約1分。

シロソ・ビーチ・リゾート Siloso Beach Resort

セントーサ島にあるリゾートホテル。シロソ・ビーチ沿いの緑に囲まれた場所に立ち、豊かな自然を感じることができる。18mの滝が流れ込む川のようなプール、レストラン、スパがある。

MAP P.94-2B 住51 Imbiah Walk, Sentosa ☎6722-3333
FAX(65)6722-3315 URLsilosobeachresort.com
E-mail enquiry@silosobeachresort.com 料ⓈⓌⓉ$310～520／スイート$560 税サ18% カードADJMV 全182室、12ヴィラ
行き方中心部からタクシーで約25分。

バックパッカー・コージーコーナー・ゲストハウス Backpacker Cozy Corner G.H.

世界各国からバックパッカーが集まるゲストハウス。ブギス・ジャンクションの目の前にあり、便利な立地。無料で使えるインターネットスペースあり。

MAP P.90-2B 住490 North Bridge Rd., 2F ☎6338-8826、6224-6859
FAX(65)6338-8826 E-mailcozycornerguest@gmail.com
料Ⓣ$65～70／3人部屋$75～80／4人部屋$85～95 税サ込み
カード不可 全50室
行き方MRTブギス駅から徒歩約3分。

G4ステーション G4 Station

ドミトリーの各ベッドにライトやコンセントを設置。タオルは有料($1.5)。個人ロッカーを備え、隣にはレストランがある。

MAP P.92-3B 住11 Mackenzie Rd. ☎6334-5644 FAX(65)6334-5644
URLwww.facebook.com/g4station E-mailinfo@g4station.com 料Ⓦ$80～85／ファミリールーム$130～240／Ⓓ$28～55(朝食付き) 税サ込み
カードJMV 全4室、86ベッド
行き方MRTリトル・インディア駅から徒歩約4分。

ベテル・ボックス・バックパッカーズ・ホステル Betel Box Backpackers Hostel

カトンのジョー・チアット・ロード沿いのショップハウス2階。欧米人客が多い。ロッカー、キッチン、ラウンジ完備。1階はレストラン、ツアーも催行。7日以上滞在の場合は割引あり。

MAP P.177上図 住200 Joo Chiat Rd. ☎6247-7340 URLwww.betelbox.com E-mailinfo@betelbox.com 料Ⓦ$80／Ⓓ$24～30(男女共用)、$26(女性専用)(朝食付き) 税サ込み カード不可 全1室、男女共用52ベッド、女性専用8ベッド 行き方空港ターミナル2からNo.24のバスで約30分。MRTパヤ・レバ駅から徒歩約15分、タクシーなら約5分。

Column

カプセルホテルも続々登場！ 進化形ホステルがトレンド

チャイナタウンやリトル・インディアを中心に、おしゃれなホステルが増加している。共有スペースが多い開放的なホステルならひとり旅でもさびしくないし、プライベート空間が確保できるホステルならビジネス滞在にも使える。

◆キューブ・ブティック・カプセルホテル・アット・カンポン・グラム Cube Boutique Capsule Hotel @ Kampong Glam

歴史的建築に指定されているショップハウスを改装したカプセルホテル。ひとり用のシングルカプセル、ふたりで利用できるダブルベッドサイズのクイーンカプセルが基本で、8名までなら部屋を借り切ることも可能。カプセル内には分厚いマットレスと柔らかいリネンの寝具、充電ポートとUSB充電ポート、折りたためるデスク、ライトなどが配され、テレビのあるカプセルも。無料ランドリーや女性専用フロアもあるので安心。エアポートシャトルサービス($9)あり。

MAP P.142　住 54, 55, 56 Bussorah St.　☎6291-1696
FAX なし　URL cubehotels.com.sg/kampong-glam
E-mail reservationskg@cubestay.sg　料 カプセル$99～／ⓈⓌⓉ$436～(朝食付き)　税サ 込み　カード AJMV
全7室、56カプセル　設備 カフェ、ランドリー
行き方 MRTブギス駅から徒歩約8分。

左／レセプション。すぐ脇にシンガポール・ビジター・センターのカウンターがある　右／自炊ができるキッチンスペースもある

左／乾燥もできるランドリー
右／圧迫感が少ない設計。カプセルの下には荷物を入れるスペースも確保。写真はシングルカプセル

◆ウインク・チャイナタウン Wink Chinatown

ショップハウスを改装したブティックホステル。ベッドはカプセルホテルのような形状だが、ドアやカーテンの仕切りはなく開放的。2名で利用できるダブルベッドのドミトリーがあるのも斬新だ。PCスペース、ビデオルーム、キッチン、カフェエリアなど共有スペースも充実しており、シェアハウスのようなアットホームな滞在が楽しめる。

2階がレセプション

6～10ベッドを有する各部屋にはヘリテージツリーの名前がついている。写真は女性専用ルーム

MAP P.97上図
住 8A Mosque St.　☎9835-6850　FAX なし
URL www.wink.sg　E-mail mos@wink.sg
料 シングルポッド$50／ダブルポッド$90(朝食付き)
税サ 込み
カード ADJMV　全10室、72ベッド
設備 キッチン、ランドリー、ロッカー
行き方 MRTチャイナタウン駅から徒歩約3分。

◆キン・カプセルホテル KINN Capsule Hotel

ブティックホテルの快適さと人と人のつながりを大事にするホステルのよさを併せもつ。2022年7月のオープン。白木で統一されたカプセルが、男性・女性別、男女ミックスで分けられた7つの部屋に全72。カプセル内部は広く、各ふたつの電源と充電ポート、折りたたみ式ミニテーブル、読書灯を備え、タオルやスリッパなどのアメニティも完備。設備は簡単なパントリー、ランドリー室、ロッカー、屋上テラスなど。8時間のパッケージ、長期滞在割引や近隣カフェの朝食割引などもあり、ホームページで要確認。

MAP P.80-3A
住 39 South Bridge Rd.　☎8771-4801　FAX なし
URL staywithkinn.com
E-mail reservations@staywithkinn.com
料 カプセル$70～85　税サ 込み
カード ADJMV　全72カプセル
設備 パントリー、ランドリー、ロッカー
行き方 MRTクラーク・キー駅から徒歩約5分。

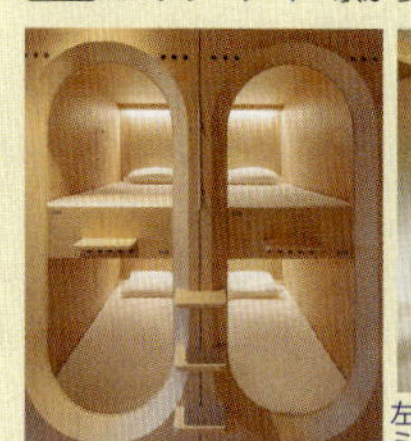

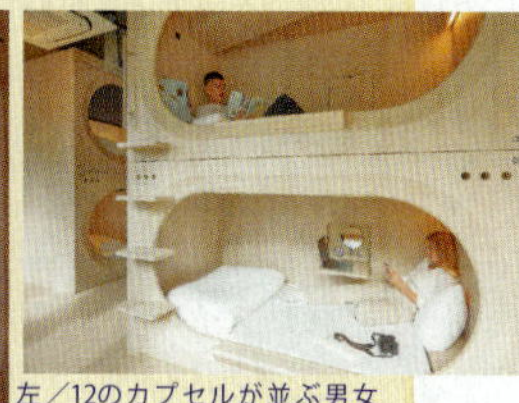

左／12のカプセルが並ぶ男女ミックスルーム　右／10カプセルルーム。室内は明るくて清潔

左／1階のラウンジ　右／電子レンジや温水器、無料のコーヒーや紅茶が用意されたパントリー

あなたの**旅の体験談**をお送りください

「地球の歩き方」は、たくさんの旅行者からご協力をいただいて、
改訂版や新刊を制作しています。
あなたの旅の体験や貴重な情報を、これから旅に出る人たちへ分けてあげてください。
なお、お送りいただいたご投稿がガイドブックに掲載された場合は、
初回掲載本を1冊プレゼントします！

ご投稿はインターネットから！

URL www.arukikata.co.jp/guidebook/toukou.html

画像も送れるカンタン「投稿フォーム」

※左記のQRコードをスマートフォンなどで読み取ってアクセス！

または「地球の歩き方　投稿」で検索してもすぐに見つかります

地球の歩き方　投稿

▶投稿にあたってのお願い

★ご投稿は、次のような《テーマ》に分けてお書きください。

《新発見》――ガイドブック未掲載のレストラン、ホテル、ショップなどの情報
《旅の提案》――未掲載の町や見どころ、新しいルートや楽しみ方などの情報
《アドバイス》――旅先で工夫したこと、注意したこと、トラブル体験など
《訂正・反論》――掲載されている記事・データの追加修正や更新、異論、反論など

※記入例「○○編20XX年度版△△ページ掲載の□□ホテルが移転していました……」

★データはできるだけ正確に。

ホテルやレストランなどの情報は、名称、住所、電話番号、アクセスなどを正確にお書きください。ウェブサイトのURLや地図などは画像でご投稿いただくのもおすすめです。

★ご自身の体験をお寄せください。

雑誌やインターネット上の情報などの丸写しはせず、実際の体験に基づいた具体的な情報をお待ちしています。

▶ご確認ください

※採用されたご投稿は、必ずしも該当タイトルに掲載されるわけではありません。関連他タイトルへの掲載もありえます。
※例えば「新しい市内交通パスが発売されている」など、すでに編集部で取材・調査を終えているものと同内容のご投稿をいただいた場合は、ご投稿を採用したとはみなされず掲載本をプレゼントできないケースがあります。
※当社は個人情報を第三者へ提供いたしません。また、ご記入いただきましたご自身の情報については、ご投稿内容の確認や掲載本の送付などの用途以外には使用いたしません。
※ご投稿の採用の可否についてのお問い合わせはご遠慮ください。
※原稿は原文を尊重しますが、スペースなどの関係で編集部でリライトする場合があります。

旅の準備と技術編

Travel Information

オーチャード・ロードを走るライトグリーンの公共バス

旅の予算

エコノミーホテルが多いエリア
ブギスやリトル・インディア、MRTラベンダー駅周辺など、中心部から少し離れた場所にリーズナブルなホテルやホステルが増えている。

洋服や雑貨の値段は？
日本と同等の水準。お買い得なのはサンダル、エスニックやリゾート用のウエア。探せばお買い得商品も多く、ばらまきみやげはチャイナタウンのトレンガヌ・ストリート周辺(→P.133)、ブギス・ストリート(→P.146)、ムスタファ・センター(→P.79)などでまとめ買いするとよい。オーチャード周辺ではラッキー・プラザ(→P.267)が庶民派。

フリーペーパーで現地情報をチェック
日本語フリーペーパーは居住者向けの『マンゴスティン倶楽部』『パルティ』『Singalife』、ビジネス情報がメインの『AsiaX』などがある。観光やビジネス旅行にも役立つ内容が載っており、日系百貨店やレストラン、旅行会社、紀伊國屋書店(→P.270)などで入手可能。

おもな日本語フリーペーパー

シンガポールの物価は日本と同等か、物によっては日本より高い場合もある。特にレストランでの食事は8%(2024年から9%)の消費税と10%のサービス料がかかり、食事料金+18%となるので、割高に感じることが多い。とはいえ、ホーカーズやフードコートでは$10以内で食事ができ、店や食べる物のチョイス次第といえる。そのほか高いのはアルコール類とたばこ。スーパーやコンビニで缶ビール(330mℓ)が$5～、瓶ビールは$7前後～、たばこは1箱$14～。交通費は全般的に日本より安い。項目ごとに物価の詳細を記しておくので、予算の目安に。

宿泊費

東南アジアのなかで割高。料金はホテルのタイプ、エリアや時期によって異なり、オフシーズンで高級ホテル$400前後～、中級ホテル$250前後～、エコノミーホテルは$150前後～。F1シンガポールグランプリ(9月)や旧正月、国際会議が行われる時期は値上がりするので注意。最近はドミトリーのあるホステルも増えている。

食費

価格に幅があり、カジュアルなレストランは1食$20前後～、高級店なら$100前後。一方ホーカーズやフードコートなら$5～10で済む。ホーカーズにおいしいローカルフードが多種類あるのがシンガポールの魅力だ。ローカルドリンクのコピやテー（ミルクティー）、カヤトーストなどは$2前後～と安い。ミネラルウオーターはスーパーで$0.7～、ホーカーズで$1.5～。

交通費

地下鉄($0.99～)やバスは安い。タクシーの乗車料金自体はさほど高くない(中心部だと$6～10程度)。ただし、時間帯や乗車場所、中央商業地区(→P.367)に乗り入れたときなどに加算される追加料金が高くつく場合もあるので、一概にタクシーは安いとはいえない。地下鉄やバス、タクシーを状況に応じて使いこなすのが得策。

Information

旅の情報収集

[日本で情報収集できる機関]

◆シンガポール政府観光局
住〒100-6314　東京都千代田区丸の内2-4-1丸の内ビルディング3414　☎(03)6268-0861
FAX(03)6268-0862　E-mail STB_InfoJapan@stb.gov.sg　開9:30～12:30、13:30～17:30
休土・日曜、祝日、8/9

ツーリスト・ホットライン
FREE 1800-736-2000　営月～金曜9:00～18:00
シンガポール国内で聞けるテレホンインフォメーション。

◆日本アセアンセンター
住〒105-0004　東京都港区新橋6-17-19　新御成門ビル1階　☎(03)5402-8008　URL www.asean.or.jp　開9:30～17:30　休土・日曜、祝日

[シンガポールにある関係機関]

◆シンガポール・ビジター・センター Singapore Visitor Centre
MAP P.86-2A　住216 Orchard Rd.
URL www.visitsingapore.com
開10:00～19:00　休無休　(詳細は→P.120)
※アイオン・オーチャード(→P.257)1階にもカウンターのみ設置されている。

シーズンと服装

夏服＋上着が基本形

常夏のシンガポールとはいえ、雨季と乾季があり、雨季には涼しい日もあるし、南国特有のスコールは乾季でもときどきあるため、長袖のジャケット、カッパや傘など雨具を持ち歩くことをおすすめする。アウトドアの見どころに行く際は特に注意したい。また、日差しが強いので、帽子や日傘などで対策を。雨傘を日傘としても使っているシンガポーリアンにならってもいいだろう。

屋内の施設は以前ほどではないが、エアコンが強めに効いていることが多いので、冷房対策としてジャケットやカーディガン、ストールやショールを用意しておきたい。冷え性の人は足元にも気を配ろう。

また、宗教施設の多いシンガポール。モスクはいうまでもなく、寺院見学のときは肌の露出が著しい服装は避けること。男性は短パン、サンダルの格好ではホテルの食事やアフタヌーンティーを断られることがあるので、気をつけよう。ゴルフコースに出る場合は襟付きのシャツ、そしてジーンズ以外の長ズボン着用で。

意外に大事なのは靴。基本は歩きやすいことだが、TPOも考えたい。街歩きのときや悪天候のときはスニーカーがいいが、ドレスコードのある店やオシャレなスポットに出かけるときは、服装に即したものを選ぼう。

シンガポールはリゾートというよりシティ

常夏の島だからといって、街なかを極度に肌を露出した格好で歩かないように。シンガポールはビジネス目的の外国人が多いコスモポリタンシティ。また、保守的なマレー人やインド人も多いお国柄。ホテルのプールサイドやビーチならOKだが、街のショッピングセンターを歩くとき、レストランで食事をするときなどは、シティ感覚の装いを心がけよう。

雨の多い時期は

雨季の11～2月は雨が多い。9～10月頃から曇りの日が比較的多くなる。モンスーンの影響を受ける12～3月頃はビンタン島の海は荒れることもあるので注意。

蚊や虫対策

シンガポールは清潔な場所が多いし、蚊の退治も頻繁に行っているが、それでも郊外には蚊や虫が生息しており、ジカ熱やデング熱にかかることもある。マレーシア方面やビンタン島に出かける場合などは、特に虫刺されに注意して、服装を考えたり、虫よけスプレーや虫刺されに効く薬を携帯しよう。

●サンドフライにも注意

ビーチではサンドフライという小さな蚊のような虫が大量に出るときがあり、これは目に見えにくいので、気がついたら全身を刺されていたということも。刺されると2～3週間もかゆい。ビーチで日光浴する際は、虫よけスプレーもお忘れなく。

READER'S VOICE

スコールには注意！

滝のような雨とともに雷が鳴り、横風も強く、傘でしのげるレベルではなかった。1時間くらい降っていたので喫茶店で雨宿りをする始末だった。

（神奈川県　kyo）['22]

Column

チップについて

シンガポールは基本的にチップの習慣はなく、料金に10%のサービス料がチャージされていればチップを払う必要はない。しかし、ホテルやレストランで通常のサービス以上のことをしてもらったり、特にお世話になったと思われる場合には、チップをさりげなく渡すのがマナーといえるだろう。

ホテルにて

ホテルの宿泊料金には当然サービス料が含まれているので、それ以上の金額をチェックアウトのときに支払う必要はない。ただし荷物を運んでくれたベルボーイや部屋の掃除をしてくれたハウスキーパーに$ 2前後のチップを渡すのは一般的である。特に重い荷物を運んでくれたベルボーイ、雨のなかタクシーを呼びに行ってくれたドアボーイには、チップを渡して感謝の気持ちを表したい。枕銭として置く2ドル札の持ち合わせがない場合は、最後の日にまとめて渡してもよいだろう。

レストランにて

大きなレストランでは、普通サービス料が加算されている。請求書を確認してサービス料が含まれていれば、それ以上支払う必要はない。もし特別なサービスを受けたり、特に親切にしてもらったと思うなら、その気持ちを表すために$ 2、$ 4という具合になるべく偶数の数字でスタッフに渡せばよい。また、小さな店でサービス料を請求されなかった場合は、金額の10%くらいを目安にチップを置いてもよいし、またはおつりが数ドル戻ってきたら、それをそのまま置いて行ってもよいだろう。しかし、アメリカなどと違ってチップの習慣があるわけではないので、それほど気にする必要はない。

また、マネジャーや店のオーナーなどは普通、チップを受け取らないので、お世話になったとしてもお礼を言うだけでよいだろう。

シンガポールの行事

クリスマス・ライトアップ Christmas Light Up

▶2022年11月16日～2023年1月1日

この時期は街がイルミネーションで飾りたてられる。特にオーチャード・ロード周辺はベスト・イルミネーションの賞をかけて、各ビルが華やかな飾り付けを競い合う。セールを行う店も多く、街はひときわにぎわう。なお、クリスマス・イブやクリスマス当日はレストランが混み合うので、予約をしたほうがよい。

中国正月（旧正月） Chinese New Year

▶2023年1月22～23日（2024年2月10～11日）

中国系が約75%を占めるシンガポールでは、最も盛大に行われる行事だ。農暦の１月１日を祝うもので、この時期、街中に「恭喜発財」、「新年快楽」などと書かれた赤い垂れ幕や爆竹の張りぼて（本物は危険ということでシンガポールでは禁止されている）が飾られる。特に大晦日のチャイナタウンは、さまざまな出店が出て、出し物が行われ大にぎわい。

チャイナタウンの出店のほとんどは、松の内（元旦から15日間）はそのまま残っていて、毎夜、いろいろな行事が行われる。

チンゲイ2023 Chingay 2023

▶2023年2月3～4日

中国正月を祝って行われるパレード。ライオン・ダンスやドラゴン・ダンス、いろいろな山車(だし)や学校のブラスバンド、各民族の踊りなどがF1ピットで開催される。

タイプーサム Thaipusam

▶2023年2月8日

ヒンドゥー暦10月に行われる祭り。ヒンドゥー教の神のひとり、スブラマニアムに祈りを捧げ、体の悪い部分の治癒を願い、かなえられた者が感謝の印として、自分の体に針や串を突き刺して歩くというものだ。

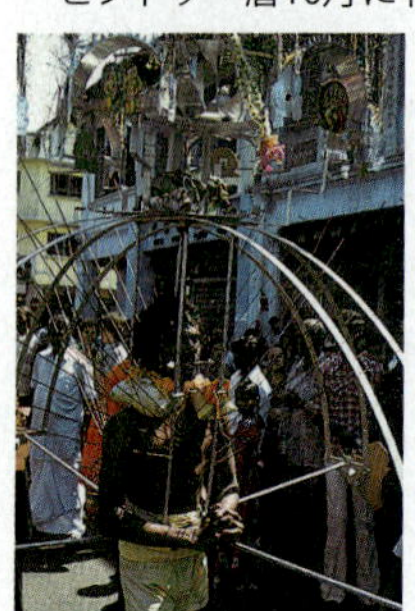
全身に針を刺し、カヴァディを背負う壮絶な祭り

タイプーサム当日は、リトル・インディアのスリ・スリニバサ・ペルマル寺院からタンク・ロードのスリ・タンダユタパニ寺院までの約３kmを、何人ものヒンドゥー教徒が練り歩く。体中、牛のフンを燃やした「聖なる灰」を塗り、針や串を刺し、背中にはカヴァディと呼ばれる孔雀の形をした貢ぎ物を背負う。

清明節 Qing Ming Festival

▶2023年4月5日

華人たちの墓参りの日。冬至の日から数えて106日目に行うことになっている。これには次のような言い伝えがある。

中国春秋時代、晋朝に介之推という有能な役人がいた。彼は退役後、母の面倒を見るため静かな山の上へ移り住んだ。しかし、晋の皇太子はどうしても彼の力を借りたくなり、再び仕えるよう彼に使者を送った。彼は母の面倒を見ることが一番であるとし、この願いを断ったのだ。怒った皇太子は、山に火を放ち、むりやりに介之推を下山させようと試みる。が、介之推は燃えさかる火の中で、動けなくなった母をかばい、一緒に焼け死んでしまった。この日が、冬至から数えて106日目だった。皇太子は自分の犯した罪を悔やみ、介之推とその母を手厚く葬ったという。そして、毎年その日になると、家臣たちに、親を大切にした介之推の墓参りをさせるようになったという。

この逸話が、親を、ひいては先祖を大事にしようということで、中国系の人々の墓参りの日となったという。

グッド・フライデー Good Friday

▶2023年4月7日

イースター（復活祭）前の金曜日で、キリストが十字架に架けられ処刑された日とされている。この日、教会では、自分たちの身代わりになって死んだキリストに感謝するための、盛大なミサが行われる。

ハリ・ラヤ・プアサ Hari Raya Puasa

▶2023年4月22日

イスラム教徒にとっては最大の祭りで、断食の月（イスラム暦９月でラマダンと呼ばれる）が明けたことを祝うものだ。当日、イスラム教徒は朝食にケトゥパと呼ばれるヤシの葉で包んだご飯を食べ、モスクで祈りを捧げ、知人や親類を訪ねて祝いの言葉を交わす。

*印は祝日。2022年の一部と2023年のものを記載。

年月日	イベント
2022/11/16 ～ 2023/1/1	クリスマス・ライトアップ
2022/12/25 *	クリスマス
2023/1/1 *	新年
1月初旬～2月下旬	中国正月ライトアップ(チャイナタウン)
中国正月の前後、約1週間	リバー・ホン・バオ
1/22 ～ 23	中国正月(旧正月)
2/3 ～ 4	チンゲイ2023
2/8 *	タイプーサム
4月前後の約40日間	ワールド・グルメ・サミット
4/5	清明節
4/7 *	グッド・フライデー
4月下旬～5月下旬	ハリ・ラヤ・ライトアップ
4/22	ハリ・ラヤ・プアサ
5/1 *	レイバー・デー
6/2 *	ベサック・デー
6月初旬～8月初旬	グレート・シンガポール・セール
6/22 *	ドラゴン・ボート・フェスティバル(端午節)
6/29 *	ハリ・ラヤ・ハジ
7月前後の約2週間	シンガポール・フード・フェスティバル
8/9 *	ナショナル・デー
8/30	中元節
9/15 ～ 17	F1シンガポール・グランプリ
9/29	中秋節
10月中旬～12月中旬	ディーパヴァリのライトアップ
10/14 ～ 23	九皇帝祭
10 ～ 11月頃	クス島巡礼
11月予定	ティミティ（火渡り祭り）
11/12 *	ディーパヴァリ

コーランを読むコンテストが行われ、優秀者はメッカへ行ける。

ベサック・デー　Vesak Day

▶2023年6月2日

釈迦生誕祭。仏教徒が果実や花、お供え物を持って寺院へ集まり、お経を唱えながら寺院の周りを行進する。そのあと、お祈りをし、親しい人同士で贈り物を交換して１日を過ごすというもの。

リトル・インディアの千燈寺院には、毎年この日に、たくさんの仏教徒が訪れる。

ドラゴン・ボート・フェスティバル(端午節) Dragon Boat Festival

▶2023年6月22日

農暦の５月５日を祝うもの。本来は、無病息災を祈る日だが、今では中国の詩人、屈原が汨羅(べきら)に投身した日として、その死を悼みドラゴン・ボート・レースが行われている。毎年このレースには、シンガポール国内はもとより、日本や香港、オーストラリアなどからも参加者があり、国際色豊かなレースとなっている。

白熱のボートレースが行われる

ハリ・ラヤ・ハジ Hari Raya Haji

▶2023年6月29日

イスラム暦の12月10日に行われる「巡礼の祝祭日」。

イスラム暦の12月８日に、世界各地からイスラム教徒がアラファという土地（アダムとイヴが地上で再会した場所として有名）から２日がかりでメッカへ向かって歩くというもの。シンガポールからもたくさんの人が、この巡礼に参加する。メッカ巡礼を終えた人は白い帽子（ソンケット）をかぶることを許され、男性にはハジ、女性にはハジャという称号がつけられる。

巡礼に参加できない人は、だいたいハリ・ラヤ・プアサと同じような過ごし方をするようだ。

ナショナル・デー　National Day

▶毎年8月9日

シンガポールの建国記念日。この日は、国会議事堂前のパダン、もしくはナショナル・スタジアムで、各民族、学生、軍隊などのパレードが行われる。

中元節 Festival of the Hungry Ghosts

▶2023年8月30日

日本でいうお盆の行事に当たり、家の前にお供え物を置き、金紙を燃やし、先祖の霊を招き入れる。ただ日本と違うのは、子孫がなく帰る家のない霊（これを餓鬼という）も、供養するということ。寺院やマーケットに仮舞台を作り、ごちそうを並べて餓鬼たちにおなかいっぱい食べさせたりする。こうすることで、街をさまよう餓鬼たちの気を鎮め、餓鬼たちがいたずらしたり、人を不幸にしたりすることがないようにするのだ。

また、この時期、チャイナタウンのあちらこちらでチャイニーズ・オペラ(ワヤン)の小屋がかかったり、屋台が出たりしてなかなかのにぎわいを見せる。

中秋節
Mooncake Festival

▶2023年9月29日

日本の十五夜に当たるもの。華人たちは、この日に月餅を食べ、提灯に火をともし、祭台にお供え物を捧げ、月に願い事をする。

この日、中国庭園などでは、ランタン・フェスティバルが行われ、提灯コンテストや仮装コンテスト、ライオン・ダンス、ドラゴン・ダンスなどが見られ、家族連れでにぎわう。

ランタンがともされ、幻想的な雰囲気に包まれる

九皇帝祭
Festival of Nine Emperor Gods

▶2023年10月14～23日

農暦の9月1日から9日間かけて行われる祭り。この期間中、天と地が合体し、九皇帝を通して神と人間が交流し、神の力により人々の悩みや苦しみが取り去られるという、華人たちにとっては大事な祭りとなっている。

期間中最後の日は、信者たちによる荒行が行われる。

クス島巡礼
Pilgrimage to Kusu Island

▶2023年10～11月頃（旧暦9月）

その名のとおり、クス島へお参りに行くもの。これにはいくつかの伝説がある。そのうちのひとつは次のようなものだ。

今から160年ほど前、アラブのシエドと中国のヤムというふたりの聖人がクス島へ修行に出かけた。しかし、航海中にヤムが病気になり、シエドは熱心に介抱し、神に祈りを捧げた。すると不思議なことに、船には食料や水が現れ、ヤムを無事に助けることができたという。ふたりはクス島に住む神のおかげと信じ、毎年クス島へ巡礼するようになったという。これが一般の人々にも伝わり、健康、厄よけのためにクス島巡礼が始まった。

ディーパヴァリ
Deepavali

▶2023年11月12日

ヒンドゥー教徒にとっては、1年で最も重要な行事。「光の祭り」とも呼ばれ、悪に対する善、暗黒に対する明かりの勝利を祝うものだ。

ディーパヴァリの1ヵ月くらい前からリトル・インディアは光のデコレーションできらめく

この日、シンガポール各所にあるヒンドゥー寺院は、大勢の信者でにぎわう。特にリトル・インディアのスリ・スリニバサ・ペルマル寺院が最も華やかとされている。

（参考文献：『祭りと民話』——シンガポール日本人学校 編）

未定のスケジュールに関しては、直接シンガポール政府観光局☎(03)6268-0861へお問い合わせください。また、伝統的祭礼は日にちが変更になることもあるので事前に確認が必要。

Column

F1シンガポール・グランプリ

2022年、3年ぶりに開催されたF1シンガポール・グランプリは、世界では珍しいナイトレースとして開催されている。コースは全長5.063km。マーライオンやシンガポール・フライヤーなど観光名所が多いマリーナ・ベイエリアを中心に、普段は観光客や市民が歩く街中がそのままレースコースとなる。コーナー数は計23あり、なかでもターン10はドライバーをうならせる難関のカーブであるため、「シンガポール・スリング」といったあだ名がついている。決勝レースは61周、総距離は308.706km。

2022年のシンガポール・グランプリはセルジオ・ペレス（レッドブル・レーシング）が優勝した。レースが開催される週末は、世界中からF1ファンが集うほか、世界の著名アーティストのコンサートや、ナイトクラブなどで多数のパーティが企画され、街はお祭りムード一色に盛り上がる。2022年は、ブラック・アイド・ピーズ、グリーン・デイ、TLC、ウエストライフなどのライブが目玉となった。2023年は9月15～17日に開催予定。

URL www.singaporegp.sg

旅の準備と手続き

今、少なくともこの本を手にしている人は、シンガポール行きを心に決めていることだろう。このあとやることは、航空券やツアーの手配ということになるのだが、これにはじっくりと時間をかけてみたい。この選択がうまくいけば、シンガポール滞在が思い出深いおもしろいものになるはずだ。

航空券の種類と手配

シンガポールへのフライトルート

日本とシンガポールをダイレクトに結ぶ航空会社は、シンガポール航空(SQ)、日本航空(JL)、全日空(NH)、スクート(TR)、ジップエア(ZG)の5社がある。ほかに東南アジア各地で乗り継ぐキャセイパシフィック航空(CX)、マレーシア航空(MH)、チャイナ・エアライン(CI)、タイ国際航空(TG)、ジェットスター航空(JQ)、ベトナム航空(VN)なども利用できる。

格安航空券を上手に使う

格安航空券とは、旅行代理店が独自設定価格で、おもに個人手配の旅行者向けに販売しているチケットと考えるとわかりやすい。値段は出発時期、旅行期間、航空会社、そして購入する旅行会社によって異なる。出発時期(シーズナリティ)による違いについていえば、旅行者の多い盆、年末年始、ゴールデンウイークが高く、そのほかの時期は安い。旅行期間は、シンガポールの場合、ツアーが組める最長期間として便宜上定められた4日以上11日未満(航空会社によっては10日未満)が安く、それ以上の期間は高くなる。また航空会社の営業戦略の違いや、販売する各旅行会社の儲け幅の違いによっても値段が変わる。格安航空券には定価は存在しないというわけだ。

日本からダイレクトのフライトをもつ5社の場合、値段的にはシンガポール航空が高めだが、ほとんど差はなくなってきている。出発地や出発時刻と相談して決めよう。せっかくシンガポールへ行くなら乗ってみたいのがシンガポール航空だ。世界有数のサービスのよさ、最新の飛行機(平均機体年数5年余り)、日本各地からのフライトの多さなどから人気が高い。それにせっかくシンガポールへ行くのだから、機上の人となったときからシンガポール気分を味わうのもいい。

また、スクートやジップエアは話題のLCC(ローコストキャリア)。機内サービスよりも安さを求める人はチェックしてみよう。

格安航空券利用時の注意

格安航空券はその安さばかりが強調されるが、安いなりに制約もあるので、航空券購入時に確認しよう。航空会社の変更不可、払い戻し不可、予約の変更不可などがおもだった制約だが、値段や航空会社によっても違ってくる。

日本からシンガポールへのフライト
(2022年12月現在)

●成田発
シンガポール航空:毎日2便
日本航空:毎日1便
全日空:毎日1便
スクート:毎日2便
ジップエア:毎日1便

●羽田発
シンガポール航空:毎日2便
日本航空:毎日1～2便
全日空:毎日2便

●関空発
シンガポール航空:毎日2便
スクート:毎日1便

●中部発
シンガポール航空:週3便

●福岡発
シンガポール航空:週3便

●札幌発
スクート:毎日1便
スクート(高雄経由):週3便

※主要航空会社のシンガポールオフィスは→P.381。
※フライトスケジュールは2022年12月現在のものです。予告なく変更が生じることがありますので、出発前に各自で確認してください。

『地球の歩き方』格安航空券専用ホームページ
「アルキカタ・ドット・コム」
URL air.arukikata.com

東京シティエアターミナル（T-CAT）
成田への所要時間はリムジンバスの利用で平均60分、羽田へは平均30分。T-CATまでは都内各所から20〜30分。
リムジンバスの問い合わせは☎(03)3665-7220まで。
●その他のシティエアターミナルの問い合わせ先
Y-CAT(横浜)
☎(045)459-4800
O-CAT(大阪)
☎(06)6635-3000

ゾーンペックス運賃
問い合わせ先
●シンガポール航空
☎(03)4578-4088
●日本航空「スペシャル運賃」
☎0570-025071
●全日空
☎0570-029222
※上記の連絡先は一般フライト予約も受け付けている。
※各航空会社とも、前売り型ゾーンペックス運賃（いわゆる早割のこと）も設定している。前売り期日は航空会社により異なるが、料金はほぼ格安航空券並みで利用価値は高い。

航空会社各社による正規割引運賃（ゾーンペックス運賃）

ゾーンペックス運賃は航空会社が個人旅行者向けに一定幅（ゾーン）内で独自に設定した、正規割引運賃のこと。格安航空券より値段は若干高いが、場合によっては安いこともある。予約後72時間以内に発券、発券後の予約変更不可、などの規制があるが、メリットもある。まず旅行期間が2日以上21日以内（航空会社によっては1ヵ月以内、3ヵ月以内ということもある）で設定できる。また子供運賃（大人ゾーンペックス運賃の33%割引）もある。

日本〜シンガポール間でこの運賃を設定しているのは、シンガポール航空、日本航空、全日空。日本航空の「スペシャル運賃」というように、航空会社によって独自の愛称をつけているところもある。購入は、各航空会社および海外旅行を扱うほとんどの旅行会社でできる。

パッケージツアーを利用する

旅行期間が4〜7日間と短く、2名以上で高級ホテルに滞在しようと考えているのなら、パッケージツアーの利用が安くておすすめだ。ホテル側は多くの観光客を送り込んでくる旅行会社には、格安の団体料金で部屋を提供している。そのため個人手配に比べ安くホテルが利用できるのだ。ただし、日本からのツアーは4〜7日と比較的短期間のものが多い。これ以上の期間になる人は、旅行会社に対して延泊希望を出すことになる。

パッケージツアーの選び方

シンガポールのパッケージツアーの大部分は、同一日程だが、滞

Column

シンガポールのインターネット事情

街なかで

シンガポールは、Wi-Fi（インターネットの無線LAN接続）事情が良好で、快適にインターネットにアクセスできる。国策としてネット環境整備が推進されており、ショッピングセンター、レストランやカフェ、主要なMRT駅周辺などであれば、Wi-Fiでネットにつながる。

シンガポール政府が無料で提供する「Wireless@SG」という誰でも登録利用可能なWi-Fiサービスもあり、シングテルやスターハブをはじめとする民間企業4社で運営されている。ホットスポットはシンガポール全土に約5000ヵ所あり、公共機関や博物館、ショッピングモールなどさまざまな施設がカバーされている。ホットスポットで「Wireless@SG」に接続すると、ウェブ・ブラウザが起動し、電話番号の入力を求められる。国は日本(+81)を選択し、日本国内の電話番号の最初の0を除いた番号(国際電話番号)を入力する。ワンタイム・パスワード(OTP)がSMSで送られてくるので、そのOTPを入力するとWi-Fiに接続される。

また、チャンギ国際空港では「WiFi@Changi」に接続し、ウェブ・ブラウザを起動してGoogleなどの任意のサイトにアクセスしようとすると、ログインページが表示される。Wifiロゴをクリック／タップするとWi-Fiに接続され、3時間無料でアクセスできる。

FREE WIFI@MRT
AT STATION PLATFORM
STAY CONNECTED
WITH WIRELESS@SG

専用サイト
シングテル URL www.singtel.com/personal/i/internet/broadband-on-the-go/wireless-sg
スターハブ URL www.starhub.com/personal/mobile/mobile-phones-plans/value-added-services/wireless-services/wireless-sg.html

ホテルで

ホテルはもちろん、安宿やホステルでもWi-Fi環境を整えているところがほとんど(通常無料だが、有料のところもある)。ホテルの受付でパスワードを入手すれば、自分のパソコンでインターネットを利用することができる。パソコンを設置したビジネスセンターがあるホテルや、共用のパソコンを置くホテルもある。

在するホテルによって料金が異なる、という形を取っているものが多い。そのためホテル選びが重要になってくる。

ホテルは、ランクやロケーションなどを考えて慎重に選ぼう。4日間のツアーの場合、エコノミークラスのホテル利用と高級ホテル利用では料金差は2～3万円ほど。よほど予算が厳しい場合以外は、できれば高級ホテルの利用をすすめる。値段差以上にホテルの設備、雰囲気、豪華さ、そしてサービスが違うのだ。ロケーションは、オーチャード・ロード界隈が何をするにも便利。またMRT（地下鉄）は観光客にも利用しやすいので、シティ・ホール周辺やブギス地区のホテルに滞在すれば、ショッピング、グルメ、観光に機動力を発揮できるだろう。ショッピングエリアとしても注目を集める高級ホテル街、マリーナ・エリアに滞在するのも一案だ。小さな子供をともなう家族連れならセントーサ島に1～2泊するようなツアーを選んでみるのもいい。これらのエリア以外のホテルは、短期間のツアーだと多少不便さを感じるかもしれない。

ツアー内容のチェックも忘れてはいけない。ほとんどのツアーには、到着翌日に半日か1日の市内観光が含まれている。安いツアーほどみやげ物店巡りが中心の観光という場合もあるのでツアー内容は申し込む前に要チェックだ。もちろん観光に重点をおいたツアーもあるので、ツアー選びの際に吟味したい。また、現地での市内観光は任意で参加なのか、参加がマストなのかも確認。現地に行ってから嫌な思いやトラブルにならないよう、細部まで確認し、希望に合った内容のツアーを選ぼう。

旅券（パスポート）

パスポートは、所持者の身元国籍を証明し、渡航先国に対して安全な通過や保護を要請した公文書である。つまり政府から発給される国際的な身分証明で、旅行中は常に携行するのが基本だ。

旅の準備は、パスポートの申請から始まる。旅行会社に手続きを依頼するとスムーズに旅券申請ができるが、規定の手数料を取られる。手間ひまをいとわなければ、渡航者自身で手続きを進めることもできる。面倒がらずに自分でパスポートを申請しよう。なお、シンガポールは、30日以内の観光目的の滞在ならビザは不要（→P.9）だが、事前にSGアライバルカードの申請登録が必要だ(→P.346)。

パスポートの申請について

日本国籍の場合、パスポートは発給日から5年／10年間有効で、自分でどちらの期間にするか選択することができる（20歳未満は5年間のみ取得可能）。有効期間内なら何度でも使える。申請は、自分の住民票のある各都道府県のパスポートセンターで行う。たとえ旅行会社に申請書類を作成してもらっても、原則として受領には自分で行くことになる。なお、学生などで現住所と住民票のある場所が違う場合、現住所の各都道府県のパスポートセンターに相談してみるとよい。2006年3月から機械読み取り式のIC旅券となったが、サイズや体裁は従来どおりで、提出写真の規格が変更になった。申請に必要な書類は欄外参照。

パスポート申請に必要な書類

1.一般旅券発給申請書1通

各都道府県のパスポートセンターでもらえる。申請書にはサイン（署名）欄があるが、サインは漢字でもローマ字でもOKだ。パソコンやスマートフォンからインターネット上で申請書に記入し、ダウンロードすることも可能。詳細は以下ウェブを参照。

URL www.mofa.go.jp/mofaj/toko/passport/download/top.html

2.戸籍謄（抄）本1通

6ヵ月以内に発行されたもの。本籍地のある市区町村の役所で発行してもらう。

3.住民票1通

6ヵ月以内に発行されたもの。住民登録してある市区町村の役所で発行してくれる。

※住民基本台帳ネットワーク運用済みの自治体では住民票は原則不要。

4.顔写真1枚

6ヵ月以内に撮影したもの。サイズは縦4.5cm×横3.5cm、顔の大きさ3.4cm±2mm（細かく規格設定されているので注意）。背景無地、無帽正面向き上半身。白黒でもカラーでもよい。

5.申請者の身元を確認するための書類

顔写真付きの身分証明書1点（マイナンバーカード、運転免許証など）。健康保険証や国民年金証書などは2点必要（うち1点は写真付き学生証、社員証でも可）。申請時に見せるだけですぐ返してくれる。

6.印鑑

申請自体には必要ないが、申請書などの訂正印としてあれば重宝する。

●パスポート問い合わせ

東京都パスポート電話案内センター（テープ案内とファクスサービス）

☎(03)5908-0400

大阪府パスポートセンター

☎(06)6944-6626

外務省領事局旅券課

☎(03)3580-3311(内線2313)

URL www.mofa.go.jp/mofaj/toko/passport/index.html

機械読み取り式パスポートを持っていない人への注意喚起

訂正旅券の取り扱いに注意！

2014年3月20日より前に、名前や本籍地等の訂正を行ったパスポート（訂正旅券）は、訂正事項が機械読み取り部分およびICチップに反映されておらず、出入国時や渡航先で支障が生じる場合もあるため、外務省では新規パスポートの申請をすすめている。

URL www.mofa.go.jp/mofaj/ca/pss/page3_001066.html

※現地でパスポートを紛失した際の新規発給手続きは、→P.380。

申請に要する期間と受領日

申請後1週間から10日で旅券が発給される。受領日には、申請時に渡された旅券受理票、および発給手数料（5年用パスポート1万1000円、10年用パスポート1万6000円）を持って本人が受領に行く。

海外旅行保険

保険に加入するしないはすべて任意で、普通のツアーなどには保険はセットされていない。ただ、旅先で不慮の事故に遭ったりすることもないとはいえないので、できることなら加入しておこう。安心料だと思えば、決して高くはないはずだ。

保険の種類

海外旅行保険は、まず基本契約として傷害保険（死亡、後遺障害、治療費用）、さらに特約として疾病保険（治療費用、死亡）、賠償責任保険（旅行中に他人を傷つけたり、物を破損したときに支払われる）、救援者費用保険（事故に遭った際、日本からかけつける人の費用に充当される）、携行品保険（旅行用の荷物が盗難・破損されたときに支払われる）がある。

上手な加入の仕方

一般に海外旅行保険は、前記の項目がすべてカバーされたセットの形で販売されているが、加入項目や金額を自分で設定することも可能。料金は旅行期間、各項目の保険金額によって異なるので、自分の状況などを考慮して申し込むとよい。

クレジットカードで海外旅行保険が付帯サービスされるケースもあるが、必要な項目がカバーされているか確認し、別に保険に加入しておくことをすすめる。その場合、旅行会社のカウンターなどで相談すれば、上手な加入方法を教えてくれるはずだ。

クレジットカード

シンガポールでのクレジットカードの通用度は極めて高く、ほとんどのショッピングセンターやホテル、レストランで利用できる。換算レートも現地で両替する場合とほぼ同じなので、旅行中はむしろクレジットカードでの支払いをメインにするのもいいだろう。これにより、持ち歩く現金が少なくて済むなど安全面のメリットも生まれる。

また、海外でICカード（ICチップ付きのクレジットカード）を使ってショッピングをする際には、サインのほかに、暗証番号（英語でPIN、あるいはPIN Code）の入力が必要になる場合がある。暗証番号がわからない場合は、日本出発前にクレジットカード会社に確認しておこう。もうひとつ注意したいのは、店独自のレート（お客が不利なケースが多い）で日本円に換算して、日本円で請求されることもあるということ。サインをする際にしっかり確認し、不満があればシンガポール・ドルでの請求に改めてもらおう。

おもな保険会社の問い合わせ先

●損保ジャパン日本興亜
☎0120-666-756
●東京海上日動
☎0120-868-100
●AIG損害保険
☎0120-016-693

インターネットで保険加入

「地球の歩き方」ホームページで、海外旅行保険に加入できる。手続きは簡単で、申し込み画面の案内に従って必要事項を入力するだけ。保険料はクレジットカード決済なので、振り込みや来店の手間は一切なし。毎日24時間、日曜、祝日いつでも受け付け可能。詳しくは「地球の歩き方」ホームページで。
URL www.arukikata.co.jp/hoken

おもなカード会社の入会・サービス案内に関する問い合わせ先

●アメリカン・エキスプレス
☎0120-020222
●三菱UFJニコス
☎0120-102622
●ダイナースクラブ
☎0120-074024
●JCB
☎0120-015870
●三井住友VISAカード、三井住友マスターカード
☎0120-816437

●三菱UFJニコス ハローデスク
MAP P.81-2D
住 7 Raffles Blvd., 2F Pan Pacific Singapore（JTB内）
☎6735-2315
営 10:00～18:30 休 無休

お金の持っていき方・換え方

お金の持っていき方

日本円の現金を持っていく

クレジットカード社会のシンガポールだが、現金払いをメインに考えるなら、日本円の現金を持っていき、現地でシンガポール・ドルに換えるのがよい。クレジットカードが使えない商店やホーカーズもあるので、少額でも現金はあったほうがよい。シンガポール・ドルへの両替は街なかの両替商で行うのが便利で、レートもよい。利便性、安全面を考えると、クレジットカードやデビット、プリペイドカードを活用したい。

クレジットカードを使用する

コーヒー1杯からクレジットカードが使えるシンガポールはカード社会だ。個人商店や屋台、公共交通機関を除けば、ほとんどの場所でクレジットカードが使える。空港内、市内の銀行、MRT駅、市内のショッピングセンターなど数多くの場所にATMが設置されており、クレジットカードをはじめ、デビット、プリペイドカードでシンガポール・ドルの引き出しが可能。カード使用を中心に考えれば、3泊4日の旅行なら現金は数万円あればよいだろう。

シンガポールの紙幣とコイン

紙幣は＄2、＄5、＄10、＄50、＄100、＄1000、＄10000がある。＄2、＄5、＄10はプラスチック製（1000、1万ドル紙幣は発行中止となっているが、流通済みの紙幣は使用可）

コイン各種。上の段、左から＄1、¢50、¢20、下の段、左から¢10、¢5、¢1。¢1は現在ほとんど流通していない

2013年に発行となった硬貨

左から$1、¢50、¢20、¢10、¢5。シンガポールのアイコン的スポットがデザインされており、$1にはマーライオンが描かれている

READER'S VOICE

現地係員に会う前にまず両替

パッケージツアーで行くと、税関を出た所で現地係員が待っており、迎えるなりさっさと送迎バスのほうへ連れて行ってしまう。「両替がしたい」と申し出たところ「私が持っているから」ということで、バスの中で両替したのだが……。あとで調べてわかったのだが、確かに現地係員の両替レートはホテルよりはいいが、やはり市中の両替商や空港の両替所に比べると少し落ちるようだ。空港では預けた荷物が出てくるまで少し時間があるはずなので、その間に両替してしまうのがいいと思う。

（北海道　曳地有貴）['22]

コピー商品の購入は厳禁！

旅行先では、有名ブランドのロゴやデザイン、キャラクターなどを模倣した偽ブランド品や、ゲームや音楽ソフトを違法に複製した「コピー商品」を、絶対に購入しないように。これらの品物を持って帰国すると、空港の税関で没収されるだけでなく、場合によっては損害賠償請求を受けることも。「知らなかった」では済まされないのだ。

お金の換え方

シンガポールに日本円を持っていったら、これをシンガポール・ドルに換える必要がある。一部の店を除いてホテル、レストラン、街の商店やタクシー代などは、シンガポール・ドルで支払わなければならない。両替は、空港や市内の銀行、ホテル、マネーチェンジャーと呼ばれる両替商でできる。

両替商の利用方法

一般の旅行者にとって便利で両替レートがいい、つまりお得なのはマネーチェンジャー、両替商だ。**公認両替商Authorized Money Changer**という看板が出ている。多くのショッピングセンター内にあり、簡単に両替できる。両替レートは少しずつ異なるので数軒を比較してからどこを利用するか決めるとよい。キオスクまたは旅行会社が両替商を兼ねていることもある。まとまった金額を換えるとレートを有利にしてくれるところもあるが、余ったシンガポール・ドルを再び日本円に換えると手数料が2回分かかって損が出るので、少しずつ換えたほうがいいだろう。

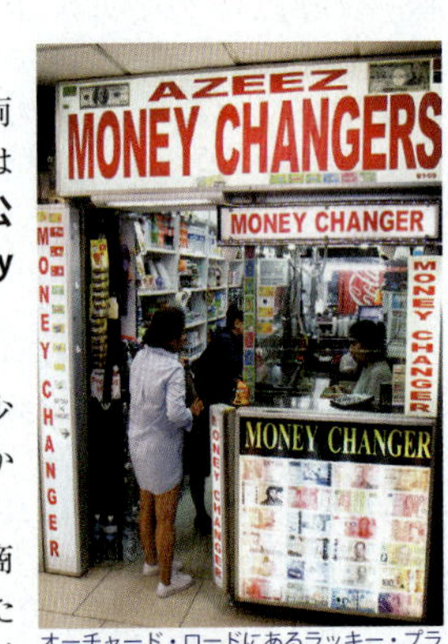

オーチャード・ロードにあるラッキー・プラザ(→P.267)の両替商。入口付近にもあるが、奥にも多いので、レートをチェックしてみるとよい

レートがよいのは、オーチャードのラッキー・プラザ(MAP P.85-2D)の地下にある両替商。ラッキー・プラザ内には両替商がたくさん入っているが、地下にある店のほうがレートがよい(営10:00頃～21:00頃。土・日曜は18:00頃に閉まる店もある)。オーチャード(スコッツ・ロード)のファーイースト・プラザ(MAP P.85-2C)内、ムスタファ・センター1階と地下1階(→P.79、P.151欄外)の両替商も比較的レートがよい。両替商が多いのは、オーチャード・ロード界隈、リトル・インディア、アラブ・ストリート周辺。

ホテルでの両替

これはレートが悪いのでできるだけ避けたい。深夜や早朝などに、どうしても緊急に必要となったときに使えるとだけ覚えておこう。

謎のブルネイ・ドル

両替商や銀行で両替すると、まれにシンガポール・ドルに交じって見かけない紙幣を見つけることがある。紙幣をよく見るとブルネイのお金だ。ここで「ダマサレタ！」と大騒ぎをしてはいけない。シンガポール・ドルとブルネイ・ドルは交換率1:1に固定されているため、両国でそのまま使用が認められているのだ。つまりシンガポール中どこでも、シンガポール・ドルと同様に使える。ただし、自動販売機には使えないのでそのつもりで。

また、ブルネイ・ドルを日本へ持ってきた場合、日本円への再両替は難しいので、記念に持ち帰る人以外は、早めの使用を心がけよう。

両替商

両替商を営むのはインド人が多い。計算とコンピューターに強いお国柄を証明しているようである。

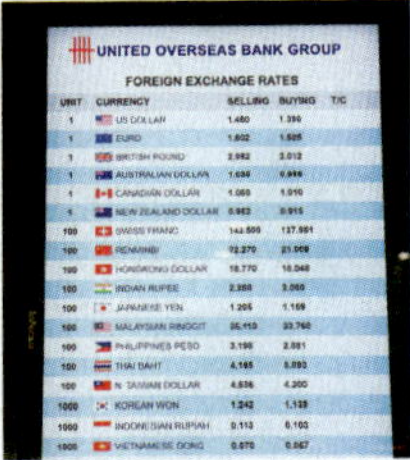

日本円からシンガポール・ドルに換える際は「Buy」の欄のレートが適用される

空港の両替所(写真)と街なかの両替商とを同日レートで比較すると後者のほうがよく、1万円で$1.5～2ほどの差

READER'S VOICE

少額の両替は空港で

街の両替所だと、掲示板に出ているレートで換えてくれるのは1万円分以上で、それ以下の日本円だとかなりレートが悪くなる。空港の両替所のレートは悪いとよくいわれるが、空港だと1000円でも掲示版と同じレートで換えてくれるので、少額のみの両替にはおすすめ。しかも、街の両替と空港はほぼ変わりがなかった。　(福岡県　みお)['22]

まとまった額で両替すると多少レートがよくなる

オーチャード・ロードのラッキー・プラザで、まとまった額(10万円単位)を両替すると言って交渉してみたら、地下にある店のいくつかは交渉に応じてくれた。極端にレートがよくなるわけではないが、グループで旅行するなら、みんなでまとめて両替してもよいと思う。

(埼玉県　twsn)['22]

クレジットカードの利用

クレジットカードで支払う場合、通常シンガポール・ドル払いが適用されるが、円払いになると数%の両替手数料が上乗せされるので注意。また、タクシー運賃をカード払いする場合は、手数料を加算されることが多い。

クレジットカードのメリットは紛失や盗難に遭っても、カード会社に連絡すればカードを無効にしてくれるという万一の際のフォローだ。また、カード会社によってはショッピングの割引や予約代行など、特典やサービスが付いているので、出発前に手持ちのカードにどんな特典があるのかチェックしておくとよい。

シンガポールで利用しやすいカード

最もよく使えるのがビザ(Visa)とマスターカード(MasterCard)。ホテルや世界的なブランド店などではJCB、アメリカン・エキスプレス(AMEX)、ダイナースクラブ(Diners Club)も使える。

ATMでの現金引き出し(クレジットカードによるキャッシング)

海外キャッシュサービスの設定があるクレジットカードを持っていれば、空港やショッピングセンター、コンビニなどに設置されているATMを利用して、シンガポール・ドルの現金を引き出しできる。日本出国前に利用限度額なども確認しておこう。

日本で口座から引き落とされるのはおおむね1～2ヵ月後。カード会社が決めたその日のレートに規定分が上乗せされ、さらに利息(締め日までの日数により異なる)がかかる。カードのキャッシングは年利18%程度(20日で約1%)の条件が一般的。帰国後にカード会社に支払い金額を確認し、それを指定口座に振り込めば、余分な金利を払わなくて済む。

クレジットカード紛失の際は

カード発行会社に連絡してカードを無効にしてもらう必要がある。各カード会社の緊急用の連絡電話番号、カード番号と有効期限を控えておこう。また、再発行のため、警察に届け、紛失・盗難証明書「Loss Memo」を発行してもらうこと。

海外専用プリペイドカード

海外専用プリペイドカードは、外貨両替の手間や不安を解消してくれる便利なカードのひとつだ。多くの通貨で国内での外貨両替よりレートがよく、カード作成時に審査がない。出発前にコンビニATMなどで円をチャージ(入金)し、その範囲内で渡航先のATMで現地通貨の引き出しができる。各種手数料が別途かかるが、使い過ぎや多額の現金を持ち歩く不安もない。下記がおもなもの。

◆クレディセゾン発行
「CASH PASSPORT PLATINUM キャッシュパスポートプラチナ」

◆アプラス発行「MoneyT Global マネーティーグローバル」

◆マネーパートナーズ発行「ManepaCard マネパカード」
※2022年12月現在、新規申し込みの受け付けを一時停止中。

ATMは24時間使える。使い方は日本のものとほぼ同じだが、操作画面は英語での案内となる

クレジットカード使用に手数料がかかることも

多くの店やレストランではクレジットカードでの支払いが可能だが、カードの種類によって2～4%の手数料を取る店もあるということも知っておこう。

クレジットカード使用の際の注意点

最近は少なくなったが、スキミングの被害がないわけではない。思いもよらない場所で使われていたりすることがあるので、旅行後は使用明細を必ず確認したほうがよい。

クレジットカード紛失時の連絡先

●アメリカン・エキスプレス
FREE 1800-535-2209
●ダイナースクラブ
☎ 81-3-6770-2796(コレクトコール利用)
●JCB
FREE 001-800-00090009
●マスターカード
FREE 800-1100-113
●VISA
FREE 1-303-967-1090

旅の技術

入出国のすべて

到着前にオンラインでSGアライバルカードを提出

2020年3月末にシンガポールの入国審査(イミグレーション)の際の紙の入出国カードが廃止、電子化された。シンガポール到着前にオンラインで「SGアライバルカード SG Arrival Card(電子入国カード)」を提出(登録)する必要がある。手続きは以下のとおり。

◆SGアライバルカード、電子健康申告書の登録

到着3日前から、入国管理局(ICA)のウェブサイト(→欄外)の公式・無料eサービス、または無料ダウンロードできるアプリ「MyICA」にて、SGアライバルカードと電子健康申告書e-health declarationの登録をしておく。登録内容は以下のもの。※登録記入の詳細は日本語表示にできる。

●有効なパスポート情報
●居住地／eメールアドレス　※e-Pass(電子訪問パス)の受け取りに必要。現地で確認できるメールアドレスを登録すること。
●旅行スケジュール(フライト情報、ホテル情報、出発地や次の目的地、シンガポール出発日など)
●直近7日間の健康状態について
●シンガポール入国条件に応じたワクチン接種を完了しているか
●QRコード付きデジタルのワクチン接種証明書のアップロード(任意)※QRコードがない場合は、書面の接種証明書を持参するという項目にチェックを入れておく。

これで登録完了。申請が認められると、SGアライバルカードに登録したメールアドレス宛てに、SGアライバルカード確認書が送られてくる。ダウンロードしたデータをスマートフォンなどに保存、またはそれをプリントした書面を携行する。

日本出入国

日本出国

空港へは出発時間の2時間前までに到着し、以下の順で手続きを行おう。

◆チェックイン

利用航空会社のカウンターへ行き、パスポートとeチケット(→欄外)の確認書(控えの用紙)を提示して、搭乗券(ボーディングパス)を発券してもらう。大きな荷物は機内預けにする。荷物を預けたら、手荷物引き換え証(バゲージ・クレーム・タグ)をくれるので、目的地が合っているか確認し、保管しよう。

◆手荷物検査

荷物はX線検査機へ、自身も検査ゲートをくぐりチェックを受ける。また、100mℓを超えるあらゆる液体物は機内へ持ち込めないので要注意。液体物は100mℓ以下の容器に入れ、1ℓ以下のファスナー付き透明プラスチック袋に入れてある場合のみ持ち込み可能(医薬品、ベビーミルクなど一部例外あり)。

◆税関

外国製品、貴金属を持って出国する場合は「外国製品の持出

シンガポール入国管理局(ICA)のウェブサイト
URL www.ica.gov.sg
●SGアライバルカード登録(無料eサービス)
URL eservices.ica.gov.sg/sgarrivalcard

eチケット(電子航空券)
従来のような紙の航空券ではなく、予約した便名などを航空会社のコンピューターに記録しておくシステムで、確認書を持ってカウンターに行けば、ボーディングパスを発券してくれる。

機内持ち込み可能な手荷物
原則として1個(縦、横、高さの合計が115cm以内の物、10kg以内)。また、刃物に該当する物やスプレー類、ガスやオイルなどに加え、100mℓを超える液体物(ジェル状のものも含む)は機内持ち込み禁止。リチウムイオン電池やリチウム電池は機内預けにできず、手荷物で持ち込む場合も制限があるので要注意。

保険加入や両替
空港には複数の保険会社の加入カウンターがあるので、ここで海外旅行保険の加入手続きをしてもいい。両替を扱う銀行もある。

成田国際空港のチェックインカウンター。旅はもう、ここから始まっている

日本入国時の免税範囲
たばこ：紙巻き400本、または葉巻100本、または加熱式たばこ個装等20個。その他の種類と合計した総重量500gまで。
酒類：760mℓ程度の物3本。
香水：2オンス(約56cc)。
一品目ごとの海外小売価格の合計が1万円以下の物(例えば1本5000円のネクタイ2本の場合は免税)。
その他、上記以外の合計が海外小売価格で20万円以内の物。
なお、未成年者の場合、たばこ、酒類は範囲内であっても免税にならない。

届け」に記入し、現物を提示し申告する。帰国時にシンガポールで買った物とみなされ、課税の対象にならないようにするためだ。

◆**出国審査**

パスポートと搭乗券を係官に差し出せば、パスポートに出国印を押して戻してくれる。※成田、羽田、中部、関西、福岡の各空港では出国・入国審査で本格的に顔認証ゲートが導入された。

◆**出発ゲートへ**

搭乗便のゲートから飛行機に乗る。ゲートは出発時刻の30分前から10分前まで開かれている。遅れないように気をつけよう。

日本入国(帰国)

日本入国(帰国)には3回ワクチン接種証明書、または出国前72時間以内のPCR検査証明書のいずれかの提出が必要。スムーズに入国するためのウェブサービス「Visit Japan Web」(→欄外)を日本到着2～3日前までにオンラインで登録しておこう。事前に検疫、入国審査、税関申告の手続きが行えるシステムで、インターネットにアクセスできるスマートフォンやパソコンが必要(利用できない場合は質問票への記入が必要で入国審査に時間がかかる)。入国に必要な事項を登録し、検疫手続のところに3回ワクチン接種証明書、または出国前72時間以内のPCR検査陰性証明書をアップロードする。審査が終了すればQRコードが送られてくるので、入国時に提示する。

検疫を終え、入国審査場の顔認証ゲートで入国審査を済ませたあと、ターンテーブルで預けた荷物を受け取り、税関検査へ。持ち込み品が免税範囲を超えていたり、別送品がある場合は、機内で配られる「携帯品・別送品申告書」(2枚)に数量などを記入し、赤いランプの検査台へ行き、係官に提出。免税範囲内の人も申告書(1枚)に必須事項を記入して緑のランプの検査台へ行き、係員に提出する。「Visit Japan Web」で電子申請もできる。

シンガポール入出国

飛行機での入出国

入国

◆**「空港都市」チャンギ国際空港へようこそ**

チャンギ国際空港Changi International Airportは、シンガポール本島の東端のチャンギ・ビーチ近くに位置する(→P.350～354)。

◆**入国審査**

日本を出発して7時間余り。チャンギ国際空港に着陸して飛行機を降りると、各ターミナルともエスカレーターで1階へ。**入国審査(イミグレーション)**はここにある。

入国審査官にパスポート、SGアライバルカードの確認書ダウンロード画面、または書面、ワクチン接種証明書を提示する(SGアライバルカードの確認書とワクチン接種証明書は提示しなくてよいこともあるが、携行しておこう)。シンガポール出国のeチケットの提示を求められることもある。スキャナーで顔・虹彩、指紋の登録を行い審査終了。その後、SGアライバルカードに登録したメールアドレス宛てに滞在可能日数等が記載されたe-Pass(電子訪問パス:Electronic Visit Pass)が送られてくる。

「Visit Japan Web」のウェブサイト
URL vjw-lp.digital.go.jp

チャンギ国際空港
MAP 折込表-2C
URL www.changiairport.com
空港インフォメーション
☎6595-6868

空港ターミナルとその連携

チャンギ国際空港にはT1、T2、T3、T4の4つのターミナルがある。利用する航空会社によりターミナルが異なるので注意しよう。T1～T3のターミナル間は、トランジットエリア、パブリックエリアともにスカイトレインで結ばれている。スカイトレインが動いていない深夜2:30～5:00は、無料シャトルバスが15分間隔で運行(乗り場は2階)。T1～T3のターミナル間も動く歩道で移動できる。T4は離れた場所にあり、T2とシャトルバス(所要約10分)が結んでいる(MAP P.354)。

[注]表記について
T1:ターミナル1　T2:ターミナル2
T3:ターミナル3　T4:ターミナル4

出国審査に入るまでのエリアをパブリックエリア、出国審査を終えたエリアをトランジットエリアと呼ぶ。

各ターミナル発着の主要航空会社
(2022年12月現在)

●**T1発着**
日本航空、ジップエア
ブリティッシュ・エアウェイズ
ジェットスター・アジア航空
タイ国際航空、カンタス航空
ジェットスター航空
フィリピン航空
カタール航空
全日空
シンガポール航空
スクート
ロイヤル・ブルネイ航空
マレーシア航空

●**T2発着**
※2024年まで順次改装中

●**T3発着**
シンガポール航空
チャイナ・エアライン
中国東方航空
ジェット・エアウェイズ
アシアナ航空
ユナイテッド航空
ルフトハンザ ドイツ航空

●**T4発着**
キャセイパシフィック航空
大韓航空、エアアジア
ベトナム航空
セブパシフィック航空

トランジットで国際線に乗り継ぐ場合

すでに搭乗券を持っているなら、案内板を見て次の便の出発ゲートへ。搭乗券を持っていない人は、乗り継ぎ便が出発するターミナルの乗り継ぎカウンター(サインボードにカウンターA～Fの表示あり)でチェックインする。

◆荷物の受け取り

入国審査後に免税店があるので、ここで購入してもよい（日本円も使える）。次は荷物の受け取りだ。到着ホール中央にターンテーブルがいくつか設置されているので、自分が乗ってきた飛行機の便名が表示されている所で荷物が出てくるのを待つ。

荷物を待っている間に、必要なら両替所Money Changerでシンガポール・ドルを入手しておくと時間の無駄がない。レートは市中の両替商とほぼ変わらない。なお、両替所は税関を出た所、到着ロビーにもある。

◆税関

荷物をピックアップしたら**税関Custom**へ。免税範囲（→欄外）を超えている人は赤の通関路で申告、超えていない人は緑の通関路を進む（自己申告で税金を支払う機械もある。→欄外）。申告がない場合は、荷物検査を受けることはほとんどない。しかし、シンガポールは麻薬の取り締まりが厳しく、たとえ誰かに頼まれた荷物であっても、中から麻薬類が出てくると極刑に処される。

◆バス停またはタクシー乗り場へ

税関を抜けて自動扉を出ると到着ロビー。いよいよシンガポールだ。ツアーで来た人はここで現地ガイドが出迎えてくれる。到着ロビーには中央にインフォメーションカウンター、左右にシンガポール・ビジター・センターやホテル予約カウンターがある。各種インフォメーション、地図や観光案内などを入手しておくとよい。ホテルが決まっていない場合、中級以上のホテルならここで予約できるし、エコノミーホテルを紹介してもらうことも可能だ。さあ、ここからバスやタクシー、またはMRT（→P.359）でシンガポールの市内へ移動しよう。

市内への行き方は「空港から市内へ」（→P.358）を参照。

出国

チャンギ国際空港の出発ホールDeparture Hallは各ターミナルの2階にある。まずは飛行機の**チェックインCheck In**を行おう。チェックインカウンターは航空会社ごとに分かれており、それぞれに番号が付いている。航空会社によっては複数のカウンターをもっている。電光掲示板（サインボード）でこれから乗る飛行機の便名とカウンターの番号を確認しておこう。チェックインカウンターはさらにファーストクラス、ビジネスクラス、エコノミークラス（団体と個人に分かれていることもある）の窓口に分かれている。チェックインの際に座席の希望（窓側や通路側など）があればリクエストしてみよう。すいていれば希望の席を確保してくれる。ここでボーディングパス（搭乗券）をもらえばチェックインは終了。空港使用税$59.2（2023年4月から$62.2）は、通常、航空券に含まれている。

次は**出国審査（イミグレーション）**。自動化ゲートで、機械にパスポートをかざし、顔・虹彩、指紋をスキャンして認証されれば、審査終了。審査場を出たら、出発ゲートへ。**ゲート入口で手荷物検査が行われる**。トランジットエリアで購入した飲み物や開封した液体物の免税品は検査で没収されるので要注意。

出発ゲートの番号はボーディングパスに明記されている。飛行機への搭乗は出発約30分前ということになっているので、それまで時間がある場合は、ショッピングを楽しむことができる。免税店、ギフトショップ、

スカイトレイン

T1〜T3間を相互に結ぶモノレール型の乗り物。どのターミナルも2階に乗り場がある。運行時間は5:00〜翌2:30の間、2〜3分間隔で所要1〜4分。無料。

スカイトレインは1〜3両編成で運行

自己申告で税金を払う機械

税関の近くにある「Tax Payment Kiosk」というもの。課税対象となる酒、贈答品など、その持ち込み量を入力してクレジットカードで支払う。発行されたレシートを税関の係員に渡して検査を受け入国する。

シンガポール入国時の免税範囲

無税と認められるものは、身の回りの品やおみやげなど新たに購入した物で、総額が$500（滞在48時間以内は$100）を超えない量。成人が持ち込める酒類の量は、蒸留酒1ℓ+ワイン1ℓ、蒸留酒1ℓ+ビール1ℓ、ワイン1ℓ+ビール1ℓ、ワイン2ℓ、ビール2ℓの5通りの組み合わせ以内の量なら免税となる。たばこは1本から申告が必要で、1g（または1本）につき¢42.7課税される。申告した場合、税金の領収証を保管し、いつでも証明できるようにしておきたい。

日本で販売されているたばこと電子たばこはシンガポールにおいて輸入・販売が禁じられており、所持も罰金の対象になるため、持ち込まないように。詳細は→P.349欄外。

また、$2万（または外貨相当額）以上の通貨は申告が必要。

◆シンガポール税関

URL www.customs.gov.sg

市内通話無料の公衆電話がある

到着ゲートから入国審査までのエリアに、数ヵ所設置されている。現地通貨を持っていなくてもかけられる。

リコンファーム

シンガポールに乗り入れている航空会社は、原則的にリコンファーム不要。ただし、航空券の種類などによっては必要な場合もあるので、出発前に確認のこと。

書店、コーヒーショップなどあらゆる種類の店がある。また、まれに出発ゲートが変更されることもあるので、構内アナウンスにも注意したい。

バスでの入出国

入国

マレーシアからバスでジョホール海峡を越える場合、国境の町、ジョホール・バルのイミグレーションで出国手続きをする。当地のイミグレーションビルはL1にバス乗り場、L2にオフィス、L3に入国・出国両方の審査場があり、JBセントラル駅（→欄外）、さらにショッピングセンターのシティ・スクエアと陸橋でつながっている。

マレーシア各地からやってきたバスはイミグレーションビルのL1で停車。L3へエスカレーターで上がり、外国人用のカウンターで出国審査を受ける。出国審査を終えたら、前方に進み、バス乗り場のプラットホームA、プラットホームB（利用するバスによる）のどちらかにエスカレーターで下りる。

また、シンガポールからジョホール・バルに来てシンガポールに戻る場合は、シティ・スクエアL3の陸橋（ユニクロのそばにある）を通ってJBセントラル駅へ行き、さらにそこから陸橋でイミグレーションビルへ。同様に出国審査を終え、バス乗り場からシンガポール行きのバスに乗る（詳細は→P.356）。

バスに乗車し、コーズウェイを渡り終えると、すぐにシンガポールの入国審査。入国審査のカウンターはここは3つに分かれていて、“Singapore Passports”、“Malaysia Passports”、“All Passports”となっている。日本人は“**All Passports**”の列に並ぶ。パスポートのほか、シンガポール出国のための航空券が必要となる。SGアライバルカードの確認書、ワクチン接種証明書も用意しておこう。航空券がない場合は所持金の提示が求められ、USドルで換算してUS$300～500を持っていることが、シンガポール入国の最低の目安となっている。

入国審査の次は税関。ここではX線チェックなどの荷物検査がある。

なお、バスを使って来た場合、バスのチケットは最終地点までなくさないように。入国審査の前でバスを降り、入国審査を終えて再びバスに向かう間に、自分の乗ってきたバスは出発してしまう。入国審査を終えたあとに乗るのは、同タイプ（同会社）の別のバスで、その際、車掌にチケットを見せる必要があるからだ。ここから市内までは所要30～40分。

出国

日本人は“All Passports”の列に並ぶ。出国審査は、パスポートを提示する。当然ながら陸路での出国には空港使用税はない。出国審査を済ませたら、階下に下りて再度同じ番号のバスに乗り込み、ジョホール・バル側のイミグレーションへ向かう。ジョホール・バルの入国詳細はP.193欄外を参照。シンガポールからマレーシア各都市へのバスはP.356の「マレーシアへの長距離バス」を参照。

シンガポール持ち込み禁止品

チューインガム、シンガポールの法律で定められた条件を満たしていないたばこ（※→下記）嚙みたばこの類、電子たばこ、ピストル型のライター、花火や爆竹、わいせつな雑誌やビデオ等、麻薬は持ち込みが禁止されている。麻薬所持はトランジットであろうと裁判なしに死刑に処される。他人の荷物は預からないように、また手荷物も管理には注意したい。

※持ち込み可能なたばこの条件

・パッケージにロゴやブランドマークが入っていないもの。

・健康障害の警告の図柄・写真が入ったもの。

・パッケージの色はドラブ・（ダーク）ブラウン。

日本国内で販売されているたばこは、条件を満たしてないため持ち込み不可。上記条件にあてはまっても、持ち込み可能な分量は400グラムまで。たばこ1本から課税対象（1本¢42.7）で申告が必要（→P.11、379）。

出国の際の消費税（GST）払い戻し

GSTの払い戻し方の詳細はP.255を参照のこと。

空港ではGSTリファンド・カウンターに行き、eTRS（自動認証システムによる払戻制度）のセルフサービス・キオスクの機械で、eTRS用のトークンとして使用したクレジットカード、またはeTRSチケット（免税書類）とパスポートを読み込み、手順に従って操作する。その後必要に応じて隣の税関検査のカウンターで購入品の検査を受ける。GSTリファンド・カウンターは2ヵ所あり、機内預けの荷物に購入商品を入れたい場合は、出発チェックインホール（出国審査の手前）で。機内持ち込み手荷物にする場合は搭乗手続き後に、出国乗り継ぎラウンジ（出国審査の後）で行う。

GSTリファンド・カウンターにあるeTRSセルフサービス・キオスク

JBセントラル駅 JB Sentral Station

2010年、旧ジョホール・バル駅の北側にできた駅。駅内には両替商、レストラン、観光局などがある。

JBセントラル駅の鉄道切符売り場

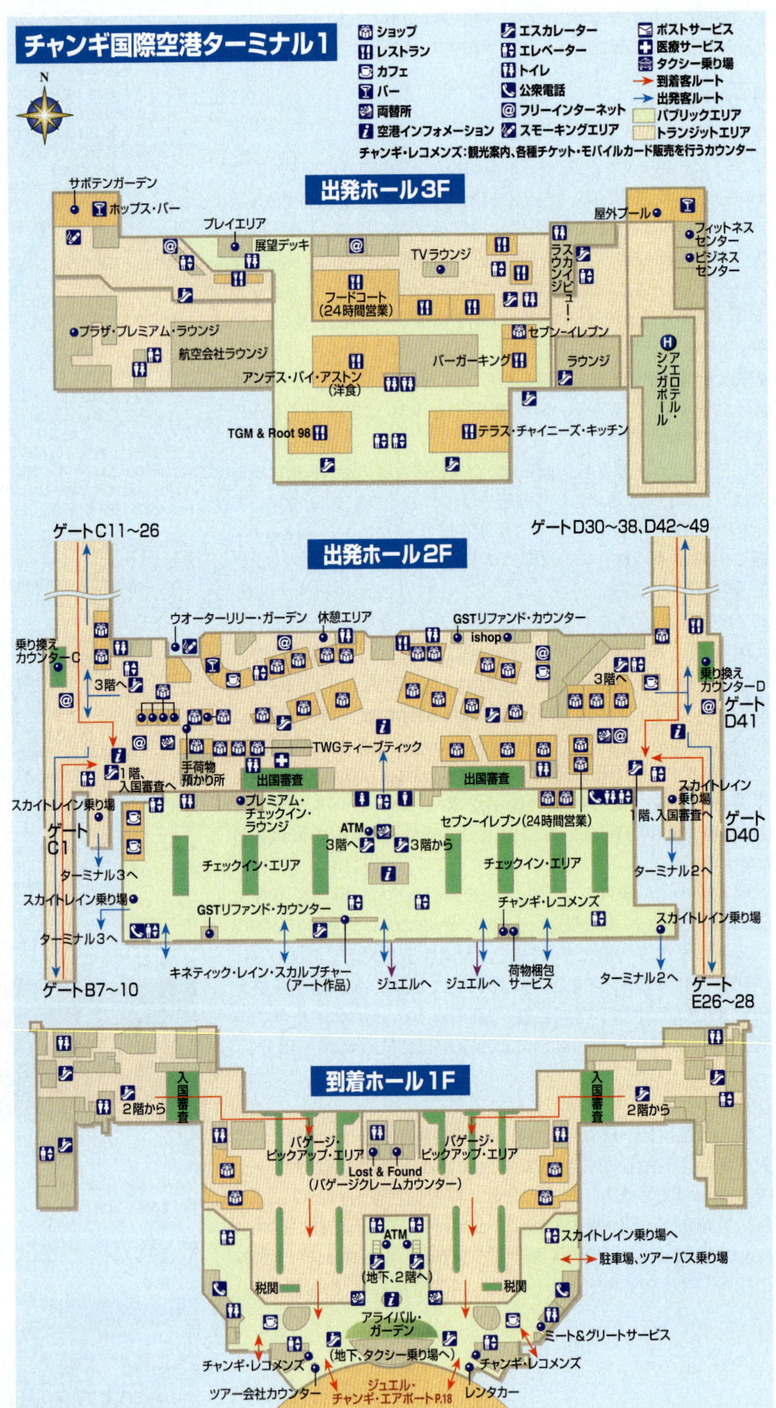

チャンギ国際空港ターミナル1
N
ショップ
レストラン
カフェ
バー
両替所
空港インフォメーション
エスカレーター
エレベーター
トイレ
公衆電話
フリーインターネット
スモーキングエリア
ポストサービス
医療サービス
タクシー乗り場
到着客ルート
出発客ルート
パブリックエリア
トランジットエリア
チャンギ・レコメンズ：観光案内、各種チケット・モバイルカード販売を行うカウンター
出発ホール3F
サボテンガーデン
ホップス・バー
プレイエリア
展望デッキ
TVラウンジ
屋外プール
フィットネスセンター
ビジネスセンター
ラスカイビュー・ラウンジ
フードコート（24時間営業）
セブンーイレブン
プラザ・プレミアム・ラウンジ
航空会社ラウンジ
アンデス・バイ・アストン（洋食）
バーガーキング
ラウンジ
アエロテル・シンガポール
TGM & Root 98
テラス・チャイニーズ・キッチン
ゲートC11～26
ゲートD30～38、D42～49
出発ホール2F
ウオーターリリー・ガーデン
休憩エリア
GSTリファンド・カウンター
ishop
乗り換えカウンターC
3階へ
乗り換えカウンターD
ゲートD41
TWGティーブティック
1階、入国審査へ
手荷物預かり所
出国審査
出国審査
スカイトレイン乗り場
1階、入国審査へ
スカイトレイン乗り場
プレミアム・チェックイン・ラウンジ
セブンーイレブン（24時間営業）
ゲートD40
ゲートC1
ATM
3階へ
3階から
チェックイン・エリア
チェックイン・エリア
ターミナル3へ
ターミナル2へ
スカイトレイン乗り場
チャンギ・レコメンズ
GSTリファンド・カウンター
スカイトレイン乗り場
ターミナル3へ
キネティック・レイン・スカルプチャー（アート作品）
ジュエルへ
ジュエルへ
荷物梱包サービス
ターミナル2へ
ゲートB7～10
ゲートE26～28
到着ホール1F
入国審査
入国審査
2階から
2階から
バゲージ・ピックアップ・エリア
バゲージ・ピックアップ・エリア
Lost & Found（バゲージクレームカウンター）
ATM
スカイトレイン乗り場へ
駐車場、ツアーバス乗り場
（地下、2階へ）
税関
税関
アライバル・ガーデン
ミート&グリートサービス
（地下、タクシー乗り場へ）
チャンギ・レコメンズ
チャンギ・レコメンズ
ツアー会社カウンター
ジュエル・チャンギ・エアポート P.18
レンタカー

チャンギ国際空港ターミナル2

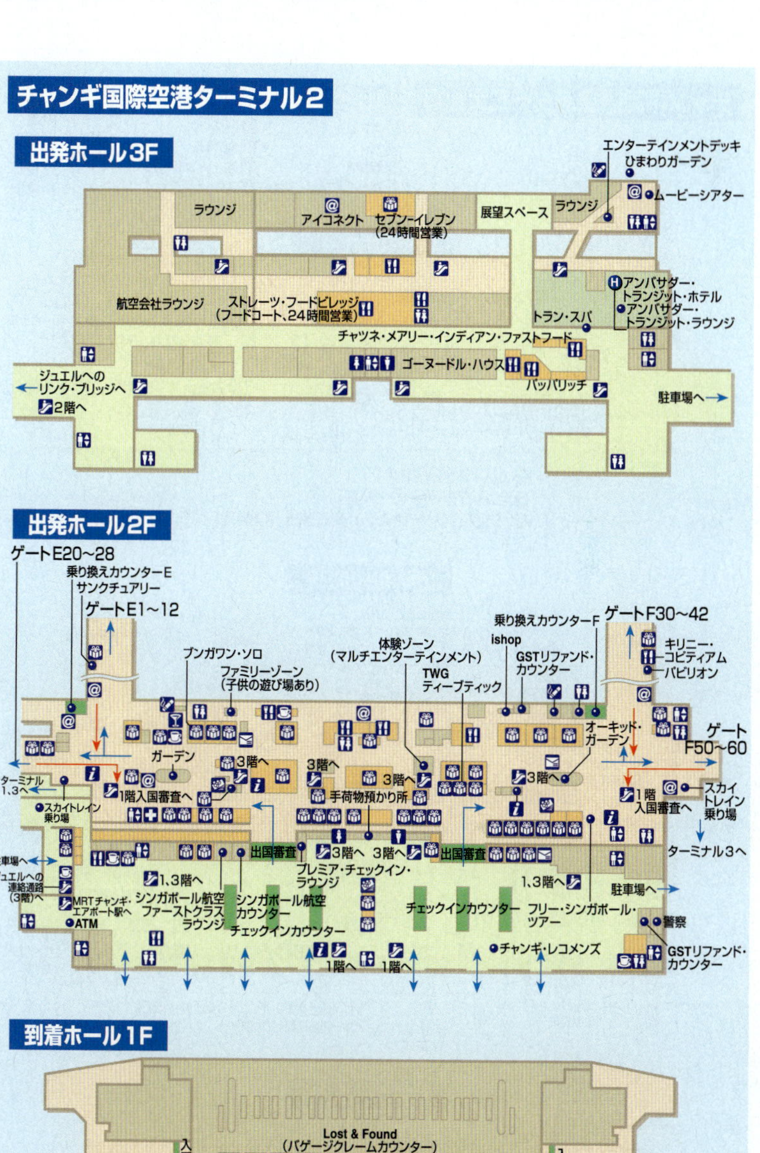
出発ホール3F
エンターテインメントデッキ
ひまわりガーデン
ムービーシアター
ラウンジ
アイコネクト
セブン-イレブン（24時間営業）
展望スペース
ラウンジ
アンバサダー・トランジット・ホテル
アンバサダー・トランジット・ラウンジ
航空会社ラウンジ
ストレーツ・フードビレッジ（フードコート、24時間営業）
トラン・スパ
チャツネ・メアリー・インディアン・ファストフード
ゴーヌードル・ハウス
バッバリッチ
ジュエルへのリンク・ブリッジへ
2階へ
駐車場へ
出発ホール2F
ゲートE20〜28
乗り換えカウンターE
サンクチュアリー
ゲートE1〜12
ブンガワン・ソロ
ファミリーゾーン（子供の遊び場あり）
体験ゾーン（マルチエンターテインメント）
TWG ティーブティック
ishop
乗り換えカウンターF
GSTリファンド・カウンター
ゲートF30〜42
キリニー・コピティアム
パビリオン
ゲートF50〜60
オーキッド・ガーデン
ガーデン
3階へ
3階へ
3階へ
3階へ
ターミナル1、3へ
1階入国審査へ
手荷物預かり所
1階入国審査へ
スカイトレイン乗り場
スカイトレイン乗り場
ターミナル3へ
駐車場へ
出国審査
3階へ
3階へ
出国審査
ジュエルへの連絡通路（3階）へ
1、3階へ
プレミア・チェックイン・ラウンジ
1、3階へ
駐車場へ
MRTチャンギ・エアポート駅へ
シンガポール航空ファーストクラスラウンジ
シンガポール航空カウンター
チェックインカウンター
チェックインカウンター
フリー・シンガポール・ツアー
警察
ATM
チャンギ・レコメンズ
GSTリファンド・カウンター
1階へ
1階へ
到着ホール1F
Lost & Found（バゲージクレームカウンター）
入国審査
2階から
入国審査
2階から
手荷物預かり所
バゲージ・ピックアップ・エリア
バゲージ・ピックアップ・エリア
2階へ
2階へ
マクドナルド
入国者用免税店
税関
税関
入国者用免税店
到着ロビー
レンタカー
ツアーバス乗り場
チャンギ・レコメンズ
ATM
ATM
MRTチャンギ・エアポート駅へ
ターミナル4へのシャトルバス乗り場
アライバル・サービス・カウンター
ミーティング・サービス
チャンギ・レコメンズ
2階へ
地下へ
地下へ
2階へ
ツアー＆アトラクションズ
ジョホール・バル行きバスサービス
グランド・トランスポート・コンシェルジュ
N

チャンギ国際空港ターミナル3
ショップ
レストラン
カフェ
バー
両替所
空港インフォメーション
エスカレーター
エレベーター
トイレ
公衆電話
フリーインターネット
スモーキングエリア
ポストサービス
医療サービス
タクシー乗り場
到着客ルート
出発客ルート
パブリックエリア
トランジットエリア
出発ホール3F
航空会社ラウンジ
航空会社ラウンジ
航空会社ラウンジ
シンガポール・フードストリート（フードコート、24時間営業）
セブン-イレブン
バタフライ・ガーデン
ラウンジ
アンバサダー・トランジット・ラウンジ
アンバサダー・トランジット・ホテル
ムービーシアター
2階へ
4階へ
2階へ
2階へ
4階へ
2階へ
プラネット・トラベラー（旅行・アウトドア用品）
Mind Champs Preschool（保育施設）
2階へ
2階へ
1 コリンズ（西洋料理）
2 セントラル・タイ（タイ料理）
3 パラダイス・ダイナスティ（楽天皇朝、中国料理）
出発ホール2F
ゲートA1~8
ゲートB1~4
ゲートA9~21
ゲートB5~10
休憩エリア
ビー・リラックス
GSTリファンド・カウンター
鯉の池
ハリーズ・バー
プレイエリア
休憩エリア
TVラウンジ
鯉の池
バタフライ・ガーデン
ishop
3階へ
フリー・シンガポール・ツアー
乗り換えカウンターA
3階へ
3階へ
TVラウンジ
3階へ
TWGティーブティック
ATM
出国審査
スカイトレイン乗り場
スカイトレイン乗り場
手荷物預かり所
乗り換えカウンターB
ターミナル1へ
ターミナル2へ
3階へ
3階へ
3階へ
3階へ
GSTリファンド・カウンター
（郵便ポスト）
スカイトレイン乗り場
ターミナル1へ
ターミナル2へ
ジュエルへのリンクブリッジ
シンガポール航空ファーストクラス・ラウンジ
ATM
チェックインカウンター
ブンガワン・ソロ
チェックインカウンター
1階へ
1階へ
ATM
MRTチャンギ・エアポート駅へ
クラウン・プラザ・チャンギ・エアポートへ
プロペラのタワー
シンガポール航空案内カウンター
チャンギ・レコメンズ
到着ホール1F
バゲージ・ピックアップ・エリア
バゲージ・ピックアップ・エリア
入国審査
入国審査
バゲージ・クレーム・カウンター
税関
税関
税関
税関
The Heaven by Jetquay（有料ラウンジ）
チアーズ（コンビニ）
手荷物預かり所
地下1階へ
ATM
チャンギ・レコメンズ
2階へ
2階へ
2階へ
地下1階へ
クラウン・プラザ・チャンギ・エアポートへ
ツアーバス乗り場へ
マクドナルド
シンガポール航空ストップオーバー・カウンター
地下1階へ
レンタカー
プロペラのタワー
グランド・トランスポート・コンシェルジュ
ツアートラベル
ミート&グリートサービス
スライド・アット・T3（滑り台）
MRTチャンギ・エアポート駅へ

Column

チャンギ国際空港徹底ガイド

左／自動チェックイン機が並ぶT1の出発ホール　中／T3は自然光をふんだんに取り入れ、エコを重視した造り　右／T4の出発ホール（トランジットエリア）にはプラナカンの家並みを模した店の並びがある

ターミナルは4つある

国際空港ランキングで上位をキープする、設備もサービスも評価の高いアジアのハブ空港。従来の3つのターミナルに加えて、ターミナル4(T4)が2017年に開港した。さらなる旅客輸送量アップを目的としたもので、T2の南、シャトルバスで約10分の所に建設された。すべての航空会社が自動チェックイン機と自動手荷物預け機を使っての搭乗手続きをとり、効率化を図っている。2階建てで22万5000m²。シンガポールの文化や伝統遺産を投影したデザインだ。

T2は2020年5月から改装工事のため閉鎖されていたが、2022年5月に一部リニューアルオープン。今後も順次工事が続き、全施設リニューアル完了は2024年の予定。

◆最大規模のターミナル3

4つのターミナルのなかでも2008年開業のT3は38万m²と広く、設備も最新鋭。地下3階から地上4階の7階建てで、5フロアの高さまでそびえるグリーンウオール(植物の壁)が圧巻。地下2階にはショッピングモールもある。

※以下は、エリア名を記載したもの以外、トランジットエリアにある。

チャンギ国際空港のエンタメ＆家族向け施設

◆ムービーシアター Movie Theatre (T3：3階)

大型スクリーンの本格ミニシアターがあり、異なるジャンルの映画が24時間楽しめる。

営24時間(木曜11:00～16:00の時間帯は閉館)　料無料
※T2のムービーシアターは2022年12月現在、休業中。

◆スライド・アット・T3　Slide@T3(T3：1階)

1階パブリックエリアにあるらせん形の巨大滑り台。ビルの4階に相当する12mの高さから、秒速6メートルの速度で滑り下りる。ビル1.5階分の高さの滑り台も併設。地下2階のカスタマーサービスカウンターでチャンギリワードeカード(会員登録無料)を提示すると、最大10回滑ることができる。

営12:00～22:30　※身長制限があり、130cm以上のみ。

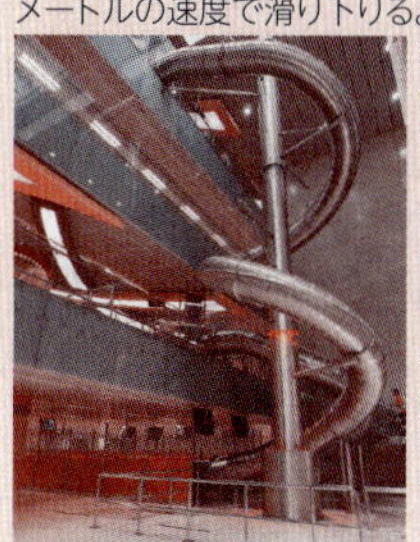
ステンレス板で作られた巨大滑り台

◆プレイエリア　Play Area (T1：3階、T3：B2階、2階)

1～12歳の子供を対象にしたキッズスペース。T3はパブリックエリア、トランジットエリア両方にある。営24時間

リラクセーション施設

◆プール、フィットネスセンター (T1：3階)

屋外プールがあり、空港とは思えないリゾート気分が味わえる。ジャクージやプールサイドバーも完備。すぐ近くにフィットネスセンターもある。

営12:00～21:00　料プール、フィットネスセンターとも各$20

◆有料ラウンジ

プラザ・プレミアム・ラウンジ Plaza Premium Lounge (T1：3階)

飲み物や食べ物が用意されたラウンジのほか、仮眠室やくつろげるソファ、シャワーなどもある。

☎6955-8989　営24時間

アンバサダー・トランジット・ラウンジAmbassador Transit Lounge (T2：3階、T3：3階)

ラウンジはシャワー設備があり、フードやドリンクの無料サービスも。3時間$45(シャワー使用なし)、$58.85(シャワー使用)。5時間、10時間の料金設定あり(1時間の延長ごとに$15追加)。

T2:☎6241-0978　T3:☎6507-9798　営ともに24時間

◆スパ・マッサージ

トラン・スパ TranSpa(T2:3階)

アンバサダー・トランジット・ホテル(→P.354)内にある総合サロン。全身マッサージ、足マッサージ、ネイルケアやフェイシャルなどもできる。男性も利用できる。※2022年12月現在、一時休業中。

T2:☎6542-2849　営11:00～21:00

◆リフレッシュできる屋外ガーデン

T1：3階のサボテンガーデンCactus Gardenは規模が大きい。北南米に分布するサボテンとその仲間の植物約40種類が見られる。T2の3階にはひまわりガーデンSunflower Gardenがあり、ともにスモーキングエリアが隣接している。T3の2&3階にはトロピカルガーデンの中に蝶が飛ぶバタフライ・ガーデンButterfly Gardenがある。

乗り継ぎ客専用のホテル

◆アンバサダー・トランジット・ホテル Ambassador Transit Hotel (T2、T3ともに3階)

バスルーム付きのスタンダードルームとシャワー、トイレ共同のバジェットルームがある。使用する人数で料金が設定されている。基本料金は6時間使用で、それ以上は延長料金となる。予約は2～3週間前に。

T2:☎6542-8122　FAX(65)6542-6122　全54室
T3:☎6507-9788　FAX(65)6242-8542　全66室
URL www.harilelahospitality.com
料スタンダードルーム:Ⓦ$213、Ⓣ$250、使用人数が1人増えるごとに$30加算。T2のバジェットルーム:Ⓢ$150。シャワー利用のみなら1人$20。税サ込み

◆アエロテル・シンガポール Aerotel Singapore (T1:3階)

屋外プールをもつホテル。

☎6808-2388　URL www.myaerotel.com　全70室

ユースフルスポット&インフォメーション

◆フリーインターネット

各所に設置。ウェブサイトを検索したり、メールをチェックしたり自由に使える。

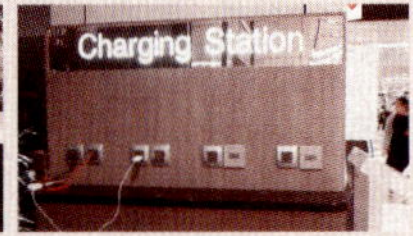

左/パソコンが設置されている　右/無料の充電スポットもある

◆24時間営業のコンビニ (T1:2階、T2:2階、3階、T3:3階、T4:1階、2M階)

セブン-イレブンはT2、T3、T4のトランジットエリアに、チアーズはT1、T2、T3、T4のパブリックエリアにある。食料品、日用品、医薬品、トラベルグッズ、おみやげ品まで揃い、便利。

営24時間

また、T3とジュエルの地下2階にはスーパーマーケットがあり、食品みやげの買い物に。

フェアプライス・ファイネスト Fairprice Finest

T3:住#B2-10　☎6242-6653　営7:00～22:00
ジュエル:住#B2-205/206/207/208　☎6245-8663
営9:00～23:00

◆手荷物預かり所 Baggage Storage

T3のトランジットエリア2階、パブリックエリア1階と、ジュエルの1階にある。料金は荷物の大きさによって異なり1日$5～。※2022年12月現在、T1、T2、T4の手荷物預かり所は休業中。

営24時間

◆チャンギ・レコメンズ Chaigi Recommends

全ターミナル、到着と出発のパブリックエリアに計11ヵ所ある。観光案内(地図やパンフレットあり)、観光ツアーやチケット販売、携帯電話のチップを購入できる。

営24時間(T1:1階は7:00～22:00、T4:1階は7:00～23:00)

写真のメインブースのほか、小規模なブースもある

◆乗り継ぎ客用の無料市内ツアー Free Singapore Tour (T2、T3ともに2階)

5時間30分以上待ち時間があれば参加可能。専用バスで市内観光地を巡る、約2時間半の無料ツアーを1日6回催行。出発時間によって2種類のツアーがある。申し込みはツアー開始の1時間前まで。ガイドは英語のみ。

※2022年12月現在、休止中。

営7:00～19:00(T3は～18:30、ツアーは9:00～19:30発)

◆医療サービス

救急救命士や医療専門家が常駐。全ターミナルのトランジットエリアと、T3、T4のパブリックエリアにある。緊急の場合はホットラインへ。

☎6311-1555
T1:☎6543-1113
T2:☎6546-3815
T3:☎6241-8333(トランジットエリア)、6241-8818(パブリックエリア)
T4:☎6584-2282(トランジットエリア)、6584-3133(パブリックエリア)

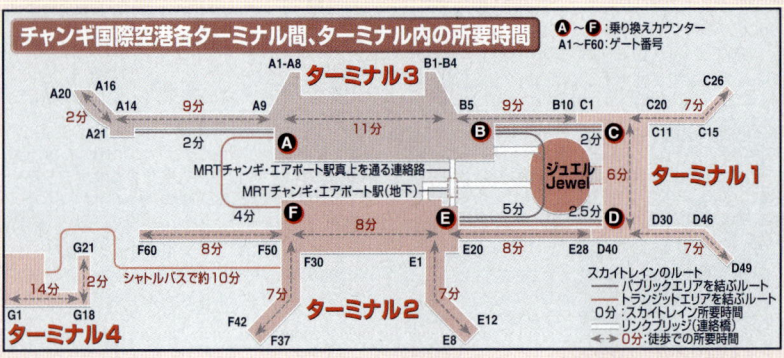

チャンギ国際空港各ターミナル間、ターミナル内の所要時間

Ⓐ～Ⓕ:乗り換えカウンター
A1～F60:ゲート番号

列車での入出国

入国

ここではマレーシア側の国境の町、ジョホール・バルからマレー鉄道（KTM）での入国方法を説明しよう。2011年にタンジョン・パガーにあったシンガポール駅が閉鎖されたため、マレー鉄道のシンガポール側の終着駅はウッドランズ・トレイン・チェックポイント Woodlands Train Checkpoint（MAP 折込表-1B）となった。

ジョホール・バルのJBセントラル駅～ウッドランズ・トレイン・チェックポイント間は列車で約5分。列車は遅れることも多いので、ジョホール・バルからシンガポールへ入国を考えているなら注意が必要。手順は、まずJBセントラル駅構内の切符売り場（3階）でウッドランズ・トレイン・チェックポイントへの切符を購入する。切符は出発時刻の30分前から購入できる。切符を購入したら専用のゲート（出発の約10分前にゲートが開く）を通って2階に下り、マレーシアの出国審査を受ける。その後、1階のプラットホームから列車に乗り込み、約5分ほどでコーズウェイを越えた場所にあるシンガポール側の終着駅、ウッドランズ・トレイン・チェックポイントに到着。そこでシンガポールの入国審査、および手荷物のX線検査、税関検査を済ませる。

すべての審査を終えてウッドランズ・トレイン・チェックポイントから出て、南方向へ徒歩数分、ウッドランズ・センターロード沿いにタクシースタンドやバス停があるので、そこからタクシーかバスで市内へ向かおう。

出国

シンガポールからの列車での出国は、北部にあるウッドランズ・トレイン・チェックポイントからとなる。まずはシンガポールの出国審査を受け、その後、マレーシアの入国審査および税関検査を受け、列車に乗り込むという手順だ。なお、マレーシア入国審査時に、パスポートにマレーシアの入国スタンプを押してもらえないことが多く、帰りのマレーシア出国時にトラブルが起こることがあるので、必ず行きの鉄道チケットをとっておくこと。

マレー鉄道の運行スケジュール

●JBセントラル駅→ウッドランズ・トレイン・チェックポイント

チケットはイミグレーションビルに隣接するJBセントラル駅（MAP P.194）のチケットオフィスで購入する。ウッドランズ・トレイン・チェックポイント行きの列車は5:00、5:30、6:00、6:30、7:00、7:30、8:45、10:00、11:30、12:45、14:00、15:15、16:30、17:45、19:00、20:15、21:30、22:45発の1日18本。料金はRM5。

●ウッドランズ・トレイン・チェックポイント→JBセントラル駅

ウッドランズ・トレイン・チェックポイント発の列車は、8:30、9:45、11:00、12:30、13:45、15:00、16:15、17:30、18:45、20:00、21:15、22:30、23:45発の1日13本。料金はRM16.45。なお、時間や料金は頻繁に変更されるので、マレー鉄道のホームページで事前に確認したほうがよい。（2022年12月現在）

マレー鉄道（KTM）ホームページ

URL ktmb.com.my

ウッドランズ・トレイン・チェックポイントからシンガポール中心部へのバス

No.170：リトル・インディア、ブギス方面（終点はクイーン・ストリート・ターミナル）。

MRTとバスを乗り継いでジョホール・バルへ

MRT南北線で、北部のクランジ駅へ出て、そこからSBSのNo.170か160のバスを利用する方法もある。

Column

マレー鉄道を走る夢の豪華列車　オリエント・エクスプレス

シンガポールからマレー半島を抜けタイのバンコクへいたるマレー鉄道を、あのオリエント・エクスプレスが走っている。車両はニュージーランドで使われていたものを全面改装して造られ、イースタン＆オリエンタル・エクスプレスと命名された。シンガポールを出発し、マレーシア、タイ、カンボジアを巡る10泊11日のツアーや、バンコクからマレーシアを経てシンガポールまで旅する7泊8日のシグネチャー・ジャーニーなど、魅力的なツアーを催行。列車はマレーシアのクアラ・カンサー、映画『戦場にかける橋』の舞台となったタイのカンチャナブリーに立ち寄り、ローカルツアーを楽しむことができる。全線乗車以外に区間ごとの乗車も可能だ。詳しいスケジュール、料金は下記まで。

株式会社 ベルモンド・ジャパン
☎6395-0678（シンガポール予約オフィス。英語のみ）
URL www.belmond.com/trains/asia/eastern-and-oriental-express
E-mail reservations.japan@belmond.com

船で入出国、その他のルート
ハーバーフロントに発着するのは、バタム島（バタム・センター、セクパン、ハーバーベイ、ウオーターフロント）やタンジュン・バライ島の各ルート。TMFT発着はビンタン島（ビンタン島リゾート・フェリーターミナルBTT、ローバム、タンジュン・ピナン）とバタム島のノングサプラの各ルート。

●シンガポール・クルーズセンター
Singapore Cruise Centre Pte. Ltd.
MAP P.179
住1 Maritime Square, #07-01 Harbour Front Centre（オフィス）
☎6513-2200
URL www.singaporecruise.com.sg
（→次ページへ続く）

船での入出国

船での入出国はインドネシア～シンガポール、マレーシア～シンガポールの場合がある。玄関となるのはシンガポール・クルーズセンターで、ハーバーフロント・センター内の国際旅客ターミナルと、タナ・メラ・フェリーターミナルのふたつがある。ここではビンタン島からの船が発着する後者を例に説明しよう。

入国

ビンタン島から約1時間でシンガポールのタナ・メラ・フェリーターミナルTanah Merah Ferry Terminal（以下TMFT）に到着する。TMFTはシンガポール東部、チャンギ国際空港のすぐ近くに位置している。ここでの入国審査もバスや列車同様、パスポート、SGアライバルカードの確認書、ワクチン接種証明書を提示する（SGアライバ

Column

マレーシアへの長距離バスとタクシー

バス

シンガポールからマレーシア各都市へのバス路線網は、よく発達しており、鉄道に比べ便数も多く料金も安いので利用者も多い。

◆両替は出発前に

長距離バスは、途中で食事や休憩のためのレストストップがある場合もある。ただしRM（マレーシア・リンギット）を持っていなければ、何も買えないし、何も食べられないので、出発前に銀行や両替商でRMを手に入れておこう。

◆長距離バスは全席指定 ※ジョホール・バル行きを除く

チケットは当日でも入手可能なことが多いが、ホリデイ期間は混み合うので（料金も最大50%ほどアップする）、早めに手配したい。

ジョホール・バル行きのバス

◆クイーン・ストリート・ターミナル
Queen St. Terminal

シンガポール・ジョホール・エクスプレス、コーズウェイ・リンク

シンガポール・ジョホール・エクスプレス（星柔快車）とコーズウェイ・リンク（Causeway Link）のバス（CW2）がコーズウェイを通ってジョホール・バル郊外のラーキン・バスターミナルまで結ぶ。市内へ行きたい場合はジョホール・バルのイミグレーションで下車する。毎日6:00～23:45の間に15～30分間隔で運行。所要40分～1時間、＄3.3～。

コーズウェイ・リンクのバスはMRTクランジ駅～ラーキン・バスターミナル（CW1）、ニュートン・サーカス（MRTニュートン駅前）～ジョホール・バルのイミグレーション（CW5）を結ぶ路線も運行。

SBSバス

SBSのNo.170のバスがブキ・ティマ・ロードを北上し、コーズウェイを通ってジョホール・バルのラーキン・バスターミナルへ向かう。途中の各バス停からも乗車できるので、このバスに乗る場合はわざわざターミナルへ出向く必要はないが、北上するにつれて混雑していくので注意が必要。毎日5:20～翌0:10の間に12～20分間隔で運行。所要約1時間40分、＄2.8。

ほかにMRTジュロン・イースト駅発のNo.160、ウッドランズ駅発のSMRTバスNo.950がジョホール・バルのJBセントラル駅隣接のJBセントラル・バスターミナルへ行く。ここからはジョホール・バルにあるスナイ国際空港へ行くシャトルバスが発着している。※ラーキン・バスターミナル、JBセントラル・バスターミナル MAP P.194

クイーン・ストリート・ターミナル
MAP P.90-1B
住Queen St.　営6:00～24:00
休無休　行き方MRTブギス駅から徒歩約10分。

◆ジョホール・バルからシンガポールへの帰り方

クイーン・ストリート・ターミナル行きのシンガポール・ジョホール・エクスプレス、コーズウェイ・リンクかSBSのNo.170のバスを利用する。マレーシアのイミグレーションビルは、JBセントラル駅（→P.349欄外）に直結しており、同ビルL3にアクセス通路が設けられている。建物のL3で出国審査を済ませ、L1に下りた所にバス乗り場がある。ツアーバス、No.160、170のバスを利用する場合はプラットホームAへ、シンガポール・ジョホール・エクスプレス、コーズウェイ・リンク、No.950のバスはプラットホームBから発車。チケットは乗り場で購入。または乗車時に

コーズウェイ・リンク（左）とシンガポール・ジョホール・エクスプレス（右）のバス

ジョホール・バル、イミグレーションビル真下のバス乗り場。表示板を確かめ、乗車するバスの列に並ぼう。週末は混雑する

ルカードの確認書、ワクチン接種証明書は提示しなくてよいこともあるが、携行しておく)。税関ではX線チェックなどの荷物検査がある。

TMFTから市内への行き方は、公共交通機関を利用するなら、まずNo.35のバスでMRT東西線ベドック駅へ出て、そこからMRTに乗り換えることになる。バスの本数が15〜20分ごとに1本と少ないことや、乗り換えの手間などを考えると、やはりタクシー利用が便利だろう。市内までは$25〜30。ただしフェリー到着時に客待ちしているタクシーの数は十分ではないので、入国手続きを早めに済ませないと、タクシーがやってくるのを待つことになるので要注意。

出国

TMFTからの出国も、ほかの場合と同様にパスポートを提示し、出国審査を受ける。

(→前ページから)

●国際旅客ターミナル International Passenger Terminal (SCC @ Harbourfront)
MAP P.179
住1 Maritime Square, Harbour Front Centre
☎6513-2200

●タナ・メラ・フェリーターミナル Tanah Merah Ferry Terminal (SCC@Tanah Merah)
MAP 折込表-2C
住50 Tanah Merah Ferry Rd., #01-01
☎6513-2100

●マリーナ・ベイ・クルーズセンター・シンガポール Marina Bay Cruise Centre Singapore
MAP 折込表-3B
住61 Marina Coastal Drv.
URL mbccs.com.sg

料金を支払って入手。シンガポール・ジョホール・エクスプレス、コーズウェイ・リンクはクイーン・ストリート・ターミナルまでRM3.4。両バスはラーキン・バスターミナル、No.170のバスはJBセントラル駅からも乗れる。出発後、シンガポールのイミグレーションで入国審査を済ませ、再びバスに乗り込むと30〜40分で終点到着。(ジョホール・バルの地図は→P.194)

マラッカ、クアラルンプール行きのバス

◆ゴールデン・マイル・コンプレックス
Golden Mile Complex

ビーチ・ロード沿いにあるゴールデン・マイル・コンプレックスの1階に、マレーシア行きのバス会社のチケットオフィスが並ぶ。バスはエアコン付きで、所要時間はマラッカが約4時間、クアラルンプールは約6時間、その他ペナンやジェンティン行きのバスもある。ティオマン島への船が出航するメルシンへは約3時間30分(3〜10月の乾季限定)。チケットは前日までに買っておけば大丈夫だが、週末は混み合うのでもう少し余裕をもったほうがよい。

ザ・ワン・トラベル&ツアーズ
The One Travel & Tours

ゴールデン・マイル・コンプレックス内のバス会社。シンガポール〜マラッカ、クアラルンプールなどを結ぶ。マラッカ行きは8:45、9:15発の1日2本で$28.7〜33.9(保険込み)。クアラルンプール行き(3列シートのVIPコーチ)は1日15本あり、$30〜78(保険込み)。
住#01-27 Golden Mile Complex ☎6240-6888
URL www.theone.travel 営7:00〜21:30 休無休

スリ・マジュ・トラベル&ツアーズ
Suri Maju Travel & Tours

ゴールデン・マイル・コンプレックス内にある。1978年に設立されたマレーシア最大のバスオペレーターのひとつで、128台のバスを所有するスリ・マジュの支社。マラッカ行きは毎日8:00発で$24.5〜30、ペナン行きは毎日9:00発で$45〜70、クアラルンプール行きは1日5本あり、$30〜50。
住#01-17 Golden Mile Complex ☎6294-8228
URL www.srimaju.com 営7:00〜23:00 休無休

その他、クアラルンプールへは、ハーバーフロントから8:00〜20:00の間にエアロライン(Aeroline)社が4〜5本(片道$50)、ノビナ・スクエアから7:30〜18:30の間にファーストコーチ(First Coach)社が6本(片道$36)運行している。

ゴールデン・マイル・コンプレックス
MAP P.91-1D
住5001 Beach Rd. 行き方MRTニコル・ハイウエイ駅から徒歩約8分、タクシーなら中心部から約10分。

ジョホール・バル行きのタクシー

クイーン・ストリート・ターミナルとジョホール・バルのラーキン・バスターミナルを結ぶ専用タクシーもある。乗合制で1人一律$12(ジョホール・バルからはRM20)、または1台$48(ジョホール・バルからはRM80)と設定されている。タクシー利用のメリットは速さだけでなく、車内で座ったまま越境できること(入国審査はバスの場合と同じビルで行う)。両ターミナルに専用スタンドがあるので、その窓口で申し込む。基本的にターミナル以外では乗り降りできないが、1台料金に上乗せしてターミナル以外での降車を交渉することは可能、ただし、乗り場は各ターミナルから。

シンガポール・ジョホール・タクシー・オペレーターズ・アソシエーションに電話をすれば、島内どこからでもピックアップするアレンジが可能。タクシー1台(4人乗り)$70。

シンガポール・ジョホール・タクシー・オペレーターズ・アソシエーション
Singapore Johor Taxi Operators' Association
☎6296-7054(オフィス)、6535-3534(予約専用電話)
※クイーン・ストリート・ターミナルのバス乗り場の隣にオフィスとタクシー乗り場がある。

シンガポール〜ジョホール・バル間の専用タクシーは黄色の車体。写真はクイーン・ストリート・ターミナルの乗り場

空港から市内へ

空港から市内への交通手段は、MRT東西線、バス、タクシーなどがある。

チャンギ・エアポート駅ターミナル2の改札手前にパッセンジャーサービスがあり、イージー・リンク・カードやツーリスト・パスの販売、デポジットの返却を行っている

エム・アール・ティーMRT

MRT空港線（東西線の支線）のチャンギ・エアポート駅は、空港のターミナル2とターミナル3を連結するように位置する。**タナ・メラ駅で東西線に乗り換えて市内へ入れる**。空港からシティ・ホール駅間は約40分、$1.93。7～12分間隔で運行。空港発の運行時間は早朝5:31（日曜、祝日5:59）～翌0:06だが、タナ・メラ駅からシティ方面への東西線の最終電車は23:33発。

バス

ターミナル1、2、3は空港地下にバスターミナルがあり、ターミナル4は到着ホール（1階）を出た道沿いにバス停がある。空港発着の路線は5系統あり、旅行者によく利用されているのは、空港ターミナル2発、マリーナ・エリア、オーチャード・ロードを結んで主要ホテルを経由するSMRTのNo.36の巡回バスで、8～12分間隔で運行（MRTオーチャード駅まで$2.8）。No.24はMRTタナ・メラ駅、ベドック駅、パヤ・レバ駅を経由して、アン・モ・キオ駅へ。No.27はニュータウンのホウガン・セントラル行き。No.53はパシール・リス、セラングーン駅を経由するビシャン駅行き。SMRTのNo.858はイーシュン駅を経由してウッドランズ・バスターミナルへ運行している。どのバスも運行時間はだいたい6:00～23:00。10～15分間隔で運行。運賃は乗車距離によって変わる。おつりは出ないので、あらかじめ空港内の両替所で小銭を用意しておこう。

タクシー

空港到着ロビーを出ると隣接して、あるいは地下がタクシー乗り場になっている。乗り場には、タクシー係の人がいるので、指示に従う。

タクシーは日中なら**市内まで$20～30**（このうち$3〈金～日曜の17:00～24:00は$5〉は空港加算料。市内から空港へ向かう場合は不要）。深夜やピーク時だと割り増しになるので（→P.366）、だいたい$30～45くらいだ。所要時間は20～30分。なお、タクシーを利用する場合、必ずメーターを作動させているかどうかを確認すること。まれだが、慣れない旅行者とみると、メーターを作動させないで走り、あとで法外な料金を要求してくるドライバーもいるので要注意だ。

エアポート・シャトル・サービス

グラウンド・トランスポート・コンシェルジュ（The Ground Transport Concierge）が、セントーサ島、チャンギ・ビレッジを除く市内のホテルと中央商業地区（Central Business District）の任意の場所までシティシャトルを運行。11:00～23:00に1時間間隔で運行している。運賃は大人$10、子供（12歳以下）$7。チャーターの場合は24時間運行で、1台$55（最大4人）、$60（最大7人）。各ターミナルの到着ロビーにあるカウンターで申し込む。

ターミナル1に到着した際にMRTを利用したいときは

スカイトレイン（→P.348欄外）でターミナル2へ行き、案内板に従って、地下のMRTの駅へ。

READER'S VOICE

空港のMRT駅

チャンギ・エアポート駅はターミナル2と3の両方から直接乗車できるが、チケットオフィスがあるのは、ターミナル2だけ。ツーリスト・パスの購入やデポジットの返金などの際には注意しよう。（群馬県　ライダー　'18）['22]

MRT問い合わせ

FREE 1800-3368900

URL www.smrt.com.sg

※シティ・ホール駅からタナ・メラ駅行きの運行時間は6:01（日曜、祝日6:29）～翌0:10で、タナ・メラ駅からのチャンギ・エアポート駅行きの最終は23:50発。

空港のタクシー乗り場

空港からジョホール・バルへ

「トランスター・クロス・ボーダー・サービス」の利用が便利。チャンギ国際空港ターミナル1、4のバスターミナルからジョホール・バルのラーキン・バスターミナルまで、8:15～23:15の間に1～2時間間隔で運行している。$10。URL www.transtar.travel

グラウンド・トランスポート・コンシェルジュ The Ground Transport Concierge（GTC）

☎9656-6258

URL www.changiairport.com/en/airport-guide/facilities-and-services/ground-transport-concierge.html

空港到着ロビーにカウンターがある。

都市交通

シンガポールの交通機関は高度なシステムで整備されている。電車、バスはほとんどの見どころを網羅していて、旅行者にも利用しやすい。街の概要をつかむためにも乗り物を活用しよう。2022年12月現在、シンガポールではMRT、LRT、バスといった公共交通機関ではマスク着用が義務付けられている。

エム・アール・ティーMRT(Mass Rapid Transit)

交通の要となるMRT。郊外は高架を走り、駅の間隔も長くなる

中心部では地下を走るMRTは、市民の足として人気がある。便利で乗り心地快適、駅名もあるのでわかりやすい。道路は朝晩の通勤時には車とバスで一部渋滞するが、MRTは時間どおりに目的地に着くことができる。都市中心部を抜けると高架を走るため眺めもよく、郊外へ出かける手段としてもおすすめだ。

MRTには**東西線（East West Line）**、**南北線（North South Line）**、**東北線（North East Line）**、**サークル線（Circle Line）**、**ダウンタウン線（Downtown Line）**、**トムソン・イーストコースト線（Thomson-East Coast Line）**の6路線がある。東北線は住宅団地のポンゴル駅からハーバーフロント駅を結ぶ路線で、リトル・インディア、チャイナタウン、クラーク・キーへのアクセスに便利な路線だ。**空**

MRTの運行時間（6路線）

（2022年12月現在）

路線名	駅名	始発（日曜、祝日）	最終（日曜、祝日）
MRT南北線	マリーナ・サウス・ピア	6:10(6:38)	0:04(0:04) ※クランジ駅止まり
	ジュロン・イースト	5:16(5:35)	0:17(0:17) ※アン・モ・キオ駅止まり
MRT東西線	トゥアス・リンク	5:19(5:49)	23:19(23:19)
	パシール・リス	5:28(5:54)	23:23(23:23)
MRT東北線	ハーバーフロント	5:30(5:51)	0:04(0:04)
	ポンゴル	5:42(6:02)	23:28(23:28)
MRTサークル線	ドービー・ゴート	5:37(6:05)	0:10(0:10) ※タイ・セン駅止まり
	ハーバーフロント	5:30(5:51)	0:04(0:04) ※バートレイ駅止まり
	マリーナ・ベイ	5:59(6:24)	23:55(23:55)※スタジアム駅止まり
MRTダウンタウン線	ブキ・パンジャン	4:59(5:18)	23:37(23:37)
	エキスポ	5:23(5:50)	0:11(0:11)
MRTトムソン・イーストコースト線	ウッドランズ・ノース	5:52(6:12)	0:17(0:17)
	ガーデンズ・バイ・ザ・ベイ	5:47(6:07)	23:50(23:50)

緑の背景に黄色のロゴマーク。この看板がMRTの出入口の目印

MRT、イージー・リンク・カードに関する問い合わせ先
FREE 1800-3368900
FREE 1800-2255663
URL www.smrt.com.sg

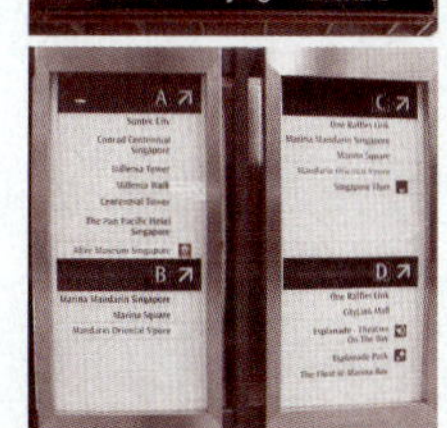

上／路線が複数乗り入れている駅では表示板を見ながら進もう　下／改札を出ると各出口の案内板がある。目的地に最短の出口を確認

MRTの運行時間
（2022年12月現在）
●空港線
タナ・メラ駅発チャンギ・エアポート駅行き
平日：5:20～23:50
日曜、祝日：5:47～23:50
チャンギ・エアポート駅発タナ・メラ駅行き
平日：5:31～翌0:06
日曜、祝日：5:59～翌0:06

港へは東西線を利用し、タナ・メラ駅で空港線に乗り換える。

サークル線は中心部の外縁を巡る路線で、ホランド・ビレッジやハウ・パー・ヴィラへ行くのに便利。始発駅のドービー・ゴート駅は、南北線・東北線と交わる乗り換え駅である。また、プロムナード駅で分岐して南北線のマリーナ・ベイ駅を結んでおり、途中ベイフロント駅はマリーナベイ・サンズに隣接している。

最も新しいトムソン・イーストコースト線は北部のウッドランズ・ノースから東南部を結ぶ路線。2020年から順次開通し、2022年12月現在、ウッドランズ・ノース駅からガーデンズ・バイ・ザ・ベイ駅間が開通となった。

またブキ・パンジャンやセンカン、ポンゴルの郊外のニュータウンにはLRT(Light Rail Transit)と呼ばれる小型トレインが走っており、大型ニュータウンの貴重な足となっている。これらの線はそれぞれMRT南北線チョア・チュー・カン駅、MRTダウンタウン線ブキ・パンジャン駅、MRT東北線センカン駅、ポンゴル駅に連結している（路線図→P.98）。

東西線←→南北線の乗り換え

市中心部ではラッフルズ・プレイス駅とシティ・ホール駅が乗り換え駅(インターチェンジ)となっている。降りたホームの向かい側で乗り換えできるのは次のとおり。

●ラッフルズ・プレイス駅
東方面行←→北方面行
西方面行←→南方面行

●シティ・ホール駅
東方面行←→南方面行
西方面行←→北方面行

また、ジュロン・イーストでも東西線と南北線の乗り換えが可能だ。

※東北線と接続する各線（南北線と東西線）の乗り換え駅（ドービー・ゴート駅、アウトラム・パーク駅）では、乗り換えに構内を数分歩かなければならない。

運賃の支払い方法

カードタイプのスタンダード・チケットStandard Ticketは2022年3月末で廃止され、プリペイド式カードの**イージー・リンク・カードEZ Link Card**、旅行者向けの**シンガポール・ツーリスト・パスThe Singapore Tourist Pass**を使って乗車する。また、クレジットカードやスマートフォンを利用した決済サービス、**シンプリーゴーSimplyGo**（→欄外）も利用できる。利用方法はイージー・リンク・カードと同じで、駅の改札やバスの乗降時にカードや端末をセンサーにタッチするだけ。

シンプリーゴー　SimplyGo

2019年4月に運用開始された、公共交通機関利用時にクレジットカードやスマホによる非接触決済ができるサービス。非接触決済対応のクレジットカード（マスターカード、ビザカードに限る）を所持している場合、登録不要で利用可能。シンガポール国外で発行されたクレジットカードも利用できるが、1回の請求につき$0.6の手数料がかかるので注意。アップルペイ、グーグルペイなどのモバイルウォレットも利用できる。シンプリーゴーのウェブやアプリに登録しておくと、利用履歴が確認できる。

URL www.simplygo.com.sg

◆イージー・リンク・カード　EZ Link Card

バスとMRTのどちらにも利用可能なプリペイド式カード。改札機のセンサーにカードをかざすだけで自動的に料金が引き落とされる。カードは$10で使用可能額は$5（$5はカード代）。運賃は$0.99～2.26。使うたびに残高が表示され、残額が$3を切ったら、自動券売機で増額しなければならない。現金なら$2から、クレジットカードなら$10から増額できる。カードは駅構内のチケットオフィスやパッセンジャーサービス、またはセブン-イレブンで買える。有効期限は発行日から5年間。使い切れなかった場合は、チケットオフィスで残額の払い戻しが可能(カード代$5は返金不可)。

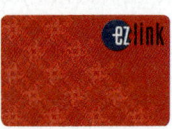

イージー・リンク・カード

◆シンガポール・ツーリスト・パス　The Singapore Tourist Pass

旅行者向けのMRTとバス共通の乗り放題パス。1日用($20)、2日用($26)、3日用($30)の3種類がある。MRT駅構内のチケットオフィス(オーチャード、サマセット、シティ・ホール、チャイナタウン、ブギス、ベイフロント、ハーバーフロント、チャンギ・エアポート駅などの主要16駅)で購入できる。このパスは乗り放題の期間にかかわらず$10のデポジットが含まれている。5日間まで所持が可能（パス・カードをレンタルする形に

シンガポール・ツーリスト・パス

イージー・リンク・カードとシンガポール・ツーリスト・パス

購入は現金のほか、ビザとマスターカードが使える。ただしカードでの購入は$0.5ほど手数料がかかる。現金、カードどちらで支払っても残額やデポジットの返金は現金で行われる。

シンガポール・ツーリスト・パスは通勤用エクスプレスバスやナイトバスには使用不可。

なる)。例えば乗り放題期間は1日だけとしても、残りの4日間は増額すれば通常のイージー・リンク・カードとして使える。また5日間を超える日数で乗り放題パスとして使用したい場合は、窓口に申し出ればさらに5日のレンタル権を延長してもらえる。シンガポール・ツーリスト・パスは、購入後5日以内に返却すれば、デポジットが返金される(※カードに残った金額の払い戻しはない)。このほかにデポジットなしの3日間乗り放題パス「SGツーリスト・パス」($25)もある。

オーチャード駅のチケットオフィスは混むことが多い

イージー・リンク・カードの増額方法

駅の改札手前にあるトップアップ・マシンTop-up Machineで行う。カードをリーダーの上に置く。操作スクリーンで増額する金額を選ぶと、決済画面になり、現金かクレジットカードを選択。現金の投入またはクレジットカードをカード読み取り機にかざし決済すれば完了。「receipt」をタッチすればレシートが出てくる。駅のチケットオフィス(→欄外)や、セブン-イレブンやチアーズ(コンビニ)でも増額可能(コンビニのみ手数料$0.5がかかる)。イージー・リンク・カードのデポジットの払い戻しは改札隣のチケットオフィスでできる。※シンガポールでは増額のことを「Top Up(トップアップ)」という。

MRTの改札機。チケットはセンサーにかざす

電車の乗り方

▶**改札を通過**:改札機の通り方は、改札機上部にあるセンサーにイージー・リンク・カードやツーリスト・パスなどのカードをかざすだけ。青いランプがつけば、通過することができる。無事通過したらホームへ向かおう。

チケットオフィスの営業時間

駅によって営業時間は異なるが、おもな駅は次のとおり。

●**オーチャード駅**
営8:00~21:00 休無休
●**シティ・ホール駅**
営9:00~21:00 休無休
●**ブギス駅**
営10:00~21:00 休無休
●**ラッフルズ・プレイス駅**
営8:00~21:00(土曜~17:00) 休日曜、祝日
●**チャイナタウン駅**
営8:00~12:30、13:00~16:00、17:00~21:00 休無休
●**チャンギ・エアポート駅**
営8:00~21:00 休無休

シンガポール・ツーリスト・パス ホームページ

URL thesingaporetouristpass.com.sg

イージー・リンク・カードの新しいトップアップ・マシン。カード専用と現金が使えるタイプがある

Column

MRT禁止事項あれこれ

車内や構内には禁止事項が張り出されており、監視カメラの数も多い

何事も罰金で取り締まるシンガポール。当然のようにMRTにもある。次の禁止事項に触れると最高$5000の罰金を徴収される。

●緊急時以外にロックを外してドアを開けてはいけない。
●車内、駅構内でたばこを吸ったり、物を食べたり飲んだりしてはいけない。またツバを吐いたり、ゴミを捨てたりしてはいけない。
●可燃物、ドリアンを持ち込んではいけない。
●車内、駅構内へ動物を連れてきてはいけない。
●無効な切符で列車に乗ってはいけない。
●切符を折り曲げたり、はじいて音をたてたりしてはいけない。
●座席の上に足を投げ出してはいけない。
●車内、駅構内でギャンブルをしたり、行商したり、ビラを張ったりしてはいけない。
●車内、駅構内をブラブラ歩き回ってはいけない。
●MRTの各装置にダメージを与えてはいけない。

このほか、常識で考えると当然と思われることがたくさん禁止事項としてある。つまり、日本での一般的なモラルやエチケットを守っていれば、何らとがめられることはない、というわけだ。

ホームの行き先掲示版。サークル線はプロムナード駅で行き先が分かれるので要確認

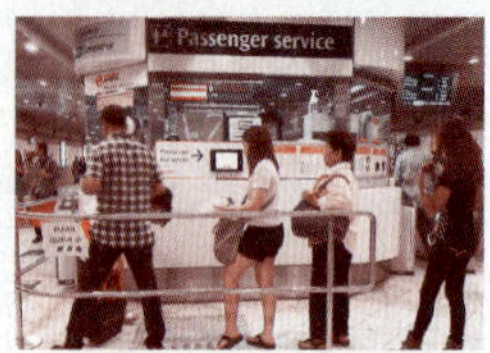

各駅にあるパッセンジャーサービス。チケット全般について、また困ったことがあればこの窓口で問い合わせを

MRTとバスの子供料金

MRT、バスともに7歳未満で身長90cmまでの子供は、大人が同伴する場合、無料。7歳未満で未就学、身長90cm以上の子供は子供割引カード（Child Concession Card）があれば無料となる。このカードは、チケットオフィス（→P.361欄外）でパスポートとともに申請すればもらえる。なお、子供用のイージー・リンク・カードはない。

MRTの改札の所に身長計がある

ここでも使えるイージー・リンク・カード

バスやMRTの交通機関の運賃支払いのほかに、電子マネーとして使用できる場所が増えている。セブン-イレブンやコールド・ストレージなどのスーパーマーケットや一部のフードコート、スターバックスやマクドナルドでもイージー・リンク・カードで支払いができる。また、セブン-イレブンやチアーズ（コンビニ）でも$500まで増額できる（手数料$0.5がかかる）。

駅構内でスマホの充電ができる

MRTの主要駅（オーチャード駅、シティ・ホール駅、タンジョン・パガー駅など）、改札付近にスマートフォンやタブレットの充電ポイントがある。

LRTの車両。車内は生活感がいっぱい

▶ホームにて乗車：改札を抜けたら、自分の乗る電車のホームを確認しよう。色分けされた路線表示があるので、わかりやすい。表示に従い、ホームに行く。ホームの掲示板には次に来る電車の行き先が表示されている。駅にはホーム側にもスクリーンドアがあり、電車が着くと電車のドアと一緒にこのスクリーンドアが開く仕組みになっている。地下の駅ホームはエアコンがよく効いて涼しい。

▶下車したら：目的地の駅でも改札機の上部にあるセンサーにカードをかざして改札を通過する。万一、センサーの不良などで改札を通過することができない場合は、改札横のパッセンジャーサービスでカードを点検してもらおう。

MRTの駅と列車

MRTの駅舎は各駅ごとに特徴をもたせたデザインとなっている。チャイニーズ・ガーデン駅には中国風の屋根がしつらえてあり、レッドヒル駅はピンクで統一されているという具合で、なかなか楽しい。

車内はエアコンが効いていて快適

また駅名にも英語、中国語（アン・モ・キオ〈紅毛橋〉など）、マレー語（タンジョン・パガーなど）、タミール語（ドービー・ゴート）とあり、こんなところにもお国柄が表れている。

車両は川崎重工、日本車輌などの日本製が多く、アルミ製のシルバーカラーのボディに赤いラインが入っている。もちろんエアコン完備で涼し過ぎるくらいだ。多くは6両編成。車内の椅子はカラフルなプラスチック製。東北線、サークル線、トムソン・イーストコースト線にはさらにハイテクを駆使した車両が使われている。

エル・アール・ティーLRT(Light Rail Transit)

ブキ・パンジャンやセンカンなどのニュータウンにはLRTが走っており、MRT駅と連絡している。1～2両編成の高架を走る無人車両で、ニュータウンをぐるっと循環している。郊外の団地（HDB）に住む人たちの便利な足として団地の間をぬうように走り、途中、団地の部屋の窓に近づくと、プライバシー保護とセキュリティのため、窓に自動的にカバーがかけられる。チケットはMRTと共通。

バス　Bus

移動しながら外の景色を眺めたり、土地勘を養ったりできるという点ではバスの右に出るものはない。シンガポール中を網の目のように結んでいるため、バスを乗りこなせれば、ほとんどの場所へ行くことができる。最新システムのバスには車内アナウンスやバス停の名前が車内の電光掲示板に表示される。旧式のバスにはそれがなく、不安に感じるかもしれないが、小さな国なので乗り間違えてもそれほど遠くに行ってしまうことはない。バスにはお年寄りや子供も多く、ローカルの人々の暮らしぶりを垣間見ることもできる。

左上／SBSもSMRTもライトグリーンの車体のバスが増えている　左下／ダブルデッカーもある　右上／SMRTの新しいタイプのバス　右下／SMRTのバスは以前のTIBSのバスが使われていることもある

シンガポールのバス会社

シンガポールには**エス・ビー・エス・トランジットSBS Transit（SBS）、エス・エム・アール・ティ・バスSMRT Bus（SMRT）**などのバス会社がある。

このなかで最もバスの台数が多く目につくのがSBSである。シンガポール最大手のバス会社で、オリジナルの車両は赤と白のツートンカラーだが、最近はバス会社に関係なく、ライトグリーンの車体のバスが使われている。エアコン完備で、ダブルデッカー（2階建て）もあり、2階席からの眺めは一段とよい。

また、SMRTも市中心部と郊外を結ぶ路線が充実している。車両はSBSに似た赤と白のツートンカラーだが、このバス会社の前身であるTIBS社のバスが、今もなおそのまま使われていることもある。やはりエアコン完備。

バスの料金システム

◆料金は$1.7から

市内を運行しているバスは最低$1.7、その後¢10～20きざみで$2.8まで。ワンマンカーなので乗車時に行き先を運転手に伝えて料金を教えてもらう。わからない場合は最高料金を払えば間違いない。距離によって料金が異なるタイプのバスは、各バス会社では**トランク・サービスTrunk Service**と呼ばれている。

また、郊外のバスターミナルから、その付近のみを走るようなバスは一律料金になっている。このタイプは**フィーダー・バスFeeder Bus**や**タウン・リンクTown Link**と呼ばれ、バス乗車口脇に料金が表示されている。料金は一律$1.5。

さらに注意したいのは、ハイウエイを通って市内に入るエクスプレス・サービスと呼ばれるバス。これは普通のバスより少し高めに料金設定されていて、市内で乗っても最低運賃が$2.5かかる。

◆イージー・リンク・カードが使える

イージー・リンク・カードなら料金は最低¢83で、1回ごとに払うより割安。気をつけたいのは**乗車時と降車時の2回、センサーにかざすこと**。バスの場合、降車時に忘れる人が続出している。忘れると

バスの運行時間

路線によって違うが、多くは始発が5:30～7:00の間、終発が23:00～翌0:30くらい。

深夜バス

23:30～翌早朝までの間に運行する深夜バスは、日中と同じルートでも$4.5の一律料金となる。深夜バスはナイトライダーNight Riderと呼ばれ、バス番号にNが付く。

郊外の主要MRT駅前には規模の大きなバスターミナルがあり、多くの路線が発着する

READER'S VOICE

プリペイド式カードについて

おもにMRTを移動に使おうと考えている人には、ツーリスト・パスよりイージー・リンク・カードのほうが使い勝手がよくおすすめ。また、チャンギ・エアポート駅のチケットオフィスは、長蛇の列なのでカード購入やデポジットの返金で利用する際は要注意。

（奈良県　19ちゃん）［'22］

トランク・サービス（距離によって料金が異なるバス）の料金

バス料金は、料金区間（Fare Stageと呼ぶ）によって次のように決まっている。

●～3.2料金区間	$1.7
●3.3～6.2料金区間	$1.9
●6.3～9.2料金区間	$2.1
●9.3～11.2料金区間	$2.3
●11.3～15.2料金区間	$2.5
●15.3～19.2料金区間	$2.6
●19.3～23.2料金区間	$2.7
●23.3料金区間以上	$2.8
●エクスプレス・サービスのバス	$2.5～3.3

※SBS、SMRT共通。

なお、料金区間はバス停の数とは無関係で、1料金区間は900mとなっている。目的地までの料金は、バス停にあるボードを参照するか、運転手に聞くとよい。

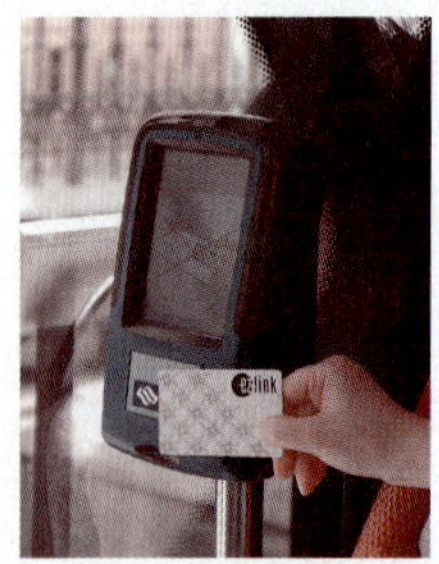

バス内のイージー・リンク・カードのセンサーは乗降口に各1機ある。乗車時と降車時の2回カードをかざす

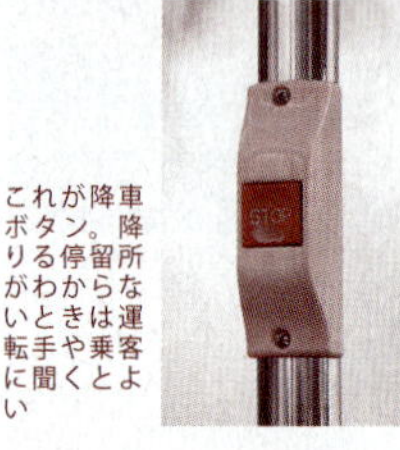

これが降車ボタン。降りる停留所がわからないときは運転手や乗客に聞くとよい

バス会社、バス路線のホームページ

●SBS
URL www.sbstransit.com.sg
●SMRT
URL www.smrt.com.sg
●トランジットリンク
URL www.transitlink.com.sg

2階建てバスでは2階の最前列に

この席の見晴らしのよさは抜群。バスの楽しさを実感できる席はここしかない。もしこの席がいっぱいだったら、どこでもいいから2階の窓側へ。1階に比べたら、やはり見晴らしは段違いにいい。なお、2階での立ち席は禁じられている。

最終地点まで乗ったものとして、その相当額が差し引かれてしまう。

バスの乗り降りの仕方

◆バスの停め方

乗りたいバスが来たら、手を挙げて停める。もし誰も手を挙げていなければバスは停まらずに通り過ぎるので注意すること。乗車前にバス前方の番号、車の横に書いてある通りの名前などを確認したい。不安なら運転手に行き先を確認するとよいだろう。

◆料金先払い

バスは前乗り、後ろ降りで料金は乗車時に支払う。通常は運転手に行き先を告げて料金を聞き、支払う。フィーダー・バスの場合は均一料金なので、乗車口に表示されている料金を支払う。どちらの場合もおつりはもらえないので、小銭を用意しておくこと。均一料金のバス以外ではチケットをもらうのを忘れずに、降りるまでなくさないように持っておく。

イージー・リンク・カードを利用する場合はドアのそばに取りつけられているセンサーにカードをかざす。

◆バスの降り方

車内のポールに付いている赤いボタンを押すと「ピンポン」という音がして、次のバス停で停まってくれる。バス停には名前がないので、どこが目的の停留所かわからないような場合はあらかじめ運転手に、目的地に着いたら知らせてくれるよう頼んでおくとよい。バスがどこを走っているか、通りの名前や目立つビルの名前を見て地図でたどりながら行くと土地勘も養うことができるだろう。周りの乗客に聞いてみるのも一案だ。イージー・リンク・カード使用の場合は、降車時にもカードをセンサーにかざすこと。

バス路線について

◆バス停の路線ボードで確認

バスの路線は数が多く入り組んでいるので全部を覚えるのは無理だが、主要なバス停に付いている目的地別バス路線ボードをよく

オーチャード・ロード～主要観光地バスサービス一覧

(2022年12月現在)

目的地	オーチャード・ロードからの直通バスNo.	オーチャード・ロードからその他の一般的な行き方
マーライオン・パーク	128、162、167、700	MRTラッフルズ・プレイス駅下車徒歩
シンガポール国立博物館	7、14、36、77、106、111、124、162、167、171、174、190	MRTブラス・バサー駅下車徒歩
ピープルズ・パーク・コンプレックス チャイナタウン・コンプレックス	124、143、190	MRTチャイナタウン駅下車徒歩
スリ・マリアマン寺院 チャイナタウン・ヘリテージ・センター	124	MRTチャイナタウン駅下車徒歩
リトル・インディア(セラングーン・ロード)	64、65、139	MRTリトル・インディア駅下車徒歩
アラブ・ストリート(サルタン・モスク)	7、175	MRTブギス駅下車徒歩
マリーナベイ・サンズ	106、502、518	MRTベイフロント駅下車徒歩
シンガポール動物園		MRTアン・モ・キオ駅下車。駅前の1番乗り場からNo.138利用

見ていると、けっこう動き回れるようになる。このボードにはそこに停まるバスの番号と、その運行ルートが記されている。まず目的地の通りの名前がわかれば、何番のバスを使えばよいかわかるだろう。料金表示をしてあるバス停もある。主要な観光地については本書でも、見どころの項(欄外)に行き方、アクセスとして何番のバスを使えばよいか記してある。

バス停の路線ボード。上部にバス停に停まるバス番号、下部には運行ルートが表示されている

◆**バスガイドやアプリを利用**

バスを自由自在に乗りこなしたい人、長期滞在する人は、スマートフォンの無料乗り換えアプリをダウンロードしておくと便利。「Google Maps」、「My Transport.SG」をはじめ、数種類ある(→P.74)。

タクシー　Taxi

気軽に利用できる交通手段

タクシースタンドやホテル、観光地のほか、一般道路沿いでもつかまえることのできるタクシーは、シンガポール市民の間でも気軽に利用されている。何といっても急いでいるときやバス停、MRTの駅から遠い場所では便利な乗り物である。運賃自体は安いが追加料金が割高。

なお、タクシー乗車時には全シートでシートベルト着用が義務付けられている。違反した場合、運転手、乗客ともにそれぞれ$120の罰金が科せられるので注意したい。

青い車体のコンフォートデルグロ社のタクシーは台数が多い

料金はメーターで確認

タクシー料金はメーター制で、初乗りは$3.9～4.1(高級車のタクシーもあり、初乗りの最高額は$5)、その後10kmまでは400mごと、10km以降は350mごとに¢22～23加算される。また渋滞などのために45秒以内に単位距離(350m/400m)を進めない場合はそのつど¢22～23加算される。このほかにもP.366の表のような追加料金がある。追加料金は別のメーターに表示されるが、ERP(自動課金システム、→P.367)など時間、場所によっても異なるため、わかりにくいことがある。さまざまな追加料金があるため、時間帯やルートによっては倍額近くになることも。追加料金一覧表を参考に、タクシーの利用方法を検討することをすすめる。

また、ほとんどのタクシーでクレジットカードが使える。ただし、10%(手数料)+消費税(GST)がかかる。

タクシーの乗り方

◆**空車かどうかの見分け方**

車の屋根の表示灯がついていれば空車。タクシー会社によっては「TAXI」と電光表示されていれば空車、「HIRED」なら乗客を乗せている。「ON CALL」(→P.368)と表示されていたり、行き

バス番号はバス会社ごとに色分けされて表示

各バス停には、そのバス停を通る路線の運行経路と運行地図が掲示されている

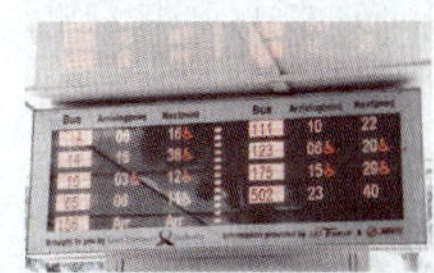
主要なバス停では、電光掲示板で各路線の到着までの時間(あと何分で到着か)を掲示している

タクシーを電話で呼ぶ(オン・コールon call)

一般的なタクシー会社

●ComfortDelGro、City Cab
☎6552-1111

●Prime Taxi
☎6778-0808

●Premier Taxis
☎6363-6888

●Trans Cab
☎6555-3333

●Strides Taxi
☎6555-8888

※予約の会話例は→P.368

ベンツのタクシー。運賃は少し高いが乗り心地はよい

READER'S VOICE

タクシーがひろいにくいときは

タクシー乗り場に行列ができ、なかなかタクシーが来ないときは電話で予約(オン・コール)すると5分程度でタクシーがやってくる。旅行者の場合は、ホテルが近くにあればフロントで代わりに電話をしてもらい、タクシーを呼んでもらうとよい。

(兵庫県　いちまつ)['22]

看板に付いているボタンを押して、待ち客がいることをアピールする方式のスタンドもある

タクシーのひろえない場所

道路の端（歩道脇）に引かれた線は何種類かあり、通りでタクシーをひろう場合に気をつけたいのはジグザグの線。黄色の1本のジグザグ線は「1日中車の停止禁止」。ただし、車の乗り降りはできる。黄色の2本のジグザグ線は「車の一時停止禁止」という意味で、ここではタクシーを停めることはできない。

タクシーでトラブルがあったときは

助手席の前に掲示してある運転手名と車の番号を控えておき、タクシー会社に電話する。ただし措置は状況次第。一方通行や交通規制が多いシンガポールでは、遠回りをせざるを得ないこともあり、土地勘のない旅行者には判断が難しい場合があるが、想像以上に運賃が高かった場合など、納得がいかない場合は、タクシー会社に申し立てるといいだろう。タクシーの番号や名前を控える行為そのものが、運転手がへたなことをするのを抑止するはず。

また、忘れ物をした際には足取りがつかめる可能性もあるので、タクシーの番号とともに、乗車時間帯など状況を詳しく説明するとよい。頼めばレシートを発行してくれるので、何かあったときのために、もらっておくとよい。

会社名のないタクシーは

これは個人営業のタクシー。黒い車体の上に黄色のランプが付いた車で、車体には社名が入っていない。料金体系などはほかのタクシーと同じ。トラブルがあった場合は車の番号を控え、警察に通報する。

タクシーの一般的な料金

●チャンギ国際空港から

オーチャード・ロード	$23～26
ブギス&アラブ・ストリート	$20～25
シティ・ホール周辺	$20～25
マリーナ・エリア	$18～22
ハブロック・ロード	$20～25
チャイナタウン	$20～25

●オーチャード・ロードから

シティ・ホール周辺	$6～10
マリーナ・エリア	$7～11
ブギス・ジャンクション	$5～10
チャイナタウン	$7～11
セラングーン・ロード	$6～10
イースト・コースト・パーク	$12～15
ジュロン地区	$18～24
マウント・フェーバー	$10～13

乗車料金のほかERP通行料や時間帯追加料金も表示される

緑色の電光で「TAXI」と出ていれば空車

赤色で「HIRED」「ON CALL」は先客あり

先の地名の札がフロントガラスに貼り付けてある場合は、乗客が乗っていなくても停まってくれない場合がある。ただし、そのタクシーが向かっている方向に行きたい場合は乗せてくれる可能性もあるので、もしタクシーが停まったら行き先を言って聞いてみるとよい。携帯電話や「グラブGrab」、最大手のタクシー会社、コンフォートデルグロ社の予約アプリ「Zig」といった配車サービスアプリ（→P.74）でタクシーを予約する人が増え、タクシースタンドに来るタクシーや流しのタクシーの台数が以前より減少傾向にある。

◆タクシースタンド、またはホテルで

週末や雨天の日はタクシースタンドに列ができる

シンガポールのタクシーは日本と同様、通りで手を挙げれば停められるが、ホテルやショッピングセンターにあるタクシースタンドで待つほうが確実である。なお、中央商業地区（CBD）内では、通りでタクシーを停めるのは違法なので、タクシースタンドを利用する。

タクシースタンドが近くにない郊外では通りで停めることになるが、

タクシー追加料金一覧 ※コンフォートデルグロ社／シティ・キャブ社の場合。2022年12月現在

内　容	追加料金
深夜（0:00～5:59）に乗車したとき	メーター料金の50%増し
ピーク時（月～金曜6:00～9:29、月～日曜18:00～23:59）に乗車したとき	メーター料金の25%増し
CBD（中央商業地区）から月～日曜の17:00～深夜に乗ったとき	$3
チャンギ国際空港および空輸貨物センターから乗ったとき	$3
チャンギ国際空港および空輸貨物センターから金～日曜の17:00～深夜に乗ったとき	$5
セレター空港から乗ったとき	$3
リゾート・ワールド・セントーサから乗ったとき	$3
ガーデンズ・バイ・ザ・ベイから乗ったとき	$3
シンガポール・エキスポ・センターから乗ったとき	$2
マリーナ・ベイ・クルーズセンターから乗ったとき	$3～5
月～金曜の6:00～9:30、月～日曜18:00～24:00の利用直前に電話で呼んだとき	$3.3
上記の時間外に直前に電話で呼んだとき	$2.3
30分以上前に予約したとき	$8
ERPゲートを通過したとき	$0.5～4

※1：追加料金はメーターのすぐ脇に乗車料金とは別に自動表示。ERP料金は専用リーダーに表示される。乗車料金＋自動表示されている追加料金＋ERP料金の合計額以上に請求されたら、内訳を確認すること。 ※2：タクシー会社により料金は多少異なる。
注：追加料金の詳細はタクシーの後部座席の窓ガラスあたりに張り出されているので目を通しておくとよい。

めったにタクシーが通らないような場所では電話やアプリで呼んだほうがいい。電話ならどの地区のどの通りにいるのか、近くに目印になる建物などがあれば、そのことをきちんと伝えること。コンピューターで手配しているため、たいてい10分以内でタクシーを手配してくれる。電話で知らされたタクシーナンバーをしっかり覚えておこう。

◆環境に配慮した電気自動車タクシー

2022年現在、シンガポール最大台数の電気自動車タクシーを所有するのは、SMRT社が運営する「ストライドタクシーStrides Taxi」だ。年々台数が増え、2026年までにストライドタクシーは全車電化される予定。初乗りは$4.1(10kmまでは400m、それ以降は350mごとに¢25加算)と若干高いが、静かで滑らかな乗り心地だ。

ストライドの電気自動車タクシーは鮮やかなグリーンの車体で、遠くからでも目立つ

リバー・タクシー River Taxi

リバー・クルーズを運営するシンガポール・リバー・クルーズ社とウオーターB社が、シンガポール川からマリーナ・ベイを巡回するリバー・タクシーを運航している(ウオーターB社は「リバー・シャトル」という名称)。乗船場所は各社別々に5カ所あり、川沿いやマリーナ・エリアの移動に便利で、景色も楽しめる。ただし、運航時間が月～金曜の8:00～10:00、17:00

READER'S VOICE

道路の横断は要注意

シンガポールの信号は青になったとたん、点滅し始める。信号機の横に秒が表示されているものもあり、20秒前くらいから点滅する。また、信号無視をする現地の人につられて出ていくと、危ない思いをするので要注意。
(東京都 マーライオン・マー)['22]

ストライドタクシー
Strides Taxi
☎6555-8888 URL stridesmobility.sg/ride-with-us/taxi

シンガポールの駐車場

公共駐車場での料金支払いは、カードリーダー式が増えている。シンガポールでは各車にカードリーダーを取り付けることが義務付けられており、ここにキャッシュカード(電子マネーとして使えるICカード)を差し込んでおき、そこから自動的に駐車料金が引かれるシステム。このカードはERPの課金システムにも使われるもので、コンビニで購入可。

リバー・タクシーの船はリバー・クルーズでも使用される木造船

Column

交通渋滞減少を目指す「ウルトラC」の車規制

中央商業地区の車乗り入れ制限

シンガポールはほかのアジア諸国に比べると、渋滞が少ない。実は渋滞回避には、綿密に計画された交通システムと、世界でも例を見ないほど強力な政府による規制措置が働いている。シンガポールでは、車の数を制限するために各種の重税がかけられ、自動車の値段は日本の3倍以上もする。また、朝のラッシュ時に中心部へ車が集中しないように、乗り入れ制限策がとられている。

その具体的な方法は、銀行、官庁、オフィスが集まっているビジネス街、シェントン・ウェイ界隈と「シンガポールの銀座」といわれる繁華街のオーチャード・ロード一帯を「中央商業地区(CBD: Central Business District)」とし、CBDへ入る車に時間帯に応じた乗り入れ料金を課すという方法だ。

当初は通勤ラッシュ時にのみ課していた追加料金だったが、車が増え、渋滞が起こりそうになると、そのつど、課金時間の追加や課金料金の変更などを行って、交通システムの維持に努め、1998年にCBD追加料金と併用される形でERP(Electronic Road Pricing)が導入された。

ERPとは各車に無線システムを取り付け、CBDや高速道路の料金ゲートを車が通過するたびに自動的に課金するというもの(料金徴収は別途行う)。日本でも高速道路の料金所での渋滞解消を図るために導入されたETCと同じシステムだ。しかもシンガポールでは料金を一律とせず、場所や通過する時間帯に合わせて細かく規定が分かれている。

市内各所に増設されたERP

タクシー乗車時、ERPに要注意!

タクシーに乗車してもERPの課金システムは適用され、メーター料金にERP料金が加算される。近年、ERP設置場所や運用時間が増やされたため、時間帯や通行ルートによってはERP料金だけで$4になることもある。滞在費を切りつめるには、ERPのゲートを通らないルートを選んだり、滞在ホテルのロケーションも考慮するとよい。ERPの料金は随時変更されるのでウェブサイトでチェックを。

URL www.onemotoring.com.sg/content/onemotoring/home/driving/ERP.html

シンガポール・リバー・クルーズ
Singapore River Cruise
☎6336-6111
URL www.rivercruise.com.sg
ウオーターB　Water B
☎6509-8998
URL www.waterb.com.sg
※リバー・クルーズに関しては→P.102、371。

～19:00と短いのが難点（約10分間隔で運航。土・日曜、祝日は運休）。料金は一律ひとり$5で、イージー・リンク・カード（→P.360）で支払う（現金不可）。※2022年10月現在、新型コロナ感染症の影響で乗り場の縮小など運航は流動的なので、利用する際は要確認。

トライショー　Trishaw

観光名物の乗り物

自転車にサイドカーを取り付けた乗り物がシンガポール名物のトライショーだ。かつては庶民の足として活躍したが、バスやMRT、タクシーの普及で一般交通機関の役割を果たすことがなくなった。そのため観光客のための乗り物となって料金も高騰し、シンガポールで最も高い乗り物とまで言われるようになってしまった。

ツアーで試乗

トライショーの乗車料金はメーターがあるわけではないので交渉次第だ。相場を把握しにくい旅行者が試乗してみるには、ツアーに参加するのがおすすめ。ブギスのアルバート・センター前にあるトライショーツアーの「トライショー・アンクル」は、その場で申し込んで、乗車できるので便利（→P.372）。

また、パンダバスなど日系旅行会社では、トライショー・ライドに食事が付いたオプショナルツアーを用意している（→P.370）。日本語で気軽に申し込めるのが利点だ。言葉に問題がなければ、観光局の案内所でトライショーの会社を紹介してもらうという方法もある。

警視庁運転免許テレホンサービス
☎(03)3450-5000

国際運転免許証申請に必要な書類
- ●日本の運転免許証
- ●パスポート
- ●写真1枚（縦5cm×横4cm）
- ●手数料2350円

これらを運転者本人の住民票のある都道府県公安委員会に持参し、申請する。交付は申請後数時間で行われる。発行日から1年間有効。

Information

タクシーのオン・コール（電話予約）について

タクシースタンドの表示板。この場合「D16」がスタンド番号

各タクシースタンドには番号が付いている。各タクシー会社に電話するときには、この番号を言うと早い。電話予約の方法だが、台数の多いコンフォートデルグロ社とシティ・キャブ社（☎6552-1111両社共通）の場合は、自動音声での対応になる。まず自分の連絡先（携帯電話番号）を入れるように指示が出るが、電話番号が提供できない場合は、とにかく何もせずに待っていると係員に回線が転送されるので、そこで話をすればよい。必ず伝えた位置で係員に言われたナンバーのタクシーを待つこと。

携帯電話を持っていない、英語での電話応対はハードルが高いといった場合は、利用したレストランやショップでタクシーを呼んでもらうという方法がおすすめ。

◆オペレーターとの予約の会話例

A：客、O：オペレーター

A：Hello, can you arrange a taxi to ○○（スタンドの番号または住所）?
タクシーを1台呼んでもらえますか？

O：Your name and contact number, please.
あなたのお名前と連絡先をどうぞ。

A：My name is △△, my mobile number is ****-****.
私の名前は△△、携帯番号は****-****です。

O：OK, are you standing there? Are you ready now?
わかりました。今、あなたはその場所に立っているのですね？

A：Yes, I'm at the taxi stand.
はい、タクシースタンドにいます。

O：Please hold for a while.
そのままお待ちください。（タクシーを無線で手配中）

O：The number of the taxi is 1234（4桁の数字、車のナンバー）. Your taxi will arrive for 5-7 minutes.
予約したタクシーの番号は1234です。5～7分で到着します。

※予約が完了したら、その場で待つ。ほぼ10分以内にタクシーはやってくる。
※雨天時、ラッシュアワー時は混み合うため、なかなか電話がつながらないことがあるが、何度か試すとつながる。その他のオン・コールの電話番号は→P.365欄外。

また、「Grab」などのスマートフォン用タクシー配車アプリ（→P.74）も広く普及している。

観光地で待機しているトライショーや流しのものは、トラブルも報告されており、すすめられない。

レンタカー　Rent-a-car

レンタカーは商用での利用者が中心

シンガポールの場合、自動車の価格が高いのに合わせてレンタカーもかなり割高だ。ビジネスや仕事で島内を動き回る人たちの利用が多く、一般旅行者にはおすすめしない。というのは、一方通行やバスレーン、ERPなど交通規制が複雑なこともあり、慣れない人にはかなりややこしい。タクシーのほうが、値段的にも手軽に利用できるといってよいだろう。郊外へ行くにもタクシーを利用したほうが安上がりだ。国境を越えてマレーシアに行く場合、レンタカー会社はさらに追加料金を徴収している。3クオーター・タンク法※もあるうえ、マレーシアではシンガポール・ナンバーの車は目立つため、治安上の問題も考えて、マレーシアでのドライブにはジョホール・バルでレンタカーを借りることをおすすめする。

レンタカー利用の注意

シンガポールでレンタカーが借りられるのは21歳以上かつ国際運転免許証（→P.368欄外）を持っていることが必要条件だ。レンタカー会社は世界的チェーンのハーツ、エイビスがある。料金はハーツの場合、オートマチック車が1日$128.4～。1.6ℓ前後の排気量で、強制保険、車両保険込み。

※3クオーター・タンク法
車でマレーシアへ行く場合、燃料タンクの4分の3を満たしていなければならないという法律。

エイビス、ハーツは日本で予約可
はじめからレンタカーを使うつもりなら日本から予約して行ってもいい。
●ハーツレンタカー
☎0120-489882
URL www.hertz.com/rentacar/reservation
●エイビスレンタカー
☎0120-311911
URL www.avis-japan.com

おもなレンタカー会社のシンガポール営業所
●ハーツ　Hertz
住 Changi International Airport, Terminal 2 & 3, Arrival Hall
☎6542-5300
住 305 Alexandra Rd., B1（バンテージ・オートモーティブVantage Automotive社が代行営業）
☎6734-4646
●エイビス　Avis
住 Changi International Airport, Terminal 1, 2, 3, Arrival Hall, Level 1
☎6545-0800（T1）
☎6542-8855（T2）
☎6447-9011（T3）
FREE 1800-7371-668
住 390A Havelock Rd., #01-07 Waterfront Plaza
☎6305-3183

Information

自転車のシェアリングシステムが普及

シンガポールではいちはやく「シェアサイクル」が広まった。利用者がどこでも借りられ、返却できるレンタサイクルのシステムが2017年から導入された。GPS機能を駆使してシンガポール全土をカバーしており、交通が不便な場所やマリーナ・エリア、シンガポールの川沿いをサイクリングする旅行者もいる。

2022年11月現在、このサービスを行っているのは「SG Bike」、「Anywheel」、「HelloRide」など。料金は若干異なるが、システムや使い方は同様で、使用方法は以下のとおり。

① まずアプリをダウンロードする。
② アプリから乗車希望地のどこに自転車があるかチェックし、予約すると対象の自転車番号が表示される。予約時間は10分間（予約はキャンセル可能で、予約なしでも借りられる）。
③ 自転車を見つけたら、ハンドル付近や後輪泥よけに付いているQRコードをスキャン、または自転車番号を入力する。すぐにブルートゥース経由で自動的に解錠される。
④ 使用後は公共の駐輪場や各社が定めた駐輪場（ショッピングセンターや駅前、団地にある）に返却し手動で鍵をかけて終了。料金は会社によって異なり、目安は15分または30分ごとに$0.5。アプリ内My Walletから自動支払いとなる。

◆注意点
必ず駐輪場へ戻すこと。ブレーキが壊れていることもあるので乗車前に要チェック。自転車は左側通行。

SG Bike：URL www.sgbike.com.sg
Anywheel：URL www.anywheel.sg
HelloRide：URL www.helloride-global.com

左／白と赤でペイントされたSG Bikeのシェアサイクル　右／マリーナベイ・サンズの近くの駐輪場に停められた多数のシェアサイクル。路上や道端に放置される自転車が増え社会問題にもなったので、返却時は駐輪場へ

現地観光ツアー案内

自分でいろいろな交通機関を利用して観光地を巡るのは、それなりに手間も時間もかかる。「もっと楽に観光したい」という人は、現地の観光ツアーが便利だ。

シンガポールの観光ツアーは、いくつもの会社で催されているが、「英語で説明されてもわからない」と、不安に思っている人におすすめなのがパンダバスとマイバスだ。日本語ガイドが案内するコースを豊富に取り揃えている。料金も、日本の旅行会社で申し込むオプショナルツアーよりもかなり安く、コース設定も豊富で、話題の場所やテーマを盛り込んだツアーが用意されている。目的に応じて、上手にツアーを利用しよう。

パンダバス
Panda Travel Agency
住1 Coleman St., #09-04A The Adelphi
☎6337-1616(日本語)
FAX(65)6337-3017
URL www.pandabus.com/singapore
E-mail sin@pandabus.com
営9:00〜18:00　休無休

●パンダバスのクーポン
ツアーなどの団体ではなかなか楽しめないシンガポールの魅力を味わえるよう、パンダバスではクーポンを発行している。クーポンの内容はさまざまで、足マッサージ、変身写真、エステ、話題のダックツアーなど盛りだくさんだ。

パンダバスのスタッフの皆さん

日本語定期観光ツアー

パンダバスのツアー

半日ツアーから1日ツアー、ナイトツアー、期間限定の企画ものまでバラエティに富んだ豊富なツアーを用意している。リバーボートに乗船し、マーライオンやマリーナ・ベイの夜景を堪能したあと、ガーデンズ・バイ・ザ・ベイのナイトショーを観賞するコースは自慢のコース。タイガービール工場見学やゴルフツアーなどもあり、人気は次のものだ。リトルインディア、アラブ人街をトライショーで駆け回る夕食付きツアー、シンガポール市内半日観光ツアー、シンガポール動物園ツアー、夜に活動する動物たちをトラムと徒歩コースで観察できるナイトサファリツアー。

申し込みはホームページから、またはシンガポールの予約電話で申し込める。

パンダバス主要ツアー

(2022年12月現在)

コース名	食事	料金		催行日	出発時間	所要時間
		大人	子供			
効率よく回る！　シンガポール市内半日観光	なし	$71	$55	毎日	8:30	3.5
ノスタルジック・シンガポール　トライショー乗車	なし	$120	$100	月・水・金・日曜	12:40	3.5
リトルインディア、アラブ人街をトライショーで駆け回る	夕食付き	$75	$65	火・金・日曜	17:00	1.5(現地解散)
わくわく！シンガポール動物園	なし	$115	$90	火・木・土・日曜	8:00※片道送迎のみ(現地解散)	
シンガポール動物園(オランウータンと朝食付き)	朝食付き	$145	$120	土・日曜	8:00※片道送迎のみ(現地解散)	
どきどきナイトサファリ	夕食なし	$120	$100	火・木・土曜	17:30	5
	夕食付き	$155	$135			
シンガポールの新名所！　リバーワンダーでパンダに会いに行こう	なし	$110	$90	火・木・土・日曜	12:40※片道送迎のみ(現地解散)	
プロの写真撮影で、シンガポール民族衣装体験！	なし	$133	$133	毎日		1.5〜2
タイガービール工場見学おいしさの秘密を発見！	なし	$130	$125	土・日曜	13:00	3
夜の市内を大満喫！マーライオン+リバークルーズ乗船+ガーデンラプソディ	なし	$120	$100	水・金・日曜	17:15	3.5
ライトアップ！　シンガポールのナイトショー鑑賞	なし	$85	$75	月・水・土曜	18:40	2.5
予約困難!!!マリーナベイ ゴルフ	なし	$320(貸しクラブ$75)		毎日		
チャンギ国際空港・シンガポール市内間専用車送迎	なし	1台(定員7名)$114〜		毎日		
専用車貸切チャーター　日本語ガイド付き	なし	1台(定員3名)$561〜		毎日	8:00〜	3
日本語ガイド　貸切プラン	なし	$190〜		毎日	8:00〜	3
シンガポール市内PCR検査手配&安心の日本語アシストサービス	なし	$210		毎日	9:00〜17:00	15〜30分

マイバスのツアー

JTBシンガポール主催の定期観光がマイバス。シンガポーリアン気分を満喫できるウオーキングツアーや、プロのヘアメイク付きの民族衣装イメージフォト撮影など個性豊かなツアーが充実。さらにツアーのほか、専用車や日本語ガイドのチャーターサービスや有名スパの特別パッケージ、特典付きレストラン予約代行、異国情緒あふれる街を散策したり、トライショーに乗るなどの文化体験ツアーもある。申し込みはウェブ、予約電話かマイバスデスクにて。

マイバスデスク

マイバス　MY BUS
住7 Raffles Blvd., 2F Pan Pacific Singapore
☎6735-2847（日本語）
URL www.mybus-ap.com/country/singapore
E-mail opjtb.sg@jtbap.com
営9:30～18:30　休無休

マイバス主要ツアー

（2022年12月現在）

コース名	食事	料金 大人	料金 子供	催行日	出発時間	所要時間
リバーボート乗船＋ガーデンズ・バイ・ザ・ベイ＋アラブストリート＋富の噴水で運気UP！	昼食付き	$165	$150	金・土・日曜	9:20	6.5
日本人風水鑑定士といく風水観光"シンガポールの風水事情を見て回るウォーキングツアー"	なし	$150	$150	毎日	10:00	1.5
マーライオン公園・チャイナタウン・アラブストリートを巡る凝縮コース	なし	$78	$48	毎日	12:00	3
チャイナタウン＋アラブストリート＋リトルインディア3つの異文化体験＋トライショー乗車!	昼食付き	$165	$150	毎日	9:20	6
SPECTRA観賞＋ ガーデンズ・バイ・ザ・ベイの光のショー＋シンガポールフライヤー乗車	夕食付き	$168	$150	月・木・金・土曜	16:20	5.5
マーライオン公園＋国立蘭園＋アラブストリート	なし	$80	$65	毎日	8:10	5
イメージフォト撮影	なし	$155	$155	月～土曜	11:00	1.5
日帰り英会話教室	なし	$95	$95	月～金曜	9:15	3
車＆日本語ガイドチャーター	なし	1台（定員6名）$790		毎日	8:00～	4
経験豊富な現地ガイドと自由気ままな観光	なし	グループ（1～6名利用）$240		毎日	8:00～	4
ティオン・バルマーケットお買い物実践ツアー	なし	グループ（1～6名利用）$150		火・木・土曜	9:00	2
風水話とユニーク建造物を巡る歴史探訪ツアー	なし	グループ（1～6名利用）$150		月・水・金・日曜	10:00	2
ローカル参拝体験	なし	グループ（1～6名利用）$150		火・木・土・日曜	9:00	2

英語の観光ツアー

英語に自信のある人は、一般の現地観光ツアーを利用してもいい。日本語観光バスもやっているRMGツアーズなどが大手だ。これらのツアーは、ホテルのツアーデスクを通じて申し込むことができる。

RMGツアーズ
RMG Tours Pte. Ltd.
住109C Amoy St.　☎6220-8722
FAX (65) 6224-6818
URL www.rmgtours.com
営9:00～18:00
休土・日曜、祝日

人気のツアー

シンガポール・リバー・クルーズ

バムボートと呼ばれる屋形船のような木造船で、シンガポール川とマリーナ・ベイを周遊する約40分のツアー。シンガポール・リバー・クルーズとウオーターBの2社が催行している。乗り場は複数あり、マーライオン・パーク、マリーナベイ・サンズ付近、エスプラネード・シアターズ前、シンガポール・フライヤー前、フラトン・ホテルの川沿い、ボート・キー、クラーク・キーなどがおもな乗り場。特に夕方以降、夜景を眺めながら遊覧するのが人気。マリーナ

昔ながらの船は情緒たっぷり。船内では周辺の観光ガイドがある

シンガポール・リバー・クルーズ
●シンガポール・リバー・クルーズ Singapore River Cruise
☎6336-6111
URL www.rivercruise.com.sg
営13:00～22:00（金・土曜、祝日10:00～）の間、1時間間隔で運航
休無休　料大人$25、子供（3～12歳）$15
●ウオーターB　Water B
☎6509-8998
URL www.waterb.com.sg
営17:00～21:00　休無休
料大人$22、子供（3～12歳）$12
※一定区間をリバー・タクシーとしても使える（→P.367）。

ベイ・サンズの光とレーザーのショーを水上から観賞するクルーズツアー(→P.102)も催行している。

トライショーツアー

自転車にサイドカーが付いた乗り物、トライショーでブギスやリトル・インディア周辺を巡るツアー。小回りの効く足でゆったり流れる街の風景を楽しめる。日本語観光ツアーを主催するパンダバスやマイバスがトライショー乗車を組み込んだツアーを行っている。

ほかにもブギスにある「トライショー・アンクル」で4コースのトライショーツアーを行っている。アルバート・センター前のキオスクで申し込み、すいていればすぐに乗車可能。

左上／パンダバスなどではトライショー体験が組み込まれたツアーもある　左下／観光用に装飾が施されたトライショー　右／トライショー・アンクルのキオスクはブギス・ストリートにある

市内周遊のツアー

ダックツアーズのダックツアーとバスツアー

マリーナ・ベイをパワフルに進むダック号

水陸両用の「ダック号」に乗って、英語ガイドを聞きながら路上、水上から観光名所を見て回る「ダックツアー」(大人$43、子供$33)がいちばん人気。

オープントップバスで主要観光地を巡る「ビッグバス・ホップオン・ホップオフツアー」と名づけられたバスツアーは全6コースあり、各停留所で乗り降り自由。中心部を巡る赤、黄、青、緑の4つのコースに、郊外の動物園やナイトサファリを巡るふたつのコースがある。有効時間内ならどの路線でも、何度でも利用できる。24時間有効の1日パスは大人$51.3、子供$42.3(2日パスもあり)。そのほかチャイナタウンやリトル・インディアを巡る「ガイド付きのウオーキングツアー」(大人$37、子供$27)、キッチン付きの豪華2階建てバスに乗って、ローカルグルメを食べながら観光地を巡る「シンガポール・グルメバス」(ランチ$67、ディナー$97)なども運行している。

左／水陸両用のダック号のツアーは人気　右／サンテック・シティのツアー乗り場。車体にはダックツアーズを運営する「Big Bus」の社名が入っている

トライショー・アンクル
Trishaw Uncle
MAP P.90-2B
住 Albert Mall Trishaw Park, Queen St.(アルバート・センター脇)
☎6337-7111
URL www.trishawuncle.com.sg
営11:00～20:00
休無休　料リトル・インディアを巡る45分ツアーはひとり$55。チャイナタウンを巡る45分のツアーはひとり$63。

ダックツアーズ
DUCK Tours
MAP P.81-1D
住3 Temasek Blvd., Tower5, #01-330 Suntec City Mall
☎6338-6877
URL www.ducktours.com.sg
営9:00～19:00　休無休

ツアーの申し込みカウンターは、上記のサンテック・シティ1階、オーチャード・ロードのシンガポール・ビジター・センター内(MAP P.123)、チャンギ国際空港(T1～T4)などにある。乗り場はサンテック・シティのカウンター前。

サンテック・シティ1階にあるダックツアーズ

シンガポール航空利用者の特典「SIAホップ・オン」

シンガポール航空の搭乗券を提示すれば、上記のダックツアーズの赤、黄、青、緑の4コースのバスツアーが、大人$19.5、子供$14.5の割引料金となる。またシンガポール・ストップオーバー・ホリデイとシンガポール・ストップオーバー・ホリデイ・プラスというパッケージツアー利用客はナイト・シティ・ツアーというバスツアーが無料に。
URL www.singaporeair.com/microsite/global/BPP/sg-attractions-siahopon.html

ツアーバス車体にSIA Hop-onの表示がある

シティ・ツアーズのキャプテン・エクスプローラー・ダックツアーとファン・ビー・オープントップバスツアー

ダックツアーズと同様の2種類のツアーが、ファン・ビーFUN VEEの車体ロゴが目印のシティ・ツアーズ社からも出ている。水陸両用車で回るキャプテン・エクスプローラー・ダックツアーは所要約1時間で大人＄36、子供（3～12歳未満）＄27。市内40ヵ所以上を巡るファン・ビー・オープントップバスは3ルートあり、運行時間は各ルートによって違い、最多ルートでは9:00～17:00の間に約20～30分に1便運行。1日パス（大人＄24.9、子供3～12歳＄17.9）もある。この周回便以外に、オープントップバスで夜景の名所を巡るナイトツアーや、各種テーマパーク入場券にシャトルバスでの送迎付きのツアーもある。

市中心部を3ルートで網羅するファン・ビーのオープントップバス

シティ・ツアーズ
City Tours（ファン・ビーFun Veeのツアー）
MAP P.81-2D
住 City Tourist Hub @ #01-207 Marina Square
☎6738-3338、6738-9897
URL www.citytours.sg
営9:00～19:00
住 Tourist Hub @B1-08 Esplanade XChange
☎URL営同上
乗り場はマリーナ・スクエアのカウンターの前。申し込み場所は上記の2ヵ所。ファン・ビー・オープントップバスも同様。キャプテン・エクスプローラー・ダックツアーは8:30～10:30、14:30～18:30（土・日曜、祝日9:30～11:30、13:30～17:30）の間、1時間に1便運行。1日2回市内の主要ホテルからの無料ピックアップ・サービスもある。

Column

シンガポールでゴルフ

シンガポールは、東南アジアで最もゴルフの盛んな国のひとつだ。島内のほか、隣国のジョホール・バルやビンタン島にもゴルフ場が多い。シンガポール滞在中、仲間を誘ってコースを回ってみるのもいいだろう。

ハンディキャップ証明書を持参しよう

ビジターを認めているゴルフ場を利用する際、ハンディキャップ証明書の提示を求められることが多い（特に名門コースは必須）。日本のゴルフ場発行のものでOKなので必ず持参しよう。ビジターの多いゴルフ場や、ジョホール・バルやバタム島、ビンタン島のコースなどでは、ハンディキャップ証明書の提出を義務付けていない場合も多いので、初心者や証明書のない人は、ジョホール・バル、バタム島、ビンタン島でプレイすることをおすすめする。

手軽に楽しむならツアーに参加しよう

パンダバスやJTB系列のマイバスでは、シンガポール、ジョホール・バル、バタム島の主要ゴルフコースへのツアーを行っている。料金には、バタム島以外のコースならホテル送迎、グリーンフィー、キャディーまたはバギー使用料が含まれており、まずまずお得。クラブのレンタルにも対応している。また、日系旅行会社のトリップス・インターナショナルもゴルフツアーに強い。

パンダバス　Panda Bus（→P.370）
料タナメラ＄480
セントーサ・セラポン平日＄480、土・日曜、祝日前日、祝日＄630（送迎付き）

トリップス・インターナショナル　Trips International Pte. Ltd.
住24 Peck Seah St., #02-07 Nehsons Bldg.
☎6324-2811　URL www.trips.com.sg
料セントーサ・ゴルフ・クラブ平日$475、土・日曜、祝日$625
ラグーナ・ビンタン・ゴルフ・クラブ月～木曜$178、金曜$190、土・日曜、祝日$210

シンガポールのおもなゴルフ場　（2022年12月現在）

ゴルフ場	住　所	電話番号	ホール数	ビジター料金 平日	ビジター料金 土・日・祝日
セントーサ・ゴルフ・クラブ Sentosa Golf Club	27 Bukit Manis Rd.	6275-0022	Serapang:18	$350	$480
			Tanjong:18	$350	$480
チャンギ・ゴルフ・クラブ Changi Golf Club	20 Netheravon Rd.	6545-5133	9 18	$48.15 $96.3	※ビジターは平日のみ可
ケッペル・クラブ Keppel Club	10 Bukit Chermin Rd.	6375-5569	9 18	$100 $200	$160 $320 ※税込。バギーレンタル料を含む

※ビジターでプレイ可能なコースのみ掲載。その他のコースでもパンダバスのゴルフツアーに参加すればプレイできる場合もある。
※注記のない料金は税別。

電話と郵便

通信インフラの先進国、シンガポールはスマートフォンの普及が目覚ましく、ネットワーク環境が整備されている。郵便などの通信環境もよく、国際宅配便を扱うところも多くて便利だ。

公衆電話はほとんど見かけなくなった。写真はオーチャード・ロード沿いの公衆電話ブース

チャンギ国際空港の公衆電話
ターミナル1～4、すべてにある。コインとクレジットカードが使える。

プリペイドSIMカード
ツーリスト向けSIMカードは使用期間7～15日で、$10～$50。通信容量100Gで、国内通話500分～、国際通話20分～が標準となっている。SMSは無制限のものが多い。通信容量100Gは、シンガポール国内での容量なので、シンガポールをベースにしてビンタン島やマレーシアへ行く場合は、データ・ローミングがついているSIMカードを買うとよい。
シングテル Singtel URL www.singtel.com/personal/products-services/mobile/prepaid-plans
スターハブ Starhub URL www.starhub.com/personal/mobile/mobile-phones-plans/prepaid-cards.html
M1 URL www.m1.com.sg/mobile/prepaid-plans

M1（左）とシングテルのSIMカード。ツーリストSIMカードのほか、各社ともさまざまなプランのSIMを販売しているので、目的に合ったものを選ぼう

上／空港はチャンギ・レコメンズのほか、SIMの販売カウンターがある
下／オーチャードのラッキープラザ内に販売店多数

電　話

国内電話はすべて市外局番などはなく、6番から始まる通常電話のほか、8と9番から始まる携帯電話や緊急電話（警察999、救急995）、1800と800で始まる無料通話がある。マレーシアへは国際電話のかけ方でかける方法のほか、02をダイヤルしてから市外局番+電話番号をダイヤルする方法もある。

電話のかけ方

シンガポールで電話をかけるには、公衆電話を利用、ホテルの客室に設置された電話から、または携帯電話からかけるといった方法がある。

◆公衆電話からかける

国民のほぼ全員がスマートフォンを所有するシンガポールで、公衆電話は年々少なくなっており、空港以外にはほとんどない。コイン（¢10、¢20、¢50、$1）のほか、クレジットカードが使える機種もある。市内電話は2分間¢10。国際電話は1分間¢45。

◆ホテルの客室電話からかける

最初に外線専用番号（「9」のことが多いが、ホテルの案内書でチェック）、そのあとに電話番号をプッシュする。手数料や8%のGSTが加算されることが多く、国際電話は割高。

◆携帯電話からかける

海外ローミング対応の携帯・スマートフォンを使う方法とSIMロックが解除された端末やSIMフリーの端末（バンド3か7に対応しているもの）を持参し、シンガポールのSIMカードを利用する方法があり、後者のほうが格安。

SIMカードを提供するおもな会社は、シングテル（Singtel）、スターハブ（Starhub）、M1の3社。チャンギ国際空港到着ロビーの「チャンギ・レコメンズ」（→P.354）や販売所をはじめ、コンビニ、駅の売店、各社の専門ショップ、電話カード販売店などで購入可（パスポートの提示が必要）。バンド3か7に対応している端末なら、どの会社のSIMカードも使えるので、自分の端末の対応状況をあらかじめチェックしておこう。

国際電話に関して

日本からシンガポールへかける場合

はじめに国際電話会社の番号、次に国際電話識別番号010をダイヤルし、シンガポールの国番号65、続いて相手先の電話番号をダイヤルする。

例：日本からシンガポールの6123-4567へかける場合

国際電話会社の番号		+	国際電話識別番号	+	シンガポールの国番号	+	相手先の電話番号
NTTコミュニケーションズ※1	0033		010		65		6123-4567
ソフトバンク※1	0061						
au（携帯）※2	005345						
NTTドコモ（携帯）※3	009130						
ソフトバンク（携帯）※4	0046						

※1：マイライン・マイラインプラスの国際通話区分に登録している場合は不要。ただしマイラインは2024年1月終了。詳細はURL www.myline.org
※2：auは、005345をダイヤルしなくてもかけられる。
※3：NTTドコモは事前にWORLD WINGに登録が必要。009130をダイヤルしなくてもかけられる。
※4：ソフトバンクは0046をダイヤルしなくてもかけられる。
※携帯電話の3キャリアは「0」を長押しして「+」を表示し、続けて国番号からダイヤルしてもかけられる。

日本での国際電話の問い合わせ先

会社名	問い合わせ先TEL	URL
KDDI	0120-977097（無料）	URL www.kddi.com
NTTコミュニケーションズ	0120-506506（無料）	URL www.ntt.com
ソフトバンク	0800-99-0157（無料）	URL www.softbank.jp/mobile/service/global
au	0120-977097（無料）	URL www.au.com
NTTドコモ	0120-800-000（無料）	URL www.nttdocomo.co.jp

シンガポールから日本へかける場合

はじめに国際電話識別番号001、次に日本の国番号81、続いて市外局番（最初の0は不要）、相手先の電話番号をダイヤルする。

例：シンガポールから日本（東京）の（03）1234-5678へかける場合

国際電話識別番号	+	日本の国番号	+	市外局番から0を除いた番号	+	相手先の電話番号
001※1		81		3※2		1234-5678

※1 公衆電話から日本にかける場合は上記のとおり。ホテルの部屋からは、外線につながる番号を頭に付ける。
※2 携帯電話などへかける場合も「090」「080」などの最初の0を除く。

日本語オペレーターに申し込むコレクトコール

シンガポールから日本語オペレーターを通じて電話がかけられる。支払いは、クレジットカードかコレクトコールとなる。

会社名	サービス名	アクセス番号
KDDI	ジャパンダイレクト	8000-810-810※

※公衆電話を利用する場合は、電話によって使える番号が異なる場合がある。

国際クレジットカード通話

クレジットカードの番号を入力してかけることのできる国際電話。日本語音声ガイダンスに従って操作する。「アクセス番号」を入力、「カード番号+#」を入力、「暗証番号+#」を入力、「相手の電話番号」を市外局番から入力すればよい。

会社名	サービス名	アクセス番号
KDDI	スーパージャパンダイレクト	8000-810-001※

※公衆電話を利用する場合は、電話によって使える番号が異なる場合がある。

プリペイドカード通話

日本国内であらかじめ購入できる日本の電話会社が発行するプリペイドカード。各電話会社のアクセス番号にダイヤルし、日本語音声ガイダンスに従ってプリペイドカードのID番号などを入力する。日本国内の国際空港やコンビニエンスストアなどで購入が可能。KDDIが「スーパーワールドカード」、NTTコミュニケーションズが「ワールドプリペイドカード」、ソフトバンクが「コミカ」を販売している。詳しい利用方法については、各社まで問い合わせを。

インターネットを使うには

「地球の歩き方」ホームページでは、海外からのスマートフォンなどの利用に当たって、各携帯電話会社の「パケット定額」や海外用モバイルWi-Fiルーターのレンタルなどの情報をまとめたページを公開中。
URL www.arukikata.co.jp/net

パソコンを使用する場合

パソコンを携帯してインターネットへ接続する場合、主要ホテルの客室内であればWi-Fiによる接続が可能だ。

安心＆便利なドコモの海外パケット定額サービス

ドコモの「パケットパック海外オプション」は、1時間200円からいつものスマートフォンをそのまま海外で使えるパケット定額サービス。旅先で使いたいときに利用を開始すると、日本で契約しているパケットパックなどのデータ量が消費される。24時間980円のプランや利用日数に応じた割引もある。詳細は「ドコモ　海外」で検索してみよう。

Information

携帯電話紛失の際の連絡先

携帯電話をシンガポールで紛失した（または盗難に遭った）際、利用停止の手続きをとる必要がある。各社の連絡先は以下のとおり（全社24時間対応）。

au
（国際電話識別番号001）+81+3+6670-6944 ※1

NTTドコモ
（国際電話識別番号001）+81+3+6832-6600 ※2

ソフトバンク
（国際電話識別番号001）+81+92+687-0025 ※3

※1：auの携帯から無料、一般電話からは有料。
※2：NTTドコモの携帯から無料、一般電話からは有料。
※3：ソフトバンクの携帯から無料、一般電話からは有料。

郵便

はがき、手紙、小包

日本までの航空郵便料金ははがき¢80、エアログラム¢80、封書は20gまでが$1.5で、10g増すごとに¢35ずつ加算される。所要日数は3～5日。手紙や書類の書留（レジスター・メール）は2kgまで$5.1（所要4～11日）、小包（ベーシック・パッケージ）は2kgまで$8.3（所要4～9日）、小包書留（レジスター・パッケージ）は2kgまで$11.9（所要4～11日）。

日本への小包は「スピードポスト」というサービスを利用。所要日数により3つのプランに分かれている。最も安価な船便のスピード・ポスト・エコノミー（所要約30日）は2kgまで$37、追跡可能な速達便のスピード・ポスト・プライオリティー（所要9日）は2kgまで$78、所要日数最短（5日、追跡可能）のスピード・ポスト・エクスプレスは2kgまで$108。

宛先の住所は日本の郵便局がわかるように日本語で明記するが、国名はJapanと英語で明記しておくこと。また都道府県名も一応英語を併記しておいたほうがよい。またエアメールのステッカーを貼るか、Air Mailと英語で書いておく（船便の場合にはShip Mail）。ステッカーはたいてい、郵便局に常備してあり、無料で使用できる。

郵便局は住宅団地内、ショッピングセンターやオフィスビル内にあることが多い

国際宅配便

シンガポールではフェデラル・エクスプレスFederal Express（以下フェデックスFedEx）がポピュラーで、大切なものや、早急に送りたいときにはこのサービスを利用するとよい。日本の主要都市なら平日に出せば次の日に届くという速さである。フェデックス所定の封筒やパッケージを利用すれば日本へは、封書は500gまで$38.4、小荷物の場合は500gまで$50.1。所定以外のもので包装した場合は割高になる。サービスカウンターは郊外のフェデックス・ワールド・サービスセンター（→欄外）にある。

日本でもおなじみのクロネコヤマト（→欄外）の宅急便がシンガポールにもある。日数はかかるが、割安感がある。スーツケースも規定サイズ内なら受け付けている。一部のセブン-イレブンでは集荷が可能なところがある。

シンガポール・ポスト Singapore Post（SingPost）
☎6841-2000 FREE 1605
URL www.singpost.com

2kg以上の小包の料金を知りたい場合
無料電話FREE 1605で重量を言えば料金を教えてくれる。

フェデラル・エクスプレス・シンガポール
●問い合わせ先
エクスプレス・カスタマー・サービス
FREE 1800-7432-626
URL www.fedex.com/en-sg/home.html
●フェデックス・ワールド・サービスセンター
MAP 折込表-2C
住 31 Kaki Bukit Rd. 3, #03-14/25 Techlink
営 9:00～18:00
休 土・日曜、祝日

クロネコヤマトの国際宅急便
ヤマト運輸が日本をはじめアジア諸国への国際宅配便を行っており、電話をすれば（日本語可）、ホテルまで集荷に来てくれる。書類（B4サイズ1kgまで）は$25。荷物は周囲合計が60cmまでは$50、最大160cm、25kgまで。所要5～7日。
●Yamato Transport (S) Pte.Ltd.
住 24 Penjuru Rd., #01-06B CWT Commodity Hub
FREE 1800-2255-888
URL www.yamatosingapore.com
営 9:00～20:00（土・日曜、祝日～17:00）
休 無休

エアメールも投函可能なポスト

Column

コワーキングスペースを活用

仕事でシンガポールを訪れた際、あるいは仕事を兼ねた観光旅行というときに、コワーキングスペースの利用も視野に入れたい。日本とシンガポールをつなぐプラットホームとしてJR東日本が開設したコワーキングスペース「One&Co」は、個人で「ドロップイン(一時利用)」ができ、日本人スタッフも常駐しているので心強い。広々としたオープンなスペースに、セルフサービスの無料ドリンクを用意したオープンキッチン、シンガポール関連書籍の閲覧コーナーがあり、Wi-Fiや電源も完備。仕事やミーティングはもちろん、観光途中で調べものをしたいとき、静かな場所でひと息つきたいときにも使える。

また、用途や目的、規模に合わせて選べるデスクやプライベートオフィスの利用プランもさまざま用意されている。

自由に使えるオープンキッチン。豆にこだわった本格コーヒーや紅茶、スナックなどが用意されている

左／植物をふんだんに配したエントランス　右上／ドロップインで利用できる共用スペース。11階にあり、大きな窓からの眺めもよい　右下／日本人または日本語のできるスタッフがレセプションに

One&Co
MAP P.88-3B　住20 Anson Rd., #11-01 Twenty Anson　☎6303-5299　URL www.oneandco.sg　営9:00～18:00　休土・日曜、祝日　料ドロップイン1時間$8、1日$55、ミーティングルーム1時間$40～(要予約)　カード M V　※現金不可。　行き方 MRTタンジョン・パガー駅から徒歩約2分。

INFORMATION

シンガポールでスマホ、ネットを使うには

スマホ利用やインターネットアクセスをするための方法はいろいろあるが、一番手軽なのはホテルなどのネットサービス(有料または無料)、Wi-Fiスポット(インターネットアクセスポイント。無料)を活用することだろう。主要ホテルや町なかにWi-Fiスポットがあるので、宿泊ホテルでの利用可否やどこにWi-Fiスポットがあるかなどの情報を事前にネットなどで調べておくとよい。ただしWi-Fiスポットでは、通信速度が不安定だったり、繋がらない場合があったり、利用できる場所が限定されたりするというデメリットもある。そのほか契約している携帯電話会社の「パケット定額」を利用したり、現地キャリアに対応したSIMカードを使用したりと選択肢は豊富だが、ストレスなく安心してスマホやネットを使うなら、以下の方法も検討したい。

☆海外用モバイルWi-Fi ルーターをレンタル

シンガポールで利用できる「Wi-Fiルーター」をレンタルする方法がある。定額料金で利用できるもので、「グローバルWiFi(【URL】https://townwifi.com/)」など各社が提供している。Wi-Fiルーターとは、現地でもスマホやタブレット、PCなどでネットを利用するための機器のことをいい、事前に予約しておいて、空港などで受け取る。利用料金が安く、ルーター1台で複数の機器と接続できる(同行者とシェアできる)ほか、いつでもどこでも、移動しながらでも快適にネットを利用できるとして、利用者が増えている。

▼グローバルWiFi

海外旅行先のスマホ接続、ネット利用の詳しい情報は「地球の歩き方」ホームページで確認してほしい。
【URL】http://www.arukikata.co.jp/net/

手口を知って未然に防ぐ
旅のトラブル実例集

シンガポールの治安のよさは東南アジア随一だといわれる。しかし、シンガポールもアジアの一国であり、アジアで起こりうる犯罪はここでも起こる危険性があるということを忘れないでほしい。窃盗、スリ、置き引き、車上狙いなどの発生率は、日本より高いのが実情だ。2022年の傾向として郊外のHDB内のホーカーセンターでの傷害事件、MRT駅や路上、スーパーマーケット等での痴漢や盗撮、詐欺事件が増加している。

●気をつけるべき基本事項

◆危ないと言われる場所には近づかない
◆夜間のひとり歩きはしない
◆持ち物は体から離さない
◆誘い話（うまい話）には乗らない
◆個人情報は他人には漏らさない
◆危険を感じたら大声で助けを呼ぶ。おかしいと思ったら警察に連絡する

ちょっとした注意と気のもちようで防げるトラブルも少なくない。以下に紹介するシンガポール旅行で起こりうるトラブル例を参考にして、気を引き締めて安全な旅行を。

●スリ・置き引き

人出の多い所で、観光客を狙ったスリが増えている。ショッピングセンター、オーチャード・ロード周辺をはじめ、観光地は要注意。

①混雑時にMRTの改札を通るとき、2人組でさりげなく観光客の前後に分かれ、犯行におよぶ。前にいるほうが、何かのトラブルに見せかけてわざと改札機の途中で止まり、そのあとから改札を抜けようとする観光客を立ち止まらせる。さらにその背後からやってきた犯人が観光客をサンドイッチ状態にしてスリを働くというものだ。この間わずか数十秒。

②洋服にクリーム状のものをわざとかけ、親切を装って拭き取るふりをし、そのスキに金品をすり取る。

③MRTの車内で肩から掛けたバッグの中から財布をすられたり、買い物に夢中になっているスキに背後からバッグをカミソリのようなもので切り、中身を抜き取る。

④ホテルのチェックイン、チェックアウト時に下に置いたバッグ類を盗まれる。

⑤ビュッフェ形式のレストラン、ホーカーズなどで椅子や床に置いたバッグ類を取られる。知人に荷物を見てもらって、席を立った間に荷物がなくなっていたという例もある。

〈対策〉多額の現金、貴重品は持ち歩かない。バッグ、ポシェットなどは自分の前に抱えて持つ。また、支払い時に財布の中を他人に見せないように気をつける。置き引き対策としては、荷物は体から離さず、注意を行き届かせスキを見せない。ホテルやレストランは置き引き犯の目が光っているということを頭において行動したい。

READER'S VOICE

パスポートを盗まれ帰国できなくなった

セントーサ島内を走る無料のバス内で、かばんの中からパスポートを入れていた袋を盗まれた。当時バスは満席でステップにも人が立つほどであったが、ステップ近くにいた現地人らしき男性が手すりを持ち、その腕にジャンパーをかけていた。今思うとそれで手元を隠し、スリを働いていたのではないかと思う。乗車時にわれ先にと混み合う状況で、その人は私たちに先にどうぞとすすめ、自分は入口ぎりぎりに乗車した。

警察に行った際、パスポートの写しや免許証がなく、日本人であることを証明するものがなくて困り果てた。必ずコピーなどを持っていくことをすすめたい。（大分県　匿名希望）['22]

●ホテルでの盗難

ホテル内での盗難は、外出中や就寝中の侵入犯やホテルスタッフを偽装した詐欺的な手口のものがある。後者は次のような例が報告されている。

①ホテル従業員を装い、電話で宿泊の手続きにパスポートが必要なので預かりたいと連絡のうえ、部屋を訪れパスポートを受け取ってそのまま逃走。

②ホテルの従業員と称する2人組が部屋に来て、ひとりがバスルームの説明をする、あるいは配管等の点検修理に来たと言って、ひとりが客の注意を引き付けている間に、もうひとりが金品を盗む。

〈対策〉中級以上のホテルに宿泊の場合は、貴重品は部屋のセーフティボックス、またはフロントの貴重品預かりに保管する（安宿の場合は肌身離さず持っていたほうがよい）。チェックイン後にパスポートを預かるというのは考えられ

ないことだし、ベッドメイク以外でふたり以上の従業員が部屋に来ること自体おかしい。不審だと思ったら部屋に入れる前に電話でフロントに確認をとってみるくらいの用心深さが必要だ。在室中はチェーンをかけ、ノックされたら部屋のドアを開ける前に必ず相手を確認し、不審者は絶対部屋に入れない。

●空港から市街へのタクシートラブル

空港から市街へ向かうタクシーでのトラブルも報告されている。メーターを使用しなかったり、何倍もの料金を要求してきたりといった料金トラブルだ。確かに深夜などは追加料金がかかるが、それでも$45以上はかからない。納得のいかないことがあったら、助手席の前に掲げてある運転手の名前とタクシー番号を控えてタクシー会社に申し入れる。また運転手に「会社に連絡する」と言うこと自体で、かなり抑止力になる。

READER'S VOICE

必ずメーター制で

チャンギ国際空港からチャイナタウンのホテルに行くのにタクシーに乗った。$50とふっかけてきたので、$40と言ったら$45になったが、メーター制ではなかった。もう少し粘ってメーターにしてもらうべきだった。

（石川県　松田安佐子）['22]

タクシー料金は内容確認を

タクシーの支払いで、加算されるERP料金は$1だったのに運転手は$4と言って請求してきた。昨日は$1だったと言うと、あっさり訂正した。言いなりになってはいけないと思った。

（神奈川県　ホッケンミー）['22]

●詐欺・ショッピングのトラブル

近年、IT機器ショップで、詐欺まがいのスマートフォンの販売が横行している。トラブルの事例は、お客が機種の代金を現金かクレジットカードで支払ったのち、保証書や付属品、OSのライセンス料と称して多額の追加請求をし、キャンセル希望や返金請求には一切応じないというもの。どうしても購入する場合は、こういったトラブルが頻発していることを念頭において注意を払おう。

READER'S VOICE

シム・リム・スクエアは要注意

海外モデルのスマートフォンを購入しようと、シム・リム・スクエア(→P.146欄外)へ。館内のある店で交渉し、現金とクレジットカードで支払うことに。最後のRefundチケットのサインの段になって、意味不明のService＋Warrantyなどにより、もとの端末の3倍近い金額を請求されていたことに気づいた。消費者協会を通じて返金を依頼中だが、サインをしてしまったので強く言えない状況だ。　（岡山県　匿名希望）['22]

READER'S VOICE

ジョホール・バルで多発！　日本人を狙った詐欺

サルタン王宮近くで、55～60歳くらいの小柄なマレー系の人がサルタンセキュリティの者だと名乗り、「今日はお祭りで治安が悪く、シンガポールへのバスはラーキン・バスターミナルからしか出ていない。私が安全に帰れるようにしてあげましょう」と言われた。最初その人を信用したのが間違いで、タクシーをひろい、サルタン・ミスキに見学と称して連れて行かれた。その後バスターミナルに着いたときには、態度が豹変。私の財布を取り上げ中身を抜き取り、少額しかなかったので「日本円でいいから2万円払え、高くないだろ！」と凄んできた。身に迫る危険を感じ、1万円を払ってしまった。親切な人は要注意。一緒にタクシーに乗るなどもってのほか。私はこれでも運がよかったのかもしれないと思った。

（岩手県　匿名希望）['22]

●そのほかの注意事項

日本語で声をかけてくる親切な輩に注意

もとガイドだった日本語堪能な男がチャンギ国際空港で個人旅行の日本人を物色し、ガイドなどを申し出るという話も聞く。親切そうに言い寄ってくる人物をカンタンに信用してはいけない。街なかでもこの手の親切を装って話しかけてくる人には要注意。

また、路線バスなどでジョホール・バルへ行く際、イミグレ手続きのためにバスを降りなければならないが、そのときに荷物を置き忘れる人が少なくない。バスは待っていないので必ず荷物はすべて持って降りるよう注意しよう。

●たばこの持ち込みに関する規則

シンガポールのたばこ法により、下記の条件をすべて満たしていないたばこの持ち込みが禁止された。※日本国内で販売されているたばこは、この条件を満たしてないため持ち込みはできない。

[持込み禁止除外対象のたばこ]

◆パッケージにロゴやブランドマークが入っていないもの。

◆健康障害の警告の図柄・写真が入ったもの。
◆パッケージの色はドラブ（ダーク）・ブラウン。

上記条件にあてはまっても、持ち込み可能な分量は 400 gまで。たばこ1本から課税対象（1本Ø42.7）で申告が必要。申告しないで緑の通関路に進み、荷物チェックで所持が発覚し、多額の罰金を科せられるケースが多発している。上記条件にあてはまるたばこを持参の場合は入国時に必ず税関の赤の通関路（レッドチャンネル）で申告し、税金を支払い領収書を保管しておくこと。

また、電子たばこの持ち込みも禁止されている。

●麻薬等の取り締まりは非常に厳しい

シンガポールでは麻薬や覚醒剤などの所持、密売に対しては非常に厳しく取り締まっており、極刑に処せられる。外国人に対しても例外ではないので自己の責任のもと、良識ある行動を。また、知らない人に依頼された荷物などは絶対に預からないこと。

治安情報を入手する

日本で治安に関する情報は、外務省領事サービスセンター（海外安全相談班）で入手できる。
☎(03) 3580-3311（9:00～12:30、13:30～17:00、土・日曜、祝日休み）へ。
海外安全ホームページ
URL www.anzen.mofa.go.jp
※2022年12月現在、シンガポールで消費者のクレームを受け付けているのは以下の機関。
消費者協会 The Consumers Association of Singapore
☎9795-8397（ホットライン、月～金の9:00～17:00）
URL www.case.org.sg/aboutus.aspx

Information

病院と緊急連絡先

日本語対応の病院

◆ラッフルズ・ジャパニーズクリニック
Raffles Japanese Clinic
住585 North Bridge Rd., Raffles Hospital #02-00
☎6311-1190 開9:00～18:30（土曜～13:00） 休日曜、祝日 MAP P.91-2C URL www.rafflessj-clinic.com
※オーチャードのウィーロック・プレイス内（#04-05/05A）に分院がある。

◆ジャパングリーンクリニック
Japan Green Clinic
住290 Orchard Rd., #10-01 Paragon ☎6734-8871
開9:00～12:00、14:00～17:30（土曜9:00～12:00） 休日曜、祝日 MAP P.85-3D URL www.japan-green.com.sg
※ワン・ラッフルズ・プレイスのタワー1内（#19-02）に分院がある。

◆日本メディカルケアー Nippon Medical Care
<グレニーグルス病院内>
住6A Napier Rd., #03-31 Annexe Blk, Gleneagles Hospital
☎6474-7707、6479-3722、6470-5688（時間外診療）
開9:00～12:00、14:00～17:30（土曜9:00～12:00） 休日曜、祝日 MAP 折込裏-1A URL www.nipponmedicalcare.com.sg

緊急連絡先

◆在シンガポール日本国大使館
Embassy of Japan in Singapore
住16 Nassim Rd. ☎6235-8855 FAX (65) 6733-1039
URL www.sg.emb-japan.go.jp 開8:30～12:00、13:30～16:00 休土・日曜、祝日（シンガポールの祝日と日本の年末年始、日本の一部の祝日） MAP P.84-1A

警察・緊急 ☎999 消防・救急 ☎995

現地でパスポートを紛失した場合

パスポートの新規発給、または帰国のための渡航書の発給手続きを日本国大使館（→上記）で行う。帰国のための渡航書というのは、日本へ帰国するためだけのもので使用は一度きり。これで他国へ入国することはできない。手順はどちらの場合でも、まず警察で紛失・盗難証明書（Police Report）を発行してもらい、シンガポール移民検問庁（ICA）で旅券ができあがるまでの滞在許可書（Special Pass）を取得。そして日本大使館・領事部に本人が出向き、まず紛失した旅券の失効手続きを行う。その後、旅券の新規発給、あるいは帰国のための渡航書発給の手続きを行うことになる。

◆失効手続きに必要なもの
①紛失一般旅券等届出書 1通
②写真（縦4.5×横3.5cm、パスポート規格）2枚
③警察が発行した紛失・盗難証明書 1通

◆パスポートの新規発給に必要なもの
①一般旅券発給申請書 1通
②6ヵ月以内に撮影された写真（縦4.5cm×横3.5cm、パスポート規格）1枚
③戸籍謄本（抄本）（申請日前6ヵ月以内に発行されたもの）1通

手数料は有効期間が5年のパスポートは$138、10年のものは$200。所要日数は4日（土・日曜、祝日は含まない）。

◆帰国のための渡航書の発給に必要なもの
①渡航書発給申請書 1通
②6ヵ月以内に撮影された写真（縦4.5cm×横3.5cm、パスポート規格）2枚
③警察が発行した紛失・盗難証明書 1通
④写真の貼ってある身分証明書、または身分確認のできる書類（ない場合は不要） 1通
⑤帰りの航空券、あるいは航空券の予約確認書

料金は$31、所要日数は1～2日。

ユースフルアドレス

政府観光局

シンガポール政府観光局(STB)
FREE 1800-736-2000
URL www.visitsingapore.com
[シンガポール・ビジター・センター]
住 216 Orchard Rd.
住 2 Orchard Turn, L1 ION Orchard
[チャイナタウン・ビジターセンター]
住 2 Banda St.

マレーシア政府観光局(TDC)
住 80 Robinson Rd., #01-01B/C/D
☎ 6532-6321 URL www.tourismmalaysia.or.jp

タイ国政府観光庁(TAT)
住 370 Orchard Rd., C/O-Royal Thai Embassy
☎ 6235-7901 URL www.thailandtravel.or.jp

大使館

在シンガポール日本国大使館
Embassy of Japan in Singapore
住 16 Nassim Rd.
☎ 6235-8855 FAX (65) 6733-1039
URL www.sg.emb-japan.go.jp

入出国管理

イミグレーション(ICA)
Immigration & Checkpoints Authority
住 10 Kallang Rd., ICA Bldg. ☎ 6391-6100
FAX (65) 6298-0843 URL www.ica.gov.sg

緊 急

警察・緊急 ☎ 999 **消防・救急** ☎ 995

航空会社

シンガポール航空 Singapore Airlines
住 2 Orchard Turn, #04-05 ION Orchard
☎ 6223-8888 URL www.singaporeair.com

シルクエアー Silk Air
住 2 Orchard Turn, #04-05 ION Orchard
☎ 6223-8888 URL www.silkair.com

日本航空 Japan Airlines
住 Singapore Changi Airport, #04-48 Passenger Terminal 1
※発券業務は行っていないので、問い合わせは下記のホットラインに。
FREE 800-811-0768 URL www.jal.co.jp

全日空 All Nippon Airways
住 80 Robinson Rd., #18-01 FREE 800-8102-448
URL www.ana.co.jp

ユナイテッド航空 United Airlines
住 16 Raffles Quay, #44-02 Hong Leong Bldg.
☎ 6873-3533 URL www.united.com

デルタ航空 Delta Airlines
住 10 Eunos Rd. 8, #14-00 Singapore Post Centre
☎ 6336-3371 URL www.delta.com

マレーシア航空 Malaysia Airline
住 #026-048, 2F, Singapore Changi Airport
☎ 6723-1009 URL www.malaysiaairlines.com

タイ国際航空 Thai Airways International
住 100 Cecil St., #02-00 The Globe
☎ 6210-5000 URL www.thaiairways.com

ガルーダインドネシア航空 Garuda Indonesia Airways
住 101 Thomson Rd., #12-03 United Square
☎ 6250-2888 URL www.garuda-indonesia.com

キャセイパシフィック航空 Cathay Pacific Airways
住 230 Victoria St., #11-01/02, Bugis Junction Towers ☎ 6214-8113(空港オフィス)
URL www.cathaypacific.com

チャイナ・エアライン China Airlines
住 302 Orchard Rd., #14-01 Tong Bldg.
☎ 6737-2211 URL www.china-airlines.com

エアアジア Air Asia
☎ 6543-0740(空港オフィス)
URL www.airasia.com

ジェットスター航空 Jetstar Airways
☎ 6499-9702
URL www.jetstar.com

スクート Scoot
☎ 6329-1420 URL www.flyscoot.com

ジップエア ZIPAIR
URL www.zipair.net/ja

日本国内の関連機関

シンガポール共和国大使館
住 〒106-0032 東京都港区六本木5-12-3
☎ (03) 3586-9111 URL www.mfa.gov.sg/tokyojpn

在大阪シンガポール共和国名誉総領事館
住 〒590-8577 大阪府堺市堺区老松町3-77
☎ (072) 223-6911

在名古屋シンガポール共和国名誉総領事館
住 〒460-0006 愛知県名古屋市中区葵3-21-19 株式会社メニコン4階 ☎ (052) 935-1258

マレーシア大使館
住 〒150-0036 東京都渋谷区南平台町20-16
☎ (03) 3476-3840
URL www.kln.gov.my/web/jpn_tokyo

インドネシア共和国大使館
住 〒160-0004 東京都新宿区四谷4-4-1※東五反田から一時移転中。 ☎ (03) 3441-4201

シンガポール政府観光局
住 〒100-6314 東京都千代田区丸の内2-4-1 丸の内ビルディング3414 ☎ (03) 6268-0861

外務省 領事サービスセンター(海外安全相談班)
☎ (03) 3580-3311
(電話対応時間9:00〜12:30、13:30〜17:00)
URL www.anzen.mofa.go.jp 休 土・日曜、祝日

(社)日本旅行業協会(JATA)消費者相談室
☎ (03)3592-1266 (直通)、(03)3592-1271 (代表)
(電話対応時間10:00〜17:00) FAX (03) 3592-1268 URL www.jata-net.or.jp 休 土・日曜、祝日

READER'S VOICE

人気のロールケーキ
アラブ・ストリート近くの店で製造販売する「リッチ&グッドケーキショップ」。シンガポール人に大人気で、週末はロールケーキを買い求める人の列が絶えない。マンゴーロールケーキは、1本ペロリといける。コーヒー味は男性にもおすすめ。ドリアン味や、カヤ味も試す価値あり。ジュエル・チャンギ・エアポートにも支店がある(→P.20)。持ち帰りのみで1本$12。

（シンガポール在住　うさくま　'19）['22]

Rich & Good Cake Shop MAP P.142 住24 Kandahar St. ☎6294-3324 営9:00～17:00（月曜10:30～） 休日曜、祝日 カード不可

ヘルシーなナチュラルフード店「ホーコンHåakon」
ノルウェー人が経営するスーパーフードと軽食の店。サラダやアサイーボウル($8.9～)、スムージーやコールドプレスジュースはおいしくて、ビタミン補給にもなる。（神奈川県　A.S　'22）

MAP P.86-2A 住313 Orchard Rd., #B2-14 313@somerset ☎なし 営10:00～21:30 休無休 カードAJMV

トライショーツアーに参加
トライショー・アンクル(→P.372)主催のカンポン・グラム+リトル・インディアの45分のトライショーツアーに参加した。交通量の多い休日の夕方、車道を走ることに不安もあったが、運転手さんはていねいな安全運転を心がけてくれ、道行く車もトライショーに気を使ってくれた。暮れなずむシンガポールの街なかを風に吹かれながらのトライショー探検は、貴重な経験になった。

（東京都　川手啓介　'19）['22]

チャンギ国際空港のフリーWi-Fi
空港のインフォメーションカウンター隣にあるパソコンで、パスポートの顔写真入り部分のスキャンをしたら、数字のパスワードがもらえて3時間無料のWi-Fiに接続できる。待ち時間にうれしいサービスだった。（奈良県　ゆちこ　'19）['22]

便利なランドリー店
暑い国なので1日歩くと汗びっしょり。子連れだと洗濯物に困る。コインランドリーのないホテルに泊まると、たちまち洗濯物の山。そんなときは街なかのランドリー「ランドリー・デイ」が便利だった。洗濯・乾燥してたたんでくれて3kg$14。仕上がりまで3時間。観光の途中で出して、翌日取りに行った。

（兵庫県　のんちゃん　'19）['22]

Laundry day MAP P.86-2B 住5 Koek Rd., #01-18 Cuppage Plaza ☎6734-5286 営9:30～17:00 休日曜

5つ星ホテルでまさかのトラブル
某5つ星ホテルに宿泊した際のこと。50ドル札2枚を10ドル札に両替してもらおうと、フロントの人に渡すと、50ドル札1枚をフロントの引き出しに隠して、10ドル札5枚を数え始めた。一瞬呆然としたが、気を取り直して猛抗議したところ、男性スタッフは100ドルと認めて事なきを得た。5つ星ホテルと安心していただけにショックは大きく、安全といわれているシンガポールも決して油断できないと思った。
対応策1：お札を両手に持って明示する
対応策2：自分から金額をはっきりと言う

（高知県　HKフリーク　'18）['22]

街なかにコインロッカーはない
コインロッカーはまったくといっていいほどない。不要な荷物は滞在ホテルのフロントで預かってもらうようにしたほうがいい。

（千葉県　高橋和哉）['22]

チャンギ国際空港は楽しい！
ひまわりやバタフライ・ガーデン、無料のシアター、ゲームセンターなど何でも揃っていて歩き回るのが楽しかった。無料の足マッサージ機もうれしい。乗り継ぎ客用の市内フリーツアー(→P.354)はお得感があった。（北海道　ELMO）['22]

チャンギ・エアポート駅のチケットオフィス
深夜便で帰国の際、空港駅でイージー・リンク・カードなどのデポジット返却を予定する場合、チケットオフィスは21:00に閉まるので注意(→P.360欄外)。（群馬県　ライダー）['22]

空港駅のツーリスト・パス自動販売機
MRTのチャンギ・エアポート駅、チケットオフィスの隣にシンガポール・ツーリスト・パス(→P.360)の自動販売機が設置された。日本語表示にすることもできる。クレジットカードのみ使用可能。窓口の閉まっている時間でも購入できるので、日本から早朝到着の場合でもOKだ。なお、デポジットの返却は従来どおり窓口でのみ行われ、返金は現金である。

（群馬県　ライダー　'19）['22]

ホーカーズで食べ終わったら
2021年からホーカーズでの食器返却が義務化されています。旅行者の私が知らずに食器を放置していたら、係の人が教えてくれました。確かに地元の人たちは各自しっかり片づけていました。旅行者といえども違反者は罰金の対象になるので注意してください。（東京都　A　'22）

アルコール販売時間に注意！
アルコール飲料の販売は7:00～22:30と法律で決まっている。ビールも22:30以降買えないし、フードコートでも同じ。バーは夜中でも大丈夫。

（東京都　yummy）['22]

旅の英会話

街・観光スポットで

▶(日本円を見せながら)両替をしたいのですが。
Can I change this to Singapore dollar?
▶オーチャード・ロードはどこですか?
Where is Orchard Road?
▶ボート・キーへ行きたいのですが。
I'd like to go to Boat Quay.
▶この地図で場所を教えてください。
Please show me on this map.
▶入場料はいくらですか?
How much is the admission fee?
▶開館/閉館は何時ですか?
What time dose it open/close?
▶写真を撮っていただけますか?
Could you take a picture of me?
▶日本語のわかる人はいますか?
Can anyone speak Japanese?
▶助けて!
Help me!
▶○○をなくしました。
I have lost my ○○.
▶サイフを盗まれました。
Someone stole my wallet.

バス、タクシーの中で

▶このバスは○○へ行きますか?
Does this bus go to ○○?
▶○○に着いたら教えてください。
Please let me know when we arrive at ○○.
▶○○へ行ってください。
Please take me to ○○.
▶ここで降ります。
I will get down here.

レストランで

▶今夜6時にふたりで予約をしたいのですが。
Can I make a reservation for 2 at 6 o'clock tonight?
▶窓側(屋外)の席をお願いします。
Can I have a window-side(an open air)table?
▶メニューを見せてください。
Please show me the menu.
▶肉料理でおすすめはどれですか?
Which meat dish do you recommend?
▶チキンライスをひとつください。
One chicken rice, please.
▶お勘定をお願いします。
Check, please.

ショッピングで

▶ちょっと見てもいいですか?
Hello, I'm just looking, OK?
▶試着してもいいですか?
Can I try this one on?
▶ほかの色はありますか?
Do you have any other colors?
▶これはいくらですか?
How much is this?
▶まけてくれませんか?
Could you give me a discount?
▶これをください。
I will take this.
▶出直してきます。
I will come back again.
▶返品をしたいのですが。
Can I return this one?
▶大きい(小さい)サイズはありますか?
Do you have a bigger(smaller)one?
▶クレジットカードで払えますか?
Do you accept credit cards?

ホテル内で

▶部屋に鍵を忘れました。
I've left my key in the room.
▶荷物を預かってもらえますか?
Could you keep my baggage?

シンガポールの歴史

伝説の時代から「シンガプーラ（獅子の町）」へ

シンガポールが登場する最も古い記録は、14世紀に書かれたふたつの史料である。そのひとつは、マジャパイト（ジャワの王国）の宮廷詩人プラパンチャが書いた『王朝栄華物語』で、そこにはマジャパイトの服属国のひとつとして、トゥマセク（シンガポールの古名、海の町の意）の名が挙がっている。もうひとつの史料は、中国の元代末に2度にわたって東南アジアを広く旅した汪大淵の旅行記『島夷誌略』である。これには、トゥマセクが外国船も立ち寄る港町であること、やせ地で稲作ができないため、住民は海賊を生業としていること、住民のなかには中国人もおり、彼らは土着民と同じ服装だったことなどが記されている。

トゥマセクがシンガプーラ（獅子の町）と名前が変わった事情については、いろいろな説がある。マジャパイト支配下の都市は、通常シンガプーラと呼ばれていたとか、「シンガ」は単に「寄港」を意味し、シンガプーラは「寄港地」の意にすぎないとか。シンガポールの中学校教科書は、スマトラから来た領主サン・ニラ・ウタマが町を建設し、名をシンガプーラに改めたという説を採っている。

16世紀のポルトガルの史料は、14世紀末頃、スマトラ西海岸のパレンバンの王子パラメスワラが、マジャパイトに圧迫されてシンガプーラに逃れ、ここに5年住んだあと、ムラカ（マラッカ）に移って、ムラカ王国を建てたという。ムラカ王国はこの地域の交易の中心となって栄えたが、1511年、ポルトガルの攻撃を受けて滅亡した。

ムラカの滅亡後、王族や商人の一部がシンガプーラに移ったので、これをムラカに対する脅威とみたポルトガルは、1613年、シンガプーラを攻撃し、徹底的に破壊した。これ以後の200年間、シンガポールは少数の漁民と海賊がいるだけの島となったのである。

近代都市の形成

ビクトリア・シアター＆コンサートホールの正面に、腕組みをしたサー・トーマス・スタンフォード・ラッフルズの黒い銅像が立っている。この建物の裏手からシンガポール川のほとりに出ると、白いラッフルズ像があり、1819年1月に彼が上陸した地点を示している。この上陸が近代シンガポールの幕開けとなった。イギリス東インド会社の書記であったラッフルズは、中継港建設の場所を探して、ここに上陸したのである。彼は、この島をその場所と決め、シンガプーラを英語風のシンガポールに改め、都市計画の図面を引き、無関税の自由港政策を定めて、シンガポール繁栄の基礎を築いた。ラッフルズこそ、まさに近代シンガポールの父なのである。

ラッフルズ上陸記念の地に立つ白いラッフルズ像

すでに東インド会社は、マラッカ海峡の港町ペナンを所有しており、1824年にムラカを獲得したので、1826年、これらとシンガポールをまとめて海峡植民地とし、1832年にはシンガポールをその首都と定めた。1858年、東インド会社の解散にともない、海峡植民地はイギリス政府の直轄植民地となった。1870年代から徐々にマラヤ（マレー半島）がイギリスの保護下に入り、シンガポールは事実上マラヤと海峡植民地の首都の役割を果たすようになった。

自由港の魅力に引かれて、東南アジア各地、中国、インドなどから多くの商人が移り住み、シンガポールはまたたく間に東南アジア随一の貿易都市に成長した。19世紀後半から、マラヤで錫鉱山とゴム農園の開発ブームが起こり、その労働者として中国、インドから多くの移民が入ってきた。シンガポー

シンガポールの父ラッフルズ

ファーイースト・スクエア(→P.139)内にある福徳祠博物館には19世紀頃の町並み模型などが展示されている

ルはマラヤ産品の集散地、マラヤを含む移民コミュニティの中心地となってますます発展した。

シンガポールへの移民も、19世紀後半から急増し、20世紀前半にはさらに増えた。20世紀初め頃には、シンガポールの人口は20万人を超え、エスニシティ(民族)別では、華人(中国からの移民)が75%、インド人(南アジアからの移民)が6~7%、マレー人(東南アジア各地からの移民)が15%程度という、現在とだいたい同じ比率になった。

移民たちは、民族別にコミュニティを形成し、それぞれの言語、宗教、文化を守って生活したので、シンガポールは多様な人々が融合せずに、サラダボウル状に共存する「複合社会」となった。植民地政府は、英語で教育を行う学校(英語校)を開設して、共通の言語・文化の普及を図ったが、英語校の生徒は比較的少なかった。華人、インド人コミュニティは、それぞれ独自の学校(華語校、タミール語校)を建てて、子供たちを教育したので、移民2世になっても、複合社会状況は継続した。

戦後の国民統合

1942年2月、シンガポールは日本軍に占領され、1945年8月までの3年半、日本軍政がしかれた。この間、シンガポールは「昭南島」と呼ばれ、住民は、貿易停滞による失業、食糧その他の物不足、インフレの昂進などに苦しんだ。また、日本軍はマレー人、インド人を優遇し、華人に苛酷であったため、異なったコミュニティ間の対立が深まったといわれる。

1945年、日本の敗戦によってイギリス統治が復帰し、1948年にはマラヤ連邦に自治を与えたが、シンガポールは1955年にようやく部分自治を認められた。自治政府は、将来の独立へ向けて国民統合を進めた。言語をめぐる対立を解消するために、各コミュニティを代表する言語――華語(中国語)、マレー語、タミール語――を、英語とともに公用語とし、また、異なった言語で教える学校もすべて平等に扱う政策を確立した。それと同時に、外国国籍の住民にシンガポール市民権を与えて外国国籍を放棄させ、移民たちをシンガポール市民として統合していったのである。

現代シンガポールをつくり上げたリー・クアンユー

1959年、シンガポールは完全自治に移行し、このときの総選挙で圧勝した人民行動党(PAP)が政権に就いて、リー・クアンユー(李光耀)が首相になった。1963年、シンガポールはマラヤと合併してマレーシア連邦の一州となった。しかし、シンガポール州政府とマレーシア連邦政府がしばしば対立したため、1965年、連邦がシンガポールを追放する形でシンガポールは独立し、シンガポール共和国となった。

国家生存の闘い

シンガポールは、1959年以後、一度も政権交代を経験していない。この国の政治史

シンガポール略年譜

14世紀	港町トゥマセクが史料に登場
14世紀末	トゥマセク、シンガプーラと改称
1613	シンガプーラ、ポルトガルに焼き討ちされ壊滅
1819	ラッフルズ、シンガポールに中継港建設開始
1832	ペナン、マラッカと合わせた海峡植民地の首都となる
1858	海峡植民地、イギリス政府の直轄となる
1942	日本軍、シンガポールを占領
1945	日本敗戦。シンガポール、再びイギリス直轄領となる
1955	選挙により部分自治政府成立
1956	4言語校の平等政策決定、翌年度から実施
1957	シンガポール市民権法制定・実施
1958	4言語の公用語化
1959	総選挙により完全自治に移行、PAP政権成立
1963	マレーシア連邦に加入
1965	マレーシアから分離、シンガポール共和国成立
1967	シンガポールほか4ヵ国でASEAN結成
1990	リー・クアンユー首相職を辞任、ゴー・チョクトンが首相となる
2004	ゴー・チョクトンが首相を辞し、リー・シェンロン首相が誕生

は、そのままPAP政権の歴史なのである。PAPは、1954年にリー・クアンユーら英語校出身（英語系）の左派エリートが、華語校出身（華語系）の急進派と協力して結成し、当時の選挙民の多数を占めた華人大衆（華語系）の支持を受けていた。1961年、華語系急進派が脱党したが、安定を求める華人大衆は、引き続きPAPを支持した。

単独独立したシンガポールは、経済的にも安全保障の面でも、生存が難しいと心配された。最大の問題は、5〜6%に上る失業率で、しかも年3〜5%の人口増加が続いていた。雇用を増やすために外国企業に来てもらおうと、政府は懸命に投資環境の整備を進め、英語教育の普及に力を入れた。独立前から英語校の人気が高まっていたが、独立後は政府がさらに力を入れたため、英語校が急速に増え、華語校、タミール語校が減っていった。

安全保障では、独立と同時にイギリスを中心とする多国間安保協定に参加し、ベトナム戦争ではアメリカに協力して、大国の傘の下に入った。国内では、徴兵制度を導入して、18歳の男子全員に2年半の兵役を義務付けた。幸運だったのは、独立直後にインドネシアで政変が起こり、シンガポールを敵視していたスカルノ政権が倒れたため、インドネシアの脅威が消えたことである。さらに1967年には、シンガポールは近隣4ヵ国とともにASEAN（東南アジア諸国連合）を結成し、周辺諸国との友好関係を確保したのである。

安定と繁栄

経済においても、国際環境がシンガポールに味方した。1960年代の世界的な投資ブームと貿易の拡大は、シンガポールの主要産業である貿易・金融を急成長させ、外資誘致も順調に進んだ。特に、日本企業の海外進出と時期が重なったため、シンガポール政府は、日本企業の誘致に力を入れ、目覚ましい成果を上げた。独立後30年間、年平均10%成長という驚異的な経済発展を続け、1990年代には堂々たる先進国となった。失業は1972年頃に解消し、その後は労働力不足となって、外国人労働者が増えている。

経済発展によって国民生活にゆとりができ、シンガポール社会は安定した。1970年代には、ほとんどの子供が英語校へ行くようになり、1980年代初めには、タミール語校、マレー語校が、1986年には華語校が消滅した。国民統合が達成されたあと、政府は、各コミュニティの伝統が失われることを心配し、民族別にそれぞれの言語を必修とする2言語教育を実施するとともに、それぞれの伝統文化を奨励する政策を取っている。

好調な経済と社会の安定は、当然、政治の安定につながる。国民は、生活が年々向上しているときに、政権交代を望まないからである。しかし、PAP政権の超安定ぶりは、やや異常といっても過言ではない。独立以来、国会に有力な野党がいたことはなく、1968年から16年間は、PAPが国会の議席を独占していた。その後も野党議席が1割に達したことはなく、PAPの独占に近い状態が続いている。

PAP政権は、経済発展だけでなく、民意のくみ上げ、公平で効率的な行政、腐敗の排除に努力を傾け、実績を上げているため、国民の大多数がこれを支持していることは疑いない。しかし、先進国として成熟するにつれて、国会に有力な野党を欠くのは、正常な民主政治とはいえないという批判も、わずかながら出てきている。 （田中恭子）

シンガポール百科

シンガポールの政治

政治制度

シンガポールの政治制度は、基本的にイギリスモデルだが、次の3点で最初からイギリスと違う。①議会は一院制である、②地方制度はない、③大統領を元首とする共和国である。当初は、大統領に実権はなく、選出も間接選挙だったが、1991年から直接選挙となり、権限も強化された。

選挙制度では、1988年、部分的に「グループ選挙区」制が導入されて、イギリス式の小選挙区制が修正された。「グループ選挙区」は、4〜6人の議員グループをまとめて選出する中選挙区である。すなわち、各政党は非華人1人を含む候補者グループを立て、選挙民は、候補者個人でなくグループを選ぶ。圧倒的な与党の人民行動党に対して野党が人種を揃えて4～6人の候補者グループを立てるのは容易でない。過去の総選挙では候補者が立てられず無投票となるグループ選挙区が多く、選挙前から野党の不戦敗の状況が続いた。ところが、2011年の総選挙では定員1名の小選挙区が12区、グループ選挙区が15区となり、野党がほぼすべての区で候補者を立てて1つのグループ選挙区で初勝利を収め、87議席中6議席を得た。

その後補欠選挙で野党がもう1議席獲得して迎えた2015年9月の総選挙では、小選挙区が13でグループ選挙区が16、定数が2議席増となり、人民行動党が議席数89議席のうち83議席を獲得、国内の野党7党のなかで最大野党である労働者党が6議席を獲得した。

選挙民の掌握

シンガポール政治で重要なのは、国民を掌握するためのきめ細かいシステムである。その第一は、住宅開発庁が建設した住宅団地（HDB）である。HDBの役目は、低価格住宅の供給にあるが、入居者を多様な民族グループが交じるように配分し、特定の民族の集中居住を避ける目的にも使われている。各民族の調和を目指す一方で、野党の拠点となるのを防ぐ狙いもあるとされる。

HDB団地が増え、居住者数が巨大化するにつれて、団地が行政の単位になり、ときには選挙区にもなり、あとに述べるコミュニティセンターや人民協会などの設置単位にもなっている。全国民の85％がHDB団地に居住しており、政府はHDBを通じて国民を掌握できる状況だ。

人民協会は、1960年に国民にスポーツ、職業訓練、趣味、娯楽などの機会を提供する目的でつくられ、各地区に設置されたコミュニティセンターの運営に当たった。各センターに運営委員会（委員10人前後）がおかれて、その委員は地区選出の国会議員が選んでいる。コミュニティセンターの数は時とともに増え、2015年現在、107ヵ所ある。

シンガポールの国会議事堂

さらに、1964年には、運営委員会と並行して、総理府直轄の市民諮問委員会が設けられた。その任務は、地区住民の希望、苦情やその対策案を政府に伝え、逆に、政府からの対応策やそのほかの政策、事業を住民に伝えることにある。諮問委員会は、政府と地区住民を直接結ぶ、草の根リーダーの役割を果たしているのである。

指導者の世代交代

自治から独立期のシンガポールを率いてきたリー・クアンユー首相が1990年に辞任し、ゴー・チョクトン新首相が誕生した。リー前首相は、総理府上級相としてゴー内閣にとどまり、自身の長男リー・シェンロンは、ゴー内閣の発足当初から副首相兼通産大臣に任命され、その後も重要閣僚を歴任した。

堅調に伸びた景気も2001年から深刻な不況となり、新型肺炎（SARS）の影響もあり低迷が続く。2004年に景気回復を見極めてゴー首相が辞し、リー・シェンロン副首相が第3代首相に就任した。以降、経済は年平均約8％と安定成長を続け、リーマンショック後も早い立ち直りをみせた一方で、2011年の総選挙では、人民行動党の得票率は60.1％と過去最低となり、グループ選挙区で議席を失う事態となった。与党が惨敗した理由は、経済政策や長期政権への批判票が増えたためとされる。この事実を受け、ゴー・チョクトン上級相とリー・クアンユー顧問相が辞任。

建国50周年を迎えた2015年3月、国父リー・クアンユーが91歳で逝去。50周年記念行事とともに氏の業績を振り返る機会がたびたび重なり、追い風となって9月の総選挙では人民行動党が69.9％の得票率を得て圧勝した。獲得議席数の変化はほぼないが、この結果をもって2001年以降凋落傾向にあった人民行動党は信任を取り戻し、シンガポール国民が現実的な判断を下したとされている。シンガポールのほぼ一党独裁の政治体制は今後も続いていくことになるが、外国人労働者受け入れ、物価や不動産の高止まりなど経済・社会的な課題は現在も多く、国民生活の向上のためのリーダーシップがいかに発揮されるかがおおいに注目されている。

2017年9月、トニー・タン大統領の任期終了の後、初の女性でマレー系のハリマ・ヤコブ大統領が8代目大統領に就任した。

シンガポール百科

シンガポールの教育制度

シンガポールは教育熱心なお国柄で知られ、高学歴重視の傾向は加速している。その結果、過剰な早期教育や受験競争のプレッシャーが子供へ与えるストレスも大きく、慢性的な社会問題でもある。一方で、最近はグローバル化や先の読めない環境変化に対応できる能力の高い柔軟な国民を育てたいという方向性を国が打ち出し、スポーツや芸術に特化した中高の教育機関が創設されたり、海外で高等教育の資格が取れるシステムの導入など、より個人の才能や特性が生かせる教育環境の整備が進んでいる。

2言語教育

多民族国家のシンガポールでは、英語、中国語、マレー語、タミール語の4つが公用語であり、第1言語を英語として、小学校から各民族の母国語を選択して学習する。つまり、算数、理科、社会などの各科目は英語で学習し、第2言語は各自の選択となる。それぞれの修了試験において、第2言語は必須科目である。徹底したこのシステムにより、シンガポール人は、たいてい2言語以上話せるマルチリンガルとなる。そんな文化背景も学校生活に反映されており、通常学食では、中国、マレー、インド、西洋料理から選べるようになっている。

小学校から能力別のクラス分けや、進路が決まる試験が続く

初等教育は6年、中等教育が4～5年、そして高等教育2～3年と続く。小学校卒業時に初等教育修了試験（PSLE）があり、その成績によって4年制の特別コース、急行コース、5年制の普通コース（学術と技術の2コースある）に振り分けられ、進学率の高い有名校に入れるかどうかも決まる。これが最初の大きな試験となるが、小学校3年生頃には、すでに成績別にクラス分けがなされ、数パーセントの成績優秀者には、この時期から英才教育が施される。中等教育を終える頃、ケンブリッジ大学の中卒認定試験（GCE）のOレベル（特別・急行コース）、またはNレベル（普通コース）の試験があり、この結果によって大学進学を目指す2年制のジュニア・カレッジ、または3年制の工専や職業訓練校へと振り分けられる。近年は、このGCEを間に挟まずに6年制のインターナショナル・バカロレア（IB）システムを採用する教育省認可の学校も増えている。スポーツや芸術分野に秀でた生徒向けの、中高一貫教育の専門校でもIBが取得できる。IB校、ジュニア・カレッジに進んだ学生は、高等教育認定試験（GCE、Aレベル）を受験して大学へ進む。GCE、Nレベルや工専に行く学生も、規定の条件に達すれば、後に大学進学のチャンスがある。

また、シンガポールには、18歳男子に兵役義務が課せられているため、GCE、Aレベルの受験が終わり、大学入学が内定した時点で2年間の兵役に入るケースが一般的だ。

広がる選択肢、海外への進学が増加

シンガポール国内には、現在6つの大学がある。シンガポール国立大学は水準も高く難関とされ、市内に大きなキャンパスをもつシンガポール経営大学は、ビジネス系に強く、海外からも優秀な留学生を多数受け入れるなど、国内の学生にとっては依然狭き門である。しかし、現在では、イギリス、アメリカ、オーストラリアの大学に進む学生も相当数いるほか、海外の大学がシンガポールに分校を開き、シンガポールにいながらその大学のカリキュラムで勉強し、資格も取れるため、大学への進学率は上がっている。MBAなどの修士課程の取得も盛んで、卒業後にそのまま大学院へ進むケース、社会人のためのコースも数多くある。キャリアアップには学歴、という発想も根強く、勉強熱心な国民性がそこここにうかがえる。

（桑島千春）

左／生徒の顔ぶれを見ると多民族国家ということを実感する　右／幼稚園児の遠足風景

「団地国家」シンガポール

郊外のニュータウンに建ち並ぶHDB

85%が公団住宅に住む

いまや570万人余のシンガポール国民のうち、85%を超える人々が政府・住宅開発庁が建設した高層の住宅団地（HDB）に住んでいる。残りの15%のうちのほとんどが民間のマンション、または土地付きの一戸建てかテラスハウスに住んでおり、わずかながら旧来のカンポンハウスと呼ばれる木造住宅に住む人もいる。

「カンポン」というのは集落を意味するマレー語で、1960年代までは大半のシンガポーリアンが島内各地のカンポンにある平屋の木造家屋で数世帯が一緒に住んでいた。伝統的なカンポンでの生活からコンクリートの高層団地が林立するニュータウンへ、この180度の大転換はシンガポールが1970年代から1980年代前半にかけて成し遂げた奇跡的な経済の高度成長（年間平均成長率およそ10%）のなかで行われた。

HDB住人は中産階級

シンガポールの与党人民行動党（PAP）は国民に安価な公共住宅を提供することを政策の基本として、1985年までの25年間に58万5000戸の公共住宅を建設し、その後も年間2〜3万戸のハイペースで建設を進めている。1959年の持ち家率は10%にすぎなかったが、1997年には実に94%にアップした。HDBにはいくつかのタイプがあり、2LK、3LK、3LDKが中心となっているが、2フロアを占有するメゾネットタイプ、プールなどファシリティを備えたHDBコンドミニアムも登場して、より高級で洗練されたデザインの住宅が増えている。

HDBはアイデンティティの創出に貢献したか？

シンガポールはHDBによるニュータウンが建設される前、英国の「分割支配」による民族分断政策のせいもあって、各民族が分かれて住んでいた。独立政府はニュータウンの入居の際に、民族、出身地、宗教に関係なく抽選でユニットを決め、その結果、民族が隣り合い、交じり合って再定住することになった。福建人とかマレー人、インド人といった狭い民族意識で固まることなく、「シンガポーリアン」という国民意識を醸成しながら、ニュータウン内に新しい地域共同体をつくり出すことが政府の狙いだったわけである。これは「実験国家」シンガポールにふさわしい野心的な試みでもあった。

そして「新しい隣人関係をつくりましょう」というキャンペーンを展開したり、防犯のためのネットワークを組織したり、政府はニュータウンの地域共同体の絆を強化することに努力してきた。では、HDBの住人たちは民族の壁を乗り越えてシンガポーリアンとしてのアイデンティティを確立し、地域共同体に協力しているのだろうか。確かにシンガポーリアンとしての自覚は強くなっているようだが、「近所との付き合いは希薄」と不満を漏らす団地住民は多い。ひとつしかないドアを閉めてしまえば外界と遮断されてしまう構造は、親しい近所づきあいを生み出せないようだ。また言葉の壁、屋外の暑さと勉強の忙しさから家にこもってしまう子供たちのライフスタイル、ゲームやコンピューターの普及など、さまざまな要因が考えられる。

フードコートやコミュニティセンターが社交場

とはいえ、各ニュータウンには中心部にマーケットやショッピングセンターがあって、地域の住民にとってここが出会いの場所となっているし、ホーカーを集めたフードコート、スポーツや習い事ができるコミュニティセンターが充実しており、市民の社交場の役目を果たしている。豊かな「団地国家」となったシンガポールで、今後ニュータウンの住民たちが個人主義を脱して、血の通った地域社会を創造できるか。これはシンガポール社会の将来を占ううえで重要なポイントとなるだろう。

Column

「シングリッシュ」はシンガポールが生んだユニークな言葉

シンガポールに来てまず違和感を覚えるのは、シンガポール人の話す英語だという日本人は多い。独特のアクセントや発音、まくしたてるような早口に圧倒されてしまう。シンガポールはアジアで最も広く英語が通用する国だが、このシンガポール式英語、“シングリッシュ”は英語ではないと拒絶反応を見せる人もいる。是非はともあれ、シングリッシュはシンガポールで生まれたコミュニケーション手段である。シングリッシュの特徴をその独特の発音や文末に「ラ～ lah」や「レー leh」を付けることと思っている日本人は多いが、実は発音うんぬんよりもユニークなのは、文法の簡略化、英語に中国語やマレー語を混ぜること、そして英語で中国語・マレー語的発想の造語を用いることである。これらの例をいくつか挙げてみよう。

● じろじろ見る失礼な人に対して発する言葉の比較「何を見ているのですか？」
正しい英語：What are you looking at?
シングリッシュ：See what? Look at me for what??
語順、語法が滅茶苦茶、さらに簡略化されている。

● “Tomorrow you go or not?” “See first, lah.”
「明日行くの、行かないの？」「考えとくよ」の意味。goが未来形になっていないが、tomorrowがあるので未来形として判断する。see firstという表現もよく使われるが、本来ならLet me think first.などが妥当。

● He is so thick-skin. He always eat snake!
「彼は図々しい。いつもさぼっているのよ」の意。中国語の言い回し「皮が厚い＝図々しい」、「蛇を食べる＝さぼる」を英語に直して使っている。しかも動詞が3人称に対応していない。

● You want to makan first?
「ご飯先に食べたい？」の意。makanはマレー語で「食べる」を意味する。

● I really cannot tah-han this suaku man!
「この田舎者には本当にガマンできないわ！」の意。tah-hanはマレー語で「耐える」、suakuは福建語で「田舎者」の意味。

これはまだまだほんの一部で、もっと数多くのユニークな表現や言い方がある。

シンガポール人の英語力を過小評価する人がいるが、彼らの多くは英米のテレビ番組や映画を字幕なしで理解できるし、日常会話はもちろん、仕事上のやりとりでも困ることはまずない。英語圏の外国人には襟を正してきちんと話すのだが、シンガポール人同士できちんとした英語を使うと「なに気取ってんだ」という目で見られてしまう。親しみがわかないのだ。

シンガポール政府は「正しい英語を話しましょう」キャンペーンを展開してはいるものの、シングリッシュは国民に親しまれてきた共通の言語であり、この国の歴史と環境が生んだ大衆文化のひとつであるといっても過言ではない。（丹保美紀）

シンガポール・オカルト事情

シンガポーリアンもご多分にもれずオカルト好きの国民だ。モダンなシンガポールというイメージからは意外だろうが、古い迷信を固く信じている人がいまだに多く、真顔でおかしな話をする人もいる。また、中国系、インド系、マレー系それぞれの人種や宗教グループに伝わるオバケの話があるのもシンガポールならではだ。

シンガポールは狭い国土にしては心霊スポットも比較的多く、いろいろなエリアでまことしやかなうわさを耳にする。その多くは日本軍占領時の軍施設や虐殺現場などにまつわるもの。当時の憲兵隊本部やら留置場やら、捕虜が入れられたチャンギ刑務所や旧チャンギ病院も心霊スポットとして有名だ。

地元のマニアらが、シンガポールの心霊スポット10を挙げたりしているが、必ず登場するのは旧フォード社自動車工場跡だろう。ここはイギリス軍が日本軍に降伏し、その後日本軍の部隊がおかれた所でもあり、日本の敗戦時にはここで日本の軍人らが自害したという話がある。その怨念に満ちた霊がいまだにさまよっているという。ずっと廃屋のまま放置されてきたが、今ここはメモリー・アット・オールド・フォード・ファクトリーという戦争記念館として一般公開されている。実際この辺一帯は心霊スポットが多く、入居する人が病死や破産するなど不幸な目に遭うといわれる高級住宅の並びもこのそばにある。さらに中心部でも戦前から残る古い建物には数多くのオバケ屋敷があるようだ。また、できてはつぶれる飲食店が多いスポットでも「あの場所は呪われているから」といううわさがよく聞かれる。

さて、書籍のほうではシンガポールの子供たちに大人気の本『シンガポール・ゴースト・ストーリー』があり、これもすでに11巻が発行され、60万冊以上売り上げているほど。

また、民間ではSPI（Singapore Paranormal Investigators）なるグループも結成され、さまざまな怪奇情報をウェブ上で交換しているほか、実際に心霊スポットツアーも開催している。ツアーは基本的には参加無料だが、夜中のジャングルや廃屋の中を歩いたりするため、参加者の自己責任が問われるので要注意。（丹保美紀）

メモリー・アット・オールド・フォード・ファクトリー
Memories at Old Ford Factory
MAP 折込表-2B 住351 Upper Bukit Timah Rd.
☎6462-6724 開9:00～17:30 休月曜 料$7
URL corporate.nas.gov.sg/former-ford-factory/overview

SPI（Singapore Paranormal Investigators）
URL www.facebook.com/spiforum

索　引

見どころ

レストラン・バー

I N D E X

ショップ

[A～Z]

[ア行]

[カ行]

[サ行]

[タ・ナ行]

[ハ行]

[マ行]

[ヤ・ラ行]

エステ＆ボディ・マッサージ

[ア・カ行]

[サ行]

INDEX

ホテル

地球の歩き方 シリーズ一覧

2023年1月現在

＊地球の歩き方ガイドブックは、改訂時に価格が変わることがあります。＊表示価格は定価（税込）です。＊最新情報は、ホームページをご覧ください。www.arukikata.co.jp/guidebook/

地球の歩き方 ガイドブック

A ヨーロッパ

A01	ヨーロッパ	¥1870
A02	イギリス	¥1870
A03	ロンドン	¥1760
A04	湖水地方&スコットランド	¥1870
A05	アイルランド	¥1980
A06	フランス	¥1870
A07	パリ&近郊の町	¥1980
A08	南仏プロヴァンス コート・ダジュール&モナコ	¥1760
A09	イタリア	¥1870
A10	ローマ	¥1760
A11	ミラノ ヴェネツィアと湖水地方	¥1870
A12	フィレンツェとトスカーナ	¥1870
A13	南イタリアとシチリア	¥1870
A14	ドイツ	¥1980
A15	南ドイツ フランクフルト ミュンヘン ロマンチック街道 古城街道	¥1760
A16	ベルリンと北ドイツ ハンブルク ドレスデン ライプツィヒ	¥1870
A17	ウィーンとオーストリア	¥1870
A18	スイス	¥1870
A19	オランダ ベルギー ルクセンブルク	¥1870
A20	スペイン	¥1870
A21	マドリードとアンダルシア	¥1760
A22	バルセロナ&近郊の町 イビサ島／マヨルカ島	¥1760
A23	ポルトガル	¥1815
A24	ギリシアとエーゲ海の島々&キプロス	¥1870
A25	中欧	¥1980
A26	チェコ ポーランド スロヴァキア	¥1870
A27	ハンガリー	¥1870
A28	ブルガリア ルーマニア	¥1980
A29	北欧 デンマーク ノルウェー スウェーデン フィンランド	¥1870
A30	バルトの国々 エストニア ラトヴィア リトアニア	¥1870
A31	ロシア ベラルーシ ウクライナ モルドヴァ コーカサスの国々	¥2090
A32	極東ロシア シベリア サハリン	¥1980
A34	クロアチア スロヴェニア	¥1760

B 南北アメリカ

B01	アメリカ	¥2090
B02	アメリカ西海岸	¥1870
B03	ロスアンゼルス	¥1870
B04	サンフランシスコとシリコンバレー	¥1870
B05	シアトル ポートランド	¥1870
B06	ニューヨーク マンハッタン&ブルックリン	¥1980
B07	ボストン	¥1980
B08	ワシントンDC	¥1870
B09	ラスベガス セドナ& グランドキャニオンと大西部	¥1870
B10	フロリダ	¥1870
B11	シカゴ	¥1870
B12	アメリカ南部	¥1980
B13	アメリカの国立公園	¥2090
B14	ダラス ヒューストン デンバー グランドサークル フェニックス サンタフェ	¥1980
B15	アラスカ	¥1980
B16	カナダ	¥1870
B17	カナダ西部 カナディアン・ロッキーとバンクーバー	¥1760
B18	カナダ東部 ナイアガラ・フォールズ メープル街道 プリンス・エドワード島 トロント オタワ モントリオール ケベック・シティ	¥2090
B19	メキシコ	¥1980
B20	中米	¥2090
B21	ブラジル ベネズエラ	¥2200
B22	アルゼンチン チリ パラグアイ ウルグアイ	¥2200
B23	ペルー ボリビア エクアドル コロンビア	¥2200
B24	キューバ バハマ ジャマイカ カリブの島々	¥2035
B25	アメリカ・ドライブ	¥1980

C 太平洋 / インド洋島々

C01	ハワイ1 オアフ島&ホノルル	¥1980
C02	ハワイ2 ハワイ島 マウイ島 カウアイ島 モロカイ島 ラナイ島	¥1760
C03	サイパン ロタ&テニアン	¥1540
C04	グアム	¥1980
C05	タヒチ イースター島	¥1870
C06	フィジー	¥1650
C07	ニューカレドニア	¥1650
C08	モルディブ	¥1870
C10	ニュージーランド	¥1870
C11	オーストラリア	¥2200
C12	ゴールドコースト&ケアンズ	¥1870
C13	シドニー&メルボルン	¥1760

D アジア

D01	中国	¥2090
D02	上海 杭州 蘇州	¥1870
D03	北京	¥1760
D04	大連 瀋陽 ハルビン 中国東北部の自然と文化	¥1980
D05	広州 アモイ 桂林 珠江デルタと華南地方	¥1980
D06	成都 重慶 九寨溝 麗江 四川 雲南	¥1980
D07	西安 敦煌 ウルムチ シルクロードと中国北西部	¥1980
D08	チベット	¥2090
D09	香港 マカオ 深セン	¥1870
D10	台湾	¥1870
D11	台北	¥165
D13	台南 高雄 屏東&南台湾の町	¥165
D14	モンゴル	¥20
D15	中央アジア サマルカンドとシルクロードの国々	¥20
D16	東南アジア	¥18
D17	タイ	¥18
D18	バンコク	¥18
D19	マレーシア ブルネイ	¥20
D20	シンガポール	¥19
D21	ベトナム	¥20
D22	アンコール・ワットとカンボジア	¥18
D23	ラオス	¥20
D24	ミャンマー（ビルマ）	¥20
D25	インドネシア	¥18
D26	バリ島	¥18
D27	フィリピン マニラ セブ ボラカイ ボホール エルニド	¥18
D28	インド	¥20
D29	ネパールとヒマラヤトレッキング	¥22
D30	スリランカ	¥18
D31	ブータン	¥19
D33	マカオ	¥17
D34	釜山 慶州	¥15
D35	バングラデシュ	¥20
D37	韓国	¥19
D38	ソウル	¥16

E 中近東 アフリカ

E01	ドバイとアラビア半島の国々	¥20
E02	エジプト	¥19
E03	イスタンブールとトルコの大地	¥20
E04	ペトラ遺跡とヨルダン レバノン	¥20
E05	イスラエル	¥20
E06	イラン ペルシアの旅	¥22
E07	モロッコ	¥19
E08	チュニジア	¥20
E09	東アフリカ ウガンダ エチオピア ケニア タンザニア ルワンダ	¥20
E10	南アフリカ	¥22
E11	リビア	¥22
E12	マダガスカル	¥19

J 国内版

J00	日本	¥33
J01	東京	¥20
J02	東京 多摩地域	¥20
J03	京都	¥22
J04	沖縄	¥22
J05	北海道	¥22
J07	埼玉	¥22
J08	千葉	¥22

地球の歩き方 aruco

●海外

1	パリ	¥1320
2	ソウル	¥1650
3	台北	¥1320
4	トルコ	¥1430
5	インド	¥1540
6	ロンドン	¥1320
7	香港	¥1320
9	ニューヨーク	¥1320
10	ホーチミン ダナン ホイアン	¥1430
11	ホノルル	¥1320
12	バリ島	¥1320
13	上海	¥1320
14	モロッコ	¥1540
15	チェコ	¥1320
16	ベルギー	¥1430
17	ウィーン ブダペスト	¥1320
18	イタリア	¥1320
19	スリランカ	¥1540
20	クロアチア スロヴェニア	¥1430
21	スペイン	¥1320
22	シンガポール	¥1320
23	バンコク	¥1430
24	グアム	¥1320
25	オーストラリア	¥1430
26	フィンランド エストニア	¥1430
27	アンコール・ワット	¥1430
28	ドイツ	¥1430
29	ハノイ	¥1430
30	台湾	¥1320
31	カナダ	¥1320
33	サイパン テニアン ロタ	¥1320
34	セブ ボホール エルニド	¥1320
35	ロスアンゼルス	¥1320
36	フランス	¥1430
37	ポルトガル	¥1650
38	ダナン ホイアン フエ	¥1430

●国内

東京	¥1540
東京で楽しむフランス	¥1430
東京で楽しむ韓国	¥1430
東京で楽しむ台湾	¥1430
東京の手みやげ	¥1430
東京おやつさんぽ	¥1430
東京のパン屋さん	¥1430
東京で楽しむ北欧	¥1430
東京のカフェめぐり	¥1480
東京で楽しむハワイ	¥1480
nyaruco 東京ねこさんぽ	¥1480
東京で楽しむイタリア&スペイン	¥1480
東京で楽しむアジアの国々	¥1480
東京ひとりさんぽ	¥1480
東京パワースポットさんぽ	¥1599
東京で楽しむ英国	¥1599

地球の歩き方 Plat

1	パリ	¥1320
2	ニューヨーク	¥1320
3	台北	¥1100
4	ロンドン	¥1320
6	ドイツ	¥1320
7	ホーチミン／ハノイ／ダナン／ホイアン	¥1320
8	スペイン	¥1320
10	シンガポール	¥1100
11	アイスランド	¥1540
14	マルタ	¥1540
15	フィンランド	¥1320
16	クアラルンプール／マラッカ	¥1100
17	ウラジオストク／ハバロフスク	¥1430
18	サンクトペテルブルク／モスクワ	¥1540
19	エジプト	¥1320
20	香港	¥11
22	ブルネイ	¥14
23	ウズベキスタン／サマルカンド／ブハラ／ヒヴァ／タシケント	¥13
24	ドバイ	¥13
25	サンフランシスコ	¥13
26	パース／西オーストラリア	¥13
27	ジョージア	¥15

地球の歩き方 リゾートスタイ

R02	ハワイ島	¥16
R03	マウイ島	¥16
R04	カウアイ島	¥18
R05	こどもと行くハワイ	¥15
R06	ハワイ ドライブ・マップ	¥19
R07	ハワイ バスの旅	¥13
R08	グアム	¥14
R09	こどもと行くグアム	¥16
R10	パラオ	¥16
R12	プーケット サムイ島 ピピ島	¥16
R13	ペナン ランカウイ クアラルンプール	¥16
R14	バリ島	¥14
R15	セブ&ボラカイ ボホール シキホール	¥16
R16	テーマパークinオーランド	¥18
R17	カンクン コスメル イスラ・ムヘーレス	¥16
R20	ダナン ホイアン ホーチミン ハノイ	¥16

地球の歩き方 御朱印

1	御朱印でめぐる鎌倉のお寺 三十三観音完全掲載 三訂版	¥1650
2	御朱印でめぐる京都のお寺 改訂版	¥1650
3	御朱印でめぐる奈良の古寺 改訂版	¥1650
4	御朱印でめぐる東京のお寺	¥1650
5	日本全国この御朱印が凄い！ 第壱集 増補改訂版	¥1650
6	日本全国この御朱印が凄い！ 第弐集 都道府県網羅版	¥1650
7	御朱印でめぐる全国の神社 開運さんぽ	¥1430
8	御朱印でめぐる高野山 改訂版	¥1650
9	御朱印でめぐる関東の神社 週末開運さんぽ	¥1430
0	御朱印でめぐる秩父の寺社 三十四観音完全掲載 改訂版	¥1650
1	御朱印でめぐる関東の百寺 坂東三十三観音と古寺	¥1650
2	御朱印でめぐる関西の神社 週末開運さんぽ	¥1430
3	御朱印でめぐる関西の百寺 西国三十三所と古寺	¥1650
4	御朱印でめぐる東京の神社週末開運さんぽ 改訂版	¥1540
5	御朱印でめぐる神奈川の神社 週末開運さんぽ	¥1430
6	御朱印でめぐる埼玉の神社 週末開運さんぽ	¥1430
7	御朱印でめぐる北海道の神社 週末開運さんぽ	¥1430
8	御朱印でめぐる九州の神社 週末開運さんぽ 改訂版	¥1540
9	御朱印でめぐる千葉の神社 週末開運さんぽ 改訂版	¥1540
0	御朱印でめぐる東海の神社 週末開運さんぽ	¥1430
1	御朱印でめぐる京都の神社 週末開運さんぽ 改訂版	¥1540
2	御朱印でめぐる神奈川のお寺	¥1650
3	御朱印でめぐる大阪 兵庫の神社 週末開運さんぽ	¥1430
4	御朱印でめぐる愛知の神社 週末開運さんぽ 改訂版	¥1540
5	御朱印でめぐる栃木 日光の神社 週末開運さんぽ	¥1430
6	御朱印でめぐる福岡の神社 週末開運さんぽ 改訂版	¥1540
7	御朱印でめぐる広島 岡山の神社 週末開運さんぽ	¥1430
8	御朱印でめぐる山陰 山陽の神社 週末開運さんぽ	¥1430
	御朱印でめぐる埼玉のお寺	¥1650
	御朱印でめぐる千葉のお寺	¥1650
	御朱印でめぐる東京の七福神	¥1540
	御朱印でめぐる東北の神社 週末開運さんぽ 改訂版	¥1540
	御朱印でめぐる全国の稲荷神社 週末開運さんぽ	¥1430
	御朱印でめぐる新潟 佐渡の神社 週末開運さんぽ	¥1430
	御朱印でめぐる静岡 富士 伊豆の神社 週末開運さんぽ	¥1430
	御朱印でめぐる四国の神社 週末開運さんぽ	¥1430
	御朱印でめぐる中央線沿線の寺社 週末開運さんぽ	¥1540
	御朱印でめぐる東急線沿線の寺社 週末開運さんぽ	¥1540
	御朱印でめぐる茨城の神社 週末開運さんぽ	¥1430
	御朱印でめぐる関東の聖地 週末開運さんぽ	¥1430
	御朱印でめぐる東海のお寺	¥1650
	日本全国ねこの御朱印&お守りめぐり 週末開運にゃんさんぽ	¥1760
	御朱印でめぐる信州 甲州の神社 週末開運さんぽ	¥1430
	御朱印でめぐる全国の聖地 週末開運さんぽ	¥1430
	御船印でめぐる全国の魅力的な船旅	¥1650
	御朱印でめぐる茨城のお寺	¥1650
	御朱印でめぐる全国のお寺 週末開運さんぽ	¥1540
	日本全国 日本酒でめぐる 酒蔵&ちょこっと御朱印〈東日本編〉	¥1760
	日本全国 日本酒でめぐる 酒蔵&ちょこっと御朱印〈西日本編〉	¥1760
	関東版ねこの御朱印&お守りめぐり 週末開運にゃんさんぽ	¥1760
52	一生に一度は参りたい！ 御朱印でめぐる全国の絶景寺社図鑑	¥2479
D51	鉄印帳でめぐる全国の魅力的な鉄道40	¥1650
	御朱印はじめました 関東の神社 週末開運さんぽ	¥1210

地球の歩き方 島旅

1	五島列島 3訂版	¥1650
2	奄美大島～奄美群島1～ 3訂版	¥1650
3	与論島 沖永良部島 徳之島（奄美群島②）改訂版	¥1650
4	利尻 礼文	¥1650
5	天草	¥1650
6	壱岐 4訂版	¥1650
7	種子島 3訂版	¥1650
8	小笠原 父島 母島 3訂版	¥1650
9	隠岐	¥1650
10	佐渡 3訂版	¥1650
11	宮古島 伊良部島 下地島 来間島 池間島 多良間島 大神島 改訂版	¥1650
12	久米島 渡名喜島 改訂版	¥1650
13	小豆島～瀬戸内の島々1～ 改訂版	¥1650
14	直島 豊島 女木島 男木島 犬島～瀬戸内の島々2～	¥1650
15	伊豆大島 利島～伊豆諸島1～ 改訂版	¥1650
16	新島 式根島 神津島～伊豆諸島2～ 改訂版	¥1650
17	沖縄本島周辺15離島	¥1650
18	たけとみの島々 竹富島 西表島 波照間島 小浜島 黒島 鳩間島 新城島 由布島 加屋	¥1650
19	淡路島～瀬戸内の島々3～	¥1650
20	石垣島 竹富島 西表島 小浜島 由布島 新城島 波照間島	¥1650
22	島旅ねこ にゃんこの島の歩き方	¥1344

地球の歩き方 旅の図鑑

W01	世界244の国と地域	¥1760
W02	世界の指導者図鑑	¥1650
W03	世界の魅力的な奇岩と巨石139選	¥1760
W04	世界246の首都と主要都市	¥1760
W05	世界のすごい島300	¥1760
W06	地球の歩き方的！ 世界なんでもランキング	¥1760
W07	世界のグルメ図鑑 116の国と地域の名物料理を食の雑学とともに解説	¥1760
W08	世界のすごい巨像	¥1760
W09	世界のすごい城と宮殿333	¥1760
W10	世界197ヵ国のふしぎな聖地&パワースポット	¥1870
W11	世界の祝祭	¥1760
W12	世界のカレー図鑑	¥1980
W13	世界遺産 絶景でめぐる自然遺産 完全版	¥1980
W15	地球の果ての歩き方	¥1980
W16	世界の中華料理図鑑	¥1980
W17	世界の地元メシ図鑑	¥1980
W18	世界遺産の歩き方 学んで旅する！ すごい世界遺産190選	¥1980
W19	世界の魅力的なビーチと湖	¥1980
W20	世界のすごい駅	¥1980
W21	世界のおみやげ図鑑	¥1980
W22	いつか旅してみたい世界の美しい古都	¥1980
W23	世界のすごいホテル	¥1980
W24	日本の凄い神木	¥2200
W25	世界のお菓子図鑑	¥1980
W26	世界の麺図鑑	¥1980
W27	世界のお酒図鑑	¥1980
W28	世界の魅力的な道	¥1980
W30	すごい地球！	¥2200
W31	世界のすごい墓	¥1980

地球の歩き方 旅の名言 & 絶景

ALOHAを感じるハワイのことばと絶景100	¥1650
自分らしく生きるフランスのことばと絶景100	¥1650
人生観が変わるインドのことばと絶景100	¥1650
生きる知恵を授かるアラブのことばと絶景100	¥1650
心に寄り添う台湾のことばと絶景100	¥1650
道しるべとなるドイツのことばと絶景100	¥1650
共感と勇気がわく韓国のことばと絶景100	¥1650
人生を楽しみ尽くすイタリアのことばと絶景100	¥1650
今すぐ旅に出たくなる！ 地球の歩き方のことばと絶景100	¥1650
悠久の教えをひもとく 中国のことばと絶景100	¥1650

地球の歩き方 旅と健康

地球のなぞり方 旅地図 アメリカ大陸編	¥1430
地球のなぞり方 旅地図 ヨーロッパ編	¥1430
地球のなぞり方 旅地図 アジア編	¥1430
地球のなぞり方 旅地図 日本編	¥1430
脳がどんどん強くなる！ すごい地球の歩き方	¥1650

地球の歩き方 gemstone

とっておきのポーランド 増補改訂版	¥1760
ラダック ザンスカール スピティ 北インドのリトル・チベット 増補改訂版	¥1925

地球の歩き方 旅の読み物

今こそ学びたい日本のこと	¥1760
週末だけで70ヵ国159都市を旅したリーマントラベラーが教える自分の時間の作り方	¥1540

地球の歩き方 BOOKS

BRAND NEW HAWAII とびきりリアルな最新ハワイガイド	¥1650
FAMILY TAIWAN TRIP #子連れ台湾	¥1518
GIRL'S GETAWAY TO LOS ANGELES	¥1760
HAWAII RISA'S FAVORITES 大人女子はハワイで美味しく美しく	¥1650
LOVELY GREEN NEW ZEALAND 未来の国を旅するガイドブック	¥1760
MAKI'S DEAREST HAWAII	¥1540
MY TRAVEL, MY LIFE Maki's Family Travel Book	¥1760
WORLD FORTUNE TRIP イヴルルド遙華の世界開運★旅案内	¥1650
いろはに北欧	¥1760
ヴィクトリア朝が教えてくれる英国の魅力	¥1320
ダナン&ホイアン PHOTO TRAVEL GUIDE	¥1650
とっておきのフィンランド	¥1760
フィンランドでかなえる100の夢	¥1760
マレーシア 地元で愛される名物食堂	¥1430
やり直し英語革命	¥1100
気軽に始める！大人の男海外ひとり旅	¥1100
気軽に出かける！ 大人の男アジアひとり旅	¥1100
香港 地元で愛される名物食堂	¥1540
最高のハワイの過ごし方	¥1540
子連れで沖縄 旅のアドレス&テクニック117	¥1100
純情ヨーロッパ 呑んで、祈って、脱いでみて	¥1408
食事作りに手間暇かけないドイツ人、手料理神話にこだわり続ける日本人	¥1100
親の介護をはじめる人へ 伝えておきたい10のこと	¥1000
人情ヨーロッパ 人生、ゆるして、ゆるされて	¥1518
総予算33万円・9日間から行く！ 世界一周	¥1100
台北 メトロさんぽ MRTを使って、おいしいとかわいいを巡る旅	¥1518
鳥居りんこ 親の介護をはじめたら お金の話で泣き見てばかり	¥1320
鳥居りんこの親の介護は 知らなきゃバカ見ることだらけ	¥1320
北欧が好き！ フィンランド・スウェーデン・デンマーク・ノルウェーの素敵な町めぐり	¥1210
北欧が好き！2 建築&デザインでめぐるフィンランド・スウェーデン・デンマーク・ノルウェー	¥1210
地球の歩き方JAPAN ダムの歩き方 全国版 初めてのダム旅入門ガイド	¥1712
日本全国 開運神社 このお守りがすごい！	¥1522

地球の歩き方 スペシャルコラボ BOOK

地球の歩き方 ムー	¥2420
地球の歩き方 JOJO ジョジョの奇妙な冒険	¥2420

地球の歩き方 関連書籍のご案内

シンガポールとその周辺諸国をめぐる東南アジアの旅を「地球の歩き方」が応援します!

地球の歩き方 ガイドブック

D09 香港 マカオ ¥1,870
D16 東南アジア ¥1,870
D17 タイ ¥1,870
D18 バンコク ¥1,870
D19 マレーシア ブルネイ ¥2,090
D20 シンガポール ¥1,980
D21 ベトナム ¥2,090
D22 アンコール・ワット ¥1,870
D23 ラオス ¥2,090
D24 ミャンマー（ビルマ） ¥2,090
D25 インドネシア ¥1,870
D26 バリ島 ¥1,870
D27 フィリピン マニラ ¥1,870
D33 マカオ ¥1,760

地球の歩き方 aruco

07 aruco 香港 ¥1,320
10 aruco ホーチミン ¥1,430
12 aruco バリ島 ¥1,320
22 aruco シンガポール ¥1,320
23 aruco バンコク ¥1,430
27 aruco アンコール・ワット ¥1,430
29 aruco ハノイ ¥1,430
34 aruco セブ ボホール ¥1,320
38 aruco ダナン ホイアン ¥1,430

地球の歩き方 Plat

07 Plat ホーチミン ハノイ ¥1,320
10 Plat シンガポール ¥1,100
16 Plat クアラルンプール ¥1,100
20 Plat 香港 ¥1,100
22 Plat ブルネイ ¥1,430

地球の歩き方 リゾートスタイル

R12 プーケット ¥1,650
R13 ペナン ランカウイ ¥1,650
R14 バリ島 ¥1,430
R15 セブ&ボラカイ ¥1,650
R20 ダナン ホイアン ¥1,650

地球の歩き方 gemstone

ハノイから行けるベトナム北部の少数民族紀行 ¥1,760

地球の歩き方 BOOKS

ダナン&ホイアン PHOTO TRAVEL GUIDE ¥1,650
マレーシア 地元で愛される名物食堂 ¥1,430
香港 地元で愛される名物食堂 ¥1,540

地球の歩き方 aruco 国内版

aruco 東京で楽しむアジアの国々 ¥1,480

※表示価格は定価（税込）です。改訂時に価格が変更になる場合があります。

あとがき

人、物、文化を引き寄せ、そして発信し続けるシンガポール。資源をもたない国が急速に成長を遂げたのは、アジアの「ハブ」を最大限に生かした手腕といえます。世界的なパンデミックを経て、閉業を余儀なくされたところも多々ありますが、しっかりと前を向き進化を続けるシンガポール。そのエネルギーはとどまるところを知らず、"今後"が楽しみです。ユニークな街を散策し、豊かな自然を感じ、食や人々との出会いを楽しんでください。

投稿をお寄せいただいた読者の皆様、取材にご協力いただいた皆様に心より感謝申し上げます。

STAFF

Producer：
福井由香里　Yukari Fukui

Editors & Writers：
鈴木由美子　Yumiko Suzuki、小坂 歩　Ayumi Kosaka（有限会社アジアランド　Asia Land Co., Ltd.）、丹保美紀　Miki Tampo

Coordinators & Researchers：
藤田 香　Kaori Fujita、芳野郷子　Kyoko Yoshino

Designer：
エメ龍夢　EMERYUMU

Proofreader：
株式会社東京出版サービスセンター　Tokyo Shuppan Service Center

Cartographer：
辻野良晃　Yoshiaki Tsujino

Photographers：
湯山 繁　Shigeru Yuyama、竹之下三緒　Mio Takenoshita、瀧渡尚樹　Naoki Takiwatari、
松本光子　Mitsuko Matsumoto、奥村昇子　Shoko Okumura

Cover Designer：
日出嶋昭男　Akio Hidejima

Special Thanks

桑島千春さん／田中恭子さん、シンガポール政府観光局

本書についてのご意見・ご感想はこちらまで

読者投稿　〒141-8425　東京都品川区西五反田 2-11-8
株式会社地球の歩き方
地球の歩き方サービスデスク「シンガポール編」投稿係
https://www.arukikata.co.jp/guidebook/toukou.html

地球の歩き方ホームページ（海外・国内旅行の総合情報）　https://www.arukikata.co.jp/

ガイドブック『地球の歩き方』公式サイト　https://www.arukikata.co.jp/guidebook/

地球の歩き方 D20 シンガポール 2023-2024年版

2023年3月14日初版第1刷発行

Published by Arukikata. Co., Ltd.
2-11-8 Nishigotanda, Shinagawa-ku, Tokyo, 141-8425, Japan

著作編集　地球の歩き方編集室
発 行 人　新井 邦弘
編 集 人　宮田 崇
発 行 所　株式会社地球の歩き方　〒141-8425　東京都品川区西五反田 2-11-8
発 売 元　株式会社Gakken　〒141-8416　東京都品川区西五反田 2-11-8
印刷製本　開成堂印刷株式会社

※本書は基本的に 2022 年 9 月～ 2022 年 12 月の取材データに基づいて作られています。発行後に料金、営業時間、定休日などが変更になる場合がありますのでご了承ください。更新・訂正情報：https://www.arukikata.co.jp/travel-support/

●この本に関する各種お問い合わせ先
・本の内容については、下記サイトのお問い合わせフォームよりお願いします。
URL ▶ https://www.arukikata.co.jp/guidebook/contact.html
・広告については、下記サイトのお問い合わせフォームよりお願いします。
URL ▶ https://www.arukikata.co.jp/ad_contact/
・在庫については　Tel 03-6431-1250（販売部）
・不良品（乱丁、落丁）については　Tel 0570-000577
学研業務センター　〒354-0045　埼玉県入間郡三芳町上富 279-1
・上記以外のお問い合わせは　Tel 0570-056-710（学研グループ総合案内）

※本書は株式会社ダイヤモンド・ビッグ社より 1998 年 10 月に初版発行したもの（2019 年 12 月に改訂第 31 版）の最新・改訂版です。

学研グループの書籍・雑誌についての新刊情報・詳細情報は、右記をご覧ください。学研出版サイト　https://hon.gakken.jp/